SKCT 독학 단기 완성

렛유인

SK그룹
종합역량검사
통합기본서

박은숙, 송정원, 최윤지, 주영훈,
렛유인연구소 지음

28개 필수/빈출유형+기출복원 모의고사 4회

2026 최신판 렛유인
온라인 SKCT SK그룹 종합역량검사 독학단기완성 통합기본서

3판 1쇄 발행	2026년 2월 18일
지은이	박은숙, 송정원, 최윤지, 주영훈, 렛유인연구소
펴낸곳	렛유인에듀
총괄	김근동
편집	김혜림
표지디자인	김나희
홈페이지	https://letuin.com
이공계 커뮤니티	이공모야
인스타그램	@letuin_official
유튜브	취업사이다
대표전화	1668-1362
이메일	letuin@naver.com
ISBN	979-11-92388-75-5 13320

SKCT 합격을 위한
렛유인의 **도서 구매 무료 혜택**

쿠폰 번호

본 쿠폰은 도서 구매자 본인만 사용하도록 발급된 것으로,

이를 무단으로 배포하거나 공유할 경우 저작권법 제136조 및 관련 법령에 따라
민형사상 책임을 물을 수 있습니다.

쿠폰 등록 방법

렛유인 홈페이지 로그인
(www.letuin.com)

화면 상단 닉네임 클릭
→ 할인쿠폰 클릭

쿠폰 번호 입력

※ 쿠폰번호 입력시 꼭 "-"(하이폰)을 넣어주세요

※ 쿠폰 사용은 등록 후 6개월까지 가능합니다

도서 구매 혜택

SKCT 인강 샘플강의 5강	SKCT 인강 20% 할인쿠폰	온라인 스터디 무료 참여권
온라인 응시 및 성적분석 서비스	SK그룹 인성면접 합격 가이드북(PDF)	100% 무료 반도체 인강 24강

가장 최신의 이공계 취업 정보를 GET 하는 법!

렛유인 인스타그램을 팔로우해야 하는 이유 3가지!

#1. 최신 이공계 취업 자료집 무료배포!

매주 열리는 이벤트로
찾기 어려운 정보들을 신청 한 번이면 간편하게 GET!
이공계 산업별 트렌드 리포트, 기업별 면접 기출 모음집 등

#3. 현직자가 알려주는 진짜 이공계 산업&직무 이야기!

이공계 기업에서 꼭 물어보는 산업이슈&직무를 쉽고 빠르게!
이공계 산업/직무 맞춤 취업 콘텐츠!
반도체 공정설계 직무의 현실, 이공계 최신 채용 전망 등

#2. 이공계 기업 맞춤 전형별 콘텐츠 제공!

기업별 합격 스펙, 채용 예상 일정, 면접 기출 등 알기 어려운 취업 정보 업로드!
이공계 취업 특화 렛유인에서만 볼 수 있는 이공계 맞춤 기업별 최신 콘텐츠!
삼성 이공계 서류 합격 스펙, 미리 보는 삼성 자소서 항목 등

#FOLLOW ME

이공계 취업에 도움 되는 가장 최신 정보들을 빠르게 만나보자!

취업사이다는?

렛유인 취업전문가 및 현직자 강사님들이 직접 출연해
서류부터 면접까지 취업 전형별 핵심 전략을 '재미있고 실전감 있는 기획 영상'으로
풀어내는 렛유인 공식 유튜브 채널입니다.

렛유인만의 취업 전략 인사이트가 담긴 다양한 시리즈를

취업사이다 채널을 구독하고 무료로 시청해 보세요!

서류(자기소개서·이력서)

서류(자기소개서·이력서)

인적성

면접

취업정보

산업별 현직자

이공계 누적 합격생 47,693명이 증명하는 렛유인과 함께라면 다음 최종합격은 여러분입니다!

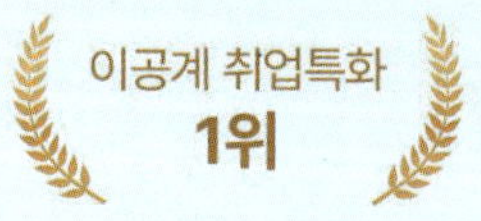

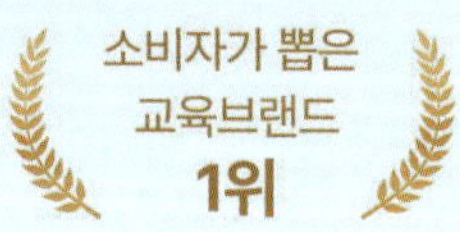

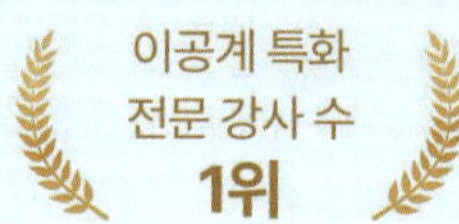

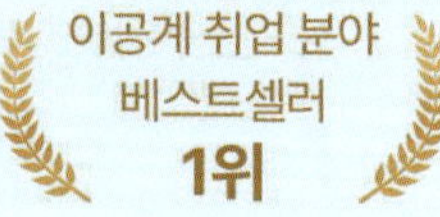

▌취업 준비를 **렛유인**과 함께 해야하는 이유!

포인트 1

Since 2013 국내 최초, **이공계 취업 아카데미 1위 '렛유인'**

2013년부터 각 분야의 전문가 그리고 현직자들과 함께 이공계 전문 교육과정 제공

포인트 2

이공계 누적 합격생 47,693명 합격자 수로 증명하는 렛유인의 합격 노하우

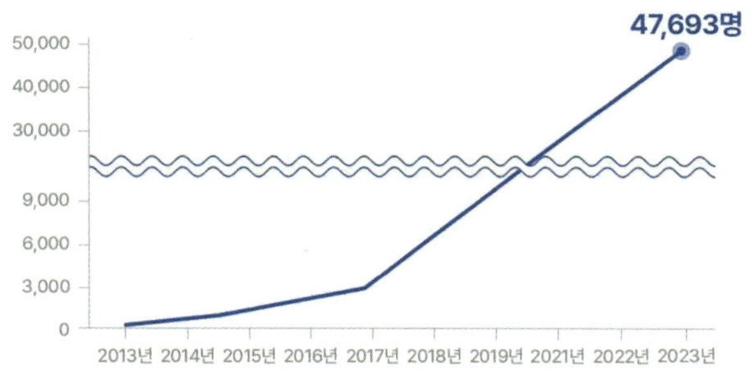

포인트 3

이공계 6대 산업(반·자·디·이·제·방) 전문 강의 제작 수 업계 최다!

[반도체 / 자동차 / 디스플레이 / 이차전지 / 제약바이오 / 방위산업]

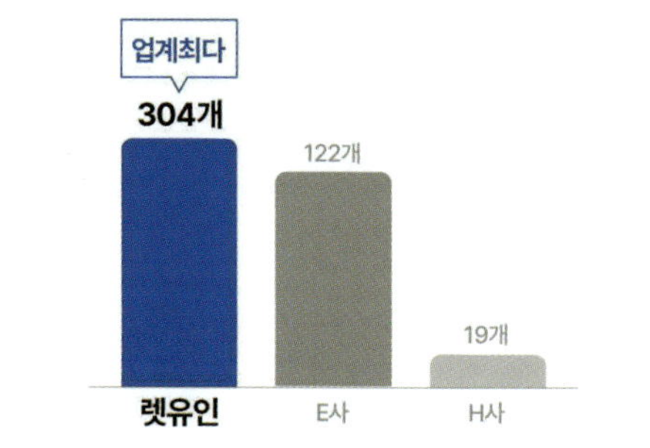

포인트 4

이공계 취업 분야 도서 베스트셀러 1위

대기업 전·현직자들의 노하우가 담긴 자소서 / 인적성 / 산업별 직무 / 이론서 / 면접까지
베스트셀러 도서 보유

도서 구매 혜택 안내

렛유인 도서를 이용해 주시는 수험생분들의 최종 합격까지 함께 하기 위해, 더욱 도움이 되는 콘텐츠를 제공해 드리고자 합니다.

도서 구매 혜택 쿠폰 등록 방법

1. 렛유인 홈페이지(www.letuin.com) 접속
2. 로그인
3. 메인 페이지 상단 [마이페이지 ▶ 할인쿠폰] 메뉴 클릭
4. 쿠폰번호 입력 페이지에서 도서 내 쿠폰 페이지의 쿠폰번호 입력

※ 쿠폰번호는 하이픈(-)을 포함하여, 대소문자를 구별하여 입력해주셔야 합니다.
※ 쿠폰 등록 / 사용 기한은 도서 내 쿠폰 페이지의 쿠폰번호란에서 확인 가능합니다.
※ 도서 구매 혜택의 경우 여러개의 혜택을 동시에 제공하여 드리기 때문에 최초 등록 시에는 하나의 패키지로 묶여
   등록이 됩니다. 쿠폰번호 등록 후, 페이지 하단의 쿠폰 목록에서 파란색으로 노출되어 있는 쿠폰 제목을 클릭하시
   면 새창으로 개별 쿠폰을 확인하실 수 있습니다.

SKCT 모의고사 온라인 응시 + 성적 분석 서비스

[SKCT 모의고사 온라인 응시 + 성적 분석 서비스]는 온라인 SKCT 특화 서비스로, 렛유인 SKCT 도서에 수록되어
있는 기출복원 모의고사 2회분과 실전 모의고사 2회분을 실제 온라인 SKCT와 유사한 환경에서 응시하고 영역별
성적 상세 분석 및 지원회사&직무에서 나의 위치를 파악할 수 있는 서비스입니다.
[SKCT 모의고사 온라인 응시 서비스]는 도서 구매 혜택 쿠폰 등록 후, [내강의실] - [온라인 시험관] 페이지에서
응시가 가능합니다.
온라인 응시 서비스를 이용하여 모의고사를 푸실 때는 실제 시험과 같이 온라인 메모장/그림판 및 계산기를 세팅하고
푸시는 것을 추천드립니다.

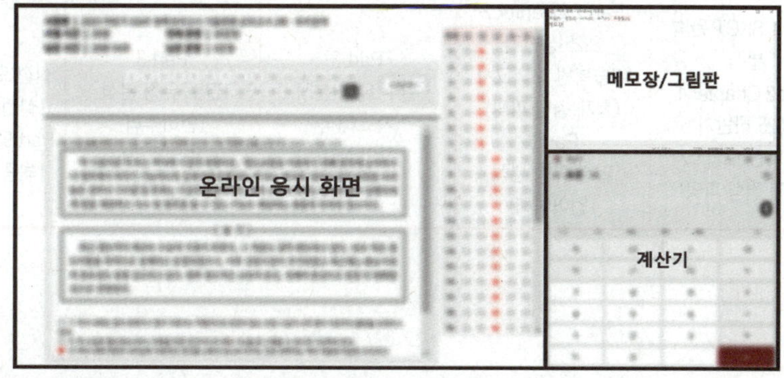

※ 모의고사 응시와 관련하여 불편하신 점이나 문의사항이 있으신 경우, 렛유인 사이트 1:1문의 게시판을 통해 문의
   내용을 남겨 주시면 빠르게 처리 도와드리도록 하겠습니다.

학습 플랜

[2026 최신판 렛유인 온라인 SKCT SK그룹 종합역량검사 독학단기완성 통합기본서]는 최근 SKCT 출제 경향 분석을 기반으로 2026년 SKCT를 준비하는 수험생분들을 위한 실전 전략을 제공합니다. 최신 기출 유형에 대한 파악부터 세부유형별 문제 풀이, 실전 연습을 위한 기출복원 모의고사 4회분을 통해 기초부터 실전까지 한 권으로 학습할 수 있도록 구성하였습니다. 또한 각 세부유형별 풀이 TIP을 수록하여 수험생 여러분이 혼자서도 충분히 학습할 수 있게끔 준비하였습니다.

각 영역별 학습 단계

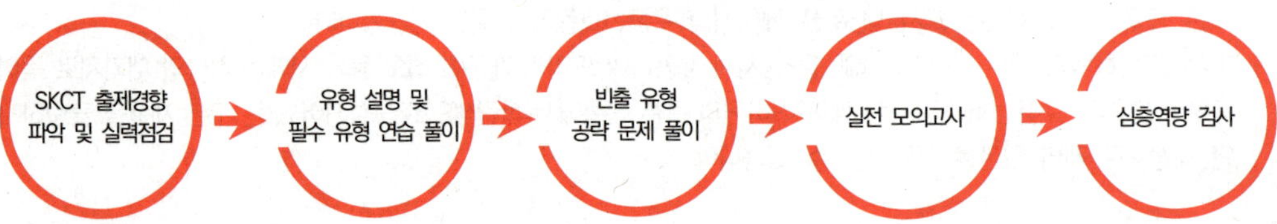

독학 5일 단기 완성 플랜

도서를 활용하여 SKCT 영역별 유형 파악과 실전 모의고사 및 심층역량 검사로 실전 대비까지 독학으로 완성하는 플랜입니다.

구분	1일차	2일차	3일차	4일차	5일차
내용	Part 1 SKCT 완벽 분석 Part 2 Chapter 1 2025 하반기 기출복원 모의고사 (출제 경향 파악)	Part 2 Chapter 2 2025 상반기 기출복원 모의고사 (출제 경향 파악) Part 3 필수 유형 분석 (언어이해)	Part 3 필수 유형 분석 (자료해석, 창의수리)	Part 3 필수 유형 분석 (언어추리, 수열추리)	Part 4 실전 모의고사 1~2회 (실전 감각 익히기) Part 5 심층역량 검사 (최종 점검 마무리)

정오표 안내

렛유인은 SKCT SK그룹 종합역량검사를 준비하는 수험생 분들에게
최상의 서비스를 제공하기 위해 항상 노력하겠습니다.

최선을 다해 검토했음에도 불구하고 오류가 발견되었을 때 안타까운 심정은 이루 말할 수 없습니다. 수험생 여러분의 불만을 귀담아 듣고 수용하여 더 나은 품질로 보답하겠습니다.
도서 내의 오탈자나 문제 오류를 발견하셨다면 실망에 그치지 마시고 저희에게 알려주세요. 보내주신 내용은 즉각 검토하여 답변해드리고 정오표를 안내해 드리두록 하겠습니다.

정오표 확인 방법

렛유인 홈페이지
(https://letuin.com) 상단
'렛-Book' 메뉴 중 '도서 리스트'

도서 리스트 중 해당 도서
'정오표 확인' 클릭

도서 오류 제보 방법

링크 혹은 QR코드를
통해 구글폼 접속

링크 https://bit.ly/3JzWq9T

제보할 오류 위치 및
상세내용 기재 후 전달

담당자 확인 후
개별 안내 진행

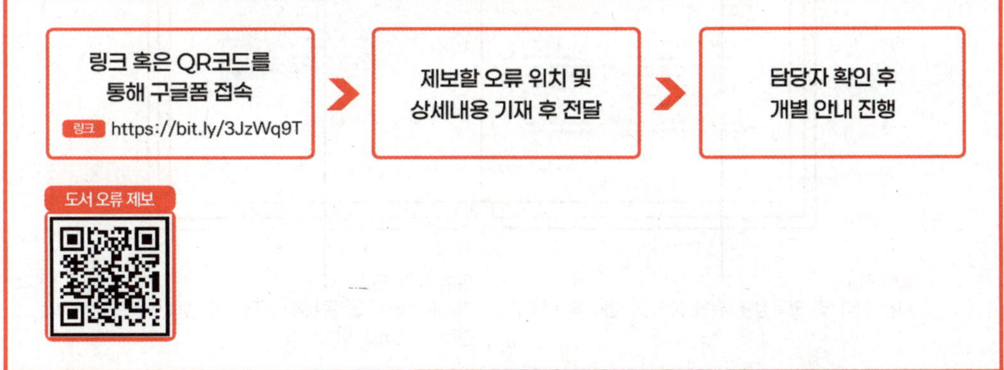

이 책의 구성

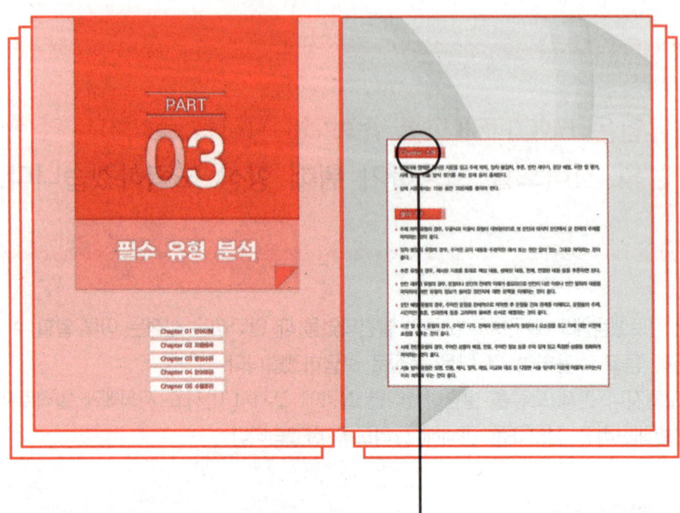

챕터 소개

해당 영역에서 어떤 유형의 문제가 출제되는지, 난이도는 어느
정도인지 학습 전 파악할 수 있습니다.

유형 설명

유형의 특징, 필요 전략, 출제되는 비중을 중심으로
각 세부유형을 완벽하게 파악합니다.

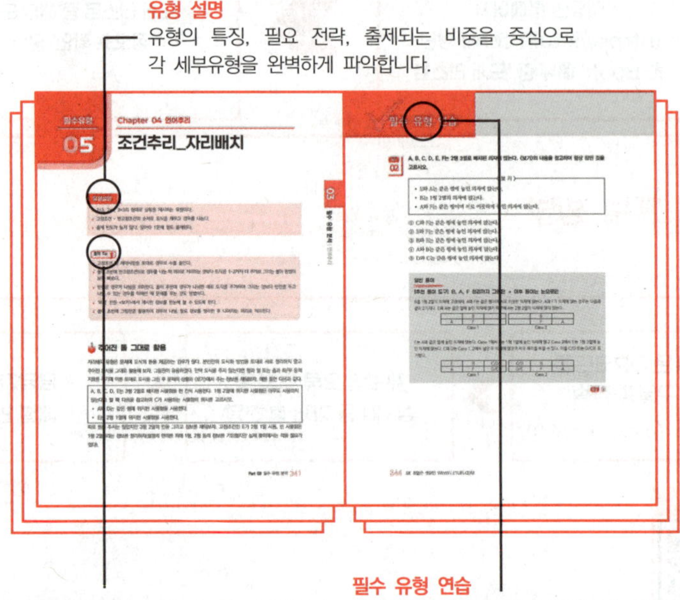

풀이 Tip

시간 절약 및 고득점을 위한 풀이 스킬을 터득합니다.

필수 유형 연습

각 유형의 대표 문제를 풀어보며 앞에서 학습한 풀이
전략과 Tip을 익힙니다.

빈출 유형 공략
앞에서 학습한 유형에 충분히 익숙해질 수 있도록
다양한 문제로 연습합니다.

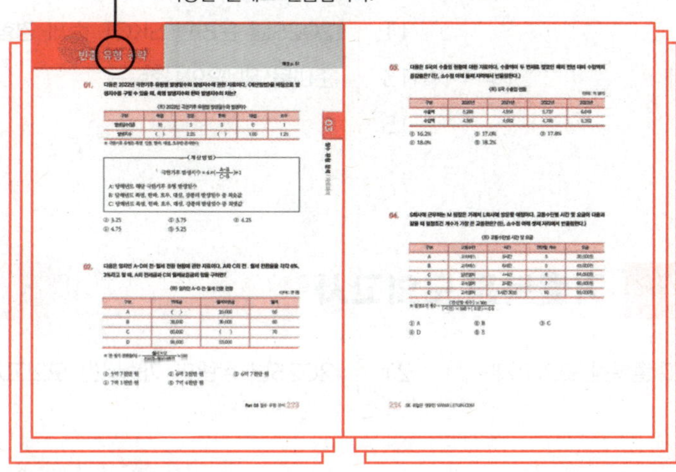

기출복원 모의고사
2025년 시행된 실제 SKCT 기출 키워드를 활용하여 제작한
최신 기출복원 모의고사 2회분을 수록하였습니다.

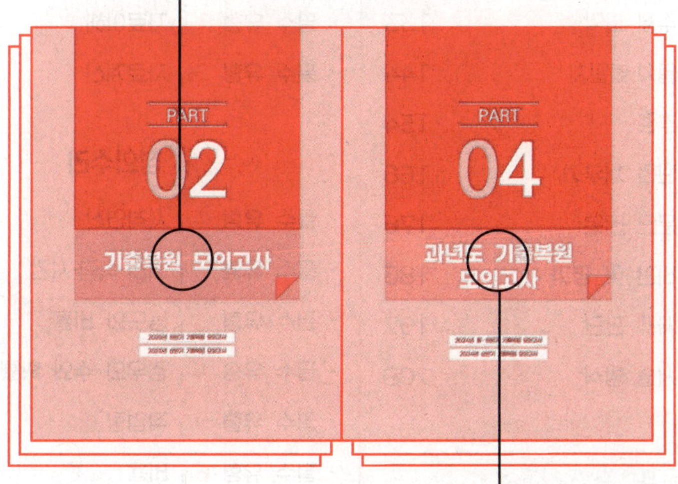

과년도 기출복원 모의고사
2024년 시행된 실제 SKCT 기출 키워드를 활용하여
제작한 기출복원 모의고사 2회분을 수록하였습니다.

차례

PART 04   과년도 기출복원 모의고사

PART 05   심층역량

PART 01

SKCT 완벽 분석

SK그룹 소개

1. 계열사

반도체·전자	SK하이닉스	SK스퀘어	SK실트론	SK TNS	SK텔레콤	SK시그넷	
에너지·화학	SK이노베이션	SK에너지	SK지오센트릭	SK온	SKC	SK주식회사 머티어리얼즈	SK디스커버리
물류·서비스	SK네트웍스	SK에코플랜트	SK에코 엔지니어링	SK오션플랜트	SK리츠		
바이오	SK바이오팜	SK팜테코					

2. 인재상

SK는 스스로의 행복을 바탕으로 자발적이고 의욕적으로 도전하는 패기있는 인재를 찾습니다.

• SK 경영철학을 이해하는 인재

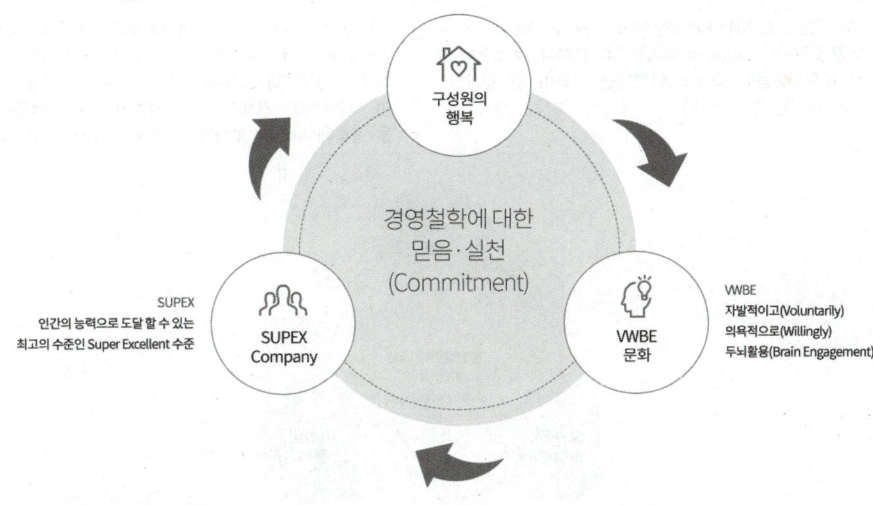

• SK 경영철학을 잘 실행할 수 있는 인재

패기

스스로 동기부여 하여 문제를 제기하고 높은 목표에 도전하며 기존의 틀을 깨는 과감한 실행을 하는 인재

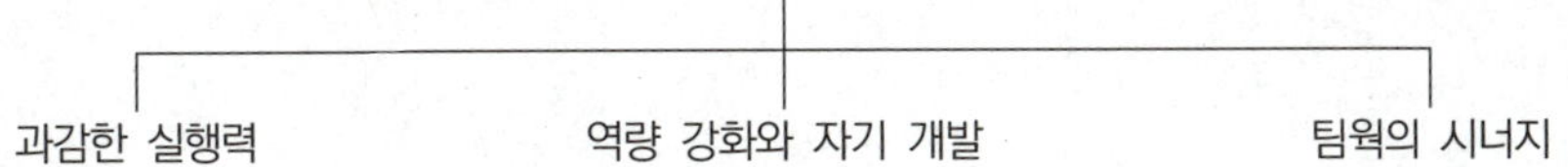

3. 경영철학

• 구성원의 지속적 행복

SK는 구성원이 지속적으로 행복을 추구하기 위한 터전이자 기반으로서, 구성원 행복과 함께 회사를 둘러싼 이해관계자 행복을 동시에 추구해 나갑니다.

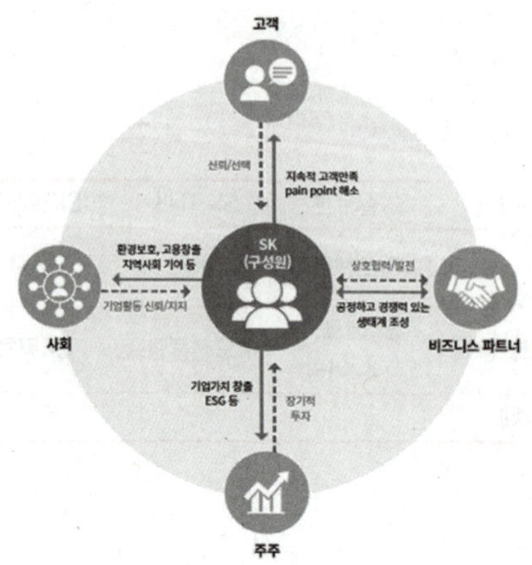

• VWBE를 통한 SUPEX 추구

SK는 VWBE 문화를 조성하고 SUPEX Company 목표와 전략을 수립/실행하여 구성원의 지속적 행복을 창출하고 있습니다.

VWBE 문화	SUPEX Company
VWBE는 자발적(Voluntarily)이고 의욕적(Willingly)인 두뇌활용(Brain Engagement)을 의미합니다. 자발적·의욕적 두뇌활용이 외부로 발현되는 모습이 곧 일과 싸워서 이기는 패기입니다.	SUPEX는 Super Excellent Level의 줄임말로 인간의 능력으로 도달할 수 있는 최고의 수준을 의미합니다. 최고의 경쟁력을 보유하고 장기적 생존 조건을 확보하여 지속적으로 경제적 가치, 사회적 가치, 구성원 행복을 창출해 나가는 회사가 SUPEX Company 입니다.

GUIDE
02

SK그룹 채용 안내

1. 모집시기

SK하이닉스는 연중 수시 채용을 진행하며, 분야별 인력소요가 생길 경우 별도의 공고를 통해 모집합니다.

구분		지원서 접수 시작일	지원서 접수 마감일	SKCT 시행일
2025년	하반기	2025.09.22	2025.10.01	2025.11.01.~11.02
	중반기	2025.07.07	2025.07.16	2025.08.02
	상반기	2025.03.17	2025.03.28	2025.04.26
2024년	하반기	2024.09.04	2024.09.23	2024.10.20
	중반기	2024.07.09	2024.07.12	2024.08.03.~08.04
	상반기	2024.03.18	2024.03.29	2024.04.28
2023년	하반기	2023.09.18	2023.09.26	2023.10.29
	상반기	2023.03.20	2023.03.28	2023.04.23

2. 지원자격

- 4년제 정규대학 이상의 기졸업자 또는 졸업 예정자
- 병역필 또는 면제자로서 해외 여행에 결격 사유가 없는 자

3. 전형 프로세스

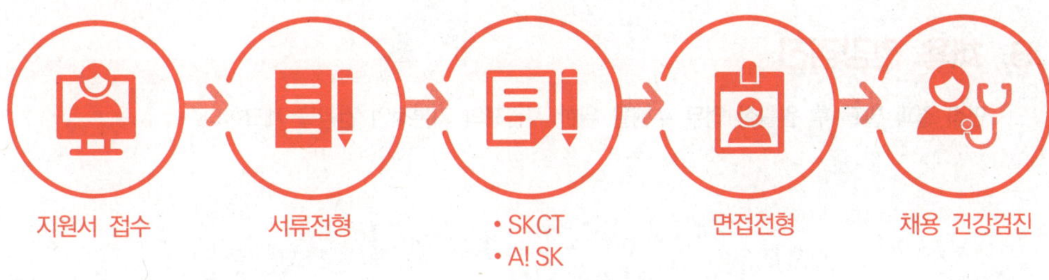

4. 지원서 접수

SK채용포탈(www.skcareers.com)을 통해 접수

5. 서류전형

- 제출한 지원서를 바탕으로 학력사항, 어학능력 등을 검토하여 모집 분야와의 연관성을 종합적으로 판단
- 현업 및 HR 전형위원이 자기소개서를 공동으로 검토, SK Values와 지원자의 가치관의 일치 여부 및 SK하이 닉스가 추구하는 인재상 및 핵심가치와 얼마나 부합하는지를 검증

6. SKCT/A! SK

- SKCT는 SK그룹이 지원자의 인지 능력, 실행 역량, 가치관을 종합적으로 평가하기 위해 시행하는 종합 인적성 검사이다. SKCT는 업무 시 필요한 복합적이고 고차원적인 사고능력을 축정하는 인지역량과 SK 핵심가치와 지원자의 적합도를 측정하는 심층역량(인성)으로 구성된다.
- A! SK는 2025년 하반기부터 도입된 SK하이닉스의 AI 기반 화상 인터뷰 전형으로, 지원자가 온라인 환경에서 직무별 맞춤 질문에 대해 영상으로 답변을 녹화·제출하는 전형이다. 2025년 하반기의 경우 SKCT 응시 다음날 에 A! SK를 응시했다.

7. 면접전형

- 지원자의 가치관, 성격특성, 보유역량 수준 등을 종합적으로 검증하기 위해 1차에 2번의 면접을 실시
  1) 전공 면접(PT면접)
     현업 부서의 팀장으로 면접위원이 구성되며 전공 지식 및 실무 수행 능력을 측정한다. 모든 지원자는 PT면 접을 실시하게 되며 소요시간은 30분 내외이다. 이때 석사 이상 지원자의 경우는 본인 연구 주제로 발표를 진행하게 되며, 학사의 경우 면접 당일 주어지는 PT문제를 준비 후 진행한다.
  2) 인성 면접
     그룹장이 면접위원으로 참석하는 인성 면접은 지원자의 SK Values 및 공통역량을 평가하여 SK하이닉스 핵심가치 및 인재상과 부합하는 인재를 선발한다.
- 지원 분야별로 1명씩 들어가는 多 : 1 형식의 면접이며, 소요시간은 10~30분 정도이다.

8. 채용 건강검진

면접 결과 발표 후 원활한 업무 수행을 위한 지원자의 기본적인 건강을 체크한다.

GUIDE 03

SKCT 소개

1. SKCT 개요

SK는 직무 수행을 위해 요구되는 역량을 다양하고 종합적인 관점에서 측정하기 위해 2013년부터 SKCT를 도입하여 시행 중이다. SKCT는 2022년 상반기 전 계열사 모두 온라인으로 시험 형태가 변경되었으나, SK하이닉스는 2022년 하반기 시험 형태를 다시 오프라인으로 변경하였다. 하지만 지난 2023년 하반기부터 다시 온라인으로 형태가 변경되면서 수리/언어/직무영역으로 시행되던 인지역량 시험이 언어이해/자료해석/창의수리/언어추리/수열추리로 구성되었다.

2. 시행 방식(온라인/오프라인) 및 출제 영역 변화

※ 본 내용은 SK하이닉스 기준으로 작성되었습니다.

구분		시행 방식	출제 영역		
2024 ~2025년	하반기	온라인	인지역량 (언어이해, 자료해석, 창의수리, 언어추리, 수열추리)		심층역량
	중반기	온라인	인지역량 (언어이해, 자료해석, 창의수리, 언어추리, 수열추리)		심층역량
	상반기	온라인	인지역량 (언어이해, 자료해석, 창의수리, 언어추리, 수열추리)		심층역량
2023년	하반기	온라인	인지역량 (언어이해, 자료해석, 창의수리, 언어추리, 수열추리)		심층역량
	상반기	오프라인	인지역량 (수리, 언어, 직무)	실행역량	심층역량
2022년	하반기	오프라인	인지역량 (수리, 언어, 직무)	실행역량	심층역량 + 역사영역
	상반기	온라인	적성검사 (언어, 수리, 언어추리, 수리추리, 시각적 사고, 자료해석)		심층역량

2025년 온라인 SKCT 출제 경향

1. 시험 특징

2025년 SK하이닉스 SKCT의 경우 상/중/하반기로 총 3회 시행되었다. 상반기와 중반기는 하루 동안 진행되었으며, 하반기는 이틀에 걸쳐 진행되었다. 상/중/하반기 모두 하루에 10시, 1시, 4시로 총 3번으로 나눠 시험이 진행되었다.

SKCT는 2023년 하반기부터 온라인으로 진행되었다. 이전과 마찬가지로 화면 터치 및 필기구 사용이 금지되었으며, 계산기, 그림판, 메모장만을 이용하여 문제를 풀어야 한다. 문제 풀이 중 다음 문제로 넘어가는 것은 가능하나 이전 문제로 돌아가는 것은 불가능했으며, 이미 풀고 넘어온 문제의 정답 수정 또한 불가능하여 한 문제씩 신중하게 풀어야 했다. 이에 따라 문제 난이도에 비해 체감 난이도가 다소 높았다는 의견이 많았다.

2. 시험 구성

영역		문항 수	시간
인지역량	언어이해	20문항	15분
	자료해석	20문항	15분
	창의수리	20문항	15분
	언어추리	20문항	15분
	수열추리	20문항	15분
심층역량	PART1	240문항	45분
	PART2	150문항	25분

3. 영역별 최신 출제 경향

1. 언어이해

지문의 길이는 길지 않았으나, 지문의 내용이 어려웠다. 지문의 내용이 평이할 경우, 주어진 선택지가 어려워 5개 영역 중 난이도가 가장 높았다는 의견이 많았다. 지문의 소재는 니체, 코페르니쿠스, 김홍도, 부동산 보유세, 서양 미술, 칸트 등 다양했으며, 철학 소재가 많이 출제되었다. 출제 유형은 주제 파악, 일치·불일치, 추론, 빈칸 채우기, 문단 배열, 비판 및 평가, 사례 판단 등으로 이전 시험과 크게 달라지지 않았다.

2. 자료해석

일반적인 자료해석 형태의 문제로 출제되었으며 출제 유형은 자료이해, 자료계산 등으로 이전 시험과 크게 달라지지 않았다. 주어진 자료의 길이가 짧았으며, 계산이 필요한 부분도 눈으로 풀 수 있을 정도로 난이도가 쉬웠다는 의견이 많았다.

3. 창의수리

일반적인 응용수리 형태의 문제로 출제되었으며 출제 유형은 사칙연산, 거리·속력·시간, 농도와 비율, 경우의 수와 확률, 작업량, 비용 등으로 이전 시험과 크게 달라지지 않았다. 응용수리 형태의 문제를 메모장과 계산기만을 이용하여 풀어야 했음에도 체감 난이도가 낮았다는 의견이 많았다.

4. 언어추리

명제추리, 조건추리, 진실게임 형태의 문제로 출제되었으며 특히 조건추리의 비중이 높았다. 조건추리의 경우, 줄 세우기, 테이블, ○X 채우기, 자리배치, 정보정리 등의 다양한 유형이 출제되었다. 메모장을 이용하여 푸는 것이 어려워 체감 난이도가 높았다는 의견이 많았다.

5. 수열추리

등차수열, 등비수열 등의 수열 문제로 출제되었으며 출제 유형은 등차수열, 등비수열, 계차수열, 피보나치수열, 군수열, 교대수열 등 다양한 유형으로 출제되었다. 분수나 소수 형태로 주어진 문제도 많았다. 2024년의 경우 수열추리가 매우 어렵게 출제되었으나, 2025년에는 난이도가 많이 완화되어 어렵지 않다는 의견이 많았다.

준비물 및 유의사항

1. 준비물

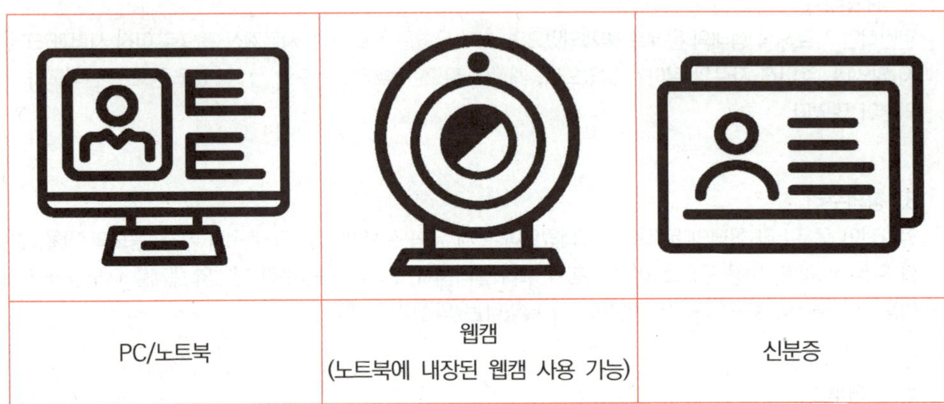

PC/노트북	웹캠 (노트북에 내장된 웹캠 사용 가능)	신분증

2. 유의사항

- 시험 전 이메일로 준비물 및 유의사항을 안내받을 수 있다. 준비물 및 유의사항은 시험마다 바뀔 수 있으니 이때 확인하는 것이 가장 정확하다.
- 시험 장소는 주변 소음이 들리지 않으며 분리된 공간이어야 한다. 시험 중 응시 장소에 출입하거나 응시자가 응시 장소를 벗어나면 전형상 불이익을 받을 수 있다.
- PC와 스마트폰은 시험이 진행되는 동안 계속해서 안정적인 네트워크 상태가 유지되어야 한다.
- 시험 시작 전 신분증을 웹캠으로 찍어 감독관에게 제출해야 한다. 신분증을 미리 찍어두어서는 안 된다.(노트북에 내장된 웹캠 사용 가능)
- 시험 시작 10분 전부터는 자리에서 벗어날 수 없으니, 개인용무는 그 전에 모두 해결해야 한다.
- 프로그램에서 기본 제공되는 메모장, 계산기 외의 필기도구 및 종이는 사용이 불가능하다.
- 이미 풀고 지나간 문제로 다시 되돌아갈 수는 없으나, 문제를 풀지 않고 다음 번호로 이동하는 것은 가능하다.

SK 취업은 렛유인 WWW.LETUIN.COM

PART

02

기출복원 모의고사

2025년 하반기 기출복원 모의고사

2025년 상반기 기출복원 모의고사

기출복원 모의고사

해설 p.1

문항수 20문항 | 제한시간 15분

01. 다음 글을 읽고 추론한 것으로 가장 적절한 것은?

| 2025 하반기 기출 키워드 | 스태그플레이션

인플레이션은 한 국가의 물가 수준이 전반적으로 지속해서 상승하고 화폐 가치가 하락하는 현상이다. 전통적으로 인플레이션은 경기가 활황일 때 발생하며, 이는 주로 총수요가 총공급을 초과하는 상황에서 비롯된다. 소득이 증가한 소비자들이 지출을 늘리면서 수요가 폭발적으로 증가하고, 이것이 물가를 끌어올린다. 따라서 일반적인 인플레이션은 실업률이 낮은 상태를 동반한다. 이와 대조적으로 스태그플레이션은 스태그네이션(Stagnation, 경기 침체)과 인플레이션이 결합된 매우 이례적인 현상이다. 이는 경제 성장이 둔화되거나 멈추고 실업률은 높아지는 침체기에도 불구하고, 물가가 지속적으로 상승하는 것을 의미한다. 스태그플레이션은 주로 국제 원자재 가격 급등이나 공급망 차질 같은 총공급 측면의 충격에 의해 유발된다. 생산 비용이 급격하게 상승하면, 기업들은 이윤 감소를 막기 위해 생산량을 줄이고 인력을 해고하며, 동시에 높아진 비용을 제품 가격에 반영한다. 이러한 공급 충격으로 인한 스태그플레이션은 경제 정책 입안자들에게 심각한 딜레마를 안겨준다. 물가를 잡기 위해 금리를 올리면 침체된 경기가 더 악화되고, 경기를 살리기 위해 돈을 풀면 물가 상승이 걷잡을 수 없게 되기 때문이다. 따라서 스태그플레이션은 일반적인 인플레이션보다 더 해결하기 어려운 복합적인 경제 문제로 간주된다.

① 공급 충격으로 인한 물가 상승은 경기 침체와 실업률 상승을 동시에 초래할 수 있다.
② 스태그플레이션 상황에서는 금리 인상과 통화 확대 정책이 모두 동일한 효과를 낸다.
③ 총수요 증가로 발생한 인플레이션은 대체로 실업률 상승을 동반한다.
④ 경기 침체기에 물가가 상승하면 이는 일반적인 인플레이션의 전형적인 사례라고 볼 수 있다.
⑤ 스태그플레이션은 경기 회복 국면에서 자연스럽게 해소되는 경향이 있다.

 다음 글의 내용과 일치하지 않는 것은?

| 2025 하반기 기출 키워드 | 임마누엘 칸트

임마누엘 칸트의 대표작 《순수 이성 비판》은 인간 지식의 근원과 한계를 탐구한다. 칸트는 우리가 경험하는 세계와 사물 그 자체를 명확히 구분한다. 우리가 인식하는 세계는 현상(Phenomenon)이며 이는 단순히 외부 대상이 아니라, 시간과 공간이라는 우리의 선험적 직관 형식과 오성의 범주를 통해 인간 주관에 의해 구성된 것이다. 칸트 철학에서 오성은 감각기관이 받아들인 자료를 일정한 개념, 즉 범주 틀에 넣어 지식으로 정리하고 판단하는 인간의 능동적 인식 능력을 의미한다. 반면 본체(Noumenon) 즉, 사물 그 자체는 우리의 경험 범위를 완전히 벗어나 직접적으로 인식될 수 없는 영역이다. 칸트는 지식이 경험을 통해 자료를 얻는 능력인 감성과 개념을 통해 자료를 사고하는 능력인 오성의 합작품이라고 주장하며, 이 둘의 역할을 구분한다. 감성은 대상을 수동적으로 받아들이는 수용성이며, 오성은 그것을 능동적으로 생각한다는 자발성이라고 하였다. 따라서 경험 이전의 시간, 공간, 범주와 같은 선험적 요소가 지식 성립에 필수적이다. 결국 칸트는 인간 이성이 신, 영혼, 자유 등의 본체계를 인식하려는 시도는 실패할 수밖에 없으며, 우리의 확실한 지식은 현상계에 한정된다는 결론에 도달한다. 이는 경험론과 합리론을 동시에 비판하고 통합하려는 칸트 철학의 핵심이다.

① 칸트는 도덕 철학뿐만 아니라 지식의 근거와 한계를 탐구하는 인식론을 주요 과제로 삼았다.
② 우리가 감각적으로 경험하고 인식하는 세계는 칸트가 말하는 '현상'에 해당한다.
③ 인간의 '오성'은 대상을 수동적으로 받아들이는 수용성을 담당하는 역할을 한다.
④ 칸트에게 지식은 감성과 오성의 결합을 통해 성립하는 합작품이다.
⑤ 사물 그 자체인 '본체'는 인간의 이성이나 경험으로 직접 인식할 수 없는 영역이다.

03. **다음 글을 통해 추론한 것으로 가장 적절하지 않은 것은?**

김유인씨는 IT 개발 팀장으로, 규칙적인 일과를 철저히 지킨다. 그의 하루는 동이 트기 30분 전에 시작된다. 기상 후 30분 명상, 이어서 40분간 아침 달리기를 한다. 운동 후 30분간 샤워와 아침 식사를 해결한다. 그는 대중교통 이용 후 보통 오전 8시를 조금 앞두고 사무실에 도착한다. 팀원 출근 전인 8시부터 30분간, 난이도 높은 개발 업무에 집중한다. 9시 정각에 시작하는 일일 스크럼 미팅은 20분을 소요한다. 미팅 직후부터 정오까지는 핵심 코딩 및 리뷰 시간이다. 점심 식사는 정오부터 한 시간이다. 오후 3시까지는 주로 타 부서와의 협업 회의나 외부 미팅이 잡혀 있어 코딩에 집중하기 어렵다. 이후 퇴근 시간까지는 개발 마무리 및 팀원 피드백에 집중한다. 오후 6시에 퇴근한 김 팀장은 오후 7시까지 저녁을 먹은 후 90분 동안 농구 동호회 활동을 한다. 그는 9시 30분에 취침하는데, 취침 30분 전에 독서하는 습관을 반드시 지킨다.

① 오전 8시 15분에 김 팀장은 난이도 높은 개발 업무에 집중하고 있을 것이다.

② 오전 8시 40분은 김 팀장이 일일 스크럼 미팅을 진행하고 있을 시점이다.

③ 오후 2시 00분은 김 팀장이 집중적인 코딩 작업 대신 협업 회의에 참여하고 있을 가능성이 높은 시간대이다.

④ 저녁 7시 40분은 그가 체육관에서 농구 경기를 한창 진행 중인 시각일 것이다.

⑤ 밤 9시는 그가 독서를 시작하여 하루를 마무리하는 개인 학습 시간일 것이다.

04. 다음 글의 내용을 바탕으로 ESG 경영 사례로 보기 어려운 것은?

| 2025 하반기 기출 키워드 | ESG 경영

> ESG 경영은 기업이 환경(Environmental), 사회(Social), 지배구조(Governance)와 같은 비재무적 요소를 고려하여 지속가능한 성장을 추구하는 장기적 경영 전략이다. 과거에는 기업의 목표가 단기적인 이윤 극대화에 집중되어 있었으나, 최근에는 환경 오염 문제, 사회적 책임 이행, 투명한 의사 결정 구조 등이 기업의 장기적 가치와 직결된다는 인식이 확산되고 있다.
>
> 환경 요소는 기업 활동이 자연환경에 미치는 부정적 영향을 최소화하는 데 초점을 둔다. 이는 기업이 단순히 법적 규제를 준수하는 수준을 넘어, 자발적으로 환경 보호에 기여해야 함을 의미한다. 사회 요소는 기업이 지역사회, 직원, 협력사, 고객 등 다양한 이해관계자와의 관계에서 윤리적 책임을 다할 것을 요구한다. 이러한 책임 있는 행동은 기업이 사회의 일원으로서 신뢰를 구축하는 기반이 된다. 지배구조 요소는 기업의 의사 결정 과정이 투명하고 공정하게 운영되는지를 평가하는 기준이다. 효율적이고 윤리적인 지배구조는 기업 경영의 안정성과 책임성을 높여 장기적인 기업 가치를 뒷받침한다. 결국 ESG 경영은 단기적 성과를 넘어 장기적인 위험을 관리하고 새로운 성장 기회를 창출함으로써, 이해관계자 모두에게 지속적인 가치를 제공하는 필수적인 경영 패러다임이라 할 수 있다.

① 친환경 인증 설비 도입 및 공장 탄소 배출량 20% 감축

② 협력업체 노동자 안전 교육 의무화 및 인권, 다양성 교육 정기 실시

③ 이사회 내부에 특정 주주의 영향력에서 벗어난 독립적인 감사 위원회 설치

④ 제조 폐수 정화 후 인근 지역 농가에 무상으로 제공하는 시스템 구축

⑤ 이윤 극대화를 위해 이사회 결의를 통해 비핵심 사업 부문을 매각

05. 다음 글의 주제로 가장 적절한 것은?

| 2025 하반기 기출 키워드 | 식이장애, 거식증

식이장애는 단순히 식사 행태의 문제가 아니라, 심각한 신체적, 심리적 문제를 동반하는 정신 질환이다. 특히 거식증(신경성 식욕부진증)은 체중 증가에 대한 극심한 두려움과 왜곡된 신체 이미지로 인해 스스로 식사를 극도로 제한하는 것이 특징이다. 이러한 영양 부족은 심장 문제, 골다공증, 전해질 불균형 등 생명을 위협하는 합병증을 유발할 수 있다. 거식증의 원인은 단일하지 않으며, 생물학적, 심리적, 사회문화적 요인들이 복합적으로 작용한다. 최근 연구에 의하면 유전적 요인으로 인한 특정 신경전달물질의 불균형이 거식증을 유발할 수 있다고 한다. 실제로 거식증 환자들은 완벽주의나 강박적 성향을 보이는 경우가 많다. 또한, 상당수의 거식증 환자는 기저에 우울증이나 불안장애와 같은 다른 정신과적 문제를 함께 앓고 있다.

거식증의 치료에는 영양 회복이 가장 우선되지만, 근본적인 심리적 문제를 해결하는 것도 필수적이다. 주요 치료 방법으로는 인지 행동 치료(CBT)와 같은 심리 치료가 사용된다. 경우에 따라 약물치료가 병행되기도 하는데, 특히 우울증이나 불안 증상을 완화하기 위해 항우울제 계열의 약물이 효과적으로 활용된다. 거식증은 장기적인 관리가 필요한 만성적인 질환으로, 조기 진단과 다각적인 접근이 회복에 매우 중요하다.

① 거식증 치료에 있어서 약물치료의 결정적인 역할과 한계
② 유전적 요인이 거식증 발생에 미치는 주된 영향과 그 메커니즘
③ 심각한 식이장애인 거식증의 원인, 동반 증상, 그리고 다각적인 치료 접근법
④ 우울증 및 불안장애가 식이장애 발병을 촉진하는 심리적 기제
⑤ 현대 사회에서 발생하는 왜곡된 신체 이미지와 거식증 발병의 관계

06. **다음 글의 문단 배열 순서로 가장 적절한 것은?**

(A) 그러나 모든 사람이 이러한 변화의 혜택을 동일하게 누리는 것은 아니다. 디지털 기기 사용에 익숙하지 않은 고령층이나 장애인 등 특정 계층에게 키오스크는 오히려 사용이 어렵고 불편한 존재가 되기도 한다. 이로 인해 일부 이용자는 서비스 접근 자체에 어려움을 겪게 되며, 이른바 '디지털 소외' 문제가 사회적 과제로 부각되고 있다.

(B) 키오스크는 무인으로 정보 검색, 주문, 발권 등의 서비스를 제공하는 터치스크린 방식의 정보 단말기를 의미한다. 이는 식당, 영화관, 공항, 병원 등 다양한 공공장소에 설치되어 일상생활 전반에서 활용되고 있다. 특히 비대면 서비스에 대한 수요가 증가하면서 키오스크는 현대 사회에서 필수적인 설비로 자리 잡고 있다.

(C) 키오스크가 대중화되고 있는 현시점에서는 기술의 확산뿐만 아니라 포용성에 대한 고려가 함께 이루어져야 한다. 모든 사용자가 쉽고 편리하게 이용할 수 있도록 화면 구성과 조작 방식을 개선하고, 음성 안내나 보조 기능을 강화하는 등 접근성을 높이는 디자인과 기술적 보완이 시급하게 요구된다.

(D) 이러한 키오스크의 도입은 사용자와 사업자 모두에게 효율성 측면에서 긍정적인 평가를 받고 있다. 사용자는 대기 시간을 줄이고 보다 신속하게 서비스를 이용할 수 있으며, 사업자는 인건비 절감과 운영 효율성 향상이라는 이점을 얻는다. 그 결과 키오스크는 여러 산업 분야로 빠르게 확산되고 있다.

① (C) - (B) - (D) - (A)
② (B) - (A) - (C) - (D)
③ (C) - (D) - (A) - (B)
④ (B) - (D) - (A) - (C)
⑤ (B) - (D) - (C) - (A)

07. 다음 글의 내용과 일치하지 않는 것은?

|2025 하반기 기출 키워드| 신경 교란 물질

음식 용기, 건축 자재, 심지어 의료 기기에까지 폭넓게 사용되는 비스페놀 A(BPA)와 플라스틱 가소제인 프탈레이트는 대표적인 신경내분비계 교란 물질이다. 이들은 체내에 흡수되어 내분비계와 중추 신경계의 정상적인 신호 전달 체계를 와해시키며 생체 기능의 항상성을 저해한다. 특히 이 물질들은 정상적인 호르몬 수용체에 결합하거나 호르몬의 합성과 대사 과정에 개입하여, 호르몬 모방 작용 혹은 길항 작용을 통해 신체 발달 과정에 치명적인 혼란을 야기한다. 실제로 여러 연구에서 이 물질 노출 여부가 신경 발달 장애나 지속적인 인지 기능 저하를 비롯하여 갑상선 기능 저하, 비만, 특정 호르몬 의존성 암의 발생률 증가와 유의미한 상관관계를 보였다. 이러한 심각성을 인지하여, 개인은 플라스틱 제품의 사용을 신중히 선택해야 한다. 또한 정부와 산업계는 고위험 물질에 대한 선제적 규제와 안전한 대체 물질 개발을 위한 연구에 집중해야 한다.

① 비스페놀 A는 음식 용기 외에도 건축 자재나 의료 기기 등 폭넓은 분야에서 활용되는 물질이다.

② 신경내분비계 교란 물질은 호르몬 모방 작용 또는 길항 작용을 통해 신체의 정상적인 기능에 영향을 준다.

③ 여러 연구에서 이들 물질의 노출은 특정 질환의 발생과 관련이 있는 것으로 나타났으며 그 영향은 주로 내분비계에 국한된다.

④ 프탈레이트 노출은 신경 발달 장애와 더불어 갑상선 기능 저하, 비만, 호르몬 의존성 암 발생률 증가와 연관된다.

⑤ 이러한 물질의 위험성을 고려할 때, 개인 차원의 소비 선택과 함께 제도적 규제 및 대체 물질 개발이 필요하다.

(A) 땅콩 알레르기는 면역계가 땅콩 단백질을 해로운 물질로 오인하여 과도한 면역 반응을 일으키는 질환이다. 최근 전 세계적으로 발생 빈도가 증가하고 있으며, 특히 소아와 청소년에게서 흔하게 나타난다. 또한 땅콩은 가공식품 전반에 널리 사용되기 때문에, 알레르기 환자는 일상생활 속에서 지속적인 주의가 필요하다.

(B) 땅콩 알레르기를 완치하기보다는 위험을 관리하는 것이 현재로서는 가장 현실적인 대응 방법이다. 기본적으로 땅콩 및 관련 성분을 철저히 회피해야 하며, 중증 환자는 에피네프린 자동주사기를 휴대해 응급 상황에 대비해야 한다. 최근에는 면역 반응을 완화하기 위한 치료법도 연구되고 있다.

(C) 땅콩 알레르기는 개인의 주의만으로 해결되기 어려운 문제이기도 하다. 식품 성분 표시를 명확히 하고, 학교나 공공장소에서 응급 대응 체계를 마련하는 등 사회적 차원의 지원이 함께 이루어져야 한다. 이를 통해 환자의 안전을 높이고 알레르기로 인한 위험을 줄일 수 있을 것이다.

(D) 이러한 땅콩알레르기는 단순한 음식 불편을 넘어 심각한 건강 위험으로 이어질 수 있다. 소량의 땅콩 단백질에 노출되더라도 두드러기, 구토, 호흡 곤란 등이 급격히 나타날 수 있으며, 심한 경우 생명을 위협하는 아나필락시스 쇼크로 발전할 수 있다. 특히 응급 처치가 지연될 경우 위험성이 더욱 커진다.

① (A) - (B) - (C) - (D)
② (A) - (D) - (B) - (C)
③ (A) - (D) - (C) - (B)
④ (A) - (C) - (D) - (B)
⑤ (A) - (C) - (B) - (D)

09. 다음 글의 내용을 바탕으로 신자유주의를 옹호하는 입장에서 상대방에게 할 수 있는 비판으로 가장 적절한 것은?

> 신자유주의를 옹호하는 입장에서는 개인의 자유와 시장 경쟁을 핵심 가치로 삼으며, 정부의 개입은 시장의 효율성을 저해하는 불필요한 요소로 간주한다. 이들은 규제 완화를 통해 기업 활동의 자유를 극대화하고, 공기업의 민영화와 작은 정부를 지향함으로써 시장의 창의성과 활력을 되찾아야 한다고 주장한다. 이러한 자유로운 경쟁이야말로 경제 성장을 촉진하고, 궁극적으로 모든 사회 구성원에게 혜택이 돌아가는 낙수효과를 창출하는 유일한 방법이라고 믿는다.
>
> 그러나 이에 반대하는 비판적 입장에서는 신자유주의 정책이 불평등을 심화시킨다고 지적한다. 과도한 규제 완화와 시장 만능주의는 부를 소수가 독점하는 결과를 낳았으며, 노동 유연화는 비정규직을 양산하고 노동자의 권리를 약화시켰다고 주장한다. 또한, 필수적인 공공 서비스인 의료, 교육 등의 민영화는 취약 계층의 접근성을 낮추고 사회 안전망을 약화시켜 '빈익빈 부익부' 현상을 고착화시킨다고 주장한다. 결국, 시장의 자유가 곧 사회 전체의 정의를 의미하는 것은 아니며, 정부는 적극적으로 시장에 개입하여 분배의 정의를 실현하고 공정한 경쟁의 장을 마련해야 할 책임이 있다고 강조한다.

① 신자유주의 정책은 국가 간 자유무역을 확대하여 경제 성장을 촉진함으로써 세계적 차원의 빈곤 문제 해결에 기여한다.

② 부의 집중은 시장 실패의 결과이므로, 공기업의 민영화를 중단하고 국가가 주요 산업을 직접 통제해야 한다.

③ 의료와 교육과 같은 공공 서비스는 시장 논리로 운영될 경우 접근성이 낮아지므로, 정부가 직접 개입하여 평등한 제공을 보장해야 한다.

④ 시장의 자유가 사회 전체의 정의를 보장하지 못하므로, 정부는 소득 재분배 정책을 강화하여 불평등을 적극적으로 해소해야 한다.

⑤ 노동 유연화는 노동자의 권리를 약화시키는 정책이 아니라, 기업의 경쟁력을 높여 더 많은 일자리를 창출함으로써 장기적으로 고용 안정에 기여한다.

| 2025 하반기 기출 키워드 | 김홍도, 풍속화

> 　　김홍도는 조선 후기 정조 시대의 대표적인 화가로, 그의 풍속화는 당시 서민들의 일상생활과 생업의 현장을 생동감 넘치게 담아냈다는 점에서 높은 평가를 받는다. 특히, 그의 풍속화는 특정 계층이나 양반의 위세를 과시하는 기존의 전통적인 회화에서 벗어나, 농부, 장터 상인, 씨름꾼, 대장장이 등 평범한 사람들의 모습과 해학적인 상황을 주요 주제로 삼았다. 김홍도 풍속화의 가장 큰 특징 중 하나는 '단원풍'이라 불리는 간결하면서도 역동적인 구도이다. 그는 화면 중앙에 주요 인물을 배치하고 주변 배경을 과감하게 생략하거나 최소화하여, 보는 이의 시선이 주제 인물과 그들이 처한 상황에 집중되도록 유도하였다. 또한, 그는 대상을 섬세하고 사실적으로 묘사하면서도, 인물들의 표정과 동작을 통해 순간적인 감정이나 익살스러운 이야기를 포착해내어 그림에 생명력을 불어넣었다. 이러한 화풍은 단순히 시대를 기록하는 것을 넘어, 당시 서민들의 솔직한 감정과 자유로운 활력을 보여주면서 그림을 감상하는 이들에게 깊은 공감과 웃음을 선사하였다. 김홍도는 왕실의 초상화와 기록화를 그리는 도화서 소속 화원이었음에도 불구하고, 그의 풍속화는 지배층이 아닌 민중의 삶을 가장 가까이에서 관찰하고 기록한 시대의 기록물로서 중요한 역사적 가치를 지닌다. 그가 남긴 대표작으로는 《단원풍속화첩》에 실린 씨름, 서당, 타작 등이 있다.

① 그의 풍속화는 양반의 위세를 과시하는 회화 전통에서 벗어나 있다.

② 김홍도가 그린 풍속화의 주요 주제는 평범한 사람들의 생업 현장이나 일상생활 속 해학적인 상황이었다.

③ '단원풍'은 배경을 최소화하여 중심인물에 시선을 집중시키며 정적인 구도를 지향한다.

④ 김홍도는 왕실 기록화 제작을 담당했던 도화서의 화원 신분이었다.

⑤ 김홍도의 그림은 서민들의 솔직한 감정뿐만 아니라 시대를 기록한 역사적 가치도 인정받는다.

11. 다음 글을 읽고 추론할 때 빈칸 ㉠에 들어갈 문장으로 가장 적절한 것은?

> 일제강점기 조선총독부는 한국인의 민족의식 성장을 억제하고 노동력 공급만을 목적으로 하는 차별적인 교육 정책을 시행하였다. 특히 한글 교육을 탄압하고 고등 교육 기회를 제한함으로써, 1945년 광복 직전 조선의 문맹률은 80%대에 달하는 심각한 수준에 머물렀다. 이는 국가 발전의 근간이 되는 인적 자원의 심각한 손실을 의미하였다. 이러한 상황 속에서, 민족 지식인과 종교 단체들은 민족의 자주 역량을 기르고 일제의 통제에 저항하기 위한 계몽 활동을 꾸준히 펼쳤다. 이들은 야학이나 강습소를 통해 문맹 퇴치 운동을 전개하고 민족의 역사와 문화를 가르쳤다. 비록 식민 권력의 감시와 탄압 속에서 이루어졌지만, 이러한 풀뿌리 계몽 노력은 민중의 의식을 일깨우고 교육에 대한 열망을 심는 중요한 밑거름이 되었다. 광복 이후, 대한민국 정부는 교육을 국가 재건의 최우선 과제로 삼았으며, 문맹 퇴치 운동을 대대적으로 전개하였다. 그 결과, 1960년대 초반에는 문맹률이 10%대 미만으로 급격히 하락하는 놀라운 성과를 이루었다. 이는 식민 지배 기간의 억압적인 환경 속에서도 (________ ㉠ ________)는 사실을 보여준다.

① 식민 당국이 대중의 교육 기회를 완전히 봉쇄하지는 못했다.

② 고등 교육의 발전이 문맹 퇴치율에 결정적인 영향을 미쳤다.

③ 해방 이후의 교육 정책이 계몽 활동의 성과를 곧바로 계승했다.

④ 민족 주체의 교육열이 외세의 억압에도 불구하고 끊임없이 이어져 왔다.

⑤ 공공 교육 시스템의 부재에도 불구하고 사교육 시장이 활성화되었다.

> 개와 인간의 색을 인지하는 방식에는 근본적인 차이가 있다. 인간의 망막에는 세 가지 종류의 원추 세포가 있어 빨강(장파장), 초록(중파장), 파랑(단파장)의 세 가지 기본색을 감지하는 삼색시(Trichromatic) 시각을 갖는다. 이 덕분에 우리는 수많은 색의 조합을 구별할 수 있다. 반면, 개는 두 가지 종류의 원추 세포만을 가지고 있어 이색시(Dichromatic) 시각을 가진다. 이는 인간의 색약 중 하나인 적록 색약과 유사한 방식이다. 개의 시각은 주로 노란색과 파란색 계열의 색상을 구별하는 데 강하며, 파장이 긴 빨간색과 녹색을 구분하는 능력이 현저히 떨어진다. 따라서 개들은 이 두 색을 모두 노란색이나 회색빛이 섞인 흐릿한 색으로 인지하는 경향이 있다. 개가 색을 덜 민감하게 인지하는 대신, 그들은 동체 시력과 야간 시력은 인간보다 훨씬 뛰어나다. 개의 망막에는 빛에 매우 민감한 간상 세포가 훨씬 더 많으며, 안구 뒤쪽에 빛을 반사하여 시력을 증폭시키는 타페툼 루시덤(Tapetum Lucidum)이라는 구조가 있어 어두운 곳에서도 효율적으로 사물을 볼 수 있다. 그러므로 개에게 색상의 정보는 인간만큼 중요하지 않으며, 주로 사물의 명암과 움직임을 통해 주변 환경을 파악한다.

① 인간은 망막에 세 종류의 원추 세포를 가지고 있어 삼색시 시각을 갖는다.

② 개는 이색시 시각을 가져 인간의 적록 색약과 유사한 형태로 색을 구별한다.

③ 개는 타페툼 루시덤이라는 구조 덕분에 빛이 적은 환경에서도 사물을 효율적으로 볼 수 있다.

④ 개는 붉은 사과를 볼 때 노란색으로 보일 것이며, 파란색 공을 던진다면 제대로 알아보지 못한다.

⑤ 개는 색상의 정보보다는 사물의 명암이나 움직임을 통해 주변 환경을 인지한다.

13. 다음 글에서 설명하는 적응 면역의 핵심 특징으로 가장 적절한 것은?

우리 몸의 면역 체계는 외부 침입자로부터 스스로를 보호하는 방어 시스템으로, 크게 선천 면역과 적응 면역으로 구분된다.

선천 면역은 피부나 점막, 염증 반응과 같이 태어날 때부터 갖추어진 방어 기제로, 침입자의 종류와 관계없이 즉각적으로 반응하는 특징이 있다. 반면 적응 면역은 특정 병원체를 구별하여 대응하는 방어 방식으로, 초기 반응 속도는 느리지만 매우 정교한 반응을 보인다.

특히 적응 면역은 한 번 침입했던 병원체의 정보를 체내에 저장해 두었다가, 동일한 병원체가 다시 침입하면 이전보다 훨씬 빠르고 강력하게 반응한다는 점에서 선천 면역과 구별된다. 즉, 적응 면역의 핵심적인 특징은 과거의 침입 경험을 바탕으로 이후의 방어 반응을 효율적으로 강화하는 데 있다.

① 외부 자극에 관계없이 항상 일정한 생리 상태를 유지하는 능력
② 자기 몸의 세포와 외부 물질을 구별하여 반응을 억제하는 성질
③ 병원체의 종류와 상관없이 즉각적으로 반응하는 방어 방식
④ 과거에 침입한 병원체의 정보를 저장하여 이후 더 빠르게 반응하는 성질
⑤ 면역 반응의 강도를 일시적으로 증가시키는 현상

14. 다음 글을 통해 알 수 있는 플라톤의 입장에서 아리스토텔레스의 주장을 비판하는 내용으로 가장 적절한 것은?

> 철학자 플라톤은 우리가 감각으로 경험하는 현실 세계는 끊임없이 변화하고 불완전하며, 참된 지식과 실재는 시공간을 초월한 영원불변의 이데아(Idea)의 세계에 존재한다고 주장하였다. 그는 동굴의 비유를 통해 우리가 현실이라 믿는 것은 단지 이데아의 그림자에 불과하며, 참된 앎은 감각적인 경험이 아닌 이성을 통한 이데아에 대한 통찰을 통해서만 얻어진다고 보았다. 반면, 그의 제자였던 철학자 아리스토텔레스는 현실 세계와 분리된 이데아를 상정하는 것에 반대하였다. 그는 사물의 본질인 형상이 물질과 결합되어 현실 세계의 개별 사물 속에 내재한다고 주장하였다. 아리스토텔레스는 사물의 변화를 질료, 형상, 동력, 목적이라는 네 가지 원인을 통해 체계적으로 설명했으며, 진정한 지식은 현실 세계의 구체적인 사물들을 감각적 경험과 관찰을 통해 탐구함으로써 얻어진다고 보았다.

① 감각은 변하므로, 그에 의존한 아리스토텔레스의 지식 탐구는 참된 진리에 이를 수 없다.
② 현실에만 근거한 네 가지 원인론은 영원한 이데아를 설명하지 못한다.
③ 형상이 사물 안에 있다는 주장은 이데아의 독립성을 부정해 오류에 가깝다.
④ 감각 세계 탐구를 전면적으로 부정한 네 가지 원인론은 옳지 않다.
⑤ 감각 경험을 지식의 근거로 보지 않는다는 해석은 잘못된 것이다.

| 2025 하반기 기출 키워드 | 인터넷 쇼핑

현대 사회에서 인터넷 쇼핑은 시간과 공간의 제약 없이 상품을 구매할 수 있는 극도의 편의성을 제공하는 주요 소비 방식으로 자리 잡았다. 온라인 플랫폼은 오프라인 매장보다 낮은 임대료와 광범위한 고객 접근성을 바탕으로 상품의 가격 경쟁력을 확보할 수 있었다. 특히 소비자 후기 시스템과 상품 비교 기능은 구매 결정의 투명성을 높이는 데 기여하였다. 하지만 이러한 편의성은 소비 행태의 변화를 야기하였다. 소비자는 물리적인 쇼핑의 수고를 덜면서 충동적인 구매에 더 쉽게 노출된다. 또한 화면 속 이미지와 실제 상품 간의 품질 차이인 정보 비대칭 문제는 여전히 온라인 쇼핑의 중요한 한계로 지적되고 있다. 이 때문에 반품 및 교환율이 오프라인 구매보다 상대적으로 높은 경향을 보인다.

최근의 소비 경향을 살펴보면, MZ세대를 중심으로 라이브 커머스(Live Commerce)의 인기가 급증하고 있다. 이는 실시간 스트리밍을 통해 판매자와 소비자가 즉각적으로 소통하며 상품 정보를 얻고 구매까지 이어지는 방식으로, 단시간에 높은 몰입도와 시각적 현장감을 제공한다. 이는 기존의 정적인 상품 정보 제공 방식이 가진 한계를 보완하려는 시장의 노력으로 평가된다.

① 라이브 커머스는 단시간에 높은 몰입도를 제공하여 기존의 정적인 정보 제공 방식의 한계를 보완한다.

② 온라인 플랫폼은 오프라인 매장 대비 낮은 임대료 덕분에 상품의 가격 경쟁력을 확보하기 쉽다.

③ 소비자 후기 시스템은 구매 결정 과정에서 투명성을 높이는 데 긍정적인 역할을 수행했다.

④ 인터넷 쇼핑의 편의성은 소비자가 충동적 구매에 노출되는 빈도를 줄이는 데 기여했다.

⑤ 상품의 품질 차이 문제는 온라인 쇼핑의 한계로 지적되며, 이는 오프라인보다 높은 반품율로 이어진다.

16. 다음 글의 빈칸 ㉠에 들어갈 문장으로 가장 적절한 것은?

　정부가 부동산 시장의 과열을 진정시키고 투기적 수요를 억제하기 위해 사용하는 대표적인 수단으로는 부동산 보유세와 대출 규제가 있다. 부동산 보유세는 재산을 소유하고 있는 기간 동안 주기적으로 부과되는 세금으로, 다주택자나 고가 주택 소유자에게 조세 부담을 높여 부동산 보유의 비용을 증가시키는 역할을 한다. 이는 비효율적인 자산 보유를 억제하고 잠재적으로 시장에 매물을 유도함으로써 공급 측면의 압력을 가하는 효과를 기대할 수 있다. 하지만 보유세 정책은 정책 효과가 나타나기까지 시간이 걸린다는 한계를 지닌다. 또한 현금을 어느 정도 보유한 소유자에게는 보유세가 즉각적인 부담으로 이어지지 않을 수 있다. 따라서 정부가 부동산 시장을 효과적으로 안정시키기 위해서는 보유세 정책만으로는 부족하며, (　　　　　㉠　　　　　)하는 상호 보완적인 정책 조합이 필수적이다. 이 두 정책의 조합은 시장에 강력한 신호를 보내어 투기 심리를 위축시키는 데 기여한다.

---

① 주택 공급을 확대하여 서민들의 주거 안정에 직접적으로 기여

② 대출을 통한 구매력을 근본적으로 차단하여 단기 투기 수요를 즉각적으로 억제

③ 부동산 시장의 규제를 완전히 철폐하여 시장 자율에 위임

④ 보유세 부담을 완화하고 실수요자의 주택 구입 기회를 확대

⑤ 사회 간접 자본(SOC) 투자를 늘려 지역 균형 발전을 촉진

(A) 광복 이후 산업화와 함께 쌀이 부족해지자 1960년대 양곡 관리법에 의해 쌀을 원료로 하는 술 제조가 금지되어 전통적인 주류 문화는 더욱 위축되고 소주와 맥주 등 희석식 주류가 대중화되었다.

(B) 조선 시대에는 가양주 문화가 발달하여 각 집안마다 고유한 비법의 술을 빚었다. 이 시기 양조 기술은 크게 발전하여 청주, 탁주, 약주 등 다양한 형태의 술이 생활 깊숙이 자리 잡았다.

(C) 1990년대 이후 전통주 관련 법규가 완화되고 지역 특산주 제도가 도입되면서 전통주의 복원과 산업화가 다시 시도되었다. 최근에는 전통주가 젊은 세대의 관심을 받으며 다시금 한국 문화의 중요한 요소로 재조명되고 있다.

(D) 한국의 술, 즉 전통주는 단순히 마시는 것을 넘어, 제례와 의례에 사용되는 등 문화적 가치를 지녀왔다. 쌀을 주원료로 하는 발효주가 주를 이루었으며, 지역별 특산물과 제조 비법이 더해져 다양한 종류로 발전했다.

① (D) - (B) - (A) - (C)
② (B) - (D) - (A) - (C)
③ (D) - (B) - (C) - (A)
④ (A) - (B) - (D) - (C)
⑤ (B) - (A) - (D) - (C)

18. 다음 글에서 밑줄 친 ㉠ ~ ㉤에 대한 예시로 가장 옳은 것은?

현대 사회의 채식주의는 건강 증진, 동물 윤리, 환경 보호 등 다양한 동기에 따라 식단 제한의 범위가 매우 세분화된다. 가장 광범위하게 제한하는 ㉠비건(Vegan)은 육류, 해산물은 물론, 유제품, 계란, 꿀 등 동물에서 유래한 모든 식품을 섭취하지 않는 것을 의미하며, 종종 비식용 제품인 가죽 등까지 배제하는 생활 양식으로 이어진다. 이보다 덜 제한적인 ㉡락토 오보 베지테리언(Lacto - Ovo Vegetarian)은 육류와 해산물은 피하지만, 동물의 생산물인 유제품과 계란은 식단에 포함하여 영양적 균형을 유지한다. 한편, ㉢페스코 베지테리언(Pesco - Vegetarian)은 육상 동물의 육류인 소, 돼지, 닭 등은 피하지만, 해산물을 단백질의 주요 공급원으로 섭취하며, ㉣폴로 베지테리언(Pollo - Vegetarian)은 붉은 육류를 피하고 닭고기와 같은 가금류를 허용하는 방식으로 육류 섭취를 부분적으로 제한한다. 마지막으로, 가장 극단적인 식단인 ㉤프루테리언(Fruitarian)은 식물의 생명까지 존중하는 윤리적 이유로 오직 자연적으로 떨어진 열매, 과일, 견과류 등 최소한의 재료만을 섭취하는 특징을 보인다. 이처럼 각 유형은 개인의 윤리적 척도와 건강 목표에 따라 다층적인 소비 방식을 보여준다.

① 영희는 동물성 식품은 모두 피하지만, 유제품은 먹기 때문에 ㉠에 해당한다.
② 철수는 소고기와 생선은 먹지 않지만, 우유와 닭고기는 먹기 때문에 ㉡에 해당한다.
③ 민수는 돼지고기는 먹지 않지만, 새우와 치즈는 먹기 때문에 ㉢에 해당한다.
④ 지수는 붉은 육류와 해산물은 피하지만, 계란은 먹기 때문에 ㉣에 해당한다.
⑤ 준혁은 오직 식물에서 자연적으로 얻어지는 견과류와 열매만 먹기 때문에 ㉤에 해당한다.

19. 다음 글의 문단 배열 순서로 가장 적절한 것은?

| 2025 하반기 기출 키워드 | 촉법소년

(A) 이러한 사회적 분위기 속에서 형사 미성년자 연령을 하향 조정해야 한다는 주장이 힘을 얻고 있다. 현대 청소년은 정보 접근성과 사회 경험이 과거보다 확대되어 판단 능력과 책임 의식이 이미 성인 수준에 근접해 있으며, 범죄의 고의성과 계획성 역시 간과할 수 없다는 것이다. 따라서 현행 만 14세 미만이라는 기준은 현실을 제대로 반영하지 못하며, 제도 개선이 필요하다는 주장이다.

(B) 반면 이에 반대하는 입장에서는 연령 하향이 범죄 예방의 근본적 해법이 되지 못한다고 비판한다. 처벌 강화는 오히려 청소년을 조기에 범죄자로 낙인찍어 재범 가능성을 높일 수 있으며, 보호와 교화를 중심으로 한 제도적 보완이 더욱 중요하다는 것이다.

(C) 그러나 최근 들어 촉법소년이 연루된 범죄의 수위가 과거에 비해 높아지고, 폭력성과 잔혹성이 두드러진 사례들이 잇따라 보도되면서 현행 제도에 대한 문제 제기가 이어지고 있다. 피해의 심각성에 비해 가해자가 실질적인 처벌을 받지 않는다는 인식이 확산되며, 국민적 불안과 분노 또한 커지고 있는 상황이다.

(D) 촉법소년이란 만 10세 이상 14세 미만의 형사 미성년자로, 형법에 저촉되는 행위를 저질러도 형사처벌을 받지 않고 보호처분을 받는 소년범을 의미한다. 이는 미성년자의 미성숙함과 교화 가능성을 고려해 처벌보다는 보호와 교육에 중점을 두겠다는 취지에서 마련된 제도이다.

① (D) - (A) - (C) - (B)
② (C) - (D) - (A) - (B)
③ (D) - (C) - (A) - (B)
④ (A) - (B) - (D) - (C)
⑤ (D) - (C) - (B) - (A)

20. 다음 글의 내용과 일치하지 않는 것은?

목디스크는 목뼈(경추) 사이에 위치한 추간판(디스크)이 제자리를 벗어나거나 파열되면서, 이로 인해 주변의 신경을 압박하여 통증을 유발하는 질환이다. 추간판은 외부 충격을 흡수하고 목의 움직임을 원활하게 하는 쿠션 역할을 하며, 중앙의 수핵과 이를 둘러싼 섬유륜으로 구성되어 있다. 과거에는 주로 노화로 인해 섬유륜이 약화되면서 발생하는 퇴행성 질환으로 여겨졌으나, 최근에는 장시간의 잘못된 자세나 교통사고와 같은 외부 충격으로 인해 젊은 층에서도 발병률이 증가하고 있다. 특히 스마트폰 사용 시 고개를 숙이는 자세는 경추에 상당한 부담을 주어 발병을 촉진하는 주요 원인으로 지목된다.

목디스크의 주된 증상은 목 주변의 통증뿐만 아니라, 압박된 신경의 경로를 따라 어깨, 팔, 손가락까지 저리거나 당기는 방사통이 나타나는 것이다. 심할 경우 팔의 근력이 약화되거나 감각 저하가 발생하기도 한다. 초기에는 약물 치료나 물리 치료 같은 보존적 치료를 우선적으로 시행하며, 이러한 치료로도 증상이 호전되지 않거나 신경 손상이 심한 경우에만 수술적 치료를 고려하는 것이 일반적이다. 따라서 조기에 정확한 진단을 통해 자세 교정과 적절한 치료를 병행하는 것이 중요하다.

① 목디스크는 추간판이 제 위치에서 벗어나 신경을 압박하여 통증을 유발하는 질환이다.
② 추간판은 중앙의 수핵과 이를 둘러싼 섬유륜으로 구성되어 목의 충격을 흡수하는 역할을 한다.
③ 최근 젊은 층의 발병률 증가는 스마트폰 사용 시 고개를 숙이는 장시간의 잘못된 자세와 관련이 많다.
④ 목디스크의 증상은 목 주변 통증에 국한되지 않고 전신의 근력이 약화되는 근무력증으로 진행되기도 한다.
⑤ 일반적으로 초기에는 약물이나 물리 치료 같은 보존적 치료를 시행하며, 호전되지 않을 때 수술을 고려한다.

기출복원 모의고사

해설 p.5

문항수 20문항　제한시간 15분

01. 다음은 2023년과 2024년 국가별 수출액과 전체 수출액 대비 국가별 비중을 나타낸 자료이다. 다음 중 옳지 않은 것은?

〈표〉 2개년 국가별 수출액 및 비중

(단위: 억 달러, %)

국가	2023년 수출액	2024년 수출액	2023년 비중	2024년 비중
미국	1,200	1,380	23	23
중국	1,100	1,320	21	22
베트남	900	960	17	16
일본	820	880	16	15
독일	630	720	12	12
인도	500	620	10	11

① 2023년 대비 2024년 수출 비중이 감소한 국가는 2개다.
② 2023년 대비 2024년 수출 비중 증가율이 가장 높은 국가는 중국이다.
③ 베트남의 2024년 수출액은 일본과 독일의 2024년 수출액의 평균보다 많다.
④ 2023년 대비 2024년 수출액은 증가했으나 수출 비중이 감소한 국가의 수는 수출액과 수출 비중 모두 증가한 국가의 수와 같다.
⑤ 2023년 대비 2024년 미국의 수출액은 15% 증가했다.

02. **다음은 A국의 연도별 국내총생산(GDP)과 주요 지표이다. 다음 중 옳은 것만을 모두 고른 것은?**

〈표〉 A국 연도별 국내 총생산(GDP)

구분	2022년	2023년	2024년
GDP(조 원)	1,900	2,000	2,100
GDP 증가율(%)	–	5.3	5.0
민간소비 비중(%)	56	55	54
투자 비중(%)	19	20	21
정부지출 비중(%)	15	15	15
순수출 비중(%)	10	10	10

*GDP는 민간소비, 투자, 정부지출, 순수출로 구성되어있다.

〈 보 기 〉

ㄱ. 2023년의 GDP 증가액은 2024년의 GDP 증가액보다 크다.

ㄴ. 2024년 GDP에서 투자 금액은 2023년보다 증가하였다.

ㄷ. 2024년 GDP에서 민간소비 금액은 1,100조 원을 초과한다.

ㄹ. 정부지출 금액은 2022년부터 2024년까지 매년 동일하다.

① ㄱ, ㄴ　　　② ㄱ, ㄷ　　　③ ㄴ, ㄷ

④ ㄴ, ㄹ　　　⑤ ㄷ, ㄹ

03. 다음은 2024년 기준 A국의 수출액 상위 10개 국가에 대한 자료이다. 다음 중 옳은 것은?

| 2o25 하반기 기출 키워드 | 수출액 상위 1o개 국가

〈표〉 2024년 A국 수출액 상위 10개 국가별 수출액

순위	국가	수출액(억 달러)	전년 대비 증감률(%)
1	미국	1,200	4
2	중국	1,050	−2
3	일본	620	3
4	독일	580	1
5	베트남	540	6
6	인도	500	8
7	대만	460	−1
8	홍콩	430	−3
9	싱가포르	410	2
10	멕시코	390	5

① 선년 대비 수출액이 감소한 국가는 5개 이상이다.

② 수출액 상위 3개 국가의 수출액 합은 하위 5개 국가의 수출액 합보다 크다.

③ 전년 대비 수출액 증가율이 가장 높은 국가는 수출액 순위에서도 가장 높다.

④ 베트남의 수출액은 일본과 독일의 수출액 평균보다 많다.

⑤ 전년대비 수출액 증감률이 가장 낮은 국가는 수출액이 가장 적다.

04. 다음은 A국의 원자재 수입 및 원자재 수출 현황이다. 다음 중 옳지 않은 것은?

| 2025 하반기 기출 키워드 | 수입·수출액

〈표〉 A국 원자재 수입 및 원자재 수출 현황

(단위 : 억 달러)

구분	2020년	2021년
원자재 수입	80	92
원자재 수출	110	120

*원자재 수지 = 수입−수출

① 2021년 원자재 수입은 2020년에 비해 10억 달러 이상 증가하였다.
② 원자재 수지의 적자는 전년대비 2021년 감소하였다.
③ 조사기간동안 원자재 수출은 원자재 수입보다 많았다.
④ 2021년 원자재 수출 증가액은 원자재 수입 증가액보다 크다.
⑤ 원자재 수출액에서 원자재 수입액을 뺀 값은 2021년이 2020년보다 작다.

05. 다음은 A지역의 연도별 인구수와 가구 수 현황이다. 2021년의 1가구당 평균 인원수는?

| 2025 하반기 기출 키워드 | 인구수, 가구 수

〈표〉 연도별 인구수 및 가구 수

구분	2020년	2021년
인구 수(만 명)	528	520
가구 수(만 가구)	220	200

① 2.2명　　② 2.3명　　③ 2.4명
④ 2.5명　　⑤ 2.6명

06. 다음은 A회사의 연도별 제품 판매량과 평균 판매단가이다. 연도별 변화 경향이 2024년에도 동일하게 유지된다면, 2024년 총매출액은?

〈표〉 연도별 제품 판매량 및 평균 판매단가

구분	2021년	2022년
판매량(만 개)	120	140
평균 판매단가(원)	5,000	4,500

① 56억 원 ② 60억 원 ③ 63억 원
④ 68억 원 ⑤ 72억 원

07. 다음은 A, B, C, D, E사의 최근 5개년 매출 성장률을 나타낸 표이다. 나음 중 옳은 것은?

〈그래프〉 5개년 기업별 매출 성장률

(단위: %)

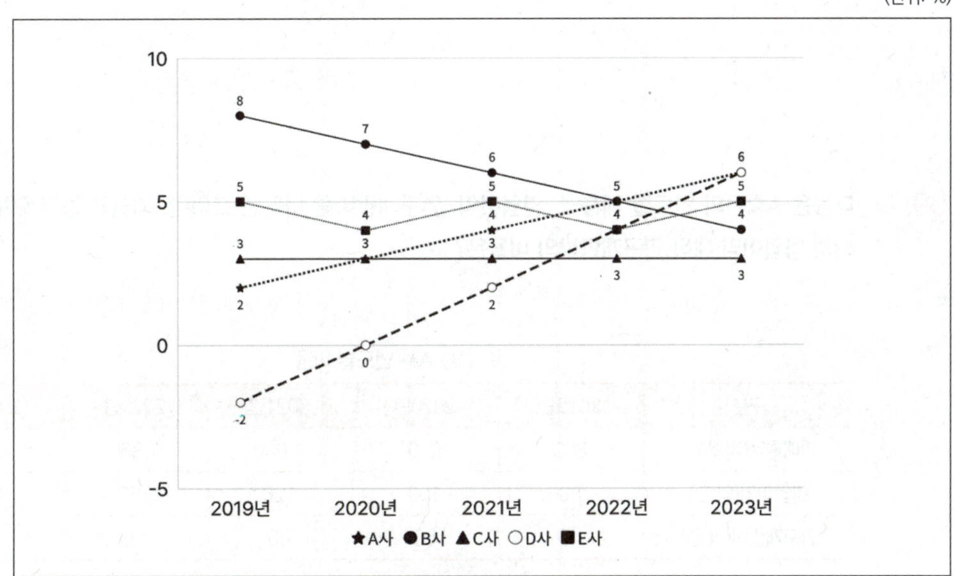

① A사는 매출 성장률이 조사기간 동안 매년 2%p씩 증가하였다.
② B사와 D사는 매출 성장률의 증감 방향이 조사기간 동안 동일하다.
③ C사는 조사기간 동안 매출 성장률의 변동이 없다.
④ E사는 조사기간 동안 매출 성장률이 지속적으로 감소하였다.
⑤ 2023년 매출 성장률이 가장 높은 회사는 B사이다.

08. 다음은 A국의 지역별 문화시설 수를 나타낸 표이다. 다음 중 옳은 것은?

| 2025 하반기 기출 키워드 | 지역별 문화시설

〈표〉 A국 지역별 문화시설 수

(단위: 개)

구분	도서관	영화관	박물관	공연장
수도권	300	180	90	120
중부권	220	130	70	90
남부권	260	150	60	100
동부권	190	100	55	80
서부권	160	90	40	70

*각 지역의 문화시설은 도서관, 영화관, 박물관, 공연장만 있다.

① 모든 지역에서 도서관 수는 영화관 수보다 많다.
② 박물관 수가 가장 많은 지역의 공연장 수는 가장 적다.
③ 영화관 수가 가장 적은 지역의 공연장 수도 가장 많다.
④ 남부권은 중부권보다 문화시설 총합이 적다.
⑤ 수도권을 제외하면 도서관 수가 가장 많은 지역은 중부권이다.

09. 다음은 A회사의 연도별 매출액, 영업이익, 연구개발비를 나타낸 표이다. 매출액 증가폭이 가장 큰 해의 영업이익 대비 연구개발비의 비율은?

| 2025 하반기 기출 키워드 | 연구개발비 계산

〈표〉 A사 연도별 비용

구분	2019년	2020년	2021년	2022년	2023년
매출액(억 원)	800	920	1,040	1,360	1,440
영업이익(억 원)	80	100	120	150	160
연구개발비(억 원)	40	50	60	90	96

① 50% ② 55% ③ 60%
④ 65% ⑤ 70%

10. 다음은 2023년 A, B, C, D 기업의 매출액 전년 대비 증감률을 나타낸 자료이다. 2022년 매출액에 대해 판단한 내용으로 옳은 것은?

| 2025 하반기 기출 키워드 | 전년 대비 증감률

〈표〉 기업별 매출액 전년 대비 증감률

(단위: %)

A기업	B기업	C기업	D기업
10	−5	0	20

① 2022년 매출액은 A기업이 B기업보다 많다.
② 2022년 매출액은 D기업이 A기업보다 많다.
③ 2022년 매출액은 C기업이 A기업보다 많다.
④ 2022년 대비 2023년 매출액이 증가한 기업은 2곳 이상이다.
⑤ 2022년 매출액의 합은 2023년 매출의 합보다 작다.

11. 다음은 A국 지역별 신재생 에너지 생산량을 나타낸 표이다. 다음 〈보기〉 중 옳은 것을 모두 고른 것은?

| 2025 하반기 기출 키워드 | 지역별 신재생 에너지 생산량

〈표〉 A국의 지역별 신재생 에너지 생산량

(단위: GWh)

구분	태양광	풍력	수력	바이오
서울	1,200	1,100	300	400
대전	900	800	600	500
부산	1,500	1,200	400	700
대구	800	700	900	300
인천	700	600	200	350

*A국의 신재생 에너지는 태양광, 풍력, 수력, 바이오만 있다.

〈 보 기 〉

ㄱ. 모든 지역에서 태양광 생산량은 풍력 생산량보다 많다.
ㄴ. 수력 생산량이 가장 많은 지역은 바이오 생산량이 가장 적다.
ㄷ. 신재생 에너지 총 생산량이 가장 많은 지역은 서울이다.
ㄹ. 풍력 생산량이 가장 적은 지역은 태양광 생산량이 두 번째로 적다.

① ㄱ, ㄴ
② ㄱ, ㄷ
③ ㄴ, ㄷ
④ ㄴ, ㄹ
⑤ ㄷ, ㄹ

12. 다음은 A회사의 연도별 물류비 구성 현황을 나타낸 자료이다. ㉠ + ㉡ + ㉢의 값은?

〈표〉 A사 연도별 물류비

(단위: 억 원)

구분	운송비	보관비	포장비	합계
2021년	120	45	㉠	190
2022년	㉡	40	30	150
2023년	110	㉢	25	165

① 120　　　　② 135　　　　③ 145

④ 155　　　　⑤ 160

13. 다음은 S지역의 학교급별 인원을 나타낸 자료이다. 다음 중 옳은 것은?

〈표〉 S지역 학교급별 학생 수, 교사 수

(단위: 명)

구분	학생 수	교사 수
유치원	12,000	1,500
초등학교	48,000	3,000
중학교	36,000	2,000
고등학교	40,000	2,000

*학생당 교사 수 = 학생 수 ÷ 교사 수

① 초등학교의 학생당 교사 수는 중학교보다 많다.

② 고등학교의 학생당 교사 수는 초등학교보다 3명 많다.

③ 중학교의 학생당 교사 수는 유치원의 학생당 교사 수의 2배이다.

④ 학생당 교사 수가 가장 작은 학교급은 초등학교이다.

⑤ 중학교의 학생당 교사 수는 고등학교의 학생당 교사 수보다 적다.

14. 다음은 2023년 기준 A, B, C, D국의 국내총생산(GDP) 전년 대비 증가율이다. 다음 중 2022년 GDP에 대해 판단한 내용으로 옳은 것은?

| 2025 하반기 기출 키워드 | GDP 증가율

〈표〉 국가별 국내총생산(GDP)

(단위: %)

A국	B국	C국	D국
- 2.04	4.3	4.2	3.1

*2023년 GDP 규모는 네 국가 모두 동일하다.

① 2022년 GDP가 가장 큰 국가는 B국이다.
② 2022년 GDP가 가장 작은 국가는 A국이다.
③ 2022년 GDP 기준 상위 2개 국가에는 B국과 D국이 모두 포함된다.
④ 전년대비 2023년 GDP 증가율이 가장 큰 국가는 2022년 GDP가 가장 크다.
⑤ 전년대비 2023년 GDP 증가율이 가장 낮은 국가는 2022년 GDP가 가장 크다.

15. 다음은 2023년 기준 글로벌 반도체 시장의 주요 분야별 매출액 및 전년 대비 성장률에 대한 자료이다. 다음 중 옳지 않은 것은?

| 2025 하반기 기출 키워드 | 반도체 시장

〈표〉 반도체 분야별 매출액

구분	매출액(억 달러)	전년 대비 성장률(%)
메모리 반도체	1,080	- 10
시스템 반도체	2,100	5
파운드리	1,620	8
반도체 장비	900	0
차량용 반도체	840	20

① 전년 대비 성장이 감소한 분야는 메모리 반도체이다.
② 2023년 매출액이 1,000억 달러 이상인 분야는 3개이다.
③ 전년 대비 성장률이 가장 높은 분야의 2022년 매출액은 700억 달러이다.
④ 2022년 매출액이 가장 적은 분야는 차량용 반도체이다.
⑤ 2023년 매출액이 가장 적은 분야는 전년 대비 성장률도 가장 낮다.

16. 다음은 A항만의 연도별 총 물동량과 컨테이너 물동량이다. 2022년과 2023년 전체 대비 컨테이너 물동량 비중의 차는?

〈표〉 A항만 연도별 물동량

(단위: 만 톤)

구분	2022년	2023년
총 물동량	500	600
컨테이너 물동량	200	270

① 2%p ② 3%p ③ 4%p
④ 5%p ⑤ 6%p

17. 다음은 A도시 공공 전기차 충전소의 연도별 충전 건수와 1회 평균 충전량이다. 2024년 대비 2025년의 총 충전량 증가율은?

〈표〉 A도시 전기차 충전 건수 및 충전량

구분	2024년	2025년
충전 건수(건)	10,000	12,500
1회 평균 충전량(kWh)	40	40

*총 충전량(kWh) = 충전 건수 × 1회 평균 충전량

① 20% ② 25% ③ 30%
④ 35% ⑤ 40%

18. 다음은 A도시의 2025년 상반기 대중교통 정기권 이용 현황이다. 다음 중 옳은 것은? (단, 소수점 아래 둘째자리에서 반올림한다.)

〈표〉 2025년 상반기 대중교통 이용 현황

구분	1월	2월	3월	합계
판매량(만 장)	12	10	14	36
이용건수(만 건)	240	200	280	720
1장당 평균 이용건수(건)	20	20	20	20

*1장당 평균 이용건수 = 이용건수 ÷ 판매량

① 1월부터 3월까지 1장당 평균 이용건수는 모두 동일하다.
② 정기권 판매량이 가장 많은 달은 2월이다.
③ 1월 대비 3월의 이용건수 증가율은 10% 이하이다.
④ 1월과 2월의 판매량의 합은 3월 판매량의 2배 이상이다.
⑤ 3월의 1장당 평균 이용건수는 전체 평균보다 작다.

19. 다음은 A도시의 월별 상수도 공급량과 유수율에 대한 자료이다. 4월과 5월의 누수량 차는?

〈표〉 월별 상수도 공급량

구분	4월	5월
상수도 공급량(만 ㎥)	100	100
유수율(%)	80	90

*실제 사용량 = 공급량 × 유수율
*누수량 = 공급량－실제 사용량

① 80,000㎥   ② 100,000㎥   ③ 120,000㎥
④ 140,000㎥   ⑤ 160,000㎥

20. 다음은 A도서관의 연도별 회원 수와 1인당 평균 도서 대출 권수이다. 2023년 대비 2024년의 총 도서 대출 권수 증가량은?

| 2025 하반기 기출 키워드 | 도서관 이용 현황

〈표〉 A도서관 이용 현황

구분	2023년	2024년
회원 수(명)	8,000	10,000
1인당 평균 대출 권수(권)	12	15

*총 대출 권수 = 회원 수 × 1인당 평균 대출 권수

① 30,000권   ② 36,000권   ③ 40,000권
④ 48,000권   ⑤ 54,000권

기출복원 모의고사

해설 p.8

문항수 20문항 | 제한시간 15분

01. A회사의 마케팅팀은 6명이고, 인사팀은 3명이다. 이 중 3명이 출장을 간다고 할 때, 각 팀에서 최소 한 명 이상이 출장을 가는 경우의 수로 옳은 것은?

| 2025 하반기 기출 키워드 | 6명 중 3명 뽑는 경우의 수

① 55가지　　　② 60가지　　　③ 63가지
④ 64가지　　　⑤ 70가지

02. 어떤 기업에서 판매하는 TV의 40%는 A 공장에서 생산되고 60%는 B 공장에서 생산된다. B 공장에서 불량품이 생산될 확률은 3%이고 A 공장에서 불량품이 생산되지 않을 확률은 5%일 때, 해당 TV 구매 시 불량인 확률로 옳은 것은?

| 2025 하반기 기출 키워드 | A공장, B공장 생산품 불량 확률

① 39.4%　　　② 39.5%　　　③ 39.6%
④ 39.7%　　　⑤ 39.8%

03. 길이가 180m인 다리를 60m 길이의 SRT가 완전히 지나갈 때는 20초가 걸리고, 길이가 300m인 터널을 300m 길이의 KTX가 완전히 빠져나가는 데 10초가 걸린다. 다리를 지나갈 때와 동일한 속도로 SRT와 KTX가 서로 반대편에서 올 때, 서로 마주친 순간부터 완전히 지나갈 때까지 걸린 시간으로 옳은 것은?

| 2025 하반기 기출 키워드 | 터널을 완전히 통과하는 데 걸리는 시간

① 10초　　　② 9초　　　③ 7초
④ 5초　　　⑤ 4초

04. 강의 상류에서 하류까지의 거리는 90km이다. 배의 속력은 24km/h이고 강물의 유속은 6km/h일 때, 배가 하류에서부터 상류까지 거슬러 올라가는 데 걸리는 시간으로 옳은 것은?

| 2025 하반기 기출 키워드 | 강물에서 배가 거슬러 올라가는 시간

① 4시간 ② 5시간 ③ 6시간
④ 7시간 ⑤ 8시간

05. 직육면체 모양 상자의 가로의 길이가 12cm, 세로 8cm, 높이가 6cm이다. 이 상자를 한 변의 길이가 48cm인 정육면체 모양 창고에 빈틈없이 가득 채운다고 할 때, 필요한 상자 개수를 바르게 구한 것은?

| 2025 하반기 기출 키워드 | 직육면체 최대 개수

① 96개 ② 128개 ③ 144개
④ 176개 ⑤ 192개

06. a와 b가 함께 일하면 3일, b와 c가 함께 일하면 3일, a와 c가 함께 일하면 2일 걸리는 업무가 있다. b가 혼자 일한다고 가정할 때 해당 업무를 완료하는 데 걸리는 시간으로 옳은 것은?

| 2025 하반기 기출 키워드 | 함께 일했을 때 걸리는 시간

① 12일 ② 10일 ③ 8일
④ 6일 ⑤ 4일

07. 농도가 40%인 소금물 450g을 1분에 5g씩 물이 증발되는 기계에서 건조시킬 경우, 농도가 60%에 도달하기까지 걸리는 시간으로 옳은 것은?

| 2025 하반기 기출 키워드 | 소금물 농도 맞추기 위한 증발 시간

① 24분 ② 25분 ③ 26분
④ 28분 ⑤ 30분

08. 공장에서 부품을 판별할 때, 불량이 나올 확률이 a는 10%, b는 5%, c는 20%이다. 제품 판별에서 b가 정상품으로 합격한 후, 공장 a 또는 공장 c 중 적어도 하나가 합격하면 최종 합격으로 판정된다. 이때, 최종 합격할 확률의 합으로 옳은 것은? (각 공장의 합격 여부는 서로 독립이다.)

| 2025 하반기 기출 키워드 | 3개 공장의 불량 여부

① 95.1% ② 94.1% ③ 93.1%
④ 92.1% ⑤ 90.1%

09. 어떤 제품을 정가에서 20% 할인하여 판매했을 때 원가 대비 5%의 이익을 보았다. 이 때 제품의 정가는 원가 대비 몇 %인지 구하시오.

| 2025 하반기 기출 키워드 | 정가 할인 시 원가 계산

① 128.25% ② 129.25% ③ 130.25%
④ 131.25% ⑤ 132.25%

10. 카페에서는 아메리카노, 라떼, 에이드까지 총 3개의 메뉴를 판매하고 있다. 이 메뉴를 4명이 주문할 수 있는 경우의 수로 옳은 것은?

| 2025 하반기 기출 키워드 | 4명이 주문 가능한 경우의 수

① 84가지 ② 81가지 ③ 72가지
④ 64가지 ⑤ 58가지

11. 초속 70m인 기차가 600m의 터널을 완전히 지나가는데, 기차가 6초 동안 보이지 않았다면, 그 때 기차 길이로 옳은 것은?

| 2025 하반기 기출 키워드 | 터널을 지날 때 보이지 않는 시간과 기차 길이

① 180m ② 170m ③ 160m
④ 150m ⑤ 140m

12. 직선 레일에서 B가 먼저 출발하고 8분 뒤에 속력이 250m/m인 A가 출발을 하였다. A가 B를 따라 잡는데 12분이 걸렸다면, 그 때 B의 속력으로 옳은 것은?

① 100m/m   ② 120m/m   ③ 130m/m
④ 140m/m   ⑤ 150m/m

13 원가가 7,000원인 물건을 정가에서 30% 할인해서 판매했을 때, 원가 대비 10% 이익이 생겼다면 해당 물건의 정가로 옳은 것은?

① 10,000원   ② 11,000원   ③ 12,000원
④ 13,000원   ⑤ 14,000원

14. A 공장에서는 하루에 전자기기를 100개씩 생산하고 있다. 양품은 개당 50,000원의 가격에 판매하고 불량품은 폐기비용으로 개당 20,000원씩 매출에서 제외한다. 하루 동안 생산한 물건을 모두 팔았을 때 총 매출액이 290만 원이 발생했다면, 당일에 생산한 불량품 개수로 옳은 것은?

① 25개   ② 28개   ③ 30개
④ 32개   ⑤ 35개

15. a가 혼자 하면 6시간 걸리고, b가 혼자 하면 5시간 걸리는 일이 있다. 이 일을 a가 3시간 동안 혼자 하고 이어서 b가 한다고 할 때, 이 일을 완료하기까지 걸린 전체 시간으로 옳은 것은?

① 4시간   ② 4.5시간   ③ 5시간
④ 5.5시간   ⑤ 6시간

16. 작년 A 기업의 남자 직원과 여자 직원의 총 합은 350명이었다. 올해는 남자 직원 5% 증가, 여자 직원 2% 감소하여 총 357명이라고 할 때, 작년 남자 직원의 수로 옳은 것은?

① 150명 ② 175명 ③ 190명
④ 200명 ⑤ 210명

17. 성수는 자전거로 60km를 5km/h로 가다가 10km/h로 가다가 다시 5km/h로 가서 총 8시간 30분이 걸렸다. 5km/h로 간 거리를 바르게 구한 것은?

① 20km ② 24km ③ 25km
④ 27km ⑤ 28km

18. 어떤 수영장에 물을 가득 채우는 데 A호스로는 4분, B호스로는 12분이 걸린다. 또 이 수영장에 가득 찬 물을 C호스로 빼는 데는 6분이 걸린다고 한다. 두 호스 A, B로 물을 넣는 동시에 C호스로 물을 빼기 시작했다면, 이 수영장에 물이 가득 채워지는 시간은 얼마인지 바르게 구한 것은?

① 6분 ② 8분 ③ 9분
④ 10분 ⑤ 12분

19. 귤과 딸기가 A상자에는 3:4의 비율로 섞여 있고, B상자에는 7:1의 비율로 섞여 있다. A상자와 B상자의 귤과 딸기를 모두 합쳐 귤과 딸기의 가격의 비율이 3:2이고, 10,000원짜리인 선물 세트를 만들었다. A상자에 들어 있던 귤과 딸기의 가격의 합은 얼마인지 바르게 구한 것은? (단, A상자와 B상자에 들어 있는 전체 과일의 양은 서로 같다.)

① 4,000원 ② 4,200원 ③ 4,500원
④ 4,800원 ⑤ 5,000원

20. A와 B가 식당에서 메뉴를 고르고 있다. 한 사람당 빵 2개 중 1개, 음료수 3개 중 1개, 소스 5개 중 2개를 고른다고 할 때 모든 항목을 다르게 고르는 경우의 수로 옳은 것은?

① 320가지 ② 350가지 ③ 360가지
④ 380가지 ⑤ 400가지

기출복원 모의고사

해설 p.11

문항수 20문항   제한시간 15분

01. A, B, C, D, E, F, G는 버스 내에 4행 2열로 배치된 자리에 앉는다. 이들 중 2명이 인접한 자리에 빈 자리가 있다고 할 때 항상 인접한 자리에 빈 자리가 있는 사람을 고르시오.

| 2025 하반기 기출 키워드 | 4행 2열 버스 배치

〈 보 기 〉

- C와 F는 같은 행의 자리에 앉는다.
- E와 G는 같은 열이며 서로 이웃한 자리에 앉는다.
- D는 3행 2열의 자리에 앉는다.
- A는 2행 1열의 자리에 앉는다.
- B는 1열의 자리에 앉는다.

① A   ② B   ③ C
④ E   ⑤ G

02. A, B, C, D의 실적은 서로 다르다. 4명 중 1명만 거짓말을 한다고 할 때 〈보기〉를 참고하여 실적이 가장 높은 사람과 거짓말하는 사람을 알맞게 짝지은 것을 고르시오.

| 2025 하반기 기출 키워드 | 실적 높은 사람, 거짓말 하는 사람 찾기

〈 보 기 〉

A: C는 실적이 가장 높은 사람이 아니다.
B: C와 D보다 실적이 높은 사람이 있다.
C: D의 실적이 가장 높다.
D: 나와 B의 실적은 가장 높지 않다.

① 실적이 가장 높은 사람: A, 거짓말하는 사람: B
② 실적이 가장 높은 사람: A, 거짓말하는 사람: C
③ 실적이 가장 높은 사람: B, 거짓말하는 사람: C
④ 실적이 가장 높은 사람: D, 거짓말하는 사람: A
⑤ 실적이 가장 높은 사람: D, 거짓말하는 사람: B

03. 다음의 명제를 참고하여 항상 참인 것을 고르시오.

| 2025 하반기 기출 키워드 | 여행을 좋아하면 항공 마일리지

〈 보 기 〉

- 여행을 좋아하는 사람은 항공 마일리지 카드가 있다.
- 여행을 좋아하는 사람은 새로운 곳을 낯설어하지 않는다.
- 외국어를 유창하게 하는 사람은 여행을 좋아한다.
- 외국어를 유창하게 하지 않는 사람은 내향형이다.

① 항공 마일리지 카드가 있는 사람은 새로운 곳을 낯설어한다.
② 내향형인 사람은 여행을 좋아한다.
③ 새로운 곳을 낯설어하는 사람은 내향형인 사람이다.
④ 새로운 곳을 낯설어하지 않는 사람은 항공 마일리지 카드가 있다.
⑤ 외국어를 유창하게 하는 사람은 새로운 곳을 낯설어한다.

04. A, B, C, D, E, F는 일렬로 줄을 선다. 〈보기〉를 참고하여 맨 마지막으로 줄을 서는 사람을 고르시오.

| 2025 하반기 기출 키워드 | 6명 줄세우기

〈 보 기 〉

- C는 F보다 앞에 줄을 선다.
- F는 4번째로 줄을 선다.
- D 바로 앞에 E가 줄을 선다.
- A와 B 사이에 1명이 줄을 선다.

① A   ② B   ③ C
④ D   ⑤ E

05. A, B, C, D, E 중 1명이 상을 받았다. 5명 중 일부 인원이 거짓말을 한다고 할 때 〈보기〉의 진술을
참고하여 항상 참인 것을 고르시오.

| 2025 하반기 기출 키워드 | 2명 거짓말, 1명 거짓말, 1명 참일 경우 상 받은 사람

〈 보 기 〉

A: 나와 E는 상을 받지 않았다.
B: C는 상을 받지 않았다.
C: E가 상을 받았다.
D: B 또는 C가 상을 받았다.
E: A와 C는 상을 받지 않았다.

① 1명이 거짓말을 한다면 A가 상을 받았다.
② 1명이 거짓말을 한다면 C가 상을 받았다.
③ 2명이 거짓말을 한다면 E가 상을 받았다.
④ 3명이 거짓말을 한다면 D가 상을 받았다.
⑤ 4명이 거짓말을 한다면 A가 상을 받았다.

06. A, B, C, D, E, F 중 3명은 부산으로 출장을 가고 나머지 3명은 제주로 출장을 간다. 6명의 직급은
과장, 대리, 사원 중 하나이며 과장이 2명, 대리가 2명, 사원이 2명이다. 〈보기〉를 참고하여 항상
참인 것을 고르시오.

| 2025 하반기 기출 키워드 | 6명 출장지 부산 or 제주 배치

〈 보 기 〉

- 부산으로 출장을 가는 3명의 구성은 과장 1명, 대리 1명, 사원 1명이다.
- A와 C의 출장지는 서로 다르다.
- B와 A의 직급이 같다.
- F와 D는 제주로 출장을 간다.
- F는 대리이고 E는 사원이다.

① D는 제주로 출장을 가고 과장이다.
② E는 제주로 출장을 가고 사원이다.
③ A는 부산으로 출장을 가고 과장이다.
④ C는 부산으로 출장을 가고 대리이다.
⑤ B는 부산으로 출장을 가고 사원이다.

07. A, B, C, D, E 중 2명이 커피를 마신다. 커피를 마시는 2명은 거짓을 말하고 나머지 3명은 진실을 말한다고 할 때 〈보기〉를 참고하여 거짓을 말하는 2명을 고르시오.

| 2025 하반기 기출 키워드 | 거짓 2명, 참 3명이고 거짓말하는 2명이 커피를 마실 때 커피 마신 사람 찾기

〈 보 기 〉

A: 나와 E는 커피를 마시지 않는다.

B: D는 커피를 마신다.

C: E는 거짓을 말한다.

D: C는 진실을 말한다.

E: A가 커피를 마시거나 C가 커피를 마신다.

① A, D   ② A, E   ③ B, C
④ B, E   ⑤ C, D

08. A, B, C, D, E, F 중 일부 인원이 해외 출장을 간다. 〈보기〉를 참고하여 반드시 해외 출장을 가는 사람을 모두 짝지은 것을 고르시오.

| 2025 하반기 기출 키워드 | A가 해외출장 가면 B도 간다

〈 보 기 〉

- B가 해외 출장을 가지 않으면 F는 해외 출장을 가지 않는다.
- A가 해외 출장을 가지 않으면 F는 해외 출장을 간다.
- B가 해외 출장을 가면 C와 E가 해외 출장을 가지 않는다.
- E는 해외 출장을 간다.
- A가 해외 출장을 가면 B 또는 D가 해외 출장을 간다.

① A, E   ② D, E   ③ A, C, E
④ A, D, E   ⑤ B, F, E

09. 다음 중 결론을 항상 참으로 만드는 [전제3]을 고르시오.

| 2025 하반기 기출 키워드 | 전제 3개, 결론 1개에서 전제 찾기

> [전제1] 코인에 투자한 사람은 부동산에 투자하지 않는다.
> [전제2] 채권에 투자한 사람은 금에 투자한다.
> [전제3] (   )
> [결　론] 부동산에 투자한 사람은 금에 투자한다.

① 채권에 투자하지 않은 사람은 코인에 투자한다.
② 부동산에 투자한 사람은 코인에 투자한다.
③ 코인에 투자한 사람은 채권에 투자하지 않는다.
④ 금에 투자한 사람은 코인에 투자한다.
⑤ 채권에 투자한 사람은 부동산에 투자한다.

10. 다음의 명제를 참고하여 항상 거짓인 것을 고르시오.

| 2025 하반기 기출 키워드 | 명제 5개 제시

〈 보 기 〉

- 과자를 좋아하지 않는 사람은 만쥬를 좋아한다.
- 젤리를 좋아하는 사람은 사탕을 좋아한다.
- 도넛을 좋아하는 사람은 만쥬를 좋아하지 않는다.
- 과자를 좋아하는 사람은 초콜릿을 좋아한다.
- 사탕을 좋아하는 사람은 초콜릿을 좋아하지 않는다.

① 과자를 좋아하는 사람은 사탕을 좋아하지 않는다.
② 젤리를 좋아하는 사람은 만쥬를 좋아하지 않는다.
③ 사탕을 좋아하는 사람은 도넛을 좋아하지 않는다.
④ 과자를 좋아하지 않는 사람은 사탕을 좋아한다.
⑤ 만쥬를 좋아하는 사람은 초콜릿을 좋아한다.

11. A, B, C의 직급은 사원, 대리, 과장이고 3명의 직급은 서로 다르다. 이들의 근무지는 이천, 청주, 분당 중 한 곳이고 근무지도 서로 다르다고 할 때 〈보기〉를 참고하여 항상 거짓인 것을 고르시오.

| 2025 하반기 기출 키워드 | 이천, 분당, 청주 근무지 분배

〈 보 기 〉

- B의 근무지는 청주이거나 이천이다.
- C는 과장이 아니다.

① A가 대리이고 이천에서 근무하는 경우는 2가지이다.
② A가 사원이고 이천에서 근무하는 경우는 1가지이다.
③ A가 과장이고 분당에서 근무하는 경우는 4가지이다.
④ A가 과장이고 청주에서 근무하는 경우는 2가지이다.
⑤ A가 대리이고 청주에서 근무하는 경우는 1가지이다.

12. A, B, C, D, E 중 2명이 결근했다. 5명 중 1명만 진실을 말한다고 할 때 결근한 2명을 알맞게 짝지은 것을 고르시오.

| 2025 하반기 기출 키워드 | 5명 중 1명만 진실 |

〈 보 기 〉

A: D가 하는 말은 거짓이다.
B: A와 C는 결근하지 않았다.
C: A와 E는 결근하지 않았다.
D: 나와 B는 결근하지 않았다.
E: A 또는 B가 결근했다.

① A, B
② A, D
③ B, C
④ C, E
⑤ D, E

13. A, B, C, D, E 부서가 아래 〈보기〉의 조건에 따라 만년필 2자루, 텀블러 2개, 티셔츠 1개 중 각각 하나의 기념품을 받을 때, 만년필을 반드시 받는 부서와 텀블러를 반드시 받는 부서를 알맞게 짝지은 것을 고르시오.

〈 보 기 〉

- C 부서와 B 부서는 같은 기념품을 받는다.
- D 부서는 만년필을 받는다.

	만년필	텀블러
①	D	A
②	D	B, C
③	D, E	A
④	D, A	B, C
⑤	D, E	B, C

14. A, B, C, D, E가 일렬로 줄을 선다. 이들 중 1명만 거짓으로 진술한다고 할 때 〈보기〉를 참고하여 3등인 사람과 5등인 사람을 알맞게 짝지은 것을 고르시오.

〈 보 기 〉

A: B는 1등이다.
B: A는 3등이거나 5등이다.
C: D는 2등이고 E는 3등이다.
D: A의 진술은 거짓이다.
E: C는 4등이다.

① 3등: A, 5등: B ② 3등: A, 5등: E ③ 3등: C, 5등: A
④ 3등: D, 5등: A ⑤ 3등: E, 5등: A

15. A, B, C, D, E, F가 원탁에 일정한 간격으로 앉는다. 〈보기〉를 참고하여 항상 참인 것을 고르시오.

─〈 보 기 〉─

- B는 C와 마주 보고 앉는다.
- D는 F와 마주 보지 않게 앉는다.
- F는 C와 이웃하며 C의 왼쪽 자리에 앉는다.
- A는 D와 마주 보고 앉지 않는다.

① A는 B와 이웃하게 앉는다.
② B는 D와 이웃하게 앉는다.
③ C는 E와 이웃하게 앉는다.
④ D는 E와 이웃하게 앉는다.
⑤ E는 F와 이웃하게 앉는다.

16. A, B, C, D, E 중 1명이 승진했다. 이들 중 2명의 말은 거짓이고 나머지 3명의 말은 진실이라고 할 때 〈보기〉를 참고하여 거짓말하는 2명을 고르시오.

| 2o25 하반기 기출 키워드 | 거짓말 2명, 진실 3명

─〈 보 기 〉─

A: E는 승진하지 않았다.
B: E가 승진했다.
C: E가 하는 말은 진실이다.
D: A와 E는 승진하지 않았다.
E: 나와 C는 승진하지 않았다.

① A, C   ② A, E   ③ B, D
④ B, E   ⑤ C, D

17. 보안요원인 A, B, C, D, E는 5층의 건물 각 층을 담당한다. 5명 모두 1개 층만 담당한다고 할 때 〈보기〉를 참고하여 1층을 담당할 수 있는 사람이 모두 몇 명인지 고르시오.

| 2025 하반기 기출 키워드 | 각 층마다 보안요원 배치

〈 보 기 〉

- A와 C가 담당하는 층 사이에 2개 층이 있다.
- B는 E가 담당하는 층보다 1층 위의 층을 담당한다.
- C는 D와 인접한 층을 담당하지 않는다.

① 1명 ② 2명 ③ 3명
④ 4명 ⑤ 5명

18. 다음 중 결론을 항상 참으로 만드는 [전제1]을 고르시오.

| 2025 하반기 기출 키워드 | 전제 3개, 결론 1개에서 전제 찾기

[전제1] (   )
[전제2] 빨강을 좋아하는 모든 사람은 파랑을 좋아한다.
[전제3] 초록을 좋아하는 어떤 사람은 보라를 좋아한다.
[결 론] 보라를 좋아하는 어떤 사람은 파랑을 좋아한다.

① 빨강을 좋아하는 어떤 사람은 초록을 좋아한다.
② 파랑을 좋아하는 모든 사람은 초록을 좋아한다.
③ 초록을 좋아하는 모든 사람은 빨강을 좋아한다.
④ 초록을 좋아하는 어떤 사람은 파랑을 좋아한다.
⑤ 빨강을 좋아하는 모든 사람은 초록을 좋아한다.

19. A, B, C, D, E, F 중 일부 인원이 결혼했다. 6명의 혼인 상태는 기혼과 미혼뿐이라 할 때 〈보기〉를 참고하여 기혼일 가능성이 있는 인원이 최대 몇 명인지 고르시오.

| 2025 하반기 기출 키워드 | A가 미혼이면 B는 미혼

〈 보 기 〉

- A는 미혼이다.
- B와 F 중 1명이 기혼이다.
- E가 미혼이라면 B가 미혼이다.
- A가 미혼이라면 F는 미혼이다.
- B 또는 F가 기혼이라면 C와 D는 미혼이다.

① 0명 ② 1명 ③ 2명
④ 3명 ⑤ 4명

20. A, B, C는 올림픽 메달리스트다. 금, 은, 동메달 중 하나를 받았으며 A, B, C가 받은 메달은 서로 다르다. 이들은 각자 2번씩 진술하며 1번의 진술은 진실이고 나머지 1번의 진술은 거짓이라고 할 때 〈보기〉를 참고하여 항상 참인 것을 고르시오.

| 2025 하반기 기출 키워드 | 참-거짓을 하나씩 말하는 진실게임

〈 보 기 〉

A: A가 은메달을 받았거나 C가 금메달을 받았다.
A: C가 은메달을 받았다.
B: 동메달을 받은 사람은 A이거나 나(B)이다.
B: A가 금메달을 받았고 나는 동메달을 받았다.
C: A가 금메달을 받았거나 내(C)가 동메달을 받았다.
C: A가 은메달을 받았거나 내(C)가 금메달을 받았다.

① A는 금메달을 받았다.
② A는 은메달을 받았다.
③ B는 동메달을 받았다.
④ C는 금메달을 받았다.
⑤ C는 동메달을 받았다.

기출복원 모의고사

해설 p.18

문항수 20문항 | 제한시간 15분

01. 다음과 같이 일정한 규칙으로 숫자를 나열할 때, A의 값으로 알맞은 것을 고르시오.

278	63	341	552	142	694	367	98	(A)

① 325 ② 380 ③ 401
④ 442 ⑤ 465

02. 다음과 같이 일정한 규칙으로 숫자를 나열할 때, 빈 칸에 들어갈 값으로 알맞은 것을 고르시오.

$\dfrac{545}{869}$	$\dfrac{549}{874}$	$\dfrac{553}{879}$	$\dfrac{557}{884}$	$\dfrac{561}{889}$	( )	$\dfrac{569}{899}$

① $\dfrac{562}{897}$ ② $\dfrac{563}{890}$ ③ $\dfrac{564}{895}$
④ $\dfrac{565}{894}$ ⑤ $\dfrac{568}{897}$

03. 다음과 같이 일정한 규칙으로 숫자를 나열할 때, 빈 칸에 들어갈 값으로 알맞은 것을 고르시오.

12.05	21.18	30.31	39.44	( )	57.7	66.83	75.96

① 46.91 ② 48.57 ③ 49.69
④ 51.62 ⑤ 55.28

04. 다음과 같이 일정한 규칙으로 숫자를 나열할 때, 빈 칸에 들어갈 값으로 알맞은 것을 고르시오.

132	134	138	146	162	194	258	386	( )

① 452   ② 539   ③ 642

④ 754   ⑤ 876

05. 다음과 같이 일정한 규칙으로 숫자를 나열할 때, 8번째 항의 값으로 알맞은 것을 고르시오.

16	148	280	412	544	676

① 808   ② 861   ③ 911

④ 940   ⑤ 987

06. 다음과 같이 일정한 규칙으로 숫자를 나열할 때, A의 값으로 알맞은 것을 고르시오.

17	25	42	67	109	176	285	(A)

① 461   ② 487   ③ 501

④ 555   ⑤ 570

07. 다음과 같이 일정한 규칙으로 숫자를 나열할 때, 빈 칸에 들어갈 값으로 알맞은 것을 고르시오.

$\dfrac{145}{36}$	$\dfrac{16}{3}$	$\dfrac{239}{36}$	$\dfrac{143}{18}$	$\dfrac{37}{4}$	$\dfrac{95}{9}$	$\dfrac{427}{36}$	( )

① $\dfrac{257}{18}$ ② $\dfrac{122}{9}$ ③ $\dfrac{79}{6}$

④ $\dfrac{49}{3}$ ⑤ $\dfrac{539}{36}$

08. 다음과 같이 일정한 규칙으로 숫자를 나열할 때, 빈 칸에 들어갈 값으로 알맞은 것을 고르시오.

135	3,510	26	47	3,807	81	66	( )	57

① 3,271 ② 3,444 ③ 3,662
④ 3,762 ⑤ 3,885

09. 다음과 같이 일정한 규칙으로 숫자를 나열할 때, A의 값으로 알맞은 것을 고르시오.

$\dfrac{12}{25}$	$\dfrac{3}{8}$	$\dfrac{4}{13}$	$\dfrac{6}{23}$	$\dfrac{12}{53}$	$\dfrac{1}{5}$	(A)

① $\dfrac{1}{7}$ ② $\dfrac{12}{67}$ ③ $\dfrac{7}{24}$
④ $\dfrac{12}{59}$ ⑤ $\dfrac{17}{43}$

10. 다음과 같이 일정한 규칙으로 숫자를 나열할 때, 9번째 항의 값으로 알맞은 것을 고르시오.

$\dfrac{1}{571}$	$\dfrac{1}{569}$	$\dfrac{1}{567}$	$\dfrac{1}{565}$	$\dfrac{1}{563}$	$\dfrac{1}{561}$

① $\dfrac{1}{560}$ ② $\dfrac{1}{559}$ ③ $\dfrac{1}{558}$
④ $\dfrac{1}{557}$ ⑤ $\dfrac{1}{555}$

11. 다음과 같이 일정한 규칙으로 숫자를 나열할 때, 11번째 항의 값으로 알맞은 것을 고르시오.

121	144	169	196	225	256	289	324

① 375 ② 416 ③ 441
④ 485 ⑤ 499

12. 다음과 같이 일정한 규칙으로 숫자를 나열할 때, 10번째 항의 값으로 알맞은 것을 고르시오.

524,288	131,072	32,768	8,192	2,048	512	( )

① 487
② 387
③ 317
④ 254
⑤ 128

13. 다음과 같이 일정한 규칙으로 숫자를 나열할 때, 빈 칸에 들어갈 값으로 알맞은 것을 고르시오.

1.018	3.143	9.268	27.393	81.518	( )	729.768	2187.893

① 162.598
② 243.643
③ 357.342
④ 457.351
⑤ 611.743

14. 다음과 같이 일정한 규칙으로 숫자를 나열할 때, 빈 칸에 들어갈 값으로 알맞은 것을 고르시오.

1,547	2,658	4,205	6,863	11,068	17,931	( )

① 28,999
② 26,458
③ 24,657
④ 22,712
⑤ 20,126

15. 다음과 같이 일정한 규칙으로 숫자를 나열할 때, 빈 칸에 들어갈 값으로 알맞은 것을 고르시오.

513	418	921	515	420	923	517	422	( )

① 906
② 917
③ 925
④ 931
⑤ 939

16. 다음과 같이 일정한 규칙으로 숫자를 나열할 때, A의 값으로 알맞은 것을 고르시오.

1,547	1,546	1,544	1,541	1,537	1,532	(A)

① 1,518   ② 1,526   ③ 1,529
④ 1,564   ⑤ 1,618

17. 다음과 같이 일정한 규칙으로 숫자를 나열할 때, 11번째 항의 값으로 알맞은 것을 고르시오.

11	22	33	44	55	66	77

① 99   ② 101   ③ 110
④ 121   ⑤ 131

18. 다음과 같이 일정한 규칙으로 숫자를 나열할 때, A의 값으로 알맞은 것을 고르시오.

(A)	-38	19	-19	0	-19	-19	-38

① -19   ② 0   ③ 19
④ 38   ⑤ 57

19. 다음과 같이 일정한 규칙으로 숫자를 나열할 때, B÷A의 값으로 알맞은 것을 고르시오.

$\dfrac{27}{19}$	$\dfrac{81}{76}$	$\dfrac{243}{304}$	$\dfrac{729}{1,216}$	$\dfrac{2,187}{4,864}$	$\dfrac{6,561}{19,456}$	(A)	(B)

① $\dfrac{3}{4}$ ② $\dfrac{45}{169}$ ③ $\dfrac{3,079}{14,846}$

④ $\dfrac{59,049}{311,296}$ ⑤ $\dfrac{177,147}{1,245,184}$

20. 다음과 같이 일정한 규칙으로 숫자를 나열할 때, 빈 칸에 들어갈 값으로 알맞은 것을 고르시오.

| 17 | 25 | 42 | 67 | 109 | 176 | 285 | ( ) |

① 325 ② 393 ③ 417
④ 461 ⑤ 523

기출복원 모의고사

해설 p.20

문항수 20문항 | 제한시간 15분

01. 다음 글에서 나타난 현상의 예시로 가장 옳지 않은 것은?

| 2025 상반기 기출 키워드 | 그레이 르네상스

현대 사회에서 고령층을 바라보는 시각이 변화하고 있다. 평균 수명 연장으로 인한 건강한 고령자 증가는 이들을 단순히 사회적 돌봄의 대상을 넘어 경제·문화의 새로운 주체로 인식하게 한다. 이러한 현상을 그레이 르네상스(Gray Renaissance)라고 부른다. 이는 고령층이 기존의 소극적인 역할에서 벗어나 역동적이고 창조적인 삶을 영위하며 사회에 활력을 불어넣는 흐름을 의미한다.

특히 이들은 경제 활동의 중요한 동력으로 작용하며 '노인이 경제를 활발하게 한다.'는 인식을 확산시키고 있다. 과거의 고령층이 자녀 세대에 의존하거나 지출을 최소화했던 것과 달리, 현재의 고령층은 상당한 자산과 소득을 바탕으로 적극적인 소비 주체로 부상하였다. 이들의 소비 패턴의 특징은 필수적인 지출을 넘어, 즐기기 위한 소비에 주저하지 않는다는 점이다. 여행, 골프와 캠핑 같은 고급 취미 활동, 문화 예술 관람, 건강 관련 서비스 등 개인의 만족도와 삶의 질 향상을 위한 지출이 활발하게 이루어지고 있다.

이러한 고령층의 소비 증가는 관련 산업의 성장을 촉진하고 일자리를 창출하는 긍정적인 파급 효과를 낳고 있다. 기업은 이들을 소비력이 높은 중요한 고객으로 인식하여 맞춤형 제품과 서비스를 개발하는 데 집중하고 있다.

① 고급 리조트 체인이 은퇴 세대를 위한 프리미엄 장기 숙박 상품을 출시했다.

② 통계청 자료에 의하면, 60대 이상의 문화 예술 관람 관련 지출 증가가 전년 대비 전체 소비 지출 증가의 주요 원인 중 하나로 분석되었다.

③ 한 헬스케어 기업은 노년층을 '액티브한 고객'으로 정의하고, 맞춤형 스포츠 의류 및 트레이닝 서비스를 개발하여 성공을 거두었다.

④ 고령층이 즐기기 위한 소비를 늘리면서 이들을 지원하는 자녀 세대의 부담이 증가하였다.

⑤ 대학생을 대상으로 한 설문조사에서, 은퇴 후의 삶에 대해 '자신이 하고 싶은 일에 집중할 수 있는 제2의 전성기'라는 답변이 주를 이루었다.

02. 다음 글의 주제로 가장 적절한 것은?

최근 서양 미술 교육은 미술사와 미학 등 추상적 이론 중심으로 이루어져 있으며, 가장 큰 문제점은 실증적인 학습(Empirical Learning)의 부족이라는 점이다. 학생들은 고대에서 현대에 이르는 방대한 이론과 복잡한 비평을 익히는 데 많은 시간을 들이지만, 실제 작품 제작 과정이나 재료의 물성, 전통적 기법을 몸으로 익히는 경험은 상대적으로 미흡하다. 이러한 불균형은 미술을 지적 탐구나 철학적 사유의 대상으로만 바라보게 만들고, 예술의 물질성·육체적 노동이라는 본질적 요소를 약화한다. 결과적으로 학생들은 명작의 의미와 사조는 잘 알지만, 유화 물감이 실제로 어떻게 섞이고 점토가 손에서 어떻게 변형되는지에 대한 감각적 이해가 부족한 상태에 놓인다.

따라서 미술 교육은 이론 중심의 편향에서 벗어나 '무엇을 표현할 것인가' 뿐 아니라 '어떻게 구현할 것인가'를 탐구할 수 있도록 실증적 학습을 강화해야 한다. 작업실에서 재료를 직접 다루고 시행착오를 경험하는 과정은 예술가적 문제 해결 능력을 기르는 핵심이며, 이론은 그러한 창작 활동을 비판적으로 성찰하게 하는 보조적 역할로 자리 잡아야 한다. 이러한 균형 잡힌 접근만이 학생들을 진정한 창작자로 성장시킬 수 있다.

① 서양 미술 교육 내 미학 이론과 비평의 중요성 재강조
② 실증적 학습 강화를 위한 새로운 교육 방법론의 제시
③ 서양 미술 교육의 이론 편향 문제점과 실증적 학습의 필요성
④ 예술가의 지적 탐구와 철학적 사유 증진 방안 고찰
⑤ 미술 작품 제작 과정에서 재료의 물성이 갖는 역사적 의미

03. 다음 글에서 나타난 존 스튜어트 밀의 입장에서 임마누엘 칸트의 관점을 비판하는 주장으로 옳지 않은 것은?

> 인간의 도덕성에 대해 언급한 철학자로는 임마누엘 칸트와 존 스튜어트 밀이 있다. 임마누엘 칸트는 도덕적 행위의 진정한 가치는 행위가 초래하는 결과에 의존하지 않고, 오직 의무에 대한 존경심에서 나온 선의지에 의해서만 결정된다고 하였다. 도덕적 의무는 어떠한 상황과 결과도 고려하지 않는 보편적이고 절대적인 법칙 즉 정언명령이라고 하였는데, 여기서 정언명령이란 '한 행위를 그 자체로서, 어떤 다른 목적과 관계없이 객관적이고 필연적인 것으로 표상하는 그런 명령'을 의미한다. 따라서 인간은 그 자체가 목적인 존재이므로, 타인을 자신의 목적을 위한 단순한 수단으로 대해서는 결코 안 되며, 진정한 도덕적 행위는 행복이나 동정심 같은 감정이 아닌, 이성의 명령인 의무를 따를 때 비로소 완성된다고 하였다.
>
> 존 스튜어트 밀은 모든 도덕적 행위의 옳고 그름은 그 행위가 가져오는 결과에 의해서만 결정된다고 하였다. 도덕의 궁극적인 목적은 사회 구성원 전체의 최대 다수의 최대 행복을 실현하는 것으로 행복은 쾌락의 증진과 고통의 감소를 의미하며, 특히 정신적 쾌락이 육체적 쾌락보다 질적으로 더 높다고 하였다. 따라서 도덕 원칙은 현실적인 경험과 사회의 유용성을 바탕으로 정립되어야 하며, 선한 의도라 할지라도 결국 불행을 초래하는 행위는 도덕적이라고 볼 수 없다고 하였다.

① 칸트는 행위의 결과가 가져올 행복이나 불행을 무시함으로써, 도덕적 행위가 실제 삶에 미치는 유용성을 간과한다.

② 칸트는 도덕적 행위의 기준을 현실적인 경험에서 찾지 않고, 실천이 어렵고 지나치게 엄격한 선의지와 의무에만 의존하게 한다.

③ 칸트는 도덕 원칙을 지나치게 절대적인 명령으로만 규정하여, 복잡하고 다양한 현실 상황에 적용할 때 융통성을 발휘하기 어렵게 만든다.

④ 칸트는 도덕 판단의 기준을 오직 개인의 주관적 경험에만 두어, 사회 전체의 객관적 윤리를 확립하지 못한다.

⑤ 칸트는 도덕의 기준을 이성에 따른 의무에만 두어, 행위의 결과나 인간의 동정심과 같은 감정이 도덕 판단에서 갖는 의미를 배제한다는 한계를 가진다.

04. **다음 글을 읽고 추론한 것으로 가장 적절한 것은?**

| 2025 상반기 기출 키워드 | 이성의식, 잠재의식

> 인간의 정신 활동은 크게 이성의식과 잠재의식이라는 두 영역으로 구분된다. 이성의식은 우리가 일상에서 명확하게 인지하고 통제할 수 있는 영역이다. 이 영역은 논리적 사고, 합리적인 판단, 의도적인 계획, 그리고 외부 정보를 분석하는 기능을 담당한다. 즉, 이성의식은 마치 배의 선장처럼 단기적인 결정을 내리고 외부 환경에 대응한다. 반면, 잠재의식은 우리의 통제 밖에 있으며, 깊은 기억, 본능, 과거의 경험, 그리고 감정적 반응의 저장소이다. 잠재의식은 우리의 실제 행동과 태도에 지대한 영향을 미치며, 이성의식의 논리적 분석 없이도 오랜 기간 축적된 정보를 바탕으로 즉각적인 반응을 일으킨다. 무의식적 습관이나 선입견 등은 잠재의식의 발현으로 볼 수 있다. 따라서 잠재의식은 배의 전반적인 방향과 속도에 결정적인 영향을 미치는 근본적인 힘이라 할 수 있다. 이성 의식은 잠재의식의 본질적인 내용을 인식하지 못하는 경우가 많으며, 이 두 영역의 상호작용과 갈등이 곧 인간 심리의 복잡성을 이룬다.

① 흡연자가 건강을 위해 금연을 결심하고 논리적인 계획을 세웠더라도, 스트레스 상황에서 무의식적으로 담배를 찾는 행동은 잠재의식이 실제 행동에 더 큰 영향을 미칠 수 있음을 보여준다.

② 직장인이 회의에서 합리적인 근거를 바탕으로 프로젝트를 결정했다면, 이는 인간의 행동이 오직 이성의식에 의해서만 이루어진다는 점을 입증한 사례이다.

③ 잠재의식이 오랜 기간 축적된 경험을 바탕으로 행동을 유발하므로, 인간의 행동은 이성의식의 판단과는 무관하게 과거 경험에 의해 결정된다고 볼 수 있다.

④ 이성의식이 잠재의식의 본질적인 내용을 인식하지 못하는 경우가 많다는 점을 고려할 때, 인간은 자신의 행동 원인을 파악하지 못한 상태에서 판단과 선택을 내린다고 볼 수 있다.

⑤ 이성의식과 잠재의식은 각기 다른 기능을 수행하지만, 이성의식이 외부 정보를 분석해 결정을 내린 이후에는 잠재의식이 행동에 미치는 영향이 제한적이다.

05. **다음 글의 문단배열 순서로 가장 적절한 것은?**

(A) 따라서 린 스타트업은 모든 기능을 갖춘 제품을 만드는 대신, 핵심 기능만을 담은 최
소 기능 제품인 MVP(Minimum Viable Product)를 먼저 시장에 출시하는 만들기
(Build) 단계부터 시작한다. 이 단계의 목적은 제품 자체의 완성도가 아니라, 실제 시
장에서 고객의 반응을 관찰할 수 있는 기반을 마련하는 데 있다.

(B) 린 스타트업은 최소한의 자원으로 시장에 진입하여 빠르게 성장하기 위한 방법론이
다. 이는 완벽한 제품을 추구하기보다, 효율성과 고객 반응을 바탕으로 한 학습에 집
중하는 데 그 의의가 있다.

(C) 한편 학습 과정을 통해 새로운 통찰을 얻게 되면, 스타트업은 기존 가설을 유지한 채
개선을 이어 가거나, 필요에 따라 가설을 수정하거나 폐기하는 피벗(Pivot)을 선택하
게 된다. 이러한 '만들기(Build)-측정(Measure)-학습(Learn)'의 반복적 순환 구조
가 린 스타트업의 지속적인 성장을 이끈다.

(D) 이렇게 시장에 출시된 MVP에 대한 고객의 반응을 수집하고 분석하는 과정을 측정
(Measure)이라 한다. 측정을 통해 얻은 데이터를 바탕으로, 초기 가설이 타당한지 혹
은 어떤 부분이 보완되어야 하는지를 판단하는 학습(Learn) 단계가 이어진다.

① (B) - (C) - (A) - (D)
② (A) - (B) - (D) - (C)
③ (B) - (A) - (D) - (C)
④ (D) - (A) - (C) - (B)
⑤ (A) - (C) - (B) - (D)

06. **다음 글의 내용과 일치하지 않는 것은?**

> 망원경의 역사는 17세기 초 네덜란드의 안경 제작자 한스 리퍼셰이가 1608년 그가 제작한 망원경에 특허를 신청하면서 공식적으로 시작되었다. 그가 제작한 최초의 망원경은 오목렌즈를 접안렌즈로, 볼록렌즈를 대물렌즈로 사용하는 구조였다. 이와 같은 구조의 망원경은 물체의 상이 상하로 뒤집히지 않는 정립상을 형성하여, 주로 육상에서 물체를 관찰하는 데 유용하게 활용되었다. 이 발명 소식을 접한 갈릴레이는 독자적인 연구를 통해 망원경의 성능을 크게 개선하고 천체 관측에 활용함으로써, 현대 천문학의 새 지평을 열었다. 그러나 갈릴레이식 망원경은 좁은 시야와 낮은 배율이라는 한계가 있었다. 이후, 독일의 천문학자 케플러는 두 개의 볼록렌즈만을 사용하여 더 넓은 시야와 높은 배율을 제공할 수 있는 새로운 망원경을 개발하였다. 케플러식 망원경은 도립상, 즉 물체가 거꾸로 뒤집혀 보이는 상을 보여주는 단점이 있었음에도 불구하고, 천문학 연구의 발전에 크게 이바지했다.

① 한스 리퍼셰이가 처음 제작한 망원경은 물체를 바로 세워 보여주는 정립상의 특징을 가지고 있었다.

② 갈릴레이는 개선된 망원경을 사용하여 천체 관측을 함으로써 현대 천문학의 새로운 장을 열었다.

③ 케플러가 개발한 망원경의 구조는 갈릴레이식에 비해 더 넓은 시야를 확보할 수 있었다.

④ 리퍼셰이의 망원경은 대물렌즈와 접안렌즈 모두 오목렌즈를 사용하는 구조였다.

⑤ 케플러식 망원경은 상이 뒤집혀 보이는 도립상이라는 단점이 있었음에도 천문학 발전에 기여했다.

| 2025 상반기 기출 키워드 | 코페르니쿠스 우주론

16세기 니콜라우스 코페르니쿠스가 제창한 지동설은 수천 년간 유럽을 지배한 천동설에 근본적인 도전을 제기하였다. 코페르니쿠스 우주론의 핵심은 태양을 중심에 두고 지구를 포함한 모든 행성이 원형 궤도로 공전한다는 것이다. 이와 대조적으로, 프톨레마이오스의 천동설은 지구를 우주의 중심에 고정하고, 주전원(Epicycle)을 복잡하게 활용하여 관측 결과를 맞히려 하였다. 이 모델은 상식과 종교적 세계관에 부합했기에 오랫동안 유지되었다.

코페르니쿠스는 지구의 움직임을 통해 프톨레마이오스 체계의 복잡한 주전원 문제를 수학적으로 단순화했으며, 행성의 역행을 지구 공전으로 인한 시차 효과로 자연스럽게 설명하였다. 다만, 그는 행성들이 완벽한 원형 궤도를 돈다고 가정했기에 미세한 오차를 해결하기 위해 여전히 소수의 주전원을 사용해야 하였다. 또한, 그의 우주론은 지구 자전에 따른 원심력을 당시 물리학으로 설명할 수 없다는 비판과 망원경 부재로 항성 연주 시차를 증명할 수 없다는 기술적 한계에 직면하였다. 당시 사람들 또한 지구는 정지하고 있다는 직관에 부합하지 않는 코페르니쿠스 우주론을 받아들이길 거부했다.

① 프톨레마이오스의 천동설 모델은 행성의 복잡한 움직임을 설명하기 위해 주전원 개념을 활용했다.
② 코페르니쿠스 우주론에서도 미세한 오차 해결을 위해 소수의 주전원이 여전히 필요했다.
③ 지동설은 행성이 역행하는 현상을 지구 공전으로 인한 시차 효과로 설명했다.
④ 코페르니쿠스는 망원경을 사용하여 항성들의 연주 시차를 관측함으로써 지동설의 주요 증거를 확보했다.
⑤ 지동설은 당시 사람들이 체감하는 지구의 정지라는 직관과 충돌했다.

| 2025 상반기 기출 키워드 | 니체, 차라투스투라

고대 페르시아의 종교 창시자인 실제 차라투스투라는 기원전 7세기경 활동했으며, 선의 신 아후라 마즈다와 악의 신 앙그라 마이뉴의 대립 구도를 통해 우주적 이원론을 확립하였다. 이는 선과 악의 윤리적 투쟁을 핵심으로 하는 조로아스터교의 근간이 되었고, 이후 서양 종교 사상에도 큰 영향을 미쳤다. 그러나 니체의 소설 『차라투스투라는 이렇게 말했다』에 등장하는 니체의 차라투스투라는 역사적 인물과는 그 역할이 근본적으로 다르다. 니체가 창조한 이 인물은 기존의 도덕적 가치와 종교적 이념을 옹호하기는커녕, 오히려 유럽의 낡은 사상과 전통을 통렬히 비판하는 대변자로 활용된다. 니체의 차라투스투라는 기독교적 도덕을 포함한 모든 초월적이고 절대적인 가치의 허구성을 폭로하며, 인간이 스스로 가치를 창조하는 초인의 이념을 설파한다. 이는 선악의 기준을 초월적 영역에서 확정해 온 과거의 종교적 가르침에 맞서, 니체가 인간을 가치 창조의 주체로 재정립하며 인간 중심의 가치 재평가를 시도했음을 보여준다. 니체는 '최초의 도덕주의자'였던 차라투스투라를 '도덕의 비판자'로 전복시킴으로써 유럽 정신의 재건을 시도하였다. 니체의 이러한 전복적 시도는 '모든 가치의 재평가'라는 그의 핵심 철학을 담고 있으며, 이는 현대 사상에 깊은 영향을 미쳤다.

① 니체의 차라투스투라는 선악의 투쟁이라는 고대 가르침을 그대로 계승했다.
② 실제 차라투스투라의 이원론은 서양 종교 사상에는 영향을 주지 못했다.
③ 니체는 소설을 통해 유럽의 낡은 사상과 전통을 옹호하고자 했다.
④ 니체의 차라투스투라는 초월적 가치의 허구성을 폭로했다.
⑤ 차라투스투라를 전복시킨 니체의 시도는 그의 철학 전반을 관통하는 가치 보존 이념과 긴밀히 연관되어 있다.

09. 다음의 글의 내용을 통해 추론한 것으로 가장 적절한 것은?

현대 경제에서 구글, 아마존 같은 거대 플랫폼 기업들은 방대한 데이터와 사용자 기반을 바탕으로 사실상의 독점적 지위를 확보하고 있다. 이러한 독점은 단순히 가격 경쟁을 저해하는 것을 넘어, 플랫폼이 사용하는 알고리즘의 공정성 문제와 직결된다. 플랫폼의 알고리즘은 상품 추천, 검색 순위, 심지어 채용 기회까지 결정하는 사회적 자원의 배분 메커니즘으로 작동한다.

문제는 알고리즘이 학습 과정에서 이미 존재하는 사회적 편향(Bias)이 내재된 데이터를 반영하여 특정 집단에 불리한 결과를 반복적으로 도출할 수 있다는 점이다. 또한, 플랫폼 기업들은 경쟁 우위를 유지하기 위해 알고리즘의 작동 원리를 불투명하게 유지하는 경향이 있다. 이러한 불투명성과 편향성은 독점적 지위를 통해 더욱 강화된다. 알고리즘의 오류나 불공정이 플랫폼 독점력 하에서 작동할 경우, 사용자나 소규모 경쟁 기업에게 미치는 부정적 영향은 통제 불가능할 정도로 확대될 수 있다. 따라서 알고리즘의 투명성과 공정성 확보는 시장 경쟁 촉진과 사회적 형평성 유지를 위한 핵심적인 과제가 되었다.

① 플랫폼의 알고리즘은 학습 과정에서 발생하는 사회적 편향을 반영하지 않는다.
② 거대 플랫폼 기업에 대한 규제를 알고리즘의 내부 작동 원리를 검토하는 방향으로 변화할 필요가 있다.
③ 알고리즘의 불투명성은 소규모 경쟁 기업의 시장 진입을 용이하게 한다.
④ 알고리즘의 불공정은 플랫폼의 독점적 지위와 관계없이 사용자에게 미치는 영향이 일정하다.
⑤ 거대 플랫폼 기업의 알고리즘은 상품 추천이나 검색 순위 결정에 영향을 미치기 힘들다.

| 2025 상반기 기출 키워드 | 움벨트

생물학자 야콥 폰 윅스퀼은 모든 유기체가 감각기관을 통해 인지하고 해석하는 주관적 세계인 '움벨트(Umwelt)' 개념을 제시했다. 움벨트는 외부 환경이 아닌 유기체가 해석하는 의미 세계이다. 예를 들어, 진드기의 움벨트는 포유류의 냄새, 체온 등 생존과 관련된 세 가지 요소로만 구성된다. 인간의 복잡한 숲이 진드기의 움벨트에서는 특정 화학 신호의 조합일 뿐인 것처럼, 동물의 인지 방식은 인간과 근본적으로 다르다. 이러한 움벨트의 차이는 인간이 동물과 완전히 교감하는 것을 불가능하게 한다. 우리는 종종 동물이 인간과 같은 방식으로 기쁨이나 공감을 느낄 것이라 가정하고 교감을 시도하지만 이는 근본적으로 옳지 않다. 대신, 동물의 생존 메커니즘과 '무엇을 인지하고 반응하는지'를 이해하려는 노력을 통해 우리는 서로의 움벨트 간의 제한적인 접점을 찾을 수 있을 뿐이다. 진정한 교감은 인간의 관점을 투사하는 것이 아니라, 상대방의 주관적 세계를 인정하는 것에서 출발해야 한다.

① 인간의 감각 기관이 동물보다 우월하므로, 인간은 동물의 움벨트를 쉽게 모방할 수 있다.

② 동물의 움벨트 차이를 인정하더라도, 인간은 언어를 통해 동물의 주관적 세계를 이해할 수 있다.

③ 동물의 행동을 과학적으로 분석할 때, 인간의 심리 상태를 대입하는 방법론은 움벨트 개념에 의해 정당화되기 어렵다.

④ 서로 다른 종 사이의 움벨트 차이가 클수록, 유기체의 생존을 위한 개별적인 노력이 불필요해진다.

⑤ 인간과 동물의 제한적인 교감이 가능해진다는 것은, 동물의 감각 능력이 시간이 지남에 따라 인간을 닮아간다는 것을 의미한다.

11. 다음 글의 내용과 일치하지 않는 것은?

> 대상포진은 VZV(수두-대상포진 바이러스)에 의해 발생하는 질환이다. VZV는 주로 유년기에 수두를 일으킨 뒤에도 완전히 소멸되지 않고, 신경 세포가 모여 있는 척수 신경절이나 뇌신경절에 잠복 상태로 남아 있다. VZV가 수십 년 후 재활성화되는 주요 원인은 면역력 저하다. 고령, 스트레스, 만성 질환, 항암 치료 등으로 인해 면역 체계가 약해지면 잠복 상태였던 VZV가 신경을 따라 피부로 이동하여 염증을 일으키며 대상포진이 발병한다.
>
> 대상포진의 가장 특징적인 증상은 주로 신체의 한쪽 부위에 국한되어 나타나는 수포와 이에 동반되는 극심한 통증이다. 이 통증은 타는 듯하거나 찌르는 듯한 양상을 보이며, 경미한 접촉에도 심한 통증을 유발한다. 치료 시기가 늦어지거나 관리가 제대로 이루어지지 않을 경우, 피부 병변이 사라진 후에도 수개월에서 수년 동안 통증이 지속되는 대상포진 후 신경통(PHN)이라는 심각한 합병증이 발생할 수 있다. 이는 특히 고령 환자에게서 흔하게 나타나며 삶의 질을 크게 저하시킨다. 따라서 대상포진은 발병 후 72시간 이내에 항바이러스제를 투여하여 바이러스 증식을 억제하는 것이 중요하며, 통증 완화를 위한 치료를 병행해야 한다.

① 대상포진은 수두를 유발하는 바이러스와 동일한 바이러스에 의해 발생한다.

② 대상포진의 주요 증상은 신경통에 국한되며, 피부에 나타나는 수포성 병변은 부차적인 증상이다.

③ VZV는 수두 발병 후 신경 세포가 모여 있는 부위에 잠복 상태로 남는다.

④ 발병 후 72시간 이내에 항바이러스제를 투여하는 것이 중요한 치료법 중 하나이다.

⑤ 흔한 합병증 중 하나는 피부 병변 소실 후에도 통증이 지속되는 것이다.

12. 다음 글의 내용을 통해 추론한 것으로 가장 적절한 것은?

| 2025 상반기 기출 키워드 | 수소, 메탄, 에너지원

> 태양광이나 풍력 같은 재생 에너지는 환경에 미치는 영향이 적지만, 발전량이 날씨에 따라 변동한다는 근본적인 한계를 지닌다. 이 문제를 해결하고 안정적인 전력망을 구축하기 위해서는, 초과 생산된 에너지를 저장했다가 필요할 때 다시 사용할 수 있는 효율적인 에너지 저장 시스템(ESS)이 필수적이다. 현재 대용량 에너지 저장 기술의 중요한 축은 화학적 에너지 저장 방식이다. 이 중 수소는 물을 전기 분해하여 얻을 수 있으며, 연소 시 물 외에 다른 부산물이 없어 궁극적인 친환경 에너지원으로 주목받는다. 하지만 수소는 저장과 운송이 어렵다는 단점이 있다. 이에 대한 대안 중 하나는 파워 투 가스(P2G) 기술을 이용해 초과 전력으로 수소를 만든 후, 이를 이산화탄소와 반응시켜 메탄으로 전환하는 것이다. 메탄은 기존의 천연가스 인프라(배관, 저장소)를 그대로 활용할 수 있어 저장 및 운송 효율성이 매우 높다. 따라서 P2G 기술을 통한 메탄화는 재생 에너지의 단점을 보완하고 기존 에너지 시스템과의 연계를 강화하는 중요한 교두보 역할을 한다.

① 재생 에너지의 변동성 문제는 저장 기술의 발전만으로는 해결될 수 없으므로, 전력 생산 단계에서의 기술 혁신이 우선되어야 한다.

② 수소를 메탄으로 전환하는 과정은 추가적인 에너지 손실을 수반하므로, 에너지 효율 측면에서는 재생 에너지 활용의 장점을 약화시킬 가능성이 있다.

③ 화학적 에너지 저장 방식이 대용량 저장 기술의 핵심으로 제시된 점에 비추어 볼 때, 전기적·물리적 저장 기술은 재생 에너지 시스템에서 부차적인 역할에 머물 가능성이 크다.

④ 기존 천연가스 인프라를 활용할 수 있다는 점은 P2G 기술이 장기적으로 화석 연료 체계를 완전히 대체할 수 있음을 의미한다.

⑤ P2G 기술을 통한 메탄화는 수소의 친환경적 특성을 유지하면서도 저장·운송의 제약을 제거하는 방식이다.

13. 다음의 글에 제시된 두 입장에 대한 상호 반박으로 가장 적절한 것은?

| 2025 상반기 기출 키워드 | 문화 변화

> 문화 변화의 동력과 주체를 바라보는 관점은 크게 대립한다. 개인 주체론에 의하면 문화란 수많은 개인의 능동적인 선택, 혁신, 그리고 그 상호작용의 총합이며, 새로운 아이디어를 제안하고 기존 규범을 변형시키는 개인의 주체적인 행동만이 실질적인 변화를 창출한다고 본다. 이 관점은 문화를 정적인 구조가 아닌 끊임없이 재구성되는 동적인 현상으로 파악하며, 개인을 문화의 단순한 수용자가 아닌 생산자로 인식한다.
>
> 반면 문화 자체 변화론은 문화 변화를 개인의 의도와 무관하게 움직이는 자체적인 힘이나 내재적 구조의 원리의 결과로 해석한다. 이 관점은 개별적인 인간의 행위는 이미 거대한 문화적, 사회적 구조에 의해 결정된다고 보며, 따라서 개인의 행위는 변화의 근본적인 원인이 아닌 구조적 변화의 표현일 뿐이라고 주장한다. 이들은 문화가 자체적인 법칙을 가지고 진화한다고 믿는다.

① 문화 변화는 개인의 선택에서 비롯되지만, 그러한 선택의 방향과 결과는 문화 구조가 미리 규정하므로 개인의 역할은 본질적이라기보다 부차적이다.

② 문화가 자체적인 논리에 따라 진화한다는 설명은, 개인의 창의적 선택과 혁신이 실제로 문화 변화를 이끌어 온 사례들을 충분히 반영하지 못한다.

③ 개인의 능동적 행위가 문화 변화의 계기가 된다는 점을 고려할 때, 개인을 단순한 구조의 산물로 환원하는 관점은 문화의 능동적 성격을 간과한다.

④ 문화 변화가 개인의 의도와 무관한 구조적 법칙의 산물이라면, 기존 규범을 벗어나는 새로운 문화적 실천이 어떻게 등장하는지를 설명하기 어렵다.

⑤ 문화 자체 변화론은 문화 변동의 원인을 구조에만 귀속시킴으로써, 개인이 문화를 생산하고 재구성하는 주체라는 점을 설명하지 못한다.

14. 다음 글의 내용을 통해 추론할 수 있는 것으로 가장 적절하지 않은 것은?

| 2025 상반기 기출 키워드 | 자유시장, 통제시장

경제 시스템은 크게 시장 주도 방식과 정부 주도 방식으로 나뉜다. 자유시장(Free Market)은 생산 수단의 사적 소유를 근간으로 하며, 가격이 수많은 개인의 수요와 공급에 의해 자율적으로 결정되는 것을 미덕으로 삼는다. 이는 효율적인 자원 배분과 혁신을 촉진하여 경제 전체의 파이를 키우는 강력한 동력이 된다. 하지만 시장 실패 가능성을 내포하는데, 독과점 형성, 환경 오염과 같은 외부 효과 발생, 그리고 소득 불균형 심화 등 사회적 비용을 초래할 수 있다.

반면, 통제시장(Controlled Market) 또는 계획 경제는 정부나 중앙 기관이 생산량과 가격을 결정하는 등 시장 활동에 적극적으로 개입한다. 이 방식은 사회 전체의 평등과 안정을 목표로 하며, 필수 재화의 공정한 분배나 환경 보호 같은 공공의 이익을 효율적으로 달성할 수 있다. 그러나 자원의 배분이 비효율적으로 이루어지기 쉬우며, 개인의 혁신 동기를 약화시켜 장기적인 경제 성장을 저해하는 경향이 있다. 현대 사회에서 대부분 국가는 두 시스템의 장점을 취하기 위해 규제와 자유를 혼합한 혼합 경제 체제를 운용하고 있다.

① 자유시장에서 발생하는 문제는, 시장 가격이 개별 경제 주체의 선택만을 반영할 뿐 사회 전체에 발생하는 비용까지 포괄하지 못한 결과로 볼 수 있다.

② 두 시장 시스템의 근본적인 차이는 자원의 '효율적 배분'과 '사회적 평등' 중 어느 가치를 우선시하는지에 있다.

③ 혼합 경제 체제에서 정부의 시장 개입은 주로 자유시장이 가진 시장 실패의 위험을 줄이는 데 초점을 맞출 것이다.

④ 통제시장에서 개인의 혁신 동기가 약화될 경우, 이는 단기적 안정과는 별개로 장기적인 경제 성장 잠재력을 제한하는 요인으로 작용할 수 있다.

⑤ 통제시장 방식으로 자원 배분을 결정한다면, 장기적인 경제 성장을 위해 효율적으로 자원을 배분할 수 있을 것이다.

15. 다음 글의 내용을 통해 추론한 것으로 가장 적절한 것은?

| 2025 상반기 기출 키워드 | 기업과 이윤

현대 자본주의 사회에서 기업 활동의 핵심 목표는 이윤 극대화이다. 기업은 이 목표를 달성하기 위해 소비자 욕망을 충족시키려 하지만, 단순히 이미 존재하는 수요를 따라가는 것을 넘어 적극적으로 새로운 욕망을 창출하거나 재구성한다. 매년 출시되는 신제품과 업그레이드되는 서비스는 종종 소비자의 실제 필요보다는 심리적이고 사회적인 욕구를 겨냥하며, 이는 곧 기업의 이윤으로 연결된다. 이러한 과정에서 기업은 광고, 마케팅, 그리고 기술적 혁신을 통해 소비자가 느끼는 결핍감을 끊임없이 부추긴다. 예를 들어 새로운 기기 소유가 사회적 지위를 나타내는 방식으로 자리 잡게 되면서, 소비자는 자신의 삶의 질과 무관하게 새로운 상품을 구매하도록 유도된다. 결국 기업에게 소비자 욕망은 충족의 대상이라기보다는 관리와 조작의 대상이 된다. 이윤은 소비자가 상품을 통해 얻는 효용과 기업의 생산 비용 사이의 차이에서 발생하지만, 궁극적으로는 기업이 욕망을 얼마나 효과적으로 통제하는지에 달려있다.

① 기업의 이윤 증대는 소비자의 실제 필요가 충분히 충족될수록 자연스럽게 뒤따른다.

② 현대 자본주의에서 소비자의 구매 결정은 개인의 합리적 판단보다는 기업이 설계한 욕망 구조의 영향을 크게 받는다.

③ 기술 혁신은 주로 소비자의 삶의 질을 실질적으로 향상시키는 방향으로 활용된다.

④ 기업의 이윤은 생산 비용 절감에 의해 주로 발생한다.

⑤ 소비자는 상품 소비를 통해 사회적 지위를 표현하지만, 이는 기업의 이윤 구조와는 직접적인 관련이 없다.

16. 다음 글의 내용을 통해 알 수 있는 사실로 옳지 않은 것은?

인공지능(AI)이 창작한 문학 작품의 독창성에 대한 논쟁은 지속되고 있다. AI 창작 모델, 특히 대규모 언어 모델(LLM)은 방대한 기존 텍스트 데이터를 학습하여 패턴을 인식하고 새로운 텍스트를 생성한다. 따라서 AI 문학은 전적으로 새로운 무언가를 창조하는 것이 아니라, 학습된 데이터의 재조합 및 변형의 산물이라고 보는 시각이 우세하다. 일부 평론가들은 AI가 생성한 텍스트가 기존 작품의 표절이나 반복에 불과하며, 인간 저자가 가진 의도성이나 주체적인 경험이 결여되어 있다는 점을 독창성 결여의 핵심 근거로 제시한다. 또한, AI 문학의 가장 큰 기술적 제약 중 하나는 장편 서사 구조를 일관성 있게 유지하거나, 깊은 수준의 캐릭터 심리 변화를 섬세하게 다루는 데 어려움을 겪는다는 점이다.

반면, 옹호론자들은 AI가 인간 작가가 예상치 못한 새로운 스타일이나 표현을 생성하는 능력을 주목한다. 비록 AI가 기존 데이터에 기반하더라도, 그 결과의 예측 불가능성 자체를 새로운 형태의 창의성으로 인정해야 한다고 주장한다. 중요한 것은 AI가 아직 문학적 판단이나 윤리적 평가를 내릴 수 없으며, 최종적인 편집과 출판 여부는 인간의 결정에 달려 있다는 사실이다. 궁극적으로 AI는 인간 창작자를 대체하는 것이 아니라, 창작 과정의 강력한 도구로 기능할 것이라는 전망이 지배적이다.

① AI 창작 모델은 방대한 기존 텍스트 데이터의 학습을 통해 작동한다.
② AI 문학의 창작 결과는 학습된 데이터를 재조합하고 변형한 산물로 평가된다.
③ AI는 인간 작가가 예상치 못한 새로운 스타일이나 표현을 생성하는 능력이 있다.
④ AI 문학은 장편 서사 구조나 깊은 심리 변화를 일관성 있게 다루는 데 탁월하다.
⑤ AI는 아직 문학적 판단이나 윤리적 평가를 스스로 내릴 수 없는 단계이다.

17. 다음 글에서 나타난 ⓐ와 ⓑ의 입장을 비판한 것으로 옳지 않은 것은?

> 노이즈 마케팅(Noise Marketing)의 효용성에 대해서는 상반된 시각이 존재한다. 먼저 ⓐ노이즈 마케팅의 효율성과 즉각적인 효과를 주장하는 시각이 있다. 현대 사회는 정보 과잉으로 인해 소비자의 관심 자체가 희소한 자원이다. 이윤을 추구하는 기업으로서, 노이즈 마케팅은 저비용으로 단기간에 대중의 이목을 집중시켜 시장 침투율을 높이는 가장 효율적인 전략이 될 수 있다. 예를 들어, 자극적이거나 논란이 될 만한 문구를 사용하여 신제품에 대한 즉각적인 화제성을 창출하는 방식은, 장황한 설명 없이도 매출을 즉각적으로 견인하는 강력한 힘을 발휘한다. 이는 소비자의 관심을 끌기 위한 불가피한 선택이자, 마케팅 효율성을 극대화하는 현실적인 방법이다.
>
> 반면 ⓑ다른 시각에서는 윤리적 문제와 장기적 손해를 주장한다. 노이즈 마케팅은 종종 제품의 본질적인 가치가 아닌 허위나 과장된 정보, 또는 불필요한 논란에 의존한다는 윤리적 문제를 내포한다. 이는 단기적인 이목은 끌지 몰라도, 장기적으로는 소비자와 기업 간의 신뢰를 훼손하고 제품 인지도에 회복하기 어려운 상처를 입힌다. 예를 들어, 실제 성능과 무관하게 자극적인 내용으로만 이슈를 만드는 행위는 소비자의 기대를 배신하여 브랜드 충성도를 심각하게 저하한다. 따라서 이는 지속 가능한 경영과 투명성을 중시하는 현대 기업의 가치와는 대비된다.

① ⓑ는 정보 과잉 시대의 즉각적인 시장 반응의 중요성을 간과한다는 비판을 받을 수 있다.

② ⓐ는 단기적 매출에 치중하여 장기적인 브랜드 신뢰 훼손의 심각성을 외면한다는 비판을 받을 수 있다.

③ ⓐ는 제품의 본질적인 가치 대신 허위나 과장된 정보에 의존한다는 비판을 피하기 어렵다.

④ ⓑ는 기업의 이윤 추구라는 근본적인 목표를 지나치게 도외시한다는 비판을 받을 수 있다.

⑤ ⓐ는 논란을 회피하고 매우 수동적인 방식을 지향하여 마케팅 효율성을 저해한다는 비판을 받을 수 있다.

18. **다음 글의 내용과 일치하지 않는 것은?**

최근 컴퓨팅 환경 변화에 따라 두 가지 혁신적인 메모리 기술인 PIM(Processing - in - Memory)과 CAMM(Compression Attached Memory Module)이 주목받고 있다. PIM 기술은 중앙처리장치(CPU)와 메모리 사이의 데이터 이동 지연, 즉 폰 노이만 병목 현상을 해소하는 것을 목표로 한다. PIM은 메모리 칩 내부에 연산 회로를 통합하여, 데이터를 이동시키지 않고 메모리 내부에서 직접 처리할 수 있게 한다. 이 방식은 대규모 데이터 병렬 연산이 필수적인 AI 및 머신러닝 분야에서 에너지 효율성과 처리 속도를 획기적으로 향상시킨다. 하지만 PIM은 메모리 칩 자체의 설계 변경이 필요하며, 기존 소프트웨어 환경을 일부 수정해야 하는 기술적 어려움이 따른다.

CAMM 기술은 델(Dell)에서 개발을 주도하고 국제반도체표준협의기구(JEDEC)에 표준화를 제안한 새로운 메모리 모듈 형태이다. CAMM은 기존의 길고 얇은 DIMM 형태 대신, 압축 결합 방식을 사용하는 단일의 컴팩트한 모듈로 설계되어 메인보드의 공간을 크게 절약한다. CAMM의 주요 장점은 더 많은 메모리를 탑재하면서도 전력 소비와 발열을 줄이는 데 유리하며, 더 높은 대역폭을 제공하는 것이다. 이 기술은 특히 노트북 같은 얇은 고성능 장치에 적합하다.

① PIM은 CPU와 메모리 사이의 폰 노이만 병목 현상 해소를 목표로 한다.

② PIM 기술은 AI나 머신러닝과 같은 대규모 병렬 연산 분야에 효율적이다.

③ CAMM은 델이 개발을 주도하여 JEDEC에 표준화를 제안한 메모리 모듈이다.

④ PIM은 연산 회로를 메모리 칩 외부에 별도로 두어, 데이터가 이동하는 경로를 최적화함으로써 처리 속도를 높이는 방식이다.

⑤ CAMM은 기존의 DIMM과 달리 단일의 컴팩트 모듈 형태로 메인보드 공간을 절약한다.

19. 다음 글의 문단배열 순서로 가장 적절한 것은?

(A) 더 나아가, 동물등록 활성화를 위해 안면, 비문 등 생체 정보를 활용한 개체식별 방식을 실증 특례 중이다. 또한, 소비자가 보험금 청구를 위해 동물병원에 요청 시 진료 증빙서류가 원활히 발급되도록 제도 개선을 추진하고 있다.

(B) 현재 반려동물 의료보험 시장은 수요 확대에도 불구하고 좁은 보장 범위, 낮은 보상 비율, 진료비 부담 등으로 가입률이 저조하다. 이는 보험 청구의 기반이 되는 진료 정보의 체계적 관리 부재에 기인한다.

(C) 이에 정부는 2023년부터 동물병원 진료비를 공시하고, 2024년 4월에는 주요 진료절차 100개 항목을 표준화하여 고시했다. 이와 함께, 금융위원회 등 관계 업계와의 협력 체계 구축을 통해 지급 기준 협의 및 통계 공유를 진행 중이다.

(D) 이러한 문제를 해결하고 민간 보험시장의 안정적인 성장을 유도하기 위해서는 제도적 기반을 확립하고 법률 개정 필요성을 반영한 강력한 정책 추진이 요구된다. 특히, 진료 정보 표준화 및 공시가 핵심 과제로 부각된다.

① (B) - (C) - (D) - (A)
② (D) - (C) - (A) - (B)
③ (B) - (D) - (A) - (C)
④ (D) - (B) - (A) - (C)
⑤ (B) - (D) - (C) - (A)

20. **다음 글의 내용을 통해 추론한 것으로 가장 적절한 것은?**

전기차에 사용되는 리튬이온 2차전지는 높은 에너지 밀도를 지니지만, 충전 상태에 따른 수명 관리가 매우 중요하다. 전기차가 장기간 주차되거나 운행되지 않는 경우에도 차량 내 센서, 보안 시스템, 그리고 배터리 관리 시스템(BMS) 등으로 인해 일정 수준의 대기 전력 소모가 지속적으로 발생한다.

일반적으로 전기차는 운전자가 언제든지 차량을 사용할 수 있도록 충전 상태(SOC)를 비교적 높은 수준으로 유지할 수 있으나, 이러한 상태가 장기간 지속될 경우 배터리 수명에는 부정적인 영향을 미칠 수 있다. 특히 높은 SOC, 즉 고전압 상태를 오래 유지하면 내부에서 불필요한 화학적 부반응이 가속되어 전극 열화가 진행되고, 결과적으로 배터리 성능 저하가 발생한다.

또한 차량이 충전기와 분리된 상태로 장기간 주차되면서 높은 SOC를 유지할 경우, 자연 방전과 대기 전력 소모가 동시에 발생하고, 고전압 조건에서의 부반응까지 겹쳐 배터리 열화가 예상보다 빠르게 진행될 수 있다. 따라서 전기차 배터리의 장기적인 수명 관리와 안전성을 확보하기 위해서는 장기 주차 시 충전 상태를 적절한 수준으로 조절하고 관리하는 것이 필수적이다.

① 장기간 주차가 예상되는 경우, 배터리를 높은 충전 상태로 유지하기보다는 적정 수준의 SOC로 관리하는 것이 배터리 열화 억제에 유리하다.

② 리튬이온 배터리는 고전압 상태에서 자연 방전이 억제되므로, 장기 주차 시 열화 위험이 감소한다.

③ 전기차 배터리의 수명 관리는 주행 중 충·방전 조건보다 주차 기간의 충전 상태 관리가 더 중요하다.

④ 전기차는 장기간 주차 시 대기 전력 소모를 줄이기 위해 배터리를 항상 완전 충전 상태로 유지하는 것이 바람직하다.

⑤ 전기차 배터리의 성능 저하는 주로 대기 전력 소모 때문이며, 충전 상태는 큰 영향을 미치지 않는다.

기출복원 모의고사

해설 p.25

문항수 20문항 | 제한시간 15분

01. 다음은 A기업의 연도별 경영실적이다. 다음 중 옳은 것은?

| 2025 상반기 기출 키워드 | 매출액, 영업이익, 영업이익률

〈표〉 A기업 연도별 경영실적

(단위: 억 원)

구분	매출액	영업이익
2022년	1,250	150
2023년	1,500	210
2024년	1,800	216

*영업이익률 = (영업이익 ÷ 매출액) × 100

① 2023년 영업이익률은 2022년보다 낮다.
② 2024년 영업이익률은 2023년보다 높다.
③ 2022년 대비 2024년의 매출액 증가율은 영업이익 증가율보다 크다.
④ 매출액과 영업이익은 모든 연도에서 전년 대비 증가하였다.
⑤ 연도별 영업이익률은 모두 서로 다르다.

02. 다음은 A국의 연도별 수출액과 수입액 및 전년 대비 증감현황에 대한 자료이다. 다음 중 옳은 것은?

〈표〉 A국 연도별 수출액, 수입액, 전년 대비 증감 현황

(단위: 억 달러, %)

구분	수출액	수출 증감량	수출 증감률	수입액	수입 증감량	수입 증감률
2021년	500	–	–	480	–	–
2022년	560	+60	+12%	528	+48	+10%
2023년	630	+70	+12.5%	580	+52	+9.8%

① 2022년 수출액과 수입액의 증감률이 동일하다.
② 2023년 수입액 증감량은 수출액 증감량보다 크다.
③ 2021년 대비 2023년의 수입액 증가율은 수출액 증가율보다 크다.
④ 수출액과 수입액은 모든 연도에서 전년대비 증가하였다.
⑤ 2023년 수출액보다 수입액의 증감률이 더 크다.

03. 다음은 S기업의 생산량에 대한 자료이다. 다음 설명 중 옳은 것은?

〈표〉 연도별 총 생산량

(단위: 천 대)

연도	2021년	2022년	2023년
총 생산량	400	500	600

〈그래프〉 2023년 생산량 공정별 구성비

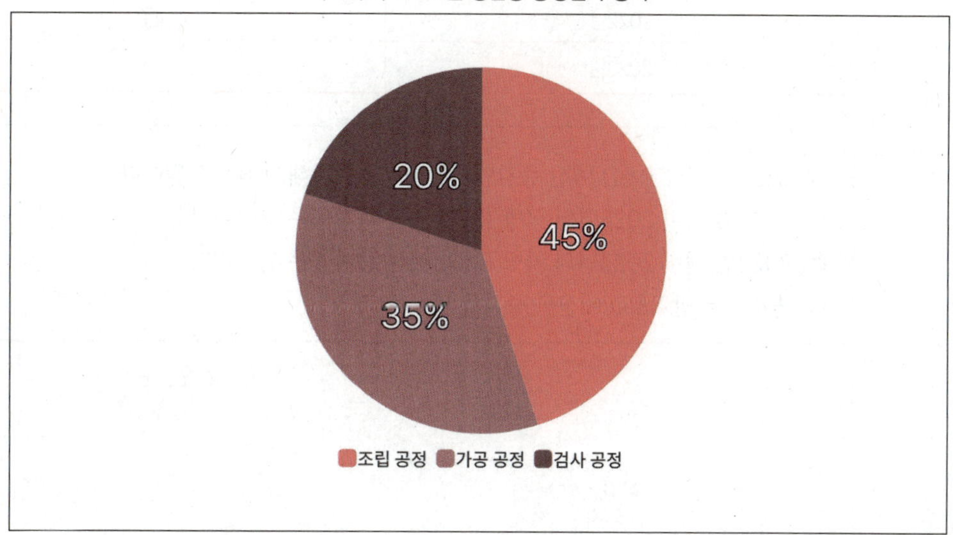

① 2022년 대비 2023년 총 생산량 증가율은 15%이다.

② 2023년 조립 공정의 생산량은 2022년 전체 생산량의 50% 이하이다.

③ 2023년 가공 공정의 생산량은 검사 공정보다 90천 대 많다.

④ 2023년 조립 공정과 가공 공정의 생산량 합은 580천 대이다.

⑤ 2023년 검사 공정의 생산량은 2021년 전체 생산량의 25% 이하이다.

04. 다음은 S국의 연도별 국방 R&D예산에 대한 자료이다. 다음 중 옳지 않은 것을 모두 고르면? (단, 소수점 아래 둘째자리에서 반올림한다.)

| 2025 상반기 기출 키워드 | 국방 R&D 예산

〈표〉 S국의 연도별 국방 R&D예산

(단위: 조 원)

구분	국방 R&D 예산
2021년	4.0
2022년	4.8
2023년	5.6

〈 보 기 〉

ㄱ. 2022년 국방 R&D 예산 증감액은 2021년에 비해 + 0.8조 원이다.

ㄴ. 2021년 대비 2023년의 국방 R&D 예산 증가율은 40%이다.

ㄷ. 2022년 대비 2023년의 국방 R&D 예산 증가율은 15%이다.

ㄹ. 연도별 국방 R&D 예산은 증감을 반복한다.

① ㄱ, ㄴ   ② ㄱ, ㄷ   ③ ㄴ, ㄷ

④ ㄴ, ㄹ   ⑤ ㄷ, ㄹ

05. 다음은 K기업의 연도별 친환경 설비 도입 대수와 연도별 설비 1대당 평균 단가 변화를 나타낸 자료이다. 다음 중 옳은 것은?

〈표〉 연도별 친환경 설비 도입 대수

(단위: 대)

구분	도입 대수
2019년	500
2020년	450
2021년	480
2022년	480
2023년	520

〈그래프〉 연도별 설비 1대당 평균 단가

(단위: 억 원)

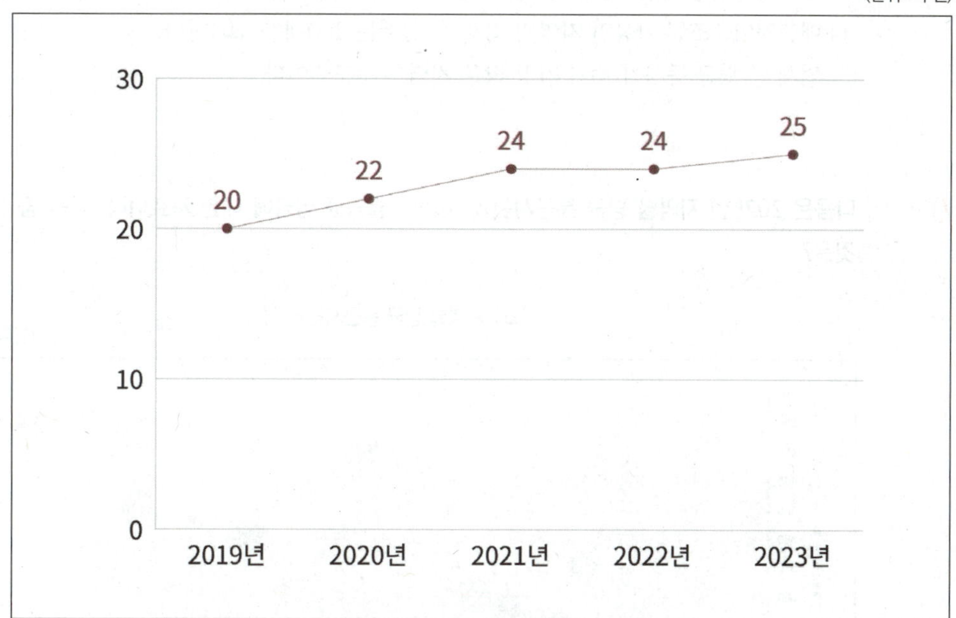

① 도입 대수가 전년 대비 증가하지 않은 연도는 두 번 이상 존재한다.
② 설비 단가는 제시된 모든 기간 동안 매년 증가하였다.
③ 2019년 대비 2023년의 도입 대수 증가율은 5%이다.
④ 2020년 대비 2021년의 도입 대수 증가율은 설비 단가 증가율보다 크다.
⑤ 2021년 대비 2022년의 총 설비 도입 비용은 감소하였다.

06. 다음은 반도체 산업의 지역별 업체 수, 종사자 수, 매출액 현황이다. 다음 중 옳지 않은 것은? (단, 소수점 아래 둘째자리에서 반올림한다.)

〈표〉 반도체 산업 지역별 업체 수, 종사자 수, 매출액

(단위: 개, 명, 억 원)

지역	업체 수	인원 수	매출액
수도권	120	6,000	18,000
충청권	80	3,200	7,200
영남권	100	4,000	12,000
호남권	60	2,400	4,800

① 업체당 평균 매출액이 가장 높은 지역은 수도권이다.
② 전체 매출액에서 수도권이 차지하는 비중은 40% 미만이다.
③ 종사자 1인당 평균 매출액은 충청권보다 수도권이 높다.
④ 매출액이 1조원 이상인 지역의 업체 수 합계는 200개를 초과한다.
⑤ 업체 당 평균 종사자 수가 가장 많은 지역은 수도권이다.

07. 다음은 2025년 지역별 평균 통근시간과 지역별 월평균 임금에 대한 자료이다. 다음 중 옳지 않은 것은?

〈표〉 지역별 평균 통근시간과 임금

(단위: 개별 표기)

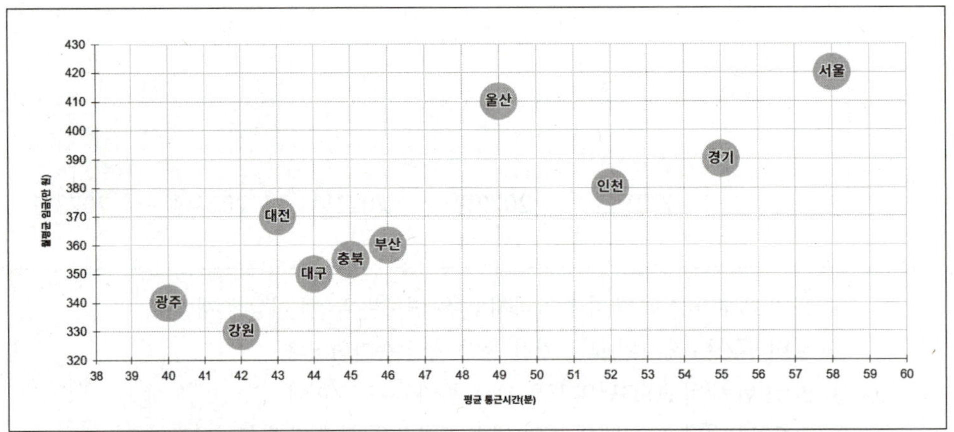

① 평균 통근시간이 가장 긴 지역은 월평균 임금도 가장 높다.
② 평균 통근시간이 45분 미만인 지역 중 월평균 임금이 가장 높은 지역은 대전이다.
③ 평균 통근시간이 50분 이상인 지역의 월평균 임금은 모두 380만 원 이상이다.
④ 평균 통근시간이 증가할수록 월평균 임금도 함께 증가한다.
⑤ 평균 통근시간이 40분 이상 50분 미만인 지역 중 월평균 임금이 가장 낮은 지역은 강원이다.

08. 다음은 S국의 주요 산업 분야별 R&D 예산 변화에 대한 자료이다. 다음 중 옳지 않은 것은?

〈표〉 S국 주요 산업 분야별 R&D 예산 변화

(단위: 조 원)

구분	2019년	2020년	2021년	2022년	2023년
반도체	5.0	5.5	6.0	6.0	5.4
IT	3.5	3.8	4.0	4.0	3.6
바이오	4.0	4.2	4.5	5.0	4.5
에너지	2.5	2.5	2.8	3.0	3.3
국방	3.0	3.2	3.5	3.8	4.0

① 2022년 대비 2023년에 R&D 예산이 감소한 분야는 반도체와 IT뿐이다.
② 2019년 대비 2023년의 R&D 예산 증가폭이 가장 큰 분야는 국방이다.
③ 2021년부터 2023년까지 R&D 예산이 매년 증가한 분야는 에너지와 국방이다.
④ 2023년 기준 R&D 예산 규모가 가장 작은 분야는 에너지이다.
⑤ 2020년 대비 2021년에 모든 분야의 R&D 예산은 증가하였다.

09. 다음은 K기업의 엔터테인먼트 산업 분야별 손익 현황이다. 다음 중 옳은 것만을 모두 고른 것은? (단, 소수점 아래 둘째자리에서 반올림한다.)

〈표〉 K기업 엔터테인먼트 산업 분야별 손익 현황

(단위: 억 원)

구분	매출액	비용	손익
웹툰	4,500	4,200	+ 300
드라마	6,000	6,400	−400
영화	5,500	5,000	+ 500
음악	3,000	2,700	+ 300

*손익률 = 손익 ÷ 매출액 × 100

〈 보 기 〉

ㄱ. 흑자를 기록한 분야는 2개이다.
ㄴ. 드라마 분야의 비용은 매출액보다 많다.
ㄷ. 웹툰 분야의 손익 규모는 영화 분야보다 크다.
ㄹ. 음악 분야의 손익률은 웹툰 분야보다 높다.

① ㄱ, ㄴ   ② ㄱ, ㄷ   ③ ㄴ, ㄷ
④ ㄴ, ㄹ   ⑤ ㄷ, ㄹ

10. 다음은 세 플랫폼 A, B, C의 월별 활성 이용자 수(MAU) 변화를 나타낸 꺾은선 그래프이다. 다음 중 옳은 것은?

〈그래프〉 월별 활성 이용자 수(MAU)

(단위: 만 명)

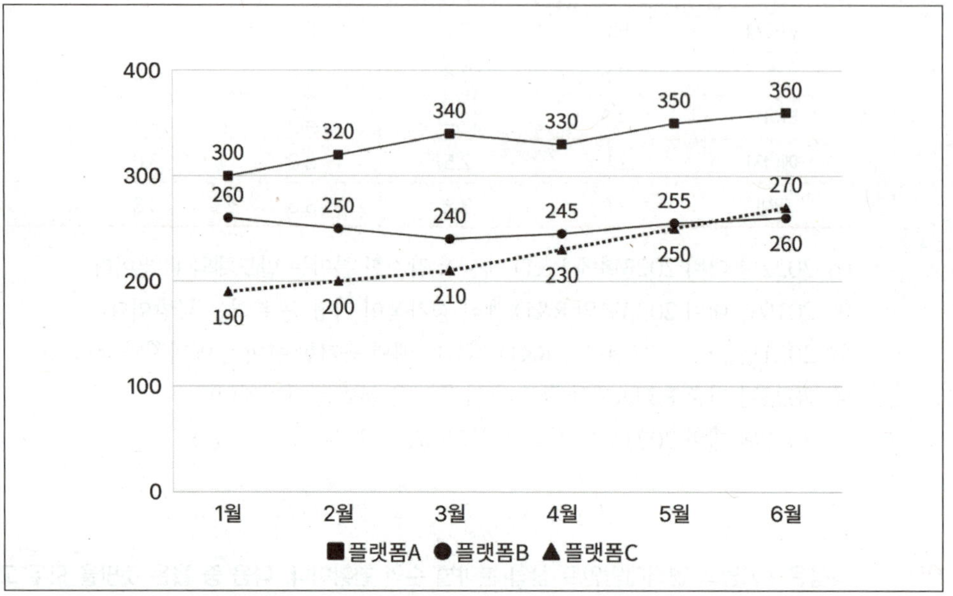

① 플랫폼 A는 모든 월에서 이용자 수가 전월 대비 증가하였다.
② 플랫폼 B는 1월부터 3월까지 이용자 수가 매월 감소하였다.
③ 플랫폼 C는 주어진 기간 동안 이용자 수 증가 폭이 점점 감소하였다.
④ 5월 기준 플랫폼 A와 B의 이용자 수 차이는 80만 명이다.
⑤ 6월 기준 플랫폼 C의 이용자 수는 플랫폼 A보다 많다.

11. 다음 자료를 바탕으로 두 지역 전체의 가구당 평균 인구수를 구한 것으로 옳은 것은?

〈표〉 지역별 인구수 및 가구 수

(단위: 명, 가구)

구분	인구수	가구 수
A지역	160,000	64,000
B지역	80,000	32,000

① 2.0명　　　② 2.3명　　　③ 2.5명
④ 2.75명　　　⑤ 3.0명

12. 다음은 A기업의 연도별 순수익과, 5개년 전체 순수익 중 연도별 비율을 나타낸 원 그래프이다. 빈 칸에 들어갈 2021년의 순수익으로 옳은 것은?

〈표〉 A기업 연도별 순수익

(단위: 억 원)

연도	순수익
2019년	200
2020년	300
2021년	( )
2022년	150
2023년	100

〈그래프〉 5개년 순수익 비율

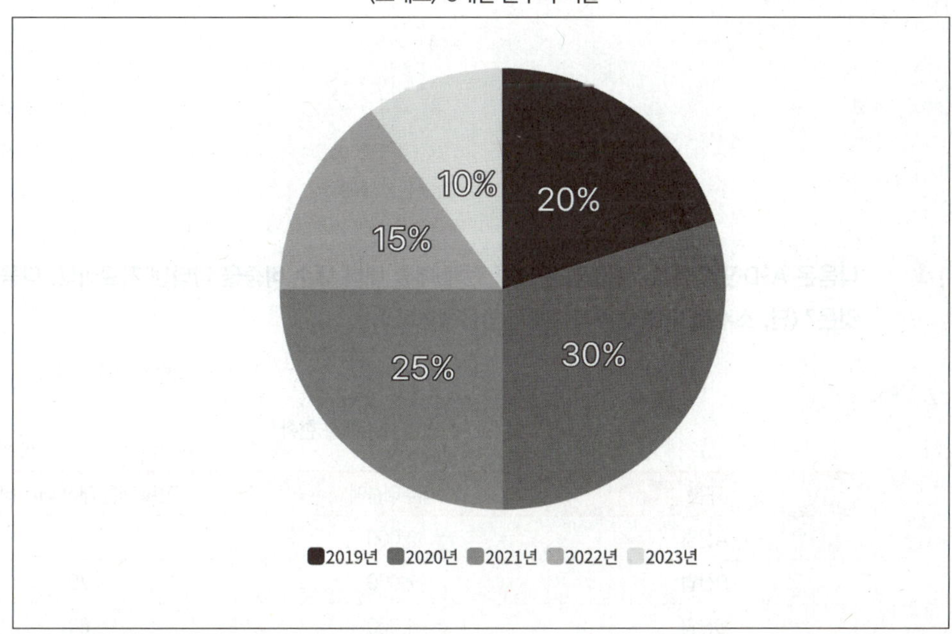

① 200억 원 ② 250억 원 ③ 300억 원
④ 350억 원 ⑤ 400억 원

13. 다음은 2022년과 2023년의 전체 인구수와 귀농 인구 비중을 나타낸 자료이다. 전년 대비 2023년 귀농인구는 몇 명 증가했는가?

〈표〉 연도별 인구 현황

구분	전체 인구수	귀농 인구 비중
2022년	4,000,000명	1.5%
2023년	3,600,000명	2.0%

① 12,000명　　② 16,000명　　③ 18,000명
④ 20,000명　　⑤ 24,000명

14. 다음은 A~D산업의 내수매출액 규모와 전체 매출 대비 내수 비중을 나타낸 자료이다. 다음 중 옳은 것은? (단, 소수점 아래 둘째자리에서 반올림한다.)

〈표〉 산업별 내수매출 현황

(단위: 억 원, %)

구분	내수매출액	전체 매출 대비 내수 비중
A산업	9,000	75
B산업	7,000	70
C산업	4,500	60
D산업	2,500	50

① 내수매출액이 가장 큰 산업의 내수 비중은 가장 낮다.
② 내수매출액 상위 두 산업의 내수 비중 평균은 75%이다.
③ 내수매출액 규모가 클수록 전체 매출에서 내수가 차지하는 비중도 큰 경향이 나타난다.
④ C산업과 D산업의 내수매출액 차이는 B산업과 C산업의 차이보다 크다.
⑤ 내수매출액이 4,000억 원 이상인 산업의 평균 내수 비중은 70%를 초과한다.

15. 다음은 A, B, C 산업의 산업체 일자리 수와 노동자 수 현황에 대한 자료이다. 일자리 1개당 평균 노동자 수는?

| 2o25 상반기 기출 키워드 | 산업체 일자리 노동자 수

〈표〉 A, B, C 산업의 산업체 일자리 수와 노동자 수 현황

(단위: 백 개, 천 명)

구분	산업체 일자리 수	노동자 수
A산업	160	320
B산업	120	240
C산업	80	160

① 14명 ② 16명 ③ 18명
④ 20명 ⑤ 22명

16. 다음은 2023년 10월 기준 A산업 내 매출 상위 업체의 순위별 매출액 일부를 나타낸 자료이다. 10위 업체의 매출액으로 적절한 것은?

| 2o25 상반기 기출 키워드 | 매출 순위

〈표〉 2023년 10월 매출 순위별 매출액

(단위: 억 원)

순위	매출액
9위	4,800
11위	4,200

*해당 산업에서는 순위가 한 단계 내려갈 때마다 매출액이 같은 폭으로 감소한다.

① 4,200억 원 ② 4,250억 원 ③ 4,500억 원
④ 4,550억 원 ⑤ 4,600억 원

17. 다음은 에너지 관련 산업체의 분야별 매출액 현황이다. 전체 매출액에서 태양광 산업이 차지하는 비중은?

〈표〉 에너지 산업체 매출액

(단위: 억 원)

구분	매출액
태양광	6,000
풍력	4,000
수소	2,000
화력	8,000

① 30% ② 25% ③ 20%
④ 15% ⑤ 10%

18. 다음은 연령대별 A활동, B활동, C활동 참여 인원수를 나타낸 자료이다. 다음 중 옳은 것은?

〈그래프〉 연령대별 활동 참여 인원

(단위: 천 명)

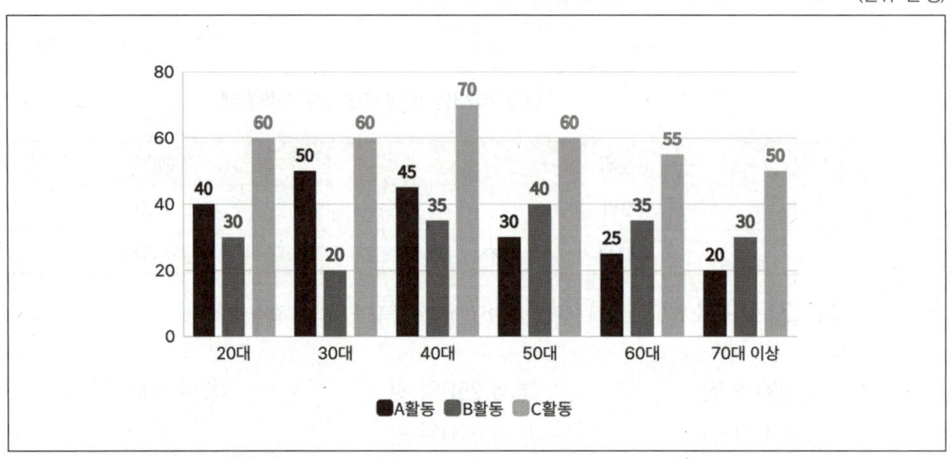

① 20대 C활동 참여 인원은 A활동과 B활동의 합과 같다.
② 30대 A활동 참여 인원은 B활동과 C활동의 합과 같다.
③ 40대 C활동 참여 인원은 A활동과 B활동의 합과 같다.
④ 50대 C활동 참여 인원은 A활동과 B활동의 합과 같다.
⑤ 70대 이상 C활동 참여 인원은 A활동과 B활동의 합과 같다.

19. 다음은 2022년과 2023년 전체 산업체 수와 2023년 기준 산업체의 분야별 구성 비중을 나타낸 자료이다. 2023년 기준 서비스업 산업체 수는?

|2o25 상반기 기출 키워드| 산업체 수

〈표〉 연도별 전체 산업체 수

(단위: 개)

연도	산업체 수
2022년	200,000
2023년	240,000

〈그래프〉 2023년 산업체 분야별 구성 비중

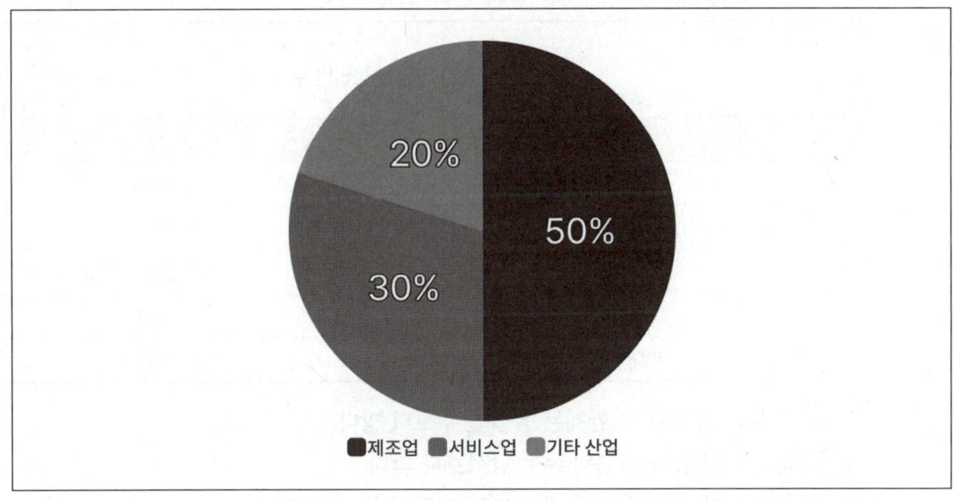

① 60,000개 ② 72,000개 ③ 80,000개
④ 90,000개 ⑤ 120,000개

| 2025 상반기 기출 키워드 | 성별·연령별 농가 가구원 수

20. 다음은 성별 · 연령별 농가 가구원 수와 연령별 농업인 수를 나타낸 자료이다, 다음 중 옳은 것은?

〈표1〉 성별 · 연령별 농가 가구원 수

(단위: 천 명)

연령대	남성	여성
30대	55	45
40대	85	75
50대	135	125
60대	155	175
70대 이상	120	140

〈표2〉 연령별 농업인 수

(단위: 천 명)

연령대	농업인 수
30대	100
40대	160
50대	260
60대	330
70대 이상	260

① 40대 농가 가구원 수 합계는 농업인 수보다 많다.

② 50대의 여성 농가 가구원 수는 남성보다 많다.

③ 60대의 농가 가구원 수 합계는 모든 연령대 중 가장 적다.

④ 70대 이상에서는 남성 농가 가구원 수가 여성보다 많다.

⑤ 모든 연령대에서 농가 가구원 수 합계는 농업인 수와 같다.

기출복원 모의고사

해설 p.28

문항수 20문항　제한시간 15분

01. 한 기업의 작년 신입사원 남녀 비율은 남자 : 여자 = 3 : 2였으며, 작년 전체 신입사원 수는 250명이었다. 올해는 신입사원 채용 규모가 작년보다 20% 증가하였고, 남녀 비율은 작년과 동일하게 유지되었다고 한다. 이때, 올해 채용된 여성 신입사원의 수로 옳은 것은?

| 2025 상반기 기출 키워드 |　신입사원 남녀 비율과 올해 숫자

① 180명　　　　② 150명　　　　③ 120명
④ 100명　　　　⑤ 90명

02. 지훈이는 산을 올라갈 때와 내려올 때 같은 길로 이동을 하였다. 산을 올라갈 때 시속 4km 속력으로 가고, 내려갈 때는 시속 6km 속력으로 내려온다. 산을 오르고 내려오는 데 5시간이 걸렸다면, 정상까지의 거리로 옳은 것은?

| 2025 상반기 기출 키워드 |　산을 오르내리는 속도와 정상까지 거리

① 10km　　　　② 12km　　　　③ 16km
④ 20km　　　　⑤ 24km

03. 어떤 공장에서 강아지 인형을 만드는데, A상품은 1개당 재료비가 2,400원, 인건비는 3,600원이 들어가고, B상품은 1개당 재료비가 4,800원, 인건비는 1,800원이 들어간다. 현재 재료비는 최대 120,000원까지, 인건비는 72,000원까지만 사용이 가능하다. 주어진 조건을 모두 고려할 때 상품 A와 B를 최대로 생산할 수 있는 제품의 총 개수로 옳은 것은?

| 2025 상반기 기출 키워드 |　정해진 자원으로 생산 가능한 최대 개수

① 32개　　　　② 30개　　　　③ 26개
④ 25개　　　　⑤ 24개

04. 승우와 희연이는 집에서 거리가 3km 떨어진 한강공원까지 러닝을 하기로 했다. 승우의 속력은 희연이의 속력의 2배이고, 희연이는 승우보다 6분 늦게 도착한다. 이 속력으로 희연이가 15km 가는 데 걸리는 시간으로 옳은 것은?

① 40분   ② 45분   ③ 50분
④ 1시간   ⑤ 1시간 5분

05. 어떤 상인이 물건 11개를 총 200,000원에 구입하였다. 그러나 이 중 3개가 파손되어 판매할 수 없게 되었다. 상인은 남은 물건을 판매하여 손해를 보지 않으려고 한다. 이때, 남은 물건 1개당 최소 가격으로 옳은 것은?

① 22,000원   ② 23,000원   ③ 24,000원
④ 25,000원   ⑤ 26,000원

06. 농도 25%인 소금물 800g을 농도 10%로 만들기 위해 5명이 물을 추가했을 때, 한 명당 추가한 물의 양으로 옳은 것은?

① 220g   ② 230g   ③ 240g
④ 250g   ⑤ 260g

07. 농도 4%인 소금물 250g을 농도 10%로 만들기 위해 5명이 동일하게 물을 증발시킨다. 1인당 증발시키는 물의 양으로 옳은 것은?

① 30g   ② 32g   ③ 35g
④ 36g   ⑤ 40g

08. 어떤 제품을 정가에서 30% 할인하여 판매하면 원가 700원에 대해 이익을 10% 남기게 된다. 제품의 정가로 옳은 것은?

① 700원 ② 800원 ③ 900원
④ 1,000원 ⑤ 1,100원

09. 은우는 집에서 회사까지 15km의 거리를 이동하였다. 이 중 5km는 자전거로 이동하여 30분, 5km는 도보로 이동하여 1시간 걸렸으며 나머지는 대중교통으로 20분 걸렸다. 만약 은우가 30km의 거리를 왕복으로 자전거로 이동하다면 걸리는 시간으로 옳은 것은?

① 2시간 ② 3시간 ③ 4시간
④ 5시간 ⑤ 6시간

10. 8명이 함께하면 3일 걸리는 일을 2일 만에 끝내고자 한다. 이 때 필요한 인원 숫자로 옳은 것은?

① 14명 ② 12명 ③ 11명
④ 10명 ⑤ 9명

11. 한 회사에는 총 100명의 직원이 있으며, 이 직원들은 세 개의 부서 A, B, C에 $x : y : x$의 비율로 배치되어 있다. 또한 각 부서마다 남자 : 여자 = 4 : 1 비율을 유지한다. 이 회사의 전체 남자 직원 수로 옳은 것은?

① 80명 ② 70명 ③ 66명
④ 56명 ⑤ 48명

12. 어떤 자동차의 연비는 12km/L이다. 이 자동차로 18,000m를 주행한 후 주유소에서 사용한 연료만큼 다시 주유하려고 한다. 휘발유 가격이 1L당 1,650원일 때, 이때 지불해야 할 금액으로 옳은 것은?

① 1,650원 ② 2,270원 ③ 2,475원
④ 2,695원 ⑤ 3,175원

13. 어떤 일을 A 혼자서 하면 6일이 걸리고, B 혼자서 하면 12일이 걸린다. A와 B가 같은 시간 동안 함께 작업한다면, 이 일을 완료하는 데 걸리는 시간으로 옳은 것은?

① 7일 ② 6일 ③ 5일
④ 4일 ⑤ 3일

14. 현재 어머니는 27살이고 나연이는 2살이다. 몇 년 후 어머니가 나연이의 나이의 6배가 된다면, 그 때 어머니와 나연이의 나이 차로 옳은 것은?

① 21살 ② 22살 ③ 23살
④ 24살 ⑤ 25살

15. 한 비행기에는 좌석이 총 9개 있으며, 통로석 4개, 창가석 3개, 가운데석 2개로 이루어져 있다. 남자 5명과 여자 4명을 이 9개의 좌석에 임의의 순서로 모두 배치하려고 한다. 이때, 여자 3명이 창가석에 앉는 경우의 수로 옳은 것은?

① 17,280가지 ② 16,280가지 ③ 15,280가지
④ 14,280가지 ⑤ 13,280가지

16. 당첨 공 4개를 포함하여 주머니에 공이 100개가 들어있다. 한 번에 1개씩 연달아 2번 뽑을 때 2번 모두 당첨될 확률로 옳은 것은?

① $\dfrac{7}{825}$ ② $\dfrac{2}{825}$ ③ $\dfrac{1}{825}$
④ $\dfrac{2}{165}$ ⑤ $\dfrac{1}{165}$

17. A는 4시간에 2개를 만들고, B는 3시간에 1개를 만들어 낼 때, 두 명이 함께 작업하여 총 10개를 만드는 데 걸리는 시간으로 옳은 것은?

| 2025 상반기 기출 키워드 | 두 사람이 함께 일을 완료하는 데 걸리는 시간

① 8시간 ② 9시간 ③ 10시간
④ 11시간 ⑤ 12시간

18. 900원짜리 동전 4개와 300원짜리 동전 6개가 있다. 이 중에서 동전 2개를 선택할 때, 금액이 1,200원을 넘기지 않는 경우의 수로 옳은 것은?

| 2025 상반기 기출 키워드 | 총액을 넘지 않는 최대 동전 개수

① 36가지 ② 37가지 ③ 38가지
④ 39가지 ⑤ 40가지

19. 어떤 공연의 티켓을 정가로 7장 구매하였다. 이후 티켓 1장은 환불 수수료 2,000원을 제외하고 환불하고, 3장은 정가의 절반 가격으로 환불되었다. 그 결과, 환불이 모두 끝난 뒤 실제로 지불한 총 금액은 92,000원이었다. 이 때, 이 티켓 1장의 정가로 옳은 것은? (단, 티켓 가격은 모두 동일하며, 그 외 추가 비용은 없다.)

| 2025 상반기 기출 키워드 | 티켓 7개를 각기 다른 가격으로 구매했을 때의 정가

① 20,000원 ② 18,000원 ③ 17,000원
④ 16,000원 ⑤ 15,000원

20. 어떤 공연의 티켓을 구매하려고 한다. 현장 구매시 1장당 10,000원이고, 온라인 예매 시 티켓 1장당 현장보다 150원 저렴하지만 온라인 예매 수수료가 3,000원이 부과된다. 현장 구매보다 이득이 되기 위한 온라인 예매 티켓 최소 숫자로 옳은 것은?

| 2025 상반기 기출 키워드 | 온라인 예매와 오프라인 예매 가격 비교

① 23장 ② 22장 ③ 21장
④ 20장 ⑤ 19장

01. A, B, C, D, E 중 1명만 참을 말하고 나머지 4명은 거짓을 말한다. 5명 중 1명만 기숙사에 산다고 할 때 기숙사에 사는 사람을 고르시오.

| 2025 상반기 기출 키워드 | 5명 중 1명만 참일 때 기숙사 배치

〈 보 기 〉

A: C와 D는 기숙사에 살지 않는다.
B: A와 D는 기숙사에 살지 않는다.
C: A 또는 D가 기숙사에 산다.
D: C가 기숙사에 산다.
E: B가 기숙사에 산다.

① A　　　　　　② B　　　　　　③ C
④ D　　　　　　⑤ E

02. 다음의 명제를 참고하여 항상 참인 것을 고르시오.

| 2025 상반기 기출 키워드 | 노트북, 노트북 가방 등 이름 비슷한 6개 소재 등장

〈 보 기 〉

- 무선이어폰을 사면 학습지를 산다.
- 무선마우스를 사면 노트북을 사지 않는다.
- 노트북 가방을 사면 무선마우스를 사지 않는다.
- 태블릿을 사면 학습지를 사지 않는다.
- 태블릿을 사지 않으면 노트북 가방을 산다.

① 노트북 가방을 사지 않으면 노트북을 산다.
② 학습지를 사지 않으면 무선마우스를 사지 않는다.
③ 무선마우스를 사면 무선이어폰을 사지 않는다.
④ 노트북을 사면 태블릿을 사지 않는다.
⑤ 무선이어폰을 사면 노트북 가방을 사지 않는다.

03. A, B, C, D, E가 일렬로 줄을 선다. 5명 중 1명만 거짓을 말한다고 할 때 〈보기〉를 참고하여 다음 중 항상 참인 것을 고르시오.

| 2025 상반기 기출 키워드 | 5명 줄 서는데 1명이 거짓말

〈 보 기 〉

A: C는 3번째로 줄을 선다.
B: 나와 E 사이에 2명이 줄을 서며 내가 E보다 앞에 줄을 선다.
C: A는 2번째로 줄을 서고 D는 3번째로 줄을 선다.
D: B는 홀수 번째로 줄을 선다.
E: A는 짝수 번째로 줄을 선다.

① D는 3번째로 줄을 선다.
② A는 2번째로 줄을 선다.
③ C는 3번째로 줄을 선다.
④ A가 거짓으로 말한다.
⑤ C가 거짓으로 말한다.

04. A, B, C, D, E가 (가), (나), (다)로 출장을 간다. 각 지역으로 출장을 가는 사람은 2명씩이고 출장을 가지 않는 사람은 없다고 할 때 〈보기〉를 참고하여 항상 참인 것을 고르시오.

| 2025 상반기 기출 키워드 | 5명의 출장지 3곳 정하기

〈 보 기 〉

• A만 두 곳으로 출장을 간다.
• C는 (다)로 출장을 간다.
• E는 (가)로 출장을 가지 않는다.
• D는 (나)로 출장을 간다.

① B는 (가)로 출장을 간다.
② A는 (나)로 출장을 간다.
③ E는 (다)로 출장을 간다.
④ E는 (나)로 출장을 간다.
⑤ A는 (다)로 출장을 간다.

05. A, B, C, D, E 중 2명이 수첩을 들고 갔다. 수첩을 들고 간 2명은 거짓을 말하고 수첩을 들고 가지 않은 3명은 진실을 말할 때 〈보기〉의 진술을 참고하여 수첩을 들고 간 2명을 알맞게 짝지은 것을 고르시오.

| 2025 상반기 기출 키워드 | 수첩 들고 간 사람이 거짓말

〈 보 기 〉

A: E는 수첩을 들고 가지 않았다.
B: C는 수첩을 들고 갔다.
C: A와 D는 수첩을 들고 가지 않았다.
D: B 또는 E가 수첩을 들고 갔다.
E: A의 진술은 진실이다.

① A, D   ② A, E   ③ B, C
④ B, E   ⑤ C, D

06. 〈보기〉의 명제를 참고하여 다음 중 항상 참인 것을 고르시오.

| 2025 상반기 기출 키워드 | 기획팀, 영업팀, 분석력

〈 보 기 〉

- 영업팀이면서 기획팀인 사원이 존재한다.
- 분석력이 뛰어나지 않은 사원은 추진력이 뛰어나지 않다.
- 기획팀인 사원은 추진력이 뛰어나다.

① 영업팀인 모든 사원은 추진력이 뛰어나다.
② 분석력이 뛰어나지 않은 어떤 사원은 영업팀이다.
③ 분석력이 뛰어나지 않은 모든 사원은 기획팀이다.
④ 추진력이 뛰어난 모든 사원은 영업팀이다.
⑤ 영업팀인 어떤 사원은 분석력이 뛰어나다.

07. A, B, C, D, E 중 1명만 당직 근무를 선다. 5명 중 1명만 진실을 말하고 나머지 4명은 거짓을 말한다고 할 때 〈보기〉의 진술을 참고하여 진실을 말하는 1명을 고르시오.

| 2025 상반기 기출 키워드 | 당직자 중 1명만 진실 말할 때

〈 보 기 〉

A: B와 D는 당직 근무를 서지 않는다.
B: A는 당직 근무를 서지 않는다.
C: B는 당직 근무를 서지 않는다.
D: C가 당직 근무를 선다.
E: A 또는 C가 당직 근무를 선다.

① A   ② B   ③ C
④ D   ⑤ E

08. A, B, C는 직급도 다르고 인사 평가 점수도 다르고 평가를 받은 순서도 다르다. 이들의 직급은 과장, 대리, 사원이고 인사 평가 점수는 '상', '중', '하'라고 할 때 〈보기〉를 참고하여 항상 참인 것을 고르시오.

| 2025 상반기 기출 키워드 | 직급 다른 3명 인사평가

〈 보 기 〉

- 제일 마지막으로 평가를 받은 사람은 '하'를 받았다.
- 대리는 2번째로 평가를 받았다.
- A는 과장이다.
- 사원은 '상'을 받았다.

① B의 직급은 대리다.
② 과장의 인사 평가 점수는 '하'이다.
③ 1번째로 평가를 받은 사람의 인사 평가 점수는 '중'이다.
④ C의 인사 평가 점수는 '중'이다.
⑤ A는 1번째로 평가를 받았다.

 (가), (나), (다)라는 상품을 A, B, C가 각각 서로 다른 상품으로 구매했다. A, B, C는 2번씩 진술하며 2번의 진술 중 1번은 진실, 나머지 1번은 거짓을 말한다. 〈보기〉의 진술을 토대로 항상 참인 것을 고르시오.

| 2025 상반기 기출 키워드 | 3명이 3가지 상품 판매, 한 번은 진실 한 번은 거짓

〈 보 기 〉

A: B가 (가)를 구매했다.
A: C가 (가)를 구매했다.
B: A가 (나)를 구매했고 C가 (다)를 구매했다.
B: C가 (나)를 구매했다.
C: 나는 (다)를 구매하지 않았다.
C: A는 (가)를 구매하지 않았다.

① A는 (가)를 구매했다.
② A는 (다)를 구매했다.
③ B는 (가)를 구매했다.
④ C는 (가)를 구매했다.
⑤ C는 (나)를 구매했다.

10. 〈보기〉의 명제를 참고하여 A, B, C가 듣는 과목의 수를 모두 더한 값을 고르시오.

| 2025 상반기 기출 키워드 | 3명이 듣는 최대 과목 수 구하는 명제추리

〈 보 기 〉

• B는 영어를 듣는다.
• A가 수리를 들으면 B는 언어를 듣지 않는다.
• A가 영어를 들으면 C는 수리를 듣지 않는다.
• C가 수리를 듣지 않으면 B는 언어를 듣는다.
• A가 수리를 듣지 않으면 B는 영어를 듣지 않는다.

① 1   ② 2   ③ 3
④ 4   ⑤ 5

11. A, B, C, D, E, F 중 일부 인원이 회의에 참석한다. 〈보기〉를 만족하는 여러 경우 중 회의에 참석할 수 있는 인원이 가장 많은 경우에서 회의에 참석할 수 있는 최대 인원이 몇 명인지 고르시오.

| 2025 상반기 기출 키워드 | B가 참가하면 C가 참가하지 않는다, 최대 참석 인원 구하기

〈 보 기 〉

- B가 회의에 참석하면 C는 회의에 참석하지 않는다.
- A가 회의에 참석하면 E는 회의에 참석하지 않는다.
- A와 D 중 1명은 반드시 회의에 참석한다.
- B가 회의에 참석하지 않으면 D는 회의에 참석하지 않는다.

① 1명   ② 2명   ③ 3명
④ 4명   ⑤ 5명

12. A, B, C, D, E, F가 3량의 기차에 탄다. 1호차, 2호차, 3호차에 각각 2명씩 탄다고 할 때 〈보기〉를 참고하여 항상 거짓인 것을 고르시오.

| 2025 상반기 기출 키워드 | 6명을 기차 3량에 배치

〈 보 기 〉

- B는 C와 다른 호차에 탄다.
- A가 타는 호차의 번호와 F가 타는 호차의 번호 차이는 1이다.
- E는 2호차에 탄다.

① B는 A와 같은 호차에 탄다.
② F는 C와 같은 호차에 탄다.
③ A는 D와 같은 호차에 탄다.
④ E는 A와 같은 호차에 탄다.
⑤ D는 C와 같은 호차에 탄다.

13. A, B, C, D 중 1명이 출근하지 않았다. 4명 중 1명만 거짓을 말하고 나머지 3명은 진실을 말할 때 〈보기〉의 진술을 참고하여 출근하지 않은 사람과 거짓을 말하는 사람을 알맞게 짝지은 것을 고르시오.

| 2025 상반기 기출 키워드 | 4명 중 1명만 거짓말

〈 보 기 〉

A: B와 D는 출근했다.
B: 나와 A는 출근했다.
C: 나와 A는 출근했다.
D: B와 C는 출근했다.

① 출근하지 않은 사람: A, 거짓을 말하는 사람: B
② 출근하지 않은 사람: A, 거짓을 말하는 사람: B
③ 출근하지 않은 사람: B, 거짓을 말하는 사람: A
④ 출근하지 않은 사람: C, 거짓을 말하는 사람: C
⑤ 출근하지 않은 사람: D, 거짓을 말하는 사람: A

14. A, B, C, D는 (가), (나), (다), (라) 중 2개를 선택한다. (가), (나), (다), (라)를 선택한 사람이 각각 2명씩이라고 할 때 〈보기〉를 참고하여 참고하여 항상 참인 것을 고르시오.

| 2025 상반기 기출 키워드 | 4명이 4개 중 2개씩 선택

〈 보 기 〉

- B가 선택한 2개의 글자 중 1개 글자는 C가 선택한 글자다.
- A는 (가)와 (다)를 선택한다.
- (라)를 고른 사람은 C와 D이다.

① B는 (나)를 선택한다.
② B는 (다)를 선택한다.
③ C는 (가)를 선택한다.
④ C는 (다)를 선택한다.
⑤ D는 (나)를 선택한다.

15. A, B, C, D, E, F는 원형의 테이블에 앉는다. 6명이 앉는 간격이 일정하여 누군가를 마주 보고 앉는다고 할 때 〈보기〉를 참고하여 반드시 A와 이웃하게 앉는 사람을 모두 짝지은 것을 고르시오.

〈 보 기 〉

- C는 D와 마주 보고 앉는다.
- B와 F는 이웃하게 앉는다.
- E는 C와 이웃하게 앉는다.

① B ② D ③ E
④ B, D ⑤ D, E

16. A, B, C, D의 전공계열은 공학계열, 자연계열, 인문계열, 어문계열 중 하나이며 전공계열이 같은 사람은 없다. 인당 2번씩 진술하며 1번의 진술은 진실, 나머지 1번의 진술은 거짓이라고 할 때 사람과 전공계열을 알맞게 짝지은 것을 고르시오.

| 2025 상반기 기출 키워드 | 4명이 서로 다른 전공 수강, 4명의 주장이 하나는 진실이고 나머지 하나는 거짓

〈 보 기 〉

A: 나는 공학계열이다.　　A: D는 자연계열이다.
B: D는 인문계열이다.　　B: C는 공학계열이 아니다.
C: B는 인문계열이 아니다.　　C: A는 어문계열이다.
D: B는 공학계열이다.　　D: C는 공학계열이다.

	A	B	C	D
①	공학	자연	인문	어문
②	인문	공학	어문	자연
③	자연	어문	인문	공학
④	어문	자연	공학	인문
⑤	자연	공학	어문	인문

17. 〈보기〉의 명제를 참고하여 다음 중 반드시 거짓인 것을 고르시오.

〈 보 기 〉

- 연필을 구매하면 수정테이프를 구매하지 않는다.
- 볼펜을 구매하면 자를 구매한다.
- 지우개를 구매하면 볼펜과 연필을 구매한다.
- 형광펜을 구매하면 수정테이프를 구매한다.
- 싸인펜을 구매하면 자를 구매하지 않는다.

① 지우개를 구매하면 형광펜을 구매한다.

② 형광펜을 구매하면 지우개를 구매하지 않는다.

③ 싸인펜을 구매하면 연필을 구매한다.

④ 자를 구매하지 않으면 연필을 구매하지 않는다.

⑤ 수정테이프를 구매하면 볼펜을 구매한다.

18. A, B, C, D, E, F 중 3명은 여자고 나머지 3명은 남자다. 남자 1명, 여자 1명이 짝을 이뤄 조를 구성하고 조의 이름은 1조, 2조, 3조라 할 때 〈보기〉를 토대로 항상 참인 것을 고르시오.

〈 보 기 〉

- B와 E의 성별은 다르다.
- F는 C와 같은 조이다.
- A는 1조이고 D는 여자다.

① A는 1조이고 남자다.

② B는 1조이고 여자다.

③ C는 2조이고 남자다.

④ D는 2조이고 여자다.

⑤ E는 3조이고 남자다.

19. A, B, C, D, E, F는 같은 팀으로 이어달리기에 참가한다. 6명이 달리는 순서를 〈보기〉를 참고하여 정한다고 할 때 다음 중 항상 참인 것을 고르시오.

| 2025 상반기 기출 키워드 | 6명 이어달리기 순서

〈 보 기 〉

- E는 4번째로 달린다.
- F가 달린 후 B가 이어서 달린다.
- D는 A보다 먼저 달린다.
- C와 D 사이에 1명이 달리며 C는 D보다 먼저 달린다.

① D는 E보다 먼저 달린다.
② A는 F보다 먼저 달린다.
③ E는 C보다 먼저 달린다.
④ C는 B보다 먼저 달린다.
⑤ B는 A보다 먼저 달린다.

20. 절도사건의 용의자로 지목된 A, B, C, D, E 중 1명이 범인이다. 범인인 1명만 거짓으로 진술하고 나머지 4명의 진술은 참이라고 할 때 〈보기〉의 조건을 참고하여 범인을 고르시오.

| 2025 상반기 기출 키워드 | 5명 중 1명만 거짓말

〈 보 기 〉

A: B 또는 D가 범인이다.
B: E의 진술은 참이다.
C: E는 범인이 아니다.
D: 나와 E는 범인이 아니다.
E: 나와 A는 범인이 아니다.

① A   ② B   ③ C
④ D   ⑤ E

기출복원 모의고사

01. 다음과 같이 일정한 규칙으로 숫자를 나열할 때, A의 값으로 알맞은 것을 고르시오.

6	9	15	24	39	(A)

① 42 ② 43 ③ 52
④ 62 ⑤ 63

02. 다음과 같이 일정한 규칙으로 숫자를 나열할 때, A의 값으로 알맞은 것을 고르시오.

2,208	2,151	2,094	(A)	1,980	1,923	1,866	1,809

① 2,035 ② 2,037 ③ 2,039
④ 2,041 ⑤ 2,043

03. 다음과 같이 일정한 규칙으로 숫자를 나열할 때, 12번째 항의 값으로 알맞은 것을 고르시오.

2	6	18	54	162	486

① 118,098 ② 197,571 ③ 274,193
④ 354,294 ⑤ 391,482

04. 다음과 같이 일정한 규칙으로 숫자를 나열할 때, 빈 칸에 들어갈 값으로 알맞은 것을 고르시오.

$\frac{1}{9}$	$\frac{2}{9}$	$\frac{1}{2}$	$\frac{17}{18}$	$\frac{14}{9}$	$\frac{7}{3}$	( )

① $\frac{39}{19}$　　　　② $\frac{41}{23}$　　　　③ $\frac{41}{26}$

④ $\frac{43}{28}$　　　　⑤ $\frac{57}{31}$

05. 다음과 같이 일정한 규칙으로 숫자를 나열할 때, A+B의 값으로 알맞은 것을 고르시오.

19	37	38	38	76	(A)	152	40	(B)	41

① 300　　　　② 324　　　　③ 343

④ 368　　　　⑤ 387

06. 다음과 같이 일정한 규칙으로 숫자를 나열할 때, 8번째 항의 값으로 알맞은 것을 고르시오.

3	-6	0	0	6

① -12　　　　② -6　　　　③ 0

④ 6　　　　⑤ 12

07. 다음과 같이 일정한 규칙으로 숫자를 나열할 때, 빈 칸에 들어갈 알맞은 것을 고르시오.

$\frac{1}{9}$	$\frac{2}{9}$	$\frac{1}{2}$	$\frac{17}{18}$	$\frac{14}{9}$	$\frac{7}{3}$	( )

① $\frac{55}{18}$　　　　② $\frac{59}{18}$　　　　③ $\frac{7}{2}$

④ $\frac{23}{6}$　　　　⑤ $\frac{28}{9}$

08. 다음과 같이 일정한 규칙으로 숫자를 나열할 때, A + B의 값으로 알맞은 것을 고르시오.

| 3.1 | 6.7 | 8.8 | 12.4 | 14.5 | 18.1 | (A) | 23.8 | 25.9 | (B) |

① 38.3 ② 44 ③ 46.1
④ 49.7 ⑤ 51.8

09. 다음과 같이 일정한 규칙으로 숫자를 나열할 때, 8번째 항의 값으로 알맞은 것을 고르시오.

| 2143.26 | 714.42 | 238.14 | 79.38 | 26.46 | 8.82 | 2.94 |

① 0.43 ② 0.65 ③ 0.98
④ 1.32 ⑤ 1.69

10. 다음과 같이 일정한 규칙으로 숫자를 나열할 때, 12번째 항의 값으로 알맞은 것을 고르시오.

| 9 | 7.7 | 6.4 | 5.1 | 3.8 | 2.5 | 1.2 |

① -5.3 ② -4.7 ③ -3
④ -2.6 ⑤ -1.3

11. 다음과 같이 일정한 규칙으로 숫자를 나열할 때, 빈 칸에 들어갈 값으로 알맞은 것을 고르시오.

| $\frac{1}{13}$ | $\frac{1}{17}$ | $\frac{1}{19}$ | $\frac{1}{23}$ | ( ) | $\frac{1}{31}$ | $\frac{1}{37}$ | $\frac{1}{41}$ |

① $\frac{1}{29}$ ② $\frac{1}{28}$ ③ $\frac{1}{27}$
④ $\frac{1}{26}$ ⑤ $\frac{1}{25}$

12. 다음과 같이 일정한 규칙으로 숫자를 나열할 때, 10번째 항의 값으로 알맞은 것을 고르시오.

4	8	6	12	9	18	14

① 32   ② 39   ③ 41
④ 46   ⑤ 53

13. 다음과 같이 일정한 규칙으로 숫자를 나열할 때, 빈 칸에 들어갈 값으로 알맞은 것을 고르시오.

$\frac{17}{15}$	$\frac{4}{3}$	$\frac{8}{5}$	$\frac{29}{15}$	$\frac{7}{3}$	$\frac{14}{5}$	( )

① $\frac{43}{15}$ ② 3 ③ $\frac{10}{3}$
④ $\frac{58}{15}$ ⑤ $\frac{21}{5}$

14. 다음과 같이 일정한 규칙으로 숫자를 나열할 때, 12번째 항의 값으로 알맞은 것을 고르시오.

$\frac{2}{285}$	$\frac{2}{363}$	$\frac{2}{441}$	$\frac{2}{519}$	$\frac{2}{597}$	$\frac{2}{675}$

① $\frac{2}{1,221}$ ② $\frac{2}{1,143}$ ③ $\frac{2}{1,117}$

④ $\frac{2}{1,065}$ ⑤ $\frac{2}{1,039}$

15. 다음과 같이 일정한 규칙으로 숫자를 나열할 때, A의 값으로 알맞은 것을 고르시오.

254	491	237	354	770	416	421	(A)	215

① 215   ② 326   ③ 442
④ 518   ⑤ 636

16. 다음과 같이 일정한 규칙으로 숫자를 나열할 때, A의 값으로 알맞은 것을 고르시오.

1.92	-3.84	-9.84	19.68	13.68	-27.36	(A)

① -33.36 ② -29.36 ③ -24.68
④ 29.36 ⑤ 33.36

17. 다음과 같이 일정한 규칙으로 숫자를 나열할 때, 빈 칸에 들어갈 값으로 알맞은 것을 고르시오.

2.014	4.028	6.056	8.112	10.224	12.448	( )

① 14.896 ② 15.268 ③ 16.056
④ 17.523 ⑤ 18.475

18. 다음과 같이 일정한 규칙으로 숫자를 나열할 때, A의 값으로 알맞은 것을 고르시오.

71	74	80	92	116	164	(A)

① 214 ② 246 ③ 260
④ 298 ⑤ 327

19. 다음과 같이 일정한 규칙으로 숫자를 나열할 때, 9번째 항의 값으로 알맞은 것을 고르시오.

24	8	$\dfrac{8}{3}$	$\dfrac{8}{3^2}$	$\dfrac{8}{3^3}$

① $\dfrac{8}{6,561}$ ② $\dfrac{8}{5,612}$ ③ $\dfrac{8}{3,571}$
④ $\dfrac{8}{2,187}$ ⑤ $\dfrac{8}{729}$

20. 다음과 같이 일정한 규칙으로 숫자를 나열할 때, 10번째 항의 값으로 알맞은 것을 고르시오.

| 19,531.25 | 7,812.5 | 3,125 | 1,250 | 500 |

① 2.95   ② 5.12   ③ 7.25

④ 9.45   ⑤ 12.81

PART 03

필수 유형 분석

Chapter 01

언어이해

- 언어이해 영역은 제시된 지문을 읽고 주제 파악, 일치·불일치, 추론, 빈칸 채우기, 문단 배열, 비판 및 평가, 사례 판단, 서술 방식 찾기를 하는 문제 등이 출제된다.

- 실제 시험에서는 15분 동안 20문제를 풀어야 한다.

풀이 TIP

- 주제 파악 유형의 경우, 두괄식과 미괄식 유형이 대부분이므로 첫 문단과 마지막 문단에서 글 전체의 주제를 파악하는 것이 좋다.

- 일치·불일치 유형의 경우, 주어진 글의 내용을 주관적인 해석 또는 판단 없이 있는 그대로 파악하는 것이 좋다.

- 추론 유형의 경우, 제시된 자료를 토대로 핵심 내용, 생략된 내용, 전제, 연결된 내용 등을 추론하면 된다.

- 빈칸 채우기 유형의 경우, 문장이나 문단의 전체적 이해가 중요하므로 빈칸이 나온 이유나 빈칸 앞뒤의 내용을 파악하여 어떤 유형의 정보가 들어갈 것인지에 대한 문맥을 이해하는 것이 좋다.

- 문단 배열 유형의 경우, 주어진 문장을 전체적으로 파악한 후 문장들 간의 관계를 이해하고, 문장들의 주제, 시간적인 흐름, 인과관계 등을 고려하여 올바른 순서로 배열하는 것이 좋다.

- 비판 및 평가 유형의 경우, 주어진 시각, 견해와 관련된 논리적 결함이나 모순점을 찾고 이에 대한 비판에 초점을 맞추는 것이 좋다.

- 사례 판단 유형의 경우, 주어진 상황의 배경, 인물, 주어진 정보 등을 주의 깊게 읽고 특정한 상황을 정확하게 파악하는 것이 좋다.

- 서술 방식 유형은 설명, 인용, 예시, 정의, 해설, 비교와 대조 등 다양한 서술 방식이 지문에 어떻게 쓰이는지 미리 파악해 두는 것이 좋다.

필수유형 01

주제 파악

유형설명

- 주어진 글에서 문맥을 파악하고, 중심 내용을 찾는 유형
- 주어진 글에서 정보를 분석하고, 상황을 이해하여 주제를 파악하는 유형
- 주어진 글에서 작성자의 주장에 대한 핵심, 관점, 논지, 의도 등을 파악하는 유형

풀이 Tip

- 두괄식과 미괄식 유형이 대부분이며, 첫 문단과 마지막 문단에서 글 전체의 주제를 파악하기
- 분제의 선택지를 먼저 읽고, 핵심 단어, 소재를 찾은 후 주어진 지문을 읽으며 정오 찾기
- 글에 없는 선택지를 제거한 후 글에서 주장, 반복, 설명하는 핵심 내용에 대한 선택지 찾기
- 서로 다른 사례를 설명하는 경우, 다른 사례에서 공통적으로 주장하는 주제로 선택지 찾기

예제 01 다음 글의 주제로 가장 적절한 것은?

> 동전 또는 지폐 등의 실물 없이 온라인에서만 거래되는 디지털 통화의 한 종류로, 법정화폐 금액으로 표시되지 않은 통화를 가상통화(Virtual Currency)라고 한다. 가상통화의 장점은 탈중앙화로 사유 재산 보호와 금융 자유를 제공하고, 세계 어디에서나 실시간으로 송금할 수 있다는 것이다. 또한, 저비용으로 거래를 할 수 있고, 블록체인 기술을 이용하여 거래 내역이 암호화되어 위조 불가 및 해킹의 위험이 낮다. 이에 더하여 개인 식별 정보를 숨길 수 있기 때문에 거래의 익명성이 보장되고, 가격 변동성에 따라 고수익을 기대할 수 있다. 그러나 단점은 가격 변동성에 따라 고위험 발생이 가능하고, 블록체인 기술이어도 해킹, 사기, 개인정보 분실의 위험이 있어 개인 보안에 주의해야 한다는 것이다. 또한 탈중앙화로 불법 거래에 이용될 가능성이 있고, 아직 일부 국가에서는 가상화폐에 대한 법적 규제가 미흡하여, 이에 대한 불확실성이 존재한다.

① 가상통화로 인한 불법활동의 증가 현황
② 가상통화의 장점과 단점
③ 가상통화의 기술적인 작동 원리
④ 가상통화의 장점 활용 방안
⑤ 가상통화의 보안과 개인정보보호 방안

일반 풀이

글에 대한 가장 적절한 주제는 가상통화의 장점과 단점이다. 이 글에서는 가상통화가 여러 가지 장점을 가진 반면, 다양한 단점도 가지고 있음을 설명하고 있다.

[오답 체크]

① 가상화폐의 단점으로 탈중앙화로 불법 거래에 이용될 가능성이 있다고는 하나 전체적으로 불법활동의 증가를 이야기하고 있는 것은 아니므로 글의 주제로 적절하지 않다.
③ 가상통화의 기술적인 작동 원리에 대해서는 설명하고 있지 않으므로 글의 주제로 적절하지 않다.
④ 가상화폐의 장점과 단점을 모두 설명하고 있고, 장점의 활용 방안을 글 전체적으로 설명하는 것은 아니므로 글의 주제로 적절하지 않다.
⑤ 가상통화의 장점과 단점으로 보안과 개인정보보호 측면을 이야기하고 있지만, 단점의 측면에서 보호 방안을 글의 전체적으로 설명하는 것은 아니므로 글의 주제로 적절하지 않다.

정답  ②

다음에서 말하는 주제로 가장 적절한 것은?

> 최후 인류의 호모 사피엔스가 가진 차별성은 '높은 사회성'이었다. 네안데르탈인은 호모 사피엔스에 비해 신체는 근육질이였고 똑똑한 뇌를 가졌음에도 멸종하였다. 그렇지만 호모 사피엔스가 마지막까지 생존한 비결은 변화하는 환경에 잘 적응하고, 유대와 협력을 통하여 대형 집단에서 함께 생활했기 때문이다. 이와 같이 인간은 계속적 관계를 유지하면서, 사회 구성원의 하나로 성장한다.
>
> 디지털 사회는 최종 생존 인류 호모 사피엔스에서 스마트폰을 신체의 한 부분처럼 생각하고 사용하는 신종족 포노 사피엔스(Phono-Sapiens)를 탄생시켰다. 뉴노멀 시대를 살아가는 우리는 인간과 인간 사이의 관계뿐만 아니라 디지털 도구 속에서 연결된 관계에도 관심을 가져야 한다. 디지털 사회의 인간은 오프라인이든 온라인이든 공동체 속에서 살아갈 수밖에 없는 '사회적 동물'이기 때문이다.

① 호모 사피엔스의 생존 비결
② 호모 사피엔스에서 포노 사피엔스로의 변화 속 인간의 사회성
③ 호모 사피엔스와 포노 사피엔스의 비교
④ 인간이 사회적 동물인 이유
⑤ 오프라인 시대의 인간관계의 변화

일반 풀이

호모 사피엔스는 스마트폰을 신체의 일부처럼 사용하는 새로운 종족 포노 사피엔스로 변화되어 인간과의 관계는 물론 디지털 도구 속 촘촘하게 연결된 관계에도 신경 써야 한다는 사회성의 변화를 이야기하고 있다.

[오답 체크]

① 1문단에서 호모 사피엔스가 마지막까지 생존한 비결에 대해 설명하고 있으나, 전체적인 주제에는 부적합하다.
③ 호모 사피엔스와 포노 사피엔스의 비교보다는 종족의 변화를 이야기하고 있다.
④ 인간이 사회적 동물인 이유보다는 호모 사피엔스에서 포노 사피엔스로의 변화 속 인간의 사회성에 대해 이야기하고 있다.
⑤ 오프라인 시대의 인간관계의 변화가 아니라 디지털 시대의 사회성을 지닌 인류 종족의 변화를 이야기하고 있다.

 정답 ②

다음에서 말하는 주제로 적절한 것은?

처음부터 끝까지 철저하게 명령을 내리고 지휘를 하던 시대는 지나갔다. 현대의 리더는 실행을 제안하고 요청하는 방식으로 실무진에게 지시를 내리고, 리더 개인의 목표가 아닌 조직 전체의 목적을 달성하는 것에 주력한다.

지시는 간결하게 내리고, 오해의 여지가 없이 확실하게 내려야 한다. 능동적이고, 구체적이며, 익숙하고 평이한 말을 사용하는 것이 좋다. 또한 구두로 지시할 때는 지시 내용을 이해했는지 되풀이하게 함으로써, 잘못 알아듣는 일이 없도록 해야 한다.

지시 사항이 다양하고 복잡한 경우에는 우선 리더 자신의 생각을 명확하게 정리한 후 실무자에게 서면으로 지시하는 것이 바람직하다. 미리 사본을 검토할 기회를 주면 궁금한 점을 질문하거나 토론을 할 수 있기 때문이다.

① 리더의 명확한 지시 방법
② 리더의 덕목에 대한 설명
③ 리더의 서면 지시의 필요성
④ 리더의 단어 사용법
⑤ 명령하고 진두 지휘하는 리더의 시대

일반 풀이

현대의 리더로서 명확하게 명령과 지시를 내리는 방법에 대하여 이야기하고 있다..

[오답 체크]

② 리더의 덕목보다는 현대 리더의 지시와 명령의 방법에 대한 글이다.
③ 마지막 문단에서 서면 지시의 필요성에 대해 이야기하고는 있지만 글 전체의 주제로는 적절하지 않다.
④ 리더는 익숙하고 평이한 단어를 사용하는 것이 좋은 것은 맞으나 글의 핵심 내용으로는 리더의 명확한 지시 방법에 대한 전반적인 내용을 다루고 있으므로 글의 주제로는 적절하지 않다.
⑤ 가장 첫 문장에서 '처음부터 끝까지 철저하게 명령을 내리고 지휘를 하던 시대는 지나갔다.'고 하였으므로 적절하지 않다.

정답  ①

예제 04   **다음 글의 주제로 가장 적절한 것은?**

> 소프트뱅크 손정의 회장의 첫번째 투자 원칙은 '70%의 법칙'이다. 손정의 회장은 손자병법에서 영감을 얻어 자신만의 '제곱병법'을 만들었고 이 내용을 주주총회에서 언급하였다. 그가 말한 내용 중 가장 중요한 것은 '정정략칠투'이다. 신사업 진출 원칙 중 하나인 정정략칠투의 뜻을 풀어보면, '모든 사안을 제일 높은 곳에 올라 멀리 보고 세부적인 것까지 상세하게 점검한 뒤 승률이 70%를 넘을 때 싸움에 임한다.'이다.
>
> 그가 강조한 부분은 칠, 즉 일곱이라는 숫자이다. 5할 승률에서 승부수를 던지기에는 확률이 너무 낮지만, 반대로 9할 승률일 때는 높은 수익을 기대하기에 너무 늦다. 따라서 최고 수익률을 기록할 수 있는 가장 적절한 시점은 7할의 승률이 예상될 때라는 것이 그의 판단이었다.
>
> 그는 이 철학을 지금까지도 일관되게 유지하고 있다. 손정의 회장은 승리를 확신할 때 공격적인 투자에 나섰고, 반대의 경우 단호하게 사업 철수를 선택하였다. 차량 공유 업체인 '그랩'에 투자한 것과 엔비디아 지분 매각도 '70% 투자의 원칙'을 적용한 사례 중 하나이다.

① 기업가 손정의 회장이 생각하는 자율성
② 기업가 손정의 회장의 사업 철수 기준
③ 기업가 손정의 회장의 '손자병법'에 대한 애정
④ 기업가 손정의 회장의 투자 원칙
⑤ 기업가 손정의 회장과 소프트뱅크의 경영 목표

일반 풀이

주어진 글에서는 전반적으로 손정의 회장의 투자 원칙인 '70%의 법칙'에 대해 이야기하고 있다.

[오답 체크]

① 해당 글에서는 손정의 회장이 생각하는 자율성에 대해서는 이야기하고 있지 않다.
② 사업을 철수하려고 할 때에도 70% 투자 원칙을 적용하는 것은 맞지만, 전체 글의 주제로는 적절하지 않다.
③ 첫 번째 문단에서 '손자병법'에 대한 내용이 나오기는 하지만, 전체 글의 주제로는 적절하지 않다.
⑤ 해당 글에서는 소프트뱅크의 경영 목표에 대해서는 이야기하고 있지 않다.

 정답 ④

01. 다음 글의 주제로 가장 적절한 것은?

> 가산세는 납세자로 하여 성실한 신고 및 납부 의무와 이를 확보하기 위하여 법정 신고 기한(예, 취득세는 60일)까지 그 의무를 이행하지 않는 경우 가해지는 일종의 행정 제제로서, 그 종류에는 무신고 가산세(20%), 과소 신고 가산세(10%) 및 납부 불성실 가산세(1일 3/10,000)가 있으며 본 세금 이외에 추가로 부담하게 된다.
>
> 납세자가 신고 납부 기한을 경과하여 가산세 과세에 대한 불만을 제기하는 예를 보면, 고지서가 나와야 납부하는 것으로 알고 있는 것, 알려주지 않아서 납부하지 않았다고 하는 것, 또는 기일이 1~2일밖에 지나지 않았는데 가산세를 20%나 부담하게 하는 것은 폭리라고 하며 경감해 달라고 하는 경우가 있다.
>
> 그러나 모든 법률이 그렇듯이 국민이 알고 있는지의 여부와 관계없이 납세 의무는 확정이 되고 처분되는 것으로 단순하게 납세자가 알지 못하였다고 해서 가산세가 경감되는 것은 아니다.
>
> 무엇보다도 납세자 본인이 납부할 세금에 대하여 바르게 인지하고, 관리를 하는 것이 중요하며, 평소에 세금에 관한 지식을 알아두거나 과세 관청이나 세무사, 법무사 등 전문가와의 상담을 통하여 절세 혜택이나 가산세 부담을 미리 예방하는 것이 최선의 납세 의무를 이행하는 것이다.

① 가산세 경감 방안
② 납세자의 납부 세금의 종류
③ 전문가와 상담을 통한 절세 혜택
④ 납세자의 인지와 납세 의무 확정
⑤ 가산세의 위험과 예방 대책

 다음 글의 주제로 가장 적절한 것은?

> 현대 문화예술은 글로벌화와 디지털화의 영향으로 다양한 형태와 스타일로 발전하며, 새로운 변화의 물결을 맞이하고 있다. 대표적으로 언택트 문화의 확산으로 가상 전시회, 온라인 콘서트, 디지털 아트 등이 활성화되었다. 이러한 변화는 문화예술 활동 방식을 변화시켰으며, 예술가들에게는 새로운 시도를, 소비자들에게는 독특한 경험을 제공하였다. 예를 들어 인공지능, 가상현실, 홀로그램과 같은 첨단 기술이 문화예술과 결합되면서 창의적이고 독창적인 작품들이 탄생하고 있다. 이로 인해 관객들은 이전에 경험하지 못했던 신선한 감동과 새로운 예술적 체험을 누릴 수 있게 되었다.
>
> 한편, 지속가능한 예술과 환경 예술도 주목받고 있다. 환경 예술가들은 자연을 배경으로 작품을 창작하거나 재활용 소재로 제작한 작품을 통해 환경 문제에 대한 인식을 높이고, 환경 보호의 필요성을 강조하는 데 기여하고 있다.
>
> 마지막으로, 인종, 장애, 성적 지향, 성별 등 여러 측면에서의 차별을 반대하는 주제를 가진 작품들이 제작되어 사회적 다양성을 증진시키는 데 중요한 역할을 하고 있다.

① 문화예술 발전의 역사
② 상업적으로 이용되는 최신 기술의 종류
③ 현대 문화예술의 트렌드
④ 환경 문제를 다룬 예술작품이 외면받는 이유
⑤ 포용성과 다양성이 사회에 미치는 영향

03. **다음 글의 주제로 적절한 것은?**

> 반도체 전공정은 반도체 제조 공정의 일부로, 반도체 칩을 만들기 위해 필요한 다양한 단계들을 포함한다. 이러한 단계들은 반도체 소자를 형성하고, 연결하며, 패키징하는 등의 과정을 포함한다. 반도체 전공정은 정교하고 복잡한 과정으로, 다양한 재료와 장비를 사용하여 이루어진다. 전공정의 주요 단계 중 일부는 다음과 같다.
>
> 1. 웨이퍼 제작: 웨이퍼는 반도체 칩을 만들기 위한 기본 기판으로 사용된다. 실리콘 웨이퍼를 제작하고 정제하는 단계이다.
> 2. 리소그래피: 반도체 칩의 회로 패턴을 웨이퍼 상에 정의하기 위해 사용된다. 미세한 광학 패턴이 노광 과정을 통해 웨이퍼에 전달된다.
> 3. 에칭: 리소그래피 과정을 통해 정의된 회로 패턴을 웨이퍼 상에서 제거하거나 보호하는 단계이다. 이를 통해 반도체 소자의 정확한 구조가 형성된다.
> 4. 증착: 반도체 소자에 필요한 다양한 층을 증착하는 단계이다. 이러한 층은 반도체 소자의 특성을 개선하고 전기적 연결을 제공하는 역할을 한다.
>
> 즉 건축으로 따지면 도면을 받아 건물의 뼈대와 배선, 기타 내부 구조를 건설하는 것과 같다. 전공정 과정은 실제로 물리적으로 반도체 제품을 구현하는 부분이기도 하고, 또 금전적인 부분과 가장 연관 있는 부분이기 때문에 전체 산업에서 가장 중요한 부분이라고 할 수 있다.

① 반도체와 건축의 상관 관계
② 한국 반도체 업체와 경쟁관계에 있는 해외 반도체 업체의 현황
③ 반도체 실제 제작 과정
④ 반도체 전공정 및 주요 단계
⑤ 반도체 후공정 및 제작 과정

04. **다음 글의 제목으로 가장 적절한 것은?**

> 임마누엘 칸트는 18세기 독일의 철학자로, 인간의 이성과 도덕적 행동에 대한 독창적인 관점을 제시한 인물이다. 그는 이성을 통해 세상을 이해하고 판단할 수 있다고 믿었으며, 이를 바탕으로 인간의 자유와 도덕적 책임을 강조했다.
>
> 칸트의 철학에서 가장 널리 알려진 개념 중 하나는 '정언명령'이다. 이는 도덕적 행동의 보편적인 원칙으로, 어떤 행위가 도덕적으로 옳은지를 판단하는 기준을 제시한다. 칸트는 이를 통해 도덕이 단순히 외부 규율이 아닌, 인간 이성에서 비롯된 자율적 판단임을 강조했다.
>
> 또한 그는 인간 이성의 작용과 한계를 탐구하기 위해 '순수이성비판'과 '실천이성비판'을 제시했다. 이를 통해 경험과 인식의 한계를 직시하면서도, 인간이 이성을 통해 세계를 이해하고 규명할 수 있음을 논증했다.
>
> 칸트의 철학은 서양 사상에 지대한 영향을 미쳤으며, 그의 이론은 오늘날에도 철학자들에게 깊은 영감을 주고 있다. 인간 이성과 도덕적 행동에 대한 그의 통찰은 철학적 논의의 중요한 토대가 되었으며, 현대 철학의 발전에도 지속적인 영향을 미치고 있다.

① 칸트가 제시한 윤리적 허무주의와 도덕적 회의주의
② 이성과 도덕적 책임에 대한 칸트의 철학
③ 미학 이론과 예술에 대한 칸트의 영향
④ 칸트의 인식론과 지식의 한계
⑤ 민주주의와 법치주의에 대한 칸트의 의견

 다음 글의 제목으로 가장 적절한 것은?

> 메뉴 심리학은 미국 코넬대학 소비자행동학과 교수 브라이언 완싱크(Brian Wansink)가 처음 주장한 이론으로, 음식을 주문하기 위해 메뉴판을 받아든 고객이 무엇을 먹을지 선택해야 하는 순간의 심리적 갈등 상황을 겨냥한 마케팅에 주로 활용되었다. 이 이론은 과학과 심리학을 활용하여 레스토랑 업계의 통념을 깨트렸으며, 오늘날에는 학문의 영역으로 인정받고 있다.
>
> 메뉴 심리학에 의하면 고급 레스토랑에서는 가죽 표지로 된 책자 형태의 메뉴판, 간편 음식점에서는 한 장짜리 종이 메뉴판을 사용하는 것이 가장 매출을 높이는 데 효과적이다. 또한 메뉴판에서 고객들이 가장 많이 주문하는 메뉴는 1시 방향, 즉 오른쪽 윗자리에 있는 메뉴이다. 그 밖에도 메뉴판에 음식 가격을 작게 적거나 음식 이름을 화려하고 길게 적는 것도 매출을 높일 수 있는 방법이다. 카페에서도 음료 사이즈를 S, M, L 대신 톨, 그란데 등 소비자들이 용량을 직관적으로 인지하기 힘들도록 하면 매출을 높일 수 있다.

① 음식의 품질과 매출의 상관관계
② 메뉴판 디자인 변화에 따른 고객 만족도
③ 고급 레스토랑의 가격 정책
④ 고객 선택을 유도하는 메뉴 심리학
⑤ 고객의 심리적 갈등과 음식의 맛

| 2021 하반기 기출 키워드 | 카드 혜택

실시간 환율에 맞추어 외화를 충전하고, 이를 해외 현지에서 사용할 수 있는 카드를 외화 선불카드라고 한다. 지난 2월 핀테크 스타트업 트래블월렛이 출시한 '트래블페이' 카드, One카드가 출시한 '트래블로그' 카드 등이 있다. 이 카드는 충전 시 환전 수수료가 무료이고, 은행들이 일반적으로 달러 등 주요 통화에만 우대 수수료율(수수료 할인율)을 75~92% 적용하는 것에 비하면 큰 혜택이다. 또한 평균 2.5% 정도의 온·오프라인 해외 결제 수수료도 발생하지 않는다. 뿐만 아니라 비자·마스터 등 카드별 제휴사에 따라 현지 ATM에서도 수수료를 부담하고 돈을 출금하고 있어서 해외여행객에게 최근 큰 인기를 끌고 있다. 실제로 트래블페이 카드 거래액은 출시 첫 해에 100억 원이었으나 지난해에는 2,100억 원으로 급증했다.

① 해외 ATM 이용 시 복제 등 범죄 노출 확률 증가
② 외화 선불카드 부정사용 시도 문제에 따른 FDS 활용 방안
③ 외화 선불카드 혜택과 인기에 대한 분석과 동향
④ 금감원 ATM 복제 의심 사례 접수 후 사설 ATM기 사용 삼가 소비자 경보 발령
⑤ 비자, 마스터 등 카드별 해외 현지 ATM 수수료 무료 혜택

필수유형

02

일치·불일치

유형설명

- 주어진 글에서 문맥을 파악하고, 핵심/중심 내용 또는 부수 내용과 일치/불일치를 찾는 유형
- 주어진 글에서 정보, 상황 등을 분석하여 일치/불일치를 찾는 유형
- 주어진 글에서 인과, 비교, 역설, 설명 등의 내용과 일치/불일치를 찾는 유형

풀이 Tip

- 주어진 글의 내용을 주관적인 해석 또는 판단 없이 있는 그대로 파악하기
- 각 문장/문단의 핵심/중심 내용과 부수적인 내용을 구분하여 읽기
- 인과, 비교, 역설, 설명 등의 내용을 파악하기
- 문장/문단의 중심 내용을 요약하며 읽고, 반복 또는 공통되는 핵심 어휘 파악하기

예제 01

다음 글의 내용과 일치하는 것은?

> 금욕주의를 벗어난 20세기의 욕망담론에는 바타유의 에로티즘 밖에도 다수의 흐름이 있지만, 라캉, 들뢰즈, 지라르의 욕망담론이 20세기 욕망담론의 흐름을 대표하며, 21세기에도 지속적으로 영향력을 미치고 있다.
>
> 라캉, 들뢰즈, 지라르의 욕망담론은 각각 저마다 욕망의 단면을 잘 표현해 준다. 그렇지만 이들의 욕망담론에는 의문점도 있다. 라캉은 자본주의 사회에서 충족될 수 없는 욕망의 갈증을 보여 준다. 하지만 인간의 욕망 형성 과정에서 결정적 역할을 하는 거세의 공포와 오이디푸스 콤플렉스는 과학적으로 증명하기 힘들 뿐만 아니라 일상의 삶속에서도 확인하기 힘든 것이 아닌가 하는 의문이 생기고, 들뢰즈는 자본주의 사회의 분열증적 욕망을 드러낸다. 그러나 그의 주장인 순수한 욕망이란 허구의 개념이 아닌지 의문이 든다. 또한 그가 욕망을 과하게 강조했다는 비판이 있을 수도 있다. 마지막으로 지라르는 인간 사회의 모방적 욕망을 간파하였지만 욕망을 모방적 경쟁의 측면에서만 집중함으로써, 자본주의에서 생존을 위하여 펼치는 무한한 경쟁과 욕망의 관계를 외면하지 않았나 하는 의문도 생긴다.

① 라캉, 들뢰즈, 지라르의 욕망담론은 20세기에 대표되는 이론이며, 현재에도 영향력을 미친다.
② 라캉은 욕망의 복잡성을 과소평가하고 언어의 영향을 과대평가한다.
③ 들뢰즈의 욕망담론은 현실적이지 않고 이상적인 욕망을 강조한다.
④ 지라르의 이론에서는 욕망의 모방적 경쟁이 실제로는 중요하지 않다고 주장한다.
⑤ 이들의 욕망담론은 현대 사회에서는 더 이상 적용되지 않는다.

일반 풀이

금욕주의를 탈피한 20세기의 욕망담론에는 바타유의 에로티즘 외에도 많은 흐름이 있지만, 라캉, 들뢰즈, 지라르의 욕망담론이 20세기 욕망담론의 흐름을 대표할 뿐 아니라 21세기에도 여전히 영향력을 미치고 있다. 따라서 이들의 욕망담론은 20세기에 대표되는 이론이며, 21세기 (2001~2100)에 영향력을 미치고 있으므로 현재에도 영향력을 미친다는 것은 본문의 내용과 일치한다.

[오답 체크]

②, ③, ④, ⑤ 본문에 비추어 일치하지 않는다.

정답 ①

다음 글의 내용과 가장 일치하지 않는 것은?

> 마티스와 피카소는 20세기 미술사를 새롭게 쓴 경쟁 관계였다. 이들은 사제지간으로 시작해 서로의 작품을 교환하고 전시회를 개최하며 협력적인 관계를 형성했지만, 각기 다른 기질과 화풍을 지닌 탓에 자주 반목했다. 그들은 서로의 작품을 비판하고 때로는 비난하며 경쟁적인 태도를 보였으나, 이러한 경쟁 의식은 그들의 열정을 유지하게 했고 현대미술의 역사를 새롭게 쓰는 데 중요한 역할을 했다.
>
> 단원 김홍도는 중인 출신으로 신분의 한계에 얽매여 있었지만, 표암 강세황의 지도를 받아 도화서 화원이 되었다. 강세황은 김홍도의 재능을 인정하고 자신의 예술적 지식과 경험을 전수하여 그의 성장을 돕기도 했지만, 한편으로는 김홍도의 작품을 비판하며 그가 실력을 키울 수 있도록 도와주었다.
>
> 이렇듯 동서양의 예술가들은 협력과 비판을 통해 서로의 성장을 도왔다. 건전한 비판은 예술가들에게 창의적 동기를 부여하며, 그들의 작품이 단순한 개인적 성취를 넘어 시대를 대표하는 유산이 되는 데 중요한 역할을 했다.

① 마티스와 피카소는 서로 다른 성격과 화풍을 가지고 있었다.

② 김홍도는 강세황의 지도를 받아 중인의 신분을 극복하고 도화서 화원이 되었다.

③ 협력과 비판은 예술가들의 성장을 도운 중요한 요소였다.

④ 마티스와 피카소는 서로의 작품을 교환하고 전시회를 개최하며 협력적인 관계를 형성하였다.

⑤ 김홍도와 강세황은 서로 경쟁하는 동시에 협력적인 관계를 유지했다.

일반 풀이

서로 경쟁하는 동시에 협력적인 관계를 유지한 것은 마티스와 피카소이다.

[오답 체크]

①, ②, ③, ④ 본문 내용과 일치하는 내용이다.

 ⑤

다음 글의 내용과 일치하는 것은?

> 피그말리온 효과는 사람들의 기대나 믿음이 개인의 성과와 행동에 영향을 주는 현상을 말한다. 이 효과는 어떤 사람에게 긍정적인 기대를 갖고 접근하면 그 사람은 이를 실현하기 위해 노력하고, 결과적으로 예상 이상의 성과를 얻는 경향이 있다는 것을 의미하며, 사람과의 상호작용을 할 때 중요한 역할을 하게 된다. 예를 들어, 교사가 학생에게 "너는 똑똑하고 잘할 수 있을 거야"라고 강조하여 이야기한다면, 학생은 자신에게 기대하는 것처럼 느끼고 이를 실현하기 위해 노력할 가능성이 크다. 이러한 기대는 학생의 자기효능감을 향상시키고, 학습태도와 성과에 긍정적으로 영향을 주는 것으로 알려져 있다.
>
> 낙인효과는 사람들이 처음의 인상이나 기대에 따라 특정한 행동을 보이는 효과를 말한다. 즉, 낙인효과는 사람들이 다른 사람을 평가하거나 그들의 행동을 예측할 때, 이전의 인상이나 기대에 따라 특정한 행동을 기대하고 그에 맞추려는 경향을 보인다는 것을 의미하며, 다른 사람을 평가할 때 중요한 역할을 하게 된다. 예를 들어, 어떤 사람이 "이 사람은 불성실하다"라는 인상을 가지고 있다면, 그 사람은 그들의 행동을 평가할 때 이전의 인상에 따라 불성실한 행동을 보이리라고 예상할 수 있다. 이러한 낙인효과는 사람들 간의 상호작용에서 인식과 행동에 영향을 미치며, 때로는 부당한 평가나 편견을 초래할 수도 있다.

① 피그말리온 효과와 낙인효과는 우리가 다른 사람과 상호작용할 때와 다른 사람을 평가할 때 중요한 역할을 한다.
② 피그말리온 효과는 사람들 간의 상호작용에서 인식과 행동에 영향을 미치며, 때로는 부당한 평가나 편견을 초래할 수 있다.
③ 낙인효과는 사람에게 긍정적인 기대를 갖고 접근하면 예상 이상의 성과를 얻기도 한다.
④ 피그말리온 효과는 이전의 인상이나 기대에 따라 특정한 행동을 기대하는 경향을 의미한다.
⑤ 낙인효과는 긍정적인 기대나 믿음이 개인의 성과와 행동에 영향을 주는 현상을 말한다.

일반 풀이

피그말리온 효과는 사람과의 상호작용에서 중요한 역할을 하고, 낙인효과는 다른 사람을 평가하는 데 중요한 역할을 한다고 본문에서 설명하고 있다.

[오답 체크]

② 낙인효과에 대한 설명이다.
③ 피그말리온 효과에 대한 설명이다.
④ 낙인 효과에 대한 설명이다.
⑤ 피그말리온 효과에 대한 설명이다.

정답 ①

예제 04

다음 글의 내용과 가장 일치하지 않는 것은?

> 팝콘 브레인은 첨단 디지털 기기에 익숙해진 사람들이 현실에 무감각하거나 무기력해지는 현상을 말한다. 팝콘이 튀겨질 때 즉각적인 변화가 일어나는 것처럼, 사람들도 디지털 환경에서의 빠른 피드백과 자극에 길들여져 현실의 느리고 점진적인 변화에는 흥미를 느끼지 못하게 되는 것이다. 이는 현대 사회에서 스마트폰, 태블릿, 컴퓨터 등 디지털 기기를 과도하게 사용하는 사람들에게서 흔히 나타나는 문제로, 특히 젊은 세대에서 심각하게 관찰된다.
>
> 2011년 학술지 'PloS One'에 발표된 연구에 따르면, 인터넷 사용 시간이 긴 대학생들의 전전두엽 크기가 감소한 것으로 나타났다. 전전두엽은 집중력, 계획성, 충동 제어와 밀접한 관련이 있는 뇌의 부위다. 이 부위가 작아지면 집중력이 떨어지고, 충동적으로 행동하며, 계획을 세우지 못하는 등의 문제가 발생할 수 있다. 이는 단순한 뇌 구조의 변화에 그치지 않고, 학업 성취도 저하, 대인 관계의 어려움, 심리적 안정성 부족 등 일상생활에도 부정적인 영향을 미친다.
>
> 이러한 부작용을 방지하려면 디지털 기기 사용 시간을 제한하는 것이 중요하다. 일정 시간 동안 디지털 기기에서 벗어나 야외 활동을 하거나, 친구나 가족과의 대면 소통을 늘리는 것도 뇌를 긍정적으로 자극하는 방법이다.

① 팝콘 브레인은 즉각적인 만족감을 추구하는 사람들이 현실의 느린 변화에 대해 무감각해지는 현상을 비유적으로 표현한 것이다.

② 팝콘 브레인을 방지하기 위해서는 야외 활동이나 실제 사회적 상호작용을 통해 뇌를 자극하는 것이 도움이 된다.

③ 팝콘 브레인은 디지털 기기를 많이 사용하는 노년층에게서 주로 관찰된다.

④ 연구에 따르면, 인터넷을 장시간 사용한 대학생들의 전전두엽의 부피가 감소하였다.

⑤ 전전두엽의 부피 감소는 집중력, 계획성, 충동 제어 등의 결핍을 초래할 수 있다.

일반 풀이

팝콘 브레인은 디지털 기기를 과도하게 사용하는 사람들에게서 흔히 나타나는 문제로, 특히 젊은 세대에서 심각하게 관찰된다.

[오답 체크]

①, ②, ④, ⑤ 본문 내용과 일치하는 내용이다.

정답  ③

01. **다음 글의 내용과 일치하는 것은?**

> 크로노스와 카이로스는 고대 그리스 신화에서 시간의 두 가지 개념을 상징한다. 크로노스는 연속적이고 양적인 시간을 의미하며, 흔히 우리가 시계로 측정하는 시간의 흐름을 대변한다. 그는 시간의 신으로 끊임없이 흘러가는 시간을 상징하며, 인간이 통제할 수 없는 불가피한 시간의 본질을 나타낸다.
>
> 반면, 카이로스는 질적이고 결정적인 순간, 즉 기회와 타이밍을 의미하는 신이다. 그는 크로노스의 아들로, 인간의 선택과 행동에 따라 미래를 결정짓는 중요한 순간을 주관한다. 날개 달린 모래시계로 상징되는 카이로스는 그 순간을 붙잡지 않으면 지나가버린다는 진리를 상기시킨다.
>
> 크로노스는 시간의 흐름을 나타내고, 카이로스는 그 흐름 속에서 중요한 순간을 포착하는 능력을 강조한다. 이 두 신은 시간에 대한 인간의 이중적 인식을 보여주며, 삶의 흐름과 결정적 기회의 중요성을 동시에 일깨운다.

① 카이로스는 인간이 선택과 행동에 따라 미래를 결정하는 힘을 가지고 있다는 것을 대변한다.
② 크로노스는 인간의 기회를 주관하는 신으로 여겨졌다.
③ 카이로스는 특정한 순간이나 기회보다는 연속적인 시간을 상징한다.
④ 크로노스는 흔히 날개 달린 모래시계로 상징된다.
⑤ 크로노스는 시간의 불연속적인 측면을 의미한다.

 다음 글의 내용과 가장 일치하지 않는 것은?

> 　최근 불면증과 수면장애를 겪는 현대인들이 증가하면서 숙면을 돕는 제품과 서비스가 꾸준히 출시되고 있다. 이러한 흐름 속에서 등장한 슬리포노믹스(Sleeponomics)는 잠(Sleep)과 경제(Economics)의 합성어로, 숙면을 위해 비용을 지불하는 현대인들의 수요에 의해 성장하고 있는 산업을 가리킨다. 한국수면산업협회에 따르면, 국내 슬리포노믹스 시장 규모는 2011년 4,800억 원에서 2021년 3조 원으로 크게 성장했으며, 2026년에는 약 40조 원에 이를 것으로 전망된다.
>
> 　선진국형 산업으로 분류되는 슬리포노믹스는 기능성 침구류, 숙면 기능을 강화한 IT 제품, 수면 보조 의료기기, 수면 개선 생활용품 등 다양한 분야로 나뉜다. 예를 들어, 국내에서는 수면에 도움을 주는 기능성 침구와 수면 안대 시장이 빠른 성장세를 보이고 있다. 또한, 수면의 질을 높이기 위해 스마트폰 애플리케이션과 웨어러블 기기 등 IT 기반의 솔루션도 인기를 끌고 있다. 이러한 제품들은 단순히 편안함을 제공하는 것을 넘어, 수면 데이터를 분석해 사용자 맞춤형 솔루션을 제안하는 방식으로 발전하고 있다.

① 슬리포노믹스는 잠과 경제의 합성어로 최근 성장하고 있는 산업을 일컫는 말이다.

② 슬리포노믹스 산업은 특히 개발도상국에서 폭발적으로 성장하고 있다.

③ 국내 슬리포노믹스 시장 규모는 2021년 기준 3조 원에 육박한다.

④ IT 기술을 활용하면 사용자 개인의 수면 데이터를 분석하여 맞춤형 솔루션을 도출할 수 있다.

⑤ 슬리포노믹스 산업은 침구류, 의료기기, 생활용품 등 다양한 분야로 나뉜다.

 다음 글의 내용과 일치하는 것은?

> 청나라의 역사상 가장 위대한 군주 중 하나로 평가받는 강희제는 61년이라는 긴 기간 동안 국가를 통치하면서 중국 역사상 가장 강력한 제국을 건설하였다. 그의 리더십은 크게 두 가지로 정리할 수 있다.
>
> 첫 번째는 '국궁진력'이라는 서번트 리더십으로, 존경하는 마음으로 진정 몸을 굽혀 최선을 다해 모든 힘을 쏟아붓는 것을 의미한다. 강희제는 평생 동안 공부하고 노력하고 행동하는 것을 중요하게 생각하였으며, 백성을 위한 정사를 펼치기 위해 노력하였다. 그는 사치와 낭비를 철저히 막고, 백성을 위한 정책을 펼쳤기에 그의 통치 기간 동안 청나라는 경제적으로 번영하고 군사적으로 강해졌다.
>
> 두 번째는 '만한전석'이라는 통합 리더십이다. 강희제는 만주족과 한족의 통합을 위해 왕족과 귀족들에게 한자를 사용하도록 지시하고, 만주족과 한족이 함께 어우러져 잔치를 열도록 명령하였다. 또한 이러한 잔치에서 만주족과 한족의 음식을 함께 즐길 수 있도록 만한전석이라는 요리를 만들었다. 이러한 다문화 통합정책 리더십을 통해 강희제는 백성들이 편안한 삶을 살 수 있는 태평성대를 열었다.

① 강희제는 만주족과 한족의 통합을 위해 국궁진력이라는 요리를 만들었다.
② 강희제는 통치 기간 동안 경제적인 어려움을 겪었지만 이를 극복하였다.
③ 강희제는 백성들의 즐거움을 위해 사치를 장려하는 정책을 펼쳤다.
④ 강희제가 추구한 서번트 리더십은 결과적으로 청나라를 번영시켰다.
⑤ 강희제는 만주족과 한족의 통합을 위해 한자 대신 만주어를 사용하도록 명령하였다.

 다음 글의 내용과 일치하는 것은?

승무는 한국의 대표적인 전통춤으로, 주로 사찰에서 진행되는 불교 의식에서 행해지는 춤이다. 승무는 불교의 수행과 깨달음을 표현하는 춤으로 알려져 있으며, 그 기원은 고려 시대로 거슬러 올라간다. 승무의 기원은 파계승의 번뇌에서 시작되었다는 설, 민속춤의 입장에서 본 황진이의 무용설, 탈춤의 노장과정에서 유래했다는 설, 불교의 교리적인 입장에서 본 불교설 등 다양한 설이 있다. 이후 조선 시대를 거쳐 현대까지 전해진 승무는 현재 국가무형문화재로 지정되어 보호되고 있다.

승무는 춤의 동작과 표정, 몸짓을 통해 불교의 철학과 가르침을 표현한다. 승무의 아름다움은 춤의 동작과 음악, 긴 장삼 등의 의상에서 비롯되었다. 승무는 북의 연타로 시작하는데, 이는 주술적인 힘으로 관객을 몰아지경으로 이끈다. 승무의 반주를 담당하는 악기는 피리, 대금, 해금, 장구, 북 등으로 구성된 삼현육각이며, 악곡은 염불, 타령, 자진모리, 굿거리, 당악 등으로 이루어져 있다.

---

① 승무는 다른 전통 춤에 비해 춤사위가 거칠고 힘차다.
② 승무는 조선 시대 때 실전되었다가 현대에 와서 복원되었다.
③ 승무는 반주음악 없이 북의 연타에 맞춰 춤을 추는 방식으로 진행된다.
④ 승무는 황진이의 무용에서 시작된 춤이다.
⑤ 승무는 불교의 수행과 깨달음을 표현하는 춤으로 알려져 있다.

 다음 글의 내용과 일치하는 것은?

　　보이스피싱, 스미싱, 파밍, 메신저 피싱과 같은 신종 사기 사건이 날이 갈수록 증가하고 있다. 보이스피싱(Voice Phishing)은 전화를 통해 개인정보를 빼내기 위한 사기 기술로, 피해자로부터 개인정보를 얻거나 금융 거래를 유도하기 위해 사회 공학 기법을 사용한다. 스미싱(Smishing)은 문자 메시지를 통해 개인정보를 탈취하거나 사기를 저지르기 위한 방법이다. 보통 피해자는 은행, 신용카드 회사 등을 사칭한 문자 메시지를 받는데, 해당 문자에 포함된 링크를 클릭하여 개인정보를 입력하도록 유도하는 방식이다. 파밍(Pharming)은 악성 웹사이트를 통해 사용자의 개인정보를 탈취하는 기술로, 피해자는 정상적인 웹사이트로 오인하여 개인정보를 입력하지만, 실제로는 사기꾼이 조작한 악성 웹사이트에 정보가 전송된다. 메신저 피싱(Messenger Phishing)은 인기 있는 메신저 사용자를 대상으로 하는 사기 기법으로, 피해자에게 악성 링크나 위장된 파일을 보낸 후 이를 통해 개인정보를 탈취하는 방식이다.

① 피해자에게 악성 링크나 위장된 파일을 메신저 앱을 통하여 보낸 후 개인정보를 탈취하는 것은 메신저 피싱이나.

② 전화를 통해 피해자로부터 개인정보를 얻거나 금융 거래를 유도하는 것은 파밍이다.

③ 정상적인 웹사이트처럼 제작된 악성 웹사이트에 피해자가 개인정보를 입력하여 발생하는 사기 기법은 스미싱이다.

④ 피해자로부터 개인정보를 얻기 위해 사회 공학 기법을 사용하는 것은 스미싱이다.

⑤ 메신저 피싱은 문자에 포함된 링크를 클릭한 후 개인정보를 입력하도록 유도하는 사기 기법이다.

필수유형 03

추론

유형설명

- 주어진 글에서 정보, 상황으로부터 논리적인 결론이나 가정을 추론하는 유형
- 주어진 글에서 정보와 사건 사이의 인과관계를 추론하는 유형
- 주어진 글에서 파악한 정보를 기반으로 일반적인 규칙이나 패턴을 추론하는 유형
- 주어진 글에서 파악한 정보, 패턴을 기반으로 누락된 정보를 추론하는 유형

풀이 Tip

- 일치하는 추론을 찾는 경우, 선택지의 내용을 파악하고 지문을 읽기
- 제시된 자료를 토대로 핵심 내용, 생략된 내용, 전제, 연결된 내용 등을 추론하기
- 핵심 주장, 논지, 결론 등을 뒷받침하는 전제, 근거, 이유를 추론하기
- 제시된 지문의 정보를 근거로 새로운 정보를 구성 또는 추론하기
- 글의 결론 파악 후 제시된 핵심 주장과 근거를 전제로 추론하기
- 작성자가 제시하는 논지, 핵심 주장을 결론으로 이끄는 전개 방식을 추론하기
- 작성자의 관점에 대한 파악 및 다른 관점에 대하여 추론하기
- 생략된 부분에 들어갈 내용의 문맥을 파악하고 추론하기

예제 01 **다음 글을 읽고 추론한 내용으로 가장 적절한 것은?**

> 클래시 페이크는 소비자가 추구하는 가치에 따라 진짜보다 더 멋진 가짜를 선호하는 소비 트렌드를 의미한다. 이는 고급을 뜻하는 '클래시(Classy)'와 가짜를 뜻하는 '페이크(Fake)'를 합쳐 만든 신조어로, '진짜를 압도하는 멋진 가짜'를 뜻한다. 클래시 페이크의 예시로는 3D 프린터로 만든 가죽, 식물성 재료로 만든 고기와 달걀, 조화 화분, 인조 모피 등이 있다.
>
> 클래시 페이크는 패션뿐만 아니라 식생활, 주거 생활, 산업, 사회, 기술, 문화 등 다양한 분야에서 가짜에 대한 인식이 변하면서 나타났다. 인조 모피는 동물 보호로 인한 모피 사용 반대라는 사회적 흐름 속에서 주목받았으며, 식물성 고기의 판매 상승은 비거니즘 열풍이 영향을 미쳤다. 또한 VR이나 AR을 통해 현실과 가상을 넘나드는 소비 문화도 클래시 페이크의 한 현상으로 볼 수 있다. 이러한 가짜 상품을 적극적으로 구매하는 소비자를 '페이크슈머(Fakesumer)'라 부른다.

① 페이크슈머들은 진짜 제품을 구매하는 소비자들을 이해하기 힘들 것이다.

② 소비자들은 진짜 제품과 구분이 가지 않는 클래시 페이크를 선호하기 때문에 앞으로 진짜 제품 판매 시장은 점차 축소될 것이다.

③ 페이크슈머들은 클래시 페이크 제품을 구매하는 것이 경제적으로 합리적인 선택이라고 생각할 것이다.

④ 페이크슈머의 증가는 소비자의 가치 판단이 진위 여부보다 환경과 윤리를 우선시하는 경향으로 이동하고 있음을 보여준다.

⑤ 일반 소비자들은 클래시 페이크 제품을 윤리적으로 옳지 않은 제품이라 생각할 것이다.

일반 풀이

클래시 페이크라는 트렌드는 소비자들이 물건을 선택할 때 단순히 '진짜인지 가짜인지'라는 기준에 얽매이지 않고, 더 높은 가치를 추구하고 있다는 것에서 등장했다. 특히 인조모피나 식물성 고기는 윤리적 이유에 의해 선택되는 경우가 많다. 이를 종합해보면 소비자의 가치 판단이 환경과 윤리라는 더 높은 가치를 우선시하고 있음을 추론할 수 있다.

[오답 체크]

① 페이크슈머들은 자신의 신념에 의해 클래시 페이크 제품을 구매한다. 하지만 이들이 진짜 제품을 구매하는 소비자들을 이해하기 힘들 것이라고는 추론하기 힘들다.

② 모든 소비자들이 진짜 제품과 구분이 가지 않는 클래시 페이크를 선호하는지는 알 수 없기 때문에 앞으로 진짜 제품 판매 시장이 점차 축소될 것이라고는 추론하기 힘들다.

③ 주어진 글에서는 클래시 페이크 제품의 가격과 진짜 제품의 가격이 나타나있지 않다. 따라서 클래시 페이크 제품을 구매하는 것이 경제적으로 합리적인 선택인지는 확인할 수 없다.

 정답 ④

다음 글을 읽고 추론한 것으로 적절하지 않은 것은?

> 피에르 보나르는 19세기 말부터 20세기 초까지 활약한 프랑스의 화가로, 색채와 빛을 탁월하게 다룬 인상주의 이후의 예술가로 평가받는다. 그의 작품의 중심에는 아내 마르트가 자주 등장한다. 마르트는 보나르의 예술에서 중요한 영감의 원천이었으며, 그녀와의 관계는 그의 작품 세계를 형성하는 데 큰 영향을 미쳤다.
>
> 보나르는 주로 일상적인 풍경과 정물, 인물화를 그렸지만, 마르트는 그의 작업에서 특별한 위치를 차지했다. 마르트는 욕조에 있는 모습이나 침실에서 쉬고 있는 장면으로 자주 묘사되었으며, 이는 그녀의 사적인 세계와 보나르의 내면적 감정을 표현하는 주제가 되었다. 그들의 관계는 단순한 예술적 뮤즈와 화가의 관계를 넘어선 깊은 유대감을 보여준다. 마르트는 보나르와 오랜 시간 함께하며 그의 삶과 예술에 큰 영향을 미쳤지만, 동시에 보나르의 작업은 그녀의 삶을 영원히 캔버스에 새겨 넣었다. 그녀는 그의 그림 속에서 늘 새로운 빛과 감정으로 살아 숨 쉬며, 그들의 사랑은 예술을 통해 영속성을 얻었다.

① 보나르는 마르트를 통해 그의 내면적 감정과 삶의 일면을 표현하고자 했다.

② 보나르와 마르트의 관계는 예술적 협력에서 비롯된 관계로 깊은 유대감은 찾아보기 힘들었다.

③ 보나르가 마르트를 욕조와 침실 등 사적인 공간에 그린 것은 그들이 공유한 일상적인 관계의 깊이와 개인적인 친밀감을 반영한다.

④ 보나르의 그림을 통해 마르트의 존재는 영원히 예술의 일부로 남을 것이다.

⑤ 마르트는 보나르에게 단순히 작품에 등장하는 모델로서의 역할을 넘어서는 존재였을 것이다.

일반 풀이

주어진 글에 의하면 보나르와 마르트의 관계는 단순한 예술적 뮤즈와 화가의 관계를 넘어선 깊은 유대감이 존재한다.

[오답 체크]

④ 주어진 글에서는 마르트가 보나르의 그림 속에서 늘 새로운 빛과 감정으로 살아 숨 쉰다고 언급하였다.

 정답 ②

다음 글을 읽고 추론한 내용으로 가장 적절하지 않은 것은?

안나 카레니나 법칙은 작가 레프 톨스토이의 소설 「안나 카레니나」의 첫 문장인 "행복한 가정은 모두 비슷한 이유로 행복하지만, 불행한 가정은 모두 다른 이유로 불행하다"에서 유래한 개념이다. 안나 카레니나 법칙은 목적을 이루기 위해서는 여러 가지 상호되는 조건들이 모두 충족되어야 하고, 하나라도 조건이 충족되지 못하면 실패할 수밖에 없다는 것을 설명했다. 이 법칙은 이후 다양한 분야에서 적용되고 있으며, 성공적인 결과나 시스템을 달성하기 위해서는 여러 가지 조건이 모두 충족되어야 한다는 원리를 강조한다. 주요 예시로 소프트웨어 개발에서는 모든 요구사항을 충족시켜야만 성공적인 제품이 될 수 있고, 생물학에서는 생물이 생존과 번식을 하기 위해서는 환경, 먹이, 포식자 회피 등 여러 가지 조건이 충족되어야 한다는 것이 있다. 진화생물학자 재레드 다이아몬드는 그의 저서 「총, 균, 쇠」에서 "가축화할 수 있는 동물은 모두 비슷하지만, 가축화할 수 없는 동물은 저마다 이유가 다르다"며, 이 법칙을 야생동물의 가축화에 적용되는 원칙으로 활용하였다.

① 생물학적 조건들이 상호 연계되어 생존을 결정짓듯, 사회적 시스템에서도 단일 실패가 전체를 붕괴시킬 수 있다.

② 생물학적 생존에 필요한 요소인 적합한 환경, 충분한 먹이, 포식자 회피 중 어느 하나만이 결여되더라도 종 전체의 생존에 영향을 미칠 것이다.

③ 안나 카레니나 법칙은 시스템 내 실패의 원인이 복잡성에서 비롯되지 않고, 단순한 실수나 오류에서 기인한다고 주장한다.

④ 안나 카레니나 법칙에 의하면 실패의 다양성이 성공의 단조로움보다 원인 분석에 있어 더 복잡한 양상을 보일 수 있다.

⑤ 안나 카레니나 법칙에 의하면 성공적인 시스템은 단일 요소의 개선을 통해 구축되는 것이 아닌 다각적 요소의 균형을 필요로 한다.

일반 풀이

안나 카레니나 법칙은 여러 상호작용하는 조건들이 모두 충족되어야 성공이 가능하며, 하나라도 충족되지 않으면 실패할 수밖에 없다는 원칙을 설명한다. 즉 실패의 원인이 서로 연결되어있는 여러 요소들에서 비롯된다고 보았지, 단순한 실수나 오류에서 실패가 비롯된다고 보지는 않았다.

[오답 체크]

① 상호작용하는 조건들이 모두 충족되어야 성공이 가능하기 때문에 단일 실패는 전체 시스템을 붕괴시킬 수 있다.

② 생물학적 생존의 여러 조건 중 하나라도 충족되지 못한다면 다른 조건들도 영향을 받아 생물 종 전체의 생존에 영향을 미칠 수 있다.

④ 성공은 여러 조건들이 모두 충족되어야 하는 반면, 실패는 조건 중 하나라도 충족되지 않으면 발생할 수 있다. 따라서 성공의 원인은 '모든 요소의 충족'이라는 비교적 단순한 것인 반면, 실패의 원인을 분석하기 위해서는 서로 연결되어있는 여러 요소들을 고려해야 한다.

⑤ 성공은 모든 요소가 충족되어야 이루어진다. 따라서 단일 요소를 개선하는 것으로는 성공적인 시스템을 구축하기 어렵다.

정답 ③

해설 p.42

01. 다음 글을 읽고 추론한 것으로 적절한 것은?

> 1980년 드라마 '쇼군'이 미국 지상파TV NBC에서 방영되어 높은 시청률을 기록하였다. 일본 전국시대 말기 영국인 항해사 존 블랙손이 일본에서 겪는 이야기로 1600년대에 일본 역사를 배경으로 한 드라마이지만, 한국에서는 일본 대중문화 향유가 통제되던 시절이었기에 시청할 수 없었다. 올해 새롭게 선보인 '쇼군'은 1980년 '쇼군'에 비해 오리엔탈리즘이 희석되었고, 일본 역사 고증에 충실했다는 평가를 받고 있다. OTT 훌루를 통해 첫 공개된 '쇼군'은 방영 첫 주 미국 OTT 콘텐츠 중 시청 분량 1위를 차지하였다. 또한 지난 에미상 시상식에서는 작품상과 감독상, 남우주연상, 여우주연상 등 18관왕을 차지하였다. 닛케이 신문은 '쇼군'의 18관왕 달성 이면에는 한국 드라마 '오징어 게임'이 있다고 보도하였다. 대사의 70%가 일본어인 드라마가 미국에서 흥행한 것은 '오징어 게임'이 토양을 만들어둔 영향이라는 것이다. 또한 '오징어 게임'의 성공에는 1980년 '쇼군'의 영향도 있었다고 닛케이 신문은 분석하였다.

① 닛케이 신문은 '쇼군'의 성공이 '오징어 게임'의 인기에 영향을 받았다고 분석하였다.
② 현대의 '쇼군'은 1980년 버전과는 완전히 다른 캐릭터들로 구성되어 있다.
③ '쇼군'은 '오징어 게임'과 유사한 줄거리를 가지고 있다.
④ '쇼군'의 성공은 전적으로 '오징어 게임'의 후광효과 때문이다.
⑤ '쇼군'은 에미상에서 18개 부문의 후보로 지명되었다.

> 　　자유의지와 결정론은 인간의 행동과 선택을 설명하는 두 가지 상반된 관점이다. 자유의지는 개인이 자신의 의지와 선택을 통해 행동을 결정할 수 있다는 믿음이다. 이 관점은 인간이 도덕적 책임을 지고, 자율적인 선택을 할 수 있다고 주장한다. 예를 들어, 우리는 다양한 선택지 가운데 하나를 선택할 수 있는 능력을 가지고 있다고 믿으며, 이로 인해 우리가 내리는 결정에 대해 책임을 진다고 여긴다.
>
> 　　반면, 결정론은 인간의 행동이 외부의 원인이나 내적 조건에 의해 결정된다고 주장한다. 이 관점은 우리의 선택이 신경학적, 생리적, 환경적 요인에 의해 미리 정해져 있다고 본다. 즉, 우리가 내리는 모든 선택은 이전의 사건이나 조건에 의해 영향을 받으며, 이는 결국 우리가 자유로운 의지를 행사한다고 느끼더라도 실제로는 미리 결정된 결과일 수 있다는 것이다.
>
> 　　이 두 관점은 철학적 논쟁을 불러일으키며, 인간의 행동에 대한 깊은 이해를 돕는다. 자유의지론은 인간의 자율성과 도덕적 책임을 강조하는 반면, 결정론은 과학적이고 물리적인 원인들이 인간 행동을 이끈다고 주장한다. 이 두 관점을 어떻게 통합할 것인가에 대한 논의는 여전히 현재진행형의 철학적 문제로 남아 있다.

① 자유의지와 결정론은 인간의 선택을 설명하는 상호 배타적인 두 체계로, 이들의 조화로운 통합은 철학적 도전 과제이다.

② 자유의지의 존재는 인간 존재의 자율성과 개인적 책임을 강조하는 반면, 결정론은 개인의 선택이 필연적이고 예측 가능한 과정임을 시사한다.

③ 자유의지와 결정론의 충돌은 인간 행동을 이해하는 데 중요한 철학적 논쟁을 형성한다.

④ 자유의지와 결정론은 모두 인간 행동에 영향을 미치는 요인이 있다는 것을 인정한다.

⑤ 결정론에 따르면, 인간은 과거의 모든 사건에 의해 결정된 결과로만 행동하므로 도덕적 책임을 물을 수 없다.

03. **다음 글을 읽고 추론한 것으로 적절하지 않은 것은?**

> 당나라 황제 태종은 과거제도를 통하여 인재를 선발하였는데, 선발 기준은 '신언서판'
> 이었다. 신(身)은 외모에서 품격과 진실성이 드러나는지, 언(言)은 자기 생각을 조리 있고
> 이치에 맞게 표현할 수 있는지, 서(書)는 자기의 생각과 철학을 글로 설득할 수 있는지, 판
> (判)은 옳음과 그름을 판단할 수 있는지를 보는 것이다.
>
> 순자는 '군자는 힘들고 고달프더라도 용모가 거칠지 않으며, 아첨하지 않고 말을 잘하
> 되 어지럽지 않고, 변론하면서도 다투지 않고 살피면서도 격렬하지 않다. 그러나 소인은
> 말마다 항상 믿음성이 없고, 행동마다 항상 곧음이 없으며, 오직 이익 있는 곳이면 기웃거
> 리지 않는 곳이 없다'고 불구 편에서 말했다.
>
> 수나라 황제 양제는 우중문의 30만 정예 군대를 선봉으로 하는 백만 대군을 이끌고 612
> 년 고구려를 침략했다. 수나라 군대를 게릴라식 전투로 지치게 한 고구려의 을지문덕 장군
> 은 적장인 우중문의 심리를 뒤흔드는 시로 그의 판단을 흐렸고 결국 수나라의 백만 대군을
> 물리쳤다. 을지문덕이 적장의 심리를 뒤흔든 글(書)과 지략(判)은 신언서판의 인재가 나라
> 를 지키는 데 얼마나 중요한지를 보여준다.

① 당 태종은 신언서판을 기준으로 고구려와 효과적인 전쟁을 치를 수 있는 인재를 찾았을 것
   이다.

② 을지문덕의 시는 수나라의 백만 대군을 물리치는 데 결정적인 역할을 하였다.

③ 당 태종은 신언서판을 기준으로 인재를 등용하였다.

④ 을지문덕의 시와 전략은 신언서판 중 '서'와 '판'에 해당할 것이다.

⑤ 순자가 생각하는 군자에 대한 기준은 당 태종의 인재 선발 기준과 유사하다.

04. **다음 내용에 대한 추론으로 적절하지 않은 것은?**

> DRAM은 커패시터에 전하가 저장되어 있는지 여부에 따라 데이터 '1', '0'을 구분하는 메모리 소자이다. 커패시터에 저장한 전하는 전하가 계속 충전되지 않으면 저장한 값을 유지하지 못하고 다시 빠르게 방전되는 특성이 있다. 저장된 전하가 방전되는 것을 방지하기 위해 데이터 저장 후에는 연결된 셀 트랜지스터를 'off' 시키고 있다. 하지만 이 경우도 커패시터 주변 구조를 통해 전하가 빠져 나갈 수 있다. 이렇게 저장된 데이터를 잃어버리기 때문에 휘발성 메모리이고, 누설된 전하량을 보충하여 DRAM의 데이터를 유지시켜 주는 과정을 Refresh라고 한다.
>
> DRAM 특성을 개선하는 것은 결국 데이터 유지 시간을 길게 하는 (Refresh 간격을 길게 하는) 것이라고 할 수 있다. 저장된 데이터를 오래 유지하는 것은 ①전하가 빠져나가도 데이터를 읽는 데 문제없게 충분한 양의 전하를 저장하기 위해 커패시턴스를 크게 만들거나, ②저장된 전하가 빠져나가는 누설 전류를 작게 하는 방법으로 가능하다.

① 커패시터에 저장된 전하는 계속 충전되지 않으면 저장한 값을 유지하지 못하고 방전될 수 있다.

② DRAM의 데이터가 손실되는 문제에 대한 해결책으로는 커패시턴스를 크게 만드는 방법과 누설전류의 원인을 찾아 개선하는 방법이 있다.

③ 데이터 저장 전에 연결된 셀 트랜지스터를 'off'로 유지하여 저장된 전하가 방출되지 않도록 한다.

④ DRAM은 저장된 데이터를 유지하기 위하여 주기적으로 Refresh 작업을 수행한다.

⑤ DRAM은 커패시터에 전하가 저장되어 있는지 여부에 따라 데이터를 구분한다.

 다음 글을 읽고 추론한 것으로 적절한 것은?

사일로 효과(Silo Effect)는 조직 내 부서나 팀 간 소통이 단절되어 협력이 저하되고 비효율이 발생하는 현상이다. '사일로'라는 곡물 저장고에서 유래한 이 용어는 부서가 고립되어 독립적으로 운영되며 조직 전체의 목표보다 자신들의 이익이나 성과에만 집중하는 상황을 비유적으로 나타낸다. 사일로 효과는 수직적 계층 구조와 지나치게 세분화된 조직 체계에서 발생하기 쉽다. 또한, 부서별로 상이한 목표를 우선시하거나 개별 성과를 강조하는 조직 문화는 협력보다 경쟁을 조장해 문제를 악화시킨다.

사일로 효과가 발생하면 정보와 자원의 공유가 부족해 효율성이 떨어지고, 중복 작업이나 의사결정 지연과 같은 문제가 발생한다. 부서 간 갈등은 조직의 분열을 초래하며, 다양한 아이디어가 교류되지 않아 혁신이 저해될 뿐만 아니라, 고객에게 일관된 서비스를 제공하기 어려워 만족도가 저하될 수 있다. 이를 극복하기 위해서는 조직 전체가 공감할 수 있는 명확한 목표를 설정하고, 부서 간 소통을 강화해야 한다. 또한 정기적인 협업 회의나 정보 공유 플랫폼을 도입하고, 부서 간 협력을 평가와 보상 체계에 반영해야 한다.

① 사일로 효과를 극복하기 위해서는 부서 간의 의사소통과 협업을 강화하는 것이 중요하다.
② 사일로 효과를 극복하기 위해서는 개별 부서의 목표를 우선시해야 한다.
③ 조직의 성과를 향상시키기 위해서는 사일로 효과가 필요하다.
④ 부서 간 협력이 강화되면 의사결정은 느려진다.
⑤ 사일로 효과는 고객 만족도를 높이는 데 기여할 수 있다.

06. **다음 글에 대한 추론으로 적절하지 않은 것은?**

주상복합빌딩(Complex apartment)이란, 계획 및 설계적 측면에서 주거공간과 상업 공간이 복합된 건물을 말하며, 「건축법」에 의한 공동주택과 주거용 외의 용도가 복합된 건축물로서 공동주택 부분의 면적이 연면적 합계의 90% 미만(조례로 90% 미만의 범위에서 정한 경우에는 그 비율)인 것을 말한다. 주거복합건물은 주거공간과 문화 · 오락 · 편의 · 상업시설 등의 다른 용도가 한 건물 내에 들어서는 복합적인 용도의 건축물로서 도심공동화 현상을 막고 도심 내 직장인에게 주거공간 및 생활편익시설들을 함께 제공할 수 있다는 장점을 가지고 있으며, 일반적으로 상업 및 편의시설이 저층에 위치하고 아파트 등 공동주택이 상층에 들어서는 형태를 띠고 있다. 공동주택 부분의 면적이 연면적 합계에서 차지하는 비율은 90% 미만의 범위 안에서 도시 · 군계획조례로 정할 수 있으며, 주거복합건물은 「국토의 계획 및 이용에 관한 법률」에 의한 상업지역 중 중심상업지역, 일반상업지역 및 근린상업지역에 한하여 입지가 가능하다. 우리나라의 경우 세운상가가 최초의 주상복합빌딩이다.

① 주상복합빌딩은 주거와 상업 시설을 효율적으로 결합시킨 형태의 건물이다.

② 주상복합빌딩은 공동주택 부분의 면적이 연면적 합계의 90% 이하인 것을 말한다.

③ 주거복합건물은 주거 및 상업 시설이 한 건물 내에 복합적으로 위치하는 형태를 가지고 있다.

④ 주상복합빌딩은 도시 공간을 효율적으로 활용하고 주민들에게 다양한 편의 시설을 제공한다.

⑤ 주거복합건물은 관련 법률에 의한 상업지역 중 중심상업지역, 일반상업지역 및 근린상업지역에 입지할 수 있다.

 다음 글을 읽고 추론한 것으로 적절한 것은?

> 번아웃에 이르기 전의 상태를 뜻하는 토스트아웃이란 토스트를 오래 구워 까맣게 타기 직전 상태를 비유한 말로, 피로와 무기력에 빠진 상황을 뜻하는 신조어이다. 토스트아웃 증상을 보이는 사람들은 실제로 업무나 공부 등에서 의욕을 느끼지는 못하지만, 본인의 역할을 충실하게 수행하며 일상을 살아간다.
>
> 토스트아웃은 반복되는 일상에서 비롯되며 특히 바쁘게 살아가는 직장인이라면 누구나 쉽게 겪을 수 있는 현상이다. 매일 같은 일을 반복하며, 직장 생활이나 일상에서 오는 소소한 스트레스와 지루함이 쌓이다 보면 무기력함을 느끼게 된다. 이를 극복하기 위해서는 일상에서 잠시 벗어나 자신만의 시간을 가지는 것이 중요하다. 휴식을 취하고, 스트레스를 유발하는 요소를 피하면서 정신적 에너지를 회복해야 한다. 또한, 취미활동을 통해 사회적 소통을 하거나 가족과 시간을 보내는 것도 큰 도움이 된다. 규칙적인 운동도 스트레스를 해소하고, 체력과 정신력을 회복하는 데 유효하다. 만약 이 모든 방법에도 불구하고 토스트아웃에서 벗어나지 못한다면 전문가의 도움을 받는 것이 필요하다. 무엇보다 중요한 것은 일과 삶의 균형을 유지하려고 꾸준히 노력하여 토스트아웃을 예방하는 것이다.

① 전문가의 도움을 받아야 극복할 수 있는 것은 토스트아웃 증상이 아니라 번아웃 증상이다.
② 토스트아웃 증상은 업무나 공부에 대한 의욕이 높아지는 것이 특징이다.
③ 토스트아웃 증상을 느끼는 사람들은 무기력하지만 일상의 역할은 수행한다.
④ 일과 삶의 균형을 유지하는 것보다 휴식이 토스트아웃을 예방하는 데 중요하다.
⑤ 토스트아웃은 번아웃과 달리 긍정적인 상태를 나타내는 용어이다.

08. **다음 글을 읽고 추론한 것으로 적절한 것은?**

'메라비언의 법칙'은 캘리포니아대학교 심리학과 교수인 앨버트 메라비언이 그의 저서 「침묵의 메시지」에서 주장한 내용으로, 상대방에 대한 인상이나 호감을 결정하는 데는 언어적인 요소가 7%, 청각적인 요소가 38%, 시각적인 요소가 55%의 영향을 미친다는 법칙이다. 이를 흔히 '7-38-55 법칙'이라고도 한다.

우리가 다른 사람과 소통할 때, 시각적인 요소인 눈빛·표정·몸짓 등은 매우 중요한 역할을 한다. 이런 요소들은 사람들의 관심을 끌고, 메시지를 전달하는 데 큰 도움이 된다. 청각적인 요소는 음성, 음악, 소리 등을 포함하며, 시각적인 요소와 함께 사용되어 메시지를 더욱 효과적으로 전달할 수 있다. 마지막으로 언어적인 요소는 말이나 글로 전달되는 것을 말하며, 시각적인 요소나 청각적인 요소보다 전달력이 떨어지기 때문에, 이들과 함께 사용해야 한다. 따라서 광고, 마케팅, 프레젠테이션 등에서는 시각적이고 청각적인 요소를 강조해 메시지를 더 잘 전달할 수 있도록 해야 한다.

① 마케팅에서 언어적인 요소는 비언어적인 요소보다 전달력이 떨어지기 때문에 사용을 자제해야 한다.

② 한 번 결정된 인상을 바꾸기 위해서는 시각적인 요소보다 언어적인 요소가 중요하다.

③ 상대방에 대한 인상에 영향을 주는 요소는 문화적인 차이에 따라 달라질 수 있다.

④ 메라비언의 법칙은 사람들 간의 소통뿐만 아니라 일상적인 모든 상황에서 적용할 수 있다.

⑤ 마케팅이나 서비스를 홍보할 때, 언어적인 요소보다 비언어적인 요소를 고려하는 것이 효과가 좋다.

빈칸 채우기

유형설명

- 주어진 글에서 빈칸에 들어갈 적절한 용어를 찾는 유형
- 주어진 글에서 빈칸에 들어갈 적절한 표현을 찾는 유형
- 주어진 글에서 빈칸에 들어갈 적절한 소제목을 찾는 유형
- 주어진 글에서 빈칸에 들어갈 적절한 문장을 찾는 유형

풀이 Tip

- 문장이나 문단의 전체적 이해가 중요하므로 빈칸이 나온 이유나 빈칸 앞뒤의 내용을 파악하여 어떤 유형의 정보가 들어갈 것인지에 대한 문맥 이해하기
- 빈칸 채우기에서 모든 유형은 문맥의 앞뒤 힌트 활용하기
- 용어, 단어, 소제목은 뒤의 문맥에서 단서 찾기
- 다중 선택지의 빈칸이 주어지는 경우, 각 선택지를 주어진 문맥과 비교 분석하여 유사한 의미이거나 문맥에 잘 어울리는 선택지 찾기

예제 01

다음 글의 빈칸 ⓐ에 들어갈 문장으로 가장 적절한 것은?

> 보안 프로그램 교육은 온라인에서의 보안 위협에 대비하고, 개인 정보를 안전하게 관리하는 방법을 배워 개인 및 기업의 정보보호 수준을 향상시킬 수 있도록 하는 교육이다. (　　　　ⓐ　　　　) 이에 따라 보안 위협이 증가하고, 이러한 위협에 대비하는 교육이 필요해졌다. 주요한 보안 프로그램으로는 컴퓨터 시스템에서 악성 소프트웨어, 바이러스, 트로이목마 등을 탐지하고 제거하는 역할을 하는 안티바이러스 프로그램, 네트워크 트래픽을 모니터링하고, 외부로부터의 불법적인 접근을 차단하여 시스템을 보호하는 방화벽(Firewall), 시스템에 침입하여 개인 정보를 수집하거나 광고를 표시하는 스파이웨어를 탐지하고 삭제하는 스파이웨어 제거 프로그램, 민감한 데이터를 암호화하여 외부로부터의 무단 액세스를 방지하는 암호화 프로그램, 강력한 암호 생성, 저장 및 관리를 지원하여 개인 정보를 안전하게 보호하는 패스워드 관리 프로그램 등이 있다. 이러한 보안 프로그램들은 보안 교육에서 배울 수 있는 내용 중 일부이며, 교육에서는 주요 보안 위협에 대한 인식과 예방 방법, 안전한 인터넷 사용 관례 등을 다루는 내용을 포함한다.

① 온라인 교육은 인터넷 연결만 있으면 시간과 장소에 구애받지 않아 편리하다.

② 최근 개인정보 보호 실천에 대한 경각심이 지속적으로 높아지고 있다.

③ 인터넷과 모바일 기기의 보급으로 인해 많은 사람들이 온라인에서의 활동을 더 많이 하게 되었다.

④ 데이터가 암호화 되면 인가된 사용자만 읽을 수 있다.

⑤ 개인정보 보호 실천 방법 중 가장 대표적인 것은 강력한 비밀번호 사용이다.

일반 풀이

빈칸 바로 뒤의 문장인 '이에 따라 보안 위협이 증가하고, 이러한 위협에 대비하는 교육이 필요해졌다.'를 통해 빈칸에 들어갈 문장에는 온라인에서의 보안 위협이 증가한 이유에 대한 내용이 나오는 것을 알 수 있다. 인터넷과 모바일 기기의 보급으로 인해 많은 사람들이 온라인에서의 활동을 더 많이 하게 되었고, 이로 인해 온라인에서의 보안 위협이 증가했다는 내용이 자연스럽게 이어지므로 정답은 ③번이다.

  정답 ③

다음 글을 읽고 〈보기〉의 빈칸 A, B, C에 들어갈 단어를 순서대로 나열한 것으로 적절한 것은?

님비(NIMBY) 현상은 'Not In My Back Yard'의 약자로, 해석하면 '나의 집 뒷마당은 안된다'는 의미이다. 반대로 핌비(PIMFY) 현상은 'Please In My Front Yard'의 약자로, '나의 집 앞마당에 지어 달라'는 것을 의미한다. 마지막으로 바나나(BANANA) 신드롬은 'Build Absolutely Nothing Anywhere Near Anybody'의 약자로 어떤 시설이 설치되거나 개발 프로젝트가 진행되는 것을 무조건 반대하는 태도나 현상을 의미한다.

〈 보 기 〉

(A)의 예시로는 풍력발전소가 환경에 미치는 영향을 우려하여 어느 지역에서도 설치를 반대하는 것이나, 교통 체증 해소를 위한 고속도로 확장이 필요함에도 불구하고 환경 파괴 우려를 이유로 사업을 반대하는 것을 들 수 있다. (B)의 예시로는 에너지 수요를 충족하기 위해 필요한 화력발전소 건설에 대해, 인근 주민들이 환경오염과 건강 문제를 이유로 설치를 반대하는 것을 들 수 있다. (C)의 예시로는 지역 경제 활성화와 고용 창출을 이유로 대형 쇼핑몰을 자기 지역에 유치하려고 주민들이 적극적으로 나서는 경우를 들 수 있다.

	A	B	C
①	님비 현상	핌피 현상	바나나 신드롬
②	님비 현상	바나나 신드롬	핌피 현상
③	바나나 신드롬	님비 현상	핌피 현상
④	바나나 신드롬	핌피 현상	님비 현상
⑤	핌피 현상	바나나 신드롬	님비 현상

일반 풀이

A: 풍력발전소나 고속도로 확장이 환경에 좋지 않은 영향을 미치기 때문에 어느 지역에서든 설치 자체를 반대하는 것은 바나나 신드롬의 예시로 볼 수 있다.
B: 화력발전소 건설에 대해 인근 주민들이 환경오염과 건강 문제를 이유로 반대를 하는 것은 님비 현상의 예시로 볼 수 있다.
C: 지역 경제 발전에 도움이 되는 시설을 서로 유치하기 위해서 나서는 현상은 핌피 현상의 예시로 볼 수 있다.

정답 ③

다음을 읽고 빈칸 ⓐ에 들어갈 내용으로 적절한 것은?

> 선두 기업의 경영진들과 전문가들은 '사내 기업가 정신이 충만한 조직은 발전하고 그렇지 못한 조직은 쇠퇴할 것'이라고 단언하였으며, S 그룹의 회장은 "도전과 혁신으로 미래를 열어라.", "도전과 혁신이 기업의 성장과 발전을 이루는 핵심"이라고 말하고 있다. 끊임없는 도전과 새로운 시도를 통해 미래를 열어가야 한다고 강조하였고, 1993년 독일에서 개최된 SS그룹의 신경영 선포에서 회장은 "아내와 자식만 빼고 모두 바꿔야 한다."고 밝힌 사실이 있다. 또한 100년 지속 기업으로 널리 알려진 GE의 J. Immelt 회장은 과거 코넬 대학 강연에서 "혁신만이 기업 성공의 핵심이며, 미래에 투자할 유일한 이유"라고 강조했으며, Microsoft CEO인 S. Ballmer는 "고객을 계속 행복하게 만족시키고 경쟁자를 물리치는 유일한 길이 혁신"이라고 언급한 바 있다.
>
>   (ⓐ   ) 무기력하고 타성에 젖은 조직이 깨어나고 유지적 성장의 원동력으로 사내 기업가 정신이 재고될 수 있다. 항간에는 SS그룹 회장이 "아내와 자식만 빼고 모두 바꿔야 한다."는 언급을 S그룹 내에서는 수만 번 반복했다는 이야기도 있다. 기존 조직의 혁신에 최고 경영진의 리더십이 얼마나 중요한지를 보여 주는 한 단면이라고 생각한다.

① 조직 구성원들이 혁신의 중요성을 인식하고 교육받을 때
② 최고 경영진이 혁신의 중요성과 필요성을 구성원에게 반복적으로 강조하고 필요에 따라 지원할 때
③ 조직의 중간관리자가 혁신 수행을 위하여 예산을 목적과 다르게 사용하여 지원할 때
④ 기업이 혁신을 통하여 기업의 폐쇄성, 이기적인 이익 추구를 할 때
⑤ 기업이 경영진이 혁신을 명분으로 윤리적 가치 및 사회적 책임을 무시할 때

일반 풀이

국내외 기업의 회장들에 대한 사례를 소개한 후 결론을 내리기 위하여 (ⓐ)에 의하여 무기력하고 타성에 젖은 조직이 깨어나고 유지적 성장의 원동력으로 사내 기업가 정신이 재고될 수 있다고 하면서, 글의 마지막에 S그룹 내에서 회장이 했던 말이 반복되고, 리더십의 단면이라고 하였다. 따라서 (ⓐ)는 최고 경영진의 역할과 지원에 대한 표현이 적절하다.

[오답 체크]

① 조직 구성원이 아니라 기업의 CEO가 혁신의 중요성을 인식하고, 조직 구성원의 교육을 지원할 때가 더 적절하다.

정답  ②

다음 글의 (ⓐ)에 들어갈 말로 가장 적절한 것은?

(ⓐ)은/는 기차에서 사용되는 동력을 효율적으로 사용하기 위한 방식이다. 대표적으로는 직류 전기 제어 방식과 교류 전기 제어 방식이 있다. 직류 전기 제어 방식은 기차에서 사용되는 전기 모터에 직류 전기를 공급하여 속도를 조절하는 방식으로 이 방식은 단순하고 실용적이지만, 속도가 높아질수록 전류의 변동이 매우 크기 때문에 제한적인 속도 조절이 필요하다. 그리고 교류 전기 제어 방식은 직류 전기 제어 방식의 한계를 극복하기 위해 개발된 방식으로, 교류 전기를 사용하여 제어한다. 이 방식은 직류 전기 제어 방식보다 더 다양한 속도 조절이 가능하며, 고속철도에서 많이 사용된다. 또한 최신 기술로는 인버터 제어 방식이 있다. 이 방식은 교류 전기를 직류 전기로 변환한 후, 전자 회로를 이용하여 제어하는 방식이다. 이 방식은 기존 방식보다 더 정확한 속도 조절이 가능하며, 전력 소모량을 줄일 수 있어 효율적이다. (ⓐ)은/는 기차의 안전성과 효율성에 큰 영향을 미치는 중요한 기술이며, 적절한 방식을 선택하여 사용함으로써 안전하고 경제적인 운행이 가능해진다.

① 기차 전동화　　　② 기차 동력 제어 방식　　　③ 기차 자동 제어 시스템
④ 고속철도기술　　　⑤ 기차스마트기술

일반 풀이

주어진 글에서는 기차 동력 제어 방식에 대하여 설명하고 있다.

[오답 체크]

① 기차 전동화란 기차의 움직임에 사용되는 전기 모터를 통해 동력을 발생시키는 기술이다. 전동화는 기차의 속도와 가속도를 향상시키고, 환경 친화적이고 효율적인 운영을 가능하게 한다.

③ 기차 자동 제어 시스템이란 기차의 운행을 자동으로 제어하는 기술이다. 이 시스템은 기차의 속도, 방향, 제동 등을 자동으로 조절하여 안전하고 효율적인 운영을 도와준다.

④ 고속철도기술이란 고속으로 운행되는 기차를 위한 기술로, 트랙, 차량, 신호 시스템 등을 개선하여 높은 속도와 안정성을 실현한다. 예를 들어, 자기부상열차(Maglev) 기술은 자기력을 이용하여 기차를 부상시켜 마찰을 줄이고 고속 운행을 가능하게 한다.

⑤ 기차스마트기술이란 IoT(Internet of Things)와 인공지능 기술을 활용하여 기차 운영을 최적화하는 스마트 기술 등을 의미한다. 예를 들어, 스마트 센서를 이용하여 기차의 상태를 모니터링하고 예지보전을 실시할 수 있다.

 정답 ②

빈출 유형 공략

01. 다음 글의 빈칸 (A)에 들어갈 정책으로 가장 적절한 것은?

| 2022 하반기 기출 키워드 | 미세먼지

> 미세먼지는 대기 중에 존재하는 작은 입자로, 주로 자동차 배기가스, 산업 활동, 연소 과정 등으로 인하여 발생한다. 이 입자들은 주로 지름 2.5 마이크로미터 이하로 매우 작아서 눈에 보이지 않는다. 그래서 미세먼지는 호흡기에 침투하여 기관지 염증, 천식, 호흡곤란 등의 호흡기 질환을 유발할 수 있으며, 눈, 코, 목의 가려움, 기침, 재채기 등의 증상을 유발하는 등 건강에 해로운 영향을 미칠 수 있다.
>
> 미세먼지 농도는 대기 오염 지수로 측정되며, 통상적으로 미세먼지 농도가 높을수록 대기 상태가 나쁘다고 판단된다. 정부와 관련 기관은 대기 오염을 관리하기 위해 (A)을 시행하고 있으며, 개인적으로는 마스크 착용, 실내 공기 청정기 사용 등의 조치를 통해 미세먼지로부터 보호할 수 있다.

① 미세 물질 처리 예산 삭감 정책
② 대기오염 인식 정보 조작 정책
③ 미세먼지 저감 정책
④ 산업 확대 정책
⑤ 환경 규제 완화 정책

02. **다음을 읽고 빈칸 @에 들어갈 내용으로 가장 적절한 것은?**

> 핵은 원자핵의 물질을 이용하여 에너지를 생성하거나 파괴하는 과정을 말한다. 핵은 에너지 생산뿐만 아니라 핵무기의 개발과 사용 등에도 관련이 있어 국제적으로 많은 관심을 받고 있다.
>
> 핵처리 기술은 원자력 발전 및 핵연료 생산 과정에서 사용되는 기술을 의미한다. 핵처리 기술은 원자핵의 에너지를 다루는 기술이기 때문에, 안전이 매우 중요하다. (ⓐ) 또한, 방사선 관리 및 폐기물 처리 등에 대한 철저한 조치가 이루어진다.
>
> 핵 재처리 기술은 사용된 핵 연료에서 효율적으로 용접성을 증가시키고, 재사용 가능한 원자재를 추출하는 과정을 말한다. 주요 목표는 핵 연료의 재활용과 핵 폐기물의 양을 줄이는 것이다. 핵 재처리 기술은 원자력 발전의 연료 공급 안정성과 에너지 효율성을 향상시킬 수 있지만, 동시에 핵무기 개발의 우려도 존재한다. 따라서 핵 재처리 기술은 국제 사회에서 강력한 규제와 안전성을 요구받고 있다.

① 방사선은 과도하게 노출될 경우 생물학적 조직에 심각한 손상을 줄 수 있다.

② 핵무기는 핵분열이나 핵융합 반응을 통해 막대한 에너지를 방출하여 대규모 파괴와 피해를 초래하는 무기이다.

③ 이에 따라 산업안전 관련 자격증을 취득하고자 하는 사람이 많아지고 있다.

④ 원자핵 에너지는 핵분열 또는 핵융합 과정에서 방출되며, 이는 현대 에너지 기술에서 중요한 역할을 한다.

⑤ 핵발전소와 핵시설은 엄격한 안전 규제와 절차를 따른다.

03. **다음을 읽고 빈칸 ⓐ에 들어갈 내용으로 가장 적절한 것은?**

> (　　　　　ⓐ　　　　　) 합성(Anabolism)은 간단한 물질인 원료를 사용하여 복잡한 화합물, 즉 영양소를 생성하는 과정으로 생체 내에서 일어나며, 주로 대사 경로에서 일어난다. 분해(Catabolism)는 복잡한 화합물인 영양소를 간단한 물질로 분해하는 과정으로 생체 내에서 주로 호흡 작용(셀룰라르 호흡)을 통해 일어나며, 에너지를 생성한다. 그리고 합성과 분해는 대사(Metabolism)의 두 가지 주요 단계로 생체 내에서 발생하는 화학 반응 전체를 일컫는 용어로, 에너지 생성 및 소비, 생체 조직의 구성과 유지, 생체 활동의 조절 등을 포함한다. 즉 대사는 합성과 분해를 포함하여 다양한 생체 화학 반응에 의해 조절된다.
>
> 결국 이러한 영양소의 합성과 분해 과정은 생명체의 생존과 성장에 중요한 역할을 하며, 효율적인 영양소 대사는 올바른 영양 섭취와 함께 건강과 웰빙을 유지하는 데 중요하다.

① 건강을 유지하는 것은 개인의 삶의 질을 높이고 정신적 안정에 도움을 준다.

② 인간이 섭취해야 할 주요 영양소는 크게 탄수화물, 단백질, 지방, 비타민, 무기질, 물로 나뉜다.

③ 영양소의 합성과 분해는 생명체에게 역할과 에너지를 제공하는 과정이다.

④ 생명체가 생존하기 위해서는 기본적인 생명 활동을 유지하고, 외부 환경에 대처해야 한다.

⑤ 광합성은 태양 에너지를 포도당으로 변환하여 생물들이 사용할 수 있는 에너지원을 만든다.

  (A)에 들어갈 용어로 가장 적절한 것은?

사회적 (A)이란 미래의 비용과 편익을 현재 가치로 환산하는 비율을 말한다. 사회적 (A)은 비용 편익 분석의 핵심 요소이며, (A)이 높을수록 미래에 발생하는 비용과 편익의 현재 가치가 낮게 평가되는 경향을 가진다. 공공의 이익을 위한 사업에는 보통 더 낮은 (A)이 적용하게 된다. 하나의 예를 들어 보면, 사회적 (A)이 연 20%라면 내년의 12억 원의 현재 가치는 10억 원이 된다. 따라서 적정한 사회적 (A)이 도출되지 못한다면 추진하지 말아야 할 사업을 추진하거나 추진해야 할 사업을 추진하지 못하게 되는 결과를 발생시킬 수 있다.

요즘 경제성 논란이 끊이지 않는 가덕도신공항 건설의 비용 대비 편익이 매우 저조하다는 조사 결과가 나왔다. 사회적 (A)을 5.5%로 하는 경우, 국제선 활주로 1본 운영하는 경우가 국내/국제 선 활주로 2본을 운영하는 경우보다 비용편익비가 높았다. 하지만 항공전문가들은 가덕도신공항이 국제공항으로서 제구실하려면 활주로 2본은 필요하다고 강조해 서로 다른 견해를 밝히고 있다.

① 환산율   ② 할인율   ③ 할증률

④ 통계율   ⑤ 참조율

 다음을 읽고 빈칸 ⓐ에 들어갈 내용으로 가장 적절한 것은?

커튼월(Curtain wall)은 건물의 무게를 기둥, 들보, 바닥, 지붕으로 지탱하고, 외벽은 무게를 지탱하지 않은 채, (　　ⓐ　　) 이 시스템은 외벽이 없는 건물들에 사용되는 외벽 처리 기법으로, 건물 내에 있는 사람들을 건물 밖 날씨로부터 막아주기 위해 활용되고, 일반적으로 비구조적인 형태이기 때문에 경량 재료들로 만들 수 있으므로 건설 비용을 절감할 수 있다. 커튼월로써 유리가 사용되는 경우 좋은 점은 자연광이 건물 내부로 깊숙하게 침투할 수 있다는 것이다. 커튼 벽 외관은 자체 무게 중량 이외에는 건물로부터 구조적 무게를 받지 않는다. 또한 건물의 바닥이나 기둥들 간의 연결을 통해 건물에 들어오는 횡방향 풍하중을 주요 구조물에 전달한다. 그러므로 커튼월은 외부 환경(바람, 비, 눈 등)의 침투를 막고, 지진과 바람에 의한 건물에 가해지는 흔들림을 흡수하고, 풍하중을 견디며, 자체 무게를 받치기 위해 고안된 외벽 처리 기법인 것이다.

① 에너지 효율성을 최우선으로 한 건축 양식이다.
② 돌과 같은 자재에 커튼 모양을 새겨 외벽을 쌓은 건축 양식이다.
③ 유리를 이용하여 외벽을 구성하는 건축 양식이다.
④ 거친 콘크리트의 질감을 살려 실용성을 강조한 건축 양식이다.
⑤ 커튼을 치듯 건축자재를 돌려쳐 외벽으로 만드는 건축 양식이다.

문단 배열

유형설명

- 주어진 글에서 여러 문장 또는 문단들을 논리적이고 일관성 있게 배열하는 문제 유형
- 주어진 글에서 문맥, 주제, 문장 특징, 문맥 일관성 파악 및 연결어, 시간 표현 등을 활용하여 문장과 문단을 배열하는 문제 유형

풀이 Tip

- 주어진 문장을 전체적으로 파악한 후 문장들 간의 관계를 이해하고, 문장들의 주제, 시간적인 흐름, 인과관계 등을 고려하여 올바른 순서로 배열하기
- 문장들 간의 관계를 나타내는 연결어나 시간 표현을 활용하여 문장/문단 배열하기
- 문단의 주제나 핵심 아이디어를 나타내는 문장을 파악하여, 다음 문장을 배열하기
- 문장들을 배열할 때 문장들 간의 논리적인 흐름을 고려하고 이전 문장과 이후 문장과의 관련성을 파악하여 문단 배열하기
- 문장들의 특징, 구조를 파악하여 어떤 유형에 속하는지, 문장의 구조나 표현 방식에 따라 순서를 결정하여 배열하기

예제 01 **다음에 글의 (A)~(D)를 문맥에 맞게 순서대로 배열한 것은?**

> (A) 프로그램에 제작에 관한 명령 정보만 입력하면, 제조 라인의 기계와 부품들은 실시간으로 서로 정보를 주고받으며 가장 효율적인 방법으로 완성품을 만들어 낸다. 실제로 암베르크 공장에서는 Software 기반의 Smart Factory System을 구현한 후 생산성이 8배나 향상되었다고 한다.
>
> (B) 독일은 4차 산업혁명과 더불어 이러한 제조 공정 혁신으로 고객 맞춤형 제품을 저가로 공급하여 경쟁력을 높이겠다는 전략 목표를 수립하고 있다.
>
> (C) Smart Factory는 설계·개발, 제조 및 유통·물류 등 생산 과정에 Digital Automation Solution이 결합된 정보통신기술(ICT)을 적용하여 생산성, 품질, 고객 만족도를 향상시키는 지능형 생산 공장, 공장 내 설비와 기계에 사물인터넷(IoT)이 설치되어 공정 데이터가 실시간으로 수집되고, 데이터에 기반한 의사 결정이 이루어짐으로써 생산성을 극대화할 수 있는 시스템을 말한다.
>
> (D) Smart Factory를 생산 공정에 적용시켜 4차 산업혁명 시대를 맞이하여 좋은 품질과 원가 경쟁력을 높이고 있는 지멘스사의 암베르크 공장 미래형 Smart Factory 예를 살펴보도록 하겠다.

① (C) - (D) - (A) - (B)
② (B) - (C) - (D) - (A)
③ (C) - (A) - (B) - (D)
④ (B) - (D) - (A) - (C)
⑤ (A) - (B) - (C) - (D)

일반 풀이

스마트 팩토리의 개념에 대하여 설명한 (C)가 먼저 나오고, 스마트 팩토리를 4차 산업혁명 시대에 맞게 적용하는 이유를 설명하고 사례를 언급한 (D)가 다음에, 독일 암베르크 공장 사례를 설명하고 있는 (A)가 다음에, 그래서 결론적으로 현재 독일은 향후 어떻게 할지 전략 목표를 수립하고 있다는 내용이 다음에 위치하면 이 글의 흐름이 가장 적절하다.

정답 ①

예제 02

다음에 글의 (A)~(E) 중 문맥상 없어도 되는 문단으로 가장 적절한 것은?

(A) 세계 컨설팅사인 Grand View Research에 의하면 전 세계 채식주의 시장 규모는 매년 평균 9.6%씩 성장해 2025년 240억 600만 달러(약 28조 5,000억 원)에 달할 것이라고 한다. 한국채식연합은 국내 채식주의자 수가 2008년 15만 명에서 2019년 150만~200만 명으로 증가했다고 밝혔다.

(B) 이들은 소위 '바른 소비'를 강조한다. 고기를 먹지 않는 것뿐 아니라 동물 복지에 반하지 않는 화장품과 위생용품을 고르고 되도록 천연 재료를 소비하고자 한다.

(C) 한국 화장품 생산이 증가하게 된 것은 사실 외국 유명 제품의 수입에서 시작되었다. 미국과 EU 제품의 수입 판매 상승세에 따라 한국 업체도 뛰어들어 제품군을 확대하고 있다.

(D) 최근에는 식품업계에서도 채식주의 제품을 출시하며 채식주의자 고객 확보에 나섰다. 대체육을 사용한 햄버거와 채식주의 아이스크림, 식물성 베이커리 등이 등장했는데 시작과 동시에 반응이 좋다는 평가다. L사의 식물성 버거는 1년 만에 140만 개가 팔렸고, L 아이스크림의 비건 아이스크림은 두 달 만에 7만 개가 팔렸다.

(E) 그러나 채식주의 시장 전체로 보면, 지금도 도입기에 머물러 있다. 채식주의와 채식주의자들이 찾는 먹거리와 생활용품, 식당이 일상화되어 채식주의자가 아닌 사람들도 쉽게 접하기까지는 먼 여정이 될 것이다. 그 여정에 다양한 비즈니스 기회가 열려 있다. 바른 소비를 실천하는 밀레니얼, 그중에서도 채식주의와 채식주의자를 대상으로 한 다양한 제품과 서비스가 나타날 수 있다. 멕시코의 채식 산업을 깊이 들여다보면 우리에게 필요한 것에 대한 실마리를 얻을 수 있을 것이다.

① (A) ② (B) ③ (C)
④ (D) ⑤ (E)

일반 풀이

이 글은 바른 소비를 실천하는 밀레니얼들 중에 비건과 채식주의자를 타깃으로 한 제품과 서비스에 대하여 이야기하고 있다. 문맥의 흐름상 (C)는 한국 화장품의 제품 확대에 대하여 이야기하는 것으로 본 글의 전체적 흐름과 관련성이 떨어지므로 삭제하는 것이 적절하다. (D)는 비건과 채식주의자 타깃 부분에서 큰 영향을 받는 식품업계의 사례를 자세히 설명하여 주는 것이 필요하므로 유지하는 것이 적절하다.

정답 ③ 

다음 글을 읽고 문맥상 (A)~(E) 중 〈보기〉가 들어갈 문단으로 적절한 것은?

(A)

한국 현대사는 성공의 역사이다. 전쟁 후 140여 개 독립국가 중에 산업화와 민주화에 성공한 나라는 한국이 유일하다. 개발도상국으로는 처음으로 선진국 반열에 올랐고, 한국 문화와 한국적인 삶에 대한 세계인의 관심도 커지고 있다. 하지만 이럼에도 불구하고 한국 인으로서 자긍심을 느끼는 사람은 55%에 불과한 것으로 설문 결과가 나왔다.

(B)

D일보와 설문조사 플랫폼이 성인 남녀 1,850명을 대상으로 설문한 결과 '한국인인 것 이 자랑스럽다'고 응답한 비율은 55%에 불과했고, '별로 자랑스럽지 않다'는 응답변이 22%, 나머지 23%는 '한국인인 것이 싫다'고 했다. 그중 10, 20대는 '한국인인 것이 싫다' 고 답한 비율이 10명 중 3명(28.8~29.4%)이었다. 국가의 성공이 국가에 대한 자부심이 나 개인의 성취감으로 이어지지 못하고 있는 것이다.

(C)

사회의 발달과 개인주의 성향이 강해지면 국위 선양이 국가 자부심으로 연결되지 않는 것 이 보편적이다. 젊을수록 현실에 대한 불만도가 높은 것도 사실이다. 그렇지만 이번 조사를 보면 한국적 특수성도 눈에 띈다. '한국과 가장 잘 어울리는 이미지'에 대한 복수 응답에서 '역동적'(25.8%), '경쟁적'(36.5%), '복잡'(17.7%), '피곤'(16.3%)의 응답이 있었다.

(D)

경쟁이 치열하면 실패자가 많아진다. 개인의 삶이 고달픈데 국가의 성공에 긍지를 가질 여유가 없고, 노력해도 사회 경제적 배경의 한계를 넘을 수 없을 때, 상대적 박탈감은 커지 게 된다.

(E)

〈 보 기 〉

국가의 성공에 나의 기여도가 있다는 사람이 많아져야 행복도가 올라가고 조직의 역량 도 강화된다. 개인의 삶의 가치를 존중하고, 소모적 경쟁을 줄이고, 공정 경쟁을 보장하며, 실패해도 재기할 기회와 최소한의 인간적인 삶을 보장받는다는 믿음을 느낄 때 공동체에 대한 신뢰와 책임감이 생길 것이다. 이것들은 갈등을 조율하고 합의를 끌어내는 정치가 가 능할 때 이루어질 수 있는 것들이다.

① (A) ② (B) ③ (C)
④ (D) ⑤ (E)

일반 풀이

한국인이 느끼는 자긍심에 대한 설문조사 후 작성한 글이다. 〈보기〉는 설문 조사를 통하여 앞으로 해야 할 일에 대한 결론 에 해당하므로 문맥상 (E)에 위치하는 것이 적절하다.

정답 ⑤

다음에 글의 (A)~(E)를 문맥에 맞게 순서대로 배열한 것은?

(A) 미국 시카고대학교 부스경영대학원 행동경제학 교수 Richard Thaler는 2017년 노벨 경제학상을 수상하였다.

(B) 넛지는 '팔꿈치로 슬쩍 찌르다.', '주의를 환기하다.'라는 의미를 가지고 있다. Thaler 교수는 이것을 '타인의 선택을 유도하는 부드러운 개입'으로 정의하였다. '넛지 효과'란 일상에서 사람을 설득하거나 권유할 때 직접적이고 단호한 방식이 아닌 부드럽고 자연스러운 개입을 의미한다.

(C) 인간의 행동을 유도하는 방법으로는 당근과 채찍이 있다. 즉 인간은 기본적으로 보상이 있으면 뛰어 들고, 처벌이 있으면 피한다. 그러나 보상과 처벌 외에 인간의 행동을 유도하는 방법으로 넛지를 활용하는 것이다.

(D) 행동경제학은 경제를 인간의 심리와 엮어 풀어내는 학문이다. 2009년에 출간된 저서 '넛지(nudge)'엔 그의 행동경제학을 이해하는 내용이 담겨 있다.

(E) 이 효과를 활용한 실제 사례를 보면, 스키폴 국제공항 화장실에서 처음 시작된 공중화장실 남성용 변기에 파리 스티커를 붙이는 아이디어는 전 세계로 알려졌고 국내에서도 자주 볼 수 있다. 그리고 지하철, 건물 등에 에스컬레이터 대신 계단을 이용하도록 설치한 피아노 소리가 나는 계단, 쓰레기를 잘 버리게 하기 위하여 설치한 투표 쓰레기통이나 농구 골대 쓰레기통, 어린이 보호구역 횡단보도에 설치된 옐로우 카펫 등이 있다.

① (A) – (B) – (C) – (D) – (E)
② (E) – (D) – (C) – (B) – (A)
③ (D) – (B) – (C) – (E) – (A)
④ (C) – (A) – (D) – (B) – (E)
⑤ (A) – (D) – (B) – (C) – (E)

일반 풀이

이 글은 교수에 대하여 설명 – 그의 행동경제학 이론인 넛지 언급 – 넛지의 의미와 효과 설명 – 넛지 활용 설명 – 사례 설명이 적절한 흐름이다.

 **정답 ⑤**

01. 다음에 글의 (A)~(E)를 문맥에 맞게 순서대로 배열한 것은?

(A) 아로마테라피는 고대 문명부터 사용되었고 최소한 6천년은 되었다고 여겨진다. 아로마테라피에 사용되는 아로마 에센셜 오일은 특히 이집트 피라미드에서 많이 발견되었는데, 인류 최초로 사용되었다고 알려진 아로마 에센셜 오일은 기원전 14세기에 이집트를 지배한 파라오인 투탕카멘의 무덤에서 발견된 향유이다. 20세기 발견 당시 은은한 향기로 세계인들을 놀라게 했던 향유는 손에 묻으면 녹는 끈적끈적한 고체에 가까운 물질이었으며 냄새는 풍미로우면서도 느끼했다.

(B) 아로마 에센셜 오일을 사용해서 치료하는 걸 아로마테라피라고 한다. 아로마테라피는 두 단어에서 파생되었다. 아로마(Aroma)는 향기나 냄새를 뜻하고 테라피(Trerrapy)는 치료를 뜻한다.

(C) 19세기 후반부터 21세기에 이르기까지 화학 합성 약물들의 개발이 활발하게 이루어지면서 현대의학에서는 아로마 에센셜 오일과 같은 천연물질을 이용한 치료법에 많이 적용해 가고 있다.

(D) B. C. 1555년경의 의학서에서는 거의 모든 질병에 대한 치료에 대해 언급하고 있고 오늘날의 아로마테라피와 허브(약초)요법에서 사용하는 방법과 유사하다. 르네 모리스 가테포세는 화학자로서 실험 중 손을 데었는데 라벤더 정유에 손을 넣었다가 통증과 상처가 빨리 낫는다는 것을 발견하고 아로마가 재생 능력이 탁월하다는 것을 통해 '아로마테라피'라는 책을 최초로 출판하였다.

(E) 아로마 에센셜 오일은 식물의 꽃, 잎, 줄기, 열매, 뿌리, 과피, 수지 등에서 추출한 휘발성이 있는 정유이다. 에센셜 오일이 추출되는 식물은 방향식물이라 불리는 약 3,500종 중 약 200여 종이다. 대부분의 식물은 자식을 번식, 성장시키는 힘과 식물의 수동적인 방어 형태로 박테리아 같은 균이나 침입자에게 방어하기 위해 자극적인 냄새나 독성을 만드는 등 물리적, 화학적 형태의 물질을 합성한다.

① (A) - (B) - (D) - (C) - (E)
② (B) - (A) - (D) - (C) - (E)
③ (B) - (A) - (C) - (D) - (E)
④ (B) - (D) - (C) - (A) - (E)
⑤ (A) - (D) - (C) - (B) - (E)

 다음에 글의 (A)~(E) 중 문맥상 생략되어도 되는 문단으로 가장 적절한 것은?

> (A) 미국에서 임대인과 임차인 간의 분쟁이 벌어졌다. 임대인은 아이폰으로 유명한 애플이고 임차인은 '포트나이트'란 게임을 만든 에픽이다. 에픽은 애플이 조성한 앱 생태계 안에 들어가 장사를 해서 돈을 버니 일종의 임차인이었다. 분쟁의 핵심은 이른바 인앱(in-app)결제이다. 물건을 팔고 돈을 받을 때 애플이 설치한 앱 내에서 하라는 것이다. 불만이 생긴 에픽은 자체 결제시스템을 마련해 소비자들로부터 돈을 직접 받고자 했다. 돈보다도 고객 정보가 중요하였기 때문이다. 내 고객이 누군지 아는 게 비즈니스의 기본이기 때문이다. 애플의 대응은 '방 빼, 나가'였다. 임차인은 임대인에게 고맙다고 하는 것이 맞다는 식의 '갑(甲)마인드'였다. 소송 결과 에픽이 10개 사안 중 인앱결제 하나만 승리했는데 출혈이 상당했다.
>
> (B) 판결이 나온 뒤 애플은 "성공은 불법이 아니다."라고 하였다. 같은 미국 기업도 이런 판결이 나왔는데 한국 기업들은 어떻겠는가. 그래서 높은 수수료 이슈가 생겼고 을(乙)의 수모를 참다못해 연합한 한국 중소기업들이 공정거래위원회에 제소하기에 이르렀다.
>
> (C) 또 다른 사례는 이렇다. 재작년 대학가에서는 갑자기 구글에 저장해 둔 데이터를 정리하는 소동이 벌어졌다. 대학 측은 많은 용량의 수업 영상과 자료를 구글 계정에 올렸는데 구글이 갑자기 "방 비워 달라"고 했기 때문이다. 기본 용량을 초과하면 요금을 납입하라는 구글의 방침이었다.
>
> (D) 플랫폼이 불러오는 독과점 이슈는 필연적이다. 경제학적 전문용어 네트워크의 외부효과와 규모의 경제, 내 친구가 구글에서 놀면 나도 어쩔 수 없이 구글에서 놀아야 하는 게 네트워크 외부효과고, 덩치를 키울수록 비용은 줄어드는 게 규모의 경제다. 이 둘이 상승작용을 일으키며 승자독식의 세계를 만든다. 그럼 티롤의 해법은? 100점짜리 답은 없다.
>
> (E) 생성형 AI 시대가 열렸다. 모든 플랫폼이 거대 언어모델로 집중되고 있다. 그만큼 플랫폼의 독과점 이슈는 심각해졌다. '미션 임파서블'의 대사를 패러디해 보면 AI 플랫폼을 장악하는 자, 시장을 지배할 것이다. 미국의 빅테크 기업들이 혈투를 벌이고, 국가 차원에서 사활을 걸고 덤벼드는 것도 같은 이유에서다.

① (A) ② (B) ③ (C)
④ (D) ⑤ (E)

 다음 글을 읽고 문맥상 (A)~(E) 중 〈보기〉가 들어갈 문단으로 가장 적절한 것은?

(A)

루터의 교육에 대한 이론은 하나님에 대한 그의 사랑과 독일에 대한 그의 충성에 기초하고 있다. 따라서 교육이념은 실제로 이중적인 것이다. 하나는 온 인류에게 적용되고 장소의 분별없이 모든 사람에게 필요한 "하늘의 부름"을 위한 교육이며, 다른 하나는 개개인의 독특한 재능과 재개 사회와 국가에 잘 적응할 수 있고 특이한 환경에 따라 서로 다를 수 있는 "지상의 사명"을 위한 교육이다. 즉 하나는 정신적인 종교생활의 문제요, 다른 하나는 현실적이고 사회적인 시민교육의 문제이다.

(B)

중세기 및 루터시대의 교육의 맹점은 서민 계급을 위한 교육이 전혀 무방비 상태였고, 교회학교는 사제직의 지원자들을 위해, 교구학교는 청년들의 교회원이 되기 위해, 공민학교는 제도시의 상인과 장인계급의 양성을 위해, 기사교육은 기사단을 훈련시키기 위한 것이었다. 이때에 루터는 종교개혁가로서만이 아니라, 교육 사상가이며, 교육 개혁가로서 중세 수도원 학교나 교회학교에서 실시되던 지적, 도덕적인 측면의 교육에서 탈피하여, 전인적인 인간을 만드는 획기적인 교육을 주장하였다.

(C)

루터의 교육은 목적, 형태 또는 그 내용으로 볼 때 한결같이 "종교적(기독교적)"이다. 그것은 그리스도 안에서 하나님께 영광을 돌리는 것이 궁극적이며, 하나님과 인간, 그리고 국가에 대한 의무를 다하는 것이라고 하였다. 즉 신의 영광과 경외이며, 인간 공동생활에서는 신과 인간의 사랑이 더불어 나타나는 것이 교육의 목적이어야 했다.

(D)

이와 같이 볼 때에 루터의 교육은 종교의 궁극적인 목적인 하나님을 경외하여 하나님을 아는 지식에 이르게 하는 종교교육이며, 자녀들을 크리스찬으로 육성하도록 하는 목적을 지닌 도덕교육을 의미한다. 따라서 하나님과 인간을 사랑하는 것이야말로 루터의 교육 목적이며 이것이 그리스도 안에서 이루어져 나가야 함을 강조한다.

(E)

〈 보 기 〉

다시 말해 하나님과 동료 인간과 국가에 대한 우리의 의무를 달성하는 것이 교육 목적이라고 하였다. 이것은 개인이 하나님을 사랑하고 경외하며, 이웃에 대하여 봉사하는 생활, 하나님과 영광과 인간을 위한 사랑에 적합하도록 행하는 것이다.

① (A) 　② (B) 　③ (C)
④ (D) 　⑤ (E)

> (A) 반도체 산업은 24개월마다 반도체 집적도가 두 배씩 증가한다는 무어의 법칙(Moore's Law)에 맞추어 기술개발을 해 왔는데, 포토 공정의 해상도 증가가 한계에 봉착하면서 개발 속도가 점점 느려지고 있다.
>
> (B) 따라서 공정비용 증가를 막으면서 반도체 제품의 성능을 향상시키는 기술 개발이 진행되고 있는데, 다음 3가지로 구분할 수 있다.
>
> (C) 첫째, 포토 공정의 파장이 짧은 EUV 기술을 도입하여 DPT, QPT 등의 기술을 단순화하는 방법이 있다. 둘째, DRAM/NAND보다 구조가 간단하여 공정비용이 낮을 것으로 기대되는 신개념 소자를 도입하는 방법이 있다. 셋째, 미세화의 근본적인 이유가 같은 면적에 더 많은 소자를 만드는 집적도 향상에 있기 때문에, 소자를 위로 적층하여 접적도를 높이는 방법이 있다.
>
> (D) 포토 공정의 한계를 극복하기 위해 DPT(Double Patterning Technology) 및 QPT(Quadruple Patterning Technology) 기술을 사용하지만, 공정비용이 급격히 증가하기 때문에 미세화를 통한 원가 절감의 장점이 희석되는 상황이다.
>
> (E) 또한 DRAM의 경우는 커패시터의 형상비(Aspect Ratio)가 100:1 이상의 수준으로 증가하면서 공정이 어려워지는 점, NAND의 경우 셀 간 간섭으로 20nm 이하에서는 더 이상 미세화하기 힘들다는 점 등이 향후 반도체 산업의 계속적인 발전을 저해하는 요인이 되어 왔다.

① (A) – (E) – (D) – (B) – (C)
② (A) – (D) – (E) – (B) – (C)
③ (A) – (B) – (C) – (D) – (E)
④ (A) – (B) – (C) – (E) – (D)
⑤ (A) – (C) – (B) – (E) – (D)

 다음에 글의 (A)~(E)를 문맥에 맞게 순서대로 배열한 것은?

(A) 이후 기본의 중요성을 말할 때면 사람들은 회사후소라는 표현을 인용하며, '그림을 그릴 때도 먼저 흰 도화지가 마련되어 있어야 하듯이 기본이 먼저다'라는 의미로 이 말을 사용하게 되었다.

(B) 이 대답은 '그림을 그리는 일은 흰 바탕이 마련된 뒤에 이루어진다'는 뜻으로, 공자는 이를 통해 무엇이든 먼저 기본이 갖추어져야 함을 강조한 것이다.

(C) 공자는 이에 대해 "회사후소"라고 답하였다.

(D) 어느날 공자의 제자 자하는 '예쁜 웃음의 보조개와 또렷한 눈빛이 본바탕이 되어 아름다움을 이룬다'라는 시 구절에서 '본바탕이 되어 아름다움을 이룬다'라는 말의 의미를 공자에게 물었다.

(E) 회사후소는 『논어』에 나오는 유명한 문구로, 흔히 '그림을 그리려면 먼저 흰 도화지가 있어야 한다'라고 해석된다. 이 말은 모든 일은 기본이 먼저 갖추어져야 한다는 의미로 널리 활용된다.

① (A) - (D) - (C) - (B) - (E)
② (E) - (A) - (D) - (C) - (B)
③ (D) - (C) - (B) - (E) - (A)
④ (E) - (D) - (C) - (B) - (A)
⑤ (C) - (D) - (B) - (E) - (A)

필수유형 06

비판 및 평가

유형설명

- 주어진 글에서 주장자, 학자, 작성자, 학설 등 어떤 시각이나 견해를 비판하거나 평가하는 유형
- 주어진 글에서 하나 또는 둘 이상의 학설, 주장, 견해, 의견 등에 대한 비판, 평가, 의견. 시각 등에 대하여 적절하거나 적절하지 않은 것을 찾는 유형
- 비판이나 평가에 대한 주장, 견해, 학설, 의견, 시각 등에 대한 분석 능력을 평가하는 유형

풀이 Tip

- 문제에서 어떤 요구 사항이 주어졌는지, 어떤 측면을 비판하거나 평가하는지 파악하기
- 주어진 시각, 견해와 관련된 논리적 결함이나 모순점을 찾고 이에 대한 비판에 초점 맞추기
- 주어진 시각, 견해와 관련된 논리적 결함이나 모순점 찾고 이에 대한 평가에 필요한 증거와 논리적 근거 찾기
- 주장이나 견해를 비판 또는 평가하는 근거나 핵심 내용 파악하기
- 비판과 평가를 강화하는 예시를 통하여 문제 해결하기
- 주어진 주장과 비판, 평가자의 입장에서 지문 읽기

예제 01 다음 글을 통해 비판하고 있는 내용으로 가장 적절한 것은?

> 정부가 2년 동안 한정 기간 동안 적용되는 '전세사기 특별법'으로 피해자들을 지원하기로 했다. 특별법에 따라 피해자로 인정되면 거주하고 있는 주택이 경매에 넘어가면 선매수할 수 있는 권한 등이 부여된다.
>
> 정부는 이번 '특별법'에서 전세사기 피해자로 인정받을 수 있는 특별법 지원 대상은 대항력을 갖추고 확정일자를 받은 임차인, 임차주택에 대한 경·공매 진행(집행권원 포함), 면적·보증금 등을 고려한 서민 임차주택, 수사 개시 등 전세사기 의도 존재, 다수의 피해자 발생 우려, 보증금 상당액 미반환 우려 등 6가지 요건을 모두 충족해야 한다.
>
> 전세사기 피해자 구제를 위해서 어떤 정책보다 '특별법'이 필요하였다. 그러나 이번 특별법이 피해자 대책위원회에서 주장하는 '실효성 없는 보여 주기식 해법'이라는 것도 생각해 보아야 한다. 대책위는 피해자 인정 범위가 좁아 전세사기 피해자들이 지원대상에서 제외되는 경우가 많다고 반발히였다.

① 정부가 제시한 특별법의 6가지 조건들은 피해자 인정의 범위와 지원 대상을 명확히 하기 위한 것이다.
② 전세사기 특별법은 2년 한시적으로만 적용되어서는 안 된다.
③ 전세사기 특별법의 조건들이 전세 피해자 지원이 목적이라면 피해자의 차별이 있어서는 안 된다.
④ 전세사기 정책보다는 특별법이 필요하다.
⑤ 모든 피해자의 의사와 권익을 고려하며, 특별법을 다시 수립하여야 한다.

일반 풀이

이 글은 전세사기 피해자를 지원하기 위한 전세사기 특별법에서 제시한 6가지 조건에 해당되는 피해자에게만 지원을 하겠다는 정부 발표에 대하여 6가지 조건을 맞출 수 없는 피해자에게는 실효성이 없으니 모든 전세사기 피해자에게 차별 없는 지원을 받을 수 있게 해야 한다는 비판의 글이다.

[오답 체크]

① 정부가 제시한 특별법의 6가지 조건은 피해자 인정범위와 지원대상을 명확히 한 것으로 이해할 수 있지만, 이 글을 통해 비판하고 있는 것은 여기서 제외되는 피해자가 있어서는 안 된다는 것이다.
② 전세사기 특별법의 한시성에 대한 비판이 아니라 조건에서 제외되는 대상이 있어서는 안 된다는 것이다.
④ 전세사기 피해자를 지원하기 위하여 정책보다 특별법이 필요하다는 것은 안전한 지원을 보장받기 위한 사항으로 위 글에서 비판한 사항이 아니다.
⑤ 모든 피해자의 의사와 권익을 고려하여 특별법을 재수립하자는 것보다는 현재의 특별법의 대상 조건이 피해자의 일부를 위한 것이어서는 안 된다는 것이다.

정답  ③

다음 글을 비판하는 내용으로 가장 적절한 것은?

> 기업들이 자사 상품에 대한 고객의 구매를 의도적으로 줄임으로써 적절한 수요를 창출하는 마케팅 기법을 '디마케팅'이라고 한다. 디마케팅은 기업이 브랜드 가치를 유지하거나 장기적인 이익을 고려해 수요를 전략적으로 조정하는 것으로, 소비를 촉진하는 일반적인 마케팅과는 다르다.
>
> 디마케팅은 '돈 안 되는' 고객을 의도적으로 줄여 판촉 비용 부담을 줄이고, 특정 고객의 충성도를 강화하여 기업의 수익을 높이는 전략이다. 이는 얼핏 보면 이윤 극대화를 목표로 하는 기업의 본질에 어긋나 보이지만, 실제로는 그렇지 않다. 디마케팅의 예시로는 명품 브랜드를 들 수 있다. 일부 명품 브랜드는 제품의 생산량을 제한하거나 높은 가격 정책을 유지하여 특정 소비자층에게만 상품을 판매한다. 또한 특정 레스토랑의 경우 매장이 지나치게 붐비는 것을 막기 위해 예약제로만 운영하기도 한다. 이를 통해 일시적으로 매출이 감소할 수 있으나, 장기적으로는 제품과 서비스의 희소성을 강조하여 브랜드 가치를 높일 수 있다.

① 디마케팅은 기업이 사회적 책임을 수행하는 데 도움이 되지 않는 전략이다.
② 디마케팅은 특정 지역에서의 브랜드 입지를 약화시킬 수 있다.
③ 디마케팅을 통해 수요를 의도적으로 줄이는 과정에서 매출이 지속적으로 감소할 수 있다.
④ 디마케팅은 경쟁사에게 유리한 기회를 제공할 수 있다.
⑤ 디마케팅으로 인해 고객들이 불쾌한 경험을 할 수 있다.

일반 풀이

주어진 글에서는 디마케팅으로 인해 일시적으로 매출이 감소할 수 있다는 점을 언급하였지만, 장기적으로는 이득이라고 주장했다. 따라서 주어진 글을 비판하는 내용으로 가장 적절한 것은 디마케팅을 통해 매출이 지속적으로 감소할 수 있다는 선택지이다.

[오답 체크]

① 기업의 사회적 책임은 주어진 글에서 언급되지 않았다.
②, ④, ⑤ 주어진 글에서는 디마케팅의 장점에 대해 설명했다. 따라서 디마케팅의 단점을 지적하는 선택지가 정답인데 ②, ④, ⑤ 모두 디마케팅의 단점을 말하고 있다. 하지만 ②, ④, ⑤에 해당하는 내용 모두 주어진 글에서는 언급되지 않아, 글에서 언급한 내용과 연관이 있는 ③번 선택지가 가장 적절한 비판이라고 볼 수 있다.

정답  ③

다음 글에서 비판하고 있는 내용으로 가장 적절하지 않은 것은?

외국에서는 고연령 또는 장애, 질병 등으로 도움이 필요한 가족 구성원을 직접 돌보는 아동·청소년을 '영케어러(Young Carer)'로 규정한다. 호주, 영국 등 일부 나라에서는 벌써 이들의 존재를 인지하고 발굴 및 지원체계 전반을 포용하는 법률을 제정했으며, 이 기반하에 세부 정책들을 실행하는 곳도 있다. 그에 반하여 한국의 영케어러와 관련한 국제 비교 연구에 의하면 '무반응 국가'로 분류된다. 아동의 가족 돌봄 문제가 사회적 공론장으로 나오기 시작한 것도 최근이다. 병환의 아버지를 혼자 돌보던 아들이 생활고를 견디지 못하고 아버지를 방치하여 죽음에 이르게 한, 이른바 '영케어러 간병 살인' 사건으로 알려진 비극이 있어야 비로소 그동안 수면 아래 있던 영케어러의 존재가 공론화되기 시작했다. 사회적 문제가 되니 이들을 칭하는 이름이 등장했고 현황 파악을 위한 실태조사 및 각종 지원 정책이 추진됐다. 무반응보다야 나아간 셈이지만 정부 해당 부처, 지방자치단체, 국회 등 실행 주체에 따라서 접근이 각각 달라 종합적이고 체계적인 계획에 의거한 지원이 이뤄지는 수준에는 미치지 못하고 있다.

① 우리나라는 비극적인 사건이 있고 나서 영케어러에 대하여 공론화된 것은 국가적으로 예방적인 정책과 실행이 미흡한 것을 비판하고 있다.

② 우리나라는 정부 부처, 지방자치단체, 국회 등 국가적으로 하나로 통일된 계획과 지원이 이루어지지 않고, 실행 주체별로 접근이 다른 것을 비판하고 있다.

③ 우리나라가 국제 비교 연구에서 영케어러에 대한 무반응 국가로 분류되었다는 것은 세계적으로 한국의 복지의 현실을 보여 주는 불편한 진실이라는 것을 비판하고 있다.

④ 우리나라의 영케어러에 대한 안타까운 사례를 통해 뒷북 행정을 비판하고 있다.

⑤ 우리나라도 영국, 호주 등 일부 국가와 같이 일찍이 이들의 존재를 인지하고 발굴 및 지원체계 전반을 아우르는 법률을 제정하였으나, 실행되지 않는 것을 비판하고 있다.

일반 풀이

외국에서는 고연령 또는 장애, 질병 등으로 도움이 필요한 가족 구성원을 직접 돌보는 아동·청소년을 '영케어러(Young Carer)'로 규정한다. 영국, 호주 등 일부 나라에서는 벌써 이들의 존재를 인지하고 발굴 및 지원체계 전반을 포용하는 법률을 제정했으며, 이 기반하에 세부 정책들을 실행하는 곳도 있다. 그에 반하여 한국의 영케어러와 관련한 국제 비교 연구에서 '무반응 국가'로 분류된다고 설명하며 안타까운 사례 후에 관련 정책이 실행되는 것을 설명하고 있다. 따라서 우리나라도 일부 외국과 같이 일찍이 영케어러의 존재를 인지하고 발굴, 지원체계 전반을 아우르는 법률은 있었으나 실행되지 않은 것을 비판하고 있다는 내용은 적절하지 않다.

[오답 체크]

①, ②, ③, ④ 글을 통해 비판하는 것으로 적절하다.

정답 ⑤

다음 글을 통해 비판할 수 있는 내용으로 적절하지 않은 것은?

> 밀레니얼 세대(Millennials), Y세대(Generation Y) 또는 에코붐 세대(Echo boomers)는 X세대와 Z세대 사이의 세대 및 인구집단이다. 인구통계학자들은 1980년대 초반부터 1990년대 중반 또는 2000년대 초반까지의 출생자, 그 가운데서도 1981년생부터 1996년생까지를 밀레니얼 세대로 분류한다. 이들은 베이비붐 세대와 초기 X세대의 자녀들이다.
>
> 스스로를 밀레니얼 세대라고 생각하는 sk는 팀의 막내이다. 트렌드 변화에 선두이기를 희망하는 sk는 밀레니얼 세대와 관련된 내용을 검색하여 읽는 것에 심취하여 있다. 그런데 이슈는 자신보다 나이가 많은 연장자들은 꼰대라고 기준을 정하고 행동한다. 상사가 업무 지시를 해도 꼰대스러운 지시이고, 거부와 자기 주장을 하면서 하루가 짜증스럽다고 생각한다. 언제인가부터 sk 씨는 팀의 트러블메이커가 되었다. '나이 많은 연장자는 다 꼰대지 뭐야'라고 스스로 기준을 정하는 역 꼰대가 되었다.
>
> 어느 시대이든 신입사원도 시간이 지나면 중견사원이 된다. 현재의 sk씨가 꼰대라고 생각하는 상사도 신입사원인 때가 있었다. 서로가 다른 환경과 문화를 가졌다는 것을 생각하지 않고 단순히 나이 차이로 문화 차이가 있다고 기준을 세우는 행위가 사회 생활에 갈등을 일으키는 역 꼰대의 모습이다.

① sk 씨의 행동이 밀레니얼 세대 모두의 생각과 행동이 아니고 본인만의 생각과 행동이라는 것을 인식해야겠네.

② sk 씨는 상사들의 업무지시가 수용하기 어렵다고 꼰대라고 할 것이 아니라 직장 내에서는 본질인 수행할 업무에 집중하여 다름을 서로 이야기하고 협의하는 역지사지의 사고가 필요하겠군.

③ sk 씨는 나이와 문화의 차이를 존중하는 자세가 필요하겠군.

④ 각 세대마다 다양한 경험과 가치관을 가지고 있기 때문에 sk 씨는 현재 본인의 기준을 일반화하면 안 되겠네.

⑤ 밀레니얼 세대의 생각과 사고에 대하여 공감할 수 있는 중견사원 세대의 이해가 필요한 것이지 sk 씨를 트러블 메이커로 바라보면 안 되겠군.

일반 풀이

이 글은 밀레니얼 세대라고 인식하는 sk 씨가 꼰대의 기준을 정하고 행동하는 것을 비판하는 것이므로 '밀레니얼 세대의 생각과 사고에 대하여 공감할 수 있는 중견사원 세대의 이해가 필요한 것이지 sk 씨를 트러블 메이커로 바라보면 안 되겠군.'이라는 비판은 글을 통해 비판할 수 있는 내용으로 적절하지 않다.

01. 다음 글을 통해 비판하고 있는 내용으로 가장 적절한 것은?

> 제2경인고속도로 방음 터널 화재로 사망자 5명 등 42명의 사상자가 발생했다. 트럭에서 일어난 불길이 방음 터널의 플라스틱 방음판에 옮겨 붙으면서 희생이 커졌다. 800m의 터널이 순식간에 고온 가스실로 변한 것이다.
>
> 실제로 유사한 사고가 발생한 적이 있었다. 2020년 8월 광교신도시 하동IC 고가도로 방음 터널 안에서 차량 화재가 발생해 터널 50m가 전소됐다. 하지만 그 사고는 인명 피해가 없어서 사회 문제가 되지 않고 사고 터널만 보수하고 대충 넘어갔다. 국토교통부는 지난 6월에야 방음 시설의 화재 안전 기준을 마련하기 위해 연구 용역을 발주했다고 한다. 전국 방음 터널 중 화재에 취약한 방음재를 사용한 곳이 몇 곳인지조차 몰랐다. 2012년 도로설계편람을 개정할 때는 있던 방음벽 화재 안전 규정도 삭제했다고 한다. 사고 터널 관리 책임은 민자고속도로 회사에 있지만 전문가 경고와 실제 사고에도 불구하고 법 규정을 정비하지 않은 국토부를 비판하지 않을 수 없다.

① 2012년 도로설계편람 개정 시에 방음벽 화재 안전 규정을 삭제한 것
② 안전 시설 의무와 법 적용 시 예외 되는 시설을 검토하지 않는 것
③ 사소한 안전 문제도 인명이 희생되는 사회적 이슈가 되어야 챙기는 것
④ 사회 안전 시설 위험을 비용 기준으로 검토하는 것
⑤ 전문가의 안전에 대한 경고 자문이 있어도 해당 부서가 무관심한 것

02. **다음 글을 비판하는 내용으로 가장 설득력이 낮은 것은?**

> 원자력 발전은 많은 장점이 있는 에너지 생산 방법이다. 첫째, 청정 에너지로 분류되어 온실가스를 배출하지 않는다. 이는 기후 변화 문제를 해결하는 데 중요한 역할을 한다. 두 번째로, 원자력은 고효율의 에너지 생산이 가능하다. 적은 연료로 많은 전력을 생산할 수 있어, 대규모 에너지 공급에 유리하다. 또한, 원자력 발전소는 지속 가능한 에너지를 제공할 수 있다. 다른 재생 가능 에너지처럼 기후에 영향을 받지 않으며, 일정한 에너지 공급이 가능하다. 세 번째로, 원자력은 안정적이고 예측 가능한 전력 공급원으로, 전력망의 안정성을 높이는 데 도움을 준다. 마지막으로, 기술 발전으로 안전성 또한 크게 향상되었고, 과거의 사고들을 교훈 삼아 점점 더 안전한 시스템을 구축해 나가고 있다. 원자력 발전은 미래의 에너지 문제를 해결할 중요한 대안이 될 수 있다.

① 원자력 발전은 방사능 물질을 포함하고 있어, 사고 발생 시 심각한 환경오염과 인명 피해를 초래할 수 있다.
② 원자력 발전소 건설 지역의 주민들은 대부분 발전소 건설에 부정적인 반응을 보인다.
③ 원자력 발전에서 나오는 핵폐기물은 방사능을 수천 년 동안 방출하며, 처리 방법 또한 불분명하다.
④ 원자력 연료인 우라늄은 한정된 자원으로 고갈될 위험이 있다.
⑤ 원자력 기술은 핵무기 등으로 군사적 측면에서 악용될 가능성이 있다.

03. **다음 글을 비판하는 내용으로 가장 적절하지 않은 것은?**

주식 투자는 개인의 경제적 미래를 준비하는 데 중요한 도구다. 은행 예금이나 적금만으로는 장기적으로 물가 상승률을 따라잡기 어려운 경우가 많다. 반면, 주식은 역사적으로 높은 수익률을 보여줬고, 기업의 성장에 따라 투자자의 자산도 함께 증가할 가능성이 크다.

주식 투자는 단순히 돈을 벌기 위한 수단을 넘어선다. 경제와 기업의 흐름을 이해하고 투자 철학을 세우는 과정을 통해 장기적인 안목과 금융 지식을 키울 수 있다. 물론 리스크가 따르지만, 분산 투자와 충분한 공부로 리스크를 관리할 수 있다.

결국, 주식 투자는 도박이 아니라 미래를 위한 준비다. 작은 금액으로 시작해 투자 경험을 쌓는다면, 장기적으로 큰 성과를 얻을 수 있을 것이다. 주식은 선택이 아니라 필수적인 도구라고 할 수 있다.

① 주식 투자는 예금과 달리 원금이 보장되지 않아 이익보다 손해가 클 수 있다.

② 주식 시장은 매우 복잡하므로 투자에 대한 이해도가 낮은 경우 손실을 입을 위험이 크다.

③ 매매 시 발생하는 수수료가 누적되면 큰 비용이 발생할 수 있다.

④ 주식은 변동성이 높은 투자 자산이지만, 장기 투자를 통해 안정성을 높일 수 있다.

⑤ 주식 투자자들은 주식 가격의 변동으로 극심한 불안감과 스트레스를 느낄 수 있다.

04. 다음 글에서 설명하는 검열제도에 대한 비판으로 가장 설득력이 낮은 것은?

> 아그리파(Agrippa)의 논변은 고대 로마 시대의 철학자 마르쿠스 툴리우스 카이케로(Marcus Tullius Cicero)의 대변을 다룬 것으로, 로마의 수상들이 권력 남용을 막기 위해 만든 정치 체제인 "검열제도"를 지지하는 내용으로 구성되어 있다.
>
> 검열제도는 로마 제국 시대의 검열관(censor)이 국민의 도덕적 품위와 선량한 생활 방식을 유지하는 것을 목적으로 만들어진 제도였다. 이러한 검열제도는 규범적인 행동과 도덕적인 삶을 유도할 뿐 아니라, 권력의 남용을 방지하기 위한 체제로서도 기능하였다. 아그리파의 논변은 이러한 검열제도의 중요성을 강조하면서, 수상들이 권력을 남용하거나 불법적인 행동을 할 경우에는 검열관이 이를 파악하고 처벌하는 것이 필요하며, 이를 통해 국가의 안정과 질서를 유지해야 한다는 주장을 펼쳤다.
>
> 아그리파의 논변은 로마 제국 시대의 검열제도의 중요성을 강조하면서도, 검열관의 권력 남용 가능성에 대한 우려도 함께 제기하였다. 이는 권력과 균형을 유지하며, 국가의 안정과 질서를 보장하는 것이 중요하다는 것을 암시하는 내용으로, 이후에도 권력 분립과 검열제도에 대한 논의에 영향을 미쳤다.

① 아그리파의 논변은 검열제도를 통해 권력 남용을 방지할 수 있다고 주장하지만, 검열관이 개인적인 이익을 추구하거나 편파적인 판단으로 공정한 검열이 이루어지지 않을 수 있다.

② 아그리파의 논변은 국민의 도덕적 품위와 생활 방식을 유지하기 위해 검열제도가 필요하다고 주장하지만, 검열제도가 과도하게 개인의 사생활에 개입하거나 자유로운 생각과 표현을 억압할 수 있다는 우려가 있다.

③ 검열제도가 권력자의 정치적 이유에 따라 경쟁자를 탄압하거나 반대 의견을 억압하기 위해 악용될 수 있다.

④ 검열제도는 국민 전체를 감시하고 판단하는 작업이 필요하므로, 많은 인력과 자원이 필요하다. 이로 인해 비용 문제와 효율성 문제가 발생할 수 있다.

⑤ 검열제도는 도덕적인 품위와 생활 방식을 강제하는 체제로서, 사회의 발전을 저해할 수 있다.

 다음 글을 비판하는 내용으로 가장 설득력이 낮은 것은?

> 온라인 교육은 디지털 기술과 인터넷의 발전으로 빠르게 성장하고 있다. 시간과 장소의 제약 없이 학습이 가능하다는 점이 가장 큰 장점이다. 전통적인 교실 수업과 달리, 학습자는 자신의 일정에 맞춰 원하는 콘텐츠를 선택하고 학습할 수 있다. 특히, 전 세계적으로 수준 높은 강의를 누구나 쉽게 접할 수 있어 교육 기회의 평등을 실현하는 데 기여하고 있다. 또한, AI와 빅데이터를 활용한 개인 맞춤형 학습 시스템은 학습 효율성을 높이고, 각자의 학습 스타일에 맞춘 교육을 가능하게 하고 있다. 이외에도 비용 효율성이 높아 많은 사람들이 저렴한 비용으로 양질의 교육을 받을 수 있다. 기업과 학교에서도 온라인 교육 플랫폼을 통해 직원 교육과 학생 학습을 지원하며 그 활용 범위가 점점 확대되고 있다. 온라인 교육은 현대 사회에서 지속적으로 발전하며 중요한 교육 방식으로 자리 잡고 있다.

① 온라인 교육 수강에 필요한 전자기기 구매 비용이 지속적으로 증가하고 있다.

② 직원 교육을 온라인으로 진행하면 대면 상호작용이 부족하여 사회적 기술을 배우는 데 부정적인 영향을 미칠 수 있다.

③ 일반적으로 학생들은 온라인 교육을 지루해하는 경향이 있어 학습 효과가 크지 않다.

④ 학습자의 자기 주도 학습 능력에 따라 온라인 교육으로 얻을 수 있는 효과의 차이가 크다.

⑤ 온라인 교육을 집이나 개인 공간에서 학습하다 보면 주변 환경에 영향을 받아 학습 효율이 저하될 가능성이 크다.

03 필수 유형 분석 | 언어이해

필수유형 07

사례 판단

유형설명

- 주어진 글에서 제시된 특정한 상황, 개념, 이론, 표현 등에 대한 사례를 찾는 유형
- 주어진 글에서 제시된 특정한 상황, 개념, 이론, 표현 등에 적절한 사례를 찾아 빈칸을 채우는 유형
- 주어진 글에서 제시된 특정한 상황, 개념, 이론, 표현 등에 해당하는 사례를 짝짓는 유형

풀이 Tip

- 주어진 상황의 배경, 인물, 주어진 정보 등을 주의 깊게 읽고 특정한 상황을 정확하게 파악하기
- 주어진 개념, 이론, 표현, 법칙, 원리 등에 대한 설명을 정확하게 이해하고 사례를 식별하기
- 주어진 정보와 근거로 논리적이고 합리적인 사례 찾기
- 선택지의 사례들이 주어진 글의 내용의 범위를 벗어나는 축소/확대한 사례가 아닌, 글의 내용의 범위 내에서 그대로 제시한 사례 찾기

예제 01

다음 글의 밑줄 친 ⓐ에 해당하는 사례로 가장 적절하지 않은 것은?

> ⓐ 잡음(Noise)은 커뮤니케이션 과정에서 발생하는 방해요소를 의미한다. 잡음은 다양한 형태로 나타날 수 있으며, 채널에서 발생하는 외부 환경에서 발생하는 물리적인 잡음, 전달되는 메시지의 의미를 전혀 인지하지 못하는 인지적인 잡음, 발신자와 수신자의 마음속에 일어나는 잡념인 심리적인 잡음 등이 있다. 잡음은 커뮤니케이션 과정에서 메시지의 왜곡이나 오해, 불필요한 비용의 증가, 효과적인 피드백의 어려움 등을 유발할 수 있다. 따라서, 잡음을 최소화하고, 효과적으로 커뮤니케이션 하기 위해서는 발신자와 수신자의 인지적, 문화적, 심리적 차이를 고려하여 메시지를 작성하고, 적절한 채널을 선택하는 등의 노력이 필요하다.

① 전파 장애로 흔들리는 TV 화면
② 관점 차이로 좁혀지지 않는 의견
③ 생소한 표현의 외국어로 쓰인 메일
④ 사진, 영상, 그래프 등 다양한 시청각 자료를 활용한 발표 자료
⑤ 언성이 높아져 주제를 벗어난 회의

일반 풀이

사진, 영상, 그래프 등 다양한 시청각 자료를 활용한 발표 자료는 전달하고자 하는 메시지를 명확하게 하는 사례이다.

[오답 체크]

① 물리적 잡음이라고 볼 수 있다. 외부의 소음, 강렬한 햇빛, 어두운 조명, 불편한 의자 등이 여기에 속한다.
②, ⑤ 심리적 잡음이라고 볼 수 있다. 속상했던 일로 타인의 의견에 집중하지 못하는 것, 감정적인 상태, 공감 불능 등이 여기에 속한다.
③ 인지적인 잡음이라고 볼 수 있다. 언어의 어려움, 문맥의 오해 등이 여기에 속한다.

 정답 ④

다음 글의 밑줄 친 ⓐ에 해당하는 사례로 가장 적절하지 않은 것은?

ⓐ시너지효과는 전체가 개별 부분의 합보다 더 큰 가치를 창출하는 현상을 말한다. 이를 통해 조직이나 시스템에서 더 큰 성과를 이끌어내고, 경제적인 이득을 얻을 수 있다. 이것은 여러 요소나 요소들 간의 조합이 서로 보완하고 증폭되어 더 큰 효과를 나타내는 것을 의미한다. 개별 요소들이 개별적으로는 한계가 있을지라도, 함께 작용하면 상호보완되어 더 큰 효과를 만들어낸다. 그리고 생산성을 향상시키는 데 도움을 준다. 여러 개별 작업이 통합되거나 협력적으로 진행될 때, 작업의 효율성과 생산성이 증가하게 된다. 또한 비용 절감에도 기여한다. 여러 기능이 통합되거나 자원이 공유되면, 중복된 비용을 줄이고 효율적으로 자원을 활용할 수 있다. 그뿐만 아니라 시너지효과는 협력과 창의성을 촉진한다. 다양한 아이디어와 관점이 결합되면, 새로운 아이디어와 혁신적인 해결책을 도출할 수 있고, 기업이나 조직의 시장 경쟁력을 강화하는 데 도움을 준다. 기능이나 부서 간의 협업과 통합을 통해 더 효과적인 제품이나 서비스를 개발하고, 고객에게 더 큰 가치를 제공할 수 있기 때문이다. 조직 내에서는 지식 공유와 학습을 촉진한다. 다양한 전문성과 경험을 가진 사람들이 함께 일하면, 지식과 노하우를 공유하고 상호 학습하며 조직 전체의 역량이 향상된다.

시너지효과는 다양한 분야에서 나타날 수 있으며, 조직이나 시스템의 성과와 효율성을 극대화하는 데 중요한 역할을 한다.

① 기업 자원, 노하우 공유 및 비용 절감을 위한 M&A
② 신제품 개발 기획을 위한 기획팀, 설계팀, 엔지니어링팀, 마케팅팀, 재무팀 인원으로 구성된 TF팀
③ 기러기 무리의 V자형 비행
④ 국가고시를 준비하는 학생들의 스터디모임
⑤ 실력 있는 공격수 11명으로 구성된 축구팀

일반 풀이

시너지효과로 가장 적절하지 않은 것은 실력 있는 공격수 11명으로 구성된 축구팀이다. 시너지효과란 전체가 개별 부분의 합보다 더 큰 가치를 창출하는 현상이지만, 축구팀에 필요한 다양한 포지션이 아닌 공격수만이 모인 축구팀은 시너지효과의 예시로 적절하지 않다.

[오답 체크]

①, ②, ③, ④ 시너지효과의 사례로 볼 수 있다.

정답 ⑤

다음 글에서 (A)의 사례가 아닌 것은?

| 2022 하반기 기출 키워드 | 상관관계를 인과관계로 오인하는 사례

어떤 결과가 생겼다면 이 결과에 영향을 미친 여러 가지 요인이 있을 것이다. 이 결과와 다양한 원인이 상관관계에 있다고 하는 것이고, 어떤 요인이 반드시 어떤 결과에 영향을 미칠 때 인과관계에 있다고 한다. 상관관계와 인과관계는 비슷한 듯 하지만, 확연하게 차이가 있다. 영향을 미칠 수 있는 것인 '상관관계'와 반드시 영향을 미친다는 것인 '인과관계'는 엄연히 다른 것이다. (A) <u>사람들은 어떤 현상을 보고 대체로 인과관계가 있다고 오인한다는 것이다.</u> "상관관계는 곧바로 인과관계로 이어지지 않는다", "상관관계만으로는 인과관계를 장담할 수 없다", "상관관계는 인과관계를 암시하지 않는다", "상관관계는 인과관계의 필요조건(necessary condition)이다" 등등 다양한 표현들로 변용될 수 있다. 변인 A와 변인 B가 상관관계에 있다고 해서 한쪽 변인이 다른 한 변인의 원인임이 반드시 입증되지 않는다. 원인이 되는 변인이 단 하나가 아니고 수많은 변인들이 원인으로서 작용하는 사례들이 있기 때문이다.

① 뉴스 머리글을 보고 A라는 요인이 B라는 결과에 영향을 미쳤다고 무작정 믿어 버린다.
② 화재현장에 출동하는 소방대원이 많을수록 화재의 규모는 크다.
③ 흡연이 폐암의 원인이다.
④ 가뭄이 들었을 때 기우제를 지내면 비가 온다.
⑤ 방 안에 불을 켰더니 방이 환해졌다.

일반 풀이

방 안에 불을 켰더니 방이 환해진 것은 방 안에 불을 켰다는 원인이 방을 환하게 만들었다는 결과로 이어지는 인과관계이다.

[오답 체크]

① 뉴스 글머리의 A라는 요인이 B와 상관관계는 있으나, 반드시 A라는 요인이 B에 영향을 주었다는 인과관계는 없을 수 있다.
② 소방대원의 인원수와 화재 규모는 강한 상관관계는 있으나, 출동한 소방대원이 많을수록 화재의 규모가 크다는 인과관계는 존재하지 않는다.
③ 흡연과 폐암에는 분명한 상관관계가 있다. 그러나 폐암의 원인이 흡연뿐이라는 인과관계는 성립되지 않을 수도 있다.
④ 가뭄이 들었을 때 기우제를 지내면 비가 오는 날이 있어서 상관관계는 있을 수 있다. 그러나 반드시 가뭄에 기우제를 지내면 비가 오는 인과관계가 있지는 않다.

정답  ⑤

다음 글의 밑줄 친 ⓐ에 해당하는 사례로 가장 적절하지 않은 것은?

> ⓐ카페라테 효과는 최근에 등장한 경제 신조어로 커피에 빗대어 습관적으로 소비하는 소액의 지출을 장기적으로 꾸준하게 투자하면 목돈처럼 큰 효과를 가져온다는 것을 의미하는 용어다. 미국의 경제 전문가 데이비드 바흐가 '라테 팩터(The Latter Factor)'라는 책에서 커피 한잔 값을 절약했을 때의 효과를 설명하기 위해 제시한 개념이다.
>
> 식사 후 자연스럽게 마시는 커피 한잔을 아낄 경우 기대 이상의 재산을 축적할 수 있다. 흔히 마시는 카페라테 한잔의 값은 적을지라도 이를 매일매일, 몇십 년을 마시지 않고 모으면 목돈이 된다고 하여 생긴 말이다. 즉 소액이라도 장기적으로 저축, 투자하면 목돈처럼 큰 효과를 볼 수 있다는 것이다.

① A 씨는 현금 출금 시 ATM기 수수료를 절약하기 위해 주거래 통장의 수수료 면제 서비스를 활용하였다.

② B 씨는 가까운 거리를 이동할 때는 자전거나 대중교통을 이용함으로써 택시비로 지출되던 금액을 0원으로 줄일 수 있었다.

③ C 씨는 근무 중 생각 없이 먹던 간식을 끊어 보았더니 한 달 간식비가 5만 원이나 줄었다는 것을 알게 되었다.

④ D 씨는 갖고 싶었던 건담 피규어를 사기 위해 금연을 선언하고 담배를 피우고 싶을 때마다 담배 값을 저축하였다.

⑤ E 씨는 체중을 줄이고 싶은 마음에 매일 세끼씩 먹던 식습관을 1일 1식으로 줄여 두 달간 10kg 감량이라는 큰 효과를 보았다.

일반 풀이

카페라테 효과는 습관적으로 소비하는 소액의 지출을 장기적으로 꾸준하게 투자하면 목돈처럼 큰 효과를 가져온다는 의미인데, 1일 1식의 사례는 1일 3식 중 2식을 아껴서 절약하겠다는 의미보다는 체중 감량이라는 다이어트 목적을 달성하기 위한 방법으로 볼 수 있다. 따라서 카페라테 효과의 사례로 가장 적절하지 않다.

오답 점검

①, ②, ③, ④ 습관적으로 편하게 이용하던 ATM기, 택시, 매일 먹던 어떤 간식, 담배를 절제하여 그 금액을 모으겠다는 의미로 해석될 수 있으므로 카페라테 효과의 사례로 보기에 적절하다.

 정답 ⑤

01. **다음 글의 밑줄 친 @에 해당하는 사례로 가장 적절하지 않은 것은?**

> @ <u>부정성 편향</u>은 인간의 사고나 판단에서 부정적인 정보에 대해 더 큰 비중을 두는 경향을 말한다. 이는 우리의 인지적 편향 중 하나로 알려져 있다.
>
> 부정성 편향의 특징은 부정적인 정보에 대해 높은 민감도를 가지는 경향을 의미한다. 예를 들어, 어떤 결정을 내리거나 판단을 할 때, 부정적인 사건이나 결과에 대한 영향을 더 크게 받을 수 있다. 부정성 편향은 우리의 기억력에도 영향을 미친다. 부정적인 사건이나 경험은 더 오래 기억되는 경향이 있고, 긍정적인 사건보다 더 선명하게 기억될 수 있다. 이는 우리의 의사결정에 영향을 미칠 수 있다. 부정적인 정보에 더 큰 비중을 두기 때문에, 일부 중요한 정보를 놓치거나 부정적인 시나리오에 더 큰 가중치를 부여할 수 있다. 부정성 편향은 우리의 인식에도 영향을 미친다. 부정적인 정보를 더 쉽게 받아들일 수 있고, 긍정적인 정보에 대해서는 더 비판적인 태도를 가질 수 있다.
>
> 이렇게 부정성 편향은 우리의 사고 과정에서 자연스럽게 발생하는 경향이지만, 때로는 판단력을 흐리게 하거나 오인과 오류를 일으킬 수 있다. 우리는 이러한 편향을 인지하고, 가능한 한 객관적인 시각을 유지하며 판단하는 것이 중요하다.

① 지연될 확률이 10%인 비행기보다 정시 운항할 확률이 88%인 비행기를 선호한다.

② 자신의 정치적 신념과 일치하는 정보는 선호하고, 반대 정보는 무시 및 왜곡하는 경향을 가진다.

③ 음식에 대한 리뷰 중에서 긍정적 리뷰보다 부정적 리뷰에 더 관심을 가진다.

④ 100번의 칭찬을 해도 1번의 꾸중으로 서로의 관계가 더 나빠진다.

⑤ 20년간 차량을 운전하며 여행했던 기억보다는 교통사고가 났던 기억이 더 오래 남는다.

02. 다음 글의 밑줄 친 ⓐ에 해당하는 사례로 가장 적절하지 않은 것은?

> ⓐ Attention Economy는 사람들이 제한된 시간과 주의력을 가지고 다양한 콘텐츠나 서비스를 소비하는 환경에서, 기업들이 주목을 끌기 위해 경쟁하는 경제 모델을 의미한다. 인터넷과 스마트폰의 발전으로 정보가 넘쳐나고, 사람들의 주의는 점점 더 분산되고 있다. 이에 따라 기업들은 광고, 소셜 미디어, 콘텐츠 마케팅 등을 통해 소비자의 관심을 끌려고 한다. ⓐ Attention Economy에서 주의력은 중요한 자원이 되어, 이를 효율적으로 확보한 기업들이 시장에서 성공하는 경우가 많다. 예를 들어, 소셜 미디어 플랫폼은 사용자의 주의를 집중시키기 위해 알고리즘을 활용하여 맞춤형 콘텐츠를 제공하고, 광고주는 사람들의 주의력을 끌어내기 위한 전략을 사용한다. 하지만 이 경제 모델은 소비자에게 과도한 정보와 자극을 제공해 스트레스를 유발할 수 있으며, 기업들은 지나치게 공격적인 방법을 사용해 소비자 신뢰를 잃을 위험도 존재한다.

① 자극적인 제목의 뉴스 기사
② 진실과는 거리가 먼 유튜브 영상
③ 게임과 결합된 학습 프로그램
④ 인스타그램 릴스, 틱톡 등의 숏폼
⑤ 환경 오염을 고발하는 다큐멘터리

 다음 글의 밑줄 친 ⓐ에 해당하는 사례로 가장 적절하지 않은 것은?

로또 복권에 당첨될 확률은 0.000012% 정도로 알려져 있다. 확률상 발생하기 어려운 일이다. 그럼에도 사람들은 매주 복권을 사고, 당첨자가 나온다. 이유가 무엇일까? 그것을 설명해 주는 이론이 ⓐ'대수의 법칙(law of large numbers)'이다.

아무리 특별한 사건이라도 발생 기회가 많으면 그만큼 가능성이 높아진다는 것이다. 복권에 당첨될 확률은 수백만 분의 1에 불과하지만 매주 거의 예외 없이 당첨자가 나오는 이유는, 그만큼 많은 사람들이 매주 복권을 사기 때문이라는 것이다. 이 이론의 핵심은 적은 규모나 소수로는 확정적이지 않지만, 대규모 혹은 다수로 관찰하면 일정한 법칙이 나타난다는 사실이다. 예를 들어 어떤 사람이 언제 사망할지는 예측할 수 없지만, 많은 사람들을 관찰한 결과로 매년 일정한 사망률이 집계되는데 이를 '사망률에 관한 대수의 법칙'이라 한다.

결국 대수의 법칙은 '경험적 확률과 수학적 확률과의 관계를 나타내는 정리(定理)'라고 할 수 있다. 표본 관측 대상의 수가 많으면 통계적 추정의 정밀도가 향상된다는 것을 수학적으로 증명한 이론이다.

① 동전을 던져서 앞, 뒤가 나올 확률은 각각 50%이다.
② 보험에서 사용하는 연령별 사망률이 집계되어 있다.
③ 가위바위보 게임에서 이기고 지고 비기는 확률은 각각 1/3이다.
④ 주사위를 던져서 6개의 숫자 중 하나가 나올 확률은 각각 1/6이다.
⑤ SNS상의 사람들은 사랑에 빠지고, 좋은 여행지에서 맛있는 음식을 먹는다.

| 2023 상반기 기출 키워드 | 윤리적 소비에 대한 사례 판단

(가) 올바른 소비란 제품의 가격과 품질, 브랜드 이미지, 생산 과정 등을 종합적으로 고려하여 소비하는 것을 말한다. 올바른 소비는 소비자의 지각과 선택에 의해 생산자나 판매자들의 행동을 바꿀 수 있으며, 이를 통해 사회적 책임을 다할 수 있는 소비 문화를 형성할 수 있다.

(나) 올바른 소비의 중요성은 지속 가능한 소비 문화를 형성하는 데 매우 중요한 역할을 한다. 소비자들이 제품의 가격과 품질, 브랜드 이미지, 생산 과정 등을 종합적으로 고려하여 소비하면, 생산자나 판매자들은 더욱 지속 가능한 제품을 생산하거나 판매할 수 있게 된다. 또한 기업의 사회적 책임에도 큰 영향을 미친다. 소비자들이 사회적 책임을 다하는 기업의 제품을 선택하고, 비사회적 행동을 하는 기업의 제품을 피하게 된다면, 기업들은 더욱 사회적 책임을 다하도록 노력하게 된다. 따라서, 올바른 소비는 소비자와 기업, 그리고 사회 전반에 걸쳐 매우 중요한 역할을 한다. 지속 가능한 소비 문화를 형성하고, 사회적 책임을 다하는 기업을 선발함으로써, 우리는 더욱 지속 가능하고 공정한 사회를 만들어 나갈 수 있다.

(가)	(나)
① 친환경적인 제품	비용 감소를 위한 오염수 하천 방류
② 편리성이 높은 일회용 제품	의료 소외지역 의료지원
③ 노동자의 권리 보호 제품	태양광 온수시스템 도입
④ 모바일 게임의 중독성 강한 아이템 제품	성능을 안전성보다 우선한 원재료 사용
⑤ 트렌디한 제품	매출을 위한 성차별적 광고 실시

>   (A) 포비아(phobia)는 불안장애의 일종으로, 공포증이다. 극도의 두려움이나 불안을 느끼는 것으로 환자는 두려운 물체나 상황을 피하려 하고 이 때문에 일상생활에 지장을 받는다. 공포증을 일으키는 상황에 접하면 공황발작이 생기는데, 불안하고 땀이 나며 가슴이 두근거리는 증상이 나타난다. 그러나 단순히 특정 대상을 꺼리거나 싫어하는 단계만으로 공포증으로 치부할 수는 없다. 공황장애(panic disorder)와는 다르다. 일종의 강박관념, 신경질환의 하나로 볼 수 있으며, 특정 현상에 대한 포비아를 가진 사람은 그러한 현상과 마주하게 되었을 때 신체적인 고통을 수반하기도 한다.
>
>   공포증 환자는 이런 심한 두려움이 비합리적이라는 것은 알지만 이런 불안은 두려운 상황을 벗어나야만 없어진다. 이런 상황을 회피하려는 것 때문에 새로운 경험을 하지 못하고 활동이 제한된다. 최소 10%의 인구가 공포증을 가지고 있다. 공포증은 어린이 후기, 사춘기, 성인 초기에 생긴다.

① 코로나19 팬데믹 기간 입사한 MZ세대 신입사원의 '콜 포비아'(전화 공포증)

② 높은 건물에 있을 때, 높은 곳의 출렁다리를 건널 때 느끼는 고소공포증

③ 오디션, 면접, 시험에 대한 긴장감이 싫어 테스트를 꺼리는 테스트포비아

④ 광장이나 공공장소, 특히 급히 빠져나갈 수 없는 상황에 도움 없이 혼자 있게 되는 것에 대한 불안과 공포인 광장 포비아

⑤ 동그란 문양이 반복적으로 모여 있는 모습을 보면 공포에 질려 일상생활이 불가능한 환 공포증

06. 다음 글의 ⓐ의 사례로 적절하지 않은 것은?

> ⓐ 슈링크플레이션(Shrinkflation)이란 '줄어들다(Shrink)'와 '인플레이션(Inflation)'의 합성어로 기존 제품의 가격은 그대로 유지하면서 제품의 크기나 수량 등을 줄여 사실상 가격 인상 효과를 노리는 판매 방식이다. 2015년 영국의 경제학자 Pippa Malmgren이 제시한 표현으로 'Package Dounsizing'이라고도 한다. 이것은 주로 가공식품 제조업계들이 인플레이션 상황에서 가격 인상의 대안으로 빈번하게 사용하는 방식이기도 하며, 기업은 원자재 가격이 상승할 때 가격 인상, 가격이 낮은 원재료로의 변경, 제품 용량 축소 등을 추진할 수 있는데, 이것은 이 가운데 가장 위험부담이 적다. 즉 성분 변경이나 가격 인상의 경우 고객 이탈이 일어날 가능성이 크지만, 제품 용량을 줄이면 소비자가 눈치만 채지 못한다면 지속적 이윤 창출이 가능하다. 그래서 슈링크플레이션은 꼼수 방식이라고 할 수 있다.

① 내용물 양을 줄이고 남은 공간을 질소로 충전한 과자

② 가격은 같은데 양이 줄어든 김

③ 박스당 개수를 5개에서 4개로 줄였으나 포장법을 달리 하여 박스 크기는 줄지 않은 핫도그

④ 놀이공원 주차장에서 놀이공원까지 고객을 이동시키는 트램의 운영을 중단하여 고객이 걸어가는 것

⑤ 과즙 함량 100%에서 80%로 바뀐 과일 음료수

필수유형 08

서술 방식

유형설명

- 주어진 글에서 어떤 서술 방식을 주로 사용했는지를 확인하는 문제

- 글이 어떤 논지 전개 방식을 통해 논리가 전개되었는지 확인하는 문제

- 주어진 글 내에서 특정 문장이 글에서 어떤 역할을 하는지를 확인하는 문제

풀이 Tip

- 글에서 사용된 서술 방식이 무엇인지 찾기
  : 서술 방식이 선택지로 주어지며, 문장을 통해 주어진 글의 서술 방식을 분석해야 한다.
  (설명, 인용, 예시, 정의, 해설, 비교와 대조, 과정, 주장, 분석 등)

- 글에서 가장 적절한 논지 전개 방식 찾기 또는 사용되지 않은 논지 전개 방식 찾기
  (비교 논지 전개, 인과관계 논지 전개, 예시를 통한 논지 전개, 시간 순서 논지 전개, 반론 논지 전개 등)

- 특정 문장의 기능이 무엇인지 찾기
  : 주어진 문장이 설명, 인용, 예시, 주장 강화, 결론 역할 등을 수행하는지를 파악
  (문장이 어떤 주장을 강조하기 위해 사용되었는지, 문장이 어떤 예시를 제공하는 역할을 하는지, 문장이 전체 논지 흐름에서 어떤 역할을 하는지 등)

예제 01 다음 글의 논지 전개 방식으로 가장 적절하지 않은 것은?

> 베블런 효과는 경제학에서 특정 상품의 가격이 높을수록 그 수요가 증가하는 현상을 말한다. 일반적으로 가격이 오르면 수요가 줄어드는 것과 달리, 고가 상품이 소비자의 과시욕을 충족시키기 때문에 발생한다. 이는 '과시적 소비'로도 불리며, 주로 명품 시장에서 나타난다. 예를 들면, 한정판 고가 시계나 명품 가방은 가격이 비쌀수록 사람들의 구매 욕구를 자극한다. 사람들은 이러한 제품을 소유함으로써 자신의 경제적 여유와 사회적 지위를 드러내고자 한다. "사람들은 자신이 사는 물건의 가치를 통해 타인에게 메시지를 전달한다"라는 베블런의 말은 이 현상을 잘 설명한다. 이것은 단순히 상품의 물리적 효용이 아니라, 그 상품이 제공하는 사회적 상징성에 의해 좌우된다. 예컨대, 고급 브랜드의 자동차는 이동 수단으로서의 본래 기능을 넘어 구매자의 지위를 상징하는 역할을 한다. 이는 현대 소비 사회에서 브랜드 가치와 사회적 인정이 얼마나 중요한지를 보여준다. 결론적으로, 베블런 효과는 소비가 단순한 생존의 수단이 아니라, 자신의 정체성과 지위를 드러내는 행위임을 잘 나타낸다.

① 정의-베블런 효과의 개념을 명확히 설명
② 예시-베블런 효과를 설명하기 위한 구체적 사례를 제시
③ 인용-베블런의 관점을 직접 언급하여 신뢰성을 강화
④ 설명-베블런 효과의 사회적 의미와 소비자의 행동 심리를 풀이
⑤ 분석-베블런 효과를 분해하여 세부적으로 파악하고, 그것의 의미나 중요성을 설명

일반 풀이

이 글의 논지 전개 방식은 베블런 효과에 대하여 정의, 예시, 인용, 설명을 통하여 설명하고 있으므로, 분석이 가장 적절하지 않다.

[오답 체크]

① '베블런 효과는 경제학에서 특정 상품의 가격이 높을수록 그 수요가 증가하는 현상을 말한다.'는 부분은 논지 전개 방식 중 정의를 활용하였다.
② '한정판 고가 시계나 명품 가방은 가격이 비쌀수록 사람들의 구매 욕구를 자극한다.'는 부분은 논지 전개 방식 중 예시를 활용하였다.
③ '"사람들은 자신이 사는 물건의 가치를 통해 타인에게 메시지를 전달한다"라는 베블런의 말은 이 현상을 잘 설명한다.'는 부분은 논지 전개 방식 중 인용을 활용하였다.
④ '이것은 단순히 상품의 물리적 효용이 아니라, 그 상품이 제공하는 사회적 상징성에 의해 좌우된다.'는 부분은 논지 전개 방식 중 설명을 활용하였다.

정답 ⑤

다음 글의 서술 방식으로 가장 적절하지 않은 것은?

> 공공재와 사유재는 소유권과 사용 방식에서 차이를 보이는 경제학 개념이다. 공공재는 누구나 사용할 수 있는 재화로, 개인의 사용이 다른 사람의 사용을 제한하지 않는다. 국방, 치안, 공기 등이 대표적이며, 주로 정부가 관리한다. 공공재는 과소 공급 문제와 과도한 소비로 자원이 낭비될 위험이 있다는 특징을 가진다. 반면, 사유재는 개인이나 기업이 소유하며 시장을 통해 거래되는 재화이다. 부동산, 주식, 자동차 등이 이에 해당하며, 사용자는 비용을 지불한다. 사유재는 자원의 효율적 배분을 가능하게 하지만, 독점으로 인한 불평등이 발생할 수 있다는 특징을 가진다. 일부가 과도하게 자원을 소유하며 다른 사람이 이를 이용하지 못하는 상황이 대표적이다. 결론적으로, 공공재는 평등한 접근을 제공하지만, 낭비 위험이 있으며, 사유재는 효율적이지만 불평등을 초래할 수 있다.

① 공공재와 사유재의 기본 개념을 명확히 설명하여 독자가 이해할 수 있도록 돕는 정의
② 개념을 구체적으로 이해하기 위해 사례를 제시하는 예시
③ 공공재가 제공되는 전개와 순서를 설명하는 방식의 과정
④ 공공재와 사유재의 차이점을 비교하여 두 개념 간의 대비를 명확히 드러내는 대조
⑤ 공공재와 사유재의 특징과 이로 인한 문제를 구체적으로 풀이하는 설명

일반 풀이

이 글의 서술 방식으로는 정의, 예시, 대조, 설명이 활용되었으나, 공공재가 제공되는 전개와 순서를 설명하는 방식의 과정은 활용되지 않았다.

[오답 체크]

① '공공재는 누구나 사용할 수 있는 재화로, 개인의 사용이 다른 사람의 사용을 제한하지 않는다.'는 부분에서 정의를 서술 방식으로 사용하였다.
② '공공재는 ~ 국방, 치안, 공기 등이 대표적이며,' 부분과 '사유재는 ~ 부동산, 주식, 자동차 등이 이에 해당하며' 부분에서 예시를 서술 방식으로 사용하였다.
④ '공공재는 평등한 접근을 제공하지만 낭비 위험이 있으며, 사유재는 효율적이지만 불평등을 초래할 수 있다.'는 부분에서 대조를 서술 방식으로 사용하였다.
⑤ '공공재는 과소 공급 문제와 과도한 소비로 자원이 낭비될 위험이 있다.'는 부분에서 설명을 서술 방식으로 사용하였다.

정답 ③

01. 다음 글의 논지 구조로 가장 적절하지 않은 것을 고르면?

> 퍼블리시티권은 개인이 자신의 이름, 이미지, 목소리 등 상업적 가치를 통제할 수 있는 권리이다. 주로 유명 인사들이 자신의 이름이나 이미지를 광고나 상업적 활동에 사용하는 것을 허가하거나 이를 보호하기 위해 행사하는 법적 권리로, 미국에서 공공 법적 개념으로 발전하였다. 이 권리는 개인의 명성이나 이미지가 상업적으로 악용되지 않도록 보호하는 것을 목적으로 한다.
>
> 예를 들어, 축구 선수 손흥민이 특정 브랜드 광고에 등장하면 그의 이름과 얼굴은 상표 가치를 높이는 데 사용된다. 즉, 퍼블리시티권은 유명인의 이미지와 상업적 가치를 연결하는 역할을 한다.
>
> 법률 전문가 존 스미스는 "퍼블리시티권은 개인이 자신과 관련된 상업적 사용에 대해 통제할 수 있도록 보장하는 법적 장치"라고 말하며, 이 권리가 사생활 보호뿐 아니라 경제적 가치를 지키는 역할도 한다고 강조한다. 또한, 단순한 보호를 넘어, 명성과 이미지를 관리하고 거래할 수 있는 권리로 작용한다. 이를 통해 개인은 자신의 상업적 기회를 통제하고, 불법적인 사용을 방지하며, 전략적으로 이미지를 관리해 경제적 이득을 얻을 수 있다.

① 개념 제시 – 퍼블리시티권의 정의와 목적 설명
② 구체화 – 손흥민 사례를 통해 권리의 실제 적용 방식 제시
③ 전문가 인용 – 법적 측면에서 권리의 중요성을 강화
④ 확장 설명 – 퍼블리시티권의 다각적 역할을 논하며 결론 도출
⑤ 비교와 대조 – 다른 개념 및 사례와 퍼블리시티권의 차이점, 공통점을 비교

 이 글의 서술 방식에 관해 설명한 것으로 가장 적절한 것을 고르면?

> 펫테크는 기술을 활용해 반려동물의 건강과 생활을 개선하는 산업으로 빠르게 성장하고 있다. 웨어러블 기기, 디지털 기술, 앱 등을 통해 반려동물의 건강 모니터링과 생활 편의성을 높이는 서비스와 제품을 포함한다. 예시로 활동량, 체온, 수면 패턴 등을 추적할 수 있는 웨어러블 기기와 스마트 급식기가 있다. 이러한 기기들은 반려동물의 건강 상태를 실시간으로 관리하며, 주인이 스마트폰으로 데이터를 확인할 수 있다. 펫테크는 질병 예방과 건강 관리에도 중요한 역할을 한다. 활동량 측정을 통해 비만을 예방하거나, 질병 초기 증상 감지 기술들이 개발되고 있다. 이러한 기술들은 반려동물의 수명 연장과 주인의 부담 감소에도 이바지한다. 기술 전문가 김지훈은 "펫테크는 반려동물의 삶의 질을 향상시키고, 반려인과 반려동물 간의 관계를 더욱 의미 있게 만들어 주는 혁신 기술"이라고 말한다. AI, 빅데이터, IoT와 결합한 펫테크의 미래는 더욱 발전할 가능성이 크며, 맞춤형 관리와 서비스 제공이 가능해질 것이다. 결론적으로, 펫테크는 반려동물과 주인의 삶을 혁신적으로 변화시키는 기술 산업으로, 미래 가능성이 더욱 커질 것이다.

① 설명의 이해를 돕기 위해 구체적인 제품과 서비스를 설명한 예시
② 질문에 답하는 형식의 설명 방식인 지정
③ 일이 어떻게 되어 가는가의 선후 관계에 따라 설명하는 방식인 과정
④ 둘 이상의 대상이나 개념을 비교하여 유사점을 밝히는 방식인 비교
⑤ 전문가의 반대되는 의견을 제시하여 주장하는 비판

03. 다음 글의 논지 전개 방식 중에서 가장 적절하지 않은 것을 고르면?

바로크 양식은 17, 18세기 초 유럽에서 유행한 예술 양식으로, 화려하고 감성적인 표현이 특징이다. 바로크는 '이야기'와 '극적인 효과'를 중시하며, 복잡하고 과장된 형태와 강렬한 감정을 전달한다. 이는 종교적 열정과 왕권의 절대성을 강조하려는 시도와 맞물려 발전하였다. 바로크 미술과 건축에서는 웅장함, 대칭, 세밀한 장식, 깊이 있는 빛과 그림자 효과를 사용하였으며, 베르니니의 '성 테레사의 몰입'은 종교적 신비와 감정을 극적으로 표현한 작품이다. 바로크 건축은 대성당이나 궁전처럼 웅장한 구조가 특징이며, 성 베드로 대성당이 대표적이다. 바로크 음악에서도 감정 표현이 중요한 역할을 하였다. 바흐와 헨델이 인간의 감정을 극적으로 드러내어 종교적 행사와 궁정 행사에 맞게 음악을 구성하였고, 감정 변화를 명확히 담아냈다. 바로크 양식은 단순한 화려함을 넘어 인간 감정과 정신 깊이를 탐구하려는 의도를 담고 있다. 이를 통해 바로크는 오늘날까지도 감동적이고 극적인 예술로 평가받으며, 그 당시 사람들의 삶과 신앙을 반영하는 중요한 예술적 자산으로 남아 있다.

① 개념을 제시하여 논지 전개
② 예시를 통한 논지 전개
③ 특징 설명을 통한 논지 전개
④ 의의와 평가를 제시하여 논지 전개
⑤ 반론 논지 전개

Chapter 02

자료해석

☑ 필수 유형 1. 자료이해

☑ 필수 유형 2. 자료계산

Chapter 소개

- 자료해석 영역은 표나 그래프 형태로 주어진 정보나 데이터를 활용해 문제를 해결하는 영역으로 자료이해, 자료계산 등의 유형이 출제된다.

- 실제 시험에서는 15분 동안 20문제를 풀어야 한다.

풀이 Tip

- 자료이해 및 자료계산 유형은 변화량, 증감률, 비중 등 빈출계산식을 정확하게 익혀놓는 것이 좋다.

- 실제 시험에서는 온라인으로 제공되는 계산기 활용이 가능하므로 계산기로 문제 푸는 연습을 하는 것이 좋다.

필수유형 01

자료이해

유형설명

• 자료이해 유형은 정보나 데이터를 이해하고 활용하는 데 필요한 다양한 능력과 기술을 평가하기 위한 유형이다. 해당 유형은 표 또는 그래프를 바탕으로 수치나 통계자료를 이해하는 능력이 필요하다. 데이터를 분석하고 추세, 패턴 및 관련성을 파악할 수 있어야 한다.

풀이 Tip

1. 시간의 흐름이 깨지는 부분 찾기

  예 지속적 증가, 지속적 감소, 증감 추이 등

2. 상대수치 vs 절대수치

  → 상대수치는 기준이 동일한 경우 절대적인 수치를 비교할 수 있다. 예) 지수, % 등

3. 표를 읽는 순서

  ① 주어진 표의 제목과 단위 확인

    - 제목: 자료의 내용 요약

    - 단위: 상대수치 vs 절대수치

      * 상대수치(%, 비율): 특정 시점, 특정 대상 등 기준이 동일한 경우 비교 가능

      * 절대수치(실제 숫자): 구성비, 증가율, 비중 등 기준이 동일하거나 다른 경우 모두 비교 가능

  ② 표의 구성 확인

    - 횡단면 자료(Cross-Sectional Data): 한 특정 시점에서 여러 데이터를 수집한 자료

      ex) 한 해 동안 여러 가구의 소득을 조사한 데이터, 특정 시점에서 다양한 지역의 기온 데이터

    - 시계열 자료(Time Series Data): 일정 시간 간격으로 측정된 데이터로 연속된 시간 순서 및 시간에 따른 변화를 타나낸 자료

      ex) 매월 판매된 제품의 양, 매일의 주가 지수

    - 불연속 시계열(Discrete Time Series): 시간 간격이 균일하지 않거나 불규칙한 간격으로 측정된 시계열 자료

      ex) 불규칙한 간격으로 기록된 주식 거래 데이터, 사건 발생시 기록된 데이터

  ③ 각주/주석 확인

    - 공식이나 구체적인 수치 등을 제시 또는 자료의 의미 등을 제시

  ④ 선택지 확인

    - 계산을 하지 않고 파악할 수 있는 선택지부터 해결

    - 자료 범위를 벗어나거나 자료 속성상 판단할 수 없는 선택지 소거

4. 그래프를 읽는 순서

  ① 주어진 그래프의 제목 및 단위 확인

  ② 표와 그래프의 비교 대상이 적은 선택지부터 확인

  ③ 자료 범위를 모두 포함했는지 확인

  ④ 증가, 감소의 경우 정확히 표현했는지 확인

예제 01 다음은 S국의 2022년 종사자규모별 취업자에 대한 자료이다. 다음 〈보기〉 중 옳은 것을 모두 고른 것은? (단, 소수점 아래 둘째 자리에서 반올림한다.)

| 2o23 하반기 기출 키워드 | ㄱ~ㄹ에서 옳은 것을 고르는 문제

〈표〉 2022년 종사자규모별 취업자

(단위 : 천 명)

구분	2022. 1분기	2022. 2분기	2022. 3분기	2022. 4분기
계	27,369	28,347	28,424	28,216
1~4인	9,622	9,987	10,046	9,938
5~299인	14,824	15,352	15,344	15,252
300인 이상	2,923	3,008	3,034	3,026

〈 보 기 〉

ㄱ. 취업자가 가장 많은 분기이 5~299인 기업 취업자는 1~4인 기업과 300인 이상 기업 취업자 수의 합보다 많다.

ㄴ. 모든 분기에서 전체 대비 5~299인 기업 취업자가 차지하는 비중은 55% 이상이다.

ㄷ. 300인 이상 기업 취업자는 2022년 2분기 대비 2022년 4분기에 1% 이상 증가했다.

ㄹ. 1~4인 기업과 300인 이상 기업 취업자 수의 증감 추이는 동일하다.

① ㄱ, ㄴ   ② ㄱ, ㄷ   ③ ㄱ, ㄹ

④ ㄴ, ㄷ   ⑤ ㄴ, ㄹ

일반 풀이

ㄱ. 취업자가 가장 많은 분기는 2022. 3분기이고, 1~4인 기업 취업자와 300인 이상 기업 취업자 수의 합은 $10,046 + 3,034 = 13,080$(천 명)으로 15,344천 명보다 적다.

ㄹ. 1~4인 기업 취업자 수와 300인 이상 기업 취업자 수의 증감 추이는 '증가-증가-감소'로 동일하다.

[오답 체크]

ㄴ. 매 분기 5~299인 기업 취업자가 차지하는 비중은 다음과 같다.

2022. 1분기	2022. 2분기	2022. 3분기	2022. 4분기
$\dfrac{14,824}{27,369} \times 100$ ≒ 54.2(%)	$\dfrac{15,352}{28,347} \times 100$ ≒ 54.2(%)	$\dfrac{15,344}{28,424} \times 100$ ≒ 54.0(%)	$\dfrac{15,252}{28,216} \times 100$ ≒ 54.1(%)

ㄷ. 300인 이상 기업 취업자의 2022년 2분기 대비 4분기의 증가율

$$= \frac{3,026 - 3,008}{3,008} \times 100 = 0.6(\%)$$

정답 ③

다음은 G20 아시아 회원국의 2017~2021년 소비자 물가지수에 대한 자료이다. 다음 중 옳은 것은?

〈표〉 G20 아시아 회원국 2017~2021년 소비자 물가지수

(기준: 2010년=100)

구분	2017년	2018년	2019년	2020년	2021년
대한민국	113.1	114.7	115.2	115.8	118.7
중국	119.1	121.6	125.1	128.1	129.4
인도	159.2	165.5	171.6	183.0	192.4
인도네시아	142.2	146.7	151.2	154.1	156.5
일본	104.0	105.0	105.5	105.5	105.2
사우디아라비아	118.0	120.9	118.4	122.5	126.2
튀르키예	175.0	203.5	234.4	263.2	314.8

① G20 아시아 회원국 중에서 2021년 소비자 물가가 가장 높은 국가는 튀르키예이다.

② 조사기간 동안 소비자 물가지수가 높은 순위는 매년 동일하다.

③ 2018년 대비 2019년 인도의 소비자 물가지수 증가율은 약 4.7%이다.

④ 조사기간 동안 중국과 사우디아라비아의 증감 추이가 동일하다.

⑤ 전년 대비 2020년 소비자 물가지수의 증가량이 두 번째로 적은 국가는 중국이다.

일반 풀이

소비자 물가지수가 높은 순위는 튀르키예, 인도, 인도네시아, 중국, 사우디아라비아, 대한민국, 일본 순으로 조사기간 동안 매년 동일하다.

[오답 체크]

① 소비자 물가지수는 각 국가의 2010년 소비자 물가를 기준으로 비교한 것으로 국가별 소비자 물가를 비교할 수 없다.

③ 2018년 대비 2019년 인도의 소비자 물가지수 증가율 $\frac{171.6-165.5}{165.5} \times 100 ≒ 3.7(\%)$

④ 조사기간 동안 중국의 소비자 물가지수는 지속적으로 증가하고 있으나 사우디아라비아의 소비자 물가지수는 2019년 감소했다.

⑤ 전년 대비 2020년 소비자 물가지수의 증가량은 다음과 같다.

국가별	2019년	2020년	증가량
대한민국	115.2	115.8	115.8-115.2=0.6
중국	125.1	128.1	128.1-125.1=3.0
인도	171.6	183.0	183.0-171.6=11.4
인도네시아	151.2	154.1	154.1-151.2=2.9
일본	105.5	105.5	105.5-105.5=0
사우디아라비아	118.4	122.5	122.5-118.4=4.1
튀르키예	234.4	263.2	263.2-234.4=28.8

따라서, 두 번째로 적은 국가는 대한민국이다.

정답 ②

예제 03

다음은 OCED 주요 국가의 2016~2020년 인구 10만 명당 결핵 발생 빈도에 대한 자료이다. 다음 자료를 바탕으로 옳지 않은 것은? (단, 소수점 아래 둘째 자리에서 반올림한다.)

〈표〉 OCED 주요국가 2016~2020년 인구 10만 명당 결핵 발생 빈도

(단위 : 명)

구분	2016년	2017년	2018년	2019년	2020년
대한민국	76	70	65	59	49
일본	16	15	14	13	12
미국	3	3	3	3	2
핀란드	5	5	5	5	4
프랑스	9	9	9	9	8
독일	8	7	7	6	6

① 조사기간 동안 핀란드와 프랑스의 증감 추이가 동일하다.
② 조사기간 동안 인구 10만 명당 결핵 발생 빈도가 매년 전년 대비 감소하는 국가는 2개이다.
③ 2020년 대한민국의 인구 10만 명당 결핵 발생 빈도는 나머지 국가의 결핵 발생 빈도의 합보다 작다.
④ 2016년 대비 2019년 일본의 인구 10만 명당 결핵 발생 빈도의 감소율은 20% 미만이다.
⑤ 조사기간 동안 미국과 독일의 인구 10만 명당 결핵 발생 빈도의 비중은 각각 2% 이상이다.

일반 풀이

2020년 대한민국을 제외한 나머지 국가의 결핵 발생 빈도의 합은 12+2+4+8+6=32이므로 대한민국이 더 크다.

[오답 체크]

① 핀란드와 프랑스의 증감추이는 일정, 감소로 동일하다.
② 조사기간 동안 인구 10만 명당 결핵 발생 빈도가 매년 전년 대비 감소하는 국가는 대한민국과 일본 2개이다.
④ 2016년 대비 2019년 일본의 인구 10만 명당 결핵 발생 빈도의 감소율은 다음과 같다.

$$\left| \frac{13-16}{16} \times 100 \right| \fallingdotseq 18.8(\%)$$

⑤ 조사기간 동안 미국과 독일의 인구 10만 명당 결핵 발생 빈도의 비중을 구하면 다음과 같다.

국가	2016년	2017년	2018년	2019년	2020년
전체	117	109	103	95	81
미국	3	3	3	3	2
비중	$\frac{3}{117} \times 100 \fallingdotseq 2.6(\%)$	$\frac{3}{109} \times 100 \fallingdotseq 2.8(\%)$	$\frac{3}{103} \times 100 \fallingdotseq 2.9(\%)$	$\frac{3}{95} \times 100 \fallingdotseq 3.2(\%)$	$\frac{2}{81} \times 100 \fallingdotseq 2.5(\%)$
독일	8	7	7	6	6
비중	$\frac{8}{117} \times 100 \fallingdotseq 6.8(\%)$	$\frac{7}{109} \times 100 \fallingdotseq 6.4(\%)$	$\frac{7}{103} \times 100 \fallingdotseq 6.8(\%)$	$\frac{6}{95} \times 100 \fallingdotseq 6.3(\%)$	$\frac{6}{81} \times 100 \fallingdotseq 7.4(\%)$

정답  ③

다음은 2018~2022년 행정심판위원회 연도별 사건처리 현황에 대한 자료이다. 다음 설명 중 옳은 것은? (단, 소수점 아래 둘째 자리에서 반올림한다.)

〈표〉 2018~2022년 행정심판위원회 연도별 사건처리 현황

(단위 : 건)

구분	접수	심리 · 의결				취하 . 이송
		인용	기각	각하	소계	
2018년	31,473	4,990	( )	1,162	30,472	1,001
2019년	29,986	4,640	23,284	999	28,923	1,063
2020년	26,002	3,983	19,974	1,030	24,987	1,015
2021년	26,255	( )	18,334	1,358	24,405	1,850
2022년	26,014	4,131	19,164	1,975	25,270	744

$$ ※ 인용률(\%) = \frac{인용\ 건수}{심리\ .\ 의결\ 건수} \times 100 $$

※ 당해연도에 접수된 사건은 당해연도에 심리·의결 또는 취하 · 이송됨.

① 인용률이 가장 높은 해는 2022년이다.
② 기각 건수가 가장 적은 해는 2021년이다.
③ 접수 건수와 취하·이송 건수의 연도별 증감 추이가 동일하다.
④ 2018년 행정 관련 사건이 가장 많이 발생했다.
⑤ 취하·이송 건수는 매년 감소하였다.

일반 풀이

2018년 기각 건수는 30,472-(4,990+1,162)=24,320이다. 따라서 2021년 기각 건수가 가장 적다.

[오답 체크]

① 각 해의 인용률을 구하면 다음과 같다.

2018년	$\frac{4,990}{30,472} \times 100 ≒ 16.4(\%)$
2019년	$\frac{4,640}{28,923} \times 100 ≒ 16.0(\%)$
2020년	$\frac{3,983}{24,987} \times 100 ≒ 15.9(\%)$
2021년	$\frac{4,713}{24,405} \times 100 ≒ 19.3(\%)$
2022년	$\frac{4,131}{25,270} \times 100 ≒ 16.3(\%)$

따라서, 2021년 인용률이 19.3%로 가장 높다.

③ 접수 건수는 감소, 감소, 증가, 감소이고 취하 . 이송 건수는 증가, 감소, 증가, 감소로 증감 추이가 동일하지 않다.
④ 2018년 행정심판위원회에 접수된 건수는 2018년 가장 많지만 행정 관련 사건 발생 건수는 주어진 표를 바탕으로 알 수 없다.
⑤ 취하 . 이송 건수는 증감을 반복하고 있다.

정답 ②

01. 다음은 S기업의 연도별 실적에 관한 자료이다. 이에 대한 설명으로 옳은 것은?

| 2019 하반기 기출 키워드 | 매출액과 영업이익

〈표〉 S기업의 연도별 실적

(단위 : 억 원)

구분	2018년	2019년	2020년	2021년	2022년
매출액	4,044,501	269,907	319,004	429,978	446,216
매출원가	151,808	188,188	210,898	240,456	290,002
영업이익	208,437	27,192	50,126	124,103	68,137
영업 외 수익	4,973	-2,700	12,244	10,056	-28,066

※ 매출 총이익 = 매출액 - 매출원가

※ 경상이익 = 영업이익 + 영업 외 수익 - 영업 외 비용

① 매출액 대비 영업이익의 비중은 매년 10% 이상이다.

② 매출 총이익은 지속적으로 증가한다.

③ 2020년과 2021년 영업 외 비용이 동일하다고 할 때, 경상이익은 2020년이 더 많다.

④ 매출액과 영업이익의 증감 추이가 동일하다.

⑤ 2022년 매출액의 전년 대비 증가율은 4% 미만이다.

 다음은 할인마트와 온라인 쇼핑몰의 상품군별 2020년 판매수수료율에 대한 자료이다. 다음 중 옳지 않은 것은?

〈표1〉 할인마트 판매수수료율 순위

(단위 : %)

판매수수료율 상위 5개			판매수수료율 하위 5개		
순위	상품군	판매수수료율	순위	상품군	판매수수료율
1	신선식품	33.9	1	여성정장	11.0
2	디지털기기	32.0	2	잡화	14.4
3	문구	31.8	3	셔츠	18.6
4	대형가전	31.7	4	모피	18.7
5	소형가전	31.1	5	레저용품	20.8

〈표2〉 온라인 쇼핑몰 판매수수료율 순위

(단위 : %)

판매수수료율 상위 5개			판매수수료율 하위 5개		
순위	상품군	판매수수료율	순위	상품군	판매수수료율
1	보석	42.0	1	화장품	8.4
2	건강용품	39.7	2	여성정장	21.9
3	디지털기기	37.8	3	셔츠	28.1
4	여행패키지	37.4	4	청바지	28.2
5	유아용품	36.8	5	남성정장	28.7

① 대형가전 상품군과 소형가전 상품군의 판매수수료율은 할인마트보다 온라인 쇼핑몰에서 더 높을 수 없다.

② 여성정장 상품군의 판매수수료율은 할인마트보다 온라인쇼핑몰에서 더 높다.

③ 화장품 상품군의 판매수수료율은 할인마트에서 온라인쇼핑몰의 2배 이상이었다.

④ 할인마트, 온라인쇼핑몰 모두 셔츠 상품군의 판매수수료율이 3번째로 낮다.

⑤ 할인마트, 온라인쇼핑몰 모두 상위 5개의 상품군의 판매수수료율이 각각 30%를 넘는다.

03. 다음은 디스플레이 산업 동향에 대한 자료이다. 이에 대한 설명으로 〈보기〉에서 옳은 것을 모두 고른 것은?

〈표〉 디스플레이 산업 동향

(단위 : 조 원, %, 억 불, $)

구분	2020년	2021년
생산액(조 원)	69	76
시장점유율(%)	37	33
수출액(억 불)	180	214
모니터 가격($)	36	44
TV 가격($)	47	64

〈 보 기 〉

ㄱ. 2020년 대비 2021년의 디스플레이 산업 수출액 증가율은 20% 이상이다.

ㄴ. 2020년 대비 2021년의 모니터 가격과 TV 가격은 모두 상승하였다.

ㄷ. 2020년과 2021년 모두 TV 가격이 모니터 가격보다 높다.

① ㄱ   ② ㄴ   ③ ㄱ, ㄴ

④ ㄱ, ㄷ   ⑤ ㄴ, ㄷ

다음은 G기업과 B기업의 매출 추이를 나타낸 자료이다. 다음 중 옳지 않은 것은? (단, 소수점 아래 둘째 자리에서 반올림한다.)

| 2023 하반기 기출 키워드 | 각 연도의 A, B 매출을 통한 차이 계산

〈표〉 G기업과 B기업의 매출 추이

(단위 : 억 원)

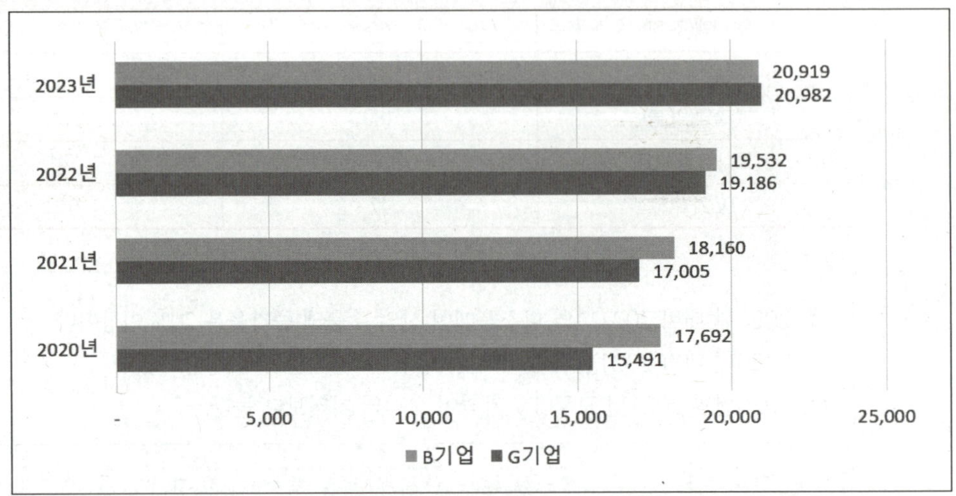

① B기업의 매출액은 지속적으로 증가한다.
② 2023년에 G기업의 매출액이 B기업의 매출액을 앞섰다.
③ 2021년 B기업의 매출액과 G기업의 매출액 차이가 가장 크다.
④ 2020년 대비 2022년 B기업의 매출액은 10% 이상 증가했다.
⑤ 2021년 대비 2023년 G기업의 매출액은 24% 미만 증가했다.

 다음은 2020~2022년 농림수산식품 수출액 상위 5개 품목에 대한 자료이다. 이를 바탕으로 옳지 않은 것은? (단, 소수점 아래 둘째 자리에서 반올림한다.)

〈표〉 2020~2022년 농림수산식품 수출액 상위 5개 품목

(단위 : 천 톤, 백만 불)

순위	2020년			2021년			2022년		
	품목	수출물량	수출액	품목	수출물량	수출액	품목	수출물량	수출액
1	배	10.5	24.3	인삼	0.7	37.8	인삼	0.5	22.3
2	인삼	0.4	23.6	배	7.7	19.2	배	6.5	20.5
3	사과	7.3	15.2	유자차	5.7	12.6	궐련	1.6	18.4
4	김치	37.5	15.0	궐련	0.6	8.1	유자차	7.0	14.6
5	유자차	4.8	9.7	비스킷	1.8	7.9	비스킷	2.4	8.8

① 조사기간 동안 항상 5위 안에 있는 품목은 인삼, 배, 유자차이다.
② 2022년 비스킷의 수출액은 2021년 대비 10% 이상 증가했다.
③ 2020년 궐련의 수출물량이 0.4천 톤이라고 할 때, 2021년 궐련이 수출물량 증가율은 약 50%이다.
④ 2022년 수출액 상위 5개 품목 중 수출물량 대비 수출액의 비중이 가장 큰 것은 유자차이다.
⑤ 2020년 김치의 수출액 대비 수출물량의 비율은 약 250%이다.

 다음은 연도별 시간당 최저임금 결정 현황을 나타낸 자료이다. 다음 자료를 바탕으로 옳은 것을 모두 고른 것은?

| 2019 하반기 기출 키워드 | 시간당 최저임금

〈표〉 연도별 시간당 최저임금 결정 현황

(단위 : 원)

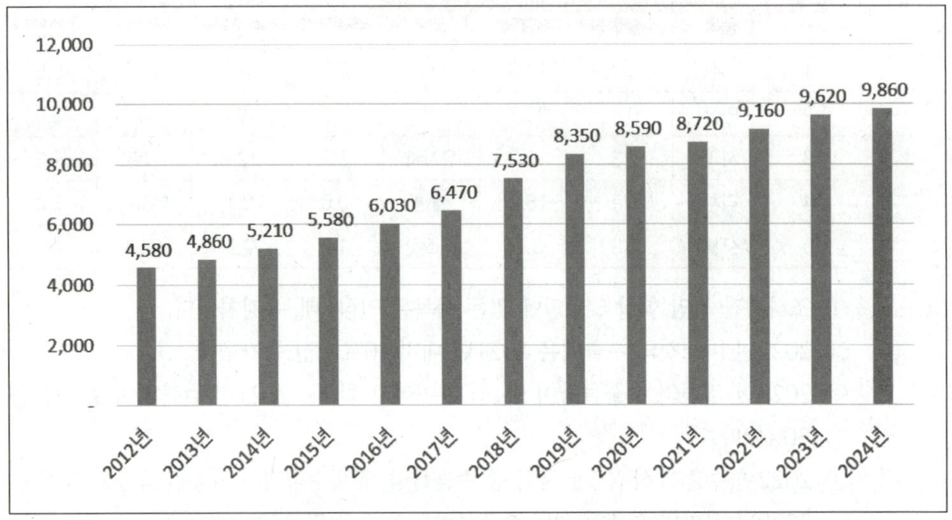

〈 보 기 〉

ㄱ. 2018년의 최저임금은 전년 대비 증가율이 가장 크다.

ㄴ. 일 8시간 기준으로 2024년의 일급은 75,000원을 넘지 않는다.

ㄷ. 2021년 전년 대비 최저임금 인상률은 2% 미만이다.

ㄹ. 전년 대비 인상액이 세 번째로 많은 해는 2016년이다.

① ㄱ, ㄴ ② ㄱ, ㄹ ③ ㄱ, ㄷ
④ ㄴ, ㄹ ⑤ ㄷ, ㄹ

  다음은 M국의 의약품별 특허 출원현황에 대한 자료이다. 다음 중 옳지 않은 것은?

〈표〉 M국의 의약품별 특허 출원현황

(단위 : 건)

구분	2021년	2022년	2023년
완제 의약품	7,137	4,394	2,999
원료 의약품	1,757	797	500
기타 의약품	2,236	1,517	1,220
합계	11,130	6,708	4,719

① 완제 의약품 특허 출원은 매년 감소한다.

② 기타 의약품이 전체 의약품 특허 출원에서 차지하는 비중은 매년 증가한다.

③ 2022년 원료 의약품이 전체 의약품 특허 출원에서 차지하는 비중은 10% 미만이다.

④ 2023년 완제 의약품은 2021년 대비 4,138건 감소했다.

⑤ 전체 의약품 특허 출원은 매년 감소하고 있고, 2022년에 가장 크게 감소했다.

필수유형 02

자료계산

유형설명

- 자료계산 유형은 주어진 자료에서 요구하는 값을 사칙연산을 통해 구하는 유형이다. 해당 유형은 변화량, 증감율, 비중 등의 빈출계산식을 이용하여 해결해야 하는 유형이다. 뿐만 아니라 공식 변환 등을 통해 새로운 정보를 취득하는 유형으로도 출제된다. 따라서 빠른 공식 변환 능력과 더불어 계산을 줄이는 어림산 능력이 중요하다.

풀이 Tip

1. 빈출계산식

변화량	• 비교연도 대비 기준연도 A의 변화량 = 기준연도 A − 비교연도 A
증감률	• 비교연도 대비 기준연도 A의 증감률(%) = {(기준연도 A − 비교연도 A)/비교연도 A} × 100
비중	• 전체에서 A가 차지하는 비중(%) = (A/전체) × 100

예제 01

다음은 2019~2021년 여행업 조직형태별 사업체 수에 대한 자료이다. 2019년 대비 가장 많이 감소한 조직형태 사업체 수의 전년 대비 감소율은? (단, 소수점 아래 둘째 자리에서 반올림한다.)

〈표〉 2019~2021년 여행업 조직형태별 사업체 수

(단위 : 개)

구분	2019년	2020년	2021년
개인사업체	4,984	5,308	4,532
회사법인	12,922	11,281	12,764
회사외법인	275	58	96
비법인단체	42	14	41

① 12.7% ② 13.0% ③ 13.4%
④ 14.2% ⑤ 15.0%

일반 풀이

2019년 대비 증감량을 구하면 다음과 같다.

구분	2020년	2021년
개인사업체	5,308-4,984=324	4,532-4,984=-452
회사법인	11,281-12,922=-1,641	12,764-12,922=-158
회사외법인	58-275=-217	96-275=-179
비법인단체	14-42=-28	41-42=-1

따라서, 2020년 회사법인이 2019년 대비 사업체 숙 가장 많이 감소한 조직형태이다. 2019년 대비 2020년 회사법인 사업체 수의 감소율은 $\left| \dfrac{11,281-12,922}{12,922} \right| \times 100 ≒ 12.7(\%)$이다.

정답 ①

예제 02 다음은 2023년 3~7월 ICT분야 BSI에 대한 자료이다. 실적BSI가 세 번째로 높은 기간의 실현율은? (단, 소수점 아래 첫째 자리에서 반올림한다.)

〈표〉 2023년 3~7월 ICT분야 BSI

구분	2023.03	2023.04	2023.05	2023.06	2023.07
실적BSI	107	103	98	95	96
전망BSI	103	104	100	99	97

※ 실현율(%)={1 - (| 전망BSI - 실적BSI | /실적BSI) } × 100

① 95%　　　② 96%　　　③ 97%

④ 98%　　　⑤ 99%

일반 풀이

실적BSI가 세 번째로 높은 기간은 2023년 5월이다. 이 기간의 실현율은 다음과 같다.

$$(1-\frac{|100-98|}{98})\times100≒98(\%)$$

정답 ④

다음은 2019~2023년 OECD 주요국의 GDP 대비 공공복지예산 비율에 대한 자료이다. 조사기간 동안 GDP 대비 공공복지예산 비율이 가장 높은 국가의 전년 대비 2022년 증가율과 GDP 대비 공공복지예산 비율이 가장 낮은 국가의 2019년 대비 2021년 증가율의 차는? (단, 소수점 아래 둘째 자리에서 반올림한다.)

〈표〉 2019~2023년 OECD 주요국의 GDP 대비 공공복지예산 비율

(단위 : %)

구분	2019년	2020년	2021년	2022년	2023년
한국	7.65	8.67	8.32	8.34	9.06
호주	17.80	17.80	17.90	18.20	18.80
미국	17.00	19.20	19.80	19.60	19.70
영국	21.80	24.10	23.80	23.60	23.90
프랑스	29.80	32.10	32.40	32.00	32.50
독일	25.20	27.80	27.10	25.90	25.90

① 7.3%p ② 8.2%p ③ 9.0%p
④ 9.3%p ⑤ 10.0%p

일반 풀이

GDP 대비 공공복지예산 비율이 가장 높은 국가는 프랑스이고, 가장 낮은 국가는 한국이다. 2021년 대비 2022년 프랑스 GDP 대비 공공복지예산 비율의 증가율은 $\dfrac{32-32.4}{32.4} \times 100 ≒ -1.2(\%)$이고, 2019년 대비 2021년 한국의 증가율은 $\dfrac{8.32-7.65}{7.65} \times 100 ≒ 8.8(\%)$이다. 따라서, 증가율의 차를 구하면 8.8-(-1.2)=10(%p)이다.

정답 ⑤

예제 04 다음은 2019~2022년 수종별 원목생산량에 대한 자료이다. 2020년 소나무 생산량의 비율이 20%라고 할 때, 2020년 잣나무의 생산량은? (단, 소수점 아래 둘째 자리에서 반올림한다.)

〈표〉 2019~2022년 수종별 원목생산량

(단위 : 만 ㎥)

구분	2019년	2020년	2021년	2022년
소나무	50.4	52.0	58.2	56.2
잣나무	37.3	( )	50.5	63.3
전나무	28.1	38.6	77.1	92.2
낙엽송	52.5	69.4	76.0	87.7
참나무	5.6	8.3	12.8	14.0
기타	21.7	42.7	97.9	85.7
전체	195.6	( )	372.5	399.1

① 41.0 ② 43.6 ③ 49.0
④ 53.2 ⑤ 55.6

일반 풀이

2020년 소나무 생산량의 비율이 20%이므로 2020년의 전체 원목생산량을 x라 하고, 구하면 다음과 같다.

$\dfrac{52.0}{x} \times 100 = 20\%$ 따라서, 전체 생산량은 260만 ㎥이다.

잣나무의 생산량은 $260 - (52.0 + 38.6 + 69.4 + 8.3 + 42.7) = 49.0$(만 ㎥)이다.

정답 ③

빈출 유형 공략

01. 다음은 2022년 극한기후 유형별 발생일수와 발생지수에 관한 자료이다. 〈계산방법〉을 바탕으로 발생지수를 구할 수 있을 때, 폭염 발생지수와 한파 발생지수의 차는?

〈표〉 2022년 극한기후 유형별 발생일수와 발생지수

구분	폭염	강풍	한파	대설	호우
발생일수(일)	16	5	3	0	1
발생지수	( )	2.25	( )	1.00	1.25

※ 극한기후 유형은 폭염, 강풍, 한파, 대설, 호우만 존재한다.

〈 계 산 방 법 〉

$$극한기후\ 발생지수 = 4 \times \left(\frac{A-B}{C-B} \right) + 1$$

A: 당해년도 해당 극한기후 유형 발생일수
B: 당해년도 폭염, 한파, 호우, 대설, 강풍의 발생일수 중 최솟값
C: 당해년도 폭염, 한파, 호우, 대설, 강풍의 발생일수 중 최댓값

① 3.25 ② 3.75 ③ 4.25
④ 4.75 ⑤ 5.25

02. 다음은 임차인 A~D의 전·월세 전환 현황에 관한 자료이다. A와 C의 전·월세 전환율을 각각 6%, 3%라고 할 때, A의 전세금과 C의 월세보증금의 합을 구하면?

〈표〉 임차인 A~D 전·월세 전환 현황

(단위 : 만 원)

구분	전세금	월세보증금	월세
A	( )	25,000	50
B	38,000	30,000	80
C	60,000	( )	70
D	58,000	53,000	

※ 전·월세 전환율(%) = $\dfrac{월세 \times 12}{전세금 - 월세보증금} \times 100$

① 5억 7천만 원 ② 6억 2천만 원 ③ 6억 7천만 원
④ 7억 1천만 원 ⑤ 7억 4천만 원

03. 다음은 S국의 수출입 현황에 대한 자료이다. 수출액이 두 번째로 많았던 해의 전년 대비 수입액의 증감률은? (단, 소수점 아래 둘째 자리에서 반올림한다.)

〈표〉 S국 수출입 현황

(단위 : 억 달러)

구분	2020년	2021년	2022년	2023년
수출액	5,268	4,954	5,737	6,049
수입액	4,365	4,062	4,785	5,352

① 16.2% ② 17.0% ③ 17.8%
④ 18.0% ⑤ 18.2%

04. S회사에 근무하는 M 팀장은 거래처 L회사에 방문할 예정이다. 교통수단별 시간 및 요금이 다음과 같을 때 결정조건 계수가 가장 큰 교통편은? (단, 소수점 아래 셋째 자리에서 반올림한다.)

〈표〉 교통수단별 시간 및 요금

구분	교통수단	시간	편안함 계수	요금
A	고속버스	8시간	5	30,000원
B	고속버스	6시간	5	45,000원
C	일반열차	4시간	6	64,000원
D	고속열차	2시간	7	90,000원
E	고속열차	1시간 30분	10	95,000원

※ 결정조건 계수 $= \dfrac{(편안함 \ 계수) \times 500}{(시간) \times 100 + (요금) \times 0.5}$

① A ② B ③ C
④ D ⑤ E

 다음은 2022년 주요국의 교원 1인당 학생 수에 대한 자료이다. 중학교의 교원 1인당 학생 수가 가장 적은 국가의 중학교 및 고등학교 교원이 각각 20만 명이라 할 때, 해당 국가의 고등학교 학생 수는?

〈표〉 2022년 주요국 교원 1인당 학생 수

(단위 : 명)

구분	유치원	초등학교	중학교	고등학교
미국	18.7	15.8	16.3	14.1
영국	21.0	21.2	17.6	12.5
독일	23.6	19.8	15.7	13.9
일본	18.8	20.9	16.8	14.0
한국	23.1	32.1	21.5	20.9

① 278만 명 ② 280만 명 ③ 282만 명
④ 284만 명 ⑤ 286만 명

06. 다음은 S시의 2022년 연령별 출생아 부모의 육아휴직 사용률이다. S시의 전체 인구수가 20만 명이라 할 때, 전체 육아휴직 사용인구는?

〈표〉 2022년 연령별 출생아 부모의 육아휴직 사용률

(단위 : %)

구분	2023년				
	전체	30세 미만	30~34세	35~39세	40세 이상
전체	30.2	41.7	36.7	24.4	13.8
부	6.8	7.3	7.0	7.0	5.7
모	70.0	73.5	72.9	65.2	57.3

① 51,000명 ② 58,200명 ③ 59,400명
④ 60,400명 ⑤ 61,000명

Chapter 03
창의수리

Chapter 소개

- 창의수리 영역은 사칙연산, 거리·속력·시간, 농도와 비율, 경우의 수와 확률, 작업량, 비용 등의 개념을 활용하여 주어진 문제를 해결하는 유형의 문제가 출제된다.

- 실제 시험에서는 15분 동안 20문제를 풀어야 한다.

풀이 TIP

- 사칙연산 유형의 경우, 주어진 조건들의 관계를 정확하게 파악하여 식을 세워야 한다.

- 거리·속력·시간 유형의 경우, 주어진 공식은 "거리=속력×시간" 뿐이므로 조건들의 관계를 정확하게 파악하여 식을 세워야 한다.

- 농도와 비율 유형의 경우, 공식을 활용하되 계산을 간단히 할 수 있도록 조건들의 관계를 정확하게 파악하여 식을 세워야 한다.

- 경우의 수와 확률 유형의 경우, 조건부 확률 또는 여사건의 확률을 나타내는 표현을 미리 파악해두어야 한다.

- 작업량 유형의 경우, 단위 시간을 시간이 아니라 분당으로도 계산이 가능하다는 점을 잊지 말아야 한다.

- 비용 유형의 경우, 증가량과 증가한 후의 양은 다르기 때문에 둘 중에 하나를 이용하여 계산한다.

사칙연산

유형설명

- 사칙연산을 이용하여 기초수리력 및 응용수리력을 평가하는 유형이다.

- 대체로 난이도가 낮은 편에 속하며 빠른 시간 안에 정확하게 계산하는 능력을 알아보기 위한 유형들로 주어진 조건들을 이용하여 논리적으로 접근해야 한다.

- 정형화된 형태 외에도 다양한 유형의 문제를 풀어봄으로써 실전에 대비해야 한다.

풀이 Tip

- 주어진 조건들의 관계를 정확하게 파악하여 식을 세워야 한다.

- 제시되지 않은 미지수를 설정하는 것과 문제 안에 숨은 의도를 잘 파악하여 방정식, 부등식, 최대공약수, 최소공배수 등 여러 유형에 맞추어 식을 세우고 답을 구해야 한다.

예제 01

6자루의 볼펜을 제조하는 데 2,400원의 원가가 든다.. 볼펜을 3자루씩 1세트로 포장하여 30세트를 생산하는 과정 중에, 불량품이 생겨 8세트를 폐기 처분하였다. 생산된 볼펜을 모두 판매하였지만 3,000원의 손해가 생겼다면, 볼펜 1자루당 판매가격을 바르게 구한 것은?

| 2o23 하반기 기출 키워드 | 연립방정식

① 450원 　　　② 480원 　　　③ 500원 　　　④ 550원 　　　⑤ 580원

일반 풀이

볼펜 한 자루당 원가는 $\dfrac{2,400}{6} = 400$(원)이고, 30세트 중 8세트를 폐기 처분했으므로 22세트만 판매를 했다.

볼펜 한 자루당 판매가격을 x라고 하면, 총매출액은 $3 \times 22 \times x = 66x$가 되고, 원가는 $(3 \times 30) \times 400 = 36,000$(원)이며, 3,000원의 손해가 생기므로 $66x - 36,000 = -3,000$이다. 따라서 $x = 500$이 된다. 볼펜 한 자루당 판매가격은 500원이다.

정답 ③

예제 02

2024년도 한국사 자격증 시험을 실시하였다. 전체 응시자의 $\dfrac{5}{8}$가 남자이며 남자 응시자 중 $\dfrac{9}{10}$가 합격하였고, 여자 응시자 중 $\dfrac{1}{3}$이 불합격하였다. 불합격한 남자의 수가 5명일 때, 합격한 여자의 수를 바르게 구한 것은?

① 18명 　　　② 20명 　　　③ 22명 　　　④ 24명 　　　⑤ 25명

일반 풀이

응시자 전체의 수를 x명이라 하자. 남자와 여자의 수는 각각 $\dfrac{5}{8}x$명, $\dfrac{3}{8}x$명 이다. 이때 남자 응시자중 $\dfrac{9}{10}$가 합격하였고, 불합격한 남자의 수는 5명이므로, $\dfrac{5}{8}x \times \dfrac{1}{10} = 5$, $\dfrac{1}{16}x = 5$, $\therefore 5 \times 16 = 80$(명)이 된다.

여자 응시자 중 $\dfrac{1}{3}$이 불합격 하였으므로 $\dfrac{2}{3}$는 합격하였다. 따라서 합격한 여학생 수는

$$\dfrac{3}{8}x \times \dfrac{2}{3} = \dfrac{3}{8} \times 80 \times \dfrac{2}{3} = 20(명)이 된다.$$

정답 ②

 **03** 어느 회사의 올해 입사 지원자의 수는 작년에 비하여 여자가 15% 늘고, 남자는 10%가 줄어서, 전체 지원자의 수는 20명이 늘어난 520명이 되었다고 한다. 올해 남자 지원자 수를 바르게 구한 것은?

① 220명   ② 212명   ③ 204명   ④ 198명   ⑤ 188명

일반 풀이

작년 남녀 지원자의 수를 x, y라 하고, 올해 남자와 여자의 증감에 대해 식을 세우면,

$\dfrac{90}{100}x + \dfrac{115}{100}y = 520$이 된다. 여기서 올해 남자 지원자 수만 구하면 되므로, $\dfrac{90}{100}x = \dfrac{9}{10}x$가 되므로

올해 남자 지원자 수는 9의 배수만 나올 수 있다. 보기 중에 9의 배수는 ④번뿐이다.

 정답 ④

 **04** 고대 수학자 아르키메데스는 부피와 무게를 이용하여 왕의 왕관이 순금으로 이루어지지 않았고 은이 섞여 있다는 사실을 알아냈다. 왕관의 무게가 240g이고 부피가 14㎤일 때, 이 왕관에 섞여 있는 은의 양을 바르게 구한 것은? (단, 금 1㎤은 20g, 은 1㎤은 10g으로 생각한다.)

① 4g   ② 10g   ③ 40g   ④ 120g   ⑤ 200g

일반 풀이

금의 부피를 x라 하고, 은의 부피를 y라 하면, $x+y=14$가 된다. 또한 금 1㎤은 20g, 은 1㎤은 10g이므로 무게로 식을 세우면 $20x+10y=240$이 된다. 두 식을 정리하면 $x=10$, $y=4$가 되므로 은의 양은 $4 \times 10 = 40$g이 된다.

 정답 ③

한 변의 길이가 x cm인 정사각형 13개를 다음 그림과 같이 0.5cm씩 겹쳐서 직사각형을 만들었다. 직사각형의 가로의 길이가 85cm일 때, 정사각형의 한 변의 길이를 바르게 구한 것은?

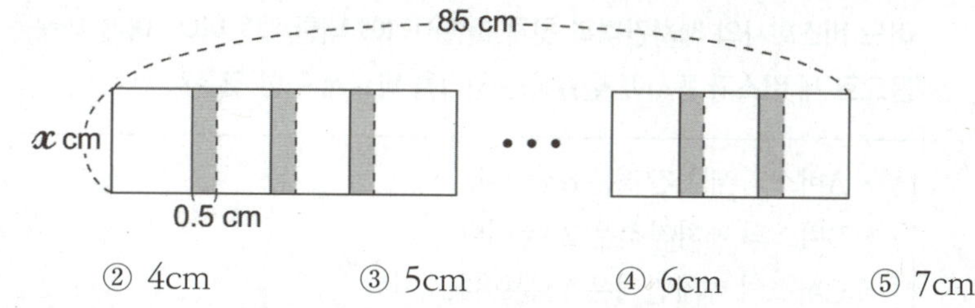

① 3cm　　② 4cm　　③ 5cm　　④ 6cm　　⑤ 7cm

일반 풀이

겹쳐진 부분은 0.5cm씩 12부분이므로 가로의 길이는

$13x-0.5×12=85$, $13x-6=85$

$13x=91$

$x=7$

따라서 정사각형의 한 변의 길이는 7cm이다.

정답 ⑤

SK에서 신입사원 OT를 진행하는데 직원들을 4명씩 하나의 방에 배정하면 12명이 방 배정을 받지 못하고, 6명씩 하나의 방에 배정하면 방이 2개가 남는다고 할 때, 신입사원의 최댓값을 바르게 구한 것은?

① 70명　　② 68명　　③ 60명　　④ 56명　　⑤ 48명

일반 풀이

방의 개수를 x라고 하자.

$6(x-3)+1≤4x+12≤6(x-3)+6$

$6x-17≤4x+12≤6x-12$

$2x≤29$, $2x≥24$

$x≤14.5$, $x≥12$

$∴12≤x≤14.5$

신입직원의 수가 최대가 되려면 방의 개수도 최댓값이어야만 하므로 $x=14$가 된다.

따라서 신입직원의 수는 $4x+12=4×14+12=56+12=68$(명)이 된다.

정답 ②

01. 어느 버스회사의 배차간격과 첫차 출발시각에 대한 내용이다. 아래 내용을 보고 첫차 출발시각 다음으로 세 버스가 동시에 출발하는 시각을 바르게 구한 것은?

> - A버스의 배차간격은 8분이다.
> - B버스의 배차간격은 20분이다.
> - C버스의 배차간격은 15분이다.
> - 세 버스의 첫차 출발시각은 오전 6시 50분이다.

① 오전 7시 10분 ② 오전 7시 50분 ③ 오전 8시 10분
④ 오전 8시 30분 ⑤ 오전 8시 50분

02. 어머니와 아들의 나이 차는 32살이다. 지금부터 11년 후에 어머니의 나이가 아들의 나이의 2배가 된다고 할 때, 현재 아들의 나이를 바르게 구한 것은?

① 18살 ② 19살 ③ 20살 ④ 21살 ⑤ 22살

03. 어느 프로축구리그에서 4개의 팀이 서로 경기를 하였다. 각 팀의 경기 결과는 아래 표와 같고, 승리한 경우 일정 점수를 얻고, 패배한 경우 일정 점수를 잃는다고 한다. 모든 팀이 다른 3개 팀과 경기를 하였고, A팀과 B팀의 총점이 각각 5점, 1점일 때, C팀과 D팀의 총점의 합은 얼마인가? (단, 무승부는 없으며 잃는 점수가 얻는 점수보다 많을 경우 총점은 음수가 된다.)

구분	승	패	총점
A팀	2	1	5
B팀	1	2	1
C팀	3	0	.
D팀	0	3	

① 3점 ② 4점 ③ 5점 ④ 6점 ⑤ 7점

04. SK는 매년 연말에 우수사원을 선발한다. 이 중 대상과 장려상을 받은 사원에게 상금으로 각각 500만 원과 100만 원을 준다. 예정된 총상금은 6천만 원이고, 우수사원으로 선발된 인원이 20명일 때, 장려상을 받게 되는 사원이 몇 명인지 바르게 구한 것은?

① 14명   ② 13명   ③ 12명   ④ 11명   ⑤ 10명

05. 어느 대학교 수학경시대회에 100명이 참가하여 점수가 높은 순서대로 16명이 수상하였다. 16등한 학생의 점수는 참가한 전체 학생의 평균보다 36점이 높고 수상자들의 평균보다는 6점이 낮으며, 수상하지 못한 학생들의 평균의 3배보다는 6점이 낮다고 한다. 이때 16등을 한 학생의 점수를 바르게 구한 것은?

① 58점   ② 65점   ③ 69점   ④ 71점   ⑤ 75점

06. 한 변의 길이가 1cm씩 증가하는 정사각형 5개를 다음과 같이 이어 붙였다. 이어 붙인 도형의 총면적이 330㎠라고 할 때, 이어 붙인 도형의 둘레를 바르게 구한 것은?

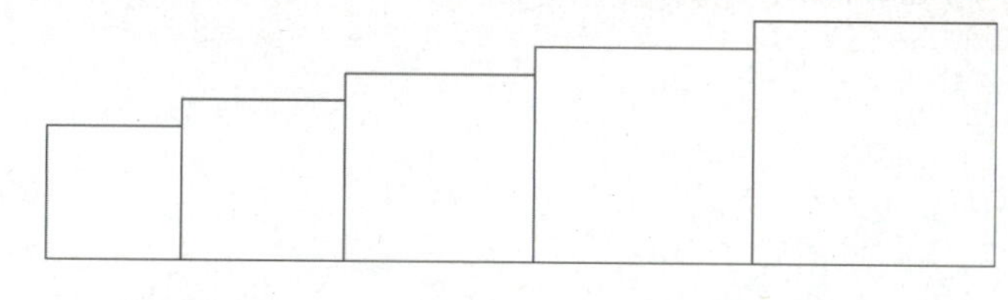

① 80cm   ② 90cm   ③ 95cm   ④ 96cm   ⑤ 100cm

거리·속력·시간

유형설명

- 다른 속력으로 가는 경우 : 시속 $a$km로 가다가 시속 $b$km로 갈 때, 각 구간에서 걸린 시간의 합을 구할 때
  → (시속 $a$km로 가는 데 걸린 시간) + (시속 $b$km로 가는 데 걸린 시간) = 총 걸린 시간

- 시간 차가 발생하는 경우 : P가 출발한 지 a분 후 Q가 출발하여 x분 후에 만났을 때
  → P가 $(a + x)$분 동안 간 거리 = Q가 x분 동안 간 거리

- 마주 보고 출발하여 중간에 만난 경우 : P, Q 두 사람이 x분 후에 만날 때
  → P, Q 두 사람이 x분 동안 걸은 거리의 합 = P, Q 두 사람이 있던 지점 사이의 거리

* 트랙을 도는 경우 : P, Q 두 사람이 x분 후에 만날 때
  - 반대 방향으로 돌 때 → P, Q 두 사람이 x분 동안 걸은 거리의 합 = 트랙 둘레의 길이
  - 같은 방향으로 돌 때 → P, Q 두 사람이 x분 동안 걸은 거리의 차 = 트랙 둘레의 길이

- 기차가 다리를 완전히 통과했다는 것은 "총 이동 거리 = 다리 길이 + 기차의 길이"가 되고,
  기차가 보이지 않았다는 것(기차가 아직 터널 안에 있다는 것)은 "총 이동 거리 = 터널의 길이 - 기차의 길이"

- 배, 강물문제 : 배의 속력을 x라고 하고, 물의 속력이 y일 때,
  - 내려갈 때 → 시간 × $(x+y)$ = 강물의 길이
  - 올라갈 때 → 시간 × $(x-y)$ = 강물의 길이

풀이 Tip

- 주어진 공식은 "거리=속력×시간" 뿐이므로 조건들의 관계를 정확하게 파악하여 식을 세워야 한다.

- 미지수를 설정하는 것과 문제 안에 숨은 의도를 잘 파악하여 여러 유형에 맞추어 식을 세우고 답을 구해야 한다.

- 단위를 실수하지 않도록 해야 한다. km/h, m/m, m/s

예제 01 30km 떨어진 서점까지 가는데 출발지점에서 A지점까지 자전거를 타고 8km/h로 가다가, A지점에서 서점까지 4km/h로 걸어갔을 때, 총 5시간이 걸렸다면 자전거를 타고 간 거리를 바르게 구한 것은?

| 2023 하반기 기출 키워드 | 자전거를 타고 가다가 속도를 변경하였을 때, 이동한 거리를 묻는 문제

① 10km　　② 12km　　③ 16km　　④ 20km　　⑤ 22km

일반 풀이

거리=속력×시간이므로, 총거리인 30km를 자전거로 이동한 거리를 x라고 하자. 걸어서 이동한 거리는 $(30-x)$km가 된다.

따라서 $\dfrac{x}{8} + \dfrac{30-x}{4} = 5$, $x + 2(30-x) = 40$,

$\therefore x = 20$

정답   ④

예제 02 둘레의 길이가 1.4km인 공원을 광호와 지우가 같은 지점에서 동시에 출발하여 같은 방향으로 돌면 14분 후에 처음으로 만나고, 반대 방향으로 돌면 2분 후에 처음으로 만난다고 한다. 광호가 지우보다 빠르게 뛴다고 할 때, 광호의 속력은 몇 m/m인지 바르게 구한 것은?

① 300m/m　　　　② 350m/m　　　　③ 400m/m
④ 450m/m　　　　⑤ 500m/m

일반 풀이

광호의 속력을 x라 하고, 지우의 속력을 y라고 하자.
반대 방향일 때는 광호의 거리+지우의 거리=1,400m이고, 같은 방향일 때는 광호의 거리-지우의 거리=1,400m가 된다. 따라서 반대 방향일 때는 $2(x+y) = 1,400m$이고, 같은 방향일 때는 $14(x-y) = 1,400m$이다. 따라서 두 식을 정리하면 x=400, y=300이 나온다.

풀이 Tip

어차피 x, y에 대한 연립방정식이므로 x, y에 대한 계수를 맞추고 한 번은 더 하고, 한 번은 빼고 난 후 2로 나누면 답이 나온다. 즉, 반대 방향일 때는 $(x+y) = 700m$이고, 같은 방향일 때는 $(x-y) = 100m$으로 정리가 되고 700과 100을 한번은 더하고 한번은 빼면 800과 600이 되고 각각을 2로 나누면 속력이 빠른 값이 400이 되고 느린 값이 300이 된다.

정답 ③

예제 03 강을 따라 배를 타고 40km 떨어진 상류로 올라가는 데는 5시간, 원래 위치로 내려오는 데는 2시간이 걸렸다. 이 강물의 속력을 바르게 구한 것은?

① 20km/h　　　② 16km/h　　　③ 10km/h　　　④ 6km/h　　　⑤ 4km/h

일반 풀이

배의 속력을 시속 $x$km, 강물의 속력을 시속 $y$km라 하면, 강물을 올라갈 때의 배의 속력은 시속 $(x-y)$km 이고, 강물을 내려갈 때 배의 속력은 시속 $(x+y)$km이다. 따라서
$5(x-y)=40$
$2(x+y)=40,$
$10x-10y=80$
$10x+10y=200,$
$\therefore 20x=280, \ x=14, \ y=6$
따라서 강물의 속력은 시속 6km이다.

정답 ④

예제 04 일정한 속력으로 달리는 열차가 길이가 700m인 철교를 완전히 통과하는 데 1분이 걸렸다. 또 길이가 1,350m인 터널을 통과할 때는 열차가 1분 30초 동안 보이지 않았다. 이 열차의 길이를 바르게 구한 것은?

① 120m   ② 110m   ③ 100m   ④ 90m   ⑤ 70m

일반 풀이

열차의 길이를 xm라 할 때, 열차의 길이가 700m인 철교를 완전히 통과하려면 $(700+x)$m를 달려야 하고, 길이가 1,350m인 터널을 통과하는 동안 열차가 보이지 않을 때 이동한 거리는 $(1,350-x)$m이다.

이때, 열차의 속력이 일정하므로 $\dfrac{700+x}{60}=\dfrac{1,350-x}{90}$, $2,100+3x=2,700-2x$, $5x=600$ $\therefore x=120$

따라서 열차의 길이는 120m이다.

  **정답** ①

예제 05 자전거로 A 지점에서 B 지점까지 가는데 시속 12km로 가면 예정 시간보다 3분이 더 걸리고, 시속 15km로 가면 예정 시간보다 5분이 단축된다고 할 때, 예정 시간을 바르게 구한 것은?

① 40분   ② 39분   ③ 38분   ④ 37분   ⑤ 36분

일반 풀이

예정된 시간을 x라 하고, 시속 12km로 가는 것과 시속 15km로 가는 거리는 동일하므로 분을 시간의 단위로 바꿔서 식을 세우면 $12\left(x+\dfrac{1}{20}\right)=15\left(x-\dfrac{1}{12}\right)$ 이다. 정리하면, $3x=\dfrac{37}{20}$, $x=\dfrac{37}{60}$ 이므로 37분이 된다.

 **정답** ④

01. 올라갈 때와 내려올 때 각각 1,000m씩인 등산 산책로가 있다. 올라갈 때는 1m/s로 가고 내려올 때는 4m/s 속력으로 뛰다가 중간에 2m/s로 걸어 내려왔다. 올라갈 때가 내려올 때보다 600s의 시간이 더 걸렸을 때, 내려올 때 뛰어간 거리를 바르게 구한 것은?

| 2o23 하반기 기출 키워드 | 산책로 1000m 올라갈 때는 1m/s, 내려올 때는 4m/s로 뛰다가 2m/s로 걷는 문제

① 300m　　② 400m　　③ 450m　　④ 500m　　⑤ 600m

02 400m 원형 트랙을 A와 B가 돌고 있다. A는 160m/s, B는 200m/s로 돌 때, 같은 지점에서 동시에 출발하여 같은 방향으로 1분 동안 달린다면 두 사람은 몇 번 만나는지 바르게 구한 것은? (단, 처음 출발할 때 만난 것은 횟수에서 제외한다.)

| 2o23 상반기 기출 키워드 | 400m 원형 트랙을 A가 160m/s, B가 200m/s로 돌 때 몇 번 만나는가

① 7번　　② 6번　　③ 5번　　④ 4번　　⑤ 3번

03 유속이 2km/h, 보트의 속력이 12km/h이고, 거리가 28km인 상류에서 하류까지 왕복했을 때, 걸린 시간을 바르게 구한 것은?

| 2o23 하반기 기출 키워드 | 유속 2, 보트의 속력 12로 상류에서 하류를 왕복했을 때 걸린 시간

① 4시간 18분　　② 4시간 24분　　③ 4시간 36분
④ 4시간 40분　　⑤ 4시간 48분

04 A지점에서 B지점까지의 길을 성곤, 예림 두 사람은 동시에 출발하고, 승우는 6분 뒤에 출발하였다. 예림이와 승우가 B에 동시에 도착했을 때, 성곤이는 B지점으로부터 1,200m 떨어진 곳에 있었다. 성곤, 예림, 승우의 속도의 비는 3:4:5로 세 명 모두 각각 일정한 속력으로 움직일 때, 예림이의 속력을 바르게 구한 것은?

① 160m/min　　② 150m/min　　③ 140m/min
④ 130m/min　　⑤ 120m/min

05 길이가 120m인 두 기차가 각각 시속 108km로 마주 보며 달려오고 있다. 두 기차가 만나서 완전히 스쳐 지나갈 때까지 걸리는 시간을 바르게 구한 것은?

① 6초　　② 5.5초　　③ 5초　　④ 4.5초　　⑤ 4초

농도와 비율

유형설명

- 소금물에 물을 더 넣었거나 증발시키는 경우 : 소금물의 양은 늘어나거나 줄어들지만 소금의 양은 변하지 않는다. 소금의 양의 변화가 없는 경우에는 소금의 양을 기준으로 하여 계산한다. 소금물의 양이 대부분 백의 자리이므로 100으로 약분하여 수를 줄여서 계산한 후 마지막에 100을 곱하면 계산이 쉽다.

- 두 소금물을 섞는 경우 : (A소금물의 소금의 양) + (B소금물의 소금의 양) = (A+B 소금의 양) 소금물의 양이 대부분 백의 자리이므로 100으로 약분하여 수를 줄여서 계산한 후 마지막에 100을 곱하면 계산이 쉽다.

- 농도가 서로 다른 두 소금물의 양을 다르게 하여 섞는 경우 : 2번의 유형에서 응용된 문제이다. 소금의 양의 변화가 없으므로 소금의 양을 기준으로 두고 계산식을 세우고 연립방정식을 이용하여 계산할 수 있다.

    농도가 A인 소금물　　　　　농도가 B인 소금물

(소금물 xg의 소금의 양) + (소금물 yg의 소금의 양) = $(A/100)x + (B/100)y = (x+y)$ X 전체농도/100
(소금물 pg의 소금의 양) + (소금물 qg의 소금의 양) : $(A/100)p + (B/100)q = (p+q)$ X 전체농도/100

- 소금물에 소금을 더 넣은 경우: 소금을 추가할 경우 소금물의 양, 농도, 소금의 양 모두 값이 변하게 된다. 소금물의 양이 대부분 백의 자리이므로 약분하여 수를 줄여서 계산하면 된다.

    (기존 소금물의 소금의 양) + (추가된 소금의 양) = (완성된 소금물의 소금의 양)

- 학생 수가 증가/감소하는 경우: 학생 수의 증감량 문제는 사람의 수를 구하는 문제이므로 소수나 분수 형태가 아닌 정수 형태로 나올 수 밖에 없다. 이에 따라 처음에는 연립방정식으로 연습하되 시간이 지나면 배수 개념으로 답을 구하면 쉽다.

풀이 Tip

- 공식을 활용하되 계산을 간단히 할 수 있도록 조건들의 관계를 정확하게 파악하여 식을 세워야 한다.
- 미지수를 설정하는 것과 문제 안에 숨은 의도를 잘 파악하여 여러 유형에 맞추어 식을 세우고 답을 구해야 한다.
- 가중치를 이용하여 문제를 풀면 시간을 단축시킬 수 있다.

예제 01 주연이는 4%의 소금물 Ag에 12%의 소금물 Bg을 섞어서 10%의 소금물 480g을 만들려고 한다. B-A 의 값을 바르게 구한 것은?

① 360g ② 240g ③ 180g ④ 150g ⑤ 120g

일반 풀이

가중치로 문제를 풀면 아래와 같다.

4%	10%	12%	
6(10−4)		2(12−10)	10%를 기준으로 농도 차의 비를 정리하면 3:1
1		3	비례식으로 풀기 위해 1:3으로 바꿔줌
120g	480g	360g	10%의 소금물이 480g이므로 1:3을 계산하기 위해 4로 나누면 1당 120g이 됨을 알 수 있음

따라서 360−120 = 240g이 된다.

 정답 ②

예제 02 8%의 소금물 400g과 15%의 소금물을 섞어 11%의 소금물을 만들었다. 이때 15%의 소금물의 양을 바르게 구한 것은?

① 210g ② 240g ③ 250g ④ 270g ⑤ 300g

일반 풀이

15%의 소금물의 양을 xg이라 하면

$$\frac{8}{100} \times 400 + \frac{15}{100} \times x = \frac{11}{100} \times (400+x),\ 3{,}200+15x=11(400+x),\ 3{,}200+15x=4{,}400+11x$$

$4x=1{,}200,\ x=300(g)$
따라서 15%의 소금물은 300g이다.

정답 ⑤

M고등학교의 올해의 남학생 수와 여학생 수는 작년에 비하여 남학생은 10% 증가하고 여학생은 8% 감소했다. 작년의 전체 학생 수는 770명이었고, 올해는 작년에 비하여 4명이 감소하였다고 할 때, 작년의 여학생 수를 바르게 구한 것은?

① 450명   ② 425명   ③ 400명   ④ 390명   ⑤ 370명

일반 풀이

작년의 여학생 수를 x명이라 하면, 작년 전체 학생 수는 770명이므로 작년의 남학생 수는 $(770-x)$명이다.

올해 남학생은 10% 증가하였고, 여학생은 8% 감소하였으므로 작년 대비 올해 증가한 남학생 수와 감소한 여학생 수는

각각 $\dfrac{10}{100}\times(770-x)$명, $-\dfrac{8}{100}x$명이다.

이때 전체 학생은 4명이 감소하였으므로 $\dfrac{10}{100}\times(770-x)-\dfrac{8}{100}x=-4$이다. 양변에 100을 곱하면

$7,700-10x-8x=-400,\ 18x=8,100,\ x=450$

따라서 작년의 여학생 수는 450명이다.

A회사와 B회사에서 만든 냉장고 수의 비는 5:6, 합격품인 냉장고 수의 비는 7:8, 불합격품인 냉장고 수의 비는 1:2였다. 합격품인 냉장고 수가 450대였을 때, A회사와 B회사에서 만든 냉장고는 모두 몇 대인지 바르게 구한 것은?

① 490대   ② 495대   ③ 500대   ④ 505대   ⑤ 510대

일반 풀이

A회사와 B회사에서 만든 냉장고 수를 각각 $5x$대, $6x$대라고 하면 A회사에서 만든 합격품인 냉장고 수

는 $450\times\dfrac{7}{15}=210$(대), B회사에서 만든 합격품인 냉장고 수는 $450\times\dfrac{80}{15}=240$(대)이므로, 불합격인 냉장고

수는 각각 $(5x-210)$대, $(6x-240)$대이다. 이때, 불합격품인 냉장고 수의 비가 1:2이므로
$(5x-210):(6x-240)=1:2$
$(6x-240)=2(5x-210),\ 6x-240=10x-420,\ 4x=180,\ x=45$
따라서, A회사와 B회사에서 만든 냉장고는 모두 $5x+6x=11\times45=495$(대)이다.

예제 05

농도가 서로 다른 두 종류의 소금물 A, B가 있다. 소금물 A를 30g, 소금물 B를 20g 섞으면 10%의 소금물이 되고, 소금물 A를 20g, 소금물 B를 30g 섞으면 11%의 소금물이 된다. 두 소금물 A, B의 농도가 각각 $a\%$, $b\%$일 때, ab의 값을 바르게 구한 것은?

① 104   ② 96   ③ 88   ④ 72   ⑤ 68

일반 풀이

두 소금물을 섞어도 소금의 양은 변화가 없으므로 소금의 양으로 식을 정리하면

	소금의 양	
농도 a%의 소금물 A를 30g + 농도 b%의 소금물 B를 20g =10%의 소금물 50g	$0.3a+0.2b = 0.1\times50$	$3a+2b = 50$
농도 a%의 소금물 A를 20g + 농도 b%의 소금물 B를 30g =11%의 소금물 50g	$0.2a+0.3b = 0.11\times50$	$2a+3b = 55$

두 식을 정리하면 $a=8$, $b=13$이 되고 8×13=104가 된다.

정답 ①

01. 6%의 소금물 200g에서 물을 증발시켜 12% 이상의 소금물을 만들려고 한다. 이때 최소 몇 g의 물을 증발시켜야 하는지 바르게 구한 것은?

① 100g ② 95g ③ 90g ④ 80g ⑤ 60g

02. 파란색과 빨간색의 페인트가 A용기에는 2:3의 비율로 섞여 있고, B용기에는 4:5의 비율로 섞여 있다. A용기와 B용기의 페인트를 모두 섞어 파란색과 빨간색이 3:4의 비율로 섞인 페인트 840g을 만들었다면 A용기에 들어 있던 페인트의 양은 얼마인지 바르게 구한 것은?

① 180g ② 210g ③ 240g ④ 270g ⑤ 300g

03. 8%의 소금물 250g이 있다. 20%의 소금물을 만들기 위해 몇 g의 소금을 더 넣어야 하는지 바르게 구한 것은?

① 36g ② 36.5g ③ 37g ④ 37.5g ⑤ 38g

04. 각각의 컵에 6%의 소금물 300g과 9%의 소금물 600g이 들어 있다. 이 두 컵에서 동시에 x g의 소금물을 덜어 내어 서로 바꾸어 넣었더니 두 소금물의 농도가 같아졌다고 할 때, x의 값을 바르게 구한 것은?

① 150g ② 180g ③ 200g ④ 210g ⑤ 240g

05. A, B 두 제품을 생산하는 공장이 있다. 이 공장의 지난달 생산량은 A, B 두 제품을 합하여 460개이고, 이번 달 생산량은 지난달에 비해 A 제품은 15% 증가하고, B 제품은 5% 감소하여 총생산량이 473개가 되었다. 이번 달 A 제품의 생산량을 바르게 구한 것은?

① 186개 ② 192개 ③ 207개 ④ 213개 ⑤ 221개

경우의 수와 확률

유형설명

- 주어진 사건의 경우의 수와 관련된 합의 법칙, 곱의 법칙, 순열이나 조합에 관한 공식을 활용한 유형이다.
- 계산이 어렵지 않아 시간이 오래 걸리지는 않으나 실수로 인한 오답률이 높을 수 있다.
- 문제에서 요구하는 조건이 무엇인지 잘 파악하여 적합한 풀이로 답을 구해야한다.

풀이 Tip

- "~일 때, ~일 확률이란?" 표현이 나오면 조건부 확률을 이용한다.
- "적어도" 라는 표현이 나오면 여사건의 확률을 이용한다.
- 원순열, 중복 조합의 경우 공식을 활용한다.

예제 01

남자 사원 6명, 여자 사원 4명 중에서 남자 사원 2명과 여자 사원 2명을 총무로 뽑는 방법의 수를 바르게 구한 것은?

① 64가지 ② 80가지 ③ 90가지 ④ 108가지 ⑤ 120가지

일반 풀이

남자 사원 6명 중 총무 2명을 뽑는 가지 수는 $_6C_2 = \dfrac{6 \times 5}{2} = 15$(가지)이고, 여자 사원 4명 중 총무 2명을 뽑는 가지 수는

$_4C_2 = \dfrac{4 \times 3}{2} = 6$(가지)이다. 따라서 남자 사원 2명과 여자 사원 2명을 총무로 뽑는 경우의 수는 $15 \times 6 = 90$(가지)이다.

정답 ③

예제 02

A, B, C, D, E 5명이 월~금요일까지 근무를 하는데, D가 금요일, E가 수요일에 일할 확률을 바르게 구한 것은?

| 2023 하반기 기출 키워드 | 월~금 5명이 근무하는데 D가 금요일, E가 수요일에 근무할 확률

① $\dfrac{1}{10}$ ② $\dfrac{1}{15}$ ③ $\dfrac{1}{20}$ ④ $\dfrac{1}{5}$ ⑤ $\dfrac{1}{4}$

일반 풀이

5명이 월요일부터 금요일까지 근무를 설 수 있는 총 가지 수는 $5 \times 4 \times 3 \times 2 \times 1 = 120$(가지)이고, 이 중에서 D가 금요일, E가 수요일에 일할 가지 수는 D와 E는 정해져 있으므로 나머지 A, B, C가 월요일, 화요일, 목요일에 근무가 정해지므로 $3 \times 2 \times 1 = 6$(가지)이다. 따라서 확률은 $\dfrac{1}{20}$ 이 된다.

정답 ③

예제 03

우석이와 소희를 포함한 5명이 원탁에 앉아 있다. 우석이와 소희 두 사람이 이웃하여 앉는 경우의 수를 a가지, 마주 보고 앉는 경우의 수를 b가지라고 할 때, a는 b의 몇 배인지 바르게 구한 것은?

① 8배　　　② 6배　　　③ 5배　　　④ 3배　　　⑤ 2배

일반 풀이

ⅰ) 우석이와 소희가 이웃하여 앉는 경우: 두 사람을 한 묶음으로 두고, 총 4명이 원탁에 앉는 경우를 구하면
$(4-1)! = 3! = 6$(가지)가 된다. 여기서 우석이와 소희가 자리를 바꿀 수 있으므로 $6 \times 2 = 12$(가지)이다. $\therefore a = 12$

ⅱ) 우석이와 소희가 마주 보며 앉는 경우: 우석이와 소희가 마주 보면 나머지 3명만 자리를 바꿀 수 있으므로 $3! = 6$(가지)가 된다. $\therefore b = 6$

따라서 a는 b의 2배가 된다.

정답 ⑤

예제 04

A팀과 B팀이 경기를 하고 있다. 먼저 두 세트를 이긴 팀이 결승에 진출한다고 하며 각 세트당 A팀이 이길 확률은 $\dfrac{1}{3}$, B팀이 이길 확률은 $\dfrac{1}{4}$이며, 비길 확률은 $\dfrac{5}{12}$이다. 두 세트만에 결승에 진출할 팀이 나올 확률을 바르게 구한 것은?

① $\dfrac{119}{144}$　　　② $\dfrac{7}{12}$　　　③ $\dfrac{4}{9}$　　　④ $\dfrac{35}{144}$　　　⑤ $\dfrac{25}{144}$

일반 풀이

두 세트만에 결승에 진출할 팀이 나오려면 A팀 혹은 B팀이 연속으로 2세트를 모두 이기면 된다. 따라서 A팀이 2세트 연속으로 이길 확률은 $\left(\dfrac{1}{3}\right)^2 = \dfrac{1}{9}$이고, B팀이 2세트 연속으로 이길 확률은 $\left(\dfrac{1}{4}\right)^2 = \dfrac{1}{16}$이다. 따라서 $\dfrac{1}{9} + \dfrac{1}{16} = \dfrac{16}{144} + \dfrac{9}{144} = \dfrac{25}{144}$가 된다.

정답 ⑤

예제 05 갑이 받은 이메일 중에서 60%는 스팸메일이고, 40%는 일반메일이라고 한다. 이때 스팸메일 중에서 당첨이라는 단어가 포함될 확률은 0.7이고 일반메일 중에서 당첨이라는 단어가 포함될 확률은 0.1이라 한다. 갑이 당첨이라는 단어가 포함된 이메일을 받았다고 할 때, 이 메일이 스팸메일일 확률을 바르게 구한 것은?

① $\dfrac{2}{21}$ ② $\dfrac{5}{21}$ ③ $\dfrac{1}{24}$ ④ $\dfrac{2}{23}$ ⑤ $\dfrac{21}{23}$

일반 풀이

스팸메일과 일반메일의 수를 각각 $3x$, $2x$로 놓고 주어진 조건을 정리하면 다음과 같다.

	스팸메일	일반메일	합계
당첨 O	$3x \times 0.7 = 2.1x$	$2x \times 0.1 = 0.2x$	$2.1x + 0.2x = 2.3x$
당첨 ×	$3x \times 0.3 = 0.9x$	$2x \times 0.9 = 1.8x$	$0.9x + 1.8x = 2.7x$
합계	$3x$	$2x$	$5x$

따라서 구하는 확률은 $\dfrac{2.1x}{2.3x} = \dfrac{21}{23}$ 이 된다.

정답 ⑤

01. 어느 공장의 제품 중 5%는 불량품이다. 이 공장에서는 불량품을 판정하기 위해 기계를 사용하는데 이 기계가 올바르게 판정할 확률이 90%이다. 이 공장 제품 중 하나를 택하여 기계로 판정했을 때 불량품이었다면, 이 제품이 실제로 불량품일 확률을 바르게 구한 것은?

| 2023 하반기 기출 키워드 | 확률

① $\dfrac{5}{28}$　　② $\dfrac{9}{28}$　　③ $\dfrac{9}{14}$　　④ $\dfrac{5}{14}$　　⑤ $\dfrac{1}{7}$

02. 성곤이랑 지혜랑 주사위 게임을 하고 있다. 성곤이가 주사위 굴려서 3이 나오면 당첨이고 2, 4, 5, 6이 나오면 "다음 기회"가 된다. 1이 나온 경우에는 지혜와 가위바위보를 해서 이기면 당첨, 비기면 다시 가위바위보, 지면 다음 기회가 된다. 두 번째로 진행한 가위바위보에서는 무조건 이겨야만 당첨이 되고 비기거나 지게 되면 다음 기회라고 할 때, 성곤이가 당첨이 될 수 있는 확률을 바르게 구한 것은?

① $\dfrac{13}{54}$　　② $\dfrac{11}{54}$　　③ $\dfrac{13}{27}$　　④ $\dfrac{11}{27}$　　⑤ $\dfrac{6}{27}$

03. A아파트 공동현관 비밀번호는 세 자리 숫자이다. 비밀번호는 1부터 5까지 조합된 수이다. 이때, 비밀번호의 숫자가 216 이상일 확률을 바르게 구한 것은? (단, 숫자는 중복 사용이 가능하다.)

① $\dfrac{6}{25}$　　② $\dfrac{31}{36}$　　③ $\dfrac{19}{25}$　　④ $\dfrac{19}{125}$　　⑤ $\dfrac{6}{125}$

04. 공 10개와 크기가 다른 상자 3개가 있다. 공 10개를 상자에 넣을 때, 모든 상자에 한 개 이상의 공이 들어가도록 넣는 방법의 수를 바르게 구한 것은?

① 6가지　　　② 12가지　　　③ 20가지　　　④ 28가지　　　⑤ 36가지

05. 준오를 포함하여 7명의 후보 중에서 대표 2명을 뽑으려고 할 때, 준오가 뽑히지 않을 확률을 바르게 구한 것은?

① $\dfrac{2}{35}$　　　② $\dfrac{5}{7}$　　　③ $\dfrac{5}{14}$　　　④ $\dfrac{2}{15}$　　　⑤ $\dfrac{3}{5}$

06. 7전 4선승제 경기에서 2승 1패 중인 J팀이 K팀에게 역전을 당해 우승하지 못할 확률을 바르게 구한 것은?

① $\dfrac{1}{4}$　　　② $\dfrac{3}{8}$　　　③ $\dfrac{9}{16}$　　　④ $\dfrac{7}{16}$　　　⑤ $\dfrac{5}{16}$

작업량

유형설명

- 한 시간 동안 어떤 일을 끝내는 데, A와 B가 각각 소요된 시간이 주어졌을 때, A와 B가 함께 일하면 총 얼마의 시간이 소요되는지 묻는 문제
- 하루에 A와 B가 함께 할 수 있는 일의 양과 하루에 A와 C가 함께 할 수 있는 일의 양을 알려주고 A, B, C 각각 하루에 할 수 있는 일의 양을 구하는 문제
- A, B 두 개의 호스로 물통을 채우는 양을 알려주고 C 호스로는 물을 배수하는 양을 알려주면서 물통 전체를 채울 수 있는 시간을 구하는 문제

풀이 Tip

- 단위 시간을 시간이 아니라 분당으로 계산도 가능하다.
- '시간' 단위가 분수로 제시되는 경우, '분' 단위로 환산할 때 실수가 없도록 해야한다.

  예) $\dfrac{2}{10}$(시간)=12(분)

- 방정식, 연립방정식 유형으로 계산을 빨리 할 수 있도록 숫자를 잘 이용해야한다.

예제 01

어떤 물통에 물을 가득 채우는 데 A호스로는 8시간, B호스로는 16시간이 걸리며, 또 가득 찬 물을 C호스로 빼는 데는 12시간이 걸린다고 한다. A, B호스로 물을 넣음과 동시에 C호스로 물을 뺀다면 이 물통에 물을 가득 채우는 데 걸리는 시간을 바르게 구한 것은?

① 9시간 48분 ② 9시간 36분 ③ 9시간 12분

④ 8시간 42분 ⑤ 8시간 36분

일반 풀이

전체 물통의 물의 양을 1이라고 하면 A, B호스로 1시간 동안 채우는 물의 양은 각각 $\dfrac{1}{8}$, $\dfrac{1}{16}$ 이고,

C호스로 1시간 동안 빼는 물의 양은 $\dfrac{1}{12}$ 이다.

물통에 물을 가득 채우는 데 걸리는 시간을 x시간이라고 하면,

$$\left(\dfrac{1}{8}+\dfrac{1}{16}-\dfrac{1}{12}\right)\times x=1$$

$$(6+3-4)x=48$$

$$x=\dfrac{48}{5}=9\dfrac{3}{5}=9\dfrac{36}{60}$$

따라서 9시간 36분이 걸린다.

 정답 ②

예제 02 A, B 두 사람이 함께 8일 동안 작업하면 끝나는 일이 있다. 이 일을 A가 먼저 5일 동안 한 후에 B가 10일 동안 일을 해서 끝마쳤다고 한다. 같은 일을 A, B가 함께 2일을 하고 B가 혼자서 며칠 동안 일을 하면 끝날 수 있는지 바르게 구한 것은?

① 6일   ② 7일   ③ 8일   ④ 9일   ⑤ 10일

일반 풀이

전체 일의 양을 1이라 하고 A, B 두 사람이 하루에 할 수 있는 일의 양을 각각 a, b라고 하자.

8일 동안 일을 끝냈다면, $8(a+b)=1$이 되고, A가 5일 동안 한 후에 B가 10일 동안 일을 해서 끝냈다면 $5a+10b=1$이 된다. 두 식을 정리하면 $a=\dfrac{1}{20}$, $b=\dfrac{3}{40}$이 된다.

같은 일을 A, B가 함께 2일을 하고 B가 혼자서 며칠 동안 일을 하면 끝내는지를 구하기 위해 B가 혼자서 일한 날을 x라고 한다면, $2(a+b)+bx=1$이 된다. 위의 $a=\dfrac{1}{20}$, $b=\dfrac{3}{40}$을 대입하면, $2\left(\dfrac{1}{20}+\dfrac{3}{40}\right)+\dfrac{3}{40}x=1$이 되고 정리하면 $x=10$(일)이 된다.

정답 ⑤

예제 03 크로스핏 선수가 스쿼트 600개를 하는 데 2시간이 걸리고, 오늘 처음 크로스핏을 시작한 초보자가 스쿼트 600개를 하는 데는 4시간이 걸린다. 크로스핏 선수와 초보자가 동시에 스쿼트를 시작해서 두 사람의 총 스쿼트 개수가 600개가 되는 시간을 바르게 구한 것은?

① 1시간 10분   ② 1시간 20분   ③ 1시간 25분
④ 1시간 30분   ⑤ 1시간 50분

일반 풀이

크로스핏 선수는 스쿼트 600개를 2시간에 하므로 1시간에 300개를 할 수 있고, 초보자는 스쿼트 600개를 4시간 동안 하므로 1시간에 150개를 할 수 있다. 둘이 함께 하는 시간을 x라고 하고, 1시간에 450개를 하는 것으로 식을 세우면 $(300+150)\times x=600$, $x=\dfrac{4}{3}$가 된다. 따라서 1시간 20분이 된다.

정답 ②

해설 p. 56

01. 어느 공장에서는 신발을 만들기 위해 A, B 두 종류의 기계를 사용한다. A기계 1대와 B기계 4대를 가동하면 3분 동안 신발 60켤레를 만들 수 있고, A기계 2대와 B기계 3대를 가동하면 2분 동안 신발 50켤레를 만들 수 있다. A기계 3대와 B기계 2대를 이용하여 3분 동안 만들 수 있는 신발의 수를 바르게 구한 것은? (단, A, B기계는 각각 따로 작동한다.)

① 85켤레　　　② 88켤레　　　③ 90켤레　　　④ 94켤레　　　⑤ 100켤레

02. 도자기 장인이 컵을 하나 만드는 데 일반인보다 10분 동안 2개를 더 만들어 낼 수 있다고 한다. 일반인은 3시간 동안 만들어도 장인의 1시간 작업량의 절반밖에 만들지 못한다고 할 때, 장인과 일반인이 1시간 동안 만들 수 있는 도자기 컵은 모두 몇 개인지 바르게 구한 것은?

① 13.6개　　　② 14.2개　　　③ 15개　　　④ 16.8개　　　⑤ 17.4개

03. 화물차 A, B, C가 있다. 어떤 화물을 A화물차 5대로 매일 8시간씩 나르면 12일에, B화물차 12대로 매일 10시간씩 나르면 5일에, C화물차 3대로 매일 8시간씩 나르면 5일에 모두 나를 수 있다고 한다. 만일 A화물차 4대, B화물차 5대, C화물차 3대로 매일 8시간씩 함께 나른다면 며칠 만에 모두 나를 수 있는지 바르게 구한 것은?

① 6일　　　② 5일　　　③ 4일　　　④ 3일　　　⑤ 2일

04. A는 1시간에 1/10의 일을 하고 B는 1/5의 일을 한다. A와 B가 같이 일할 때, 일을 끝내는 데 걸리는 시간을 바르게 구한 것은?

| 2023 하반기 기출 키워드 | A는 1시간에 1/10의 일, B는 1/5의 일을 한다. 같이 일할 때, 일이 끝나는 시간

① 3시간 30분　　　② 3시간 20분　　　③ 3시간 10분

④ 3시간　　　⑤ 2시간 20분

05. 물이 들어 있는 커다란 수조가 하나 있다. 1분마다 수조에는 일정량이 물이 흘러 들어가고 있다. 4명이 이 수조의 물을 퍼내는 데 30분이 걸리고, 8명이 이 일을 하면 10분이 걸린다. 이 수조의 물을 5분 만에 모두 퍼내려고 하면 몇 명이 필요한지를 바르게 구한 것은?

| 2023 하반기 기출 키워드 | 일의 양

① 16명　　　② 15명　　　③ 14명　　　④ 13명　　　⑤ 12명

필수유형 06

비용

- 정가에 a%를 할인하여 판매한 금액을 구하거나, 원가에 b%의 이익을 붙였을 때 정가를 구하는 문제
- 이자유형에서 단리나 복리를 활용하는 유형

풀이 Tip

- 증가량과 증가한 후의 양은 다르기 때문에 둘 중에 하나를 이용하여 계산한다.
- 원가 + 이익 = 정가라는 것을 기억해두고 실수하지 않아야 한다.
- 복리계산의 경우, 비율적으로 한 번에 구할 수 있는 지점을 활용해야 한다.

예제 01

원가에 30%의 이익을 붙여 정가를 정했는데 물건이 팔리지 않아 정가에 25%를 할인해서 판매하였다. 1개당 700원을 손해 봤을 때, 원가를 바르게 구한 것은?

① 28,000원 ② 27,000원 ③ 26,000원
④ 25,000원 ⑤ 24,000원

일반 풀이

원가를 a라고 하면 $a\left(1+\dfrac{30}{100}\right)\times\dfrac{75}{100}-a=-700$으로 식을 세울 수 있다.

정리하면 $\dfrac{39}{40}a-a=-700$, $-\dfrac{1}{40}a=-700$, $a=28,000$원이 된다.

정답  ①

예제 02

어느 지역의 공원에서 반려견 쉼터를 거쳐서 쇼핑몰까지 운행하는 버스의 구간별 요금은 다음과 같다. 공원에서 이 버스를 탄 승객은 50명이고, 쇼핑몰에 도착하여 내린 승객은 45명이다. 이 버스의 승차권의 판매 요금이 총 69,800원일 때, 반려견 쉼터에서 버스에 탄 승객과 내린 승객은 모두 몇 명인지 바르게 구한 것은?

구간	요금
공원 → 반려견 쉼터	800원
반려견 쉼터→ 쇼핑몰	1,000원
공원 → 쇼핑몰	1,400원

① 19명　　② 18명　　③ 17명　　④ 16명　　⑤ 15명

일반 풀이

반려견 쉼터에서 탄 사람의 수를 x명이라 하고, 내린 사람의 수를 y명이라고 하자. 공원에서 반려견 쉼터까지 이동한 승객은 반려견 쉼터에서 내린 인원수와 같으므로 y명이 되고, 반려견 쉼터에서 쇼핑몰까지 이동한 사람의 수는 반려견 쉼터에서 탑승한 승객의 수와 같으므로 x명이 되며 공원에서 쇼핑몰까지 간 승객은 50명에서 반려견 쉼터에서 내린 사람을 뺀 $(50-y)$명이 된다. 또한 처음 50명에서 내리고 탄 사람을 계산하면 쇼핑몰에서 내린 인원인 45명이므로 $50+x-y=45$가 된다.

구간	요금	승객의 수
공원 → 반려견 쉼터	800원	y명
반려견 쉼터→ 쇼핑몰	1,000원	x명
공원 → 쇼핑몰	1,400원	$(50-y)$명

따라서 식을 세우면 $1,400(50-y)+800y+1,000x = 69,800$

$$700-14y+8y+10x = 698$$
$$5x-3y=-1$$

두 식을 정리하여 $x-y=-5$, $5x-3y=-1$을 계산하면 $x=7$, $y=12$이며 총 19명이 된다.

정답 ①

예제 03

은행에 60만 원을 예금하면 1년 간 연 이자가 x %이다. 이자소득에 대한 세금으로 15%를 공제하면 1년 뒤에 받을 수 있는 돈이 615,300원이라고 할 때, 연 이자는 몇 %인지 바르게 구한 것은?

① 3.5%　　② 3.2%　　③ 3%　　④ 2.8%　　⑤ 2.5%

일반 풀이

60만 원에 대한 이자는 $600,000 \times \dfrac{x}{100} = 6,000x$ (원)이다.

이때 $6,000x$ 원에 대한 세금이 15%이고 1년 뒤에 받는 돈의 이익이 15,300원이므로,

$6,000x \times \dfrac{85}{100} = 15,300, \quad 5,100x = 15,300$

$x = 3$

따라서 연 이자는 3%이다.

정답   ③

예제 04

민지의 휴대전화는 기본요금이 12,000원이고 1초 통화에 2원씩인 요금제를 사용한다. 이번 달 우수고객으로 선정되어 기본요금을 30% 할인받고 200분 무료통화, 그 후 600초 통화까지는 20%, 600초 초과부터는 40%를 할인받았더니 전화요금이 28,200원이었다. 민지가 이번 달에 통화한 시간은 몇 초인지 바르게 구한 것은? (단, 문자 사용료는 무료이다.)

① 32,800초 ② 31,400초 ③ 30,000초
④ 29,600초 ⑤ 28,300초

일반 풀이

이번 달 통화시간을 x초라 하면

기본요금에서 30% 할인받으면 $12{,}000 \times \dfrac{70}{100}$, 600초까지 20% 할인받으면 $600 \times 2 \times \dfrac{80}{100}$,

무료통화 200분(=12,000초)과 600초를 제외하고 40% 할인받으면

$$(x-12{,}600) \times 2 \times \dfrac{60}{100}$$

$$12{,}000 \times \dfrac{70}{100} + 600 \times 2 \times \dfrac{80}{100} + (x-12{,}600) \times 2 \times \dfrac{60}{100} = 28{,}200$$

$$8{,}400 + 960 + \dfrac{6}{5}x - 15{,}120 = 28{,}200,$$

$$\dfrac{6}{5}x = 33{,}960$$

$$x = 28{,}300(초)$$

정답 ⑤

해설 p. 57

01. 정사원은 3,000만 원으로 주식을 시작하여 10%의 손해를 본 후, 투자금을 모두 회수하였다. 회수한 투자금 중 2,000만 원은 연이율 5%인 A은행에 예금하고, 나머지 투자금은 연이율 4%인 B은행에 예금하였다. 이때 예금액이 최초 주식투자 금액보다 많아지는 해는 몇 년 후인지 바르게 구한 것은? (단, 연이율은 복리로 계산하고, 소수점 아래는 버린다.)

| 2023 상반기 기출 키워드 | 일정 금액에서 손해를 보고 투자금 모두 회수, 일정 금액 예금

① 1년 ② 2년 ③ 3년 ④ 4년 ⑤ 5년

02. 어떤 물건을 정가의 20%를 할인하여 팔았더니 원가에 대하여 4%의 이익을 얻었다고 한다. 이 물건은 원가에 몇 %의 이익을 붙여서 정가를 정한 것인지 바르게 구한 것은?

① 17% ② 20% ③ 24% ④ 26% ⑤ 30%

03. 어떤 상품을 원가에 30%의 이익을 붙여서 정가를 정하고, 정가에서 1,200원을 할인하여 팔았더니 1개를 팔 때마다 원가의 10%의 이익을 얻었다. 이 상품의 원가를 바르게 구한 것은?

① 4,000원 ② 4,500원 ③ 5,000원 ④ 5,500원 ⑤ 6,000원

04. 수진이는 다이어트를 하기 위해 두 식품 A, B를 각각 100g씩 먹을 때 섭취할 수 있는 탄수화물과 지방의 양을 조사하여 표로 나타내었다. 탄수화물은 95g, 지방은 48g만 섭취하려고 하며, A는 100g당 2,800원, B는 100g당 3,500원이라고 할 때 두 식품 A, B를 구입하는 데 필요한 비용은 총 얼마인지 바르게 구한 것은?

영양소 \ 식품	A	B
탄수화물(g)	25	10
지방(g)	8	12

① 15,400원 ② 14,500원 ③ 14,400원
④ 13,400원 ⑤ 12,400원

05. 최 부장은 2024년 말부터 매년 말에 1,100만 원씩 20년 동안 연금을 받게 된다. 이 연금을 연이율 4%의 복리로 계산하여 2024년 초에 일시불로 수령하고자 할 때, 수령하게 되는 금액을 바르게 구한 것은? (단, $(1.04)^{19}=2.1$, $(1.04)^{20}=2.2$로 계산하고 세금은 무시한다.)

① 2억 원 ② 1억 5,000만 원 ③ 1억 2,500만 원
④ 1억 1,500만 원 ⑤ 1억 원

Chapter 04

언어추리

명제추리에 들어가기 앞서서

최근 트렌드를 확인하면 명제추리는 단순명제 위주로 출제되며 조건추리에서는 AND, OR 등을 사용한 복합명제도 출제된다.

 명제의 종류

- 단순 명제: 정언 명제라고 하기도 하며 'A는 B이다.'와 같이 더 이상 쪼갤 수 없는 긍정형의 명제를 말한다.
- 합성 명제: AND를 활용한 연언 명제, OR를 활용한 선언 명제와 같이 논리 연산으로 묶인 명제를 말한다.

 합성 명제에 대한 이해

(1) AND

- A와 B가 물건을 훔쳤다.

위 명제는 'A가 물건을 훔쳤고 B가 물건을 훔쳤다.'와 같이 두 명제가 AND로 묶인 경우다. AND의 경우 두 명제가 참이어야 합성 명제가 참이다. 다시 말해 'A가 물건을 훔쳤다.', 'B가 물건을 훔쳤다.'를 만족해야만 'A와 B가 물건을 훔쳤다.'가 참이다. 기호로 표현하자면 'A∧B'로 표현할 수 있고 진리표는 다음과 같다.

A	B	A∧B
T	T	T
T	F	F
F	T	F
F	F	F

(2) OR

- A 또는 B가 물건을 훔쳤다.

위 명제도 'A가 물건을 훔쳤거나 B가 물건을 훔쳤다.'와 같이 두 명제가 OR로 묶인 경우다. OR의 경우 두 명제 중 하나 이상이 참이어야 합성 명제가 참이다. 다시 말해 'A가 물건을 훔쳤다.', 'B가 물건을 훔쳤다.' 중 하나를 만족하거나 둘 다 만족한다면 'A 또는 B가 물건을 훔쳤다.'가 참이다. 기호로 표현하자면 'A∨B'로 표현할 수 있고 진리표는 다음과 같다.

A	B	A∨B
T	T	T
T	F	T
F	T	T
F	F	F

(3) XOR

- A 또는 B 중 한명만 물건을 훔쳤다.

  위 명제는 'A와 B 중 한 명만 물건을 훔쳤다.'와 같은 의미다. XOR의 경우 두 명제 중 하나만 참이어야 합성
  명제가 참이다. 다시 말해 'A가 물건을 훔쳤다.', 'B가 물건을 훔쳤다.' 중 하나만 만족한다면 'A 또는 B 중 한
  명만 물건을 훔쳤다.'가 참이다. 기호로 표현하자면 'A⊻B'로 표현할 수 있고 진리표는 다음과 같다.

A	B	A⊻B
T	T	F
T	F	T
F	T	T
F	F	F

명제추리

유형설명

- 일반적으로 4~5가지의 단순명제를 제시 후 특정 명제를 도출할 수 있는지를 판별하는 문제로 출제된다.
- 총 20문제 중 2~3문제가 출제된다.

풀이 Tip

- 매개념 및 대우를 활용한다.
- 특정 값의 대소비교는 부등호($<$, $>$, $\leq$, $\geq$)를 활용하여 정리한다.
- 메모장으로 개념을 간략하게 타이핑하고 기호화한다.

1 풀이 방법

명제추리 유형을 크게 이어주기, 대소비교, 상황판단으로 나눌 수 있다. 각 유형에 따른 풀이방법을 소개한다.

(1) 이어주기

가장 대표적인 유형이고 전통적인 명제추리이다. 보기의 명제를 이어준 뒤 판별하는 보기의 내용이 옳은지(=항상 참인지), 옳지 않은지(=항상 거짓인지, 반드시 거짓인지), 옳은지 옳지 않은지 알 수 없는지(=항상 참인지 항상 거짓인지 판단할 수 없는지)를 판단해 보자.

① 기호화

제시된 명제를 이어줄 때 간단하게 기호로 정리하자. 예를 들어 '논리력이 좋은 사람은 성격이 좋다'를 기호화하면 '논리력 → 성격'이다.

'~하지 않는다'와 같은 부정의 개념은 '~(not)'으로 표현해 보자. '논리력이 좋지 않은 사람은 말이 많지 않다'를 기호로 정리하면 '~논리력 → ~말.많'이다.

위에서 기호로 나타낸 것과 같이 논리력, 성격, 말.많과 같이 개념을 간단하게 정리하여 인식을 더 빠르게 할 수 있도록 해 보자.

② 대우

보기의 명제를 이을 때 대우를 활용할 수도 있다. 대우를 취하는 방법은 명제에서 앞부분과 뒷부분을 바꾼 후 부정하는 것을 말한다. 명제인 p → q가 있다고 가정하자. 이를 대우하면 ~q → ~p이다. 명제가 참이면 대우도 참이다. 예를 들어 '논리력이 좋지 않은 사람은 말이 많지 않다'를 대우하면 '말.많 → 논리력'이다.

③ 매개념을 토대로 이어주기

참고하는 보기에 주어진 명제가 'a → b', '~c → ~b', 'c → d'라고 가정하자. 'a → b', '~c → ~b'를 이어주기 위해 '~c → ~b'를 대우하면 'b → c'가 된다. b를 매개로 'a → b → c'를 도출할 수 있다. 'a → b → c'에 'c → d'를 이어주면 'a → b → c → d'가 된다. b나 c와 같이 명제를 이어주도록 만드는 개념을 매개념이라 한다. 매개념을 중심으로 명제를 이은 후 판단하는 보기를 판별하자.

④ 선택지 판별

참고하는 보기의 명제를 이은 결과가 'a → b → c → d'라 가정하자. 이를 토대로 아래의 명제를 판별하면 다음과 같다. 편의상 상태에 따라 옳다는 O, 옳지 않다는 X, 옳은지 옳지 않은지 알 수 없다는 △로 정리했다.

〈 보 기 〉

A. a → c	⇒ O	J. ~a → ~c	⇒ △	S. c → ~a	⇒ △
B. a → d	⇒ O	K. ~a → ~d	⇒ △	T. d → ~a	⇒ △
C. b → d	⇒ O	L. ~b → ~d	⇒ △	U. d → ~b	⇒ △
D. ~a → c	⇒ △	M. c → a	⇒ △	V. ~c → ~a	⇒ O
E. ~a → d	⇒ △	N. d → a	⇒ △	W. ~d → ~a	⇒ O
F. ~b → d	⇒ △	O. d → b	⇒ △	X. ~d → ~b	⇒ O
G. a → ~c	⇒ X	P. ~c → a	⇒ X		
H. a → ~d	⇒ X	Q. ~d → a	⇒ X		
I. b → ~d	⇒ X	R. ~d → b	⇒ X		

판별한 과정을 A, F, H, J, M, Q, S, X 명제로 설명하겠다. 옳다(O)와 옳지 않다(X)를 판별하는 기준은 뒤에 이어지는 개념이 오기는 하지만 명제와 정/부정이 맞는지의 여부이고 옳은지 옳지 않은지 알 수 없다(△)를 판별하는 기준은 명제에서 제시한 뒷부분이 있는지 없는지의 여부다. 명제에서 제시한 뒷부분이 없다면 해당 명제는 옳은지 옳지 않은지 알 수 없다.

- A. a → c

  'a → b → c → d'에 의해 옳다고 판단할 수 있다.

- F. ~b → d

  'a → b → c → d'를 대우하듯 정리해보자. '~d → ~c → ~b → ~a'를 도출할 수 있다. ~b 뒤에는 d가 오면 옳다고 판단할 수 있지만 d가 없다. ~b 뒤에 ~d가 오면 옳지 않다고 판단할 수 있지만 ~d가 없다. 옳은지 옳지 않은지 알 수 없다.

- H. a → ~d

 'a → b → c → d'에 의해 a이면 d라고 알 수 있다. a이면 ~d는 옳지 않다.

- J. ~a → ~c

 F명제의 판별 과정과 비슷하다. '~d → ~c → ~b → ~a'를 보면 ~a 뒤에 이어지는 개념이 없다. ~a이면 ~c인지 ~a이면 c인지 판별할 수 없다.

- M. c → a

 'a → b → c → d'에서 c 뒤에 이어지는 개념은 d뿐이다. 즉 c 뒤에 이어지는 개념으로 a 또는 ~a가 오지 않았기에 c이면 a인지 c이면 ~a인지 판별할 수 없다.

- Q. ~d → a

 '~d → ~c → ~b → ~a'를 보면 ~d이면 ~a라고 알 수 있다. 이에 따라 ~d이면 a는 옳지 않다.

- S. c → ~a

 'a → b → c → d'에서 c 뒤에 a와 ~a 둘 다 오지 않는다. 옳은지 옳지 않은지 알 수 없다.

- X. ~d → ~b

 '~d → ~c → ~b → ~a'를 토대로 ~d이면 ~b라고 알 수 있다. ~d → ~b는 옳다.

(2) 대소비교

참고하는 보기의 명제에 작다, 크다와 같은 표현을 토대로 대소비교를 부등호를 활용하여 정리한 뒤 판별하는 보기의 내용이 옳은지, 옳지 않은지, 알 수 없는지를 판단해 보자.

① 부등호로 정리

최근 출제 경향을 보면 작다, 크다 위주로 나오기에 <나 >로 정리하면 되지만 만약 작지 않다, 크지 않다의 표현이 나온다면 ≤, ≥로 정리했으면 한다. 예시와 함께 대소비교를 정리하면 다음과 같다.

예시

– c는 e보다 연봉이 많다.	– b는 d보다 연봉이 적다.
– a는 e보다 연봉이 많다.	– a는 b보다 연봉이 적다.

1단계

각 명제를 부등호로 간단히 나타낸다.

'a는 b보다 연봉이 적다'를 나타낸 'b > a'와 같이 부등호를 <나 >중 하나로 통일하여 각 명제를 토대로 결과를 도출하기 편리하게 만든다.

처음 문제를 푼다면 1단계의 과정이 필요하지만 풀이가 익숙해지면 각 명제를 부등호로 정리하지 않고 2단계의 결과물과 같이 대소비교를 하면서 바로 정리했으면 한다.

c > e	d > b
a > e	b > a

2단계

주어진 명제들을 토대로 결과를 도출한다.

c > e	d > b > a > e

② 선택지 판별

2단계까지 거친 결과를 토대로 판별하는 보기의 내용을 판별해 보자. 2.1.4. 선택지 판별과 마찬가지로 편의상 상태에 따라 옳다는 O, 옳지 않다는 X, 옳은지 옳지 않은지 알 수 없다는 △로 정리했다.

〈 보 기 〉

A. a > b	⇒ X	C. d > c	⇒ △	E. e < d	⇒ O
B. b > e	⇒ O	D. d > a	⇒ O	F. a < c	⇒ △

• A. a > b

'd > b > a > e'에 의해 옳지 않다고 판단할 수 있다.

• B. b > e

'd > b > a > e'에 의해 옳다고 판단할 수 있다.

• C. d > c

d와 c의 대소비교를 정리하지 못했다. 옳은지 옳지 않은지 알 수 없다.

• D. d > a

'd > b > a > e'에 의해 옳다고 판단할 수 있다.

• E. e < d

'e < d'를 'd > e'로 인식하면 편하다. 'd > b > a > e'에 의해 옳다고 판단할 수 있다.

• F. a < c

a와 c의 대소비교를 정리하지 못했다. 옳은지 옳지 않은지 알 수 없다.

(3) 상황판단

상황 판단 유형은 참고하는 보기에 주어진 명제 즉 조건을 토대로 가능한 경우를 상정한 후 판별하는 보기의 명제가
모든 경우를 만족하는지(O), 아닌지(X), 일부만 만족하는지(△)를 판별하는 문제다. 경우 나누기, 명제의 판별 등
조건추리의 풀이와 비슷하다. 바로 문제로 풀이하면 다음과 같다.

J01 다음의 명제를 토대로 도출한 〈보기〉의 결론 A, B에 대한 설명으로 옳은 것을 고르시오.

- 채희, 희재, 재이는 매장에 도착한 순서대로 줄을 선다.
- 희재는 채희보다 먼저 매장에 도착한다.
- 재이는 2번째로 줄을 서지 않는다.

〈 보 기 〉

- A: 재이는 1번째로 줄을 선다.
- B: 채희는 재이보다 먼저 매장에 도착한다.

① A만 옳다.
② B만 옳다.
③ A, B 모두 옳다.
④ A, B 모두 옳지 않다.
⑤ A, B 모두 옳은지 옳지 않은지 알 수 없다.

 풀이

재이는 2번째로 줄을 서지 않는다. 재이가 1번째로 줄을 서는 경우와 3번째로 줄을 서는 경우로 나눠보자.

Case	1번째	2번째	3번째
1	재이		
2			재이

희재는 채희보다 먼저 매장에 도착한다. 이를 토대로 두 경우의 빈칸을 채우면 다음과 같다.

Case	1번째	2번째	3번째
1	재이	희재	채희
2	희재	채희	재이

A, B를 판별해 보자.
A: Case 1에서는 옳지만 Case 2에서는 옳지 않다.
B: Case 2에서는 옳지만 Case 1에서는 옳지 않다.

제시한 명제를 만족하는 모든 경우(Case 1, 2)에서 옳아야 옳다고 할 수 있고 제시한 명제를 만족하는
모든 경우에서 옳지 않아야 옳지 않다고 할 수 있다. A, B 모두 옳은지 옳지 않은지 알 수 없다.

 정답 ⑤

 ## 문제 유형

요즘의 출제 트렌드를 보면 발문, 보기, 선택지로 구성되어 있으나 이전에는 위의 '1.3. 상황판단'의 예시문제처럼 발문, 판별하는 보기, 참고하는 보기, 선택지로 구성된 문제를 출제했었다. 언제든 출제 스타일이 다를 수 있으니 참고 바란다.

(1) 발문, 보기, 선택지로 구성

발문	과자인 A, B, C, D, E 중 일부를 구매한다. 〈보기〉의 명제를 참고하여 다음 중 항상 참인 것을 고르시오.
보기	- A를 구매하면 E를 구매하지 않는다. - B와 C 중 한 가지는 반드시 구매한다. - C를 구매하면 D는 구매하지 않는다. - E를 구매하지 않으면 D를 구매한다.
선택지	① B를 구매하지 않으면 E를 구매하지 않는다. ② A를 구매하면 B를 구매하지 않는다. ③ E를 구매하지 않으면 B를 구매한다. ④ D를 구매하면 A를 구매한다. ⑤ C를 구매하면 E를 구매하지 않는다.

① 보기

3가지 이상의 명제를 제시한다. AND, OR 등을 활용한 명제도 출제하는 경향을 보인다. 요즘의 트렌드를 기준으로는 'A와 B를 구입하면 C를 구입하지 않는다.', 'E를 구입하면 C 또는 D를 구입하지 않는다.'와 같이 '~라면'에 AND나 OR를 사용하는 경우는 드물고 위의 예시처럼 'B와 C 중 한 가지는 반드시 구매한다.'정도로 제시한다.

② 선택지

위 보기와 같이 '~라면'식으로 제시하기도 하고 'A를 구매한다.'와 같이 일반적인 명제로 제시하기도 한다. '~라면'식으로 제시한 선택지는 앞부분(=전건)을 만족한다고 가정했을 때 뒷부분(=후건)이 만족하는지 확인하는 방식으로 풀이한다.

 풀이

보기의 1, 3, 4번째 명제를 정리하면 'A → ~E → D → ~C'이다. 3번째 보기는 정리할 때 대우한 'D를 구매하면 C를 구매하지 않는다.'를 활용했다.
B와 C 중 한 가지는 반드시 구매한다. 정리한 내용을 'A → ~E → D → B'로도 이해할 수 있다.
단, 조심해야 할 것이 'A → ~E → D → ~C'의 각 명제를 대우한 후 이어준다고 생각하면 'C → ~D → E → ~A'인데 이와 같은 원리로 'A → ~E → D → B'의 각 명제를 대우한 후 이어준다고 생각하면 안 된다. 즉 '~B → ~D → E → ~A'가 성립한다고 생각하면 안 된다. B와 C 중 한 가지를 반드시 구매한다고 했지 C를 구매한다고 하여 B를 구매하지 않는다고 할 수 없기 때문이다.

 정답 ③

(2) 발문, 판별하는 보기, 참고하는 보기, 선택지로 구성

보기가 참고하는 보기와 판별하는 보기로 나뉜다.

발문	다음의 명제를 토대로 도출한 〈보기〉의 결론 A, B에 대한 설명으로 옳은 것을 고르시오.
참고하는 보기	– 논리력이 좋은 사람은 성격이 좋다. – 성격이 좋은 사람은 친구가 많다. – 논리력이 좋지 않은 사람은 말이 많지 않다.
판별하는 보기	– A: 말이 많은 사람은 친구가 많다. – B: 말이 많지 않으면 성격이 좋다.
선택지	① A만 옳다. ② B만 옳다. ③ A, B 모두 옳다. ④ A. B 모두 옳지 않다. ⑤ A, B 모두 옳은지 옳지 않은지 알 수 없다.

① 참고하는 보기

3가지 이상의 명제를 제시하며 AND, OR 등이 없는 단순명제 위주로 제시한다.

② 판별하는 보기

A, B로 명명한 2가지의 명제를 제시한다. 참고하는 보기를 정리한 결과를 토대로 판별하는 대상이다.

③ 선택지

예시와 같이 5가지의 척도로 제시한다. '① A만 옳다.'는 A는 옳고 B는 옳지 않은 경우와 A는 옳고 B는 옳은지 옳지 않은지 알 수 없는 경우로 나뉜다. A는 옳고 B는 옳지 않아도 ①이 정답이고 A는 옳고 B는 옳은지 옳지 않은지 알 수 없어도 ①이 정답이다. 이는 '② B만 옳다.'도 마찬가지다.

참고하는 보기의 세 명제를 이어주면 '말이 많은 사람 → 논리력이 좋은 사람 → 성격이 좋은 사람 → 친구가 많은 사람'이다. 실제 풀이에서는 이보다 더 간단하게 '말.많 → 논리 → 성격 → 친구'로 정리했으면 한다.
판별하는 보기의 명제를 판별해보자.
A: A는 옳다.
B: B는 옳은지 옳지 않은지 알 수 없다. '말.많 → 논리 → 성격 → 친구'를 뒤집으면 '~친구 → ~성격 → ~논리 → ~말.많'이 되는데 '~말.많' 뒤에 성격이 오지 않아 B가 옳은지 옳지 않은지 판별할 수 없다.

명제추리의 추천 풀이 도구는 메모장이다. 일일이 모든 정보를 기억하기 어렵다. 개념을 간략하게 타이핑하고 기호화를 하는 등의 방법으로 조금 더 효율적으로 풀어보기를 추천한다.

예제 01

A, B, C, D, E 중 일부 인원이 이직한다. 〈보기〉의 명제를 토대로 반드시 거짓인 것을 고르시오.

〈 보 기 〉

- A가 이직한다면 C는 이직하지 않는다.
- D가 이직하지 않는다면 B는 이직하지 않는다.
- E가 이직한다면 D는 이직하지 않는다.
- C가 이직한다면 B도 이직한다.

① C가 이직한다면 E는 이직하지 않는다.
② A가 이직한다면 B는 이직하지 않는다.
③ B가 이직한다면 E도 이직한다.
④ E가 이직하지 않는다면 B는 이직한다.
⑤ D가 이직한다면 A도 이직한다.

일반 풀이

[추천 풀이 도구] 메모장

〈보기〉에서 제시한 명제를 이어주면 다음과 같다. 크게 2가지 흐름으로 보인다.

$- E \rightarrow \sim D \rightarrow \sim B \rightarrow \sim C$	$- A \rightarrow \sim C$

이어서 두 흐름을 대우하면 다음과 같다. 4개의 개념이 모인 흐름은 명제 각각을 대우한 뒤 이었다고 보아도 무방하다.

$- C \rightarrow B \rightarrow D \rightarrow \sim E$	$- C \rightarrow \sim A$

[오답 체크]

① C가 이직한다면 E는 이직하지 않는다.
　'C → B → D → ~E'에 의해 항상 참이다.
② A가 이직한다면 B는 이직하지 않는다.
　A와 B의 관계를 알 수 없다. 항상 참인지 항상 거짓인지 알 수 없다.
④ E가 이직하지 않는다면 B는 이직한다.
　'C → B → D → ~E'를 보면 E가 이직하지 않는다고 할 때 B는 이직하는지 아닌지 알 수 없다. B가 ~E보다 왼쪽에 있다. B가 ~E보다 오른쪽에 있다면 해당 선택지가 항상 참인지 항상 거짓인지 판별할 수 있다.
⑤ D가 이직한다면 A도 이직한다.
　D와 A의 관계를 알 수 없다. 항상 참/거짓 여부를 판별할 수 없다.

 정답 ③

A, B, C, D, E의 SKCT의 성적은 모두 다르다. 〈보기〉의 명제를 참고하여 항상 참인 것을 고르시오.

〈 보 기 〉

- D의 성적은 A보다 낮다.
- C의 성적은 E보다 낮다.
- A의 성적은 E보다 높다.
- C의 성적은 B보다 높다.

① D의 성적은 B보다 낮다.
② E의 성적은 B보다 낮다.
③ B의 성적은 A보다 높다.
④ C의 성적은 D보다 높다.
⑤ E의 성적은 B보다 높다.

일반 풀이

[추천 풀이 도구] 메모장

〈보기〉의 명제를 정리하면 다음과 같다. 선지를 원활하게 판별하려면 '〉'로 정리하든 '〈'로 정리하든 한 방향으로 통일시켜 주는 것이 좋다.

- A 〉 E 〉 C 〉 B	- A 〉 D

[오답 체크]

① D의 성적은 B보다 낮다..
　 D와 B의 대소비교를 할 수 없다. 항상 참인지 항상 거짓인지 알 수 없다.

② E의 성적은 B보다 낮다.
　 'A 〉 E 〉 C 〉 B'에 의해 항상 거짓이라고 알 수 있다.

③ B의 성적은 A보다 높다.
　 'A 〉 E 〉 C 〉 B'에 의해 항상 거짓이라고 알 수 있다.

④ C의 성적은 D보다 높다.
　 C와 D의 대소비교를 할 수 없다. 항상 참/항상 거짓 여부를 알 수 없다.

 정답 ⑤

예제 03

A, B, C, D, E, F의 성별은 남성과 여성이다. 〈보기〉의 조건을 토대로 성별이 같은 사람으로만 짝 지은 것을 고르시오.

─〈 보 기 〉─

- B와 F는 성별이 다르다.
- A는 D와 성별이 같다.
- C는 여성이고 F는 남성이다.

① A, F   ② B, C   ③ D, E
④ E, A   ⑤ F, B

일반 풀이

[추천 풀이 도구] 눈으로만

C를 여성, F를 남성에 고정하자. B는 F와 성별이 다르다. B는 여성이다. B와 C는 여성으로 성별이 같다.

[오답 체크]

A, D는 여성인지 남성인지 알 수 없다. 또한 E에 대한 조건도 없다. E 역시 여성인지 남성인지 알 수 없다. 가능한 경우를 모두 찾아보면 다음과 같다.

남: F, E 여: C, B, A, D	남: F 여: C, B, A, D, E
남: F, A, D, E 여: C, B	남: F, A, D 여: C, B, E

정답  ②

다음의 명제를 토대로 도출한 〈보기〉의 결론 A, B에 대한 설명으로 옳은 것을 고르시오.

- 아희는 찬혁이보다 키가 작다.
- 찬혁이는 은재보다 키가 작다.
- 아희는 윤하보다 키가 크다.
- 윤하는 재희보다 키가 크다.
- 윤하는 지유보다 키가 작다.

〈 보 기 〉

- A: 아희는 지유보다 키가 크다.
- B: 은재는 윤하보다 키가 크다.

① A만 옳다.
② B만 옳다.
③ A, B 모두 옳다.
④ A. B 모두 옳지 않다.
⑤ A, B 모두 옳은지 옳지 않은지 알 수 없다.

일반 풀이

[추천 풀이 도구] 메모장

참고하는 〈보기〉의 내용을 정리해 보자.

1단계

- 찬혁 > 아희	- 아희 > 윤하	- 지유 > 윤하
- 은재 > 찬혁	- 윤하 > 재희	

2단계

- 은재 > 찬혁 > 아희 > 윤하 > 재희	- 지유 > 윤하

A: A는 옳은지 옳지 않은지 알 수 없다.
B: 판별하는 보기의 '은재 > 찬혁 > 아희 > 윤하 > 재희'를 토대로 B는 옳다고 알 수 있다.

아희와 지유 둘 다 윤하보다 키가 크기는 하지만 아희와 지유 중 누구의 키가 더 큰지는 알 수 없다.

정답 ②

01. S는 음식점에서 A, B, C, D, E 중 몇 가지를 주문한다. 〈보기〉의 명제를 참고하여 주문한다고 할 때 항상 참인 것을 고르시오.

〈 보 기 〉

- C를 주문하면 E를 주문하지 않는다.
- A와 D 중 한 가지 이상은 반드시 주문한다.
- D를 주문하지 않으면 B를 주문한다.
- A를 주문하면 C를 주문한다.

① A를 주문하지 않으면 B를 주문하지 않는다.
② D를 주문하지 않으면 E를 주문하지 않는다.
③ C를 주문하면 D를 주문한다.
④ E를 주문하면 A를 주문한다.
⑤ B를 주문하면 C를 주문하지 않는다.

02. A, B, C, D, E, F는 2개 조로 나누어 과제를 진행한다. 〈보기〉의 명제에 따라 조를 나눈다고 할 때 항상 참인 것을 고르시오.

〈 보 기 〉

- D는 C와 같은 조다.
- A가 E와 같은 조라면 F는 B와 다른 조다.
- B가 속한 조의 인원은 2명이다.

① B는 F와 같은 조다.
② E는 B와 같은 조다.
③ B는 A와 같은 조다.
④ F는 C와 같은 조다.
⑤ D는 E와 같은 조다.

03. Z는 국가인 A, B, C, D, E의 방문 여부를 〈보기〉의 조건에 따라 결정한다. 다음 중 항상 참인 것을 고르시오.

> 〈 보 기 〉
>
> - A를 방문한다면 C는 방문하지 않는다.
> - C를 방문한다면 E를 방문한다.
> - B를 방문한다면 A와 E는 방문하지 않는다.
> - E를 방문하면 D를 방문하지 않는다.

① A를 방문하면 E를 방문하지 않는다.
② B를 방문하면 D를 방문하지 않는다.
③ C를 방문하면 B를 방문하지 않는다.
④ D를 방문하면 A를 방문하지 않는다.
⑤ E를 방문하면 C를 방문하지 않는다.

04. T는 물고기 5마리를 잡아 회를 떴다. 물고기인 A, B, C, D, E의 수득률이 각기 다르다고 할 때 〈보기〉의 명제를 참고하여 반드시 거짓인 것을 고르시오.

> 〈 보 기 〉
>
> - B는 D보다 수득률이 높다.
> - C가 E보다 수득률이 높다면 A의 수득률은 5마리 중 제일 낮다.
> - A의 수득률은 D보다 높다.
> - E의 수득률은 5마리 중 3번째로 높다.

① A는 D보다 수득률이 높다.
② B는 A보다 수득률이 높다.
③ B는 C보다 수득률이 높다.
④ D는 C보다 수득률이 높다.
⑤ E는 B보다 수득률이 높다.

조건추리에 들어가기 앞서서

조건추리는 약 10문제 정도 출제되며 줄 세우기, 테이블, OX 채우기, 자리배치, 정보정리 등 여러 유형으로 출제된다. 조건추리는 실력이 하루아침에 늘지 않음으로 연습 및 풀이 후 분석이 필요하다.

 조건추리의 이해

조건추리의 풀이는 문제의 상황을 만족하는 전체의 경우에서 〈보기〉의 조건을 만족하는 소수의 경우로 추린 후 선택지를 판별하는 과정이다. 다음의 문제와 함께 설명하겠다.

예제

J01 A, B, C, D, E 5명이 일렬로 줄을 섰다. 다음 중 항상 참인 것을 고르시오.

〈 보 기 〉

- D는 5번째로 줄을 섰다.　　　　　　(조건1)
- A, B는 인접하게 줄을 섰다.　　　　 (조건2)
- C와 D 사이에는 2명이 줄을 섰다.　 (조건3)

① A는 2번째로 줄을 섰다.
② C는 B와 인접하게 줄을 섰다.
③ A는 3번째로 줄을 섰다.
④ A와 C는 인접하게 줄을 섰다.
⑤ E는 1번째로 줄을 섰다.

 **풀이**

문제에서는 5명이 일렬로 줄을 선 상황을 제시했다. 5명이 일렬로 줄을 서는 경우는 5!로 120가지다. 120가지의 경우 중 〈보기〉의 조건을 만족하는 경우를 찾은 후 선택지를 판별한다.

〈보기〉의 조건 중 조건1을 적용하면 1명을 고정한 후 4명이 줄을 서는 경우와 같다. 4!로 24가지다. 120가지의 경우에서 조건1을 만족하는 경우는 24가지다.

이어서 조건2를 적용하면 A와 B를 한 그룹으로 묶고 D를 고정했으니 3명을 줄 세우는 것처럼 식을 세운 후 A와 B가 자리를 바꾸기에 2를 곱한 것과 같다. 즉 3! × 2가 되며 12가지다. 즉 120가지의 경우 중 조건1, 조건2를 만족하는 경우는 12가지다.

조건3도 적용해 보자. 조건1, 2를 만족하는 12가지 경우 중 조건3을 만족하는 경우를 진한 글씨로 표기하면 다음과 같다. 문제의 상황과 〈보기〉의 모든 조건을 만족하는 경우는 2가지다.

1	2	3	4	5	1	2	3	4	5
A	B	C	E	D	E	A	B	C	D
B	A	C	E	D	E	B	A	C	D
A	B	E	C	D	C	E	A	B	D
B	A	E	C	D	C	E	B	A	D
C	A	B	E	D	E	C	A	B	D
C	B	A	E	D	E	C	B	A	D

추려온 과정을 정리하면 다음과 같다. 이해를 돕기 위해 수식으로 몇 가지 경우인지를 설명했을 뿐 실제 풀이에서 몇 가지 경우인지를 계산하며 푸는 방법은 추천하지 않는다.

- 5명이 일렬로 줄을 서다: 5! = 120가지
- D는 5번째로 줄을 서다: 4! = 24가지
- A, B가 인접하게 줄을 서다: 3! × 2 = 12가지
- C와 D 사이에 2명이 줄을 서다: 2가지

문제의 상황을 만족하는 모든 경우에서 〈보기〉의 조건을 만족하는 경우를 추렸으니 선택지를 판별해 보자. 항상 참인 것을 고르라고 했으니 문제의 상황과 〈보기〉를 만족하는 모든 경우에서 참인 선택지를 확인해 보자. 편의상 추려낸 경우를 Case 1, 2로 명명하겠다.

	1	2	3	4	5
Case 1	E	C	A	B	D
Case 2	E	C	B	A	D

① A는 2번째로 줄을 섰다. (X)
 - Case 1, 2 둘 다 만족하지 않는다. 항상 거짓이다.

② C는 B와 인접하게 줄을 섰다. (△)
 - Case 1은 만족하지 않고 Case 2만 만족한다. 항상 참도 항상 거짓도 아니다.

③ A는 3번째로 줄을 섰다. (△)
 - Case 1은 만족하고 Case 2는 만족하지 않는다. 항상 참도 항상 거짓도 아니다.

④ A와 C는 인접하게 줄을 섰다. (△)
 - Case 1은 만족하고 Case 2는 만족하지 않는다. 항상 참도 항상 거짓도 아니다.

⑤ E는 1번째로 줄을 섰다. (O)
 - Case 1, 2 모두 만족한다. 항상 참이다.

위의 과정에 따라 정답은 ⑤번이다. 선택지 옆에 O, △, X로 표기한 의미는 뒤에 6. 선택지의 종류 및 판별에서 설명하겠다.

 ## 조건추리 문제를 구성하는 요소 및 파악해야 할 정보

조건추리를 발문, 보기, 선택지로 나누어 파악해야 하는 정보를 정리하면 다음과 같다. 경우와 Case를 혼용하여 설명했는데 같은 의미라 봐주셨으면 한다.

(1) 발문

문제의 상황 파악: 도식화 방법 결정

난이도 판별: 변수의 종류, 변수의 값, 도식화 방법, 문제의 물음 등을 토대로 확인

문제의 물음 파악: 특정 칸을 물어보는지, 항상 참/거짓을 물어보는지, 경우의 수를 묻는지 등

(2) 보기

난이도 판별: 조건이 몇 가지인지, 변수의 종류, 변수의 값, '~라면'으로 제시된 조건 등

조건의 우선순위 파악

- 1순위: 고정조건 & 특정 칸에 제약을 두는 조건(=특정제약조건)
- 2순위: 모든 칸에 영향을 주는 제약 조건(=광역기조건)
- 3순위: Case가 적게 나뉘는 반고정조건(=강한 반고정) + 자주 언급한 변숫값 언급
- 4순위: Case가 많이 나뉘는 반고정조건(=약한 반고정) + 자주 언급한 변숫값 언급
- 5순위: '~라면'으로 제시된 조건(=조건적인 조건)

(3) 선택지

난이도 판별: 특정 칸을 묻는지, 특정 경우를 묻는지, 여러 경우를 묻는지, 경우의 수를 따지는지, '~라면'으로 제시했는지 등

 ## 조건추리 문제의 접근 순서

공통으로 언급한 파악할 정보는 난이도 판별이다. 난이도 판별까지 고려하여 문제의 접근 순서를 정리하면 다음과 같다.

① 문제, 〈보기〉, 선택지를 보며 난이도를 판별한다.
② 문제의 상황을 토대로 도식화 방법을 선택한다.
③ 우선순위에 따라 〈보기〉의 조건을 확인한다.
④ 선택지를 판별한다.

순서별로 설명을 곁들이면 다음과 같다.

(1) 문제, <보기>, 선택지를 보며 난이도를 판별한다.

SKCT는 주어진 시간 내에 얼마나 많은 문제를 정확하게 풀 수 있는지가 평가 요소이다. 이에 따라 눈대중으로 봤을 때 어려운 문제인지 쉬운 문제인지를 확인할 수 있는 눈을 키워야 한다. 어려운 문제는 말 그대로 풀이가 어려운 문제를 의미하기도 하지만 풀이가 복잡해 시간이 오래 걸리는 문제라는 뜻도 내포하고 있다.

남은 풀이 시간 동안 문제를 풀이하여 정답을 가져올 수 있는지 없는지를 판별하는 눈이 필요하다. 어떤 요소가 난이도를 결정하는지는 뒤의 7. 난이도 판별에서 자세히 설명하겠다.

(2) 문제의 상황을 토대로 도식화 방법을 선택한다.

도식화 방법은 몇 장을 넘기면 나오는 유형3. 조건추리_줄 세우기, 유형4. 조건추리_테이블 등에서 설명하겠다. 일부 문제 유형은 어떤 도식화 방법을 사용하는지에 따라 풀이 속도, 정확도가 확연히 다르다.

(3) 우선순위에 따라 <보기>의 조건을 확인한다.

각 조건들의 우선순위는 아래의 내용과 같이 2. 조건추리 문제를 구성하는 요소 및 파악해야 할 정보에서 정리하였다.
- 1순위: 고정조건 & 특정 칸에 제약을 두는 조건(=특정제약조건)
- 2순위: 모든 칸에 영향을 주는 제약 조건(=광역기조건)
- 3순위: Case가 적게 나뉘는 반고정조건(=강한 반고정) + 자주 언급한 변숫값 언급
- 4순위: Case가 많이 나뉘는 반고정조건(=약한 반고정) + 자주 언급한 변숫값 언급
- 5순위: '~라면'으로 제시된 조건(=조건적인 조건)

각 조건에 대한 상세 설명은 4. 〈보기〉에서 제시한 조건의 우선순위 및 활용에서 이어나가겠다.

(4) 선택지를 판별한다.

선택지는 확정적인 선택지, 경우의 수 선택지, 가능성의 선택지, 조건적인 선택지로 나뉜다. 문제에서 묻는 바가 무엇인지에 따라 선택지를 판별하는 방법이 달라지기도 한다. 자세한 내용은 5. 문제의 물음 유형을 먼저 확인한 후 6. 선택지의 종류 및 판별에서 알아보자.

 4 <보기>에서 제시한 조건의 우선순위 및 활용

〈보기〉의 조건을 크게 확정적인 조건과 조건적인 조건으로 나뉜다. 여기서 확정적인 조건은 고정조건, 반고정조건, 제약조건으로 나눈다. 반고정조건은 강한 반고정조건과 약한 반고정조건으로 나누고 제약조건은 특정 칸에 제약을 두는 조건(이하 특정제약조건)과 모든 칸에 영향을 주는 제약 조건(이하 광역기조건)으로 나눈다. 설명의 편의를 위한 우리끼리의 정의다.

확정적인 조건	고정조건	
	반고정조건	강한 반고정조건
		약한 반고정조건
	제약조건	특정제약조건
		광역기조건
조건적인 조건		

이해를 돕기 위해 각 조건의 예를 들면 다음과 같다.

〈확정적인 조건의 예〉

확1. A와 B는 인접하다.

확2. A는 2층에 거주한다.

확3. A는 B 뒤에 위치한다.

확4. 남자와 여자는 인접하게 줄을 서지 않는다.

확5. A와 B 사이에는 1명이 있다.

확6. A는 3일차에 갑을 방문하지 않는다.

확7. 3학년인 학생의 수는 1학년보다 많다.

확8. A 바로 앞에 B가 줄을 선다.

〈조건적인 조건의 예〉

조1. A가 2층에 거주한다면 B는 3층에 거주한다.

조2. A 또는 B가 갑을 방문하지 않는다면 C는 병을 방문한다.

확정적인 조건은 〈보기〉의 조건을 모든 경우에 적용할 수 있지만 조건적인 조건은 ~라면으로 표현한 조건부(=전건)를 만족하는 경우에만 서술부(=후건)의 정보를 적용한다. 문제를 어느 정도 풀이했을 때 다음의 두 경우가 있다고 가정하자. 이때 조1. A가 2층에 거주한다면 B는 3층에 거주한다는 Case 2에만 적용할 수 있다. Case 2에서 B는 3층에 거주한다.

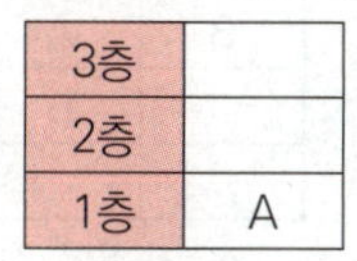
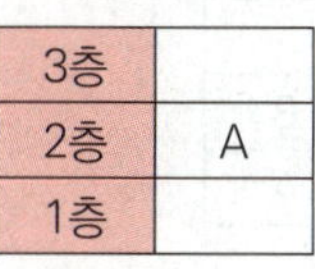

조1. A가 2층에 거주한다면 B는 3층에 거주한다는 Case 1에 적용하지 않는다. 조건부를 만족하지 않기 때문이다. 즉 B는 2층에 거주할 수도 있고 3층에 거주할 수 있다.

조건적인 조건은 조건부를 만족하는지를 알아야 적용할 수 있기에 확정적인 정보를 토대로 도식을 어느 정도 채운 후 사용한다. 즉 우선순위가 낮다. 더불어 모든 Case를 아우르지 않는다는 점도 조건적인 조건의 우선순위가 낮은 요인이다. 확정적인 조건을 조건적인 조건보다 먼저 확인하자.

확정적인 조건 안에서도 우선순위가 존재한다. 우선순위를 설명하기에 앞서 어떤 의미를 담아 명명했는지 소개하겠다. 예시는 앞서 예로 든 확정적인 조건의 예다.

(1) 고정조건

확2. A는 2층에 거주한다.

(2) 반고정조건

고정조건처럼 확실하게 한 칸을 채울 수는 없지만 특정 값이 들어가는 범위를 좁혀주는 조건이다.

확1. A와 B는 인접하다.

확3. A는 B 뒤에 위치한다.

확5. A와 B 사이에는 1명이 있다.

확8. A 바로 앞에 B가 줄을 선다.

① 경우가 적게/많이 나뉘는지

반고정조건을 적용했을 때 경우가 적게 나뉘면 강한 반고정조건, 경우가 많이 나뉘면 약한 반고정조건이라 할 수 있다. 4명이 일렬로 줄을 선다고 가정할 때 확1. A와 B는 인접하다와 확8. A 바로 앞에 B가 줄을 선다를 고민해보자. A와 B가 인접하게 줄을 선다는 점은 같지만 A와 B가 순서를 바꿀 수 있는 확1. A와 B는 인접하다는 경우가 더 많이 나뉘기에 약한 반고정조건이고 확8. A 바로 앞에 B가 줄을 선다는 경우가 적게 나뉘기에 강한 반고정조건이다.

1	2	3	4
A	B		
B	A		
	A	B	
	B	A	
		A	B
		B	A

확1. 약한 반고정

1	2	3	4
B	A		
	B	A	
		B	A

확8. 강한 반고정

반고정조건이 강한 반고정인지 약한 반고정인지는 상대적이다. 5명이 일렬로 줄을 선다고 가정하고 확1. A와 B는 인접하다와 확3. A는 B 뒤에 위치한다를 비교했을 때 확1. A와 B는 인접하다는 확3. A는 B 뒤에 위치한다에 비해 강한 반고정조건이다.

1	2	3	4	5
A	B			
B	A			
	A	B		
	B	A		
		A	B	
		B	A	
			A	B
			B	A

확1. 강한 반고정(상대적)

1	2	3	4	5
B	A			
B		A		
B			A	
B				A
	B	A		
	B		A	
	B			A
		B	A	
		B		A
			B	A

확3. 약한 반고정

문제를 풀이 후 분석하는 과정에서 강한 반고정과 약한 반고정을 절대적으로 구분하지 말고 주어진 반고정조건 중 강한 반고정인지 약한 반고정인지 상대적으로 구분했으면 한다.

② **자주 언급된 변숫값, 고정조건으로 활용된 변숫값을 포함하는지**

반고정조건의 우선순위를 결정하는 또 다른 요소는 자주 언급된 변숫값, 고정조건으로 활용된 변숫값을 포함하는지다. J02와 함께 확인해보자. 선택지는 추후에 공개하겠다.

J02 A, B, C, D, E 5명이 일렬로 줄을 섰다. 〈보기〉를 참고하여 이들이 줄을 선 경우는 모두 몇 가지인지 고르시오.

〈 보 기 〉

- D는 5번째로 줄을 섰다.　　　　　　　　　(조건1)
- A, B는 인접하게 줄을 섰다.　　　　　　　(조건2)
- C, D는 인접하게 줄을 섰다.　　　　　　　(조건3)

풀이

조건2와 조건3은 반고정조건이다. 조건2를 기준으로 경우를 나누어도, 조건3을 기준으로 경우를 나누어도 나뉘는 경우의 수는 같다. 그런데 고정조건인 조건1을 적용한 뒤 조건2로 경우를 나누면 6가지, 조건1을 적용한 뒤 조건 3으로 경우를 나누면 1가지다. 편의상 A와 B가 자리를 바꾸는 경우는 A/B 또는 B/A와 같이 빗금으로 표기했다.

1	2	3	4	5
A/B	B/A			D
	A/B	B/A		D
		A/B	B/A	D

조건1, 2 적용

1	2	3	4	5
			C	D

조건1, 3 적용

물론 조건1, 2, 3을 적용하면 결과는 같다. 다만 풀이의 과정에서 굳이 정리하지 않아도 되는 경우를 그리고 채우고 확인하는 시간을 줄이기 위한 목적이 크다. 하기의 내용은 굳이 정리하지 않아도 되는 내용이다.

1	2	3	4	5
		A/B	B/A	D

조건1, 2 적용/불필요한 부분

③ **언급한 변숫값의 개수가 몇 개인지**

반고정조건의 우선순위를 결정하는 마지막 요인은 언급한 변숫값의 개수이다. J03과 함께 설명하겠다. J03의 선택지와 완벽한 풀이는 뒤에서 공개하겠다.

J03 A, B, C, D, E는 일렬로 줄을 선다. 〈보기〉를 참고하여 E가 몇 번째로 줄을 서는지 고르시오.

〈 보 기 〉

- A는 2번째 또는 3번째로 줄을 선다. (조건1)
- C, D는 인접하게 줄을 선다. (조건2)
- B는 4번째로 줄을 선다. (조건3)

풀이

고정조건인 조건3을 먼저 적용한 후 조건1만 적용한 풀이와 조건2만 적용한 풀이로 정리해보자.

1	2	3	4	5
	A		B	
		A	B	

조건1, 3 적용

1	2	3	4	5
C	D		B	
D	C		B	
	C	D	B	
	D	C	B	

조건2, 3 적용

조건1, 3을 적용한 풀이는 각 행의 빈칸(3칸)에 언급하지 않은 C, D, E 3명을 일렬로 줄 세우는 6가지 경우로 나뉘고 2행이기에 총 12가지 경우로 나뉜다. 조건2, 3을 적용한 풀이는 각 행의 빈칸(2칸)에 언급하지 않은 A, E가 자리를 바꾸어 앉는 2가지 경우로 나뉘고 4행이기에 8가지 경우로 나뉜다.
조건1은 A만 언급했고 조건2는 C와 D를 언급했다. 1명을 언급한 조건보다 2명을 언급한 조건이 경우를 보다 많이 줄인다. 즉 언급한 변수값이 많을 수록 우선순위가 높다.

(3) 제약조건

특정 칸이나 여러 칸에 제약을 부여하는 조건이다. 특정 칸에 제약을 걸면 특정제약조건이고 여러 칸에 제약을 부여하면 광역기조건이다. 광역기는 게임에서 여러 캐릭터/몬스터에게 피해를 줄 수 있는 스킬을 말하는데 여러 칸에 제약을 부여하기에 이름을 따왔다. 특정제약이든 광역기든 제약조건의 우선순위는 높다. 제약을 알지 못하고 문제를 풀이하다보면 굳이 나누지 않아도 되는 경우를 나누는 경우도 존재하고 굳이 나눈 경우를 지울 때가 많아 풀이 시간이 지연된다.

확4. 남자와 여자는 인접하게 줄을 서지 않는다.

확6. A는 3일차에 갑을 방문하지 않는다.

확7. 3학년인 학생의 수는 1학년보다 많다.

확6. A는 3일차에 갑을 방문하지 않는다는 특정제약조건이고 나머지 확4. 남자와 여자는 인접하게 줄을 서지 않는다와 확7. 3학년인 학생의 수는 1학년보다 많다는 광역기조건이다. 제약조건을 머리로만 기억하다가 풀이 중 까먹을 때가 많은 학생들은 꼭 표에 표기하거나 간소하게 적어두자. 특정제약조건을 표기하는 예시는 J04와 같다. J04의 선택지와 풀이는 뒤의 설명에서 이어가겠다.

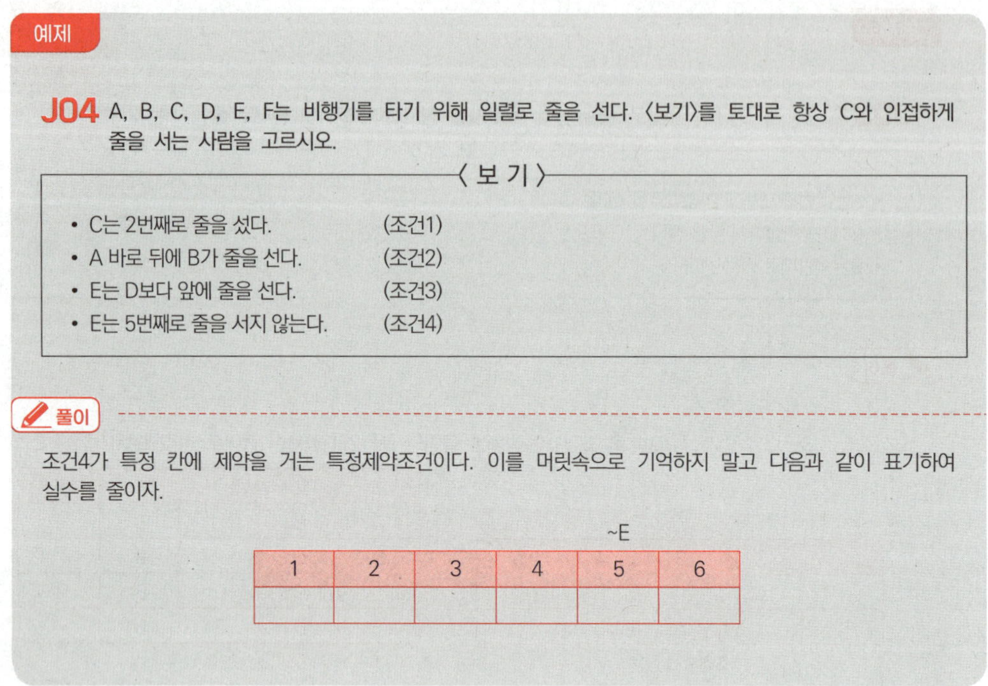

1	2	3	4	5	6

광역기조건의 예시도 확인해보자. 변수의 종류가 여럿인 문제에 광역기조건이 자주 보인다. 변수의 종류가 많다면 문제의 상황을 만족하는 경우가 많아지기에 광역기조건으로 경우를 줄인다고도 생각된다. J05와 함께 알아보자.

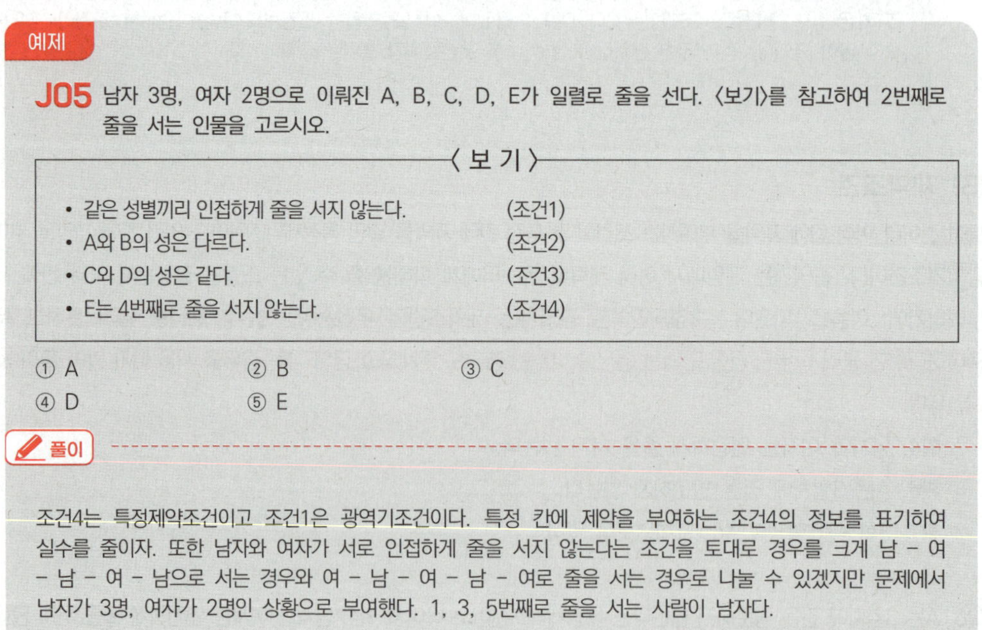

조건4는 특정제약조건이고 조건1은 광역기조건이다. 특정 칸에 제약을 부여하는 조건4의 정보를 표기하여 실수를 줄이자. 또한 남자와 여자가 서로 인접하게 줄을 서지 않는다는 조건을 토대로 경우를 크게 남 - 여 - 남 - 여 - 남으로 서는 경우와 여 - 남 - 여 - 남 - 여로 줄을 서는 경우로 나눌 수 있겠지만 문제에서 남자가 3명, 여자가 2명인 상황으로 부여했다. 1, 3, 5번째로 줄을 서는 사람이 남자다.

~E

남	여	남	여	남
1	2	3	4	5

조건2와 조건3이 남았는데 누가 어디에 줄을 서는지 알려주지는 않고 성이 같거나 다르다는 정보만 준다. 이를 정리해보자. C와 D의 성이 같다. C와 D가 남자일 수도 있고 여자일 수도 있다. 그런데 C와 D가 여자라면 조건2를 적용할 수 없다. A와 B의 성이 다르다고 했으니 둘 중 1명이 남자이고 나머지 1명이 여자인데 C와 D까지 여자라면 여자가 3명이 된다. 문제의 상황을 만족하지 않는다. 따라서 C와 D는 남자이다. A와 B는 서로 남자/여자 자리를 바꿀 수 있으니 A/B 또는 B/A로 표기했다.

> 남(3명): C, D, A/B
>
> 여(2명): B/A

언급하지 않은 E는 자연스럽게 여자라고 알 수 있다. E는 2번째 또는 4번째로 선다고 생각하면 오산이다. 이미 조건4에 의해 E가 4번째로 줄을 서지 않는다고 확인했다. E는 2번째로 줄을 선다. 정답을 찾았으니 풀이를 마친다. 풀이를 마치는 이유는 뒤에 이어지는 5. 문제의 물음 유형에서 확인할 수 있다.

위 내용을 토대로 다시 한번 조건의 우선순위를 정리해보면 다음과 같다.

- 1순위: 고정조건 & 특정 칸에 제약을 두는 조건(=특정제약조건)
- 2순위: 모든 칸에 영향을 주는 제약 조건(=광역기조건)
- 3순위: Case가 적게 나뉘는 반고정조건(=강한 반고정) + 자주 언급한 변숫값 언급
- 4순위: Case가 많이 나뉘는 반고정조건(=약한 반고정) + 자주 언급한 변숫값 언급
- 5순위: '~라면'으로 제시된 조건(=조건적인 조건)

상대적으로 순위가 위와 같다는 것이지 절대적이지는 않다. 다만 고정조건이 늘 반고정조건보다 우선순위가 높다는 점은 꼭 기억했으면 한다. J01을 예로 들겠다.

J01 A, B, C, D, E 5명이 일렬로 줄을 섰다. 다음 중 항상 참인 것을 고르시오

〈 보 기 〉

- D는 5번째로 줄을 섰다. (조건1)
- A, B는 인접하게 줄을 섰다. (조건2)
- C와 D 사이에는 2명이 줄을 섰다. (조건3)

풀이

문제의 상황과 조건1을 만족하는 경우: 4! = 24가지
문제의 상황과 조건2를 만족하는 경우: 4! × 2 = 48가지

조건1을 먼저 적용하면 24가지의 경우 중 남은 조건을 만족하는 경우를 찾는 과정이고 조건2를 먼저 적용하면 48가지의 경우에서 남은 조건을 만족하는 경우를 추리는 과정이다. 24가지를 들고 싸우는 사람이 48가지를 들고 싸우는 사람보다 유리하다.

(4) 조건적인 조건과 대우

앞서 조건적인 조건은 조건부 즉 앞부분을 만족할 때 서술부 또는 뒷부분을 적용한다고 전했다. 문제를 풀이하다 앞부분은 만족하는지 모르지만 뒷부분을 적용하면 〈보기〉의 조건이 충돌되는 경우는 어떻게 접근해야 할까? 예를 들면 다음과 같다.

- A는 4번째로 줄을 선다.   (조건1)
- D가 1번째로 줄을 선다면 C가 4번째로 줄을 선다.   (조건2)

조건1에 의해 A가 4번째로 줄을 선다. 조건2는 조건적인 조건인데 D가 1번째로 줄을 서는지는 현재로서 알 수 없다. 하지만 C가 4번째로 줄을 서게 되면 A가 4번째로 줄을 선다는 조건1과 충돌된다. D가 1번째로 줄을 서게 되면 C와 A가 충돌되기 때문에 D는 1번째로 줄을 서지 않는다고 알 수 있다. 처음부터 조건2를 대우하여 C가 4번째로 줄을 서지 않는다면 D가 1번째로 줄을 서지 않는다고 제시할 수 있지만 풀이를 하다보면 대우를 취해야겠다는 생각이 나지 않는다. 오히려 뒷부분이 충돌되네? 앞부분은 만족하지 않겠구나! 와 같이 사고하는 편이 빠르다.

오해를 줄이기 위해 설명을 더 추가하자면 D가 1번째로 줄을 서는지 현재로서 알 수 없다고 했지만 A를 4번째 자리에 배치한 후 여러 가지 경우로 나눈 후 문제를 풀이해도 된다. 그중 D가 1번째로 줄을 서는 경우는 D가 1번째로 줄을 선다면 C가 4번째로 줄을 서기에 〈보기〉의 조건을 만족하지 않아 소거하는 경우가 된다. 경우를 더 그리고 지우고 하는 과정을 구태여 하지 않기 위해 위와 같이 설명했다.

5 문제의 물음 유형

대표적인 유형은 (1) 특정 값을 묻는 문제, (2) 가능한 경우를 선별하는 문제, (3) 항상 참/거짓을 묻는 문제로 나뉜다.

(1) 특정 값을 묻는 문제

특정 값을 물어보는 문제의 예시는 다음과 같다.

특1. 반드시 2층에 사는 사람을 고르시오.

특2. A와 항상 마주보고 앉는 사람을 고르시오.

특3. 4번째로 줄을 서는 사람을 고르시오.

특4. B와 항상 같은 팀인 사람을 고르시오.

특5. 항상 C와 인접하게 줄을 서는 사람을 고르시오.

특정 값을 묻는 문제는 문제의 상황과 〈보기〉의 조건을 만족하는 경우가 소수일 때가 많다. 경우가 많아지면 모든 경우를 만족하는 선지를 도출하기 어렵기 때문이다. 즉 문제가 쉬운 편일 확률이 높다. 특히나 다음의 예시와 같이 특정 자리의 값을 묻는 문제라면 문제의 상황과 〈보기〉의 조건을 만족하는 경우 중 한 가지 경우만 찾거나 도식을 다 채우지 않아도 정답을 찾을 확률이 높다. 대표적인 예시가 앞서 풀이한 J05이다.

J05 남자 3명, 여자 2명으로 이뤄진 A, B, C, D, E가 일렬로 줄을 선다. 〈보기〉를 참고하여 2번째로 줄을 서는 인물을 고르시오.

〈 보 기 〉

- 같은 성별끼리 인접하게 줄을 서지 않는다. (조건1)
- A와 B의 성은 다르다. (조건2)
- C와 D의 성은 같다. (조건3)
- E는 4번째로 줄을 서지 않는다. (조건4)

풀이

5명의 성을 아래와 같이 정리했다. 여자인 E는 2, 4번째로 줄을 설 수 있는데 조건4에 의해 E는 4번째로 줄을 설 수 없고 2번째로 줄을 설 수 있다. 문제에서 2번째로 줄을 서는 사람을 고르라고 묻는다. 즉 정답이 나왔다.

남(3명): C, D, A/B
여(2명): B/A, E

이처럼 특정 값을 묻는 문제는 도식을 다 채우지 않아도 정답을 찾을 확률이 높다. 참고로 문제의 상황과 〈보기〉를 만족하는 경우는 여러 가지가 있지만 모두 2번째로 줄 서는 사람은 E이다. 다음은 문제의 상황과 〈보기〉를 만족하는 모든 경우다.

남	여	남	여	남
1	2	3	4	5
C	E	D	B/A	A/B
C	E	A/B	B/A	D
D	E	C	B/A	A/B
D	E	A/B	B/A	C
A/B	E	C	B/A	D
A/B	E	D	B/A	C

J05는 문제가 조금 어려울 수 있다. 보다 쉬운 문제인 J03, J06과 함께 알아보자.

J03 A, B, C, D, E는 일렬로 줄을 선다. 〈보기〉를 참고하여 E가 몇 번째로 줄을 서는지 고르시오.

〈 보 기 〉

- A는 2번째 또는 3번째로 줄을 선다. (조건1)
- C, D는 인접하게 줄을 선다. (조건2)
- B는 4번째로 줄을 선다. (조건3)

① 1번째   ② 2번째   ③ 3번째
④ 4번째   ⑤ 5번째

앞선 풀이에서 조건 2, 3을 적용한 경우로 추렸다.

1	2	3	4	5
C	D		B	
D	C		B	
	C	D	B	
	D	C	B	

조건2, 3 적용

조건1에서 A는 2번째 또는 3번째로 줄을 선다고 한다. 2, 3번째 자리에 C와 D가 있는 경우를 소거하고 A를 3번째 자리에 배치하자. E는 자연스럽게 5번째로 줄을 선다.

1	2	3	4	5
C	D	A	B	E
D	C	A	B	E

J06 A, B, C, D, E는 버스를 타기 위해 일렬로 줄을 선다. 〈보기〉를 토대로 4번째로 줄을 서는 사람을 고르시오.

〈 보 기 〉

- C는 2번째로 줄을 섰다. (조건1)
- A 바로 뒤에 B가 줄을 선다. (조건2)
- E와 D 사이에 1명이 줄을 선다. (조건3)

① A ② B ③ C
④ D ⑤ E

고정조건인 조건1을 먼저 확인하자. C는 2번째로 줄을 선다. 이후 강한 반고정 조건인 조건2를 토대로 경우를 나누자. 조건2로 인해 나뉘는 경우가 조건3으로 인해 나뉘는 경우보다 적다.

1	2	3	4	5
	C	A	B	
	C		A	B

조건3을 적용해보자. A가 3번째, B가 4번째인 경우는 조건3을 만족하지 않는다. 문제의 물음이 4번째로 줄은 서는 사람을 고르라 했으니 도식을 다 채우지 않아도 A가 4번째로 줄을 선다고 알 수 있다. 이처럼 특정 칸의 값을 물어보는 문제는 쉬운 문제일 확률이 높다.

앞서 다 풀이하지 않았던 J04와 함께 특정 칸의 값이 아닌 특정 값을 묻는 문제도 접근해 보자. 특정 칸의 값을 묻는 문제보다는 복잡할 가능성이 크지만 마찬가지로 문제의 상황과 〈보기〉의 조건을 만족하는 경우 중 한 가지 경우만 찾거나 도식을 다 채우기 정답일 확률이 높다.

J04 A, B, C, D, E, F는 비행기를 타기 위해 일렬로 줄을 선다. 〈보기〉를 토대로 항상 C와 인접하게 줄을 서는 사람을 고르시오.

〈 보 기 〉

- C는 2번째로 줄을 선다. (조건1)
- A 바로 뒤에 B가 줄을 선다. (조건2)
- E는 D보다 앞에 줄을 선다. (조건3)
- E는 5번째로 줄을 서지 않는다. (조건4)

① A ② B ③ D
④ E ⑤ F

 풀이

고정조건인 조건1과 특정제약조건인 조건4를 확인하자. C를 2번째에 고정하고 E가 5번째에 줄을 서지 않는다고 표기하자.

					~E	
1	2	3	4	5	6
	C				

조건2가 조건3보다 강한 반고정조건으로 보인다. 조건2를 토대로 경우를 나누자.

	1	2	3	4	~E 5	6
Case 1		C	A	B		
Case 2		C		A	B	
Case 3		C			A	B

조건3의 정보를 채워보자. Case 1에서 E는 1번째에만 줄을 선다. E는 조건4에 의해 5번째로 줄을 서지 않는다. E가 6번째로 줄을 서면 E 뒤에 D가 줄을 선다는 조건3을 만족하지 않는다. D는 5번째 또는 6번째로 줄을 서고 두 경우에 빈자리를 F가 줄을 선다. 이를 편의상 D/F, F/D라 표기하겠다.

	1	2	3	4	~E 5	6
Case 1	E	C	A	B	D/F	F/D

Case 2도 확인해보자. D는 3번째나 6번째로 줄을 선다. D가 3번째로 줄을 서는 경우 E는 1번째, F는 6번째로 줄을 선다. 풀이를 마치자. 정답은 나왔다. C와 항상 인접하게 줄을 서는 사람은 E이다.

Case 1에서 C와 항상 인접하게 줄을 설 수 있는 사람은 E 또는 A이다. 그런데 A는 Case 2에서 4번째로 줄을 선다고 가정했다. Case 2를 이루는 여러 경우(상기의 Case 2는 빈칸이 3칸이 있음으로 엄밀하게 6가지 경우를 의미) 중에 조건3을 만족하는 경우가 한 가지라도 있다면 A가 4번째로 줄을 서는 경우도 성립하기 때문에 A는 항상 C와 인접하게 줄을 서는 사람이 아니게 된다. 참고를 위해 조건3을 적용하여 Case 2를 더 나눠보면 다음과 같다.

	1	2	3	4	5	6
Case 2	E	C	D	A	B	F
	E	C	F	A	B	D
	F	C	E	A	B	D

(2) 가능한 경우를 선별하는 문제

가능한 경우를 묻는 문제는 특정 인물이 취할 수 있는 값을 모두 고르는 문제, 문제의 상황과 〈보기〉의 조건을 만족하는 경우가 몇 가지인지 찾는 문제 등이 있다. 예를 들면 다음과 같다.

가1. A가 거주할 수 있는 층을 모두 포함한 것을 고르시오.

가2. 이들이 줄을 서는 경우는 모두 몇 가지인지 고르시오.

가3. 3번째로 줄을 설 수 있는 사람이 몇 명인지 구하시오.

가능한 경우를 묻는 문제의 정답은 대부분 문제의 상황과 〈보기〉의 조건을 만족하는 경우를 모두 찾아야 알 수 있을 때가 많다. 앞서 완벽한 풀이와 선택지를 제공하지 않았던 J02를 가능한 경우를 묻는 문제의 예시로 들겠다.

예제

J02 A, B, C, D, E 5명이 일렬로 줄을 섰다. 〈보기〉를 참고하여 이들이 줄을 선 경우는 모두 몇 가지인지 고르시오.

〈 보 기 〉

- D는 5번째로 줄을 섰다. (조건1)
- A, B는 인접하게 줄을 섰다. (조건2)
- C, D는 인접하게 줄을 섰다. (조건3)

① 1가지 ② 2가지 ③ 3가지
④ 4가지 ⑤ 5가지

 **풀이**

이전의 풀이 과정에서 조건1, 조건3을 토대로 정리한 결과까지 도출했다.

1	2	3	4	5
			C	D

조건1, 3 적용

이어서 조건2를 토대로 경우를 나누면 다음과 같다. A와 B가 자리를 바꾸는 경우는 편의상 A/B 또는 B/A와 같이 빗금으로 표기했다. A, B를 채운 후 남은 한 자리에 E를 배치하자.

1	2	3	4	5
A/B	B/A	E	C	D
E	A/B	B/A	C	D

E가 3번째로 줄을 선 경우 2가지, E가 1번째로 줄을 선 경우 2가지로 총 4가지다.

J02를 변형하여 예시를 더 들어보겠다. 문제의 물음을 바꾸고 그에 따라 선택지도 바꿨다. 다음의 문제를 확인해보자.

J07 A, B, C, D, E 5명이 일렬로 줄을 섰다. 〈보기〉를 참고하여 3번째로 줄을 설 수 있는 사람이 몇 명인지 구하시오.

〈 보 기 〉

- D는 5번째로 줄을 섰다.   (조건1)
- A, B는 인접하게 줄을 섰다.   (조건2)
- C, D는 인접하게 줄을 섰다.   (조건3)

① 1명   ② 2명   ③ 3명
④ 4명   ⑤ 5명

풀이

풀이 과정은 J02와 같기에 생략하고 결과만 다시 제시하면 다음과 같다.

1	2	3	4	5
A/B	B/A	E	C	D
E	A/B	B/A	C	D

3번째로 줄을 설 수 있는 사람은 E, B, A로 3명이다. 이처럼 가능한 경우를 선별하는 문제는 문제의 상황과 〈보기〉의 조건을 만족하는 경우를 모두 찾아야 하는 경우가 많기에 손이 많이 간다. 손이 많이 가는 것뿐이다. 귀찮다고 어떻게 머리를 쓰면 편하게 풀지 궁리하는 것보다 얼른 정리하여 답을 내야겠다고 생각해주면 더 좋겠다.

(3) 항상 참/거짓을 묻는 문제

항상 참인 것은 문제의 상황과 〈보기〉의 조건을 만족하는 경우를 모두 만족하는 것을 말하고 항상 거짓 또는 반드시 거짓인 것은 문제의 상황과 〈보기〉의 조건을 만족하는 경우를 모두 만족하지 않는 것을 말한다. 앞서 예로 들었던 J01을 다시 확인해보자.

J01 A, B, C, D, E 5명이 일렬로 줄을 섰다. 다음 중 항상 참인 것을 고르시오.

〈 보 기 〉

- D는 5번째로 줄을 섰다.   (조건1)
- A, B는 인접하게 줄을 섰다.   (조건2)
- C와 D 사이에는 2명이 줄을 섰다.   (조건3)

① A는 2번째로 줄을 섰다.
② C는 B와 인접하게 줄을 섰다.
③ A는 3번째로 줄을 섰다.
④ A와 C는 인접하게 줄을 섰다.
⑤ E는 1번째로 줄을 섰다.

정답은 ⑤번이다. 풀이하면 J01의 상황과 조건을 만족하는 경우는 다음과 같은데 다음의 두 경우 모두 E가 1번째로 줄을 서기 때문이다.

	1	2	3	4	5
Case 1	E	C	A	B	D
Case 2	E	C	B	A	D

물음만 바꾸어도 정답이 달라진다. J08은 J01과 문제의 물음만 다르고 〈보기〉의 조건과 선택지는 같다.

J08 A, B, C, D, E 5명이 일렬로 줄을 섰다. 다음 중 항상 거짓인 것을 고르시오.

〈 보 기 〉

- D는 5번째로 줄을 섰다. (조건1)
- A, B는 인접하게 줄을 섰다. (조건2)
- C와 D 사이에는 2명이 줄을 섰다. (조건3)

① A는 2번째로 줄을 섰다.
② C는 B와 인접하게 줄을 섰다.
③ A는 3번째로 줄을 섰다.
④ A와 C는 인접하게 줄을 섰다.
⑤ E는 1번째로 줄을 섰다.

정답은 ①번이다. J08의 상황과 조건을 만족하는 다음의 두 경우 모두 A가 2번째로 줄을 서지 않기 때문이다.

	1	2	3	4	5
Case 1	E	C	A	B	D
Case 2	E	C	B	A	D

J08에서 문제의 물음과 일부 선택지를 변경해보겠다. 문제의 물음은 항상 참이 아닌 것을 묻는데 이는 모든 경우를 만족하는 것이 아닌 선택지를 고르는 문제다. 다시 말해 모든 경우를 만족하지 않는 선택지도 정답이고 만족하는 경우도 존재하고 만족하지 않는 경우도 존재하는 선택지도 정답이다.

J09 A, B, C, D, E 5명이 일렬로 줄을 섰다. 다음 중 항상 참이 아닌 것을 모두 고르시오. (복수 정답)

〈 보 기 〉

- D는 5번째로 줄을 섰다.   (조건1)
- A, B는 인접하게 줄을 섰다.   (조건2)
- C와 D 사이에는 2명이 줄을 섰다. (조건3)

① A는 2번째로 줄을 섰다.
② C는 B보다 앞에 줄을 섰다.
③ 5명이 줄을 서는 경우는 2가지다.
④ A와 C는 인접하게 줄을 섰다.
⑤ E는 1번째로 줄을 섰다.

 풀이

앞선 J01, J08의 풀이를 토대로 ①번은 항상 거짓, ⑤번은 항상 참이라고 알 수 있었다. 나머지 선택지에서 정답을 찾아보자.

	1	2	3	4	5
Case 1	E	C	A	B	D
Case 2	E	C	B	A	D

② C는 B보다 앞에 줄을 섰다. (O)
 - 두 경우 모두 C는 B보다 앞에 줄을 섰다. 항상 참이고 정답은 아니다.

③ 5명이 줄을 서는 경우는 2가지다. (O)
 - 위의 정리와 같이 2가지 맞다. 항상 참이고 정답은 아니다.

④ A와 C는 인접하게 줄을 섰다. (△)
 - Case 1은 만족하고 Case 2는 만족하지 않는다. 항상 참도 항상 거짓도 아니다. 정답이다.

그런데 정답은 ④번만이 아니다. 항상 참이 아닌 것을 고르는 문제이기에 항상 참도 항상 거짓도 아닌 ④번도 정답이지만 항상 거짓인 ①번도 정답이다.

특정 값을 묻는 문제, 가능한 경우를 선별하는 문제는 물음 자체가 열린 질문이 아니기에 3명, 1가지, 인물명 등 선택지의 폭이 좁지만 항상 참/거짓을 묻는 문제는 선택지의 폭이 넓다. J01, J08, J09의 선택지 중 J09의 ③번만 경우의 수 선택지고 나머지는 확정적인 선택지로서 비교적 쉬운 편이다. 어떤 선택지가 어려운지, 선택지에 따라 참/거짓을 묻는 문제를 어떻게 접근할지와 앞서 언급만 했던 O, △, X가 어떤 의미인지 자세히 알아보자.

 ## 6 선택지의 종류 및 판별

(1) 선택지 판별

선택지의 판별은 풀이용 판별과 분석용 판별로 나뉜다. 분석용 판별은 O, △, X로 표기하고는 하는데 이는 분석하는 과정에서 명확하게 구분하기 위해 활용하는 것이지 실제로 풀이하거나 시간을 재고 풀이할 때에는 답이다 답이 아니다로만 판별했으면 한다. 각 의미를 정리하면 다음과 같다.

> O: 문제의 상황과 〈보기〉를 만족하는 경우를 모두 만족하는 선택지
>
> X: 문제의 상황과 〈보기〉를 만족하는 경우를 모두 만족하지 않는 선택지
>
> △: 문제의 상황과 〈보기〉를 만족하는 경우 중 일부 경우는 만족하고 일부 경우는 만족하지 않는 선택지

J01의 풀이 및 선택지를 참고하여 O, △, X로 판별하면 다음과 같다.

	1	2	3	4	5
Case 1	E	C	A	B	D
Case 2	E	C	B	A	D

① A는 2번째로 줄을 섰다. (X)

② C는 B와 인접하게 줄을 섰다. (△)

③ A는 3번째로 줄을 섰다. (△)

④ A와 C는 인접하게 줄을 섰다. (△)

⑤ E는 1번째로 줄을 섰다. (O)

문제의 물음이 항상 참, 항상 거짓, 항상 참이 아닌 것으로 나눴을 때 정답이 되는 선택지는 다음과 같다.

문제의 물음	정답이 되는 선택지
항상 참인 것	O
항상 거짓인 것	X
항상 참이 아닌 것	△, X

출제 빈도가 낮지만 '항상 참이 아닌 것'의 의미는 O가 아닌 선택지를 말한다. 즉 항상 거짓인 X도 정답이지만 참인 경우도 있고 거짓인 경우도 있는 △도 정답이다.

(2) 반례 찾기

강조의 의미로 다시 말하자면 선택지를 O, △, X로 확인하는 방법은 분석할 때 활용하자. 시간을 재고 풀거나 실제로 풀며 O, △, X로 명확하게 구분했다고 칭찬해줄 사람은 아무도 없다. 풀이가 오래 걸리기 때문이다. 오히려 정답이다, 정답이 아니다의 지표로 접근하기를 추천한다. 이때 반례를 생각하며 문제를 풀이하는 방법이 가장 빠르기에 추천한다. 항상 참인 것을 묻는 문제에서 선택지를 만족하지 않는 경우가 한 가지라도 있다면 정답이 아니다. 선택지를 만족하지 않는 경우가 한 가지라도 있다는 말은 해당 선택지가 X나 △일 것이기 때문이다.

마찬가지로 항상 거짓을 묻는 문제에서는 선택지를 만족하는 경우가 한 가지라도 있다면 정답이 아니다. 선택지를 만족하는 경우가 한 가지라도 있다는 말은 해당 선택지가 O나 △일 것이기 때문이다.

(3) 선택지 종류

선택지는 확정적인 선택지, 경우의 수 선택지, 가능성의 선택지, 조건적인 선택지로 나뉜다. 4가지로 나누어 설명하면 다음과 같다.

① 확정적인 선택지

자주 출제되는 선택지이며 일반적으로 다른 선택지의 유형에 비해 풀이 과정이 간단하거나 쉬운 경우가 많다. 선택지의 예를 들면 다음과 같다.

- A는 2층에 거주한다.
- A와 B는 서로 마주 보고 앉는다.
- A는 B보다 뒤쪽의 자리에 앉는다.
- A는 B와 같은 팀이다.
- A는 3번째로 줄을 섰다.

② 경우의 수 선택지

경우의 수를 묻는 선택지는 문제의 상황과 〈보기〉의 조건을 만족하는 경우를 모두 찾아야만 정답을 찾을 수 있기에 손이 많이 간다. 예시는 다음과 같다.

- A가 2층에 거주하는 경우는 2가지다.
- 5명이 줄을 서는 경우는 3가지다.

앞서 J09에서 경우의 수 선택지를 활용했다. 책 페이지를 왔다 갔다 하지 않도록 문제와 선택지만 공유하면 다음과 같다. 풀이가 기억나지 않는다면 책 페이지를 앞으로 넘겨보자.

J09 A, B, C, D, E 5명이 일렬로 줄을 섰다. 다음 중 항상 참이 아닌 것을 모두 고르시오.

〈 보 기 〉

- D는 5번째로 줄을 섰다. (조건1)
- A, B는 인접하게 줄을 섰다. (조건2)
- C와 D 사이에는 2명이 줄을 섰다. (조건3)

③ 5명이 줄을 서는 경우는 2가지다.

③ 가능성의 선택지

가능성을 묻는 선택지 역시 문제의 상황과 〈보기〉의 조건을 만족하는 경우를 모두 찾아야만 정답을 찾을 수 있기에 손이 많이 간다.

- A는 2층에 거주할 수 있다.
- 1층에 거주할 수 있는 인원은 1명이다.

가능성의 선택지는 A는 2층에 거주할 수 있다와 같이 정말 가능성을 묻는 선택지도 있고 1층에 거주할 수 있는 인원은 1명이다와 같이 경우의 수를 묻는 선택지도 있다. 정말 가능성을 묻는 선택지의 경우 문제의 상황과 〈보기〉의 조건을 만족하는 경우에서 1가지라도 만족하면 O이고 모든 경우가 만족하지 않는다면 X이다. 이를 J10과 함께 설명하겠다.

J10 A, B, C, D, E는 영훈이 앞에 일렬로 줄을 선다. 〈보기〉를 참고하여 다음 중 반드시 거짓인 것을 고르시오.

〈 보 기 〉

- A 바로 뒤에 E가 줄을 선다.　　　(조건1)
- A와 B는 서로 인접하게 줄을 선다.　(조건2)
- C는 D보다 앞쪽에 줄을 선다.　　(조건3)

① A는 2번째로 줄을 설 수 있다.
② B는 2번째로 줄을 설 수 있다.
③ C는 4번째로 줄을 설 수 있다.
④ D는 4번째로 줄을 설 수 있다.
⑤ E는 5번째로 줄을 설 수 있다.

풀이

아쉽게도 고정조건이 보이지 않는다. 세 조건 모두 반고정조건인데 이 중 강한 반고정조건인 조건1을 먼저 살피자. 조건1로 나누는 경우가 가장 소수이다. 그러면서 A 바로 뒤에 E가 줄을 서기 때문에 A와 인접하게 줄을 서는 B가 A 바로 앞에 줄을 선다고 알 수 있다. | B | A | E | 를 한 그룹으로 묶어 나올 수 있는 경우를 정리하면 다음과 같다.

1	2	3	4	5
B	A	E		
	B	A	E	
		B	A	E

C와 D가 남았다. 조건3에 의해 C를 D보다 앞쪽에 배치하면 다음과 같다. 정리 후 선택지를 판별해보자.

	1	2	3	4	5
Case 1	B	A	E	C	D
Case 2	C	B	A	E	D
Case 3	C	D	B	A	E

① A는 2번째로 줄을 설 수 있다. (O)
 - Case 1에서 A는 2번째로 줄을 선다.

② B는 2번째로 줄을 설 수 있다. (O)
 - Case 2에서 B는 2번째로 줄을 선다.

③ C는 4번째로 줄을 설 수 있다. (O)
 - Case 1에서 C는 4번째로 줄을 선다.

④ D는 4번째로 줄을 설 수 있다. (X)
 - Case 1, 2, 3 모두 D는 4번째로 줄을 서지 않는다.

⑤ E는 5번째로 줄을 설 수 있다. (O)
 - Case 3에서 E는 5번째로 줄을 선다.

J10에서 선택지만 바꿔 가능성을 묻는 것 같지만 경우의 수를 따져야 풀 수 있는 문제로 제시해보겠다.

J11 A, B, C, D, E는 영훈이 앞에 일렬로 줄을 선다. 〈보기〉를 참고하여 다음 중 반드시 거짓인 것을 고르시오.

〈 보 기 〉

- A 바로 뒤에 E가 줄을 선다.　　　(조건1)
- A와 B는 서로 인접하게 줄을 선다.　(조건2)
- C는 D보다 앞쪽에 줄을 선다.　　(조건3)

① 1번째로 줄을 설 수 있는 사람은 2명이다.
② 2번째로 줄을 설 수 있는 사람은 3명이다.
③ 3번째로 줄을 설 수 있는 사람은 2명이다.
④ 4번째로 줄을 설 수 있는 사람은 3명이다.
⑤ 5번째로 줄을 설 수 있는 사람은 2명이다.

풀이

이미 J10에서 풀이를 했기에 풀이한 결과를 가지고 선택지를 판별해보자.

	1	2	3	4	5
Case 1	B	A	E	C	D
Case 2	C	B	A	E	D
Case 3	C	D	B	A	E

① 1번째로 줄을 설 수 있는 사람은 2명이다. (O)
　– B와 C로 2명이다.

② 2번째로 줄을 설 수 있는 사람은 3명이다. (O)
　– A, B, D로 3명이다.

③ 3번째로 줄을 설 수 있는 사람은 2명이다. (X)
　– E, A, B로 3명이다.

④ 4번째로 줄을 설 수 있는 사람은 3명이다. (O)
　– C, E, A로 3명이다.

⑤ 5번째로 줄을 설 수 있는 사람은 2명이다. (O)
　– D, E로 2명이다.

x번째로 줄을 서는 사람을 묻는 것이 아니라 설 수 있는 사람을 묻는다. 풀이를 완료한 3가지 경우에서 한 가지 경우에서라도 x번째로 줄을 선다면 줄을 설 수 있는 사람이다. 가능성의 선택지일 때 정말 가능성의 선택지이든 경우의 수 선택지이든 문제의 상황과 〈보기〉의 조건을 모두 만족하는 경우를 찾아야만 정답을 판별할 수 있다는 점은 같다.

④ 조건적인 선택지

'~라면'으로 제시된 선택지를 조건적인 선택지라 지칭했다. 조건적인 선택지를 제시한 문제는 어렵거나 복잡할 확률이 높다. 문제의 상황과 〈보기〉를 만족하는 경우가 2가지 이상일 확률이 높고 선택지에서 ~라면으로 표현한 앞부분이 특정 경우를 지칭하기에 다소 복잡하다. 조건적인 선택지는 앞부분을 만족하는 경우에서 뒷부분을 만족하는지로 O, △, X를 판별한다. 다른 선택지들과 마찬가지로 O, △, X로 판별하는 방법은 분석과정에서 사용하고 시간을 재고 풀거나 실제로 시험에 응시할 때는 정답이다, 정답이 아니다로 구분했으면 한다. J10 또는 J11과 문제의 발문과 〈보기〉는 같지만 선택지만 다른 J12로 설명하겠다.

예제

J12 A, B, C, D, E는 영훈이 앞에 일렬로 줄을 선다. 〈보기〉를 참고하여 다음 중 반드시 거짓인 것을 고르시오.

〈 보 기 〉

- A 바로 뒤에 E가 줄을 선다.　　　(조건1)
- A와 B는 서로 인접하게 줄을 선다.　(조건2)
- C는 D보다 앞쪽에 줄을 선다.　　(조건3)

① A가 2번째로 줄을 선다면 C는 4번째로 줄을 선다.
② B가 3번째로 줄을 선다면 E는 5번째로 줄을 선다.
③ C가 1번째로 줄을 선다면 B는 2번째로 줄을 선다.
④ D가 5번째로 줄을 선다면 A는 3번째로 줄을 선다.
⑤ E가 4번째로 줄을 선다면 D는 2번째로 줄을 선다.

풀이

J10에서 풀이했기에 풀이는 생략하고 선택지를 바로 판별하겠다.

	1	2	3	4	5
Case 1	B	A	E	C	D
Case 2	C	B	A	E	D
Case 3	C	D	B	A	E

① A가 2번째로 줄을 선다면 C는 4번째로 줄을 선다. (O)
- A가 2번째로 줄을 서는 경우는 Case 1이다. Case 1에서 C는 4번째로 줄을 선다. 항상 참이다.

② B가 3번째로 줄을 선다면 E는 5번째로 줄을 선다. (O)
- B가 3번째로 줄을 서는 경우는 Case 3이다. Case 3에서 E는 5번째로 줄을 선다. 항상 참이다.

③ C가 1번째로 줄을 선다면 B는 2번째로 줄을 선다. (△)
- C가 1번째로 줄을 서는 경우는 Case 2와 Case 3이다. B는 Case 2에서 2번째로 줄을 서지만 Case 3에서는 3번째로 줄을 선다. 참인 경우도 있고 거짓인 경우도 있다.

④ D가 5번째로 줄을 선다면 A는 3번째로 줄을 선다. (△)
- D가 5번째로 줄을 서는 경우는 Case 1, 2다. A는 Case 2에서 3번째로 줄을 선다. 하지만 Case 1에서는 2번째로 줄을 서기에 ④번 선택지는 항상 참일 수 없고 항상 거짓일 수도 없다.

⑤ E가 4번째로 줄을 선다면 D는 2번째로 줄을 선다. (X)
- E가 4번째로 줄을 서는 경우는 Case 2다. D는 Case 2에서 5번째로 줄을 선다. 항상 거짓이다.

위의 과정과 같이 앞부분을 만족하는 경우에서 뒷부분의 만족 여부로 판별한다. 해당 풀이법은 1) 문제의 상황과 〈보기〉를 만족하는 경우를 모두 찾은 후 푸는 방법이다. 즉 앞부분이 지칭하는 경우에서 뒷부분을 만족하는지 확인하는 방법이다. 이 외에도 2) 도식을 채울 만큼 채운 후 앞부분을 넣어봤을 때 뒷부분이 만족하는지를 확인하는 방법도 있다. J13과 함께 두 번째 풀이법을 고민해보자.

J13 A, B, C, D, E는 어쩌다 보니 일렬로 줄을 선다. 〈보기〉를 참고하여 다음 중 항상 참인 것을 고르시오.

─〈 보 기 〉─

- C는 E보다 앞에 줄을 선다. (조건1)
- B는 E와 인접하게 줄을 서지 않는다. (조건2)
- C와 E는 홀수 번째로 줄을 선다. (조건3)

① D가 3번째로 줄을 선다면 A는 4번째로 줄을 선다.
② A가 2번째로 줄을 선다면 B는 5번째로 줄을 선다.
③ C가 1번째로 줄을 선다면 E는 5번째로 줄을 선다.
④ E가 3번째로 줄을 선다면 B는 4번째로 줄을 선다.
⑤ C가 3번째로 줄을 선다면 A는 4번째로 줄을 선다.

풀이

〈보기〉의 조건에서 E를 가장 많이 언급했고 다음으로 언급을 많이 한 것은 C이다. E와 C를 고민해보자. 조건1, 3을 먼저 살피면 E와 C는 홀수 번째로 줄을 서고 C는 E보다 앞에 줄을 선다. 이를 토대로 경우를 나누면 다음과 같다.

	1	2	3	4	5
Case 1	C		E		
Case 2	C				E
Case 3			C		E

조건2에 따라 B가 몇 번째로 줄을 서는지에 따라 경우를 더 나누어도 되고 선택지를 바로 판별해도 좋겠다. 2) 도식을 채울 만큼 채운 후 앞부분을 넣어봤을 때 뒷부분이 만족하는지를 확인하는 방법을 설명할 차례이니 바로 선택지를 확인해보자.

① D가 3번째로 줄을 선다면 A는 4번째로 줄을 선다. (O)
 - D를 3번째에 배치할 수 있는 경우는 Case 2뿐이다. 남은 A와 B는 각각 2번째와 4번째로 줄을 서며 누가 2번째로 줄을 서는지는 확정할 수 없다. 아직 고려하지 않은 조건2를 떠올려보자. B와 E는 인접하게 줄을 서지 않는다. 이에 따라 B는 2번째, A는 4번째로 줄을 선다.

	1	2	3	4	5
Case 2	C	B	D	A	E

② A가 2번째로 줄을 선다면 B는 5번째로 줄을 선다. (△)
 - A가 2번째에 배치할 수 있는 경우는 Case 1, 2, 3이다. A를 배치 후 B와 E가 인접하지 않도록 배치하면 다음과 같다. B는 Case 1에서 5번째로 줄을 서지만 Case 2, 3에서는 5번째로 줄을 서지 않는다.

	1	2	3	4	5
Case 1	C	A	E	D	B
Case 2	C	A	B	D	E
Case 3	B	A	C	D	E

③ C가 1번째로 줄을 선다면 E는 5번째로 줄을 선다. (△)
- 경우를 이미 E와 C로 나눴다. C를 배치할 수 있는 경우를 찾는 것이 아니라 C를 1번째로 채워둔 Case 1, 2에서 E가 5번째로 줄을 서는지 판별해보자. B와 E를 인접하지 않게 배치하자. Case 1에서 B는 5번째로 줄을 서고 Case 2에서 B는 2번째 또는 3번째로 줄을 선다.

	1	2	3	4	5
Case 1	C		E		B
Case 2	C	B			E
	C		B		E

남은 두 자리는 A와 D의 자리다. A, D가 몇 번째로 줄을 서든 E가 5번째로 줄을 서는 경우도 있고 E가 5번째로 줄을 서지 않는 경우도 있다.

④ E가 3번째로 줄을 선다면 B는 4번째로 줄을 선다. (X)
- E가 3번째로 줄을 서는 경우를 Case 1로 정리했다. E가 3번째로 줄을 서면 B와 E는 인접하게 줄을 서지 않기에 B는 2번째와 4번째로 줄을 서지 않는다. 항상 거짓이다.

	1	2	3	4	5
Case 1	C	A/D	E	D/A	B

⑤ C가 3번째로 줄을 선다면 A는 4번째로 줄을 선다. (△)
- C가 3번째로 줄을 서는 경우를 Case 3으로 정리했다. 여기서 B는 E와 인접하지 않게 줄을 서기 때문에 1번째 또는 2번째로 줄을 선다. B를 채운 후 남은 두 자리에 A와 D를 배치하자. A와 D가 순서를 바꿀 수 있기에 A/D 또는 D/A로 표기했다. A가 4번째로 줄을 서는 경우도 있지만 그렇지 않은 경우도 있다.

	1	2	3	4	5
Case 3	B	A/D	C	D/A	E
	A/D	B	C	D/A	E

조건적인 선택지를 풀이하는 방법은 크게 2가지다. 이 중 어떤 방법을 선택할지는 〈보기〉의 조건을 토대로 풀이할 때 경우가 많이 나올지 아닐지로 택한다. 즉 조건을 모두 고려했는데도 경우가 많이 나뉠 것으로 예상되면 2) 앞부분을 넣어보며 푸는 방법, 적게 나올 것으로 예상되면 1) 모든 경우를 찾은 후 푸는 방법을 택한다.

1) 문제의 상황과 〈보기〉를 만족하는 경우를 모두 찾은 후 푸는 방법
   (=앞부분이 지칭하는 경우에서 뒷부분을 만족하는지 확인하는 방법)
2) 도식을 채울 만큼 채운 후 앞부분을 넣어봤을 때 뒷부분이 만족하는지를 확인하는 방법

위 풀이법 이외에도 〈보기〉를 고려하지 않고 선택지의 앞부분을 넣은 후 〈보기〉의 조건을 만족하는지 확인하는 방법도 있지만 이 방법은 추천하지 않는다. 5개의 선택지를 확인하며 〈보기〉의 각 조건을 최대 5번을 적용하는 번거로움이 있기 때문이다.

조건추리와 관련된 전반의 설명을 마친다. 예로 들었던 문제의 정답을 정리하면 다음과 같다.

J01	J02	J03	J04	J05
⑤	④	⑤	④	⑤
J06	J07	J08	J09	J10
①	③	①	①, ④	④
J11	J12	J13		
③	⑤	①		

[참고]

자주 나오는 유형이나 꼭 알아야 하는 개념을 위주로 유형을 정리했기에 교재에서 제시한 유형이 SKCT 조건추리의
모든 유형을 대표하지는 않는다.

필수유형 02

조건추리_줄 세우기

유형설명

- 5명을 일렬로 줄 세우거나 4층의 건물의 각 층에 사람이 사는 등 일자형 도식을 주로 사용하는 유형을 말한다.
- 조건추리 중 가장 쉬운 난이도로서 시간을 절약하는 문제다.

풀이 Tip

- 고정조건을 토대로 경우의 수를 줄인다.
- 순서를 기준으로 도식을 정리한다.
- 눈으로만 풀거나 풀이 초반에 메모장을 활용하다 마무리를 머릿속으로 한다.

1 기준 변수 설정하기

기준으로 변수를 누구로 두느냐에 따라 직관성이 달라진다. 일반적으로 1, 2, 3과 같이 순차성을 띄는 것을 기준 변수로 추천한다. 이를 예시로 설명하겠다.

> A, B, C, D, E, F는 퇴근카드를 찍기 위해 일렬로 줄을 선다. 다음을 참고하여 항상 참인 것을 고르시오.
> - F는 4번째로 줄을 선다.
> - B는 F 바로 앞에 줄을 선다.
> - A와 C 사이에 1명이 줄을 선다.

변수가 사람과 순서로 2가지다. 사람을 기준으로 도식을 그리면 〈보기〉의 조건에서 바로 앞, 바로 뒤 등을 표현하기 어렵다. 즉 직관적으로 도식을 알아보기 어렵다. 기준 변수를 잡을 때에는 변수 내 값이 많은 것, 연속성을 보이는 것으로 잡을 때 도식이 비교적 단순하다. 일반적으로 줄 세우기 유형에서는 줄서는 순서를 기준변수로 두는 풀이가 가장 활용하기 좋다.

A	B	C	D	E	F
					4

사람이 기준변수 (추천하지 않음)

1	2	3	4	5	6
			F		

순서가 기준변수

 ## 2 한 행을 경우로 표현하기

문제마다 딱 맞는 도식화 방법이 존재한다. 줄 세우기 유형의 경우 한 행이 하나의 경우를 나타내도록 하는 것이 좋다. O, X로 도식을 채우는 방법으로 푸는 사람도 있는데 변수끼리 1:1의 경우 O, X는 비효율적이다. 또한 변수의 종류가 3가지 이상인 경우 2가지 변수만을 고려하는 O, X의 방법으로는 모든 정보를 한 도식에 담기 어렵기 때문에 선택지를 판별하는 과정에서 정보를 종합해야하는 번거로움이 있다. 다음의 예시를 O, X로 정리해 보자.

A, B, C, D, E, F는 퇴근카드를 찍기 위해 일렬로 줄을 선다. 다음을 참고하여 항상 참인 것을 고르시오.

- F는 4번째로 줄을 선다.
- F와 E 사이에는 1명이 줄을 선다.

	1	2	3	4	5	6
A				X		X
B				X		X
C				X		X
D				X		X
E	X	X	X	X	X	O
F	X	X	X	O	X	X

Case 1

	1	2	3	4	5	6
A		X		X		
B		X		X		
C		X		X		
D		X		X		
E	X	O	X	X	X	X
F	X	X	X	O	X	X

Case 2

F를 고정한 후 E가 6번째로 줄서는 경우와 2번째로 줄서는 경우로 나뉜다. F가 4번째라는 정보를 표현하기 위해 수많은 X를 그려야 한다. 더불어 경우가 나뉠 때 같은 도식을 추가로 그려야하는 번거로움도 있다. 기준변수는 앞서 설명한 것처럼 순서로 두고 한 행이 경우를 나타내도록 도식을 그려보자. O, X로 채우는 도식보다 Case 나뉨을 표현하기 용이하다.

	1	2	3	4	5	6
Case 1				F		E
Case 2		E		F		

 ## 3 빗금 활용하기

조건추리 전반에 적용할 수 있는 팁이다. 도식을 채우다보면 칸에 들어가는 값을 바꿀 수 있을 경우가 있다. 이를 경우를 새로 나누는 것보다 빗금을 활용하여 정리하면 보다 편리하다. 다만 빗금을 너무 자주 쓰는 경우 헷갈릴 수 있으니 문제를 풀며 본인만의 허용범위를 설정해두자.

A, B, C, D, E, F는 퇴근카드를 찍기 위해 일렬로 줄을 선다. 다음을 참고하여 항상 참인 것을 고르시오.

- F는 4번째로 줄을 선다.
- F와 E 사이에는 1명이 줄을 선다.
- A와 B는 인접하게 줄을 선다.

E는 2번째 또는 4번째로 줄을 선다. E가 2번째로 줄을 서는 경우를 Case 2라 명명하고 Case 2만 살펴보자. A와 B가 인접하게 줄을 선다. A가 먼저일 수도 있고 B가 먼저일 수도 있다. 둘의 순서를 바꿀 수 있다. 이를 다음과 같이 경우를 나누어 풀어도 되지만 한 행을 더 그리기 손이 많이 간다.

	1	2	3	4	5	6
Case 2.1		E		F	A	B
Case 2.2		E		F	B	A

이를 조금이라도 간소화하기 위해 다음과 같이 빗금(/)을 활용하여 A와 B의 자리를 바꿀 수 있다고 표기해 보자.

	1	2	3	4	5	6
Case 2		E		F	A/B	B/A

🎲 4 3가지 변수의 접근

줄 세우기 유형은 변수가 3가지로 출제되더라도 일반적으로 기준변수를 순차성을 띄는 변수로 두는 것이 편하다. 기준변수가 아닌 나머지 변수들은 각 행에 두어 정리해 보자.

> 갑 팀인 A, B와 을 팀인 C, D와 병 팀인 E, F는 퇴근카드를 찍기 위해 일렬로 줄을 선다. 다음을 참고하여 항상 참인 것을 고르시오.
> - F는 4번째로 줄을 선다.
> - 갑 팀은 1번째와 3번째로 줄을 선다.
> - C는 2번째 또는 5번째로 줄을 선다.

갑 팀이 1, 3번째로 줄을 선다. 이를 토대로 A, B가 1, 3번째로 줄을 서지만 둘 중 누가 1번째인지는 알 수 없다. 한 표에 모든 정보를 볼 수 있도록 한 행에 사람, 다른 한 행에 소속팀을 두자. 더불어 C는 2번째 또는 5번째로 줄을 선다. 이를 토대로 경우를 나누면 다음과 같다.

	1	2	3	4	5	6
Case 1	A/B	C	B/A	F		
	갑	을	갑	병		
Case 2	A/B		B/A	F	C	
	갑		갑	병	을	

참고로 Case 1과 2는 A, B의 위치에 따라 2가지 경우로 더 나뉘지만 간단한 도식화를 위해 빗금을 활용했다. 사람마다 3가지 변수를 대하는 방식이 조금 다르기도 하다. 기준 변수 위에 팀을 적는 방법과 사람 옆에 팀을 적는 방법도 소개한다. 본인이 편한 방식으로 풀어봤으면 한다.

갑		갑	병	을	
1	2	3	4	5	6
A		B	F	C	

기준 변수 위에 팀을 적는 방법

1	2	3	4	5	6
A갑	C을	B갑	F병		

사람 옆에 팀을 적는 방법

5 풀이도구 판단

 풀이시간 단축을 위해 메모장을 쓰더라도 모든 풀이를 메모장으로 정리하지 않고 풀이 초반이나 중반까지 경우를 나누거나 머리로 기억해야 할 정보를 메모장에 정리하는 정도로만 활용하고 마무리는 눈으로만 하는 것을 추천한다.

만약 메모장으로 끝까지 풀이한다면 줄을 서는 순서를 가로로 적는 것보다 세로로 적는 방법이 내용 추가/삭제/수정하기 더 편리하다.

(1) 눈으로만

① 변수의 종류가 2가지 + 특정 값을 묻는 문제

변수의 종류가 줄을 서는 순서와 사람과 같이 2가지이며 'A가 몇 번째로 줄을 서는지 고르시오.'와 같이 특정 값을 묻는 문제는 문제의 상황과 〈보기〉의 조건을 만족하는 경우를 모두 찾지 않아도 정답이 나올 가능성이 높기에 눈으로만 풀이하는 방법을 적용하기 용이할 때가 많다.

② 변수의 종류가 2가지 + 특정 칸을 묻는 문제

줄을 서는 순서와 사람과 같이 변수의 종류가 2가지이며 '3번째로 줄을 서는 사람을 고르시오.'와 같이 특정 칸을 묻는 문제도 특정 값을 묻는 문제와 같이 〈보기〉의 조건을 만족하는 경우를 모두 찾지 않아도 정답이 나올 가능성이 높다.

③ 변수의 종류가 2가지 + 4명 이하로 줄을 서는 문제

4명이 줄을 서는 경우는 24가지로 문제에서 제시하는 전체 경우의 수 자체가 적다. 즉 몇 개 보기만 머릿속으로 정리하더라도 고려해야 하는 경우가 확 줄어들기에 눈으로만 푸는 방법도 가능하다.

④ 변수의 종류가 2가지 + 5~6명이 줄을 서는 문제 + 고정조건 다수

5명이 줄을 서는 문제인데 'A가 1번째로 줄을 선다.'와 같은 고정조건이 있다면 4명이 줄을 서는 문제와 같아 진다. 고정조건이 많다면 눈으로만 푸는 방법도 가능하다.

(2) 메모장

① 변수의 종류가 3가지

문제에서 묻는 것이 무엇이든 줄을 서는 순서, 사람, 성별과 같이 변수의 종류가 3가지인 경우 머리도 다 처리하기 어려운 경우가 많다. 남녀가 줄을 서는 순서와 같이 필요한 정보를 메모장에 적거나 초반에 2~3가지로 나뉘는 경우를 메모장에 정리하는 방식으로 활용하여 실수를 줄이고 풀이 속도를 높이자.

② 경우의 수 또는 가능성을 묻는 문제 + 5~6명이 줄을 서는 문제

'이들이 줄을 서는 경우가 모두 몇 가지인지 고르시오.'와 같은 경우의 수를 묻는 문제, '3번째로 줄을 설 가능성이 있는 사람을 모두 짝지은 것을 고르시오.'와 같은 가능성을 묻는 문제는 문제의 상황과 〈보기〉의 조건을 만족하는 경우를 모두 찾아야 정답이 나올 때가 많기에 모든 경우를 머리로 기억하지 말고 풀이 초반에 나뉘는 2~4가지 정도의 경우를 메모장에 정리하며 푸는 방법을 추천한다.

항상 참/거짓을 묻는 문제인데 경우의 수나 가능성을 묻는 선택지가 다수인 문제도 마찬가지다.

③ 5~6명이 줄을 서는 문제 + 고정조건 없음

고정조건이 없는 문제는 어떤 보기를 넣더라도 경우를 확 줄이는 효과를 얻기 어렵다. 모든 경우를 머리로 기억하지 말고 풀이 초반에 나뉘는 2~4가지 정도의 경우를 메모장에 정리한 후 나머지 처리는 상황에 맞춰 메모장으로 더 하든, 머리로 풀든 문제 난이도에 맞춰 접근하기를 추천한다.

예제 01

A, B, C, D, E, F는 일렬로 줄을 선다. 〈보기〉의 조건을 토대로 1번째로 줄을 서는 사람을 고르시오.

〈 보 기 〉

- E와 B 사이에 1명이 줄을 선다.
- A 바로 뒤에 F가 줄을 선다.
- C는 E보다 앞에 줄을 선다.
- F는 5번째로 줄을 선다.

① A ② B ③ C
④ D ⑤ E

일반 풀이

[추천 풀이 도구] 눈으로반

고정조건을 먼저 확인하자. F를 5번째로 줄을 세우자. A 바로 뒤에 F가 줄을 서니 A는 4번째로 줄을 선다.

1번째	2번째	3번째	4번째	5번째	6번째
			A	F	

E와 B 사이에 1명이 줄을 선다. E와 B는 1번째와 3번째로 줄을 선다. 단 둘 중 누가 1번째로 줄을 서는지 알 수 없다. C는 E보다 앞에 줄을 선다. E가 1번째로 줄을 선다면 C가 줄을 설 곳이 없다. E는 3번째, B는 1번째, C는 2번째로 줄을 선다. 아직 언급하지 않은 D는 6번째로 줄을 서지만 문제에서 묻는 것은 1번째로 줄을 서는 사람이기에 풀이에서는 고려하지 않아도 괜찮았다.

1번째	2번째	3번째	4번째	5번째	6번째
B	C	E	A	F	D

 정답 ②

A, B, C, D, E는 일렬로 줄을 선다. 〈보기〉의 내용을 토대로 항상 참인 것을 고르시오.

─〈 보 기 〉─

- D 바로 뒤에는 E가 줄을 선다.
- A는 E보다 앞에 줄을 선다.
- B는 3번째로 줄을 선다.

① A와 B는 서로 인접하게 줄을 선다.
② B와 C는 서로 인접하게 줄을 선다.
③ E와 A는 서로 인접하게 줄을 선다.
④ C와 A는 서로 인접하게 줄을 선다.
⑤ D와 C는 서로 인접하게 줄을 선다.

일반 풀이

[추천 풀이 도구] B, D, E 정리까지는 메모장 → 이후 풀이는 눈으로만

특정 칸을 고정할 수 있는 고정조건의 우선순위가 높다. B는 3번째로 줄을 선다고 말하는 조건을 토대로 B를 3번째에 고정하자.

D 바로 뒤에 E가 줄을 서고 E보다 앞에 A가 줄을 선다. D와 E는 4, 5번째로 줄을 서고 A는 1번째로 줄을 서거나 2번째로 줄을 선다.

1	2	3	4	5
A		B	D	E
	A	B	D	E

남은 빈칸에 C를 채우자. C와 A는 두 경우 모두 인접하게 줄을 선다.

1	2	3	4	5
A	C	B	D	E
C	A	B	D	E

정답 ④

해설 p. 59

01. A, B, C, D, E는 일렬로 줄을 선다. 〈보기〉를 참고하여 C가 몇 번째로 줄을 서는지 고르시오.

───〈 보 기 〉───

- B는 E보다 앞에 줄을 선다.
- A와 D는 서로 인접하게 줄을 선다.
- E는 4번째로 줄을 선다.

① 1번째 ② 2번째 ③ 3번째
④ 4번째 ⑤ 5번째

02. A, B, C, D는 4층의 건물의 각 층에 산다. 4명 모두 1개 층에만 살며 아무도 살지 않는 층은 없다고 할 때 〈보기〉를 참고하여 항상 참인 것을 고르시오.

───〈 보 기 〉───

- C와 D는 서로 인접한 층에 살지 않는다.
- A는 홀수 층에 산다.
- B는 D보다 높은 층에 산다.

① B는 2층에 산다.
② A는 3층에 산다.
③ C는 4층에 산다.
④ A는 1층에 산다.
⑤ D는 2층에 산다.

03. A, B, C, D, E는 게이트에 도착한 순서대로 일렬로 줄을 선다. 〈보기〉를 참고하여 줄을 서는 순서가 제일 빠른 사람을 좌측부터 정렬한 것을 고르시오.

- B와 D 사이에 2명이 줄을 선다.
- E는 C보다 게이트에 먼저 도착한다.
- E와 C는 서로 이웃하게 줄을 선다.
- D 바로 뒤에 A가 줄을 선다.

① B - E - C - D - A
② C - E - D - A - B
③ E - B - C - A - D
④ E - C - D - A - B
⑤ B - E - A - D - C

04. A, B, C, D, E는 식사를 하기 위해 일렬로 줄을 선다. 이들이 선택하는 메뉴는 한식, 양식, 중식이며 인당 하나의 메뉴를 선택한다. 〈보기〉를 참고하여 5명의 메뉴와 줄을 서는 순서를 확정하는 경우가 모두 몇 가지인지 구하시오.

- 같은 메뉴를 선택하는 사람끼리는 인접하게 줄을 서지 않는다.
- A와 D는 한식을 선택한다.
- E 바로 앞에 D가 줄을 선다.
- 3번째로 줄을 서는 사람은 중식을 선택한다.
- B와 A 사이에 1명이 줄을 선다.

① 1가지　　　　② 2가지　　　　③ 3가지
④ 4가지　　　　⑤ 5가지

조건추리_테이블

유형설명

- 원형, 사각형 등의 테이블의 형태로 문제의 상황을 제시한다.
- 출제 빈도가 높지 않다. 많아야 2문제 정도 출제된다.

풀이 Tip

- 일반적으로 마주 보고 앉는다는 조건 1가지를 고정조건처럼 사용할 수 있다.
- 눈으로만 풀거나 풀이 초반에 그림판을 활용하여 경우의 나눔 등을 정리 후 머릿속으로 풀이를 마친다.
- 그림판 활용 시 노식를 그릴 때 ＊과 같이 선을 그어 간략히 표현한다.

1 마주 보고 앉는다는 조건

테이블 문제에서 고정조건처럼 활용할 수 있는 건 마주본다는 조건이다. A와 B가 마주본다고 할 때 이를 먼저 고정 후 문제를 풀이하는 것이 좋다. A와 B가 자리를 바꿀 수 있다고 생각할 수 있지만 테이블을 회전하면 마찬가지이기 때문에 A, B를 고정 후 문제를 풀이할 수 있다. 다만 자리에 번호, 도착순서 등이 정해진 경우 마주본다는 조건에 해당된 사람이 자리를 바꾸는 경우도 확인해야 한다.

2 서로 인접하지 않는다는 조건

서로 인접하지 않는다는 조건을 제시할 때가 있다. 6명이 앉는 테이블에서 갑 팀이 3명, 을 팀이 2명, 병 팀이 1명으로 나뉘는 경우 3명은 삼각형 또는 역삼각형의 형태로 앉는다.

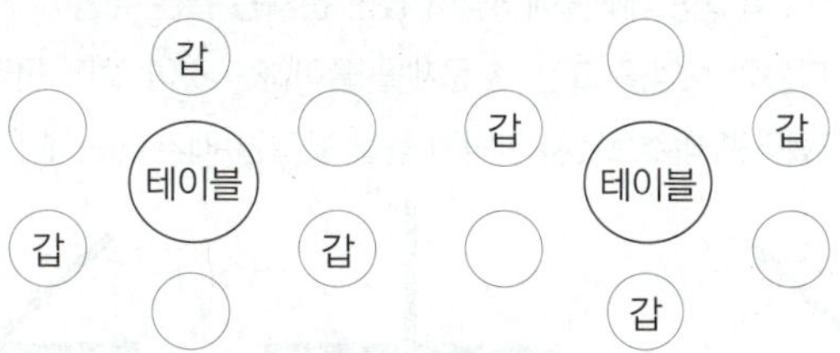

다만 인당 한 팀에 속하고 6명이며 같은 팀인 사람끼리 이웃하게 앉지 않는다는 문제에서 자주 실수하기도 한다. 현재 주어진 상황에서는 팀별 인원이 몇 명인지 모르는데 무조건 삼각형을 그리며 앉는다고 착각하는 경우다. 다음의 예시와 같이 각 팀의 인원이 2명인 경우 꼭 삼각형을 그리며 앉지 않는다.

3 부등호 처리

조건추리 전반에 적용할 수 있는 팁이다. 〈보기〉의 조건에서 크다, 작다, 크거나 같다, 작거나 같다 등의 조건이 있을 때 >, <, ≥, ≤의 기호로 정리하는 것보다 숫자를 대입하며 경우를 뽑아 단순하게 인식할 수 있도록 만드는 작업이 필요하다.

> A, B, C, D, E, F는 원형의 테이블에 동일한 간격으로 앉는다. 같은 팀인 인원끼리 인접하게 앉지 않는다고 할 때 다음을 참고하여 항상 참인 것을 고르시오.
> - 갑 팀인 인원은 을 팀 인원보다 많다.
> - 병 팀의 소속원은 1명이다.

위 예시에서 '갑 〉을'과 같이 〈보기〉를 정리하지 말고 숫자를 대입하여 가능한 경우를 뽑아보자. 갑 팀은 3명, 을 팀은 2명, 병 팀은 1명으로 정리할 수 있다. 같은 팀원끼리 인접하게 앉지 않기 때문에 갑 팀인 3명은 삼각형 또는 역삼각형을 그리며 앉는다고 알 수 있다. 이를 제약사항 또는 고정조건처럼 활용할 수 있다.

다만 팀원이 2명, 2명, 2명으로 나뉘는 경우 삼각형 모양을 보장하지 않는다. 전체 인원수와 팀원인 인원수를 확인한 후 삼각형 모양을 떠올리자.

4 도식 간략화

원형 테이블에 6명이 앉는 문제나 육각형 테이블에 6명이 앉는 문제는 같은 유형이라 봐도 무방하다. 테이블 모양을 그리는 것보다 인원수에 따라 다음의 모양을 그린 후 문제를 풀이하는 것이 보다 편리하다. 특히 인원이 많을 경우 도식의 오와 열이 맞지 않게 그렸다면 마주보는지 아닌지 등을 헷갈릴 때가 있는데 이런 실수를 방지하기 용이하다.

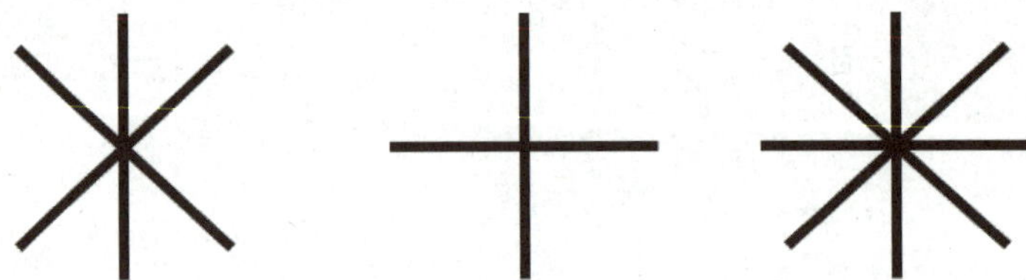

정리하기에 용이하다는 것이지 경우가 여럿이 나뉨에도 한 도식에 모든 것을 정리해야 한다는 것은 아니다. 풀이 초반에 경우가 나뉘면 테이블을 1 ~ 2가지 더 그려 정리하는 것이 보다 수월하다. 경우가 나뉘는 것을 모두 머리로 기억하고 푸는 방법은 생각보다 시간이 더 소모되고 정답률이 낮다. 경우를 나누어 정리하는 예시는 이어지는 '5. 3가지 변수의 접근'에서 들겠다.

 3가지 변수의 접근

변수의 종류가 3가지가 되더라도 테이블의 모양을 중심으로 한 뒤 자리에 앉는 사람과 팀과 같은 추가 정보를 힘께 정리하여 혼란을 줄여보자. 도식하는 방법을 예시로 들면 다음과 같다.

1학년인 A, B, C, 2학년인 D, E, 3학년인 F가 원탁에 같은 간격으로 앉아 회의한다. 다음을 참고하여 반드시 거짓인 것을 고르시오.

- 학년이 같은 학생끼리 인접하게 앉지 않는다.
- C는 D와 인접하게 앉는다.
- A와 F는 마주 보고 앉는다.

A와 F를 마주보는 자리에 고정하자. 1학년이 3명이고 학년이 같은 학생끼리 인접하게 앉지 않기 때문에 삼각형을 그리며 앉는다.

B와 C는 F와 인접한 두 자리에 앉는다. 하지만 누가 F의 오른쪽에 앉는지 알 수 없다. 풀이 초반이기에 경우를 나눠보자. 그러면서 C와 D를 인접하게 앉도록 정리하자. 남은 한 자리는 언급하지 않은 E의 자리다.

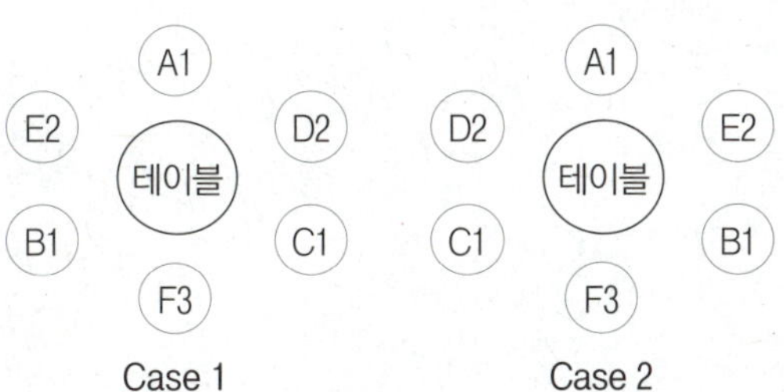

 ## 풀이도구 판단

테이블 문제의 추천 풀이 도구는 1) 눈으로만, 2) 그림판이다. 그림판을 쓰더라도 초반에 경우가 나뉠 때 또는 초반부에 특정 보기의 정보를 적어두는 정도로만 활용한 뒤 마무리는 머릿속으로 하여 풀이시간을 단축하는 방법을 추천한다.

(1) 눈으로만

① 마주 보고 앉는다는 조건이 있는 문제

자리에 번호 등이 명명되어 있지 않고 마주 보고 앉는다는 조건이 있는 문제가 쉬운 문제다. 특정 값을 묻든, 경우의 수를 묻든 이런 문제는 무엇을 묻더라도 눈으로만 풀이도 가능하다.

(2) 그림판

① 변수의 종류가 3가지

사람, 자리, 성별과 같이 변수의 종류가 3가지가 되면 머리로 다 기억하기 어렵다. 그림판에 정보를 어느 정도 적어두는 것을 추천한다. 물론 적지 않고 버벅이지 않으며 풀이할 수 있다면 우수한 두뇌를 가지신 분이오니 부모님께 감사한 마음을 가지고 면접을 준비하면 좋겠다.

② 초반에 경우가 3가지 이상으로 나뉘는 문제

초반부터 경우가 나뉘는 문제는 모두 기억하며 풀기 어렵다. 그림판의 도움을 받기를 추천한다.

예제 01

A, B, C, D, E, F는 원형의 테이블에 놓인 의자에 앉는다. 의자의 배치 간격이 일정하여 누군가를 마주 보고 앉는다고 할 때 〈보기〉를 참고하여 E와 인접하게 앉을 수 없는 사람을 고르시오.

〈 보 기 〉

- D와 C는 서로 마주 보는 의자에 앉는다.
- A는 B와 인접한 의자에 앉지 않는다.
- C와 인접한 두 의자 중 C 기준 왼쪽의 의자에 F가 앉는다.

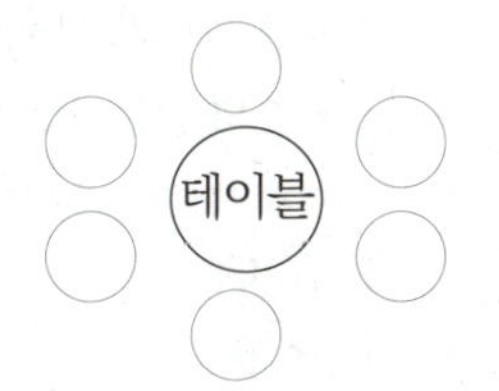

① A　　　② B　　　③ C　　　④ D　　　⑤ F

일반 풀이

[추천 풀이 도구 ①] 눈으로만
[추천 풀이 도구 ②] D, C, F 정리까지는 그림판 → 이후 풀이는 눈으로만

D와 C를 마주 보도록 앉히자. 이후 C의 왼쪽에 F를 앉히자.

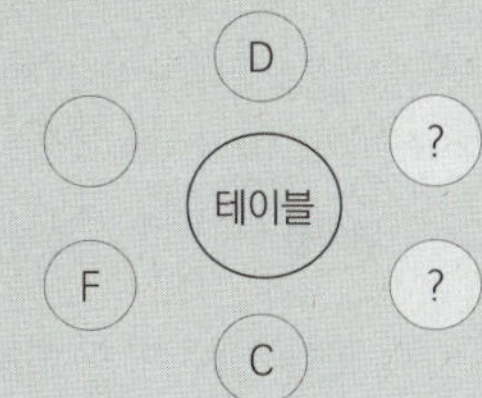

A와 B는 인접한 의자에 앉지 않는다. A와 B 둘 다 위의 별색으로 칠했으며 ?를 기입한 의자에 앉지 않는다. 둘 중 1명은 D 기준 오른쪽에 인접한 의자에 앉는다. 결과적으로 E는 F와 인접하게 앉지 않는다.

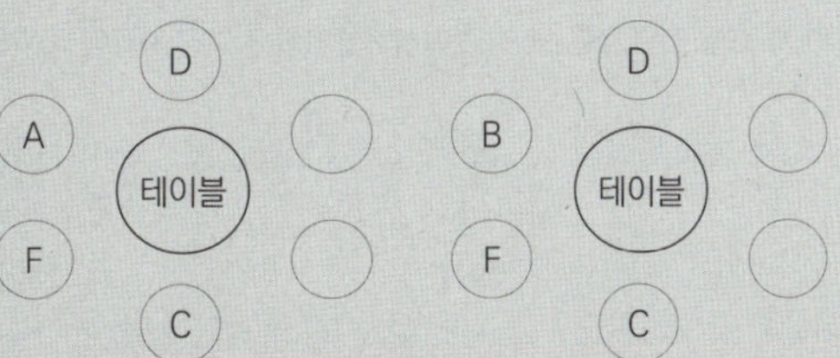

정답이 나왔으니 풀이를 멈췄으면 한다. 문제 풀이 후 분석하는 과정을 거친다면 다음과 같다.

두 경우로 나눠보자. D 기준 오른쪽에 인접한 의자에 A가 앉으면 남은 두 의자에는 B와 E가 앉는다. 다만 B와 E 중 누가 어느 의자에 앉는지 확정할 수 없다. 이를 BE 또는 EB로 표기했다. 마찬가지로 D 기준 오른쪽에 인접한 의자에 B가 앉는 경우 남은 두 의자에 AE 또는 EA로 표기했다.

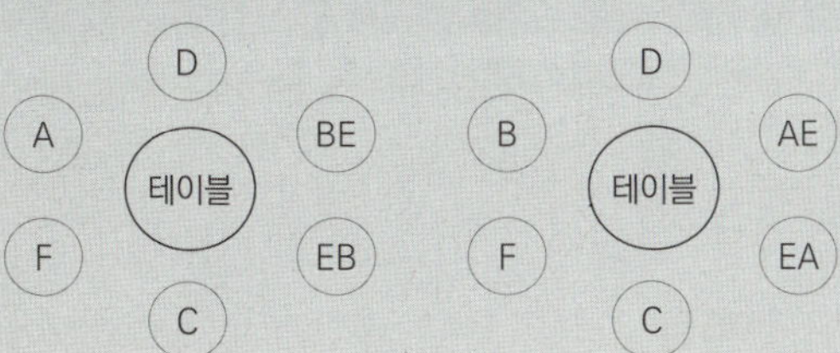

정답 ⑤

과장인 A, B와 사원인 C, D, E, F는 원탁을 바라보고 일정한 간격으로 앉는다. 〈보기〉의 조건을 토대로 E의 양옆에 앉는 사람을 고르시오.

─────〈 보 기 〉─────

- 과장끼리 마주 보고 앉는다.
- F는 B와 이웃한 자리에 앉지 않는다.
- A는 C와 이웃하게 앉지 않는다.
- C와 D는 서로 이웃한 자리에 앉는다.

① A, C   ② A, F   ③ B, D
④ B, F   ⑤ C, F

일반 풀이

[추천 풀이 도구 ①] 눈으로만
[추천 풀이 도구 ②] A, B, C, D 정리까지는 그림판 → 이후 풀이는 눈으로만

과장끼리 마주 보고 앉는다. A와 B 사이에 사원이 2명이 앉도록 배치하자. C는 D와 서로 이웃한 자리에 앉으며 C는 A와 이웃하게 앉지 않는다. 이를 토대로 경우를 나누면 다음과 같다.

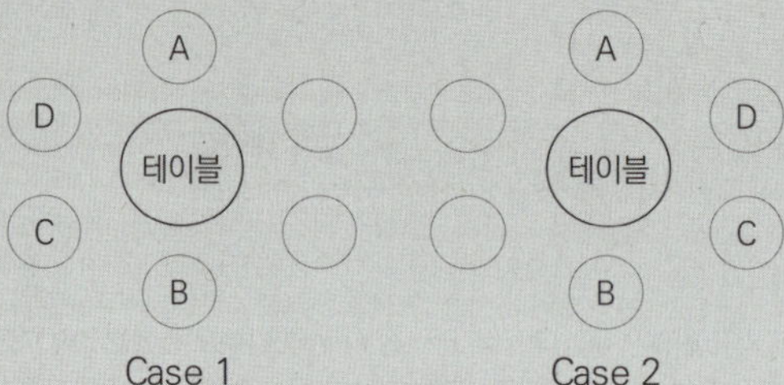

F는 B와 이웃한 자리에 앉는다. Case 1, 2에서 F를 B와 떨어진 자리에 배치하자. 남은 한 자리는 E의 자리다.

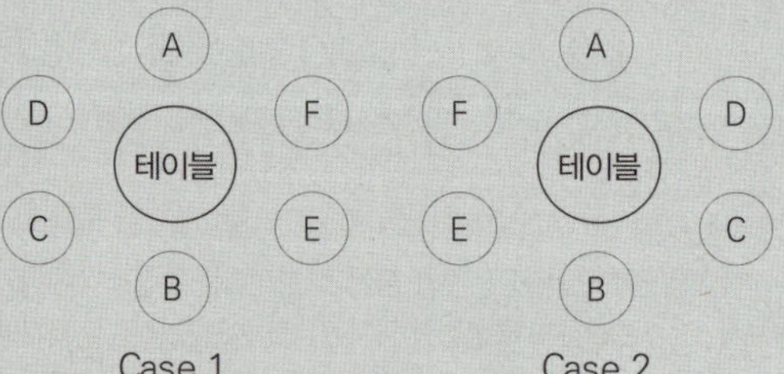

E와 인접한 자리에 앉는 2명은 B와 F이다.

정답 ④

01. A, B, C, D, E는 원탁에 놓인 6개의 의자 중 한 의자에 앉는다. 의자의 간격은 서로 일정하다고 할 때 〈보기〉를 참고하여 항상 참인 것을 고르시오.

─〈 보 기 〉─

- D는 E와 마주 보고 앉는다.
- C와 인접한 두 의자 중 한 의자에 앉는 사람은 없다.

① C와 D는 서로 이웃한 의자에 앉는다.
② A와 B는 서로 이웃한 의자에 앉는다.
③ E와 B는 서로 이웃한 의자에 앉는다.
④ A와 C는 서로 이웃한 의자에 앉는다.
⑤ D와 B는 서로 이웃한 의자에 앉는다.

02. A, B, C, D, E, F는 원형의 테이블에 앉는다. 서로 일정한 간격으로 앉아 누군가를 마주 보고 앉는다고 할 때 〈보기〉를 참고하여 반드시 A와 인접하게 앉는 사람을 고르시오.

─〈 보 기 〉─

- C는 E와 마주 보고 앉는다.
- F는 B와 마주 보고 앉는다.
- E와 인접하며 E의 왼쪽 자리에 D가 앉는다.

① B 　　　② C 　　　③ D
④ E 　　　⑤ F

03. A, B, C, D, E, F는 원형의 테이블에 일정한 간격으로 앉는다. 〈보기〉를 참고하여 항상 참인 것을 고르시오.

〈 보 기 〉

- C는 B와 인접하며 B의 오른쪽 자리에 앉는다.
- A는 D 사이에 1명이 앉는다.
- F는 A와 인접한 자리에 앉지 않는다.

① D와 B는 마주 보는 자리에 앉는다.
② E와 C는 마주 보는 자리에 앉는다.
③ C와 D는 마주 보는 자리에 앉는다.
④ A와 F는 마주 보는 자리에 앉는다.
⑤ B와 A는 마주 보는 자리에 앉는다.

04. A, B, C, D, E, F는 회의실 원탁에 앉아 회의한다. 이들은 회의실에 도착한 순서와 같은 숫자가 적힌 자리에 앉고 자리의 간격이 동일하여 누군가를 마주 보고 앉는다고 할 때 〈보기〉를 참고하여 항상 참인 것을 고르시오.

〈 보 기 〉

- C와 E는 서로 마주 보는 자리에 앉는다.
- F는 E보다 먼저 회의실에 도착한다.
- A가 회의실에 도착한 뒤 곧바로 B가 회의실에 도착한다.
- C가 앉은 자리의 번호는 짝수다.

① B가 4번 자리에 앉으면 D는 6번 자리에 앉는다.
② F가 1번 자리에 앉으면 A는 3번 자리에 앉는다.
③ A가 4번 자리에 앉으면 D는 1번 자리에 앉는다.
④ C가 6번 자리에 앉으면 F는 2번 자리에 앉는다.
⑤ D가 1번 자리에 앉으면 C는 5번 자리에 앉는다.

필수유형 04

조건추리_O, X 채우기

유형설명

- 변수의 종류가 2가지이고 변수끼리의 관계가 다:다인 경우 용이하다.
- 상동(≡), 부분집합(⊂), 교집합(∩), 겹치지 않음 등의 관계를 나타난 조건에 유의한다.

풀이 Tip

- 처음 공부할 때에는 O, X로 채우는 풀이 방법으로 연습하여 문제 접근법을 익힌 후 O, X의 표기가 아닌 A, ~A와 같이 정리하여 메모장 환경에 유리하도록 풀이한다.
- 메모장은 풀이 초반에 필요한 정보들을 정리하는 용도로만 시용하고 나머지 과정을 머릿속으로 처리한다.

1️⃣ 변수로 파악하는 O, X 유형

앞서 '필수 유형 2. 조건추리_줄 세우기'에서 O, X는 변수끼리 1:1 관계일 때 공간을 많이 차지하고 손이 많이 가기 때문에 용이하지 않다고 전했다. 하지만 문제에서 변수의 종류가 2가지이고 변수끼리 다:다(n:m 또는 多:多) 관계를 형성할 때 각 변수를 축으로 두고 값을 O 또는 X로 채우는 것이 보다 직관적이다.

> A, B, C, D는 주황, 분홍, 보라, 자주 중 최대 3개까지 색을 고른다. 다음을 참고하여 항상 거짓인 것을 고르시오.
> - A는 자주를 고르지 않는다.
> - 주황을 고른 사람은 2명이다.
> - B는 분홍을 고른다.

예시를 토대로 도식을 그리고 바로 알 수 있는 조건을 채워보자.

	A	B	C	D
주황(2)				
분홍		O		
보라				
자주	X			

'B: 분홍'과 같이 글로 정리하는 것보다 O, X로 표기하는 장점은 B가 분홍 외에 다른 색을 고르지 않은 것인지 아직 판별하지 못 한건지 쉽게 확인할 수 있다. 글로 정리한다면 'B: 분홍, ~보라'와 같이 선택하지 않음을 표기할 수는 있지만 가로, 세로축으로 바로 확인할 수 있는 O, X만큼 직관적이지는 않다. 주황을 고른 사람이 2명인데 2명인지 아닌지 세어보며 확인해야하는 것보다 바로 눈으로 확인하는 것이 더 편리하다.

* 참고
설명하기 위해 '~보라'를 언급했지 아직은 B가 보라를 고르지 않았다고 확정할 수 없다. 또한 ~은 not을 의미한다. 편의상 보라로 적어도 무방하다.

2 상동(≡), 부분집합(⊂), 교집합(∩), 겹치지 않음

조건추리 전반에 쓸 수 있는 내용이다. 상동(≡), 부분집합(⊂), 교집합(∩), 겹치지 않음은 O, X로 채우는 문제에서 자주 나오기 때문에 해당 유형에서 설명하겠다.

A, B, C, D는 주황, 분홍, 보라, 자주 중 최대 3개까지 색을 고른다. 다음을 참고하여 항상 거짓인 것을 고르시오.
- A는 자주를 고르지 않는다.
- 주황을 고른 사람은 2명이다.
- B가 고른 색 모두를 C도 고른다.
- A가 고른 색과 D가 고른 색은 겹치지 않는다.
- A와 B가 고른 색은 같다.
- B는 분홍을 고른다.

추가된 조건에 따라 내용을 더 채우면 다음과 같다. 칸을 채운 이유와 함께 각 조건을 어떻게 다룰지 확인하자.

	A	B	C	D
주황(2)	X(4)	X(4)	O(4)	O(4)
분홍	O(1)	O	O(2)	X(3)
보라				
자주	X	X(1)		

(1) A와 B가 고른 색이 같다. 따라서 A는 분홍을 고르고 B는 자주를 고르지 않는다.
(2) B가 고른 색 모두를 C도 고른다. B가 고른 분홍을 C도 고른다.
(3) A가 고른 색과 D가 고른 색은 겹치지 않는다. D는 A가 고른 분홍을 고르지 않는다.
(4) 주황을 고른 사람이 2명이다. A, B가 주황을 고르면 C도 주황을 골라야 한다. 따라서 A, B는 주황을 고르지 않고 C와 D가 주황을 고른다.

(1) 자주 실수하는 내용

① B가 고른 색 모두를 C도 고른다.

'B ⊂ C'의 관계를 형성한다. C는 B가 고른 색 이외에 추가로 색을 고를 수 있다. 다시 말해 B가 분홍을 고른다고 했을 때 C는 분홍, 자주와 같이 추가로 색을 더 고를 수 있다. 부분집합을 보이는 조건을 가지고 'B ≡ C'와 같이 상동이라 오해하는 실수가 잦다. 포함인지 상동인지 꼭 잘 살펴봐야 한다.

만약 인당 고르는 색이 2가지씩이라고 같은 가지 수를 선택한다면 'B가 고른 색 모두를 C도 고른다.'는 조건이 포함을 의미하지만 'B ≡ C'라고 이해할 수 있다. B가 2가지 색을 고르고 C도 2가지 색을 고르니 C는 B가 고른 모든 색을 고르고 B가 고르지 않은 색은 C도 고르지 않았다고 알 수 있다. 문제의 상황, 제약사항 등에 따라 해석이 달라질 수 있으니 유의하자. 이런 부분은 문제를 많이 풀고 점검하며 개인 경험치를 쌓아 가야하는 영역으로 생각된다.

② A가 고른 색과 D가 고른 색은 겹치지 않는다.

D는 A가 고른 색을 고르지 않는다. 하지만 A가 고르지 않았다고 하여 D가 고른다고 할 수 없다. 둘 다 고르지 않는 색이 있을 수 있다. 자주 실수하는 내용 중 하나이니 주의하자.

만약 4가지 색상 중 A도 2가지 색상을 고르고 D도 2가지 색상을 고른다면 A가 고르지 않은 색을 D가 고른다고 판별할 수 있다. 위 예시와 함께 예를 들면 A가 주황, 분홍을 고르면 D는 보라, 지주를 고른다. 색이 총 4가지이니 가능하다. 만약 색이 5가지이고 A, D가 2가지 색상을 고른다면 A가 고르지 않았다고 하여 D가 고른다고 할 수 없다. 위 설명과 마찬가지로 문제의 상황, 제약사항 등에 따라 해석이 달라질 수 있다는 점을 유의하자.

③ A와 B가 고른 색은 같다.

상동이다. A가 고른 색을 B가 골랐고 A가 고르지 않은 색을 B가 고르지 않았다고 알 수 있다.

3️⃣ 3가지 변수의 접근

O, X 채우기는 변수의 종류가 2가지인 문제에서 용이하다. O, X 채우기 유형처럼 보이는데 변수의 종류가 3가지라면 일반적으로 '필수 유형 2. 조건추리_줄 세우기' 또는 '필수 유형 6. 조건추리_정보정리'의 3가지 변수 접근법을 추천한다.

 ## 메모장에 맞는 정리 방법으로 변환

메모장으로 풀이할 때 Tab키의 기능을 사용할 수 없기에 O, X로 정리하기 어렵다. 이를 다음과 같이 정리하기를 추천한다.

A, B, C, D는 주황, 분홍, 보라, 자주 중 최대 3개까지 색을 고른다. 다음을 참고하여 항상 거짓인 것을 고르시오.

- A는 자주를 고르지 않는다.
- 주황을 고른 사람은 2명이다.
- B는 분홍을 고른다.

〈메모장〉

주황(2): ~B

분홍: B

보라: B

자주: ~A, ~B

① A는 자주를 고르지 않았다.

머릿속으로 '아! A는 자주를 고르지 않는구나!'로 기억하지 말고 자주 옆에 '~A' 등을 표기하여 눈으로 정보를 바로 알 수 있도록 정리하자.

② 주황을 고른 사람은 2명이다.

'① A는 자주를 고르지 않았다.' 설명과 마찬가지로 머리로 기억하지 말고 '주황(2)', '주황2', '2주황' 등으로 표기하여 정보를 계속 기억하며 풀이속도를 늦추는 요인을 만들지 말자.

③ B는 분홍과 보라를 고른다.

분홍과 보라 옆에 B를 적는다. 여기서 끝이 아니다. O, X 채우기의 장점은 X의 값 즉 고르지 않는다는 정보를 가시적으로 알 수 있다는 점이다. 이 장점을 그대로 유지하기 위하여 주황과 자주 옆에 ~B를 적어 B가 고르는 2가지 색은 분홍과 보라이고 주황과 자주를 B가 고르지 않는다는 정보를 눈으로 바로 파악할 수 있도록 정리하자.

 ## 풀이도구 판단

O, X 채우기에서 추천하는 풀이도구는 메모장이다. 눈으로만 풀이도 가능은 하지만 한 명이 2개 이상의 값을 취하는 경우가 많기에 일일이 기억하기 어렵다. 풀이 초반이나 중반까지 필요한 정보를 메모장에 정리한 후 머릿속으로 마무리하는 방법을 추천한다.

예제 01

A, B, C, D는 우산, 휴대폰, 지갑, 키 중 2가지를 소지하며 개인이 소지한 2개의 물품은 다르다. 각 물품은 모두 2개씩이라고 할 때 〈보기〉를 참고하여 C가 소지한 2개의 물품을 올바르게 짝지은 것을 고르시오.

〈 보 기 〉

- D는 우산과 지갑을 소지한다.
- A가 소지한 물품 중 B가 소지한 물품과 같은 물품은 없다.

① 휴대폰, 키
② 지갑, 우산
③ 휴대폰, 지갑
④ 지갑, 키
⑤ 우산, 휴대폰

일반 풀이

[추천 풀이 도구] D 정리까지 메모장 → 이후 풀이는 눈으로만

계약조건을 확인해 보자. 인당 2개의 물품을 소지하고 있고 물품은 2개씩이다. 물건을 기준으로 각 물건을 선택하는 사람은 2명씩이다.

변수가 사람과 물품으로 2가지이고 2:2의 구조 즉 다:다의 구조를 보이고 있다. 각 축에 변수의 값들을 두고 표 안을 O, X로 채우는 도식이 직관적일 것으로 예상된다. 메모장에 표를 그리고 O, X로 채우기는 어려우니 어떤 물품을 누가 소지하는지 소지하지 않는지를 정리하는 방식으로 풀어보자. 고정조건인 D가 소지한 물품 옆에 D를 적자. D는 우산과 지갑을 소지하기에 휴대폰과 키는 소지하지 않는다. 이를 휴대폰과 키 옆에 ~D로 적어 혼란을 줄이자.

```
우산: D
휴대폰: ~D
지갑: D
키: ~D
```

A가 소지한 물품 중 B가 소지한 물품과 같은 물품은 없다. 인당 2가지의 물품을 소지하는데 A, B가 소지한 물품들이 겹치지 않는다. A와 B가 소지한 물품을 모으면 우산 1개, 휴대폰 1대, 지갑 1개, 키 1개다. 이에 따라 C와 D가 소지한 물품을 모으면 우산 1개, 휴대폰 1대, 지갑 1개, 키 1개다. 즉 C와 D가 소지한 물품도 겹치지 않는다

정답 ①

예제 02

A, B, C, D는 미국, 영국, 중국, 인도로 출장을 간다. 1인당 두 곳씩 출장을 간다고 할 때 〈보기〉를 참고하여 다음 중 항상 거짓인 것을 고르시오.

────────〈 보 기 〉────────

- D는 C가 출장을 가는 곳에 모두 출장을 간다.
- B가 출장을 가는 곳 중 하나는 인도다.
- 영국으로 출장을 가는 사람은 3명이다.
- A가 출장을 가는 곳 중 D가 출장을 가는 곳과 겹치는 곳은 없다.

① B는 영국으로 출장을 간다.
② C는 미국으로 출장을 간다.
③ A는 영국으로 출장을 간다.
④ D는 인도로 출장을 간다.
⑤ C는 중국으로 출장을 간다.

일반 풀이

[추천 풀이 도구] 메모장

변수가 사람과 국가로 2가지이며 다대다의 관계다. 한 축에는 사람을 놓고 다른 한 축에 국가를 놓은 뒤 표 안을 O, X로 채우면 좋겠지만 풀이환경이 녹록치 않다. 미국, 영국, 중국, 인도를 적은 후 출장을 가는 사람과 출장을 가지 않는 사람을 옆에 적으며 풀어보자.

B는 인도로 출장을 가고 영국으로 출장을 가는 사람은 3명이다.

미국:
영국(3):
중국:
인도: B

영국으로 출장을 가는 사람은 3명이다. D는 C가 출장을 가는 곳에 모두 출장을 간다. C도 2곳을 가고 D도 2곳을 간다. C가 출장을 가는 2곳이 D가 출장을 가는 2곳이기도 하다. 영국으로 출장을 가는 사람이 3명이니 B, C, D가 영국으로 출장을 가거나 A, C, D가 영국으로 출장을 간다.

A가 출장을 가는 곳 중 D가 출장을 가는 곳과 겹치는 곳은 없다. 영국으로 출장을 가는 3명은 B, C, D이다.

B가 출장을 가는 2곳은 영국과 인도다. B는 미국과 중국으로 출장을 가지 않는다.

미국: ~B
영국(3): B, C, D, ~A
중국: ~B
인도: B

01. A, B, C, D는 서울, 대전, 부산으로 출장을 간다. 출장을 가지 않는 사람은 없다고 할 때 〈보기〉를 참고하여 항상 거짓인 것을 고르시오.

〈 보 기 〉

- C가 출장을 가는 곳은 1곳이다.
- A의 출장지 중 D의 출장지와 겹치는 곳은 없다.
- 부산으로 출장을 가는 사람은 3명이다.
- 서울, 대전, 부산으로 출장을 가는 사람은 1명이다.

① 대전으로 출장을 가는 사람은 1명이다.
② 대전으로 출장을 가는 사람은 2명이다.
③ 대전으로 출장을 가는 사람은 3명이다.
④ 서울로 출장을 가는 사람은 1명이다.
⑤ 서울로 출장을 가는 사람은 2명이다.

02. A, B, C, D는 인당 1곳 이상의 프로젝트에 속한다. 이들이 속한 프로젝트 이름이 P, Q, R, S이고 아무도 속하지 않은 프로젝트는 없다고 할 때 〈보기〉를 참고하여 항상 참인 것을 고르시오.

〈 보 기 〉

- D가 속한 프로젝트는 A가 속한 어떤 프로젝트와도 겹치지 않는다.
- C가 속한 프로젝트에 모두 B도 속한다.
- B는 P, Q 프로젝트에 속하고 R, S 프로젝트에는 속하지 않는다.
- 각 프로젝트에 속한 최대 인원은 2명이다.
- A는 R 프로젝트에 속한다.
- D가 속한 프로젝트는 2곳이다.

① A는 P프로젝트에 속한다.
② D는 Q프로젝트에 속한다.
③ C는 S프로젝트에 속한다.
④ C는 P프로젝트에 속한다.
⑤ D는 S프로젝트에 속한다.

03. A, B, C, D는 화장품 가게에 들러 스킨, 로션, 에센스, 크림 중 2가지를 산다. 네 화장품 중 아무도 사지 않은 화장품은 없다고 할 때 〈보기〉를 참고하여 항상 거짓인 것을 고르시오.

〈 보 기 〉

- B는 로션과 크림을 산다.
- A가 산 화장품 중 1가지 화장품이 D가 산 화장품과 같다.
- 스킨을 사는 사람은 3명이고 크림을 사는 사람은 1명이다.
- 로션을 사는 사람의 수는 에센스를 사는 사람의 수보다 많다.

① A는 스킨을 산다.

② C는 로션을 산다.

③ D는 에센스를 산다.

④ A는 로션을 산다.

⑤ C는 에센스를 산다.

04. A, B, C, D는 4개의 물건 중 1~2가지를 선택한다. 이들이 선택하는 물건이 가, 나, 다, 라라고 할 때 〈보기〉를 참고하여 항상 참인 것을 고르시오.

〈 보 기 〉

- B는 나와 다를 선택한다.
- A는 D가 선택한 물건을 모두 선택한다.
- C가 선택한 물건 중 B가 선택한 물건과 같은 물건은 없다.
- 가를 선택한 사람은 2명이고 나머지 물건을 선택한 사람은 각각 1명씩이다.

① C는 라를 선택한다.

② D는 다를 선택한다.

③ A는 라를 선택한다.

④ C는 가를 선택한다.

⑤ D는 라를 선택한다.

필수유형 05

조건추리_자리배치

유형설명

- 2×3, 2×4, 3×3의 형태로 상황을 제시하는 유형이다.
- 고정조건 - 반고정조건의 순서로 도식을 채우고 경우를 나눈다.
- 출제 빈도가 높지 않다. 많아야 1문제 정도 출제된다.

풀이 Tip

- 고정조건 및 제약사항을 토대로 경우의 수를 줄인다.
- 풀이 초반에 반고정조건으로 경우를 나눌 때 머리로 처리하는 것보다 도식을 1~2가지 더 추가로 그리는 풀이 방법이 보다 빠르다.
- 빈칸은 경우가 나뉨을 의미한다. 풀이 후반에 경우가 나뉘면 새로 도식을 추가하여 그리는 것보다 빈칸을 두고 나뉠 수 있는 경우를 이해한 채 문제를 푸는 것도 방법이다.
- '미정' 칸을 <보기>에서 제시한 정보를 한눈에 볼 수 있도록 한다.
- 풀이 초반에 그림판을 활용하여 경우의 나뉨, 필요 정보를 정리한 후 나머지는 머리로 처리한다.

1 주어진 틀 그대로 활용

자리배치 유형은 문제에 도식의 틀을 제공하는 경우가 많다. 본인만의 도식화 방법을 토대로 새로 정리하지 말고 주어진 도식을 그대로 활용해 보자. 그림판이 유용하겠다. 만약 도식을 주지 않는다면 행과 열 또는 층과 좌/우 등의 지표를 주기에 이를 토대로 도식을 그린 후 문제의 상황과 <보기>에서 주는 정보를 채워보자. 예를 들면 다음과 같다.

> A, B, C, D, E는 3행 2열로 배치된 사물함을 한 칸씩 사용한다. 1행 2열에 위치한 사물함은 아무도 사용하지 않는다고 할 때 다음을 참고하여 C가 사용하는 사물함의 위치를 고르시오.
> - A와 D는 같은 행에 위치한 사물함을 사용한다.
> - E는 2행 1열에 위치한 사물함을 사용한다.

따로 틀을 주지는 않았지만 3행 2열의 칸을 그리고 정보를 채워보자. 고정조건인 E가 2행 1열 사용, 빈 사물함은 1행 2열이라는 정보를 정리하자(설명의 편의를 위해 1행, 2행 등의 정보를 기입했지만 실제 풀이에서는 적을 필요가 없다).

	1열	2열
1행		X
2행	E	
3행		

A와 D는 3행에 위치한 사물함을 사용한다. 각 행에 두 칸의 사물함이 있는데 1행은 아무도 사용하지 않는 사물함이 있고 2행의 두 칸 중 한 칸의 사물함은 E가 사용한다. 따라서 A와 D는 3행의 사물함을 사용한다. 다만 누가 3행 1열의 사물함을 사용하는지는 확정할 수 없다. 이를 '필수 유형 2. 조건추리_줄세우기' 중 '3. 빗금 활용하기'에서 언급한 것처럼 빗금을 활용하여 간략하게 정리해 보자.

	1열	2열
1행		X
2행	E	
3행	A/D	D/A

2 경우의 나눔

자리배치 유형은 문제에 도식이 X, Y 축으로 이뤄질 확률이 높아 경우가 나뉘는 것을 머리로 기억하기가 어렵다. 기억하며 풀 수 있다고 하더라도 풀이속도가 저하된다. 따라서 풀이 초반에 나뉘는 경우를 각각 그림판에 표기하여 푸는 것을 추천한다. 예시는 다음의 접근과 같다.

A, B, C, D, E는 3행 2열로 배치된 사물함을 한 칸씩 사용한다. 여섯 칸의 사물함 중 한 사물함은 아무도 사용하지 않는다고 할 때 다음을 참고하여 C가 사용하는 사물함의 위치를 고르시오.
- B와 D가 사용하는 사물함은 같은 열에 위치한다.
- A는 1행 2열에 위치한 사물함을 사용한다.
- E는 3행 1열에 위치한 사물함을 사용한다.

고정조건인 A와 E가 사용하는 사물함을 정리하자. 이후 B와 D가 사용하는 사물함이 같은 열에 위치한다는 정보를 토대로 두 경우로 나눠보자. B와 D가 사용하는 사물함의 위치가 서로 바뀔 수 있다는 것은 빗금으로 정리하되 B와 D가 1열에 위치한 사물함을 사용하는 경우와 2열에 위치한 사물함을 사용하는 경우는 도식을 더 그려 정리해 보자.

B/D	A
D/B	
E	

Case 1

	A
	B/D
E	D/B

Case 2

 ## 미정인 칸 두기

도식을 만들고 정리하다보면 칸에는 넣을 수 없지만 정보는 알고 있을 때가 있다. 이럴 때 미정인 칸을 두어 한 도식에서 정보를 한눈에 볼 수 있도록 만들어 문제풀이의 실수를 줄이고 효율성을 높였으면 한다. 예를 들면 다음과 같다.

> A, B, C, D, E는 3행 2열로 배치된 사물함을 한 칸씩 사용한다. 여섯 칸의 사물함 중 한 사물함은 아무도 사용하지 않는다고 할 때 다음을 참고하여 C가 사용하는 사물함의 위치를 고르시오.
> - B는 1행에 위치한 사물함을 사용한다.
> - E는 2열에 위치한 사물함을 사용한다.
> - D는 2행 2열에 위치한 사물함을 이용한다.

고정조건인 'D는 2행 2열에 위치한 사물함을 이용한다.'를 먼저 정리하자. B는 1행에 위치한 사물함을 사용한다. B가 1행의 1열에 위치한 사물함을 사용하는지 2열에 위치하는 사물함을 사용하는지 확정할 수 없다. B를 1행이며 미정인 칸에 두자. 마찬가지로 E를 2열이며 미정인 칸에 적어 도식 안에서 정보를 쉽게 알아볼 수 있도록 정리하자.

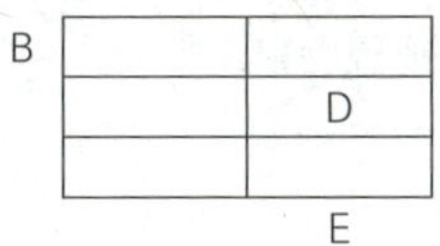

이후 접근은 문제마다 다르다. 예시에서 들지는 않았지만 다른 반고정조건을 토대로 경우를 나눈 후 풀 수도 있고 경우를 나눌만한 조건이 보이지 않는다면 미정의 값을 토대로 경우를 나누어 풀기도 한다. 위 예시에 이어 E를 토대로 경우를 나누며 정리하면 다음과 같다.

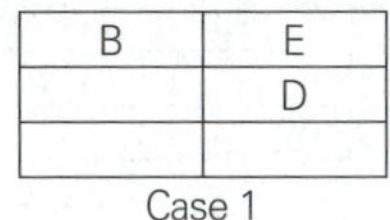

Case 1

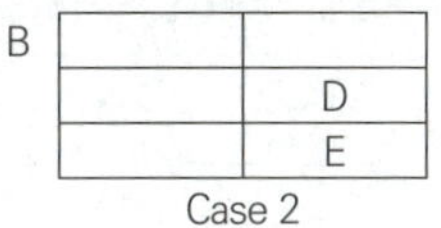

Case 2

 ## 풀이도구 판단

자리배치에 어울리는 풀이도구는 그림판이다. 초반에 나뉘는 경우를 그림판에 각각 표기하고 필요 정보를 적어둔 후 이어지는 풀이는 머릿속으로 처리하는 방법을 추천한다.

예제 01 A, B, C, D, E, F는 2행 3열로 배치된 의자에 앉는다. 〈보기〉의 내용을 참고하여 항상 참인 것을 고르시오.

─────〈 보 기 〉─────

- E와 A는 같은 열에 놓인 의자에 앉는다.
- B는 1행 2열의 의자에 앉는다.
- A와 F는 같은 행이며 서로 이웃하게 놓인 의자에 앉는다.

① C와 F는 같은 행에 놓인 의자에 앉는다.
② E와 F는 같은 행에 놓인 의자에 앉는다.
③ B와 E는 같은 행에 놓인 의자에 앉는다.
④ A와 B는 같은 행에 놓인 의자에 앉는다.
⑤ D와 C는 같은 행에 놓인 의자에 앉는다.

일반 풀이

[추천 풀이 도구] B, A, F 정리까지 그림판 → 이후 풀이는 눈으로만

B를 1행 2열의 의자에 고정하자. A와 F는 같은 행이며 서로 이웃한 의자에 앉는다. A와 F가 의자에 앉는 경우는 다음과 같이 2가지다. E와 A는 같은 열에 놓인 의자에 앉기 때문에 A는 2행 2열의 의자에 앉지 않는다.

	B	
A	F	

Case 1

	B	
	F	A

Case 2

E는 A와 같은 열에 놓인 의자에 앉는다. Case 1에서 E는 1행 1열에 놓인 의자에 앉고 Case 2에서 E는 1행 3열에 놓인 의자에 앉는다. C와 D는 Case 1, 2에서 남은 두 의자에 앉으며 서로 자리를 바꿀 수 있다. 이를 C/D 또는 D/C로 표기했다.

E	B	C/D
A	F	D/C

Case 1

C/D	B	E
D/C	F	A

Case 2

 **정답** ③

A, B, C, D, E, F는 3층짜리 빌라에 거주한다. 이 빌라의 각 층에는 2개의 호가 있으며 왼쪽이 1호, 오른쪽이 2호라고 할 때 〈보기〉를 참고하여 3층에 거주할 가능성이 있는 사람은 몇 명인지 고르시오.

〈 보 기 〉

- D와 F는 같은 층에 거주하지 않는다.
- B는 3층 2호에 거주한다.
- C와 E는 같은 층에 거주한다.

	1호	2호
3층		
2층		
1층		

① 1명　　　　② 2명　　　　③ 3명
④ 4명　　　　⑤ 5명

일반 풀이

[추천 풀이 도구] B, C, E 정리까지 그림판 → 이후 풀이는 눈으로만

B를 3층 2호에 고정하자. 이후 C와 E가 같은 층에 거주한다는 조건을 토대로 C, E가 2층에 거주하는 경우와 1층에 거주하는 경우로 나눠보자. 그러면서 C와 E 중 누가 1호에 사는지 확정할 수 없기에 C/E 또는 E/C로 둘의 자리가 바뀔 수 있다고 표기하자.

	1호	2호
3층		B
2층	C/E	E/C
1층		

	1호	2호
3층		B
2층		
1층	C/E	E/C

D와 F는 같은 층에 거주하지 않는다. 두 경우 모두 D나 F 중 1명이 3층에 거주해야만 D와 F가 같은 층에 거주하지 않는다는 조건을 만족한다. 따라서 3층에 거주할 가능성이 있는 사람은 B, D, F로 3명이다.

정답 ③

정답은 나왔지만 문제 풀이 후 분석을 위해 모든 경우를 나눠보자. 빈칸은 경우가 더 나뉜다고 의미한다. 경우를 더 나누어도 3층에 거주할 수 있는 사람이 3명인 점은 변함이 없다. 3층의 1호 자리에 D 또는 F가 오니 D/F로 표기한 후 남은 두 자리에 A와 F/D가 오는 경우로 나눠보자.

	1호	2호
3층	D/F	B
2층	C/E	E/C
1층	F/D	A

	1호	2호
3층	D/F	B
2층	C/E	E/C
1층	A	F/D

	1호	2호
3층	D/F	B
2층	F/D	A
1층	C/E	E/C

	1호	2호
3층	D/F	B
2층	A	F/D
1층	C/E	E/C

[오답 체크]

B는 이미 3층 거주가 확정되었다. 거주할 가능성이 있는 사람이다.

01. 2행 4열로 나뉜 진열장의 각 칸에 A, B, C, D, E, F, G를 진열한다. 〈보기〉를 참고하여 아무것도 진열하지 않는 칸의 위치로 적절하지 않은 것을 고르시오.

〈 보 기 〉

- F와 C는 같은 열의 칸에 진열한다.
- A와 G는 같은 행이며 서로 이웃한 칸에 진열한다.
- B는 2행 3열의 칸에 진열하고 E는 1행 2열의 칸에 진열한다.

① 1행 1열 ② 1행 3열 ③ 1행 4열
④ 2행 2열 ⑤ 2행 4열

02. A, B, C, D, E, F는 3층의 건물에 거주한다. 각 층에 2명씩 거주한다고 할 때 〈보기〉를 참고하여 반드시 거짓인 것을 고르시오.

〈 보 기 〉

- A가 거주하는 층은 E가 거주하는 층과 1층 차이다.
- F가 거주하는 층보다 1층 위에 C가 거주한다.
- E는 C와 같은 층에 거주하지 않는다.
- D는 B보다 높은 층에 거주한다.

① D가 3층에 거주한다면 C는 2층에 거주한다.
② E가 1층에 거주한다면 D는 3층에 거주한다.
③ C가 2층에 거주한다면 B는 1층에 거주한다.
④ F가 2층에 거주한다면 A는 3층에 거주한다.
⑤ B가 1층에 거주한다면 F는 1층에 거주한다.

03. 3×3으로 나뉜 보석상자의 각 칸에 A, B, C, D, E, F, G, H, I를 놓는다. 〈보기〉의 조건을 확인하여 항상 참인 것을 고르시오.

─〈 보 기 〉─

- F는 2행 2열의 칸에 놓고 I는 1행 3열의 칸에 놓는다.
- H와 C는 1열이며 서로 이웃한 칸에 놓는다.
- E와 A는 같은 행이며 서로 이웃한 칸에 놓는다.
- B와 D는 1행인 칸에 놓는다.

① D는 1행 1열의 칸에 놓는다.
② C는 2행 1열의 칸에 놓는다.
③ A는 3행 2열의 칸에 놓는다.
④ E는 1행 2열의 칸에 놓는다.
⑤ G는 2행 3열의 칸에 놓는다.

04. A, B, C, D, E, F는 2층의 호텔에 묵는다. 호텔의 각 층에는 3개의 호실이 있다고 할 때 〈보기〉 및 호실 배치도를 참고하여 항상 참인 것을 고르시오.

─〈 보 기 〉─

- F는 D와 같은 층의 호실에 묵지 않는다.
- A와 E가 묵는 호실의 끝 번호는 같다.
- C는 A와 같은 층의 호실에 묵는다.
- B가 묵는 호실의 끝 번호는 3이다.
- E가 묵는 호실의 끝 번호는 1이다.

201호	202호	203호
101호	102호	103호

〈호실 배치도〉

① A가 201호에 묵는다면 D는 102호에 묵는다.
② F가 202호에 묵는다면 B는 103호에 묵는다.
③ D가 203호에 묵는다면 E는 201호에 묵는다.
④ E가 101호에 묵는다면 F는 203호에 묵는다.
⑤ C가 102호에 묵는다면 B는 203호에 묵는다.

조건추리_정보정리

- 3개 팀에 5~6명 배치하기의 문제, 6명을 2명씩 짝짓는 문제 등 변수의 종류가 2가지인 문제가 출제된다.
- 사람, 직급, 평가와 같이 변수의 종류가 3가지인 문제가 출제된다.

풀이 Tip

- 눈으로만 풀지, 메모장을 활용할지, 그림판을 활용할지를 문제가 어떻게 제시되었는지에 따라 정한다.

정보정리 유형의 접근법

조건추리 전반에 활용되는 팁이다. 고정조건은 경우가 나뉘더라도 항상 유지되는 내용이다. 최대한 고정조건으로 칸을 채운 후 반고정조건 또는 채우지 못한 칸이 경우가 나뉜다는 점을 고려하며 문제를 풀어야 한다.

> A, B는 갑 팀이고 C, D는 을 팀이다. 각 팀에서 최소 1명 이상이 보직변경을 신청한다고 할 때 다음을 참고하여 반드시 거짓인 것을 고르시오.
> - A는 보직변경을 신청한다.
> - A가 보직변경을 신청한다면 C는 보직변경을 신청하지 않는다.

A가 보직변경을 신청한다는 고정조건이 있다. 이를 토대로 C는 보직변경을 신청하지 않는다고 알 수 있고 각 팀에서 최소 1명 이상이 보직변경을 신청하기 때문에 D는 반드시 보직변경을 신청한다고 알 수 있다. 이와 같이 고정조건을 통해 A, ~C, D의 정보를 얻은 후 B가 보직변경을 신청하는 경우와 신청하지 않는 경우로 나누어 문제를 풀어야 한다. B의 보직변경 신청여부를 알 수 없었다. 이를 강의에서 빈칸은 경우가 나뉨을 의미한다는 말로 표현하고는 한다.

    Case 1. 신청: A, D / 미신청: B, C
    Case 2. 신청: A, B, D / 미신청: C

위의 풀이방법은 문제의 상황과 〈보기〉의 조건을 만족하는 경우를 모두 찾은 후 푸는 방법이다. 다른 풀이법은 A, D가 신청하고 C가 신청하지 않았다는 정보에서 선택지의 앞부분을 대입하며 푸는 방식이다. 즉 B의 신청여부까지는 고려하지 않고 빈칸으로 둔 채 경우가 나뉜다는 가능성을 열어두고 선택지를 판별하는 방법이다.

 **3가지 변수의 접근**

'필수 유형 5. 조건추리_자리배치'와 접근법이 비슷하다. 변수의 종류가 3가지인 경우 두 변수를 축으로 두고 남은 한 변수를 도식 안에 값으로 채우며 풀이한다. 이때 일반적으로는 사람(변수)을 값으로 채우는 것을 추천한다. 사유는 '어떤 사람이 몇 조다.', '어떤 사람이 남자다.'와 같이 사람을 중심으로 표현하기 때문이다. 다시 말해 축으로 두는 두 변수와 각각 연관성을 띄는 변수를 값으로 넣는 것이 가장 직관적이다. 이후 경우를 나누는 법, 빗금 활용, 선택지에 따른 접근 등은 앞선 필수 유형에서 설명한 바와 동일하다.

(1) 경우 나누기

풀이 초반에 경우가 나뉘는 것을 머리로 기억하지 말고 도식이 비교적 간단하다면 빗금을, 도식이 복잡하다면 도식을 추가하여 경우가 나뉜다는 것을 보이자.

남자인 A, B, C, D와 여자인 E, F, G, H는 2인 1조로 조별활동을 한다. 각 조의 조원의 성별은 서로 다르다고 할 때 다음을 참고하여 항상 참인 것을 고르시오.
- D는 2조이고 F는 3조이다.
- B와 C는 1조가 아니다

예시를 보면 변수가 사람, 성별, 조로 3가지다. 3가지 변수를 한 도식에 정리하려면 사람을 채워 풀이하는 것이 보다 편리하다. 도식의 축을 그리고 D, F를 채우자.

	1조	2조	3조	4조
남		D		
여			F	

B와 C는 1조가 아니다. 1조인 남자는 A이다. B가 3조일지 4조일지 확정할 수 없다. 이를 머리로 기억한 채 선택지를 확인하는 방법이 가장 이상적이겠으나 실수가 잦다면 다음과 같이 B와 C를 빗금으로 표현하여 정리하자.

	1조	2조	3조	4조
남	A	D	B/C	C/B
여			F	

① 반고정의 복합 활용

고정조건을 통해 칸을 채운 후 반고정조건으로 경우를 나눈다. 반고정조건이 2가지 이상인 경우 조건을 하나씩 확인하는 풀이보다 동시에 2가지 조건을 확인하는 풀이가 보다 빠르다. 하지만 숙달되기 전에는 실수가 잦을 수 있으니 연습을 통해 익숙해지자. 교재의 해설에서는 이해를 돕기 위해 반고정조건을 하나씩 다룬다. 해설이 최단시간의 풀이법이 아님을 전한다.

(2) 미정인 칸 두기

도식을 만들고 정리하다보면 칸에는 넣을 수 없지만 정보는 알고 있을 때가 있다. 이럴 때 미정인 칸을 두어 한 도식에서 정보를 한눈에 볼 수 있도록 만들어 문제풀이의 실수를 줄이고 효율성을 높였으면 한다.

대학교 1, 2, 3학년인 A, B, C, D, E, F는 하루에 1번씩 공원을 산책한다. 이들이 산책하는 시간대는 오전과 저녁이라고 할 때 다음을 참고하여 항상 거짓인 것을 고르시오.
- A와 B는 1학년이다.
- D는 오전에 산책한다.

예시를 토대로 한 축에는 학년, 한 축에는 산책시간을 두며 도식을 그리자. A, B가 1학년이라고 알 수 있지만 오전에 산책하는지 오후에 산책하는지 알 수 없다. 이럴 경우 시간 미정을 두어 A, B를 채우자. 마찬가지로 D는 오전에 산책한다고 알 수 있지만 학년을 모른다. 마찬가지로 학년 미정을 두어 D를 채우자.

	1학년	2학년	3학년	학년 미정
오전				D
저녁				
시간 미정	A, B			

 3 풀이도구 판단

정보정리의 추천 풀이도구는 1) 눈으로만, 2) 메모장, 3) 그림판이다.

(1) 눈으로만

① 변수의 종류가 2가지 + 특정 값을 묻는 문제

'A와 항상 같은 조인 사람을 고르시오.'와 같이 특정 값을 묻는 문제는 문제의 상황과 〈보기〉의 조건을 모두 만족하지 않아도 답이 나올 확률이 높다.

② 변수의 종류가 2가지 + 풀이 초반에 경우가 1~2가지로 나뉘는 문제

항상 참/거짓을 묻거나 경우의 수, 가능성을 묻는다고 하더라도 고정조건을 많이 주거나 애당초 경우가 적게 나뉘는 문제는 눈으로 풀기 용이하다. '이들이 학년과 성별을 확정하는 경우가 모두 몇 가지인지 고르시오.'는 경우의 수를 묻는 문제의 예시이고 '다음 중 1학년일 가능성이 있는 사람을 모두 짝지은 것을 고르시오.'가 가능성을 묻는 문제의 예시이다.

참고로 항상 참/거짓을 묻는 문제는 제시된 선택지가 특정 값이나 칸을 말하는지, 경우의 수나 가능성을 묻는지 등에 따라 풀이 난이도가 달라질 수는 있으나 풀이 초반에 경우가 적게 나뉘면 선택지가 무엇이든 쉬운 문제인 점은 변함이 없다.

③ 변수의 종류가 2가지 + 풀이 초반에 경우가 3가지 이상으로 나뉘는 문제 + 특정 값을 묻는 문제

특정 값을 묻는 문제에서 초반에 경우가 3가지 이상으로 나뉘더라도 눈으로만 풀 수 있는 문제가 존재한다. 문제의 상황과 〈보기〉를 만족하는 경우를 다 구하려고 하지 말고 문제에서 요구하는 값에만 집중할 때 가능하다.

(2) 메모장

① 변수의 종류가 2가지 + 풀이 초반에 경우가 3가지 이상으로 나뉘는 문제

초반에 나뉘는 경우를 모두 머리로 기억하기 어렵다. 메모장으로 초반의 경우를 정리한 후 나머지 풀이를 머리로 처리하여 풀이 속도를 높이는 방법을 추천한다.

(3) 그림

① 변수의 종류가 3가지

변수의 종류가 3가지 이상이라면 x축과 y축 각각에 변수의 값을 넣고 표 안에 사람으로 채우는 풀이가 가장 이상적이다. 메모장보다는 그림판이 보다 정리하기 수월하다. 마우스로 느리게 그리는 그림판의 특성으로 인해 초반에 틀과 필요 정보만 기입해두고 나머지는 머리로 처리하는 풀이가 더 효율적이다.

예제 01

A, B, C, D, E, F는 1개 층에 4개의 객실이 있는 2층의 호텔에 묵는다. 6명 모두 객실을 하나씩 쓰고 각 객실을 쓰는 사람은 최대 1명이라고 할 때 〈보기〉 참고하여 항상 참인 것을 고르시오.

───〈 보 기 〉───

- B와 F는 서로 다른 층의 객실을 쓴다.
- A와 E는 같은 층의 객실을 쓴다.
- C가 쓰는 객실과 같은 층에 공실인 객실이 있다.
- D는 1층의 객실을 쓴다.
- 1층에 위치한 객실 중 1개 이상의 객실이 공실이다.

① C는 1층의 객실을 쓴다.
② E는 1층의 객실을 쓴다.
③ B는 1층의 객실을 쓴다.
④ F는 1층의 객실을 쓴다.
⑤ A는 1층의 객실을 쓴다.

일반 풀이

[추천 풀이 도구 ①] D, B, F 정리까지 메모장 → 이후 풀이는 눈으로만
[추천 풀이 도구 ②] D, B, F, A, E 정리까지 메모장 → 이후 풀이는 눈으로만

객실은 총 8개이고 사람은 6명이다. 2개 객실이 공실이다.

D는 1층의 객실을 쓰고 B와 F는 서로 다른 층의 객실을 쓴다는 정보를 먼저 정리해보자. B와 F는 서로 층을 바꿀 수 있기에 편의를 위해 B/F 또는 F/B로 적었으며 선택지에서 묻는 것은 누가 몇 층의 객실을 쓰는지이기 때문에 층으로만 정보를 정리했다.

| 2층: B/F |
| 1층: D, F/B |

1층에 위치한 객실 중 1개 이상의 공실이 객실이다. 1층에 공실인 객실이 2곳일 수도 있고 1곳일 수도 있다. 두 경우 모두 같은 층의 객실을 쓰는 A와 E는 1층의 객실을 쓸 수 없다. A와 E는 2층의 객실을 쓴다.

| 2층: B/F, A, E |
| 1층: D, F/B |

C가 쓰는 객실과 같은 층에 공실인 객실이 있다. C가 2층의 객실을 쓰게 되면 2층에 공실이 없다. C는 1층의 공실을 사용한다.

| 2층: B/F, A, E, X |
| 1층: D, F/B, C, X |

남자인 A, B, C, D와 여자인 E, F, G, H가 2명씩 1개 조를 이룬다. 조 남자 1명과 여자 1명으로 이룬다고 할 때 〈보기〉를 참고하여 항상 참인 것을 고르시오.

─〈 보 기 〉─

- D는 G와 같은 조를 이루지 않는다.
- A는 E와 조를 이루거나 F와 조를 이룬다.
- C는 H와 조를 이룬다.

① G는 B와 같은 조를 이룬다.
② A는 F와 같은 조를 이룬다.
③ B는 E와 같은 조를 이룬다.
④ D는 E와 같은 조를 이룬다.
⑤ F는 D와 같은 조를 이룬다.

일반 풀이

[추천 풀이 도구 ①] 눈으로만
[추천 풀이 도구 ②] C와 H가 같은 조라는 정리와 A가 E와 같은 조인 경우와 A가 F
와 같은 조인 경우 나누기까지 메모장 → 이후 풀이는 눈으로만

C는 H와 조를 이룬다. D는 G와 같은 조를 이루지 않는다. D와 같은 조를 이룰 수 있는 사람은 여자 중 H, G를 제외한 E와 F다. A는 E와 조를 이루거나 F와 조를 이룬다. A와 같은 조를 이룰 수 있는 사람도 D와 마찬가지로 E와 F다. C, D, A 모두 G와 조를 이루지 않는다. G와 같은 조를 이루는 사람은 B이다.

[오답 체크]

A와 E가 조를 이루고 D와 F가 조를 이루는지 A와 F가 조를 이루고 D와 E가 조를 이루는지는 확정할 수 없다. 즉 2가지 경우로 나뉜다.

정답 ①

01. A, B, C, D, E, F 중 일부 인원은 임원이다. 〈보기〉의 내용을 토대로 반드시 임원인 사람은 몇 명인
지 고르시오.

> ─〈 보 기 〉─
>
> - C와 D 중 1명은 반드시 임원이다.
> - D가 임원이라면 F는 임원이 아니다.
> - A는 임원이다.
> - C가 임원이라면 A는 임원이 아니다.
> - E 또는 D가 임원이라면 B는 임원이다.

① 1명 ② 2명 ③ 3명
④ 4명 ⑤ 5명

02. A, B, C, D, E, F는 SI팀과 SM팀이다. 6명 모두 하나의 팀에만 속하고 팀에 속하지 않은 사람은
없다고 할 때 〈보기〉를 토대로 반드시 SM팀인 인원이 몇 명인지 구하시오.

> ─〈 보 기 〉─
>
> - C가 SI팀이라면 F는 SM팀이다.
> - E 또는 F가 SM팀이라면 A는 SM팀이다.
> - B가 SM팀이라면 D와 E는 SI팀이 아니다.
> - A는 SI팀이다.

① 1명 ② 2명 ③ 3명
④ 4명 ⑤ 5명

03. 여자인 A, B, C, D는 커플 모임에 남자친구와 함께 참석한다. 모임에 참석하는 남자친구가 E, F, G, H라 할 때 〈보기〉를 참고하여 4쌍의 커플을 확정할 수 있는 모든 경우가 몇 가지인지 고르시오.

> ─〈 보 기 〉─
>
> - B는 E와 커플이 아니다.
> - C는 G와 커플이다.
> - A는 H와 커플이 아니다.

① 2가지   ② 3가지   ③ 4가지
④ 5가지   ⑤ 6가지

04. A, B, C, D, E, F, G, H는 2인이 1개 조를 이룬다. 각 조는 강원도, 경상도, 전라도, 충청도 중 한 곳으로 연수를 가고 연수를 가지 않는 지역은 없다고 할 때 〈보기〉를 참고하여 항상 참인 것을 고르시오.

> ─〈 보 기 〉─
>
> - C와 F는 전라도로 연수를 간다.
> - D는 경상도로 연수를 간다.
> - G는 충청도로 연수를 간다.
> - E와 H는 서로 다른 지역으로 연수를 간다.

① B가 강원도로 연수를 가면 A는 경상도로 연수를 간다.
② E가 충청도로 연수를 가면 H는 강원도로 연수를 간다.
③ A가 강원도로 연수를 가면 E는 충청도로 연수를 간다.
④ H가 경상도로 연수를 가면 E는 충청도로 연수를 간다.
⑤ A가 충청도로 연수를 가면 B는 강원도로 연수를 간다.

진실게임_기본적인 진실게임

유형설명

- 진실게임은 언어추리 20문항 중 7문항 정도 출제된다. 이때 진실게임은 '기본적인 진실게임' 유형, 'A=T, A=F' 유형, '1명이 2개의 진술' 유형으로 나눌 수 있다.
- 모순관계, 동일관계를 활용하여 진술의 참/거짓을 판별하고 진술의 참/거짓 정보에 따라 추가 정보를 얻으며 풀 수 있는 문제로 출제된다.

풀이 Tip

- 문제에서 부여한 Action 대상자의 수, 거짓을 말하는 사람의 수 등 상황을 먼저 확인한다.
- 모순관계, 동일관계를 활용하여 진술의 참/거짓을 판별하거나 선택지를 소거한다.
- 진술의 참/거짓을 확인한 후 추가 정보를 얻고 다른 인물의 참/거짓을 판별하거나 선택지를 소거한다.
- 소거하고 남은 선택지를 토대로 정보를 얻어 문제를 풀이한다.
- 눈으로만 풀 수 있도록 연습한다.

 모순관계

모순관계란 모든 경우에 1명은 참, 1명은 거짓인 경우를 말한다. 다시 말해 모든 경우에 동시에 참이거나 동시에 거짓인 경우가 없는 관계를 말한다. 모순 관계를 보이는 대표 유형은 1) 다른 인물을 거짓이라고 하는 경우, 2) 한 인물의 Action 상태에 대한 진술이 상반되는 경우, 3) 한 인물의 진술(참/거짓)에 대한 진술이 상반되는 경우, 4) 드모르간이다. 다음의 예시와 함께 확인해 보자.

A: B의 말은 거짓이다.

B: C가 물건을 훔쳤다.

C: D와 E가 물건을 훔쳤다.

D: E는 물건을 훔치지 않았다.

E: A가 물건을 훔쳤다.

F: A는 물건을 훔치지 않았다.

G: B의 말은 참이다.

H: D 또는 E는 물건을 훔치지 않았다.

(1) 다른 인물을 거짓이라고 하는 경우

> A: B의 말은 거짓이다.
>
> B: C가 물건을 훔쳤다.

예시에서 A의 진술을 보자. B의 말을 거짓이라고 한다. 진실게임에서 진술은 참/거짓 나뉜다. 이를 토대로 A의 진술이 참이면 B의 말이 거짓이라 하니 B의 진술은 거짓이 된다. A의 진술이 거짓이면 B의 말이 거짓이라는 말이 거짓이니 B의 말이 참이다. 이 경우가 헷갈린다면 B의 진술이 참이면 B를 거짓이라 말하는 A의 진술이 거짓이다. 다른 인물을 참/거짓이라고 지칭하는 진술은 진술관계를 확인하기 가장 좋은 힌트다. 다른 인물을 참이라 말하는 진술은 [3. 동일관계]에서 설명하겠다.

(2) 한 인물의 Action 상태에 대한 진술이 상반되는 경우

> E: A가 물건을 훔쳤다.
>
> F: A는 물건을 훔치지 않았다.

예시를 보면 인물의 상태가 물건을 훔쳤다와 물건을 훔치지 않았다로 나눌 수 있다. 이에 따라 한 인물에 대한 Action 상태, 즉 물건을 훔쳤는지 여부가 갈리는 진술은 모순관계를 형성한다. E와 F의 진술을 보면 E와 F는 A의 Action 상태에 대한 진술이 엇갈린다. E가 참이면 A가 물건을 훔쳤고 F의 말이 거짓이다. 반대로 F가 참이면 A가 물건을 훔치지 않았고 E가 거짓이다.

(3) 한 인물의 진술(참/거짓)에 대한 진술이 상반되는 경우

> A: B의 말은 거짓이다.
>
> G: B의 말은 참이다.

이는 [1.2. 한 인물의 Action 상태에 대한 진술이 상반되는 경우]와 비슷하다. B의 진술은 참 또는 거짓 중 하나인데 A와 G의 진술은 B의 참/거짓 상태를 각각 다르게 진술한다. 이에 따라 A와 G의 진술은 모순관계다. A의 진술이 참이면 B의 말은 거짓이고 이에 따라 G의 진술은 거짓이다. 반대로 A의 진술이 거짓이면 B의 진술은 참이고 G의 진술도 참이다.

(4) 드모르간의 법칙

이전에 집합 기호로 배웠을 때를 기억해보면 A∩B의 여집합은 AC∪BC였다. 여기서 C는 부정 또는 거짓을 의미한다고도 말할 수 있다. ∩는 AND를 ∪는 OR를 의미한다. 즉 A∩B를 부정하면 (A∩B)C가 되는데 이는 AC∪BC가 된다. 이를 명제 기호로 표현하면 C는 ~이고 ∩는 ∧, ∪는 ∨를 의미한다. 기호 등은 알지 못해도 문제를 풀이하는데 상관없지만 아는 척 해봤다.

> C: D와 E가 물건을 훔쳤다.
>
> H: D 또는 E는 물건을 훔치지 않았다.

C와 H의 진술을 보자. C의 진술이 거짓이라면 D가 물건을 훔치지 않았거나 E가 물건을 훔치지 않았다고 알 수 있다. 이는 H의 진술과 동일하다. 즉 C와 H는 동시에 참, 동시에 거짓일 수 없다. 모순관계를 형성한다.

(5) 자주하는 실수

> B: C가 물건을 훔쳤다.
>
> E: A가 물건을 훔쳤다.

B와 E의 진술을 살펴보자. 한 눈에 보기에 모순관계처럼 보이지만 아직 예시에서 몇 명이 물건을 훔쳤는지 상황을 부여하지 않았다. 1명이 물건을 훔쳤다고 가정해 보자. B와 E의 진술이 모순관계를 형성한다고 자신 있게 말할 수 없다. 몇 명이 거짓을 말하는지 상황을 부여하지 않았다. 1명이 물건을 훔치고 2명이 거짓을 말한다고 할 때 B가 지칭하는 C, E가 지칭하는 A 이외에 다른 인물이 물건을 훔쳤다고 하면 B와 E의 진술은 동시에 거짓이다. 전하고자 하는 바를 요약하면 관계만으로 진술 관계를 찾기 어려운 경우도 많다. 몇 명이 Action 대상자인지, 몇 명이 거짓을 말하는지 등 문제에서 부여한 상황을 예의주시해야한다.

참고로 1명이 물건을 훔치고 1명이 거짓을 말하는 경우 B와 E의 진술을 모순관계처럼 쓸 수 있다. F가 물건을 훔친 경우와 같이 B와 E가 동시에 거짓을 말하는 경우도 있지만, 이는 1명이 거짓을 말한다는 문제의 조건을 벗어난다. 또한 1명만 물건을 훔치니 B와 E가 동시에 참을 말할 수 없다. 이에 따라 문제의 조건을 만족하는 경우에서 B와 E는 동시에 참, 동시에 거짓을 말할 수 없기에 모순처럼 쓸 수 있다. 참고 정도로만 알아두자.

> C: D와 E가 물건을 훔쳤다.
>
> D: E는 물건을 훔치지 않았다.

C와 D의 진술을 살펴보자. C의 진술이 참이면 E가 물건을 훔쳤다. 이에 따라 D의 진술이 거짓이 된다. D의 진술이 참이면 E는 물건을 훔치지 않았고 C는 거짓을 말한다. C의 진술이 AND이기 때문에 D와 E 둘 다 물건을 훔친 경우만 참이 되기 때문이다. 이를 토대로 C와 D를 모순관계라 생각할 수 있지만 이는 실수다.

물건을 훔친 사람이 2명이고 A와 E 물건을 훔쳤다고 가정해 보자. C의 진술은 D가 물건을 훔치지 않았기에 거짓이다. 물건을 훔친 사람이 2명이고 A와 E가 물건을 훔쳤으니 나머지 인물은 물건을 훔치지 않았고 D가 물건을 훔치지 않았다고 알 수 있다. D의 진술은 E가 물건을 훔쳤기에 거짓이다. C와 D의 진술이 동시에 거짓인 경우도 존재한다. 모순관계는 모든 경우에 동시에 참, 동시에 거짓이 아닌 관계를 의미한다. 즉 모순관계라 보기 어렵다.

2 모순 관계의 활용

(1) 모순 관계 밖의 인물의 참/거짓 따지기

A, B, C, D, E 5명 중 1명이 거짓말을 하고 A, B의 진술이 모순 관계라 가정하자. 이 경우 A가 거짓인 경우, B가 거짓인 경우로 나누어 문제를 풀기도 하지만 두 경우 모두 공통적으로 C, D, E가 참이라고 가정한다. C, D, E의 진술을 먼저 확인하는 것을 추천한다.

문제에서 물건을 훔친 사람을 고르라고 하는데 'D: A가 물건을 훔쳤다.'와 같은 진술이 있다면 훔친 사람으로 A를 고르며 시간을 단축할 수 있다.

(2) 2개 이상의 모순 관계 활용하기

A, B, C, D, E 5명 중 1명이 거짓말을 하고 A, B의 진술이 모순 관계, B, C의 진술도 모순 관계라 하자. 2개의 모순 관계가 있고 공통적으로 B가 있다. 따라서 B가 거짓이다. 왜냐하면 A가 거짓이라고 하면 B는 참이고 C는 거짓이 된다. 거짓말을 하는 사람이 1명이기 때문에 B의 진술이 거짓임을 알 수 있다. 물론 문제의 조건이 거짓말 2명이라고 하면 B가 거짓말을 하는 사람이라고 볼 수 없다. 그렇다고 A, C가 거짓말이라고도 볼 수 없다. 남은 D, E 중 1명이 거짓말을 하면 B가 거짓이기 때문이다. 문제에서 Action, 참/거짓 대상자가 몇 명인지가 문제 풀이 방법에 큰 영향을 준다.

 3 동일 관계

동일 관계는 꼭 착한 애가 있다. 누군가를 지지해준다. 이 때 지지대상의 참/거짓을 따라간다.

> A: C는 물건을 훔치지 않았다.
>
> B: A는 거짓말을 하는 사람이 아니다.

B는 A의 진술이 거짓이 아니라고 지지하고 있다. B가 A를 지지하는 동일관계다. 이 때 A의 진술이 참이라면 B의 진술도 참이 된다. 반내로 A의 진술이 거짓이라면 B는 A가 거짓말을 하는 사람이 아니라고 하기에 거짓이 된다.

만약 문제에서 거짓말을 1명이 한다고 하면 위 상황에서 A, B는 거짓말을 하지 않는다. 왜냐하면 A, B는 동시에 참 또는 거짓말을 하는데 거짓말을 하는 사람이 1명이니 A, B는 거짓말을 하지 않는다고 볼 수 있다.

 4 동일 관계의 활용

(1) 1명이 참인 경우/1명이 거짓인 경우에 동일관계 활용하기

> A, B, C, D, E 중 1명이 과제를 늦게 제출했다. 1명이 거짓말을 하고 있을 때 과제를 늦게 제출한 사람을 고르시오.
>
> A: D가 과제를 늦게 제출했다.
>
> D: A의 말은 사실이다.

거짓말을 하는 사람이 1명이고 A, D의 진술은 동일 관계다. 따라서 A, D의 진술은 거짓일 수 없다. A의 진술에 의해 D가 과제를 늦게 제출했다고 알 수 있다.

(2) 동일관계와 모순관계 활용하기

A, B, C, D, E 중 1명이 참을 말하고 A와 B의 진술이 모순관계, B와 C의 진술이 동일관계라 가정해 보자. 1명이 참을 말하니 B와 C의 진술은 거짓이다. B와 C의 진술이 참이라면 1명만 참이라는 문제의 조건을 만족하지 않는다. B의 진술이 거짓이니 B의 진술과 모순관계인 A의 진술이 참이다. 1명만 참을 찾는 문제라면 A가 참을 말한다를 고르고 Action 대상자를 고른다면 A의 진술이 참, B와 C의 진술이 거짓이라는 정보를 토대로 추가 정보를 얻는다.

⬛ 진술에서 추가 정보 얻기

모순관계, 동일관계 등을 활용하여 일부 인원의 진술이 참 또는 거짓이라고 확정할 수 있을 때 추가로 얻을 수 있는 정보를 확인해 보자.

> A: B가 물건을 훔쳤다.
>
> B: A는 물건을 훔치지 않았다.
>
> C: A 또는 B가 물건을 훔쳤다.
>
> D: C와 D가 물건을 훔쳤다.
>
> E: A 또는 H 중 1명이 물건을 훔쳤다.
>
> F: D 또는 E는 물건을 훔치지 않았다.
>
> H: E와 F는 물건을 훔치지 않았다.
>
> I: J의 진술은 진실이다.
>
> J: R의 진술은 거짓이다.

9명의 진술이 모두 참이라면 정보를 그대로 활용한다. 즉 A가 B가 물건을 훔쳤다고 진술하고 A의 진술이 참이기 때문에 B가 물건을 훔쳤다는 정보를 얻을 수 있다. 그런데 자주 실수하는 진술이 E와 C의 진술이다. 1명이 물건을 훔치고 E의 진술이 참이라면 A가 물건을 훔친 경우와 H가 물건을 훔친 경우로 나눌 수 있다. 1명이 물건을 훔치고 C의 진술이 참이라면 A가 물건을 훔친 경우와 B가 물건을 훔친 경우로 나눌 수 있다. 하지만 2명이 물건을 훔친 경우는 말이 조금 달라진다. 2명이 물건을 훔치고 E의 진술이 참이라면 A와 다른 누군가가 훔친 경우와 H와 다른 누군가가 훔친 경우로 나눌 수 있다. 다만 A와 H 둘 다 훔친 경우는 1명이 물건을 훔쳤다는 진술에 맞지 않는다. 2명이 물건을 훔치고 C의 진술이 참이라면 A와 다른 누군가가 훔친 경우와 B와 다른 누군가가 훔친 경우로 나눌 수 있다. 더불어 A와 B 둘 다 물건을 훔친 경우도 고려해야한다.

이번에는 9명의 진술이 거짓인 경우, 얻을 수 있는 정보를 확인해 보자.

> A(거짓): B가 물건을 훔쳤다. → B는 물건을 훔치지 않음
>
> B(거짓): A는 물건을 훔치지 않았다. → A가 물건을 훔침
>
> C(거짓): A 또는 B가 물건을 훔쳤다. → A와 B는 물건을 훔치지 않음 (드모르간)
>
> D(거짓): C와 D가 물건을 훔쳤다. → C 또는 D는 물건을 훔치지 않음 (드모르간)
>
> E(거짓): A 또는 H 중 1명이 물건을 훔쳤다. → A와 H 둘 다 훔치거나 둘 다 훔치지 않음
>
> F(거짓): D 또는 E는 물건을 훔치지 않았다. → D와 E는 물건을 훔침 (드모르간)
>
> H(거짓): E와 F는 물건을 훔치지 않았다. → E 또는 F가 물건을 훔침 (드모르간)
>
> I(거짓): J의 진술은 진실이다. → J의 진술이 거짓
>
> J(거짓): R의 진술은 거짓이다. → R의 진술이 참

 **선택지 활용**

Action 대상자를 고르라는 문제의 선택지는 Action 대상자 후보고, 참을 말하는 사람을 고르라는 문제의 선택지는 참을 말하는 사람 후보고, 거짓말하는 사람을 고르라는 문제의 선택지는 거짓말하는 사람 후보다. 일반적으로 1명의 대상자를 고르는 문제보다 2명의 대상자를 고르는 문제에서 선택지를 활용할 수 있는 가능성이 더 크다. 선택지가 다음과 같이 제시됐다는 가정 하에 활용하는 방법을 설명하겠다.

① A, B	② A, E	③ B, C
④ C, D	⑤ D, E	

(1) 2명의 Action 대상자를 고르는 문제

표를 그릴 수밖에 없다면 5명 중 2명을 선택하는 경우인 10가지($_5C_2$)를 고민해야 한다. 하지만 선택지에 5가지의 경우만 제시했다. 5가지만 두고 표를 그려 시간을 아끼자.

진술관계를 통해 B가 Action 대상자라는 정보를 얻었다고 가정하자. 선택지 중 ① A, B ③ B, C를 두고 나머지를 소거한다. 2가지 경우에 대해 문제의 조건(n명이 참 또는 거짓)을 만족하는지 확인하자.

(2) 2명의 참을 말하는 사람을 고르는 문제

B의 진술이 참이라는 정보를 얻었다고 가정하자. ① A, B ③ B, C를 두고 나머지를 소거한다. 선택지에 언급하지 않은 D, E의 진술이 거짓이다. 이를 통해 추가 정보를 얻을 수 있다. D와 E가 거짓인 이유를 추가로 설명하자면 아래와 같이 두 선택지 모두 D와 E의 진술이 거짓이라는 정보를 내포하고 있다.

　① A, B (A, B는 참이고 C, D, E는 거짓)
　③ B, C (B, C는 참이고 A, D, E는 거짓)

C와 D의 진술이 거짓이라는 정보를 얻었다고 가정하자. C와 D를 언급한 선택지를 소거하고 ① A, B ② A, E만 남기자. 남은 두 선택지 모두 A의 진술이 참이라고 하기 때문에 A의 진술이 참일 때 얻을 수 있는 추가 정보를 확인하자.

(3) 2명의 거짓을 말하는 사람을 고르는 문제

접근법은 [6.2. 2명의 참을 말하는 사람을 고르는 문제]와 동일하다. 위 설명에서 참/거짓만 반대로 두고 고민해 보자.

 **풀이도구 판단**

기본적인 진실게임 문제는 모순관계나 동일관계를 활용하여 푸는 문제가 다수이다. 이에 따라 눈으로만 푸는 방법이 가장 효율적이나 숙달이 덜 되었다면 진술관계 등을 메모장에 적어가며 풀었으면 한다.

예제 01

A, B, C, D, E 중 1명이 육아휴직을 사용한다. 5명 중 1명은 거짓을 말하고 나머지 4명은 참을 말한다고 할 때 〈보기〉의 진술을 참고하여 육아휴직을 사용하는 사람을 고르시오.

〈 보 기 〉

- A: E는 거짓을 말한다.
- B: D는 육아휴직을 사용하지 않는다.
- C: A와 D는 육아휴직을 사용하지 않는다.
- D: C와 E는 육아휴직을 사용하지 않는다.
- E: B가 하는 말은 거짓이다.

① A   ② B   ③ C
④ D   ⑤ E

일반 풀이

[추천 풀이 도구] 눈으로만

A는 E의 진술이 거짓이라 말한다. A와 E의 진술은 모순관계다. 마찬가지로 E는 B가 거짓을 말한다고 한다. E와 B의 진술도 모순관계다. 진술은 참/거짓으로 나뉘기에 A와 B가 같은 편이라고 정리할 수 있다. (A, B ↔ E) E가 거짓을 말하면 A와 B는 참을 말하고 반대로 E가 참을 말하면 A와 B는 거짓을 말하기 때문이다.

A와 B가 둘 다 거짓을 말하는 경우는 1명만 거짓을 말한다고 하는 문제의 상황을 만족하지 않는다. 따라서 A, B는 참을 말하고 E가 거짓을 말한다.

E가 거짓을 말하기에 A, B, C, D는 참을 말한다고 알 수 있다. B, C, D의 진술에 의해 D, A, C, E가 육아휴직을 사용하지 않는다고 알 수 있다. 즉 B가 육아휴직을 사용한다.

정답 ②

A, B, C, D, E 중 2명이 해외에서 학위를 받았다. 5명 중 1명이 거짓말을 하고 나머지 4명은 참을 말한다고 할 때 〈보기〉의 진술을 확인하여 거짓말을 하는 사람을 고르시오.

〈 보 기 〉

A: D는 거짓말을 하지 않는다.
B: A 또는 D가 해외에서 학위를 받았다.
C: 나와 A는 해외에서 학위를 받지 않았다.
D: B가 해외에서 학위를 받았다.
E: B와 C는 해외에서 학위를 받지 않았다.

① A ② B ③ C
④ D ⑤ E

일반 풀이

[추천 풀이 도구] 눈으로만

A의 진술이 참이면 D는 거짓말을 하지 않는다. 즉 A의 진술이 참이면 D의 진술도 참이다. A의 진술이 거짓이면 D는 거짓말을 하지 않는다는 말이 거짓이 된다. 즉 D의 진술도 거짓이다. A와 D의 진술은 모든 경우에 동시에 참을 말하거나 동시에 거짓을 말하는 동일관계다.

문제에서 1명만 거짓을 말한다고 한다. 문제의 상황과 〈보기〉의 진술을 모두 만족하는 경우에서는 A와 D가 참을 말한다. D의 진술이 참이기에 B가 해외에서 학위를 받았다고 알 수 있다.

E의 진술을 보자. B와 C는 해외에서 학위를 받지 않았다고 한다. 이미 우리는 B가 해외에서 학위를 받았다고 알고 있다. AND 조건은 하나만 만족하지 않아도 거짓이기에 E의 진술이 거짓이다.

01. A, B, C, D, E 중 1명은 경력사원이고 나머지 4명은 신입사원이다. 5명 중 1명만 참을 말하고 나머지 4명은 거짓을 말한다고 할 때 〈보기〉의 진술을 참고하여 참을 말하는 사람을 고르시오.

> ─〈 보 기 〉─
>
> A: D는 신입사원이다.
> B: 나와 C는 경력사원이 아니다.
> C: E가 경력사원이다.
> D: 거짓을 말하는 사원은 A다.
> E: B와 D는 신입사원이다.

① A ② B ③ C
④ D ⑤ E

02. A, B, C, D, E 중 2명이 팀장이고 나머지 3명은 팀원이다. 이들 중 1명만 진실을 말한다고 할 때 〈보기〉의 진술을 토대로 진실을 말하는 1명을 고르시오.

> ─〈 보 기 〉─
>
> A: E의 말은 거짓이다.
> B: A는 팀장이다.
> C: A와 D는 팀장이 아니다.
> D: C는 팀장이 아니다.
> E: 나와 D는 팀원이다.

① A ② B ③ C
④ D ⑤ E

03. A, B, C, D, E 중 2명의 취미는 수영이다. 5명 중 2명이 거짓을 말하고 나머지 3명은 참을 말한다고 할 때 〈보기〉를 참고하여 거짓을 말하는 2명을 고르시오.

> ─〈 보 기 〉─
>
> A: E의 취미는 수영이 아니다.
> B: A의 진술은 참이다.
> C: B 또는 D의 취미가 수영이다.
> D: B의 취미는 수영이 아니다.
> E: B의 취미는 수영이다.

① A, B ② A, E ③ B, D
④ C, D ⑤ C, E

04. A, B, C, D, E 중 1명이 물건을 훔쳤다. 이들 중 2명만 진실을 말한다고 할 때 〈보기〉의 진술을 토대로 물건을 훔친 1명과 진실을 말하는 2명을 올바르게 제시한 것을 고르시오.

> ─〈 보 기 〉─
>
> A: C 또는 D가 물건을 훔쳤다.
> B: E는 거짓을 말하지 않는다.
> C: D가 하는 말은 거짓이다.
> D: B 또는 C가 물건을 훔쳤다.
> E: C가 물건을 훔쳤다.

① 훔친 사람: A, 진실을 말하는 사람: A, C
② 훔친 사람: D, 진실을 말하는 사람: C, E
③ 훔친 사람: A, 진실을 말하는 사람: B, E
④ 훔친 사람: C, 진실을 말하는 사람: C, E
⑤ 훔친 사람: D, 진실을 말하는 사람: A, C

진실게임_A=T, A=F

- 기본적인 진실게임에서 '물건을 훔친 1명이 거짓을 말하는 1명' 또는 '물건을 훔친 1명이 진실을 말하는 1명'과 같이 Action의 변수와 진실/거짓 변수의 관계를 제시한 유형이다.
- 등장인물이 5명인 문제, 4명인 문제, 3명인 문제가 골고루 출제된다.

풀이 Tip

- 모순관계처럼 활용할 수 있는 내용이나 동일관계처럼 활용할 수 있는 내용을 찾아서 확인한다.
- 눈으로만 풀 수 있도록 연습한다.

 A=T, A=F의 이해

진실게임은 일반적으로 5명 중 1명이 거짓을 말한다고 할 때 거짓을 말하는 경우가 1가지만 나오는 문제가 다수다. 예를 들어 A, B, C, D, E 5명 중 1명이 물건을 훔치고 1명이 거짓을 말하는 문제일 때 Action을 기준으로 경우를 나누면 A가 물건을 훔치는 경우, B가 물건을 훔치는 경우, C가 물건을 훔치는 경우, D가 물건을 훔치는 경우, E가 물건을 훔치는 경우로 나뉜다. 이 5가지 경우 중 1가지 경우만 1명이 거짓을 말하는 경우를 말한다.

그러나 Action의 변수와 진실/거짓 변수의 관계를 제시한 경우 5명 중 1명이 거짓을 말하고 거짓을 말하는 1명이 물건을 훔쳤다고 할 때 거짓을 말하는 사람이 1명인 경우가 1가지 이상이 나올 수 있다. 예를 들면 다음과 같다.

예제

J01 A, B, C, D, E 중 1명이 물건을 훔쳤다. 물건을 훔친 1명은 거짓을 말하고 나머지 4명은 진실을 말한다고 할 때 물건을 훔친 사람을 고르시오.

〈 보 기 〉

A: B와 C는 물건을 훔치지 않았다.
B: E는 진실을 말한다.
C: E는 물건을 훔치지 않았다.
D: C가 하는 말은 거짓이다.
E: A는 물건을 훔치지 않았다.

① A　　② B　　③ C　　④ D　　⑤ E

설명을 위해 D가 물건을 훔친 경우와 E가 물건을 훔친 경우만 살펴보자.

	A의 진술	B의 진술	C의 진술	D의 진술	E의 진술
D가 훔침	진실	진실	진실	거짓	진실
E가 훔침	진실	진실	거짓	진실	진실

두 경우 모두 1명만 거짓을 말한다. 이와 같이 거짓을 말하는 사람이 1명인 경우가 1가지 이상이 나올 수 있다.
다만 문제에서 물건을 훔친 1명은 거짓을 말하고 나머지 4명은 진실을 말한다고 한다. D가 물건을 훔친 경우 거짓을 말하는 사람이 D 1명으로 조건을 만족하지만 E가 물건을 훔친 경우 거짓을 말하는 사람은 C이다. 따라서 조건을 만족하는 경우는 D가 훔친 경우뿐이다.

위의 풀이 과정과 같이 일일이 따져 푸는 방법이 가장 정석적인 풀이지만 시간이 오래 걸린다. 모순관계나 동일관계를 활용하여 문제를 풀어보자.

(1) 모순관계를 활용한 풀이

위의 예시 문제를 그대로 활용하겠다. D의 진술에 의해 D와 C의 진술이 모순관계라고 알 수 있다. D의 진술이 진실이면 C의 진술은 거짓이고 D의 진술이 거짓이면 C의 진술은 진실이다. D와 C는 모든 경우에서 둘 중 1명은 진실을 말하고 나머지 1명은 거짓을 말한다.

정답인 경우에서 D와 C 중 1명이 거짓을 말할 것이다. 둘 중 누가 거짓을 말하든 A, B, E의 진술은 진실이다. A의 진술이 진실이니 B와 C는 물건을 훔치지 않았다고 알 수 있다. 문제에서 물건을 훔친 1명은 거짓을 말하고 나머지 4명은 진실을 말한다고 한다. B와 C는 물건을 훔치지 않았으니 진실을 말한다.

C와 D 중 진실을 말하는 사람이 C이다. D는 거짓을 말한다. 물건을 훔친 1명은 D이다.

(2) 동일관계를 활용한 풀이

마찬가지로 위의 예시 문제를 그대로 활용하겠다. B의 진술에 의해 B와 E의 진술이 동일관계라고 알 수 있다. B의 진술이 진실이면 E의 진술도 진실이고 B의 진술이 거짓이면 E의 진술도 거짓이다. B와 E의 진술은 모든 경우에서 둘 다 진실을 말하거나 둘 다 거짓을 말하는 동일관계다.

문제에서 1명만 거짓을 말한다고 한다. 정답이 되는 경우에서 B와 E는 진실을 말한다. 문제에서 물건을 훔친 1명은 거짓을 말하고 나머지 4명은 진실을 말한다고 한다. B와 E는 진실을 말하기에 물건을 훔친 사람이 아니다.

E의 진술이 진실이다. A는 물건을 훔치지 않았다. A는 물건을 훔치지 않았으니 진실을 말한다. A의 진술이 진실이니 B와 C도 물건을 훔치지 않았다고 알 수 있다.

B, E, A, C가 물건을 훔치지 않았다. 물건을 훔친 사람은 D이다.

② 모순관계처럼 활용, 동일관계처럼 활용

A=T, A=F 유형은 Action의 변수와 진실/거짓 변수의 관계를 설정한 덕에 엄밀하게 모순관계나 동일관계는 아니지만 모순관계처럼 쓸 수 있는 진술이나 동일관계처럼 쓸 수 있는 진술이 존재한다. A=F로 제시한 예시문제로 설명하겠다.

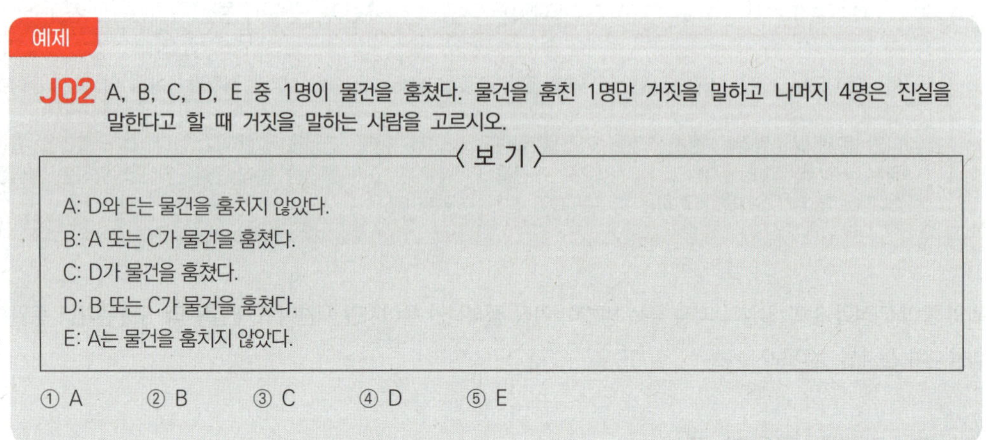

예제

J02 A, B, C, D, E 중 1명이 물건을 훔쳤다. 물건을 훔친 1명만 거짓을 말하고 나머지 4명은 진실을 말한다고 할 때 거짓을 말하는 사람을 고르시오.

〈 보 기 〉

A: D와 E는 물건을 훔치지 않았다.
B: A 또는 C가 물건을 훔쳤다.
C: D가 물건을 훔쳤다.
D: B 또는 C가 물건을 훔쳤다.
E: A는 물건을 훔치지 않았다.

① A　　② B　　③ C　　④ D　　⑤ E

(1) A=F에서 모순관계처럼 활용

C의 진술을 확인해보자. C는 D가 물건을 훔쳤다고 한다. 물건을 훔친 1명만 거짓을 말한다는 조건과 함께 고려해보면 C와 D의 진술을 모순관계처럼 쓸 수 있다고 알 수 있다. C의 진술이 진실이면 D가 물건을 훔쳤다. 물건을 훔친 사람이 거짓을 말하니 D는 거짓을 말한다. C의 진술이 거짓이면 D는 물건을 훔치지 않았다. 물건을 훔친 1명만 거짓을 말한다. D는 진실을 말한다. 이와 같이 C와 D의 진술은 물건을 훔친 1명만 거짓을 말한다는 조건과 함께 둘 중 1명이 진실, 나머지 1명이 거짓을 말하는 모순관계처럼 쓸 수 있다.

(2) A=F에서 동일관계처럼 활용

E의 진술을 확인해보자. E의 진술이 진실이면 A는 물건을 훔치지 않았다. 물건을 훔친 1명만 거짓을 말하니 A의 진술은 진실이다. E의 진술이 거짓이면 A는 물건을 훔쳤다. 물건을 훔친 1명만 거짓을 말하기에 A의 진술은 거짓이다. 이와 같이 E와 A의 진술은 물건을 훔친 1명만 거짓을 말한다는 조건과 함께 둘 다 진실을 말하거나 둘 다 거짓을 말하는 동일관계처럼 쓸 수 있다.

정답이 되는 경우에서 C, D 중 1명이 거짓을 말한다. A, B, E의 진술은 진실이다. A의 진술에 의해 D와 E가 물건을 훔치지 않았다고 알 수 있다. D는 물건을 훔치지 않았다. 즉 진실을 말한다. 거짓을 말하는 사람은 C이다.

*참고

C와 D의 진술은 아래의 내용과 같이 모든 경우에서 모순관계를 보이지 않는다. 정답인 C가 훔친 경우에서만 모순관계처럼 쓸 수 있다.

	C의 진술	D의 진술
A가 훔침	거짓	거짓
B가 훔침	거짓	진실
C가 훔침	거짓	진실
D가 훔침	진실	거짓
E가 훔침	거짓	거짓

마찬가지로 E와 A의 진술 역시 모든 경우에서 동일관계를 보이지 않는다. 정답인 C가 훔친 경우에서만 동일관계처럼 쓸 수 있다.

	A의 진술	E의 진술
A가 훔침	진실	거짓
B가 훔침	진실	진실
C가 훔침	진실	진실
D가 훔침	거짓	진실
E가 훔침	거짓	진실

정답 ③

이번에는 A=T의 유형으로 설명해보겠다. 앞선 문제에서 A=F를 A=T로만 바꾸어 제시하겠다.

J03 A, B, C, D, E 중 1명이 물건을 훔쳤다. 물건을 훔친 1명만 진실을 말하고 나머지 4명은 거짓을 말한다고 할 때 진실을 말하는 사람을 고르시오.

〈 보 기 〉

A: D와 E는 물건을 훔치지 않았다.
B: A 또는 C가 물건을 훔쳤다.
C: D가 물건을 훔쳤다.
D: B 또는 C가 물건을 훔쳤다.
E: A는 물건을 훔치지 않았다.

① A   ② B   ③ C   ④ D   ⑤ E

(3) A=T에서 모순관계처럼 활용

E의 진술을 확인하자. E는 A가 물건을 훔치지 않았다고 한다. E의 진술이 진실이면 A는 물건을 훔치지 않았고 물건을 훔친 1명만 진실을 말하기에 A는 거짓을 말한다. E의 진술이 거짓이면 A는 물건을 훔쳤다. 물건을 훔친 1명은 진실을 말한다. 즉 A는 진실을 말한다. E와 A의 진술은 모순관계처럼 쓸 수 있다.

(4) A=T에서 동일관계처럼 활용

C의 진술을 확인하자. C의 진술이 진실이면 D가 물건을 훔쳤다. 물건을 훔친 1명은 진실을 말하기에 D의 진술은 진실이다. C의 진술이 거짓이면 D는 물건을 훔치지 않았다. 물건을 훔친 1명만 진실을 말하기에 D는 진실을 말한다. C와 D의 진술은 동일관계처럼 쓸 수 있다.

풀이

E와 A의 진술을 모순관계처럼 쓸 수 있다는 점을 활용하며 문제를 풀면 더 쉬우나 여러 풀이방법을 제시하기 위해 C와 D의 진술을 토대로 문제를 풀어보겠다.
C와 D의 진술은 정답인 경우에서 둘 다 진실을 말하거나 둘 다 거짓을 말한다. 진실을 말하는 사람이 1명이기에 C와 D는 거짓을 말한다.
D의 진술이 거짓이니 B와 C는 물건을 훔치지 않았다. 물건을 훔치지 않은 사람은 거짓을 말한다. B의 진술도 거짓이다. B의 진술이 거짓이기에 A와 C가 물건을 훔치지 않았다고 알 수 있다. A의 진술도 거짓이다.
C, D, B, A의 진술이 거짓이다. E의 진술이 진실이다.

***참고**

C와 D의 진술은 아래의 내용과 같이 모든 경우에서 동일관계를 보이지 않는다. 정답인 E가 훔친 경우에서만 동일관계처럼 쓸 수 있다.

	C의 진술	D의 진술
A가 훔침	거짓	거짓
B가 훔침	거짓	진실
C가 훔침	거짓	진실
D가 훔침	진실	거짓
E가 훔침	거짓	거짓

마찬가지로 E와 A의 진술 역시 모든 경우에서 모순관계를 보이지 않는다. 정답인 E가 훔친 경우에서만 모순관계처럼 쓸 수 있다.

	A의 진술	E의 진술
A가 훔침	진실	거짓
B가 훔침	진실	진실
C가 훔침	진실	진실
D가 훔침	거짓	진실
E가 훔침	거짓	진실

³ 선택지 활용

'필수 유형 7. 진실게임_기본적인 진실게임' 중 [6.2. 2명의 참을 말하는 사람을 고르는 문제], [6.3. 2명의 거짓을 말하는 사람을 고르는 문제]에서 설명한 바와 같이 모순관계, 동일관계를 토대로 선택지를 소거할 수 있다. 이와 같이 모순관계처럼 활용할 수 있는 진술관계, 동일관계처럼 활용할 수 있는 진술관계를 토대로 선택지를 소거할 수 있다.

⁴ 풀이도구 판단

모순관계, 동일관계, 모순관계처럼 활용할 수 있는 진술, 동일관계처럼 활용할 수 있는 진술을 활용하여 푸는 문제가 다수이다. 이에 따라 A=T, A=F 문제는 다수의 눈으로만 푸는 방법이 가장 효율적이다.

 **예제 01** A, B, C, D, E 중 1명만 승진한다. 승진한 1명은 거짓을 말하고 나머지 4명은 진실을 말한다고 할 때 〈보기〉의 진술을 토대로 승진한 사람을 고르시오.

〈 보 기 〉

A: B는 승진하지 않았다.

B: E는 승진하지 않았다.

C: A가 승진했다.

D: B는 진실을 말한다.

E: C는 거짓을 말한다.

① A   ② B   ③ C
④ D   ⑤ E

[추천 풀이 도구] 눈으로만

🔑 치트키 풀이 1

E는 C가 거짓을 말한다고 한다. E의 진술이 진실이면 C의 진술은 거짓이고 E의 진술이 거짓이면 C의 진술은 진실이다. E와 C의 진술은 모든 경우에서 둘 중 1명은 거짓을 말하고 나머지 1명은 진실을 말하는 모순관계다. B는 E가 승진하지 않았다고 한다. B의 진술이 진실이면 E는 승진하지 않았고 승진하지 않았기에 E는 진실을 말한다. B의 진술이 거짓이면 E는 승진했고 승진한 사람이 거짓을 말한다는 조건에 의해 E는 거짓을 말한다고 알 수 있다. B와 E의 진술은 승진한 1명이 거짓을 말한다는 조건 안에서 동일관계처럼 활용할 수 있다.
거짓을 말하는 사람이 1명이기에 B와 E는 진실을 말한다. E와 모순관계에 있는 C의 진술이 거짓이다. 즉 C가 승진했다.

🔑 치트키 풀이 2

E와 C의 진술이 모순관계다. 1명만 거짓을 말하기에 A, B, D의 진술은 정답이 되는 경우에서 진실이다. B의 진술을 보면 E는 승진하지 않았다고 한다. 즉 E의 진술은 진실이라고 알 수 있다. C가 거짓을 말하는 1명이며 승진한 1명이다.

🔑 치트키 풀이 3

E와 C의 진술이 모순관계다. 1명만 거짓을 말하기에 A, B, D의 진술은 정답이 되는 경우에서 진실이다. 그런데 C는 A가 승진했다고 말한다. 승진한 사람이 거짓을 말하는데 A는 정답이 되는 경우에서 진실을 말한다. C의 진술이 거짓이다. 즉 C가 승진했다.

일반 풀이

E와 C의 진술이 모순관계다. 둘 중 1명이 거짓을 말한다. 즉 둘 중 1명이 승진했다. E가 승진한 경우와 C가 승진한 경우로 나눠 5명의 진술이 진실인지 거짓인지 판별해보자.

Case 1. C가 승진한 경우

	A의 진술	B의 진술	C의 진술	D의 진술	E의 진술
C가 승진	진실	진실	거짓	진실	진실

거짓을 말하는 사람은 1명이다. 5명 중 1명만 거짓을 진술한다는 조건을 만족한다. 그러면서 C가 승진한 사람이기도 하고 C가 거짓을 말하는 사람이기도 하다. 승진한 1명이 거짓을 말한다는 정보도 만족한다.

Case 2. E가 승진한 경우

	A의 진술	B의 진술	C의 진술	D의 진술	E의 진술
E가 승진	진실	거짓	거짓	거짓	진실

거짓을 말하는 사람이 3명이다. C의 진술이 거짓으로 판명되어 B, C가 거짓을 진술한다는 것을 알게 되었다면 D, E의 진술이 진실인지 거짓인지 알지 않아도 E가 승진한 경우는 정답이 아니라고 알 수 있다.

정답 ③

예제 02

A, B, C, D 중 1명은 도보로 출근하고 나머지 3명은 버스로 출근한다. 도보로 출근하는 1명은 참을 말하고 버스로 출근하는 3명은 거짓을 말한다고 할 때 도보로 출근하는 사람을 고르시오.

〈 보 기 〉

A: B 또는 C가 도보로 출근한다.

B: D의 말은 거짓이다.

C: A 또는 B가 도보로 출근한다.

D: A는 버스로 출근한다.

① A ② B ③ C

④ D ⑤ 정답 없음

[추천 풀이 도구] 눈으로만

치트키 풀이

B의 말이 참이면 D의 말은 거짓이고 B의 말이 거짓이면 D의 말은 참이다. B와 D의 말은 모든 경우에서 둘 중 1명이 거짓을 말하고 나머지 1명이 참을 말하는 모순관계다. 문제에서 1명만 참을 말한다고 하기에 정답이 되는 경우에서 B의 말이 참인지 D의 말이 참인지는 모르겠지만 A와 C의 말이 거짓이라고 알 수 있다.

A의 말이 거짓이기에 B와 C가 도보로 출근하지 않는다고 알 수 있다. C의 말이 거짓이기에 A와 B가 도보로 출근하지 않는다고 알 수 있다. A, B, C는 도보로 출근하지 않는다. 즉 A, B, C는 버스로 출근한다.

도보로 출근하며 거짓을 말하는 사람은 D이다.

일반 풀이

진술관계를 보지 못했거나 보았더라도 활용하기 어렵다면 A가 도보로 출근하는 경우부터 D가 도보로 출근하는 경우까지 총 4가지 경우에서 A, B, C, D의 말이 참인지 거짓인지 판별하며 풀어야 한다.

	A의 말	B의 말	C의 말	D의 말
A가 도보	거짓	참	참	거짓
B가 도보	참	거짓	참	참
C가 도보	참	거짓	거짓	참
D가 도보	거짓	거짓	거짓	참

D가 도보로 출근하는 경우 참을 말하는 사람이 1명이다. 그러면서 참을 말하는 사람은 D이다. 문제의 조건을 만족한다.

정답 ④

01. A, B, C, D, E 중 1명이 연말정산을 하지 않았다. 5명 중 연말정산을 하지 않은 1명만 진실을 말하고 나머지 4명은 거짓을 말한다고 할 때 〈보기〉를 참고하여 진실을 말하는 1명을 고르시오.

〈 보 기 〉

A: C가 연말정산을 하지 않았다.

B: A 또는 C가 연말정산을 하지 않았다.

C: B 또는 D가 연말정산을 하지 않았다.

D: B는 진실을 말한다.

E: C는 연말정산을 했다.

① A　　　　　② B　　　　　③ C
④ D　　　　　⑤ E

02. A, B, C, D, E 중 1명이 보고를 누락했다. 5명 중 1명만 거짓을 말하고 거짓을 말하는 1명이 보고를 누락했다고 할 때 〈보기〉의 진술을 토대로 보고를 누락한 사람을 고르시오.

〈 보 기 〉

A: C의 진술은 거짓이 아니다.

B: D가 보고를 누락했다.

C: 나와 E는 보고를 누락하지 않았다.

D: A가 보고를 누락하거나 E가 보고를 누락했다.

E: B와 C는 보고를 누락하지 않았다.

① A　　　　　② B　　　　　③ C
④ D　　　　　⑤ E

03. A, B, C, D 중 1명만 진실을 말하고 나머지 3명은 거짓을 말한다. 진실을 말하는 1명만 인턴사원이고 나머지 3명은 신입사원이라고 할 때 〈보기〉를 참고하여 인턴사원을 고르시오.

〈 보 기 〉

A: C와 D는 신입사원이다.
B: A 또는 C가 인턴사원이다.
C: A가 인턴사원이다.
D: A는 신입사원이다.

① A   ② B   ③ C
④ D   ⑤ 정답 없음

04. A, B, C 중 1명이 라면을 먹고 나머지 2명은 우동을 먹는다. 라면을 먹는 1명만 거짓을 말하고 나머지 2명은 진실을 말한다고 할 때 〈보기〉의 진술을 토대로 반드시 우동을 먹는 사람을 모두 고른 것을 고르시오.

〈 보 기 〉

A: B 또는 C가 우동을 먹는다.
B: A 또는 C가 우동을 먹는다.
C: A가 라면을 먹는다.

① A   ② C   ③ A, B
④ A, C   ⑤ B, C

진실게임_1명이 2개의 진술

유형설명

- 3명의 인물이 나오며 각 인물의 진술이 2개씩이다. 주로 3명 모두 2개의 진술 중 한 진술은 진실, 나머지 한 진술은 거짓인 경우를 찾는 문제로 출제된다.

- <보기>를 진술 부분과 판별하는 보기로 나누어 제시하기도 한다.

풀이 Tip

- 진실/거짓을 기준으로 경우를 나누면 1명당 2가지 경우가 나오고 3명이니 2의 세제곱으로 8가지 경우가 나온다. Action을 취하는 사람이 1명이라면 Action을 기준으로 경우가 3가지로 나뉜다. Action을 기준으로 경우를 나눈 후 6개의 진술의 진실/거짓여부를 파악하는 방법이 유리하다.

- 어떤 1명이 진술하는 2개 진술이 모든 경우에서 두 진술 중 한 진술이 거짓이고 나머지 한 진술이 진실이라면 그 1명의 두 진술이 진실인지 거짓인지 판별하지 않아도 된다.

- 눈으로만 풀 수 있도록 연습한다.

🎲 1 문제 유형

발문	A, B, C 중 1명이 물건을 훔쳤다. 3명 모두 2번씩 진술하며 한 진술은 진실, 나머지 한 진술은 거짓이라고 할 때 〈보기〉를 참고하여 항상 참인 것을 고르시오.
진술 부분	A: B는 물건을 훔치지 않았다. A: B가 물건을 훔쳤다. B: A 또는 C가 물건을 훔쳤다. B: A와 C는 물건을 훔치지 않았다. C: B가 물건을 훔쳤다. C: 나와 B는 물건을 훔치지 않았다.
판별하는 보기	(가): A는 물건을 훔치지 않았다. (나): B는 물건을 훔치지 않았다. (다): C는 물건을 훔치지 않았다.
선택지	① (가)만 옳다. ② (다)만 옳다. ③ (가)와 (나)만 옳다. ④ (나)와 (다)만 옳다. ⑤ (가), (나), (다) 모두 옳다.

일반적으로 위와 같이 〈보기〉가 진술 부분과 판별하는 보기로 나누어 출제한다.

(1) 판별하는 보기

Action을 기준으로 경우를 나눈다고 가정하겠다. 3명 모두 2개의 진술 중 한 진술은 진실, 나머지 한 진술은 거짓인 경우는 1가지 이상일 수 있다. 만족하는 경우를 1가지만 찾은 후 판별하는 실수를 줄였으면 한다.

 Action으로 경우를 나누어 풀이

'1. 문제 유형'에서 제시한 문제를 그대로 풀어보겠다. A가 물건을 훔친 경우, B가 물건을 훔친 경우, C가 물건을 훔친 경우로 나눈 후 6개의 진술의 진실/거짓 여부를 파악하면 다음과 같다. 편의상 한 인물을 기준으로 위의 진술을 진술1, 아래의 진술을 진술2로 명명했다.

	A진술1	A진술2	B진술1	B진술2	C진술1	C진술2
A가 훔침	진실	거짓	진실	거짓	거짓	진실
B가 훔침	거짓	진실	거짓	진실	진실	거짓
C가 훔침	진실	거짓	진실	거짓	거짓	거짓

A가 물건을 훔친 경우 3명 모두 2개의 진술 중 한 진술은 진실, 나머지 한 진술은 거짓이다. B가 훔친 경우도 마찬가지다. 주어진 정보를 토대로 C는 물건을 훔치지 않았다고 확실하게 알 수 있다. 단 A가 훔쳤는지, B가 훔쳤는지는 현재의 정보로는 확정할 수 없다. (다)만 옳다.

 판별 스킵

1명이 진술하는 2개 진술이 모든 경우에서 두 진술 중 한 진술이 거짓이고 나머지 한 진술이 진실이라면 그 1명의 두 진술이 진실인지 거짓인지 판별하지 않아도 된다. 위에서 예로 든 문제 중 A의 두 진술과 B의 두 진술을 확인하자.

진술 부분	A: B는 물건을 훔치지 않았다. A: B가 물건을 훔쳤다. B: A 또는 C가 물건을 훔쳤다. B: A와 C는 물건을 훔치지 않았다.

A의 두 진술이 모순관계다. A, B, C 중 누가 물건을 훔치든 A의 두 진술을 두 진술 중 하나는 진실이고 나머지 한 진술은 거짓이다. B의 두 진술도 모순관계이기에 마찬가지다. 이를 알았다면 풀이는 아래와 같이 더 심플하게 바뀐다.

	C진술1	C진술2
A가 훔침	거짓	진실
B가 훔침	진실	거짓
C가 훔침	거짓	거짓

C는 물건을 훔치지 않았다.

아래의 경우도 판별을 스킵할 수 있는 경우다. 엄밀하게 모순관계는 아니지만 문제의 조건 아래(등장인물이 총 3명, 3명 중 1명이 훔침)에 모순처럼 쓸 수 있기 때문이다. A가 물건을 훔친 경우, B가 물건을 훔친 경우, C가 물건을 훔친 경우 A의 두 진술 중 한 진술은 진실이고 나머지 한 진술은 거짓이다. 세 경우에서 B의 두 진술도 한 진술은 진실이고 나머지 한 진술은 거짓이다.

진술 부분	A: 내가 물건을 훔쳤다. A: B 또는 C가 물건을 훔쳤다. B: A는 물건을 훔치지 않았다. B: 나와 C는 물건을 훔치지 않았다.

 ## 4 풀이도구 판단

진술관계가 있으면 이를 활용하여 눈으로 풀 수 있다. 진술관계가 없다고 하더라도 A가 물건을 훔친 경우로 진술을 확인하고 B가 물건을 훔친 경우로 진술을 확인하는 과정도 눈으로 풀 수 있다. 가장 좋은 풀이도구는 눈으로만이다.

예제 01

A, B, C는 2번의 진술에서 1번은 진실, 1번은 거짓을 말한다. 3명 중 1명만 신입사원이라고 할 때 〈보기〉의 진술을 토대로 항상 참인 것을 고르시오.

〈 보 기 〉

A: 나와 B는 신입사원이 아니다.
A: B는 신입사원이 아니다.
B: A는 신입사원이 아니다.
B: C는 신입사원이 아니다.
C: A가 신입사원이다.
C: B가 신입사원이다.

(가): A가 신입사원일 수 있다.
(나): B가 신입사원일 수 있다.
(다): C가 신입사원일 수 있다.

① (가)만 옳다.
② (다)만 옳다.
③ (가)와 (나)만 옳다.
④ (나)와 (다)만 옳다.
⑤ (가), (나), (다) 모두 옳다.

[추천 풀이 도구] 눈으로만

🔑 치트키 풀이

한 사람의 2번의 진술 모두 진실이 되는 경우를 찾거나 거짓이 되는 경우를 찾으며 문제를 풀어보자.
B의 두 진술을 보자. B가 신입사원인 경우 B의 두 진술 모두 진실이다. 이에 따라 B가 신입사원인 경우는 문제의 조건을 만족하지 않는다고 알 수 있다.
C의 두 진술을 보자. C가 신입사원인 경우 C의 두 진술 모두 거짓이다. C가 신입사원인 경우는 문제의 조건을 만족하지 않는다.
B가 신입사원인 경우, C가 신입사원인 경우는 문제의 조건을 만족하지 않는다. (가), (나), (다)와 선택지를 고려하면 누군가는 신입사원이어야 한다. 즉 A가 신입사원인 경우만 문제의 조건을 만족할 것이라고 알 수 있다.

일반 풀이

인당 진술이 2번이다. 둘 중 한 진술이 거짓이고 나머지 한 진술이 진실이다. 2가지 경우로 나뉜다. 인물이 3명이니 총 8 가지 경우다. 진실/거짓을 가정하며 풀이하기가 어렵다고 판단된다.

A가 신입사원인 경우, B가 신입사원인 경우, C가 신입사원인 경우로 나누어 풀어보자. 또한 선택지를 보면 신입사원일 수 있는 가능성이 1명 이상이기에 정답이 나오더라도 더 판별해야 할 것으로 보인다.

편의상 한 인물의 두 진술 중 위의 진술이 진술1, 아래 진술이 진술2라 정리하겠다.

Case 1. A가 신입사원인 경우

	A진술1	A진술2	B진술1	B진술2	C진술1	C진술2
A가 신입	거짓	진실	거짓	진실	진실	거짓

A, B, C 모두 두 진술에서 진실이 하나, 거짓이 하나다. 조건을 만족한다. A는 신입사원일 가능성이 있다.

Case 2. B가 신입사원인 경우

	A진술1	A진술2	B진술1	B진술2	C진술1	C진술2
B가 신입	거짓	거짓				

A의 두 진술이 거짓이다. B, C의 진술을 판별하지 않아도 B가 신입사원이 아니라고 알 수 있다

Case 3. C가 신입사원인 경우

	A진술1	A진술2	B진술1	B진술2	C진술1	C진술2
C가 신입	진실	진실				

A의 두 진술이 진실이다. B, C의 진술을 판별하지 않아도 C가 신입사원이 아니라고 알 수 있다.

참고로 위에서 채우지 않은 진실/거짓은 판별하면 다음과 같다.

	A진술1	A진술2	B진술1	B진술2	C진술1	C진술2
A가 신입	거짓	진실	거짓	진실	진실	거짓
B가 신입	거짓	거짓	진실	진실	거짓	진실
C가 신입	진실	진실	진실	거짓	거짓	거짓

정답 ①

01. A, B, C는 2번의 진술에서 1번은 진실, 1번은 거짓을 말한다. 3명 중 1명만 병가를 사용했다고 할 때 〈보기〉의 진술을 토대로 항상 참인 것을 고르시오.

〈 보 기 〉

A: B와 C는 병가를 사용하지 않았다.

A: 나와 B는 병가를 사용하지 않았다.

B: A가 병가를 사용했다.

B: A 또는 C가 병가를 사용했다.

C: 나와 B는 병가를 사용하지 않았다.

C: A는 병가를 사용하지 않았다.

(가): A는 병가를 사용하지 않았다.

(나): B가 병가를 사용했다.

(다): C가 병가를 사용했다.

① (가)만 옳다.　　　　　　② (나)만 옳다.

③ (가)와 (다)만 옳다.　　　④ (나)와 (다)만 옳다.

⑤ (가), (나), (다) 모두 옳다.

02. A, B, C는 2번의 진술에서 1번은 진실, 1번은 거짓을 말한다. 3명 중 1명이 승용차를 구입했다고 할 때 〈보기〉의 진술을 토대로 항상 참인 것을 고르시오.

〈 보 기 〉

A: C는 승용차를 구입하지 않았다.

A: 나와 B는 승용차를 구입하지 않았다.

B: A와 C는 승용차를 구입하지 않았다.

B: A 또는 C가 승용차를 구입했다.

C: A는 승용차를 구입하지 않았다.

C: B는 승용차를 구입하지 않았다.

(가): A가 승용차를 구입하지 않았다.

(나): B가 승용차를 구입하지 않았다.

(다): C가 승용차를 구입하지 않았다.

① (나)만 옳다.　　　　　　② (다)만 옳다.

③ (가)와 (나)만 옳다.　　　④ (나)와 (다)만 옳다.

⑤ (가), (나), (다) 모두 옳다.

Chapter 05

수열추리

Chapter 소개

- 수열추리 영역은 일정한 규칙을 가진 숫자들이 나열되어 있을 때, 숫자들 사이의 규칙을 파악하여 빈칸에 들어갈 알맞은 수를 추리, n번째 올 수를 추리하는 영역이다.

- 실제 시험에서는 15분 동안 20문제를 풀어야 한다.

풀이 Tip

- SKCT 수열추리 영역에는 등차수열, 등비수열뿐만 아니라 계차수열, 건너뛰기수열 등 여러 가지 수열이 출제되므로 다양한 유형을 학습하도록 한다.

- 숫자의 흐름이 증가인지 감소인지 확인한다. 증가일 경우, 덧셈 또는 곱셈 규칙이 사용되었을 가능성이 크며, 감소일 경우, 뺄셈 또는 나눗셈 규칙이 사용되었을 가능성이 크다.

- 숫자의 형태가 정수, 소수, 분수 등 다양하게 출제되므로 많은 문제를 풀어 다양한 숫자 형태의 수열추리 문항에 익숙해져야 한다.

- 숫자 사이의 규칙성과 논리를 빠르게 파악하는 능력을 요구하므로 다양한 문제들을 많이 풀어두는 것이 좋다.

등차수열과 등비수열

- 등차수열(arithmetic sequence): 각 항이 이전 항에 일정한 공차(difference)를 더해서 얻어지는 수열이다. 수열 내의 숫자들 간에 규칙적인 증가 또는 감소가 있는 경우이다. 등차수열에서 각 항은 첫 번째 항(a_1)부터 시작하며, 공차(d)는 각 항 간의 차이를 나타낸다. 일반적인 등차수열의 일반항은 다음과 같다.

$$a_n = a_1 + (n-1) \cdot d$$

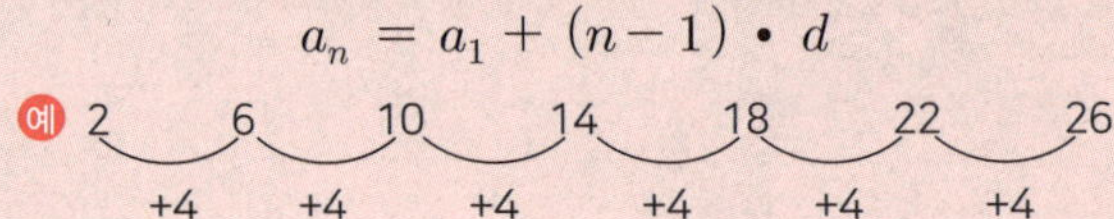

- 등비수열(geometric sequence): 각 항이 이전 항에 일정한 비율을 곱해서 얻어지는 수열이다. 수열 내의 숫자들 간에 규칙적인 곱셈 관계가 있는 경우이다. 일반적인 등비수열의 일반항은 다음과 같다.

$$a_n = a_1 \times r^{(n-1)}$$

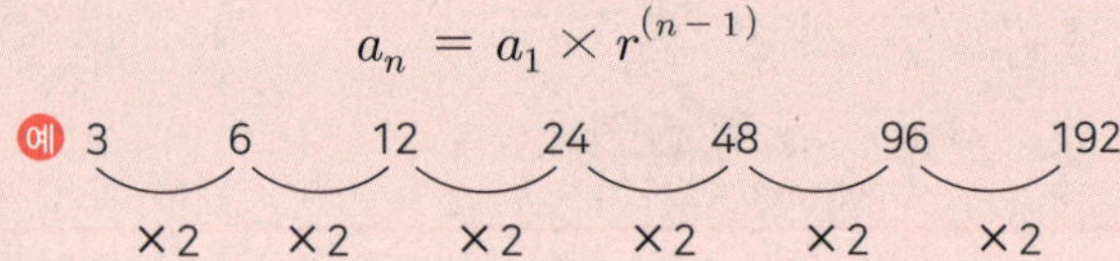

- 등차수열, 등비수열과 같은 기본적인 유형은 필수적으로 익혀두도록 한다.

- 숫자의 흐름이 증가인지 감소인지 확인한다. 증가일 경우, 덧셈 또는 곱셈 규칙이 사용되었을 가능성이 크며, 감소일 경우, 뺄셈 또는 나눗셈 규칙이 사용되었을 가능성이 크다.

- 숫자 사이의 규칙성과 논리를 빠르게 파악하는 능력을 요구하므로 다양한 문제들을 많이 풀어두는 것이 좋다.

예제 01 다음 수는 일정한 규칙을 통해 나열되어 있다. A 위치에 들어갈 알맞은 수를 고르시오.

〈 보 기 〉

| 1,918 | 1,855 | 1,792 | 1,729 | 1,666 | 1,603 | 1,540 | (A) |

① 1,421   ② 1,462   ③ 1,477   ④ 1,483   ⑤ 1,521

일반 풀이

제시된 수들은 공차가 −63인 등차수열의 규칙을 가지므로 A 위치에 들어갈 알맞은 수는 '1,477'이다.

정답 ③ 

예제 02 다음 수는 일정한 규칙을 통해 나열되어 있다. A, B 위치에 들어갈 알맞은 수를 구한 뒤, A+B를 계산한 값을 구하시오.

〈 보 기 〉

| 8 | 17 | (A) | 35 | 44 | 53 | (B) |

① 80   ② 88   ③ 96   ④ 104   ⑤ 112

일반 풀이

제시된 수들은 공차가 9인 등차수열의 규칙을 가지므로 A에 들어갈 수는 26, B에 들어갈 수는 62이다. 따라서 A+B=88이다.

정답 ② 

다음 수는 일정한 규칙을 통해 나열되어 있다. A 위치에 들어갈 알맞은 수를 고르시오.

〈 보 기 〉

| （A） | 8.1 | 2.43 | 0.729 | 0.2187 | 0.06561 |

① 3   ② 8   ③ 9   ④ 27   ⑤ 54

일반 풀이

제시된 수들은 공비가 0.3인 등비수열의 규칙을 가지므로 A 위치에 들어갈 알맞은 수는 '27'이다.

정답 ④

다음 수는 일정한 규칙을 통해 나열되어 있다. 8번째에 올 수로 알맞은 것을 구하시오.

〈 보 기 〉

| $\dfrac{3}{5}$ | $\dfrac{2}{5}$ | $\dfrac{4}{15}$ | $\dfrac{8}{45}$ | $\dfrac{16}{135}$ | $\dfrac{32}{405}$ |

① $\dfrac{128}{1,215}$ ② $\dfrac{64}{1,215}$ ③ $\dfrac{128}{3,645}$ ④ $\dfrac{256}{3,645}$ ⑤ $\dfrac{64}{3,645}$

일반 풀이

제시된 수들은 공비가 $\dfrac{2}{3}$ 인 등비수열이므로 8번째 수를 구하기 위해서는 6번째 수에 $\dfrac{2}{3}$ 를 두 번 곱하면 된다. 따라서 8번째에 올 수는 $\dfrac{32}{405} \times \dfrac{2}{3} \times \dfrac{2}{3} = \dfrac{128}{3,645}$ 이다.

정답 ③

빈출 유형 공략

01. 다음 수는 일정한 규칙을 통해 나열되어 있다. A, B 위치에 들어갈 알맞은 수를 구한 뒤, A÷B를 계산한 값을 구하시오.

〈 보 기 〉

$$\frac{2}{5} \qquad \frac{4}{15} \qquad \frac{8}{45} \qquad (A) \qquad \frac{32}{405} \qquad (B) \qquad \frac{128}{3,645}$$

① $\dfrac{9}{4}$　　② $\dfrac{135}{16}$　　③ $\dfrac{950}{547}$　　④ $\dfrac{1,215}{964}$　　⑤ $\dfrac{2,025}{1,024}$

02. 다음 수는 일정한 규칙을 통해 나열되어 있다. A 위치에 들어갈 알맞은 수를 고르시오.

〈 보 기 〉

| 275 | 269 | 263 | 257 | (A) | 245 | 239 |

① 247　　② 249　　③ 250　　④ 251　　⑤ 255

03. 다음 수는 일정한 규칙을 통해 나열되어 있다. A 위치에 들어갈 알맞은 수를 고르시오.

〈 보 기 〉

| 17 | 187 | 2,057 | 22,627 | 248,897 | (A) | 30,116,537 |

① 2,737,867　　② 2,947,547　　③ 27,378,677
④ 29,475,477　　⑤ 30,047,517

04. 다음 수는 일정한 규칙을 통해 나열되어 있다. 9번째에 올 수로 알맞은 것을 구하시오.

〈 보 기 〉

$$\frac{5}{6} \qquad \frac{7}{6} \qquad \frac{3}{2} \qquad \frac{11}{6} \qquad \frac{13}{6} \qquad \frac{5}{2}$$

① $\dfrac{17}{6}$　　② 3　　③ $\dfrac{19}{6}$　　④ $\dfrac{10}{3}$　　⑤ $\dfrac{7}{2}$

여러 가지 수열

- **계차수열:** 계차가 일정한 규칙을 가지는 수열이다. 여기서 계차란, 이웃하는 두 항 사이의 차를 말한다.

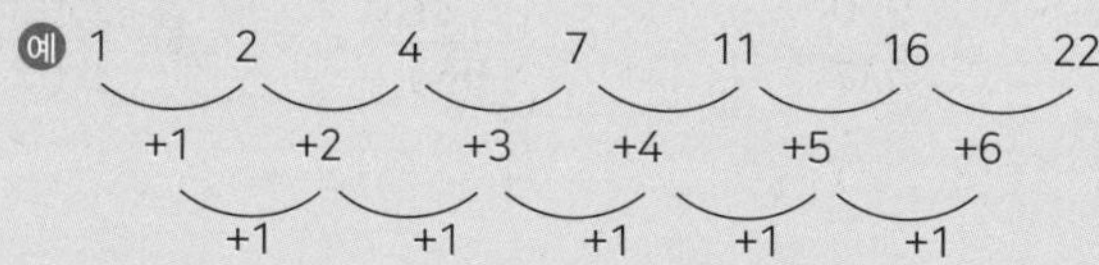

- **건너뛰기수열:** 두 개 이상의 수열이 일정한 간격을 두고 번갈아가며 나타나는 수열이다.

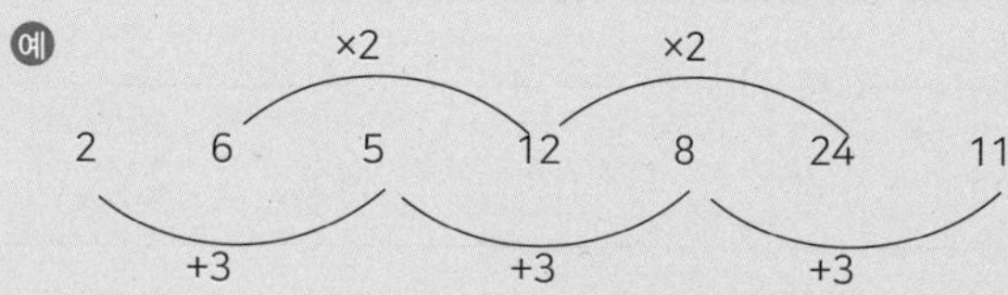

- **교대수열:** $+$, $-$, $\times$, $\div$ 의 규칙이 번갈아 가면서 규칙성을 가지는 수열이다.

  예)
1		3		4		12		12		39		40
	$\times 3$		$+1$		$\times 3$		$+1$		$\times 3$		$+1$	

- **피보나치수열:** 앞의 두 항의 합이 다음 항을 이루는 수열이다.

  예) $1 \quad 1 \quad \dfrac{2}{1+1} \quad \dfrac{3}{1+2} \quad \dfrac{5}{2+3} \quad \dfrac{8}{3+5} \quad \dfrac{13}{5+8} \quad \dfrac{21}{8+13}$

- **분수수열:** 분수의 분자와 분모가 규칙을 가지는 수열이다.

  예)
  $$\overset{+1}{\frown} \quad \overset{+1}{\frown} \quad \overset{+1}{\frown} \quad \overset{+1}{\frown} \quad \overset{+1}{\frown}$$
  $$\dfrac{1}{2} \quad \dfrac{2}{4} \quad \dfrac{3}{8} \quad \dfrac{4}{16} \quad \dfrac{5}{32} \quad \dfrac{6}{64}$$
  $$\underset{\times 2}{\smile} \quad \underset{\times 2}{\smile} \quad \underset{\times 2}{\smile} \quad \underset{\times 2}{\smile} \quad \underset{\times 2}{\smile}$$

- **군수열:** 일정한 규칙성으로 몇 항씩 군(그룹)으로 분할하여 나열한 수열이다.

  예)
  $$\underline{3 \quad 6 \quad 11} \qquad \underline{3 \quad 8 \quad 13} \qquad \underline{5 \quad 7 \quad 14}$$
  $$3+6+2=11 \qquad 3+8+2=13 \qquad 5+7+2=14$$

- **조화수열:** 역수가 등차수열인 수열(분수)이다.

  예) $720 \quad 360 \quad 240 \quad 180 \quad 144$

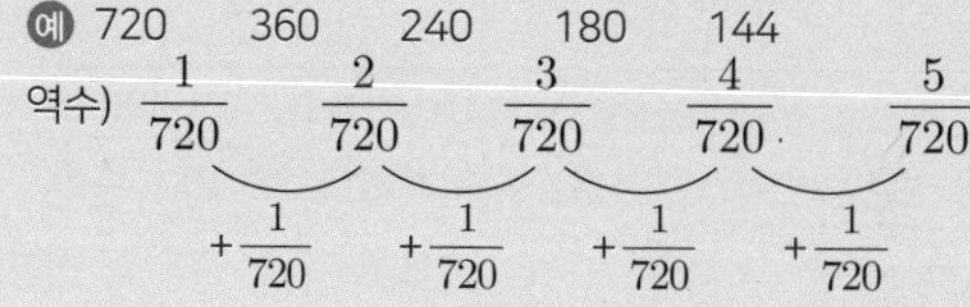

- SKCT 수열추리 영역에는 계차수열, 건너뛰기수열 등 여러 가지 수열이 출제되므로 다양한 유형을 학습하도록 한다.

- 숫자의 흐름이 증가인지 감소인지 확인한다. 증가일 경우, 덧셈 또는 곱셈 규칙이 사용되었을 가능성이 크며, 감소일 경우, 뺄셈 또는 나눗셈 규칙이 사용되었을 가능성이 크다.

- 숫자의 형태가 정수, 소수, 분수 등 다양하게 출제되므로 많은 문제를 풀어 다양한 숫자 형태의 수열추리 문항에 익숙해져야 한다.

- 숫자 사이의 규칙성과 논리를 빠르게 파악하는 능력을 요구하므로 다양한 문제들을 많이 풀어두는 것이 좋다.

예제 01

다음 수는 일정한 규칙을 통해 나열되어 있다. A 위치에 들어갈 알맞은 수를 고르시오.

〈 보 기 〉

| 1.8 | 2.8 | 3 | 3.04 | 3.048 | 3.0496 | (A) |

① 3.04991 ② 3.049912 ③ 3.0499122 ④ 3.04992 ⑤ 3.04996

일반 풀이

제시된 수들은 인접한 항의 차이가 일정한 규칙을 갖는 계차수열로 인접한 항의 차이가 초항이 1, 공비가 0.2인 등비수열의 규칙을 가지므로 A 위치에 들어갈 알맞은 수는 '3.04992'이다.

정답 ④

예제 02

다음 수는 일정한 규칙을 통해 나열되어 있다. 12번째에 올 수로 알맞은 것을 구하시오.

〈 보 기 〉

| $\dfrac{6}{11}$ | $\dfrac{1}{7}$ | $\dfrac{8}{11}$ | $\dfrac{2}{7}$ | $\dfrac{32}{33}$ | $\dfrac{4}{7}$ | $\dfrac{128}{99}$ | $\dfrac{8}{7}$ | $\dfrac{512}{297}$ |

① $\dfrac{16}{7}$ ② $\dfrac{32}{7}$ ③ $\dfrac{64}{7}$ ④ $\dfrac{2,048}{891}$ ⑤ $\dfrac{8,192}{2,673}$

일반 풀이

제시된 수들은 2개의 수열이 번갈아 가며 나타나는 건너뛰기수열이다. 첫 번째 수열은 첫 번째 항에서 시작하며 초항이 $\dfrac{6}{11}$ 이고 공비가 $\dfrac{4}{3}$ 인 등비수열이며, 두 번째 수열은 두 번째 항에서 시작하며 초항이 $\dfrac{1}{7}$ 이고 공비가 2인 등비수열이다.

따라서 12번째에 올 수는 두 번째 수열에서 찾으면 되며, $\dfrac{8}{7} \times 2 \times 2 = \dfrac{32}{7}$ 이다.

정답 ②

예제 03 다음 수는 일정한 규칙을 통해 나열되어 있다. A, B 위치에 들어갈 알맞은 수를 구한 뒤, B−A를 계산한 값을 구하시오.

〈 보 기 〉

| 5 | 30 | 20 | 120 | 110 | 660 | (A) | (B) |

① 930　　② 1,120　　③ 2,000　　④ 3,250　　⑤ 3,900

일반 풀이

제시된 수들은 ×6, −10이 번갈아 적용되는 규칙을 가지는 교대수열이므로 A에 들어갈 수는 650, B에 들어갈 수는 3,900이다. 따라서 B−A=3,250이다.

정답 ④

예제 04 다음 수는 일정한 규칙을 통해 나열되어 있다. A 위치에 들어갈 알맞은 수를 고르시오.

〈 보 기 〉

| 15 | 3 | 45 | 135 | (A) | 820,125 |

① 2,155　　② 4,845　　③ 5,045　　④ 6,075　　⑤ 8,685

일반 풀이

제시된 수들은 앞선 두 개의 수의 곱으로 다음 항이 생겨나는 피보나치수열이므로 A 위치에 들어갈 알맞은 수는 '6,075'이다.

정답 ④

다음 수는 일정한 규칙을 통해 나열되어 있다. A, B 위치에 들어갈 알맞은 수를 구한 뒤, A÷B를 계산한 값을 구하시오.

〈 보 기 〉

$$\dfrac{4}{5} \qquad \dfrac{6}{10} \qquad (\text{A}) \qquad \dfrac{10}{40} \qquad \dfrac{12}{80} \qquad (\text{B}) \qquad \dfrac{16}{320}$$

① $\dfrac{30}{7}$　　② $\dfrac{31}{7}$　　③ $\dfrac{32}{7}$　　④ $\dfrac{33}{7}$　　⑤ $\dfrac{34}{7}$

일반 풀이

제시된 수들은 분자에 있는 수에 +2, 분모에 있는 수에 ×2의 규칙이 적용된 특수한 형태의 수열이다. 따라서 A에 들어갈 수는 $\dfrac{8}{20}$, B에 들어갈 수는 $\dfrac{14}{160}$ 이므로 A÷B는 $\dfrac{32}{7}$ 이다.

정답 ③ 

다음 수는 일정한 규칙을 통해 나열되어 있다. A 위치에 들어갈 알맞은 수를 고르시오.

〈 보 기 〉

| 12 | 86 | 1,032 | 31 | 97 | 3,007 | 1,124 | 7 | (A) |

① 1,131　　② 1,138　　③ 4,131　　④ 7,868　　⑤ 7,888

일반 풀이

제시된 수들은 세 개의 항씩 묶어 규칙을 갖는 군수열로 앞선 두 개의 수의 곱으로 다음 항이 생겨나므로 A 위치에 들어갈 알맞은 수는 '7,868'이다.

정답 ④

예제 07 다음 수는 일정한 규칙을 통해 나열되어 있다. A 위치에 들어갈 알맞은 수를 고르시오.

〈 보 기 〉

$$200 \qquad 100 \qquad \frac{200}{3} \qquad 50 \qquad 40 \qquad (\,A\,)$$

① $\dfrac{25}{3}$　　② $\dfrac{50}{3}$　　③ 25　　④ 30　　⑤ $\dfrac{100}{3}$

일반 풀이

제시된 수들은 역수가 등차수열인 조화수열로 제시된 수들의 역수는 다음과 같다.

$$\frac{1}{200} \quad \frac{2}{200} \quad \frac{3}{200} \quad \frac{4}{200} \quad \frac{5}{200}$$

이에 따라 제시된 수들의 역수는 초항이 $\dfrac{1}{200}$ 이고 공차가 $\dfrac{1}{200}$ 인 등차수열로 A 위치에 들어갈 알맞은 수는 $\dfrac{6}{200}$ 의 역수를 약분한 형태인 ' $\dfrac{100}{3}$ '이다.

 정답 ⑤

빈출 유형 공략

01. 다음 수는 일정한 규칙을 통해 나열되어 있다. A, B 위치에 들어갈 알맞은 수를 구한 뒤, A+B를 계산한 값을 구하시오.

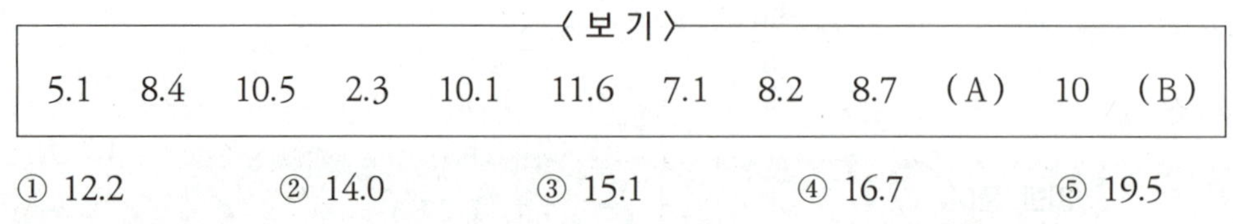

① 12.2　　② 14.0　　③ 15.1　　④ 16.7　　⑤ 19.5

02. 다음 수는 일정한 규칙을 통해 나열되어 있다. 11번째에 올 수로 알맞은 것을 구하시오.

〈 보 기 〉

| 4 | 8 | 12 | 20 | 32 | 52 | 84 |

① 356　　② 576　　③ 628　　④ 745　　⑤ 932

03. 다음 수는 일정한 규칙을 통해 나열되어 있다. A 위치에 들어갈 알맞은 수를 고르시오.

〈 보 기 〉

| 1.3 | 8.5 | 2.7 | 9.9 | 4.1 | (A) | 5.5 |

① 5.1　　② 5.3　　③ 11.3　　④ 11.5　　⑤ 11.9

04. 다음 수는 일정한 규칙을 통해 나열되어 있다. A, B 위치에 들어갈 알맞은 수를 구한 뒤, A×B를 계산한 값을 구하시오.

〈 보 기 〉

| 7 | 5 | 14 | 7 | (A) | 9 | 28 | (B) | 35 |

① 125　　② 177　　③ 200　　④ 224　　⑤ 231

05. 다음 수는 일정한 규칙을 통해 나열되어 있다. 9번째에 올 수로 알맞은 것을 구하시오.

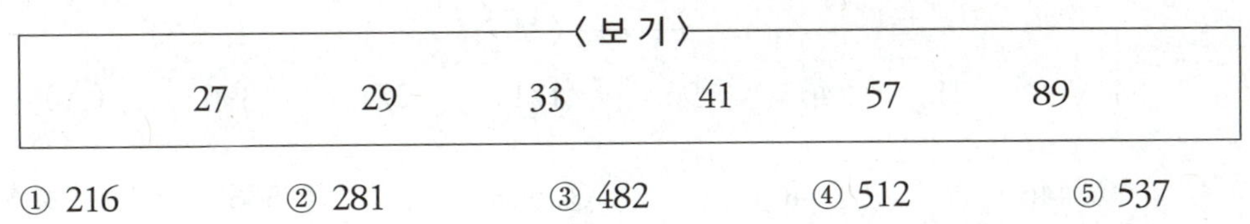

| 〈 보 기 〉 |
| 27 29 33 41 57 89 |

① 216　　　② 281　　　③ 482　　　④ 512　　　⑤ 537

06. 다음 수는 일정한 규칙을 통해 나열되어 있다. A, B 위치에 들어갈 알맞은 수를 구한 뒤, A÷B를 계산한 값을 구하시오.

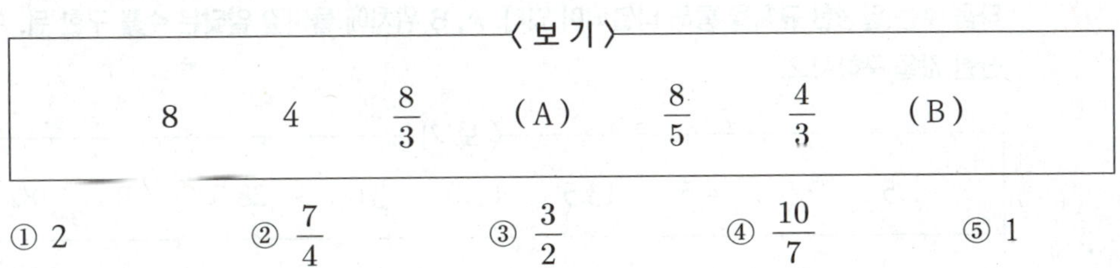

〈 보 기 〉

$8 \quad 4 \quad \dfrac{8}{3} \quad (A) \quad \dfrac{8}{5} \quad \dfrac{4}{3} \quad (B)$

① 2　　　② $\dfrac{7}{4}$　　　③ $\dfrac{3}{2}$　　　④ $\dfrac{10}{7}$　　　⑤ 1

07. 다음 수는 일정한 규칙을 통해 나열되어 있다. A, B 위치에 들어갈 알맞은 수를 구한 뒤, A와 B의 평균값을 구하시오.

〈 보 기 〉

| 15　16　32　6　3　54　(A)　21　(B) |

① 15　　　② 17　　　③ 21　　　④ 24　　　⑤ 30

08. 다음 수는 일정한 규칙을 통해 나열되어 있다. A 위치에 들어갈 알맞은 수를 고르시오.

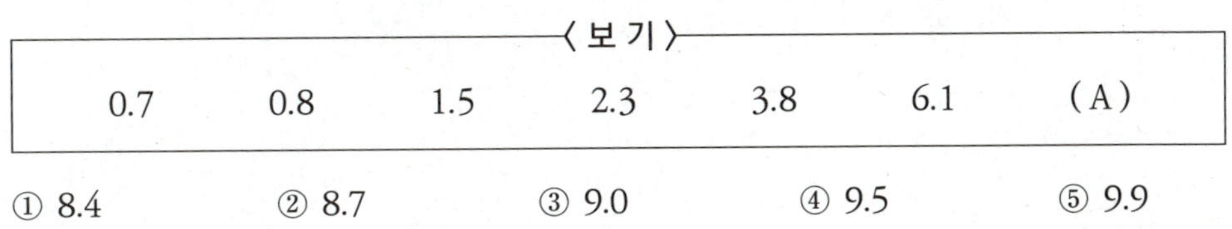

〈 보 기 〉

| 0.7　0.8　1.5　2.3　3.8　6.1　(A) |

① 8.4　　　② 8.7　　　③ 9.0　　　④ 9.5　　　⑤ 9.9

09. 다음 수는 일정한 규칙을 통해 나열되어 있다. A 위치에 들어갈 알맞은 수를 고르시오.

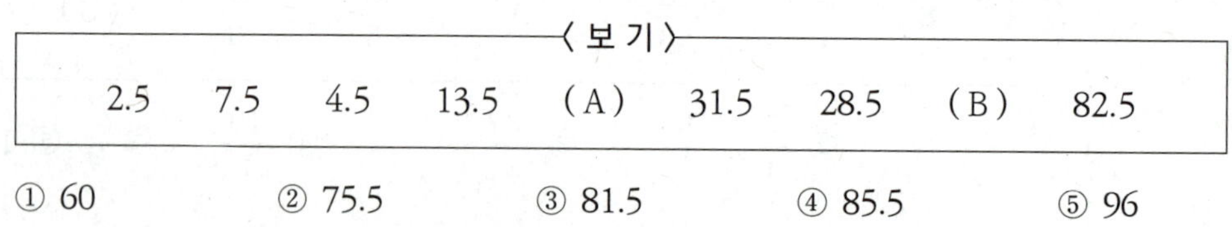

〈 보 기 〉						
21	46	96	171	271	396	(A)

① 446 ② 466 ③ 546 ④ 566 ⑤ 571

10. 다음 수는 일정한 규칙을 통해 나열되어 있다. A, B 위치에 들어갈 알맞은 수를 구한 뒤, A+B를 계산한 값을 구하시오.

〈 보 기 〉								
2.5	7.5	4.5	13.5	(A)	31.5	28.5	(B)	82.5

① 60 ② 75.5 ③ 81.5 ④ 85.5 ⑤ 96

특수한 규칙의 수열

유형설명

- 앞의 항에 일정하게 변화된 수를 곱하거나 나누어 진행하는 수열

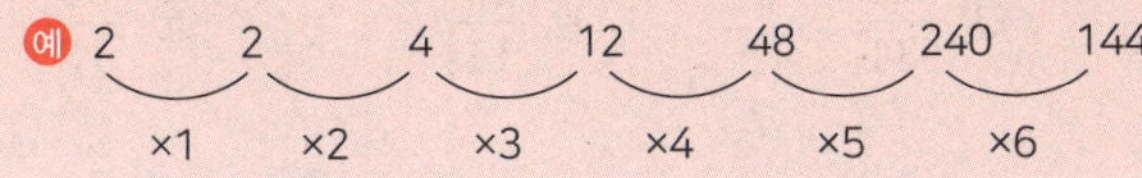

풀이 Tip

- 수열추리 영역은 15분 동안 20문항을 풀어야 하므로 빠르게 규칙을 파악해야 한다. 따라서 심화된 수열 형태인 특수한 규칙의 수열 또한 학습해두는 것이 좋다.

- 숫자의 흐름이 증가인지 감소인지 확인한다. 증가일 경우, 덧셈 또는 곱셈 규칙이 사용되었을 가능성이 크며, 감소일 경우, 뺄셈 또는 나눗셈 규칙이 사용되었을 가능성이 크다.

- 숫자 사이의 규칙성과 논리를 빠르게 파악하는 능력을 요구하므로 다양한 문제들을 많이 풀어두는 것이 좋다.

예제 01 다음 수는 일정한 규칙을 통해 나열되어 있다. A, B 위치에 들어갈 알맞은 수를 구한 뒤, A÷B를 계산한 값을 구하시오.

〈 보 기 〉

| (A) | $\dfrac{1}{13}$ | $\dfrac{1}{17}$ | $\dfrac{1}{19}$ | $\dfrac{1}{23}$ | (B) | $\dfrac{1}{31}$ |

① $\dfrac{17}{13}$　② $\dfrac{19}{29}$　③ $\dfrac{19}{31}$　④ $\dfrac{29}{11}$　⑤ $\dfrac{33}{13}$

일반 풀이

제시된 수들은 역수로 바꾸었을 때 소수를 순서대로 나열한 특수 수열이므로 A에 들어갈 수는 $\dfrac{1}{11}$, B에 들어갈 수는 $\dfrac{1}{29}$ 이다. 따라서 A÷B$=\dfrac{29}{11}$ 이다.

정답 ④

예제 02 다음 수는 일정한 규칙을 통해 나열되어 있다. 8번째에 올 수로 알맞은 것을 구하시오.

〈 보 기 〉

| $\dfrac{1}{6}$ | $\dfrac{4}{18}$ | $\dfrac{7}{54}$ | $\dfrac{10}{162}$ | $\dfrac{13}{486}$ | $\dfrac{16}{1,458}$ |

① $\dfrac{22}{13,122}$　② $\dfrac{19}{4,374}$　③ $\dfrac{28}{13,122}$　④ $\dfrac{11}{2,187}$　⑤ $\dfrac{22}{2,187}$

일반 풀이

제시된 수들은 분자에 있는 수에 +3, 분모에 있는 수에 ×3의 규칙이 적용된 특수한 형태의 수열이다. 따라서 7번째에 올 수는 $\dfrac{16+3}{1,458\times3}=\dfrac{19}{4,374}$, 8번째에 올 수는 $\dfrac{19+3}{4,374\times3}=\dfrac{22}{13,122}$ 이다.

정답 ①

다음 수는 일정한 규칙을 통해 나열되어 있다. 12번째에 올 수로 알맞은 것을 구하시오.

〈 보 기 〉

4	$\dfrac{1}{2}$	2	1	2	2	4	8

① 131,072 ② 262,144 ③ 524,288
④ 1,048,576 ⑤ 2,097,152

일반 풀이

제시된 수들은 앞선 두 항을 곱하면 다음 항이 나오는 형태의 수열이다. 따라서 9번째 수는 4×8=32, 10번째 수는 8×32=256, 11번째 수는 32×256=8,192, 12번째 수는 256×8,192=2,097,152이다.

 **정답** ⑤

01. 다음 수는 일정한 규칙을 통해 나열되어 있다. A 위치에 들어갈 알맞은 수를 고르시오.

〈 보 기 〉

| 1 | 2 | (A) | 7 | 8 | 10 | 13 | 14 |

① 3 ② 4 ③ 5 ④ 6 ⑤ 7

02. 다음 수는 일정한 규칙을 통해 나열되어 있다. A, B 위치에 들어갈 알맞은 수를 구한 뒤, A-B를 계산한 값을 구하시오.

〈 보 기 〉

| 5,103.7 | 1,701.6 | 567.5 | 189.4 | (A) | 21.2 | (B) |

① 84.1 ② 64.6 ③ 71.2 ④ 56.2 ⑤ 42.4

03. 다음 수는 일정한 규칙을 통해 나열되어 있다. A 위치에 들어갈 알맞은 수를 고르시오.

〈 보 기 〉

| 27 | 81 | 9 | (A) | 3 | 729 | 1 |

① 18 ② 36 ③ 99 ④ 123 ⑤ 243

04. 다음 수는 일정한 규칙을 통해 나열되어 있다. 10번째에 올 수로 알맞은 것을 구하시오.

〈 보 기 〉

| $\dfrac{10}{7}$ | $\dfrac{7}{17}$ | $\dfrac{17}{24}$ | $\dfrac{24}{41}$ | $\dfrac{41}{65}$ | $\dfrac{65}{106}$ | $\dfrac{106}{171}$ |

① $\dfrac{448}{725}$ ② $\dfrac{171}{277}$ ③ $\dfrac{725}{1,173}$ ④ $\dfrac{277}{448}$ ⑤ $\dfrac{1,173}{1,898}$

SK 취업은 렛유인 WWW.LETUIN.COM

PART 04

과년도 기출복원 모의고사

기출복원 모의고사

문항수 20문항 | 제한시간 15분

01. 다음 글의 내용과 일치하는 것을 고르면?

| 2024 하반기 기출 키워드 | 프톨레마이오스, 코페르니쿠스

> 프톨레마이오스와 코페르니쿠스는 각각 고대와 근대 천문학의 중요한 인물로, 그들의 이론은 천문학 발전에 큰 영향을 미쳤다. 프톨레마이오스는 기원후 2세기경에 "알마게스트"라는 책을 통해 지구 중심의 우주론을 제시하였다. 그는 태양, 달, 별, 행성들이 지구를 중심으로 돌고 있다고 주장하며, 이를 설명하기 위해 여러 가지 복잡한 궤도 모델인 "에피사이클"을 사용하였다. 이 모델은 약 1,400년 동안 서구권에서 천문학 이론으로 받아들여졌다. 이에 반해 니콜라우스 코페르니쿠스는 16세기 초반에 태양 중심의 우주론을 주장했다. 그는 "지구는 태양 주위를 돌고 있으며, 지구는 자전도 한다"라는 혁신적인 이론을 주장하며 프톨레마이오스의 지구 중심 우주론을 완전히 뒤집었다. 코페르니쿠스의 이론은 초기에는 논란이 되었으나, 이후 갈릴레오, 케플러, 뉴턴 등의 연구를 통해 입증되었고, 현대 천문학의 기초를 다지는 데 이바지하였다.

① 코페르니쿠스는 2세기에 활동한 천문학자였으며, 지구 중심 우주론을 주장했다.

② 코페르니쿠스의 이론은 지구가 정지해 있다고 주장하는 이론이다.

③ 프톨레마이오스의 이론은 약 100년 동안만 통용되었고, 코페르니쿠스의 이론은 그보다 더 오랫동안 받아들여졌다.

④ 태양 중심 우주론은 근대 천문학자인 코페르니쿠스가 주장하였고, 지구 중심 우주론은 고대 천문학자인 프톨레마이오스가 주장했다.

⑤ 프톨레마이오스는 행성의 운동을 설명하기 위해 복잡한 궤도 모델인 알마게스트를 사용하였다.

 다음 글에서 밑줄 친 ⓐ, ⓑ, ⓒ, ⓓ의 사례로 가장 적절한 것은?

| 2024 하반기 기출 키워드 | 명품 소비, 파노플리 효과

> ⓐ명품 소비는 고가의 제품을 구매하여 개인의 경제적 능력을 드러내거나 자기만족을 추구하는 소비 행태를 말한다. 이것은 제품의 기능적 가치뿐 아니라 상징적 가치와도 깊은 연관이 있다. ⓑ모방 소비는 특정 사회 계층이나 유명인의 소비 행태를 따라 하는 소비 패턴으로, 주로 사회적 비교심리에서 비롯되며 사람들은 자신이 속하고자 하는 집단의 소비 행태를 모방함으로써 같은 사회적 지위를 얻으려는 경향을 보인다. ⓒ파노플리 효과는 특정 제품을 구매함으로써 그 제품을 소비할 것이라고 예상되는 집단 또는 계층과 자신을 동일시하는 심리적 현상이다. 소비자는 자신이 특정 브랜드를 구매할 때 그 브랜드를 사용하는 집단의 라이프스타일이나 가치를 함께 공유한다고 느끼며, 명품 소비와 모방 소비를 강화하는 중요한 요인으로 작용한다. 또한, 가격이 비쌀수록 수요가 증가하는 현상을 ⓓ베블런 효과라고 하는데, 일반적으로 가격이 오르면 수요가 줄어드는 것이 경제학의 기본 원칙이지만, 일부 명품 시장에서는 높은 가격이 곧 품질과 희소성을 상징하기 때문에 오히려 더 높은 구매욕을 자극하고, 부유층 사이에서 지위 과시와 관련이 깊다.

① ⓓ - 유명 인플루언서가 입은 특정 브랜드의 옷을 따라 구매
② ⓒ - 애플 제품을 구매해 혁신적이고 세련된 이미지를 소비
③ ⓐ - 고급 스포츠카 가격이 높을수록 구매 희망자 증가
④ ⓑ - 샤넬 가방을 구매하여 친구들 앞에서 재정적 여유를 과시
⑤ ⓒ - 유명 연예인이 사용하는 한정판 향수를 구매하려는 열풍

  다음 글을 읽고 추론한 것으로 가장 적절한 것을 고르면?

> 탄소 저감은 지구 온난화와 기후 위기 문제를 해결하기 위한 중요한 대책 중 하나이다. 탄소는 CO_2 형태로 대기 중에 존재하며, CO_2는 온실가스로 작용하여 지구의 평균 기온을 상승시키는 주요 원인 중 하나이다. 이에 따라 온실가스와 탄소 배출을 줄이려는 노력이 지속해서 이루어지고 있다. 탄소 배출을 줄이기 위해서는 에너지 효율성을 높이는 것이 중요하다. 가정에서는 에너지 효율 가전제품을 구매하거나 난방과 냉방을 최소화하는 방법이 있다. 그리고 산업 분야에서는 에너지를 절약하는 기술을 도입하거나 태양광, 풍력, 수력, 지열 등을 이용한 재생가능 에너지원을 사용하여 화석연료를 대체함으로써 탄소 배출을 줄일 수 있다. 또한, CO_2를 대기 중으로 배출하기 전에 포집하여 지하에 저장하는 기술인 탄소 포집 및 저장(CCS) 기술을 활용할 수 있다. 마지막으로 개인의 노력도 중요한 역할을 한다. 대중교통 및 전기차 이용이나 에너지 효율이 높은 가전제품을 사용하는 등의 생활 습관 변화가 필요하다. 세계적으로 탄소 저감을 위한 다양한 정책과 기술 개발이 이루어지고 있으며, 이는 지구 환경을 보호하는 데 중요한 역할을 한다.

① 탄소 포집 및 저장 기술은 대기 중에 배출된 이산화탄소를 더 많이 방출하도록 설계된 기술이다.

② 탄소 저감은 에너지 효율성을 높이는 방법보다 화석연료를 많이 사용하는 것이 더 효과적이다.

③ 탄소 저감을 위한 정책은 주로 개인의 생활 습관과 관계없으며, 기업이나 정부의 역할만 중요하다.

④ 탄소 저감은 다양한 방법으로 실현될 수 있으며, 이는 지구 온난화와 기후 위기 문제를 해결하는 데 중요한 역할을 한다.

⑤ 전기차를 사용하는 것은 대중교통을 이용하는 것보다 더 많은 탄소를 배출한다.

선비의 육예(六藝)는 유교에서 신체 단련과 지적, 도덕적, 예술적 소양을 고루 갖춘 균형 잡힌 인재를 양성하기 위해 제시된 여섯 가지 기본 과목이다. 육예는 예절과 의례를 뜻하는 예(禮), 음악과 미학의 악(樂), 활쏘기의 사(射), 말 타기의 어(御), 서예의 서(書), 산술의 수(數)로 구성되어 있다. 이 중 악은 단순히 곡을 연주하는 기술을 넘어 심성을 수양하고 사회적 조화를 이루는 데 필수적인 요소로 여겨졌으며, 개인의 감정을 다스리고, 올바른 가치관을 형성하며, 공동체 내 질서를 유지하는 데 중요한 역할을 하였다. 선비들이 즐긴 음악 중에서도 정악(正樂)은 특별히 주목할 만하다. 정악은 유교적 이념을 바탕으로 하며, 말 그대로 '바른 음악'이라는 뜻이다. 대표적으로 궁중에서 연주되던 아악, 사대부들이 애호했던 가곡, 시조 등이 포함되며 조화와 절제를 중시한 점이 특징적이다. 정악은 단순히 아름다운 선율을 즐기는 것을 넘어, 선비의 내면적 성찰과 인간관계를 조화롭게 만드는 수단으로 기능하였다. 이러한 육예의 전통 속에서 음악은 선비의 품격을 완성하고, 사회적 역할을 다하는 데 중요한 위치를 차지하였다. 육예는 단순한 기술 교육과 달리 이상적인 인간상을 구현하기 위한 수단이었으며, 정악은 그 가운데 선비 정신을 가장 잘 담아낸 예술로 평가받는다.

① 어떤 대상의 의미를 설명하는 방식인 정의
② 어떤 개념, 대상, 사건의 성질, 원리, 이유 등을 명확하게 풀어주는 방식인 설명
③ 개념의 뜻을 비유적으로 설명하는 방식인 예시
④ 두 개 이상의 대상이나 개념을 비교하여 유사점을 밝히는 방식인 비교와 차이점을 드러내는
   방식인 대조
⑤ 다른 사람의 말이나 글을 사용하는 방식인 인용

| 2024 하반기 기출 키워드 | 미국 SAT 점수

(A) 이 점수는 가정 소득, 부모의 학력, 거주 지역의 경제 수준, 학교의 자원 수준 등 여러 요소를 기준으로 산출되어 저소득 가정 출신, 학업 자원이 부족한 지역에서 학교에 다닌 학생은 높은 점수를 받을 가능성이 크다. 이 점수는 기존 SAT 점수와는 별개로 제공되며, 학생의 학업 성취도 외에 잠재력을 평가하려는 의도를 담고 있다.

(B) 미국의 SAT에는 학생들의 역경을 고려하는 역경 점수 제도가 도입된 적이 있다. 이것은 개인적 배경, 가정환경, 지역 사회의 여건 등을 반영하여 평가하는 것으로, 학생이 극복해 온 어려움을 입학 사정 과정에서 고려하려는 취지에서 시작되었다.

(C) 역경 점수는 대학 입학에서 학생들의 배경을 고려하려는 새로운 시도였지만, 논란과 함께 개선점이 필요하다는 교훈을 남겼다. 미국의 교육 제도는 학생들의 다양한 경험을 반영하려는 방안을 계속 고민하고 있다.

(D) 그러나 이 제도는 도입 초기에 큰 논란을 불러일으켰다. 일부에서는 이 점수가 사회적 불평등을 완화하는 데 기여할 수 있다고 평가했지만, 다른 한편에서는 점수가 오히려 개인의 성취를 왜곡할 수 있다고 비판하였다.

① (B) - (A) - (D) - (C)
② (A) - (B) - (C) - (D)
③ (C) - (D) - (A) - (B)
④ (D) - (C) - (B) - (A)
⑤ (B) - (A) - (C) - (D)

| 2024 하반기 기출 키워드 | 오르골 두 종류의 차이

> 오르골은 음악을 재생하는 기계로, 주로 상자 모양으로 제작되어 내부에 있는 기계 장치가 음악을 자동으로 연주하는 방식으로 작동한다. 그중 대표적인 것은 기계식 오르골과 디지털 오르골이다. 기계식은 오래된 방식으로, 회전하는 실린더에 핀이 박혀 있고, 핀들이 톱니바퀴를 작동시켜 금속의 피리를 울리면서 소리를 내는 방식이다. 이것은 기계 부품들을 사용하여 손으로 구동되거나 자동으로 회전하면서 음악을 연주한다. 오르골의 음악은 주로 클래식하거나 전통적인 곡들이며, 소리는 다소 부드럽고 따뜻한 느낌을 준다. 반면 디지털은 전자적인 방식으로 작동하며, 디지털 기술을 이용해 다양한 음악을 재생할 수 있다. 이것은 저장된 음악 파일을 읽어서 스피커를 통해 소리를 내며, 다양한 곡을 선택할 수 있어 더욱 다채로운 음악을 제공하며, 컴퓨터나 스마트폰과 연결해 음악을 조작하는 등 최신 기술을 활용한 오르골이다. 이 두 종류 모두 음악을 재생하지만, 작동 방식과 음악의 다양성에서 차이가 있다. 기계식은 고전적인 아름다움을 지녔지만, 디지털은 현대적인 기술로 여러 곡을 즐길 수 있는 장점이 있다.

① 오르골의 역사와 발전
② 오르골을 만드는 다양한 재료들
③ 디지털 기술의 발전과 음악의 변화
④ 오르골과 기타 악기의 차이점
⑤ 기계식 오르골과 디지털 오르골의 차이점

| 2024 하반기 기출 키워드 | 땅콩 알레르기

> 땅콩 알레르기는 땅콩을 섭취하거나 접촉했을 때 발생하는 면역 반응으로, 알레르기 반응을 일으킬 수 있는 대표적인 음식 알레르기 중 하나이다. 이 알레르기는 주로 땅콩에 포함된 단백질이 면역 시스템에 의해 잘못 인식되면서 발생한다. 알레르기 반응은 피부 발진, 호흡 곤란, 심한 경우 아나필락시스(알레르기 쇼크)까지 이어질 수 있으며, 빠른 대응이 필요할 만큼 치명적이다.
>
> 땅콩 알레르기를 가진 사람은 땅콩을 포함한 모든 음식이나 제품에 주의해야 하며, 특히 식품 라벨을 꼼꼼히 확인하는 것이 중요하다. 또한, 아나필락시스 반응이 발생할 수 있는 경우에는 즉시 에피네프린 주사를 사용하여 응급처치가 필요하다. 알레르기 반응은 예방이 가장 중요하기에 땅콩을 피하는 것이 제일 나은 방법이다. 땅콩 알레르기는 어린아이에게서 많이 발생하며, 일부는 나이가 들면서 알레르기가 완화되기도 하지만, 완치가 어렵고 평생 지속되는 예도 있다.

① 땅콩의 냉양 성문과 효능
② 알레르기와 면역 시스템의 관계
③ 음식 알레르기의 치료법
④ 아나필락시스의 발생 원리
⑤ 땅콩 알레르기의 원인과 예방 방법

> 칸트는 의식을 인간의 인식 능력과 연결 지으며, 인간이 세상을 인식하는 방식이 선험적 형태에 의해 제한된다고 주장한다. 즉, 우리가 경험하는 모든 것은 우리 마음의 틀을 통해 만들어진다. 따라서 의식은 단순히 외부 세계의 반영이 아니라, 인간이 세계를 이해하는 방식에 영향을 미치고 세계와의 관계에서 중요한 역할을 하며, 우리의 경험은 이성적 구조와 결합한 결과물이다.
>
> 반면 니체는 의식을 인간의 본능과 억제된 감정의 산물로 보았다. 인간이 진리를 추구하는 것 자체가 본능을 억제하는 행위라고 주장하며, 자아를 만들어내는 과정이라고 생각한다. 즉 의식은 사회적 규범과 도덕적 가치를 받아들이기 위해 억제된 본능이 드러나는 결과물이다. 그는 인간이 세상에 대한 깊은 이해를 얻기 위해서는 의식을 넘어서 무의식의 세계로 들어가야 한다고 말한다.
>
> 또한, 상징성에 대하여 칸트는 인간의 인식 구조를 표현하는 방법으로, 우리는 세상을 이해하기 위해 다양한 상징적 틀을 사용한다고 보았다. 하지만 니체는 상징성을 인간의 내면적 갈등과 투쟁을 표현하는 도구로 보며, 인간이 자신을 이해하고, 세상의 본질을 파악하기 위해 사용하는 것이라고 생각했다.

① 칸트의 선험적 틀 비판: 칸트는 인식이 선험적 틀에 의해 제한된다고 주장하지만, 이는 인간 경험의 다양성을 과소평가할 수 있다.

② 니체의 본능 억제 비판: 니체는 의식이 본능 억제의 산물이라고 보는데, 이는 인간의 이성적 사고와 자유로운 선택을 간과할 수 있다.

③ 칸트의 상징성 제한: 칸트는 상징성을 인식 구조의 표현으로만 보지만, 이는 상징의 감정적 역할을 무시할 위험이 있다.

④ 니체의 무의식 강조 비판: 니체는 무의식을 강조하지만, 이는 의식과 이성의 중요성을 과소평가할 수 있다.

⑤ 니체의 상징성 부정: 니체는 상징성을 완전히 부정하며, 인간이 상징을 통해 세상을 이해하거나 표현하려는 시도를 무의미한 것으로 간주했다.

 다음 글의 (ⓐ)에 들어갈 문장으로 가장 적절한 것은?

| 2024 하반기 기출 키워드 | 진통제와 항우울제

진통제와 항우울제는 모두 신체의 불편함을 완화하는 약물이지만, (ⓐ). 진통제는 주로 신경계에서 발생하는 통증 신호를 차단하거나 완화해, 통증을 감소시키는 역할을 한다. 대표적인 진통제에는 아세트아미노펜, 이부프로펜 등이 있으며, 이들은 주로 대뇌피질에 직접적으로 작용하지 않고, 신경 말단에서 발생하는 통증 신호를 억제하는 방식으로 작용한다. 반면 항우울제는 우울증과 같은 정신적 문제를 개선하는 데 사용된다. 이 약물들은 뇌의 신경전달물질인 세로토닌, 노르에피네프린 등을 조절하여 감정의 균형을 맞추고, 우울증 증상을 완화하는 데 도움을 준다. 대표적인 항우울제에는 선택적 세로토닌 재흡수 억제제 계열 약물이 있으며, 이들은 대뇌피질을 포함한 뇌의 여러 부분에서 신경전달물질의 분비를 조절한다.

① 처방하는 병원이 각각 다르다.

② 복용할 수 있는 나이대가 서로 다르다.

③ 진통제의 종류가 항우울제의 종류보다 많다.

④ 유통 기한이 서로 다르다.

⑤ 대뇌피질에 작용하는 방식에서 그 차이가 있다.

10. 다음 글의 문단 배열로 가장 적절한 것은?

(A) 동물의 행동은 본능적 반응일 때가 많으며, 우리가 이를 감정으로 해석하는 것은 인간의 관점에서 바라본 결과일 가능성이 크다. 예로, 개가 꼬리를 흔드는 행동은 인간에게는 기쁨으로 보이지만, 이는 단순히 사회적 신호에 가깝다는 해석도 있다.

(B) 그러나 일부 연구에서는 동물도 감정적 경험을 할 가능성을 제기한다. 특히 포유류와 조류는 복잡한 신경구조로 되어 있어 두려움이나 애착 같은 감정을 느낄 수 있다는 증거가 발견되었다. 이러한 연구들은 동물의 행동이 단순히 생물학적 반응이 아니라, 상황에 따른 정서적 반응일 수 있음을 시사한다.

(C) 동물이 느끼는 감정을 인간과 같은 기준으로 평가하는 것은 한계가 있다. 따라서 동물의 행동과 감정을 이해하려면 인간 중심의 사고를 넘어서, 각 종의 특성과 행동 맥락을 종합적으로 분석할 필요가 있다.

(D) 동물도 인간처럼 감정을 느낄 수 있는가? 이는 동물 행동학에서 오랜 논쟁거리이다. 인간은 동물이 슬픔, 기쁨, 두려움 등의 감정을 느낀다고 가정하는 경향이 있지만, 이는 종종 인간 중심적 사고, 즉 인간화(Anthropomorphism)의 결과일 수 있다.

① (D) - (C) - (B) - (A)
② (D) - (A) - (B) - (C)
③ (A) - (B) - (C) - (D)
④ (A) - (D) - (B) - (C)
⑤ (A) - (C) - (D) - (B)

11. 다음 글의 밑줄 친 ⓑ의 관점에서 ⓐ를 비판하는 것으로 적절한 것은?

촉법소년은 범죄를 저질러도 형사처벌 대신 보호처분을 받는 만 10세 이상에서 만 14세 미만의 미성년자를 말한다. 이 제도에 대해 두 가지 상반된 관점이 존재한다.

ⓐ 첫 번째 관점은 촉법소년 연령 하향을 주장한다. 촉법소년의 범죄가 점점 조직적, 악질적으로 변하고 있으며, 현행법이 이러한 문제를 억제하지 못한다고 지적하며, 연령을 하향함으로써 범죄 예방 효과를 높이고, 미성년자에게도 자기 행동에 대한 책임감을 부여해야 한다는 것이다.

반면 ⓑ 두 번째 관점은 촉법소년 연령 유지 또는 상향을 주장한다. 미성년자는 아직 심리적·인지적 발달이 완전하지 않으므로 처벌보다는 교육과 교정이 필요하다고 보고 연령을 낮추는 것은 근본적인 해결책이 아니며, 오히려 미성년자를 범죄자로 낙인찍어 사회 복귀를 어렵게 만들 수 있다는 우려를 제기하는 것이다.

이 제도는 처벌의 문제가 아니라, 미성년자 범죄를 예방하고 촉법소년을 어떻게 사회에 통합할 것인지에 대한 논의로 확장되어야 한다. 양측의 주장은 각각 나름의 근거가 있으나, 범죄 예방과 재사회화라는 두 가지 목표를 어떻게 조화시킬지에 대한 고민이 필요하다.

① 미성년자에게 과도한 책임을 부여하게 되며, 이는 범죄 예방보다는 범죄자 낙인을 강화할 위험이 크다.

② 범죄 예방에 매우 효과적이며, 미성년자에게 책임감을 부여하는 것만큼 중요한 것은 없다.

③ 미성년자들의 범죄가 더욱 악질적으로 변할 위험이 있으며, 이는 처벌보다는 교육을 강조하는 것이 맞다.

④ 범죄 예방을 위해서는 촉법소년의 연령을 하향시키는 것보다는 연령을 높여서 범죄의 심각성을 더 강하게 인식시켜야 한다.

⑤ 미성년자의 심리적·인지적 발달이 완전하지 않다는 점을 고려하여, 연령 하향은 오히려 미성년자들에게 유리한 영향을 미칠 수 있다.

| 2024 하반기 기출 키워드 | 목디스크 유발 관련 중추신경계, 말초신경계

목디스크, 즉 경추 추간판 탈출증은 주로 중추신경계와 말초신경계에 영향을 미친다. 경추는 목 부분의 척추로, 이곳에서 발생하는 디스크 탈출증은 중추신경계인 척수를 압박하여 신경 통로를 방해할 수 있다. 이에 따라 통증, 근육 약화, 감각 이상 등의 증상이 나타날 수 있다. 목디스크는 말초신경계에도 영향을 미친다. 척수에서 나오는 신경이 디스크 탈출로 인해 압박받으면, 팔이나 손으로 가는 신경이 손상될 수 있다. 이는 팔의 통증, 저림, 힘 빠짐 등으로 나타나며, 신경학적인 검사에서 이상을 발견할 수 있다. 따라서 목디스크는 중추신경계와 말초신경계 (ⓐ), 이를 예방하거나 치료하기 위해서는 적절한 자세와 운동, 치료가 필요하다.

① 중에서 중추신경계 관련하여서만 증상을 유발하며
② 중에서 말초신경계 관련하여서만 증상을 유발하며
③ 두 부분에 걸쳐 증상을 유발할 수 있으며
④ 두 부분에 걸쳐 증상이 유발되지 않으며
⑤ 그리고 허리 디스크 증상을 유발할 수 있으며

13. **다음 글의 내용과 일치하는 것을 고르면?**

| 2024 하반기 기출 키워드 | 청약, 모델하우스, VR 모델하우스

청약은 주택을 구매하고자 하는 사람들이 특정 주택에 대한 우선권을 얻기 위해 신청하는 제도로, 주택 시장에서 중요한 역할을 한다. 특히, 청약은 일정한 자격 요건을 충족한 사람들에게 주어지며, 보통 청약에 당첨되면 정해진 가격으로 주택을 구매할 수 있는 기회가 주어진다. 하지만, 경쟁이 치열하고 당첨 확률이 낮다는 단점이 있다.

모델하우스는 건설 중인 주택의 실내와 외관을 미리 보여주기 위해 마련된 전시 공간이다. 이를 통해 소비자들은 실생활에 가까운 환경에서 주택을 미리 체험해 볼 수 있으며, 주택을 구매하려는 사람들에게 중요한 정보를 제공해 구매 결정에 도움을 주고, 실내 디자인과 공간 활용도를 확인할 수 있어 매우 유용하다.

최근에는 VR 모델하우스가 인기를 끌고 있다. 가상현실 기술을 이용해 실제 모델하우스처럼 집을 체험할 수 있는 공간으로, 물리적으로 방문하지 않고도 가상으로 다양한 공간을 자유롭게 돌아보며, 공간의 크기와 배치를 직관적으로 파악할 수 있는 장점이 있고, 시간과 장소에 구애받지 않고 누구나 쉽게 접근할 수 있어, 점점 더 많은 주택 구매자들이 이를 활용하고 있다.

① 모델하우스는 주택을 가상으로 체험할 수 있는 공간이고, 청약은 당첨된 사람들에게만 주택을 구입할 수 있는 기회를 주는 제도이다.

② VR 모델하우스는 건설 중인 주택의 구조와 약간의 차이를 보인다.

③ 청약은 주택을 구입할 수 있는 기회를 얻기 위한 제도가 아니며, VR 모델하우스는 소비자들에게 불편한 점이 많다.

④ 청약은 주택을 구매할 기회를 얻는 데 필요한 제도이며, 모델하우스는 건설 중인 주택을 미리 체험할 수 있는 전시 공간이다.

⑤ VR 모델하우스를 통해서는 실내 디자인을 알 수 없다.

14. **이 글의 서술 방식에 관해 설명한 것으로 가장 적절한 것을 고르면?**

| 2024 하반기 기출 키워드 | 고양이에게 치명적인 아로마 향, 음식

고양이는 인간과 생활하면서 다양한 물질에 노출된다. 그중 일부는 치명적인 위험을 초래할 수 있는데, 대표적으로 백합과 관련된 아로마 향이다. 백합은 고양이에게 독성을 가지며, 꽃가루나 잎뿐만 아니라 아로마오일 형태로도 고양이의 신장에 심각한 손상을 유발할 수 있다. 심지어 극소량에 노출되더라도 구토, 식욕 감퇴, 무기력 등의 증상이 나타나며, 치료하지 않으면 치명적인 결과를 초래할 수 있다. 또한, 고양이에게 인간이 섭취하는 일부 식품이나 향료를 주는 것도 매우 위험하다. 예로 초콜릿은 테오브로민이라는 성분을 함유하고 있어 고양이의 심장과 신경계에 악영향을 미치고, 양파와 마늘도 고양이의 적혈구를 손상해 빈혈을 유발할 수 있다. 특히, 알코올, 카페인 음료, 포도와 건포도도 고양이에게 심각한 중독을 일으킬 수 있어 절대 먹이지 않아야 한다. 고양이는 인간과 다른 신체 구조와 대사 과정을 가지고 있어서 우리가 흔히 사용하는 물질이나 음식을 섭취하면 예상치 못한 부작용이 발생할 수 있다.

① 예시를 통한 고양이에게 위험한 물질이나 음식 등을 서술
② 질문과 답을 통해 고양이에게 위험한 물질이나 음식에 관하여 서술
③ 선후 관계와 과정을 통해 고양이에게 해로운 것을 서술
④ 인용을 통한 전문가의 의견으로 고양이에게 유해한 것을 서술
⑤ 개념의 정의를 통해 고양이에게 위험한 것을 서술

 다음 글의 내용과 일치하지 않는 것을 고르면?

| 2024 하반기 기출 키워드 | 조선시대 화풍, 진경산수화, 겸재 정선

> 조선시대 화풍은 유교적 이념과 함께 발전하였고, 특히 조선시대에는 진경산수화와 같은 새로운 화풍이 등장하였다. 이 화법은 자연을 사실적으로 그리는 데 중점을 둔 화풍으로, 특히 조선 후기 화가들이 자연을 세밀하게 관찰하여 그리며, 진정성과 사실성을 강조하였다. 즉 산과 강, 나무와 풀 등을 실물처럼 그려내어 당시 사람들에게 자연에 대한 깊은 감동을 주었다. 이 시기 대표적인 화가 중 한 명인 겸재 정선은 진경산수화를 대표하는 인물이다. 그는 남종화법을 통해 자연의 모습을 주관적으로 해석하여 개성 있고 서정적인 산수화를 그렸으며, 고향인 강원도의 산과 강을 주제로 수많은 작품을 남겼다. 그의 작품은 고요한 자연의 아름다움을 표현하는 데 집중하였으며, 화법은 감각적이면서도 사실적인 묘사를 중요시하였다. 김창흡은 정선의 후원자이자 예술적 조언자로, 자연을 있는 그대로 표현하되 단순한 재현에 그치지 않고 내면적 감정과 유학적 이상을 담아내도록 조언했다. 이러한 조언은 정선이 남종화법과 북종화법을 융합하면서 한국적인 화풍을 정립하는 데 큰 영향을 미쳤다.

① 진경산수화는 자연을 사실적으로 그리며, 겸재 정선은 이를 통해 한국 산수화의 새로운 방향을 개척하였다.

② 진경산수화는 유교적 이념을 반영하여 자연을 사실적으로 그리는 대신, 인위적으로 이상화된 형태로 그렸다.

③ 겸재 정선은 남종화법을 사용하여 사실적인 자연을 묘사했으며, 자신의 고향을 주제로 한 작품을 많이 그렸다.

④ 김창흡은 정선에게 자연을 사실적으로 묘사하되 그 안에 사상을 담으라고 조언했다.

⑤ 진경산수화는 조선시대에 발전한 화법으로, 자연을 사실 그대로 표현하여 보는 이에게 감동을 주었다.

16. 다음 글을 밑줄 친 ⓐ, ⓑ, ⓒ, ⓓ, ⓔ의 사례로 가장 적절하지 않은 것은?

| 2024 하반기 기출 키워드 | 매슬로우의 욕구 단계이론

매슬로우의 욕구 단계이론은 인간의 욕구가 단계적으로 발전하고 하위 단계의 욕구가 충족되어야 상위 단계로 나아갈 수 있다고 설명하는 심리학 이론이다. 매슬로우는 인간의 욕구를 피라미드 형태로 제시하였으며, 이 이론은 다섯 가지 욕구로 구성된다. ⓐ생리적 욕구는 인간이 생존하기 위해 가장 기본적으로 충족해야 하는 욕구이며, 이 욕구를 충족하지 못하면 다른 욕구는 우선순위에서 밀리게 된다. 다음으로 ⓑ안전의 욕구는 신체적 안전과 경제적 안정, 건강 등 삶의 안정성을 추구하는 욕구이고, ⓒ사회적 욕구는 타인과의 관계를 통해 소속감과 사랑을 추구하는 단계의 욕구이다. 그리고 ⓓ존중의 욕구는 타인으로부터 인정받고 자신감을 가지려는 욕구로 자신에 대한 존중도 포함된다. 마지막으로 ⓔ자아실현의 욕구는 자기 잠재력을 최대한 발휘하고자 하는 욕구로, 이 단계는 모든 욕구 중 가장 높은 단계로 여겨진다.

① ⓐ - 더운 날 물을 마시며 갈증 해소
② ⓑ - 정규직 일자리를 얻어 경제적 안정 확보
③ ⓒ - 해외 봉사활동을 통해 자신만의 가치를 실현
④ ⓓ - 직장에서 프로젝트 성공으로 상사와 동료들에게 인정받음
⑤ ⓔ - 평생 꿈꿔온 창작 활동을 통해 개인 전시회를 개최

17. **다음 글을 읽고 추론한 것으로 가장 적절한 것을 고르면?**

> 의식과 무의식은 인간의 정신 활동을 이해하는 중요한 개념으로, 정신분석학에서 두 가지 영역은 매우 중요한 역할을 한다. 의식은 우리가 스스로 인지하고 경험하는 생각이나 감정, 감각들을 말한다. 즉, 우리가 깨어 있을 때 자각하고 있는 모든 정신적 경험을 포함한다. 예를 들어, 우리가 지금, 이 순간 읽고 있는 글이나 주변의 소리, 온도 등을 느끼는 것들이 바로 의식의 범주에 속한다. 반면 무의식은 우리가 직접적으로 자각하지 못하는 정신적 활동을 의미한다. 우리가 의식적으로 기억하거나 인식하지 못하는 감정, 욕망, 기억들이 저장되는 장소로, 이러한 요소들이 의식에 영향을 미칠 수 있다. 주로 어린 시절의 경험이나 억압된 감정들로 이루어져 있으며, 이는 인간 행동에 중요한 영향을 미친다고 여겨진다. 정신분석학자 지그문트 프로이트는 무의식을 인간 정신의 중요한 부분으로 강조하며, 그것이 의식과 함께 우리의 행동을 결정한다고 주장하였다. 현대 심리학에서는 의식과 무의식의 상호작용을 연구하며, 이는 인간의 특정 행동이나 감정을 이해하는 데 중요한 열쇠로 작용하고 있다.

① 의식과 무의식은 서로 완전히 독립된 두 영역으로, 서로 영향을 미치지 않는다.
② 의식은 우리가 직접 경험하지 않는 모든 정신적 활동을 의미하며, 무의식은 우리가 자각하는 감정과 생각들을 포함한다.
③ 무의식은 전적으로 어린 시절의 기억으로만 구성되어 있다.
④ 의식은 우리가 자각하고 경험하는 정신적 활동을 포함하며, 무의식은 자각하지 못하는 정신적 활동을 포함한다.
⑤ 프로이트는 의식이 인간 행동에 미치는 영향을 무시하고 무의식만을 중요시했다.

18. 다음 글을 읽고 추론한 것으로 적절하지 않은 것은?

조로아스터교는 기원전 6세기경 페르시아 지역에서 시작된 고대 종교로, 조로아스터(자라투스트라)라는 인물이 창시한 것으로 알려져 있다. 이 종교는 선과 악, 빛과 어둠의 이원적 세계관을 중심으로 하며, 신인 아후라 마즈다는 선의 신으로, 그의 대적자인 앙그라 마이뉴는 악의 세력으로 묘사된다. 조로아스터교는 인간의 자유 의지와 선택을 중요시하며, 선한 삶을 살도록 촉구하는 교리를 제시한다. 프리드리히 니체는 19세기 독일의 철학자로, 그의 대표적인 저서인 『차라투스트라는 이렇게 말했다』에서 조로아스터교의 상징적 인물인 자라투스트라를 주인공으로 내세운다. 니체는 조로아스터교의 이원론적 세계관과 선악의 구분을 비판하며, 초인(Übermensch) 개념을 제시한다. 니체에게 초인은 기존 도덕과 종교의 구속을 넘어서 자신만의 가치를 창조하는 존재이다. 또한, 니체는 "신은 죽었다"라고 선언하며 전통적인 종교와 도덕 체계를 해체하려 하였다. 따라서 니체의 철학은 조로아스터교의 선악 이원론과 구속적 사고에서 벗어나, 인간 존재의 자율성과 자기 창조의 중요성을 강조한다.

① 니체는 조로아스터교의 교리와 철학을 전적으로 지지하며, 초인 개념의 기초를 조로아스터교에서 차용하였다.

② 니체의 철학에서 "신은 죽었다"는 선언은 전통적인 도덕과 종교의 구속적 역할을 부정하는 것이다.

③ 조로아스터교는 선과 악, 빛과 어둠의 이원적 세계관을 중심으로 하며, 인간의 자유 의지와 선택을 중요시한다.

④ 니체는 인간의 자율성과 자기 창조의 중요성을 강조하며, 전통적인 종교의 교리를 넘어서는 철학적 방향을 제시했다.

⑤ 니체는 조로아스터교의 이원론적 세계관을 비판하며, 선악의 구분을 넘어선 초인의 개념을 제시했다.

19. 다음 글의 문단 배열로 가장 적절한 것은?

(A) 그럼에도 불구하고 인상파는 점차 대중의 인정을 받으며 현대미술의 시작을 알리는 중요한 전환점으로 평가받게 되었다. 인상파는 빛과 색채를 탐구하며 예술 표현의 새로운 가능성을 열었고, 후대의 후기인상주의뿐만 아니라 현대미술의 발전에도 큰 영향을 미쳤다.

(B) 그러나 인상파는 초기에는 비판과 조롱의 대상이 되었다. 당시 전통을 고수하던 미술계는 이들의 기법을 미완성으로 간주했으며, 작품의 형태나 주제에서 엄격한 규칙을 따르지 않는 점을 문제 삼았다.

(C) 인상주의 화가들을 인상파라고 칭하는데, 주로 야외에서 직접 그림을 그리는 플레네르 기법을 활용하며, 빛의 변화와 그에 따른 색채의 다양성을 담았고, 짧은 붓 터치와 밝은 색상을 주로 사용했다. 모네, 르누아르, 드가 등이 대표적인 화가로 꼽힌다. 특히 모네의 작품 ≪인상, 해돋이≫는 인상파라는 이름의 유래가 된 작품으로 알려져 있다.

(D) 인상주의는 19세기 후반 프랑스에서 시작된 예술 사조로, 빛과 색채의 순간적 인상을 포착하려는 데 중점을 둔 것이 특징이다. 기존의 전통적 회화가 선명한 윤곽과 사실적 묘사를 강조한 데 반해, 인상주의는 자연과 일상의 순간적인 변화를 생동감 있게 표현하였다.

① (A) - (B) - (C) - (D)
② (B) - (C) - (D) - (A)
③ (D) - (C) - (A) - (B)
④ (A) - (C) - (D) - (B)
⑤ (D) - (C) - (B) - (A)

| 2024 하반기 기출 키워드 | 1차 전지, 2차 전지, 배터리 충전 방식

> 1차 전지와 2차 전지는 전기 에너지를 저장하고 사용하는 방식에서 큰 차이가 있다. 1차 전지는 한 번만 사용할 수 있는 전지로, 일단 방전되면 재충전할 수 없다. 주로 일회용 배터리로 사용되며, 예를 들어 건전지, 리튬 일차 전지 등이 이에 해당한다. 이러한 전지는 장기간 보관할 수 있으며, 충전 없이 사용할 수 있지만, 방전되면 새로운 배터리로 교체해야 한다. 반면 2차 전지는 충전이 가능한 배터리로, 여러 번 재충전하여 사용할 수 있다. 예로는 리튬 이온 배터리, 니켈 수소 배터리 등이 있으며, 스마트폰, 전기차, 노트북 등 다양한 전자 기기에서 널리 사용된다. 이것은 충전 방식에 따라 충전 주기와 수명이 달라지며, 올바른 충전 방법을 지켜야 효율적으로 사용할 수 있다. 1차 전지는 사용 후 버려지지만, 2차 전지는 충전 후 여러 번 재사용이 가능해 경제적이며 친환경적인 장점이 있다. 그러나 2차 전지를 충전할 때는 과충전이나 과방전, 과열 등에 유의해야 하며, 이를 방지하기 위해서는 적절한 전류와 전압을 제공해야 한다. 또한, 안전한 사용을 위해서는 올바른 충전기를 사용해야 한다.

① 전지의 역사와 발전
② 1차 전지와 2차 전지 사용에 따른 환경오염 문제
③ 1차 전지와 2차 전지의 차이점과 충전 방식
④ 전기차 배터리의 충전 시스템
⑤ 전자 기기의 충전 방식과 효율성

자료해석

기출복원 모의고사

해설 p.80

문항수 20문항 **제한시간 15분**

01. 다음은 A기업 임원 최종학력 추이와 관련된 자료이다. 다음 중 옳지 않은 것은?

| 2024 하반기 기출 키워드 | 박사, 석사, 학사, 고졸 막대그래프

〈그래프〉 A기업 임원 최종학력 추이

(단위: %)

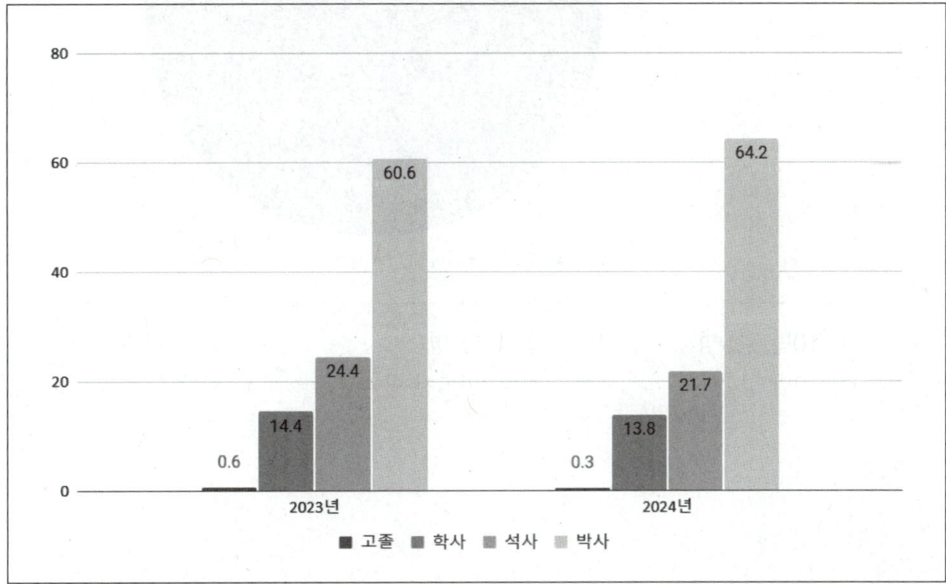

① 고졸의 비율은 2023년 대비 2024년 감소하였다.

② 2023년 고졸과 석사 비율의 합은 2024년 고졸과 석사의 비율의 합보다 크다.

③ 2023년과 2024년 학사 비율의 차는 1%p 미만이다.

④ 2024년 A기업 임원의 박사 비율은 조사기간 동안 가장 높다.

⑤ 2023년 A기업 임원의 석사 인원은 2024년 A기업 임원의 석사 인원보다 많다.

 다음은 S국의 5대 산업 종사자 비중을 나타낸 자료이다. S국의 전체 인구가 44만 명이라 할 때, 제조업 종사자 수는?

| 2024 하반기 기출 키워드 | 5대 산업 비중 그래프

〈그래프〉 S국의 5대 산업 종사자 비중

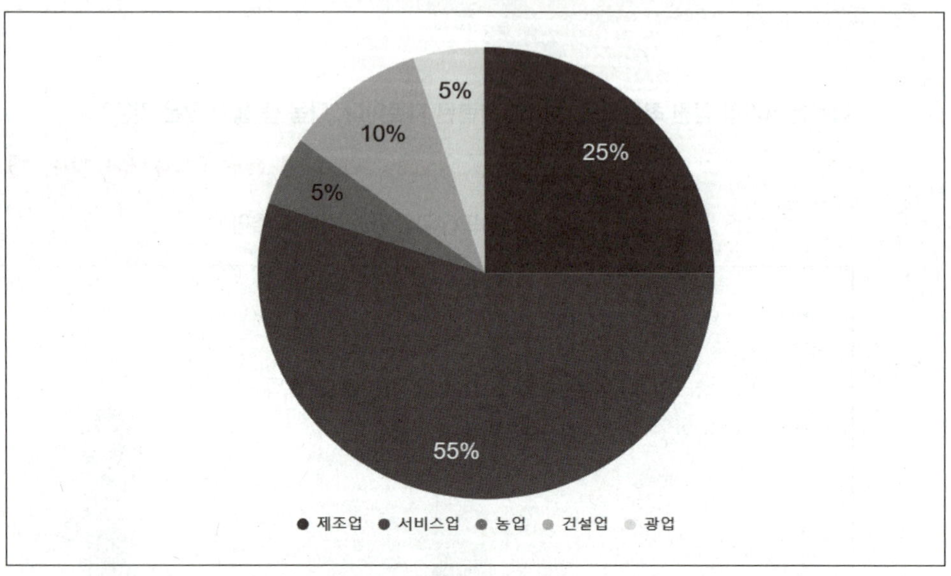

① 10만 5천 명 ② 11만 명 ③ 11만 5천 명
④ 12만 명 ⑤ 12만 5천 명

다음은 2021~2024년 S기업과 K기업의 영업이익에 대한 자료이다. 다음 중 옳은 것은?

〈그래프〉 연도별 S기업과 K기업의 영업이익

(단위 : 억 원)

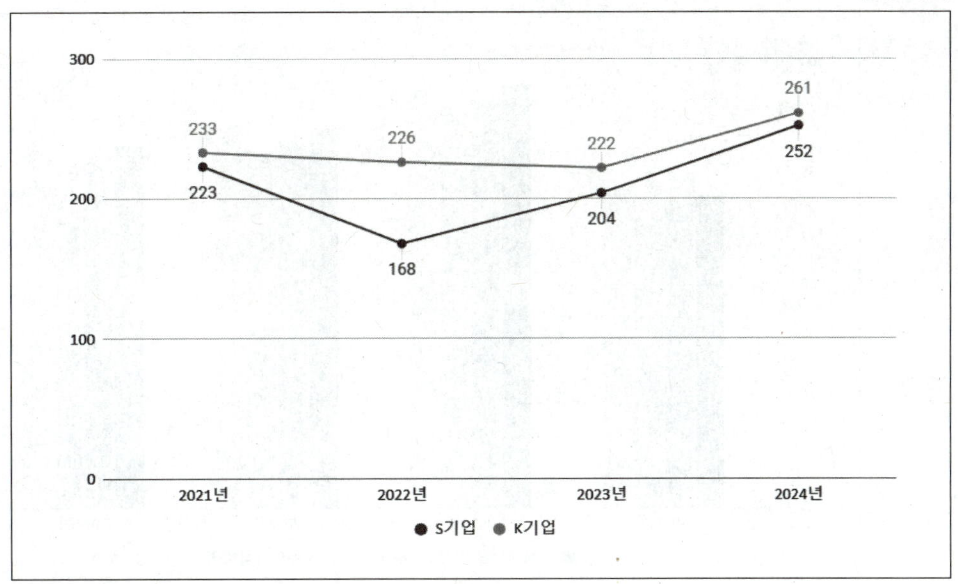

① S기업의 영업이익은 지속적으로 증가하였다.

② K기업의 영업이익은 지속적으로 증가하였다.

③ 2021년 S기업의 영업이익 대비 2023년 K기업의 영업이익은 90% 미만이다.

④ S기업과 K기업의 영업이익의 차는 2022년 이후 지속적으로 감소하였다.

⑤ K기업의 영업이익이 가장 낮았던 해에 S기업의 영업이익도 가장 낮았다.

 다음은 연도별 주요국가 유가 금액에 대한 자료이다. 다음 중 옳은 것을 모두 고른 것은?

| 2024 하반기 기출 키워드 | 연도별 유가 금액 막대그래프

〈그래프〉 연도별 주요국가 유가 금액

(단위 : USD/barrel)

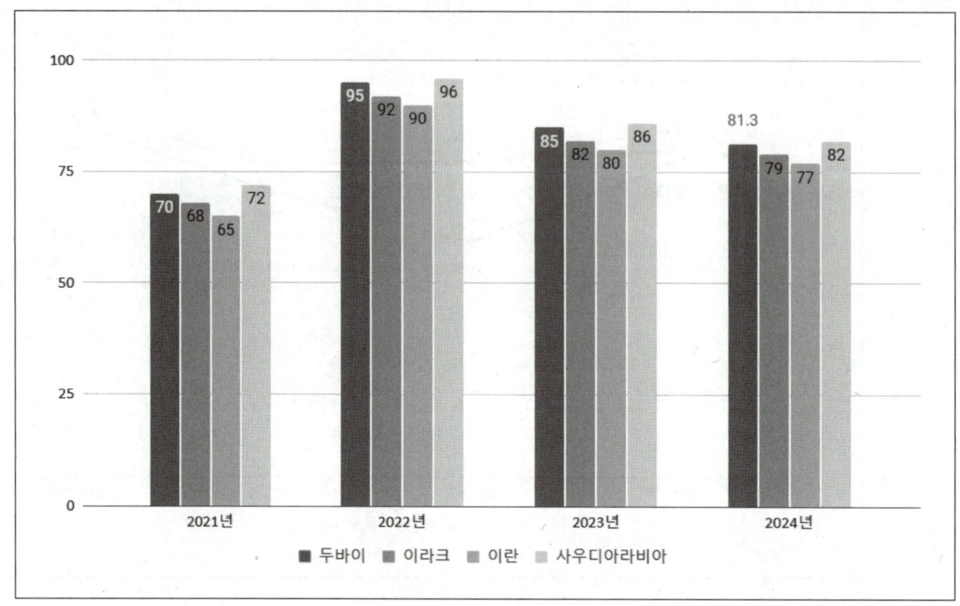

〈 보 기 〉

ㄱ. 2022년 유가가 가장 높은 국가는 이란이다.

ㄴ. 2023년 두바이의 유가는 2022년보다 감소하였다.

ㄷ. 2024년 이라크의 유가는 2023년보다 증가하였다.

ㄹ. 2021년 사우디아라비아의 유가는 두바이보다 높았다.

① ㄱ, ㄴ   ② ㄱ, ㄷ   ③ ㄴ, ㄷ

④ ㄴ, ㄹ   ⑤ ㄷ, ㄹ

05. 다음은 2021~2024년 S국의 명목임금과 실질임금에 대한 자료이다. 다음 중 옳지 <u>않은</u> 것은?

| 2024 하반기 기출 키워드 | 명목임금, 실질임금

〈표〉 S국 2021~2024년 명목임금과 실질임금

(단위 : 만 원)

구분	2021년	2022년	2023년	2024년
명목임금	369	387	397	429
실질임금	369	374	366	396

① 2021년부터 2024년까지 명목임금은 지속적으로 증가하였다.

② 2023년 실질임금은 2022년보다 높았다.

③ 2024년 실질임금은 2023년보다 증가하였다.

④ 2022년 실질임금은 2021년보다 증가하였다.

⑤ 2024년 명목임금은 2021년의 명목임금보다 약 60만 원 증가하였다.

06. 다음은 A~D국의 2021~2024년 인구 증감률에 대한 자료이다. 다음 중 옳은 것을 모두 고른 것은?

| 2024 하반기 기출 키워드 | 인구 증감률

〈표〉 A~D국의 2021~2024년 인구 증감률

(단위 : %)

구분	2021년	2022년	2023년	2024년
A국	1.5	1.8	2.0	1.7
B국	2.0	1.5	1.8	2.2
C국	0.5	0.7	0.6	0.8
D국	1.0	1.2	1.1	1.3

〈 보 기 〉

ㄱ. 2023년 A국의 인구 증감률은 2022년보다 증가했다.

ㄴ. 2022년 B국의 인구 증감률은 2021년보다 증가했다.

ㄷ. 2021년 D국의 인구 증감률은 A국보다 낮았다.

ㄹ. 2024년 C국의 인구 증감률은 2023년보다 감소했다.

① ㄱ, ㄴ　　　　② ㄱ, ㄷ　　　　③ ㄴ, ㄷ

④ ㄱ, ㄹ　　　　⑤ ㄴ, ㄹ

07. 다음은 S기업의 2021~2023년 판매량에 대한 자료이다. S기업의 2021년 대비 2023년의 판매량 증감률이 K기업의 2021년 대비 2022년 증감률보다 크다고 할 때, 다음 중 옳지 않은 것은?

〈표〉 S기업 2021~2023년 판매량

(단위 : 백만 개)

구분	2021년	2022년	2023년
판매량	1,200	1,500	1,800

① S기업의 2021년 대비 2023년의 판매량 증감률은 50%이다.
② K기업의 2021년 판매량이 1,000백만 개에서 2022년 1,100백만 개로 증가했다면, 증감률은 10%이다.
③ S기업의 2022년 대비 2023년 판매량의 증가량은 300백만 개이다.
④ K기업의 2021년 판매량이 800백만 개라면 2022년 판매량은 1,200백만 개 미만이다.
⑤ S기업의 2024년 판매량이 2,000백만 개라면 2022년 대비 30% 미만 증가하였다.

08. 다음은 S기업의 전기차 배터리 매출실적과 관련된 자료이다. 2022년 전체 대비 내수 매출 비중은?

〈표〉 S기업 전기차 배터리 매출실적

(단위 : 억 원)

품목	2024년	2023년	2022년
수출	3,310	4,840	3,920
내수	1,730	3,000	2,000
해외판매	3,960	7,160	4,080
합계	9,000	15,000	10,000

① 10% ② 15% ③ 20%
④ 25% ⑤ 30%

 다음은 2021~2023년 전문직과 자영업자에 관련한 자료이다. 다음 자료를 바탕으로 옳지 않은 것은?(단, 조사기간 동안 전문직 내 직업 비율은 동일하다.)

| 2024 하반기 기출 키워드 | 전문직과 자영업자 수, 직업별 비율 원그래프

〈표〉 2021~2023년 전문직과 자영업자 수

(단위 : 명)

구분	2021년	2022년	2023년
전문직	1,000	1,200	1,500
자영업자	800	850	900

〈그래프〉 전문직 내 직업 비율

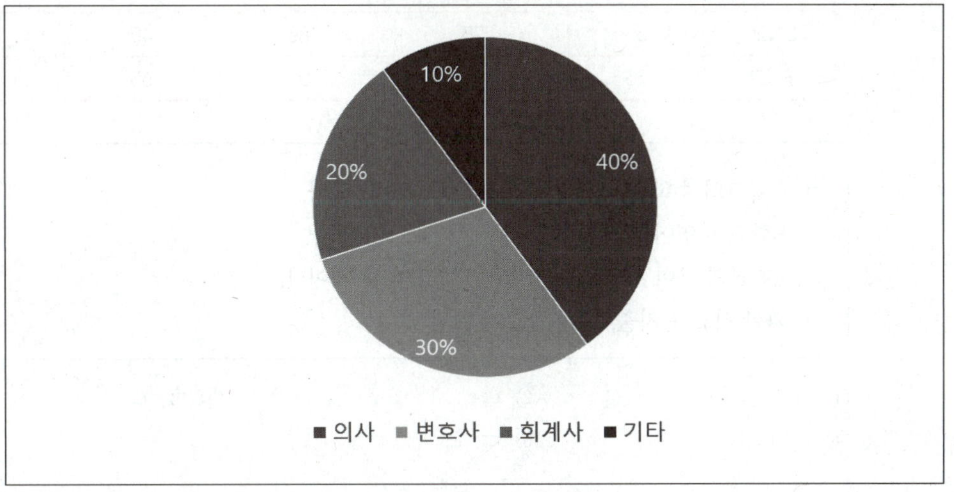

① 2023년 전문직 수는 2021년 대비 50% 증가하였다.
② 2022년 자영업자 수는 2021년보다 증가하였다.
③ 2021년 의사의 수는 400명이다.
④ 2023년 회계사의 수는 200명이다.
⑤ 자영업자 수는 2021년 대비 2023년 100명 증가하였다.

10. 다음은 S시의 학교별 학생 1인당 과목별 사교육비 지출 관련 표이다. 다음 중 옳은 것을 모두 고른 것은?

| 2024 하반기 기출 키워드 | 학생 1인당 과목별 사교육비 지출

〈표〉 S시 학교별 학생 1인당 과목별 사교육비 지출

(단위 : 만 원)

구분	국어	영어	수학	사회	과학
A학교	50	70	80	40	60
B학교	60	80	90	50	70
C학교	40	60	70	30	50
D학교	70	90	100	60	80
E학교	55	75	85	45	65
F학교	65	85	95	55	75

〈 보 기 〉

ㄱ. C학교의 수학 사교육 지출비는 D학교보다 많다.

ㄴ. B학교의 영어 사교육 지출비는 A학교보다 많다.

ㄷ. E학교의 국어 사교육 지출비는 F학교의 두 배이다.

ㄹ. 과학 사교육 지출비는 F학교가 가장 많다.

① ㄱ   ② ㄴ   ③ ㄱ, ㄴ

④ ㄴ, ㄷ   ⑤ ㄷ, ㄹ

11. 다음은 산업 A~D의 영업이익 및 영업이익률 표이다. 다음 중 옳지 않은 것은?

| 2024 하반기 기출 키워드 | 4개 산업 영업이익 및 영업이익률

〈표〉 산업 A~D 영업이익 및 영업이익률

(단위 : 억 원, %)

구분	영업이익	매출액	영업이익률
산업 A	500	2.500	20
산업 B	450	1,500	30
산업 C	300	2,000	15
산업 D	600	3,000	20

① 산업 B의 영업이익률은 30%이다.

② 산업 C의 영업이익은 산업 A의 영업이익보다 적다.

③ 산업 C의 영업이익률은 20%이다.

④ 산업 D의 영업이익률은 산업 A의 영업이익률과 동일하다.

⑤ 산업 A의 매출액은 산업 B의 매출액보다 많다.

12. 다음은 S국의 2개년 간 분야별 R&D 예산에 대한 자료이다. 다음 중 옳은 것을 모두 고른 것은?

〈그래프〉 S국 2개년 분야별 R&D 예산

(단위 : 조 원)

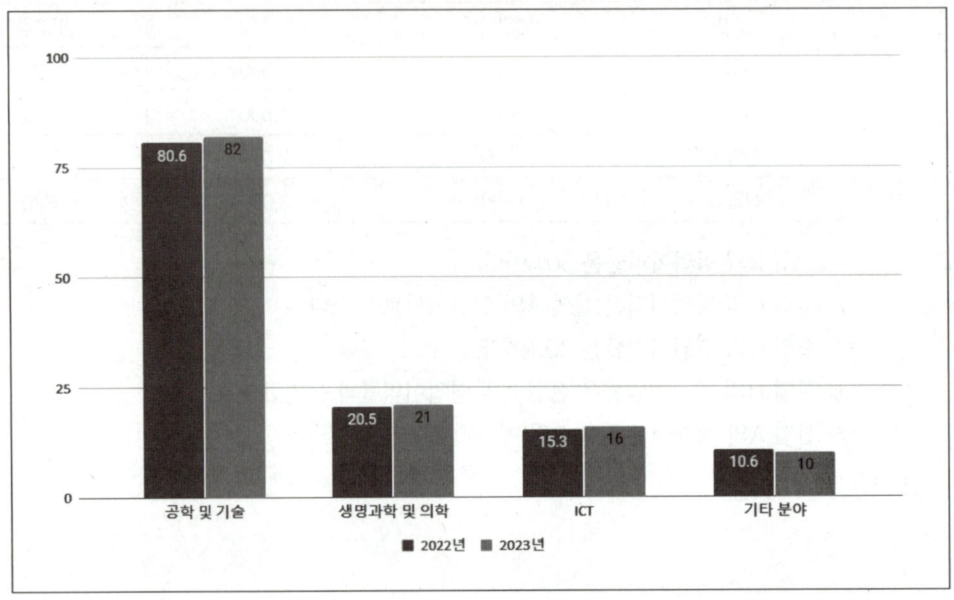

〈 보 기 〉

ㄱ. 각 분야에서 2022년 대비 2023년 R&D 예산이 증가하였다.

ㄴ. 전년 대비 증가량이 가장 큰 분야는 ICT이다.

ㄷ. 조사기간 동안 공학 및 기술의 R&D 예산이 가장 많다.

ㄹ. 생명과학 및 의학의 R&D 예산은 ICT와 기타 분야의 합보다 매년 적다.

① ㄱ, ㄴ   ② ㄱ, ㄷ   ③ ㄴ, ㄷ
④ ㄴ, ㄹ   ⑤ ㄷ, ㄹ

13. 다음은 도시별 주차장 개수와 차량 수에 대한 자료이다. 다음 중 옳은 것을 모두 고른 것은?

〈표〉 도시별 주차장 개수와 차량 수

(단위 : 개, 대)

구분	A시	B시	C시	D시
주차장 수	150	200	100	250
차량 수	30,000	50,000	20,000	60,000

〈 보 기 〉

ㄱ. B시는 A시보다 주차장이 더 많고 차량 수도 더 많다.

ㄴ. C시는 D시보다 차량 수가 적다.

ㄷ. A시는 D시보다 주차장 수가 많다.

ㄹ. 차량 수 대비 주차장 수 비율이 가장 낮은 도시는 B이다.

① ㄱ, ㄴ, ㄹ   ② ㄴ, ㄷ, ㄹ   ③ ㄱ, ㄷ

④ ㄴ, ㄹ   ⑤ ㄴ, ㄷ

14. 다음은 S국의 2022~2024년 산업별 학력 비율에 대한 자료이다. 다음 중 옳은 것은?

〈표〉 S국 2022~2024년 주요 산업별 학력 비율

(단위 : %)

학력 산업군	고졸 이하	전문대졸	4년대졸	석사 이상
제조업	30	25	40	5
서비스업	20	30	45	5
건설업	35	20	40	5
IT업계	10	20	60	10
금융업	15	10	65	10
교육업	5	15	70	10
의료업	10	15	60	15

① 주요 산업군 모두에서 4년대졸 인원이 가장 많다.

② 제조업과 서비스업, 건설업에 종사하는 석사 이상 인원은 동일하다.

③ 교육업과 의료업의 학력 비율 순위는 동일하다.

④ IT업계의 회사는 고졸 이하의 학력을 선호하지 않는다.

⑤ 건설업의 전문대졸 이하 비율은 50% 미만이다.

15. 다음은 연도별 화재 사망자 수 및 부상자 수에 관한 자료이다. 다음 중 옳은 것을 모두 고른 것은?

| 2024 하반기 기출 키워드 | 화재 사망자 및 부상자 수

〈표〉 연도별 화재 사망자 수 및 부상자 수

(단위 : 명)

구분	2020년	2021년	2022년	2023년
사망자 수	120	95	110	85
부상자 수	300	250	280	220

〈 보 기 〉

ㄱ. 조사기간 동안 사망자 수와 부상자 수의 증감 추이가 동일하다.

ㄴ. 2021년 사망자 수는 2020년 사망자 수보다 적다.

ㄷ. 2023년 사망자 수는 2022년 사망자 수보다 많다.

ㄹ. 2023년 부상자 수는 2022년보다 50명 이하 감소했다.

① ㄱ, ㄴ ② ㄱ, ㄹ ③ ㄴ, ㄹ
④ ㄴ, ㄷ ⑤ ㄷ, ㄹ

16. 다음은 2021~2023년 산업별 매출액이다. 다음 중 옳은 것을 모두 고른 것은?

| 2024 하반기 기출 키워드 | 산업별 3개년 매출액

〈표〉 2021~2023년 산업별 매출액

(단위 : 십억 원)

구분	2021년	2022년	2023년
농업, 임업 및 어업	143	165	213
광업	32	34	42
제조업	1,376	1,643	1,913
건설업	174	177	208
도소매업	391	445	518
운수 및 창고업	90	123	163
금융 및 보험업	814	790	1,217

〈 보 기 〉

ㄱ. 2022년 광업 매출액은 전년 대비 1억 원 미만 증가하였다.

ㄴ. 2023년 총 매출액은 10,000억 원 이상이다.

ㄷ. 금융 및 보험업을 제외한 모든 산업의 매출액은 조사기간 동안 지속적으로 증가하였다.

ㄹ. 운수 및 창고업과 도소매업의 매출액의 합은 매년 제조업보다 많다.

① ㄱ, ㄴ ② ㄱ, ㄹ ③ ㄴ, ㄷ
④ ㄴ, ㄹ ⑤ ㄷ, ㄹ

17. S지역과 K지역은 각각 3개의 고등학교가 있다. 다음은 각 학교 고등학생 수와 관련된 자료이다. 다음 자료를 바탕으로 K지역에서 학생 수가 가장 많은 학교 대비 S지역에서 학생 수가 가장 적은 학교의 학생 수의 비율은?

〈표〉 S지역, K지역 고등학교 학생 수

(단위 : 명)

품목	S지역			K지역		
	A고	B고	C고	D고	E고	F고
학생 수	400	360	450	500	600	550

① 60%　　　　② 62%　　　　③ 65%

④ 67%　　　　⑤ 70%

18. 다음은 연령대별 디자인 선호도에 관한 자료이다. 30대의 내추럴 디자인 선호도 대비 40대의 클래식 디자인 선호도의 비율은?

〈그래프〉 연령대별 디자인 선호도

(단위 : %)

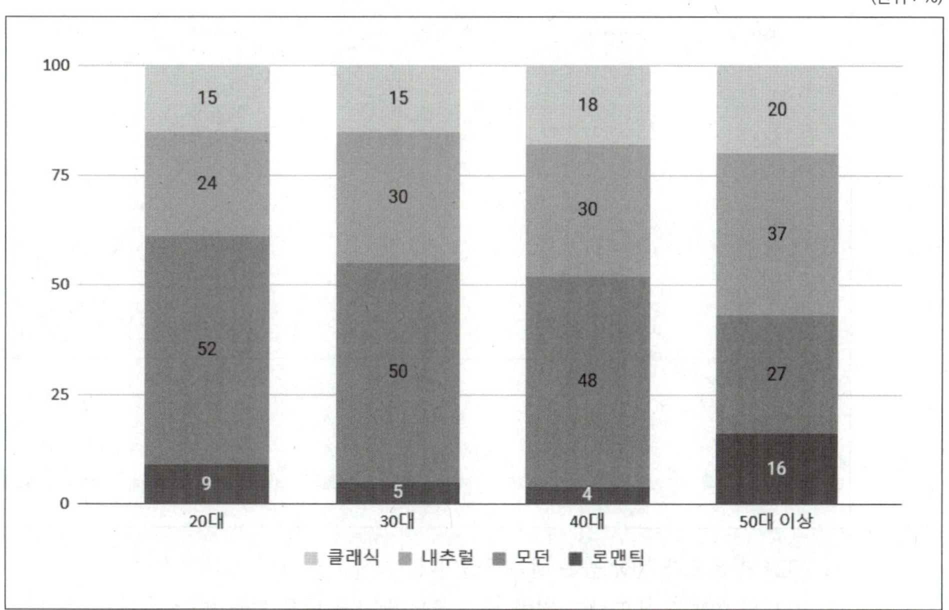

① 55%　　　　② 57.5%　　　　③ 59.5%

④ 60%　　　　⑤ 62.5%

19. 다음은 2020~2024년 연평균 온도와 2024년 월별 평균 온도에 대한 자료이다. 다음 중 옳은 것은?

〈그래프1〉 2020~2024년 연평균 온도

(단위 : ℃)

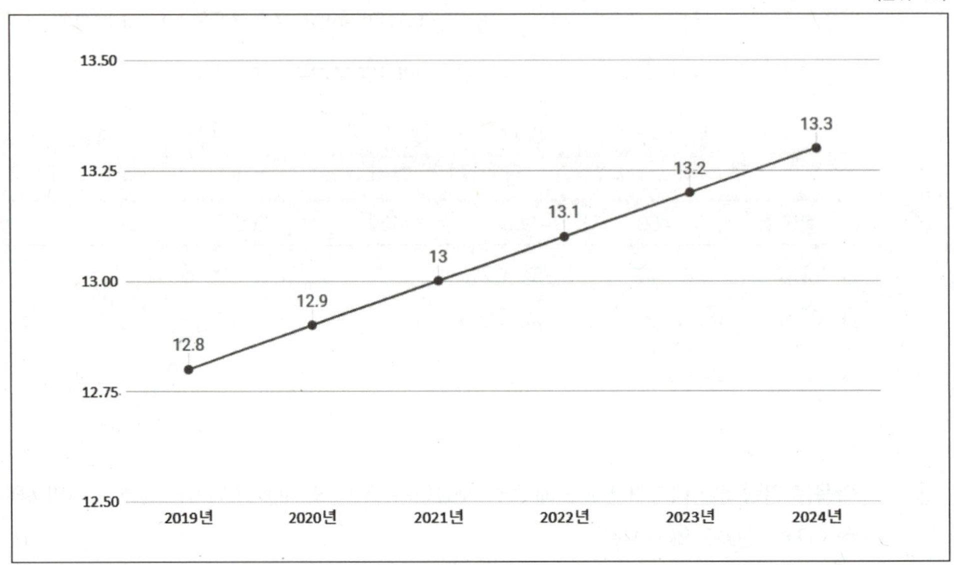

〈그래프2〉 2024년 월별 평균 온도

(단위 : ℃)

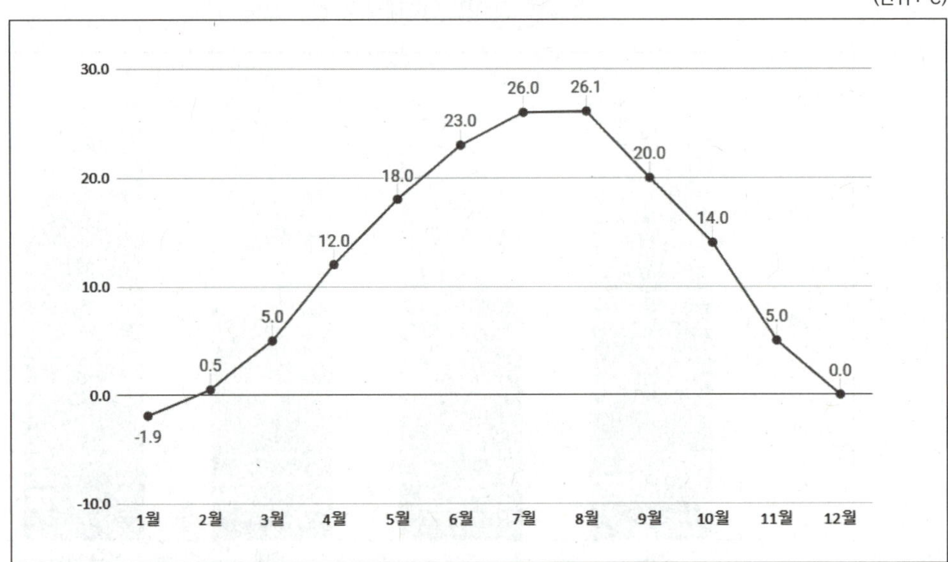

① 2024년 온도가 가장 높은 달은 7월이다.

② 2024년 연평균 온도보다 월별 평균 온도가 낮은 달은 7개이다.

③ 연평균 온도는 지속적으로 증가하였다.

④ 2024년 1월의 평균 온도와 2월의 평균 온도 차이는 3℃ 이상이다.

⑤ 2024년 전월 대비 가장 큰 폭으로 온도가 감소한 달은 12월이다.

20. 다음은 A~D약국의 2023년 약값 판매 비율을 나타낸 자료이다. 다음 중 옳은 것을 모두 고른 것은?

ㅣ 2024 중반기 기출 키워드 ㅣ 약국 약값 판매 비율

〈표〉 A~D약국의 2023년 약값 판매 비율

(단위 : %)

구분	일반 의약품	처방 의약품	건강 보조 식품	기타
A약국	50	30	15	5
B약국	40	40	15	5
C약국	60	20	15	5
D약국	45	35	15	5

〈 보 기 〉

ㄱ. A~D약국 건강 보조 식품 판매량은 모두 동일하다.

ㄴ. 일반 의약품 판매량은 C약국이 가장 많다.

ㄷ. A약국의 일반 의약품 판매 비율은 B약국보다 높다.

ㄹ. A~D약국 모두 일반 의약품과 처방 의약품 판매 비율이 80% 이상이다.

① ㄱ, ㄴ ② ㄱ, ㄷ ③ ㄴ, ㄷ
④ ㄴ, ㄹ ⑤ ㄷ, ㄹ

기출복원 모의고사

해설 p.83

문항수 20문항 | 제한시간 15분

01. 원가가 1,400원인 제품의 정가에서 30% 할인해서 팔았을 때, 이익률이 원가의 10% 이상이 되려면 정가를 얼마 이상으로 잡아야 하는지 바르게 구한 것은?

| 2024 하반기 기출 키워드 | 원가 1,400원

① 2,000원   ② 2,100원   ③ 2,200원
④ 2,400원   ⑤ 2,500원

02. 다음은 S기업 전체 신입사원 중 남자와 여자의 비율과 안경을 쓴 사람과 안경을 쓰지 않은 사람에 대한 자료이다. 전체 사원 중에서 무작위로 뽑은 한 명이 안경을 쓴 여자 사원일 확률이 0.21이었다면, 다음 표를 보고 여자 사원의 수를 바르게 구한 것은?

| 2024 하반기 기출 키워드 | 남녀 비율, 안경 낀 사람 비율

구분	남	여
남자와 여자의 비율	0.65	0.35
안경을 쓴 사람	( )	( )
안경을 안 쓴 사람	156명	56명

① 84명   ② 94명   ③ 100명
④ 124명   ⑤ 140명

03. 일정 순환도로에서 하나의 정류장을 기점으로 일정한 배차간격시간마다 순차적으로 도착하는 버스 4대가 동시에 운행한다고 한다. 버스를 1대 더 추가했을 때, 배차간격시간이 2분 줄어들게 되었다. 버스의 속력이 30km/h로 일정하다면, 순환도로의 총거리를 바르게 구한 것은?

| 2024 하반기 기출 키워드 | 버스 배차간격시간

① 14km   ② 15km   ③ 16km
④ 18km   ⑤ 20km

04. 농도가 8%인 소금물 250g이 있다. 여기에 5명이 각각 같은 양의 물을 추가해서 농도 2%인 소금물을 만들려면 1명당 몇 g의 물을 넣어야 하는지 바르게 구한 것은?

① 100g　　　　② 120g　　　　③ 130g
④ 150g　　　　⑤ 170g

05. 속력이 2m/s로 일정한 강물을 배를 타고 거슬러 올라갈 땐 20초가 걸리고, 내려갈 땐 10초가 걸린다고 할 때, 강의 거리를 바르게 구한 것은? (단, 배의 속력은 일정하다고 가정한다.)

① 110m　　　　② 100m　　　　③ 90m
④ 80m　　　　⑤ 70m

06. 18,900㎤ 부피의 물이 있을 때, 이 부피의 물을 갤런 단위로 바르게 변환한 것을 고르면?

1gal = 3.78L
1L = 1,000cc
1㎤ = 1cc

① 8gal　　　　② 7gal　　　　③ 6gal
④ 5gal　　　　⑤ 4gal

07. K가게에서 단품 메뉴인 A메뉴가 B메뉴보다 400원이 저렴하다. 두 종류를 각각 세트메뉴로 팔면 단품값에서 각각 900원씩 더해지고 A와 B를 세트로 2개씩 사면 29,200원이다. B메뉴의 단품 가격을 바르게 구한 것은?

① 6,800원　　　　② 6,600원　　　　③ 6,400원
④ 6,200원　　　　⑤ 6,000원

08. 알코올 농도가 22%와 18%인 두 용액을 섞어서 농도가 19%인 용액 300g을 만들려고 할 때, 22%의 용액의 양을 바르게 구한 것은?

① 75g ② 90g ③ 100g
④ 200g ⑤ 225g

09. 남자 6명, 여자 2명 중에서 임원 3명을 뽑을 때, 여자가 적어도 1명 포함될 확률을 바르게 구한 것은?

① $\dfrac{5}{16}$ ② $\dfrac{9}{16}$ ③ $\dfrac{5}{14}$
④ $\dfrac{7}{14}$ ⑤ $\dfrac{9}{14}$

10. 현조는 집에서 직장까지 직선으로 12km인 거리를 각각 4km씩 걸어서 1시간, 자전거로 30분, 대중교통 15분으로 나누어 이동하였다. 거래처가 집과 직장의 직선 거리상에서 정중앙에 위치할 때, 집에서 거래처까지 대중교통을 타면 얼마나 걸리는지를 바르게 구한 것은?

① 19.5분 ② 20분 ③ 20.5분
④ 21.5분 ⑤ 22.5분

11. 직육면체의 가로:세로:높이가 5:4:3이라고 할 때, 이 직육면체를 최소의 개수로 쌓아서 정육면체 하나를 만들었다. 이 정육면체는 몇 층짜리인지 바르게 구한 것은?

① 12층 ② 15층 ③ 18층
④ 20층 ⑤ 24층

12. A가 혼자 일하면 10일, B가 혼자 일하면 12일이 걸리는 일이 있다. A와 B가 5일 동안 같이 일한 뒤, 나머지 일을 B가 혼자 다 하려면 며칠 동안 해야 하는지 바르게 구한 것은?

① 1일 ② 2일 ③ 3일
④ 4일 ⑤ 5일

13. 100개의 공 중에서 당첨 공이 4개 있을 때, 1명이 순차적으로 2개씩 뽑을 경우 첫 번째 사람이 2번 연속 당첨될 확률을 바르게 구한 것은?

| 2024 하반기 기출 키워드 | 100개의 공 중 당첨공 4개, 확률 문제

2월 3일을 1일째로 하여 150일째 되는 날은 언제인가? (단, 2월은 29일까지 있다.)① $\dfrac{1}{3,300}$　② $\dfrac{7}{1,650}$　③ $\dfrac{1}{1,650}$

④ $\dfrac{1}{825}$　　⑤ $\dfrac{4}{825}$

14. 2월 3일을 1일째로 하여 150일째 되는 날은 언제인가? (단, 2월은 29일까지 있다.)

| 2024 하반기 기출 키워드 | 2월 3일에서 150일 지난 후의 날짜

① 6월 29일　　　② 6월 30일　　　③ 7월 1일
④ 7월 2일　　　⑤ 7월 3일

15. 작년 남학생과 여학생의 총 학생 수는 300명이었다. 올해 남자는 5% 증가, 여자는 5% 감소하여 올해 총 학생 수는 303명이라고 할 때, 작년 여학생 수를 바르게 구한 것은?

| 2024 하반기 기출 키워드 | 작년 총 인원수 제시, 남자 인원 수 5% 증가, 여자 인원 수 5% 감소

① 114명　　　　② 120명　　　　③ 125명
④ 130명　　　　⑤ 132명

16. 숙련자는 4시간, 비숙련자는 10시간 걸리는 일을 6명이 50분 안에 완료할 때, 필요한 최소 숙련자의 수를 바르게 구한 것은?

| 2024 하반기 기출 키워드 | 숙련자는 4시간, 비숙련자는 10시간 걸리는 일

① 5명　　　　　② 4명　　　　　③ 3명
④ 2명　　　　　⑤ 1명

17. 통로 좌석 4개와 창가 좌석 3개, 복도 좌석 2개가 있다. 남자 5명과 여자 4명을 순서 상관없이 배치할 때, 여자 4명이 통로에 앉을 확률을 바르게 구한 것은?

① $\dfrac{1}{11}$　　　　② $\dfrac{1}{10}$　　　　③ $\dfrac{4}{21}$

④ $\dfrac{1}{126}$　　　　⑤ $\dfrac{1}{1260}$

18. 농도가 4%인 소금물 200g에서 1분당 20g의 물을 증발시켜서 10%인 소금물을 만든다고 할 때 몇 분간 증발해야 하는지 바르게 구한 것은?

① 10분　　　　② 8분　　　　③ 6분

④ 4분　　　　⑤ 3분

19. 1층에서 2층 사이에 20개의 계단이 있고 한 층 올라갈 때마다 2계단씩 추가된다. 1층에서 2층까지 올라가는 데 15초가 걸린다면, 2층에서 5층까지 올라갈 때 걸리는 시간을 바르게 구한 것은?

① 72초　　　　② 64초　　　　③ 60초

④ 54초　　　　⑤ 52초

20. 나연이는 7개의 연극표를 구매하였다. 그중 1개는 하루 뒤에 취소하여 취소 수수료 2,000원을 제외한 금액을 환불받았고, 3개는 연극 하루 전에 취소하여 티켓 금액의 50%를 제외한 금액을 환불받았다. 환불받은 금액이 총 38,000원일 때, 처음 티켓을 구매했을 때의 총 구매비용을 바르게 구한 것은?

① 112,000원　　　　② 114,000원　　　　③ 116,000원

④ 118,000원　　　　⑤ 120,000원

기출복원 모의고사

해설 p.86

문항수 20문항 | 제한시간 15분

01. 〈보기〉의 명제를 토대로 항상 참인 것을 고르시오.

| 2024 하반기 기출 키워드 | 노트북, 태블릿, 무선이어폰 소재의 명제추리

〈 보 기 〉

- 무선이어폰을 사면 태블릿을 사지 않는다.
- 노트북을 사면 노트북 가방을 산다.
- 태블릿을 사면 무선마우스를 사지 않는다.
- 무선이어폰을 사지 않으면 노트북 가방을 사지 않는다.

① 무선이어폰을 사면 노트북 가방을 산다.
② 태블릿을 사면 노트북을 사지 않는다.
③ 무선마우스를 사면 무선이어폰을 사지 않는다.
④ 노트북 가방을 사면 태블릿을 산다.
⑤ 노트북을 사면 무선마우스를 사지 않는다.

02. A, B, C, D, E 중 2명이 기숙사에 살고 나머지 3명은 기숙사에 살지 않는다. 5명 중 1명만 진실을 말할 때 〈보기〉를 토대로 기숙사에 사는 2명을 고르시오.

| 2024 하반기 기출 키워드 | 기숙사 사는 사람, 진실게임

〈 보 기 〉

A: B와 C는 기숙사에 살지 않는다.
B: A와 C 중 1명 이상이 기숙사에 산다.
C: A는 기숙사에 살지 않는다.
D: B와 E는 기숙사에 살지 않는다.
E: B는 거짓으로 말한다.

① A, B   ② A, C   ③ B, D
④ C, E   ⑤ D, E

03. K는 〈보기〉의 조건을 토대로 과목을 수강한다. K가 수강할 수 있는 과목은 A, B, C, D, E이다. A 과목을 수강할 때 A를 포함하여 반드시 듣는 과목의 수를 고르시오.

| 2024 하반기 기출 키워드 | A~E 5과목을 수강하는 조건추리

〈 보 기 〉

- B를 수강하면 A는 수강하지 않는다.
- C를 수강하지 않거나 B를 수강하지 않으면 E를 수강한다.
- C와 D 중 한 과목을 반드시 수강한다.
- E를 수강하면 D를 수강하지 않는다.

① 1개　　　　　② 2개　　　　　③ 3개
④ 4개　　　　　⑤ 5개

04. 5층의 건물 각 층에 A, B, C, D, E가 산다. 1명당 1개 층에 산다고 할 때 〈보기〉를 참고하여 D가 살 가능성이 있는 층을 모두 짝지은 것을 고르시오.

| 2024 하반기 기출 키워드 | A~E가 사는 층

〈 보 기 〉

- A와 B는 서로 인접한 층에 산다.
- C는 5층에 산다.
- E는 C와 인접한 층에 살지 않는다.

① 1층, 2층　　　　② 1층, 4층　　　　③ 2층, 4층
④ 3층, 4층　　　　⑤ 1층, 2층, 4층

05. A, B, C, D, E 중 1명만 여름휴가를 가지 못했다. 5명 중 1명만 거짓을 말하고 나머지 4명은 진실을 말한다고 할 때 여름휴가를 가지 못한 사람을 고르시오.

| 2024 하반기 기출 키워드 | 여름휴가 못 간 사람 고르기

〈 보 기 〉

A: B가 여름휴가를 가지 못했다.
B: A와 D는 여름휴가를 다녀왔다.
C: B와 D는 여름휴가를 다녀왔다.
D: E는 여름휴가를 다녀왔다.
E: C가 여름휴가를 가지 못했다.

① A   ② B   ③ C
④ D   ⑤ E

06. A, B, C, D, E, F, G는 3열로 이뤄진 7인승 SUV를 타고 이동한다. 맨 앞인 1열은 2자리, 2열은 3자리, 3열은 2자리라고 할 때 〈보기〉를 참고하여 항상 참인 것을 고르시오.

| 2024 하반기 기출 키워드 | 3열로 이뤄진 차에 탑승

〈 보 기 〉

- B와 F는 같은 열에 앉는다.
- C와 D는 같은 열에 앉지 않는다.
- G는 1열에 앉고 A는 2열에 앉는다.

① A와 B는 같은 열에 앉지 않는다.
② C와 E는 같은 열에 앉지 않는다.
③ D와 G는 같은 열에 앉지 않는다.
④ F와 A는 같은 열에 앉지 않는다.
⑤ G와 E는 같은 열에 앉지 않는다.

07. A, B, C, D는 각자 다른 나라로 출장을 간다. 이들이 출장을 가는 나라는 꿈나라, 빛나라, 달나라, 신나라이고 인당 한 곳의 나라로만 출장을 간다고 할 때 〈보기〉를 참고하여 항상 거짓인 것을 고르시오.

〈 보 기 〉

- A는 꿈나라와 달나라 중 한 곳으로 출장을 간다.
- B는 신나라로 출장을 가지 않는다.
- C는 빛나라로 출장을 가거나 달나라로 출장을 간다.

① A는 꿈나라로 출장을 간다.
② B는 빛나라로 출장을 간다.
③ C는 달나라로 출장을 간다.
④ D는 빛나라로 출장을 간다.
⑤ D는 신나라로 출장을 간다.

08. A, B, C, D, E, F는 원형의 테이블에 일정한 간격으로 앉는다. 간격이 일정하기에 누군가를 마주 보고 앉는다고 할 때 〈보기〉를 참고하여 E와 인접하며 E의 오른쪽 자리에 앉는 사람을 고르시오.

〈 보 기 〉

- C와 E는 서로 인접한 자리에 앉는다.
- A는 F와 마주 보는 자리에 앉지 않는다.
- B와 인접하며 B의 오른쪽 자리에 F가 앉는다.
- D는 E와 마주 보는 자리에 앉는다.

① A   ② B   ③ C
④ D   ⑤ F

09. A, B, C, D 중 1명만 퇴사했다. 퇴사한 1명은 진실을 말하고 나머지 3명은 거짓을 말한다고 할 때 〈보기〉의 진술을 토대로 퇴사한 사람을 고르시오.

┃ 2024 하반기 기출 키워드 ┃ 진실을 말한 사람이 퇴사

〈 보 기 〉

A: B 또는 D가 퇴사했다.
B: A와 C는 퇴사하지 않았다.
C: D는 퇴사하지 않았다.
D: B가 퇴사했다.

① A
② B
③ C
④ D
⑤ 정답 없음

10. 3×2로 배치된 6칸의 사물함에 1부터 6까지 번호를 붙인다. 〈보기〉의 조건을 토대로 각 사물함에 번호를 붙일 수 있는 전체의 경우가 모두 몇 가지인지 고르시오.

┃ 2024 하반기 기출 키워드 ┃ 3×2로 배치된 사물함

〈 보 기 〉

- 같은 열이며 위쪽인 사물함이 아래쪽 사물함보다 번호가 크다.
- 같은 번호를 붙인 사물함은 없다.
- 5번을 붙인 사물함의 바로 오른쪽에 있는 사물함에 6번을 붙인다.
- 1번을 붙인 사물함과 2번을 붙인 사물함은 서로 다른 열에 있다.

① 1가지
② 2가지
③ 3가지
④ 4가지
⑤ 5가지

11. X는 소모품을 구매하기 위해 A, B, C, D, E 업체와의 계약을 고려한다. 가격이 가장 낮은 업체와 계약한다고 할 때 〈보기〉의 명제를 토대로 항상 참인 것을 고르시오.

| 2024 하반기 기출 키워드 | 가격이 낮은 업체와 계약

〈 보 기 〉

- A보다 B의 가격이 낮다.
- C보다 D의 가격이 낮다.
- D가 A보다 가격이 낮은 경우 D의 가격은 B의 가격보다 높다.
- C가 A보다 가격이 높은 경우 E의 가격은 B의 가격보다 낮다.

① A의 가격이 가장 높은 경우 B와 계약한다.
② A의 가격이 2번째로 높은 경우 E와 계약한다.
③ A의 가격이 3번째로 높은 경우 E와 계약한다.
④ C의 가격이 2번째로 높은 경우 B와 계약한다.
⑤ D의 가격이 3번째로 높은 경우 E와 계약한다.

12. A, B, C 중 1명이 진실을 말하고 나머지 2명은 거짓을 말한다. 진실을 말하는 1명만 승진했다고 할 때 〈보기〉의 진술을 토대로 승진했을 가능성이 있는 사람을 모두 고른 것을 고르시오.

| 2024 하반기 기출 키워드 | 진실을 말하는 사람이 승진

〈 보 기 〉

A: B와 C는 승진하지 않았다.
B: C는 승진하지 않았다.
C: B가 하는 말이 거짓이다.

① A   ② B   ③ C
④ A, B   ⑤ B, C

13. A, B, C, D, E, F는 일렬로 줄을 선다. 〈보기〉를 토대로 항상 참인 것을 고르시오.

| 2024 하반기 기출 키워드 | 배치 문제

〈 보 기 〉

- E는 B보다 앞에 줄을 선다.
- A는 C와 인접하게 줄을 선다.
- F는 2번째로 줄을 선다.
- D는 짝수 번째로 줄을 선다.

① 1번째로 줄을 서는 사람은 E이다.
② 3번째로 줄을 서는 사람은 B이다.
③ 4번째로 줄을 서는 사람은 D이다.
④ 5번째로 줄을 서는 사람은 A이다.
⑤ 6번째로 줄을 서는 사람은 C이다.

14. A, B, C는 2번의 진술에서 1번은 진실, 1번은 거짓을 말한다. 3명 중 1명만 지각했다고 할 때 〈보기〉의 진술을 토대로 항상 참인 것을 고르시오.

| 2024 하반기 기출 키워드 | 2개의 문장 중 하나는 진실, 하나는 거짓

〈 보 기 〉

A: C가 지각했다.
A: B가 지각했다.
B: A와 C는 지각하지 않았다.
B: 나와 A는 지각하지 않았다.
C: A 또는 B가 지각했다.
C: B는 지각하지 않았다.

(가): A가 지각했을 수 있다.
(나): B가 지각했을 수 있다.
(다): C가 지각했을 수 있다.

① (가)만 옳다.　　　　　　② (다)만 옳다.
③ (가)와 (나)만 옳다.　　④ (나)와 (다)만 옳다.
⑤ (가), (나), (다) 모두 옳다.

15. A, B, C, D, E, F는 원형의 테이블에 앉는다. 〈보기〉를 참고하여 반드시 거짓인 것을 고르시오.

〈 보 기 〉

- C와 인접하며 C의 오른쪽 자리에 E가 앉는다.
- A는 E와 인접하게 앉지 않는다.
- B와 인접하며 B의 왼쪽 자리에 A가 앉는다.
- D와 F는 인접하게 앉지 않는다.

① A는 D와 인접하게 앉는다.　　② B는 C와 인접하게 앉는다.

③ C는 F와 인접하게 앉는다.　　④ D는 B와 인접하게 앉는다.

⑤ F는 A와 인접하게 앉는다.

16. A, B, C는 첫째 주나 둘째 주 중 하나를 골라 휴가를 가며 3명 중 1명만 첫째 주에 휴가를 간다. A, B, C는 2번의 진술에서 1번은 진실, 1번은 거짓을 말할 때 〈보기〉의 진술을 토대로 항상 참인 것을 고르시오.

〈 보 기 〉

A: B는 둘째 주에 휴가를 간다.

A: B는 첫째 주에 휴가를 간다.

B: A와 C는 둘째 주에 휴가를 간다.

B: C가 첫째 주에 휴가를 간다.

C: 나와 B는 둘째 주에 휴가를 간다.

C: A 또는 B가 첫째 주에 휴가를 간다.

(가): A는 첫째 주에 휴가를 간다.

(나): B는 첫째 주에 휴가를 간다.

(다): C는 둘째 주에 휴가를 간다.

① (가), (나), (다) 셋 다 옳지 않다.　　② (가)만 옳다.

③ (나)만 옳다.　　④ (가), (다)만 옳다.

⑤ (나), (다)만 옳다.

17. A, B, C, D, E 중 1명이 TF팀으로 팀을 옮기고 싶어 한다. 5명 중 1명만 진실을 말하고 나머지 4명은 거짓을 말한다고 할 때 〈보기〉의 진술을 토대로 팀을 옮기고 싶어 하는 직원을 고르시오.

| 2024 중반기 기출 키워드 | TF팀으로 팀을 옮기고 싶어 하는 직원

〈 보 기 〉

A: E는 팀을 옮기고 싶어 하지 않는다.
B: A는 팀을 옮기고 싶어 한다.
C: A는 팀을 옮기고 싶어 하지 않는다.
D: C와 E는 팀을 옮기고 싶어 하지 않는다.
E: 나와 A는 팀을 옮기고 싶어 하지 않는다.

① A   ② B   ③ C
④ D   ⑤ E

18. A, B, C, D 중 2명은 남성이고 나머지 2명은 여성이다. 이들의 학과가 생명공학, 화학공학, 기계공학, 산업공학이고 인당 한 학과에만 속한다고 할 때 〈보기〉를 토대로 사람, 성별, 학과를 올바르게 짝지은 것을 고르시오.

| 2024 중반기 기출 키워드 | A~D 성별과 학과 찾는 문제

〈 보 기 〉

- A와 C의 성별은 다르다.
- A의 학과는 생명공학이다.
- C의 학과는 산업공학이다.
- D는 여성이다.
- 학과가 화학공학인 사람은 남성이다.

① A는 여성이며 학과는 생명공학이다.
② B는 남성이며 학과는 기계공학이다.
③ C는 남성이며 학과는 산업공학이다.
④ D는 여성이며 학과는 기계공학이다.
⑤ C는 여성이며 학과는 산업공학이다.

19. 같은 회사 동료인 A, B, C, D, E, F, G의 출근 시간을 토대로 출근 시간이 가장 빠른 사람이 1등, 2번째로 빠른 사람이 2등과 같이 1등부터 7등까지 순서를 정했다. 출근 시간이 같은 사람은 없다고 할 때 〈보기〉를 토대로 4등으로 출근한 사람을 고르시오.

| 2024 중반기 기출 키워드 | 7명 출근 순서

─〈 보 기 〉─

- D는 F보다 출근 시간이 늦으며 등수 차이는 2이다.
- G는 E보다 출근 시간이 빠르며 등수 차이는 1이다.
- B는 3등, C는 6등으로 출근했다.

① A   ② D   ③ E
④ F   ⑤ G

20. A, B, C, D, E, F의 소속팀은 X와 Y이다. 6명 모두 한 팀에만 속하고 한 팀에 인원이 3명이라고 할 때 〈보기〉의 명제를 토대로 D와 같은 팀인 사람을 모두 짝지은 것을 고르시오.

| 2024 중반기 기출 키워드 | 6명의 팀 나누기

─〈 보 기 〉─

- A와 E는 소속팀이 다르다.
- B의 소속팀이 X라면 D의 소속팀은 Y이다.
- F와 C는 소속팀이 같다.
- E의 소속팀이 Y라면 A와 B의 소속팀은 같다.

① A, B   ② B, C   ③ B, F
④ C, E   ⑤ E, F

기출복원 모의고사

해설 p.95

문항수 20문항 | 제한시간 15분

01. 다음 수는 일정한 규칙을 통해 나열되어 있다. A 위치에 알맞은 수를 고르시오.

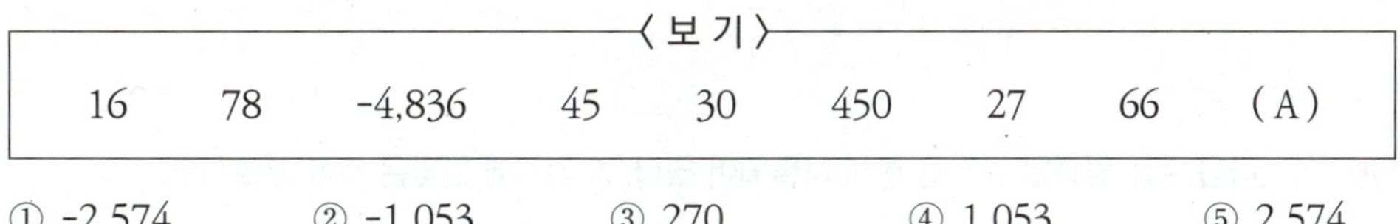

〈 보 기 〉

| 16 | 78 | -4,836 | 45 | 30 | 450 | 27 | 66 | (A) |

① -2,574 ② -1,053 ③ 270 ④ 1,053 ⑤ 2,574

02. 다음 수는 일정한 규칙을 통해 나열되어 있다. A, B 위치에 알맞은 수를 구한 뒤, A+B를 계산한 값을 고르시오.

〈 보 기 〉

| 1 | 2 | 4 | 8 | 15 | 26 | 42 | (A) | (B) |

① 148 ② 153 ③ 155 ④ 157 ⑤ 158

03. 다음 수는 일정한 규칙을 통해 나열되어 있다. 10번째로 올 수로 알맞은 것을 고르시오.

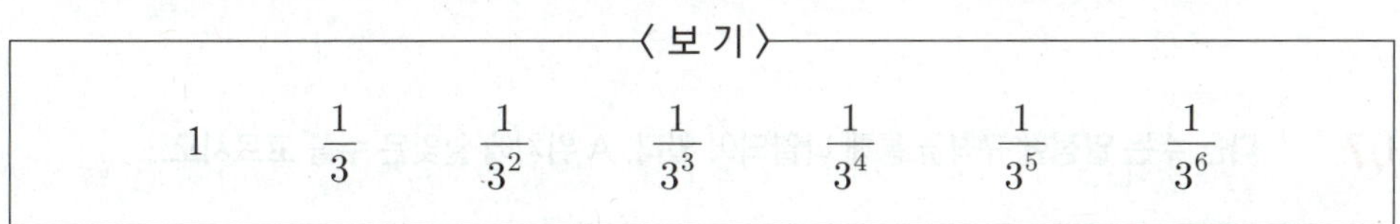

〈 보 기 〉

$$1 \quad \frac{1}{3} \quad \frac{1}{3^2} \quad \frac{1}{3^3} \quad \frac{1}{3^4} \quad \frac{1}{3^5} \quad \frac{1}{3^6}$$

① $\dfrac{1}{59,049}$ ② $\dfrac{1}{39,361}$ ③ $\dfrac{1}{19,683}$ ④ $\dfrac{1}{13,123}$ ⑤ $\dfrac{1}{6,561}$

04. 다음 수는 일정한 규칙을 통해 나열되어 있다. A 위치에 알맞은 수를 고르시오.

$\dfrac{8}{33}$	$\dfrac{2}{7}$	$\dfrac{12}{37}$	(A)	$\dfrac{16}{41}$	$\dfrac{18}{43}$	$\dfrac{4}{9}$

① $\dfrac{3}{8}$　　② $\dfrac{5}{8}$　　③ $\dfrac{14}{39}$　　④ $\dfrac{7}{19}$　　⑤ $\dfrac{5}{13}$

05. 다음 수는 일정한 규칙을 통해 나열되어 있다. A 위치에 알맞은 수를 고르시오.

59	-81	484	-113	81	1,024	725	-681	(A)

① 1,681　　② 1,764　　③ 1,849　　④ 1,936　　⑤ 2,025

06. 다음 수는 일정한 규칙을 통해 나열되어 있다. 10번째로 올 수로 알맞은 것을 고르시오.

1.07	4.32	7.57	10.82	14.07	17.32

① 27.07　　② 28.7　　③ 30.32　　④ 31.95　　⑤ 33.57

07. 다음 수는 일정한 규칙을 통해 나열되어 있다. A 위치에 알맞은 수를 고르시오.

30	32.75	34.5	36.25	38	40.75	(A)

① 42.25　　② 42.5　　③ 44.5　　④ 46.25　　⑤ 46.5

08. 다음 수는 일정한 규칙을 통해 나열되어 있다. A, B 위치에 알맞은 수를 구한 뒤, B−A를 계산한 값을 고르시오.

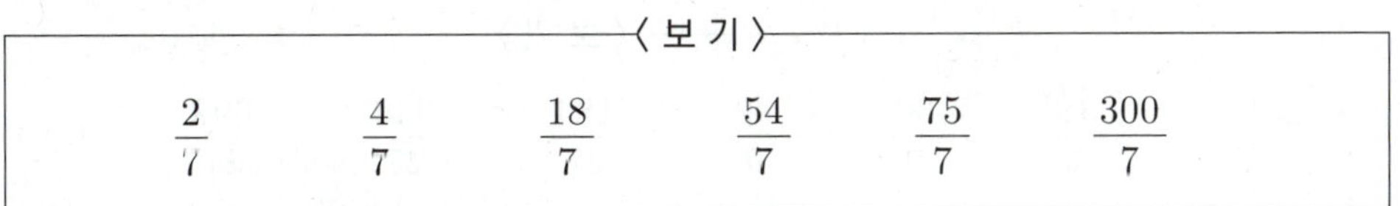

$$42.78 \quad 14.26 \quad (\,A\,) \quad 5.704 \quad 6.8448 \quad 2.2816 \quad 2.73792 \quad 0.91264 \quad (\,B\,)$$

① −16.016832 ② −14.682096 ③ −12.457158
④ 14.682096 ⑤ 16.016832

09. 다음 수는 일정한 규칙을 통해 나열되어 있다. 9번째로 올 수로 알맞은 것을 고르시오.

〈 보 기 〉

$$\frac{2}{7} \qquad \frac{4}{7} \qquad \frac{18}{7} \qquad \frac{54}{7} \qquad \frac{75}{7} \qquad \frac{300}{7}$$

① $\dfrac{1,500}{7}$ ② $\dfrac{1,535}{7}$ ③ $\dfrac{1,640}{7}$ ④ $\dfrac{1,675}{7}$ ⑤ $\dfrac{9,210}{7}$

10. 다음 수는 일정한 규칙을 통해 나열되어 있다. A 위치에 알맞은 수를 고르시오.

〈 보 기 〉

$$26.1 \quad 1.17 \quad 3.15 \quad 8.7 \quad 0.39 \quad 1.05 \quad 2.9 \quad 0.13 \quad (\,A\,)$$

① 0.35 ② 0.92 ③ 1.18 ④ 1.85 ⑤ 2.77

11. 다음 수는 일정한 규칙을 통해 나열되어 있다. A, B 위치에 알맞은 수를 구한 뒤, A+B를 계산한 값을 고르시오.

〈 보 기 〉

$$\frac{3}{20} \quad \frac{3}{20} \quad \frac{3}{10} \quad \frac{9}{10} \quad \frac{18}{5} \quad 18 \quad 108 \quad (\,A\,) \quad (\,B\,)$$

① 2,520 ② 3,402 ③ 4,304 ④ 6,048 ⑤ 6,804

12. 다음 수는 일정한 규칙을 통해 나열되어 있다. 9번째로 올 수로 알맞은 것을 고르시오.

| 764.18 | 51.437 | 372.184 | 573.91 | 412.478 | 201.413 | 116.46 | 818.526 |

① 252.815　　② 352.686　　③ 406.048　　④ 702.066　　⑤ 934.986

13. 다음 수는 일정한 규칙을 통해 나열되어 있다. A 위치에 알맞은 수를 고르시오.

| $\dfrac{19}{3}$ | $\dfrac{38}{9}$ | $\dfrac{92}{9}$ | $\dfrac{184}{27}$ | $\dfrac{346}{27}$ | $\dfrac{692}{81}$ | (A) |

① $\dfrac{1,038}{81}$　　② $\dfrac{1,178}{81}$　　③ $\dfrac{1,384}{81}$　　④ $\dfrac{1,178}{243}$　　⑤ $\dfrac{1,384}{243}$

14. 다음 수는 일정한 규칙을 통해 나열되어 있다. A, B 위치에 알맞은 수를 구한 뒤, A÷B를 계산한 값을 고르시오.

| $\dfrac{23}{17}$ | $\dfrac{115}{119}$ | $\dfrac{805}{1,071}$ | $\dfrac{7,245}{11,781}$ | $\dfrac{79,695}{153,153}$ | $\dfrac{1,036,035}{2,297,295}$ | (A)　(B) |

① $\dfrac{19}{17}$　　② $\dfrac{17}{19}$　　③ $\dfrac{169}{225}$

④ $\dfrac{264,188,925}{39,054,015}$　　⑤ $\dfrac{15,540,525}{742,026,285}$

15. 다음 수는 일정한 규칙을 통해 나열되어 있다. 15번째로 올 수로 알맞은 것을 고르시오.

〈 보 기 〉

| 7.9872 | 12.2472 | 1.9968 | 4.0824 | 0.4992 | 1.3608 | 0.1248 | 0.4536 |

① 0.000121875 ② 0.0004875 ③ 0.00195 ④ 0.0168 ⑤ 0.0056

16. 다음 수는 일정한 규칙을 통해 나열되어 있다. A 위치에 알맞은 수를 고르시오.

〈 보 기 〉

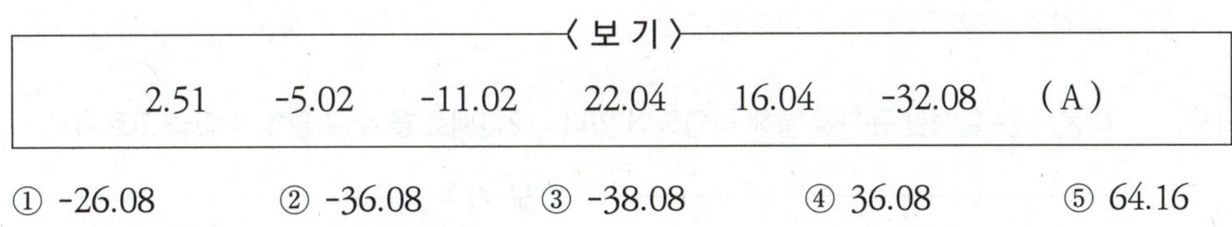

| 2.51 | -5.02 | -11.02 | 22.04 | 16.04 | -32.08 | (A) |

① -26.08 ② -36.08 ③ -38.08 ④ 36.08 ⑤ 64.16

17. 다음 수는 일정한 규칙을 통해 나열되어 있다. A 위치에 알맞은 수를 고르시오.

〈 보 기 〉

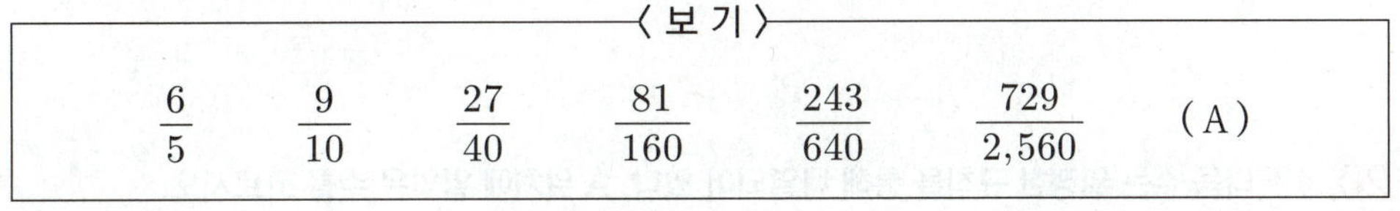

$$\frac{6}{5} \quad \frac{9}{10} \quad \frac{27}{40} \quad \frac{81}{160} \quad \frac{243}{640} \quad \frac{729}{2,560} \quad (A)$$

① $\dfrac{1,458}{7,680}$ ② $\dfrac{1,458}{5,120}$ ③ $\dfrac{2,187}{10,240}$

④ $\dfrac{2,187}{5,120}$ ⑤ $\dfrac{6,561}{10,240}$

18. 다음 수는 일정한 규칙을 통해 나열되어 있다. A, B 위치에 알맞은 수를 구한 뒤, A×B를 계산한 값을 고르시오.

〈 보 기 〉
52　　208　　212　　848　　852　　3,408　　3,412　　（A）　　（B）

① 186,267,904　　　② 186,322,496　　　③ 186,377,104

④ 186,431,712　　　⑤ 186,486,336

19. 다음 수는 일정한 규칙을 통해 나열되어 있다. 12번째로 올 수로 알맞은 것을 고르시오.

〈 보 기 〉
5　　　4.3　　　3.6　　　2.9　　　2.2　　　1.5

① -1.3　　　② -2　　　③ -2.7　　　④ -3.4　　　⑤ -4.1

20. 다음 수는 일정한 규칙을 통해 나열되어 있다. A 위치에 알맞은 수를 고르시오.

〈 보 기 〉
$\frac{49}{32}$　$\frac{60}{91}$　$\frac{105}{104}$　$\frac{10}{9}$　$\frac{171}{115}$　$\frac{38}{23}$　$\frac{128}{51}$　$\frac{63}{152}$　（A）

① $\frac{323}{336}$　　② $\frac{775}{806}$　　③ $\frac{806}{775}$　　④ $\frac{336}{323}$　　⑤ $\frac{167}{153}$

기출복원 모의고사

해설 p.98

문항수 **20문항**　　제한시간 **15분**

01.　다음 글을 읽고 추론한 것으로 가장 적절한 것은?

| 2024 상반기 기출 키워드 | GMO

> 유전자 변형 기술은 신품종 작물을 개발하기 위해 기존 작물이 보유하지 않은 유전자를 인위적으로 결합하는 기술로, 이를 통해 개발된 농작물을 GMO 즉 유전자 변형 농수산물이라고 한다. 유전자 변형 기술은 넓은 의미에서 이종교배, 선택적 증식, 유전자 이전, 염색체 변형, 성전환 등 생명공학과 밀접한 개념이다.
>
> 유전자 변형 기술의 시작은 1973년 미국의 과학자 코헨과 보이어에 의하여 포도상구균의 유전자를 대장균에 도입한 것이다. 이후 1994년 칼젠사가 개발한 '무르지 않는 토마토'가 최초의 GMO이며, 1995년 몬산토사가 독성이 강한 제초제에도 견딜 수 있는 콩을 출시하면서 일반인들에게도 유전자 변형 기술이 알려졌다. 그 후 스위스 노바티스사도 병충해에 내성을 가진 '비티 옥수수'를 개발하였고, 이것이 미국과 유럽연합의 안전성 검사를 통과하여 판매가 시작되었다.
>
> 그러나 GMO가 알레르기를 유발하고 미확인 독성으로 인해 인체에 해를 끼칠 수 있다는 주장이 제기되었다. 특히 모나크 나비의 유충이 GMO 옥수수의 꽃가루를 먹고 죽었다는 《네이처》지의 기사가 나온 후 유럽과 일본 등에서 GMO 반대 운동이 확산되었다. 한국에서는 2001년 3월부터 「농수산물 품질관리법」에 따라 콩·옥수수·콩나물·감자에 대한 'GMO 표시제'를 시행하고 있다.

① GMO 표시제는 2001년 3월부터 한국에서 판매하는 모든 GMO에 적용되었다.
② 최초의 GMO는 칼젠사가 개발한 무르지 않는 토마토였다.
③ 유전자 변형 기술은 화학 산업과 가장 밀접한 관련이 있는 기술이다.
④ GMO 반대 운동은 유럽과 일본에서만 일어났다.
⑤ GMO를 섭취하여도 인체에 해가 없을 것이다.

02. 다음 글을 읽고 추론한 것으로 가장 적절한 것은?

전통적인 가축 대상 보험인 가축재해보험과 펫 보험은 그 성격이 다르다. 가축재해보험에서는 가축을 인간의 소유물로 보고 가축이 죽었을 때 그 손해액을 보상하지만, 펫 보험의 목적은 살아있는 반려동물의 치료비와 같은 양육자의 경제적 손해를 보장하는 것이다. 이러한 목적의 차이로 인해 펫 보험은 소유주의 이익을 보호하기 위한 국가의 지원도 따로 존재하지 않는다.

조사에 의하면, 반려동물을 키우는 가구는 전체 가구의 25%나 되지만, 펫 보험 가입률은 반려동물 양육 가구의 1% 미만이다. 우리나라 가축의 90%가 가축재해보험에 가입되어 있는 것과는 큰 차이를 보인다. 반려동물 양육자 대부분은 반려동물 진료비에 부담을 느끼고 있지만, 현재 펫 보험 상품의 제한된 보장 범위를 생각하면 양육자가 펫 보험에 가입하는 것을 기대하기란 쉽지 않다. 특히 병원별로 진료비 편차가 크기 때문에 보험사에서 정한 보상 비용이 만족스럽지 않은 경우도 많다. 이러한 문제를 해결하기 위해서는 동물진료수가 표준화와 진료기록 공개가 선행되어야 한다.

① 펫 보험 활성화는 국가 정책으로 지원 중인 사업이다.
② 전체 반려동물 양육 가구의 25% 정도는 펫 보험을 가입했다.
③ 동물진료수가 표준화와 진료기록이 공개되면 펫 보험의 제한된 보장 범위가 개선될 것이다.
④ 펫 보험은 가축재해보험과 그 성격이 근본적으로 같다.
⑤ 가축재해보험과 펫 보험은 보험 가입 시 보장 대상은 다르지만 보장 내용은 같다.

> 베블렌 효과는 미국의 사회학자 소스타인 베블렌이 본인의 저서 『유한계급론』에서 제시한 개념으로, '상류층의 눈에 띄는 소비는 사회적 지위를 과시하기 위하여 행해진다'라고 언급한 것에서 유래한 상류층의 소비 행태를 말한다. 일반적인 제품은 가격이 상승하면 수요가 감소하지만, 베블렌 효과에 의하면 제품 가격이 상승할수록 수요가 증가하는 소비재가 있는데 이를 베블렌재라고 한다. 값비싼 귀금속, 명품, 고급 자동차 등의 사치재는 경제 상황이 악화되어도 수요가 줄어들지 않는 것이 이에 해당한다.
>
> 이와 같은 현상은 '필요에 의한 구매'가 아니라 '욕구에 의한 구매'와 관련이 있다. 이 현상은 상류층이 되기를 선망하는 사람들의 소비 행태를 말하는 파노플리 효과, 타인이 구매한 상품이나 유행하는 상품에 대한 수요가 떨어지는 스놉 효과, 유행으로 인해 어떤 물건에 대한 수요가 높아지면 그에 편승하여 소비하는 밴드왜건 효과와도 일정 부분 관련이 있다.

① 밴드왜건 효과는 스놉 효과의 반대 개념이라고 할 수 있다.
② 베블렌 효과를 활용하면 극소수의 VVIP 고객을 위한 마케팅을 진행할 수 있을 것이다.
③ 다수의 소비자가 구매하는 상품에는 베블렌 효과가 나타나기 어려울 것이다.
④ 베블렌 효과는 상류층 소비자들의 욕구에 의한 구매와 관련 있는 소비 행태이다.
⑤ 파노플리 효과는 가격에 상관없이 사치재를 구매하는 상류층의 소비 행태이다.

04. 다음 글을 읽고 추론한 것으로 가장 적절한 것은?

> 울리히 베크는 과학이 고도화된 현대에는 잠재적 재난의 위기가 사방에 존재하며, 위기로 인한 불확실성과 위험이 전 지구적으로 존재한다고 주장했다. 즉 기술의 발전에 따라 예측 불가능한 재난이 존재하고, 그 피해가 국가를 넘어 나타날 수 있다는 것이다. 이런 재난의 특성은 정부의 재난 관리 측면에서 위협적인 요소이다. 따라서 정부는 재난 상황의 효과적 관리를 위하여 재난 발생 단계별 특성에 따라 대응 계획을 수립하고 실행하여야 한다.
>
> 재난 발생 단계는 예방 단계, 대응 단계, 회복 단계로 구분하는데, 이때 단계별로 실행할 수 있는 소통 전략이 반드시 수립되어야 한다. 국가적 재난 상황에서 정부의 대응이 효과적이지 않은 원인으로는 위기 대응 매뉴얼과 위기관리 지휘 본부 부재 등을 들 수 있지만, 소통 측면에서는 재난과 관련된 정보를 재난 관리 당국이 알려주고 싶은 정보만 제공하는 것에 치중하기 때문이다. 따라서 재난 상황에서 효과적인 소통을 위한 핵심 원칙은 국민들에게 꼭 필요한 진정성 있는 정보를 신속하게 제공하는 것이다.

① 재난 상황에서 국민들에게 필요한 정보를 제공하기 위해서는 사전에 소통 전략이 수립되어 있어야 한다.
② 재난 발생 단계는 예방 단계, 발생 단계, 회복 단계로 구분할 수 있다.
③ 정부는 재난 상황을 대비하여 재난 발생 계절에 따라 대응 계획을 수립해두어야 한다.
④ 재난 상황에서 국민과의 소통이 효과적이지 않은 이유는 위기 대응 매뉴얼의 부재 때문이다.
⑤ 재난 상황에서 효과적인 소통의 핵심 원칙은 신속하고 정확하게 관리 당국이 알리고자 하는 정보를 제공하는 것이다.

| 2024 상반기 기출 키워드 | 내적 준거틀, 외적 준거틀

토니 로빈스는 상황은 다를 수 있지만 사람들이 사물을 이해하고 생각을 체계화하는 방식에는 일정한 구조가 있다고 주장하며 7가지 근본적 사고방식을 제시했다. 이러한 7가지 사고방식 중 하나는 외적·내적 준거틀이다.

외적 준거틀은 외부에서 제공되는 정보를 기반으로 메시지를 해석하고 이해하는 것이다. 이는 객관적이고 사실에 기반한 정보를 중시하며, 외부의 기준이나 규범을 활용하여 메시지를 판단한다. 즉 메시지 자체의 내용이나 맥락보다는 메시지의 출처, 권위, 사실 여부 등을 중요하게 여긴다. 반면에 내적 준거틀은 개인의 경험, 가치관, 신념, 문화 등을 기반으로 메시지를 해석하고 이해하는 것으로, 주관적이며 개인의 관점에서 메시지를 수용하고 해석하는 것을 중요시한다. 즉 메시지의 내용이나 맥락을 개인의 경험과 연결하여 이해하고, 개인의 가치관, 신념에 따라 메시지를 해석한다. 외적 준거틀은 객관적인 정보와 사실에 기반한 의사소통을 가능하게 하며, 내적 준거틀은 개인의 경험과 관점을 고려하여 메시지를 이해하고 공감할 수 있게 한다.

---

① 외적 준거틀은 의사소통 과정에서 개인의 신념과 가치관을 기반으로 메시지를 해석하는 것이다.

② 외적·내적 준거틀은 개인의 경험을 고려하여 객관적 정보를 이해할 수 있도록 한다.

③ 내적 준거틀 방식의 사고를 하는 사람들은 같은 메시지를 모두 다르게 해석할 것이다.

④ 외적 준거틀 방식의 사고를 하는 사람은 메시지의 사실 여부보다는 메시지가 공감할 수 있는 내용인지를 더 중요하게 생각할 것이다.

⑤ 내적 준거틀 방식의 사고를 하는 사람은 잘못된 정보가 제공될 경우 메시지를 잘못 해석할 것이다.

| 2024 상반기 기출 키워드 | 데이터

> 최근 많은 생성형 AI들이 등장하고 있다. 이러한 생성형 AI의 성능은 주로 데이터 학습량으로 결정되기 때문에, AI를 보유한 기업은 모든 방법을 동원하여 많은 데이터를 수집하려 하고, 데이터를 보유한 기업은 이를 방어하고자 한다.
>
> A사는 최근 개인정보처리방침을 변경하여 'A사의 사용자가 온라인 또는 기타 오픈소스에서 공개적으로 획득한 정보를 수집해 A사 AI 모델을 학습시킬 수 있다'라고 명시하였다. 사용자가 온라인에서 활동하며 획득한 모든 정보를 A사 AI 학습에 사용하겠다는 것이다. 이러한 무차별적인 데이터 수집을 방어하기 위해 일부 기업들은 자사 서비스를 제한적으로 제공하기도 한다. B사는 Third Party API를 대상으로 일정 조건에 해당하면 데이터 열람을 유료화하였으며, C사는 API 유료화 및 1일 게시물 조회 수까지 제한하면서 데이터 보안을 강화하고 있다. 일부 생성형 AI 제작사들은 법적 분쟁에 휘말리기도 했다. 첨단 반도체를 생산하는 D사는 최근 특정 생성형 AI가 불법적으로 자사의 반도체 생산 노하우를 수집하고 있다고 주장하며 제작사를 고소하였다.

① A사는 개인정보처리방침을 변경하여 사용자의 명시적인 동의 후 온라인에서 수집한 정보를 AI에 사용하였다.

② 모든 생성형 AI는 데이터 학습량이 많을수록 성능이 높을 것이다.

③ Third Party API를 대상으로 데이터 열람을 유료화하는 것은 생성형 AI 제작사들이 데이터를 무차별적으로 수집하는 것을 막을 수 있을 것이다.

④ 일부 회사들의 데이터 보안 강화로 인해 이용자들은 더 자유롭게 서비스를 이용할 수 있을 것이다.

⑤ A사는 사용자들이 수집한 데이터를 암호화한 후 AI 학습에 사용할 것이다.

| 2024 상반기 기출 키워드 | 낙관주의

우리는 흔히 낙관주의와 비관주의를 완전히 상반되어 동존할 수 없는 삶의 태도로 생각한다. 하지만 『불변의 법칙』의 저자인 모건 하우절에 의하면 개인의 발전을 위해서는 낙관주의와 비관주의가 공존해야 한다.

미국의 군인 짐 스톡데일은 베트남전에서 포로로 잡혔으나 무사히 석방되었다. 그는 한 인터뷰에서 다시 가족을 만날 수 있다는 희망을 놓은 적이 없기에 포로 생활이 힘들지 않았다고 말하였으나, 동시에 포로 생활을 가장 견디기 힘들어했던 사람들은 낙관주의자들이라고 했다. 곧 집에 갈 것이라고 생각하던 낙관주의자들은 시간이 지나도 바뀌지 않는 현실에 절망하였지만, 그는 '당장은 집에 돌아갈 수 없지만 언젠가는 돌아갈 수 있을 것이다'라고 생각하였고 거나긴 포로 생활을 견딜 수 있었다. 그는 비관주의자처럼 대비하되 낙관주의자처럼 생각하는 '합리적 낙관주의자'였던 것이다.

모건 하우절에 따르면 낙관주의와 비관주의는 같은 스펙트럼 위에 존재하는데, 스펙트럼의 양 끝에 극단적 낙관주의자와 극단적 비관주의자가 있으며 중앙에 합리적 낙관주의자가 있다고 하였다. 합리적 낙관주의자는 장기적인 안목과 명확한 목표를 가지고 현실의 문제를 인정하고 수용하되, 결국엔 자신이 성공할 것이라고 믿으며 낙관적 시간을 유지한다고 하였다.

① 항상 낙관적인 태도를 보이는 것은 합리적 낙관주의이다.

② 비관주의자처럼 대비하고 낙관주의자처럼 생각하는 사람은 극단적 낙관주의자이다.

③ 비관주의를 완전히 배제하는 것이 합리적 낙관주의자가 되기 위한 방법이다.

④ 문제를 인정하고 개선하기 위해 노력하며 결국에는 문제를 해결할 것이라 믿는 것은 합리적 낙관주의이다.

⑤ 짐 스톡데일은 일반적인 관점에서는 비관주의자지만, 자신이 석방될 것을 믿었기에 합리적 낙관주의자이다.

 다음 글을 읽고 추론한 것으로 가장 적절하지 않은 것은?

| 2024 상반기 기출 키워드 | 인간 음식은 고양이에게 해롭다

> 일반적인 인식과 달리 사람의 음식은 대부분 고양이가 먹을 수 없다. 파나 양파는 고양이의 적혈구를 파괴하고, 익히지 않은 생선, 육류, 달걀 등은 식중독균의 일종인 살모넬라균이 있어서 반드시 익혀서 주어야 한다. 또한 달걀흰자 속의 아비딘은 비오틴의 소화 흡수를 방해하므로 삶은 달걀은 노른자만 조금 주는 것이 안전하다. 사람용 참치캔, 통조림, 소시지, 과자 등의 가공식품도 사람의 섭취 적정량을 기준으로 첨가물이 함유되어서, 사람 체중의 10분의 1밖에 되지 않는 고양이에게는 매우 위험하다. 소화기관에 상처를 주는 동물과 생선의 뼈도 주어서는 안 되고, 당분이 함유된 사탕과 아이스크림도 신장에 부담을 줄 수 있다. 카페인이 함유된 피로회복제, 초콜릿, 녹차, 커피 등은 매우 위험한 성분이므로 고양이에게 절대 금물이다. 그 외 나팔꽃, 국화, 알로에 등 관상용 식물에도 고양이에게 유해한 성분이 포함되어 있으므로 주의가 필요하다.

① 고양이의 식단에는 특별한 주의가 필요하다.

② 사람의 음식을 고양이에게 주기 위해서는 반드시 조리과정을 거쳐야 한다.

③ 사람용 가공식품은 사람의 섭취 적정량을 기준으로 제작되었기에 고양이에게 주어서는 안 된다.

④ 일반적으로 고양이는 날생선을 좋아한다고 알려져 있지만 실제로는 날생선을 주어서는 안 된다.

⑤ 카페인은 고양이에게 매우 위험한 성분이므로 녹차, 커피 등을 마시지 않도록 주의해야 한다.

| 2024 상반기 기출 키워드 | 그리스 신화

> 그리스 신화는 다양한 지역과 민족 간 교류를 통하여 적어도 1,500년 이상 변화해 왔다. 현재 우리가 알고 있는 그리스 신화는 진짜 그리스 신화라기보다는 헬레니즘 시대 혹은 로마 시대 그리스에서 편찬된 『그리스·로마 신화』로 생각하는 것이 옳다.
>
> 그리스 신들의 이름은 기원전 15세기경 미케네 문명 문자판에서 확인되었으나, 신들의 계보, 행적, 신성 등의 서술은 기원전 8세기에 시작되었다. 호메로스는 신화의 서술 기반을 확립하였고, 헤시오도스는 신들의 계보를 체계화하였다. 호메로스, 핀다로스를 비롯한 아테네의 고전기 비극 시인들은 이전의 신화를 보완해 더 풍요롭게 만들었다.
>
> 이후에도 신화의 변천 과정은 계속되지만, 비판과 극복의 대상이 되었다. 합리주의 철학자인 플라톤과 아리스토텔레스는 신화를 비이성적인 산물로 여겼고, 신화는 목적이기보다 수단으로 다루어지며 의미가 퇴색되었다.
>
> 헬레니즘 시대에 접어들어서는 신화적 사유를 존중하는 시인들에 의해 신화가 다시 정비되었다. 시켈로스와 아폴로도로스는 기존의 전승들을 수집 후 정리하여 일종의 신화집을 저술하였다.

① 어떤 대상의 의미를 설명하는 방식
② 질문이 주어지고 그것에 답하는 방식
③ 경험, 구체적인 사실을 사용하여 설명하는 방식
④ 타인의 말, 글을 자신의 글 속에 사용하여 설명하는 방식
⑤ 일이 어떻게 되어 가는가의 선후 관계에 따라 설명하는 방식

10. **다음 글의 내용과 일치하지 않는 것은?**

| 2024 상반기 기출 키워드 | 뒤샹, 샘, 전시회

마르셀 뒤샹은 '선택이 곧 창조이다'라는 제3의 미술의 개념을 제시하였다. 심미적인 것을 벗어나 기성품을 선택해서 전시장에 갖다 놓는 것, 바로 레디메이드 개념이 탄생한 것이다.

뒤샹의 대표작은 1917년에 제작한 '샘'이다. 그는 동네 철물점에서 남성용 변기를 구입한 다음 가상의 예술가 R.Mutt의 서명을 하고, 그것을 독립미술가협회 전시회에 출품하였다. 그의 작품은 예술이 무엇인지에 대한 논쟁을 불러일으켰다. 예술 작품과 기성품(레디메이드)의 차이는 무엇인지, 예술가는 반드시 자기 작품을 스스로 만들어야 하는지, 물건을 예술 작품으로 인정해 주는 주체는 작가인지 관객인지 혹은 공인된 기관인지 등 그의 작품은 후대까지 유효한 질문들을 던졌다. 샘을 통해 후대 예술가들은 본인의 기교나 기술적 요소를 뽐내기보다는 본인의 생각과 사상을 전달하는 것에 초점을 맞추게 되었다.

샘은 현대 미술의 이정표로서, 예술의 관습과 경계에 도전하는 작품 중 하나로 여겨진다. 그는 이 작품을 통해 관객들에게 예술의 해석과 인식에 대해 고민하도록 유도하였다.

① 마르셀 뒤샹은 레디메이드라는 제3의 미술 개념을 선보였다.
② 마르셀 뒤샹은 그의 작품 '샘'에 가상의 예술가 이름으로 서명을 하였다.
③ '샘'은 예술의 관습과 경계에 도전한 작품 중 하나로 여겨진다.
④ 마르셀 뒤샹은 직접 제작한 변기에 '샘'이라는 이름을 붙인 후 전시회에 출품하였다.
⑤ 그가 미술계에 던진 질문은 후대 예술가들에게 큰 영향을 주었다.

| 2024 상반기 기출 키워드 | 사회 안전, 비용

> 범죄율과 사회적 질서는 밀접한 관계가 있다. 높은 범죄율은 사회 질서를 깨뜨리고 시민들에게 두려움과 불안정을 야기한다. 또한 범죄로 인한 금전적 손해와 피해자의 회복에 필요한 비용도 만만치 않기에 범죄율을 낮추는 것은 매우 중요한 문제이다.
>
> 범죄율을 낮추기 위한 방법은 여러 가지가 있다. 그중 징역 제도는 범죄자를 사회와 격리해 사회 안전을 유지하는 중요한 수단이지만, 수감 시설을 운영하기 위한 비용이 많이 소모된다. 또 다른 방법으로는 범죄 예방이 있다. 평상시 범죄 예방 프로그램(교육, 캠페인 등)을 운영하여 범죄율을 낮추는 것이다. 범죄자의 재활도 범죄율을 낮추기 위한 방법 중 하나이다. 범죄자가 사회로 복귀하기 전 지원과 도움을 제공하여 사회에 적응할 수 있도록 도와 재범률을 낮추는 것이다. CCTV와 같은 감시 장비를 설치하는 것도 범죄율을 낮추는 데 큰 도움이 된다.
>
> 위와 같은 방법들을 시행하기 위해서는 많은 비용이 발생하겠지만, 이러한 비용은 시민들의 최대 행복을 위해 반드시 필요한 것이다.

① 사회적 질서는 범죄율과 밀접한 관계가 있다.

② 징역 제도는 운영비가 높다는 단점이 있지만 범죄자를 사회와 격리할 수 있다는 장점이 있다.

③ CCTV와 같은 감시 장비를 설치하는 것은 범죄율을 낮추는 가장 좋은 방법이다.

④ 범죄자의 재활을 돕는 것은 재범률을 낮추는 방법 중 하나이다.

⑤ 범죄 예방에는 많은 비용이 소모되겠지만, 사회 구성원들의 행복을 위해서는 반드시 필요하다.

12. **다음 글의 내용과 일치하지 않는 것은?**

| 2024 상반기 기출 키워드 | 일치 불일치 문제

北한 음식은 유래한 지역이 서해 바다와 맞닿아 있는지, 동해 바다와 맞닿아 있는지에 따라 특색이 확연히 차이 난다. 동해 바다에서 잡히는 생선들은 크고 비리기 때문에 고춧가루나 마늘 같은 향신료의 도움 없이는 생선의 맛을 즐기기 어렵다. 그래서 고춧가루나 마늘을 많이 넣은 자극적인 양념에 버무려 먹는다. 함경도 회국수는 감자 전분을 사용하여 만든 면을 매콤한 양념에 비빔국수처럼 비빈 후 가자미식해나 빨갛게 무친 명태자반을 올려내는 것이 특징이다. 또한 감자 전분을 사용한 면은 금방 굳기 때문에 뜨거운 돼지고기 육수를 부어 먹기도 했는데, 이때 육수를 만들고 남은 돼지고기는 빨갛게 양념하여 면 위에 고명으로 올리기도 한다.

반면 서해 바다에서 잡히는 생선들은 대체로 비린 맛이 덜한 흰살생선이 많기 때문에 향신료나 소금, 고춧가루 등을 사용하여 짜고 맵게 만들 필요가 없었다. 이로 인해 서해 바다에 접한 지역의 음식은 대체로 심심한 경우가 많다. 평양을 비롯한 평안도 지역의 대표 음식인 어복쟁반, 닭고기온반, 평양냉면, 메밀묵, 콩깨칼국수, 백김치 등이 모두 자극적이지 않고 담백한 이유가 여기에 있다.

① 북한 음식은 서해 바다를 끼고 있느냐, 동해 바다를 끼고 있느냐에 따라 특색이 다르다.
② 함경도 음식은 대체로 평안도 음식보다 짜고 매울 것이다.
③ 서해 바다에서 잡히는 생선들은 동해 바다에서 잡히는 것에 비해 비린 맛이 덜하다.
④ 함경도 회국수는 가자미식해나 명태자반뿐만 아니라 돼지고기를 고명으로 사용하기도 한다.
⑤ 평양 음식은 마늘 같은 향신료를 많이 사용하는 것으로 유명하다.

13. **다음 글의 내용과 일치하지 않는 것은?**

젠트리피케이션으로 피해를 보는 임차인 보호를 위해 2022년 1월 「상가건물 임대차보호법」이 시행되었다. 이 법의 기본적인 골자는 다음과 같다. 첫째, 임대차기간이 만료되는 날로부터 6개월~1개월 전에 임차인이 계약 갱신을 요구할 경우, 임대인은 정당한 사유 없이 이를 거절하지 못한다. 이를 계약갱신요구권이라고 하는데, 임차인은 전체 임대차기간이 10년을 초과하지 않을 경우에만 이를 행사할 수 있다. 둘째, 임대차계약을 갱신할 경우 차임 즉 월세는 기존 대비 5% 이상 증액할 수 없다. 단, 2020년경에 발생한 코로나-19로 인해 차임을 감액하였다면 감액하기 전 금액에 도달할 때까지는 5%의 제한 규정을 적용하지 않는다. 셋째, 이전까지는 권리금에 관한 규정이 없었기에, 신규 임차인이 이전 임차인에게 권리금을 지불하고 입주한 경우에도 임대인이 해당 권리금을 인정하지 않을 경우 계약 만료 시 임차인이 권리금을 받을 방법이 없었다. 하지만 해당 법령으로 인해 임대인은 기존 임차인이 신규 임차인으로부터 권리금을 받는 것을 방해할 수 없다.

① 임차인이 임대차 계약 만료 6개월~1개월 사이에 갱신을 요구할 경우 임대인은 정당한 사유 없이 이를 거절하지 못한다.
② 임차인은 임대인으로부터 권리금을 돌려받을 수 있다.
③ 코로나-19로 인해 차임을 감액하였다면 5% 이상 증액한 금액으로 임대차계약을 갱신할 수 있다.
④ 계약갱신요구권은 전체 임대차기간이 10년을 초과하지 않을 경우에만 행사할 수 있다.
⑤ 「상가건물 임대차보호법」으로 인해 권리금에 관한 규정이 신설되었다.

14. **다음 글의 내용과 일치하지 않는 것은?**

| 2024 상반기 기출 키워드 | 건강 관련 지문

> 뇌전증은 반복적인 발작을 특징으로 하는 신경질환이다. 뇌전증 유병률은 약 0.5~1%로, 전 세계적으로 5,000만 명이 넘는 환자가 있고, 국내에서는 30~40만 명 정도의 환자가 있어 치매, 뇌졸중 다음으로 흔한 신경질환이다. 뇌전증 발작을 억제하는 FDA(미국식품의약품청)에서 허가받은 항경련제가 20개가 넘는데도 불구하고, 발작이 조절되지 않아 일상생활에 지장을 초래하는 난치성 뇌전증 환자의 비율이 전체 뇌전증 환자의 30%에 이른다. 기존 항경련제는 뇌의 과도한 흥분을 억제해 발작 증상을 예방·조절할 뿐, 질환의 원인을 제거하거나 질환 자체에는 영향을 주지는 못한다. 또한 뇌전증 발생 원인은 유전적 요인, 뇌염, 뇌종양 등 다양하지만 아직도 뇌전증 환자의 과반수 이상은 정확한 원인을 모른다. 특히, 소아 난치성 뇌전증의 경우, 발작이 조절되지 않으면 뇌손상으로 인한 지적장애, 발달장애가 발생하여 평생 장애를 갖고 살아가야 할 수 있으며 그들을 돌볼 사회적 비용 또한 높아 치료제 개발이 절실하다.

① 뇌전증은 신경질환으로 유병률은 약 0.5%~1%이며 반복적인 발작을 특징으로 한다.

② 뇌전증은 국내 신경질환 중 3번째로 많은 환자가 있다.

③ 난치성 뇌전증 환자의 비율은 전체 신경질환 환자의 30%에 이른다.

④ 뇌전증 발생 원인은 다양하지만, 과반수가 정확한 원인을 알지 못한다.

⑤ 소아 난치성 뇌전증은 발작이 조절되지 않으면 뇌손상으로 이어져 평생 장애를 갖고 살아가는 경우가 있다.

15. 다음 글에서 주장하는 내용에 대한 반론으로 가장 적절한 것은?

> 미래 산업사회 인재 양성을 위한 교육제도를 마련하고자 교육부에서 내놓은 방안은 바로 고교학점제이다. 고교학점제는 기존의 경직된 학과 체제를 벗어나 다양한 과목 이수를 활성화하여 진로변경의 기회를 제공한다.
>
> 고교학점에 운영 방안을 좀 더 구체적으로 살펴보면 방학 중 계절수업을 운영하여 기초학력 향상 또는 첨단 기술교육 등 다양한 학습경험을 제공한다. 과목 개설이 어려운 경우 지역사회, 대학 등 학교 밖 교육을 학점으로 인정하고, 3학년 2학기를 학생에서 사회인으로의 성장을 준비하고 지원하는 전환학기로 운영한다. 또한 직업계고 학생의 사회 진출 지원을 강화하기 위하여, 학생이 주도적으로 진로 경로를 설계하고 변경할 수 있도록 학기 전환기마다 '진로설계 집중기간'을 운영한다. 마지막으로 학점제를 처음 도입하는 학교 10개를 선정하여 인력양성 유형과 학생의 진로 및 취업 경로 등에 따라 8가지 교육과정 운영 모형을 적용할 수 있도록 지원한다.

① 교내 과목 개설이 어려운 경우 교내뿐만 아니라 교외 교육 또한 학점으로 인정해 주어야 한다.

② 학생의 진로 희망에 따라 실무능력과 현장 적응력을 향상할 수 있도록 해야 한다.

③ 학생이 스스로 진로를 설계할 수 있도록 취업상담을 진행해야 한다.

④ 처음 경험하는 생소한 제도로 인해 학교별 격차가 더 벌어질 수 있으나 이를 대비하기 위한 방안이 부족하다.

⑤ 고교학점제를 통해 학생의 진로와 적성에 따른 개인별 맞춤형 직업교육의 미래를 그려볼 수 있다.

16. 다음 글에서 주장하는 내용에 대하여 반박한 것으로 가장 적절한 것은?

| 2024 상반기 기출 키워드 | 혈당, 당뇨병

> 고혈당인 상태가 지속되면 다양한 당뇨 합병증이 발생하므로 이를 예방하는 것이 중요하다. 혈당 수치를 관리하기 위해서는 규칙적인 생활 습관을 가지고 건강한 식단과 운동을 병행해야 한다. 혈당 수치가 이미 높을 경우 약물 요법을 병행하여 혈당 수치를 정상 범위 내로 유지해야 한다. 또한 체중, 혈중 콜레스테롤 수치, 혈압을 적정 수준으로 관리하며, 정기적인 검진과 검사를 통하여 합병증을 관리해야 한다.
>
> 당뇨 합병증 예방에 관한 연구로 영국의 전향적 당뇨병연구(UKPDS)가 있다. 연구는 10년 동안 고혈당 환자들의 경과를 조사했는데, 고혈당 진단 초기부터 철저하게 혈당 수치를 관리했던 사람들은 당뇨와 관련된 모든 합병증이 9%, 당뇨병 관련 사망이 17%, 심근경색증이 15%, 미세혈관 합병증이 24%, 모든 원인에 의한 사망이 13% 감소하였다. 즉 고혈당 초기에 혈당 수치를 철저히 조절하면 합병증 발병률이 유의미하게 감소하고, 오랜 기간 동안 건강한 삶을 살 수 있다.

① 고혈당 초기에 혈당 수치를 조절하는 것은 당뇨 합병증 감소에 도움을 주므로 중요하다.
② 철저히 혈당 수치를 관리하면 합병증이 감소한다는 것을 영국의 UKPDS를 통해 입증하였다.
③ 혈당 수치가 높더라도 관리를 철저히 하면 건강한 삶을 지속할 수 있다.
④ 당뇨 합병증은 유전적인 요인으로 발병하는 경우가 많으므로 이를 고려해야 한다.
⑤ 규칙적인 생활 습관과 건강한 식사를 통해 정상 혈당 범위를 유지할 수 있다.

산업재해란 산업 활동 중에 일어난 사고로 인해 사망하거나 부상을 당하고 유해 물질에 중독되는 것 등, 직업성 질환에 걸리거나 신체적 장애를 갖게 되는 것을 말한다. 우리나라 산업 안전 보건법에서는 근로자가 업무에 관계되는 건설물·설비·원재료·가스 등에 의하거나, 직업과 관련된 기타 업무에 의하여 사망 또는 부상하거나 질병에 걸리게 되는 것을 산업재해로 정의하고 있다.

산업재해의 기본적 원인은 크게 3가지로 구분할 수 있다. 첫째, 교육적 원인으로, 안전 지식의 불충분, 안전 수칙의 오해, 경험이나 훈련의 불충분과 작업관리자의 작업 방법의 교육 불충분, 유해 위험 작업 교육 불충분 등이 있다. 둘째, 기술적 원인이다. 예시로는 건물·기계 장치의 설계 불량, 구조물의 불안정, 재료의 부적합, 생산 공정의 부적당, 점검·정비·보존의 불량 등이 있다. 셋째, 작업 관리상 원인으로 안전 관리 조직의 결함, 안전 수칙 미지정, 작업 준비 불충분, 인원 배치 및 작업 지시 부적당 등이 있다.

이러한 산업재해를 예방하기 위해서는 사고의 원인이 되는 불안전한 행동과 상태의 유형을 이해하고, 이들을 철저히 분석하여 적절한 대책을 수립하여야 할 것이다.

① 산업재해의 원인과 예방법
② 우리나라 산업 안전 보건법의 역사
③ 대표적인 산업재해의 예시
④ 산업재해에 대한 오해와 진실
⑤ 산업재해를 바라보는 현장의 시선

18. **다음 글의 주제로 가장 적절한 것은?**

소독과 멸균은 미생물을 죽이거나 성장을 억제할 수 있는 일반적인 방법이다. 미생물은 인간과 동물에게 여러 가지 질병을 일으킬 수 있으며 음식을 부패시키기도 한다. 따라서 미생물에 의한 유해한 영향을 최소화하기 위해 미생물을 죽이거나 성장을 억제하는 것이 좋고, 이는 결국 소독 또는 멸균을 통해 이루어진다. 하지만 얼핏 보면 비슷한 두 프로세스는 서로 다른 원칙을 기반으로 이루어진다.

먼저 소독은 세균의 아포(spore)를 제외한 미생물을 제거하거나 성장을 억제하는 화학 공정이다. 소독을 통해 미생물이 생존하기에 적절하지 않은 환경이 조성되면 세균은 생존 수단으로 아포를 형성한다. 아포는 번식에 친화적인 환경이 될 때까지 오랜 시간 동안 생존할 수 있다. 멸균은 이러한 아포를 포함해서 모든 미생물, 바이러스, 진균을 죽이는 과정이다. 주로 수술을 위해 시행되므로, 수술 전 신체조직으로 들어가는 모든 물품은 멸균 과정을 거친다. 멸균은 일반적으로 열, 조사, 여과, 고압 등의 방법을 통해 이루어진다.

① 성공저인 소독을 위한 절치
② 소독과 멸균의 차이점
③ 수술 전 멸균 프로세스
④ 소독 대신 멸균을 진행해야 하는 이유
⑤ 미생물이 인간에게 해로운 이유

 다음 글의 내용 흐름 상 가장 적절한 문단배열 순서는?

(A) 또한 연구팀은 이러한 결과가 일부 지역이나 서유럽인에게만 나타나는 현상이 아니라는 점을 밝히기 위해 서유럽인과 유전자가 다른 인종에 대해 동일한 조사를 실시한 결과를 함께 발표하였다. 비어(Beer) 박사는 이번 연구 결과는 매우 흥미롭지만, 어떤 이유로 이러한 일이 발생하는지에 대한 추가 연구가 필요하다고 조언했다.

(B) 많은 사람들이 오래 살기를 원하는 만큼 식습관에 신경을 기울이고, 몸에 좋다는 고가의 약을 섭취하며, 각종 운동을 통해 건강한 신체를 유지하고 노화를 방지하려 한다.

(C) 그 결과 연구팀은 인간이 80세가 넘으면 노화 속도가 줄어들기 시작하고, 105세가 넘어가면 노화현상이 안정화된다고 주장했다. 연구팀은 그들만의 새로운 연구 방식을 통해 이러한 결론을 도출할 수 있었다고 밝혔다.

(D) 그러나 105살이 되면 이런 노력 없이도 노화가 정지된다는 연구 결과가 발표되었, 라 사피엔자 대학교의 인구학자 바르비(Barbi) 교수가 이끄는 국제 공동연구팀은 2009년부터 2015년까지 6년간 서유럽에 살았던 105살 이상의 인구 3,836명을 대상으로 수명 상태를 분석하였다.

① (A)-(B)-(C)-(D)　　② (B)-(C)-(D)-(A)　　③ (B)-(D)-(C)-(A)
④ (C)-(D)-(B)-(A)　　⑤ (D)-(A)-(C)-(B)

20. 다음 글의 흐름상 〈보기〉가 위치할 곳으로 가장 적절한 곳은?

(A)

'소피스트'는 그리스어로 '지혜로운 자'라는 뜻으로 기원전 5~4세기경의 그리스 철학자들을 말한다. 이들은 여러 국가를 유랑하며 다양한 주제에 대해 강연했지만, 주로 아테네 사람들을 대상으로 수사학, 웅변술, 문법, 문화, 예술, 음악 등을 가르쳤다.

(B)

대표적인 소피스트로는 프로타고라스, 고르기아스 등이 있는데 이들은 절대적인 진리를 부정하고 세상에 보편적인 진리는 존재하지 않는다고 주장했다. 오히려 현실의 경험을 통해 얻는 모든 지식이 참된 것이라고 생각했다.

(C)

소피스트들은 논쟁을 할 때면 항상 상대방의 주장에 반대되는 주장을 제시한 다음 두 가지 모두 참이라고 말했다.

(D)

이러한 소피스트들의 행태에 대하여 철학자 플라톤은 진리를 등한시하고 논쟁에서 승리하려고만 한다고 비판하였다. 또한 그들의 주장은 논리에 반대되기만 하는 것뿐이라면서 그들의 논리를 '반논리'로 규정했다.

(E)

〈 보 기 〉

예를 들어 'A라는 사람이 키가 크다.'라는 주장에 대하여 'A는 B에 비해서 키가 크기 때문에 키가 큰 것은 맞지만, C에 비해서는 키가 작기 때문에 키가 작은 것도 맞다.'라고 주장하는 것이다.

① (A)   ② (B)   ③ (C)
④ (D)   ⑤ (E)

자료해석

기출복원 모의고사

해설 p.101

문항수 20문항 | 제한시간 15분

01. 다음은 2024년 7월 15대 주요 품목별 수출액 및 전월 대비 증감률에 대한 자료이다. 다음 중 옳은 것은?

| 2024 상반기 기출 키워드 | 반도체 수출 관련 표

〈표〉 2024년 7월 15대 주요 품목별 수출액 및 전월 대비 증감률

(단위 : 억 달러, %)

구분	반도체	디스플레이	무선통신	컴퓨터	자동차	자동차부품	일반기계	선박
수출액	112.0	17.3	14.6	11.7	53.7	22.2	49.5	10.8
증감률	+50.4	+2.4	+53.6	+61.6	−9.1	+9.5	+12.5	−36.2
구분	석유제품	석유화학	바이오헬스	가전	섬유	철강	이차전지	전체
수출액	45.3	41.8	12.4	7.3	8.8	27.9	7.4	574.9
증감률	+16.7	+18.5	+29.0	+9.4	+1.6	−5.4	−0.3	+13.9

① 전월 대비 수출액이 감소한 항목은 3가지이다.

② 전월 대비 수출액의 증가율이 가장 큰 항목은 반도체이다.

③ 석유화학과 석유제품의 수출액 차는 섬유와 이차전지의 수출액 차보다 크다.

④ 증감률이 두 번째로 큰 항목은 수출액 역시 두 번째로 크다.

⑤ 전월 대비 20% 미만으로 증가한 항목은 5가지이다.

02. 다음은 2015~2023년 분쟁 건수와 2023년 분쟁 분야에 대한 자료이다. 다음 〈보기〉 중 옳은 것을 모두 고른 것은?

| 2024 상반기 기출 키워드 | 원형 그래프

〈그래프1〉 2015~2023년 분쟁 건수

(단위 : 건)

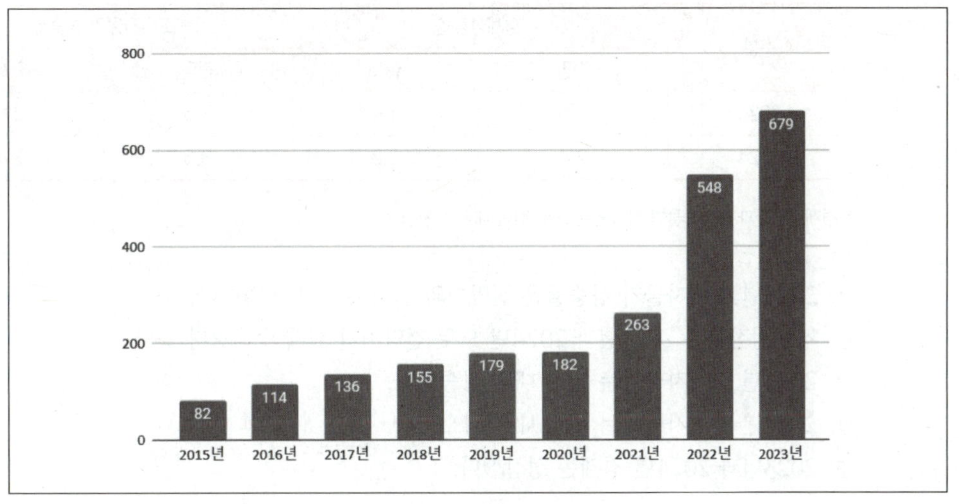

〈그래프2〉 2023년 분쟁분야

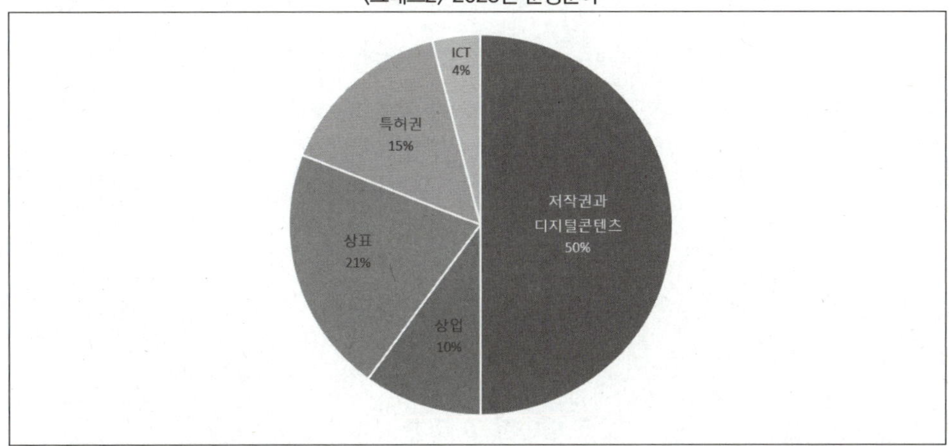

〈 보 기 〉

ㄱ. 2023년 저작권과 디지털콘텐츠의 분쟁 건수는 300건 이상이다.

ㄴ. 조사기간 동안 분쟁 건수가 전년 대비 가장 큰 폭으로 증가한 해는 2023년이다.

ㄷ. 2023년 특허권과 상업 분쟁 건수의 차는 30건 이상이다.

ㄹ. 분쟁 건수는 조사기간 동안 지속적으로 증가하고 있다.

① ㄱ, ㄴ   ② ㄱ, ㄷ, ㄹ   ③ ㄴ, ㄷ

④ ㄷ, ㄹ   ⑤ ㄴ, ㄷ, ㄹ

다음은 경제성장률과 소비자물가 상승률의 전망치와 실제 수치에 대한 자료이다. 다음 중 옳지 않은 것은?

| 2024 상반기 기출 키워드 | 5지선다형 자료해석

〈표〉 경제성장률과 소비자물가 상승률의 전망치 및 실제 수치

(단위 : %)

구분	경제성장률		소비자물가 상승률	
	전망	실제	전망	실제
2023	1.6	1.4	3.5	3.5
2024	2.4	2.3	3.5	2.4

* 경제성장률과 소비자물가 상승률은 모두 전년 대비 수치임

① 2023년 소비자물가 상승률은 전망치와 실제 수치가 동일하다.
② 경제성장률은 2023년과 2024년 모두 전망치가 실제 수치보다 높다.
③ 2023년 소비자물가는 전년 대비 상승했다.
④ 2024년 소비자물가는 전년 대비 감소했다.
⑤ 2023년과 2024년 경제는 성장했다.

04. 다음은 S국 지정등록문화재에 대한 자료이다. 다음 중 옳지 않은 것은? (단, 소수점 아래 둘째 자리에서 반올림한다.)

| 2024 상반기 기출 키워드 | 5지선다형 자료해석

〈표〉 S국 2024년 지정등록문화재 현황

(단위 : 개)

구분	지정등록문화재	지정문화재	국가등록문화재	시·도등록문화재
전국	15,079	14,061	952	66
서울특별시	2,042	1,789	234	19
부산광역시	535	511	22	(A)
대구광역시	296	283	13	0
인천광역시	280	263	9	( )
광주광역시	166	144	22	0
대전광역시	234	( )	23	1
울산광역시	157	150	(B)	0

※ 지정등록문화재는 지정문화재, 국가등록문화재, 시·도등록문화재만 있다.
※ 지정등록문화재 = 지정문화재 + 국가등록문화재 + 시·도등록문화재

① 지정문화재의 수가 많은 행정구역일수록 지정등록문화재의 수가 많다.
② A의 값은 2이고, B의 값은 7이다.
③ 서울특별시 외에 시·도 등록문화재가 8개 이상인 행정구역이 존재한다.
④ 국가등록문화재가 가장 많은 도시는 서울특별시이다.
⑤ 대구광역시와 인천광역시의 지정문화재 수의 차는 대전광역시와 광주광역시의 국가등록문화재 수의 차보다 크다.

05. 다음은 2024년 S시 아파트 실거래가격지수에 대한 자료이다. 이에 대한 설명으로 〈보기〉에서 옳은 것을 모두 고른 것은?

〈표〉 2024년 S시 아파트 실거래가격지수

구분	2020년 2월	2021년 2월	2022년 2월	2023년 2월	2024년 2월
실거래가격지수	94	100.9	118.6	129.3	164.7

※ 2019년 2월 = 100

〈 보 기 〉

ㄱ. 2020년 2월 전년 동월 대비 아파트 가격은 하락했다.

ㄴ. 2021년 2월 이후 전년 동월 대비 아파트 가격이 지속적으로 증가했다.

ㄷ. 전년 동월 대비 아파트 실거래가격지수가 가장 큰 폭으로 증가한 것은 2022년 2월이다.

ㄹ. 2022년 2월 전년 동월 대비 아파트 실거래가격지수의 증가율은 10% 미만이다.

① ㄱ, ㄴ　　　　② ㄱ, ㄷ　　　　③ ㄱ, ㄹ
④ ㄴ, ㄷ　　　　⑤ ㄴ, ㄹ

06. 다음은 M국의 의약품별 특허 출원현황에 대한 자료이다. 다음 〈보기〉 중 옳은 것을 모두 고른 것은?

〈표〉 M국의 의약품별 특허 출원현황

(단위 : 건)

구분	2021년	2022년	2023년
완제 의약품	7,137	4,394	2,999
원료 의약품	1,757	797	500
기타 의약품	2,236	1,517	1,220
합계	11,130	6,708	4,719

〈 보 기 〉

ㄱ. 완제 의약품과 원료 의약품의 전년 대비 증감 추이는 동일하다.

ㄴ. 2023년 기타 의약품은 2021년보다 1,000건 미만 감소했다.

ㄷ. 2022년 원료 의약품의 비중은 10% 미만이다.

ㄹ. 2021년 원료 의약품은 2023년 원료 의약품의 2배 이상이다.

① ㄱ, ㄷ　　　　② ㄱ, ㄹ　　　　③ ㄴ, ㄷ
④ ㄴ, ㄹ　　　　⑤ ㄷ, ㄹ

 다음은 S기업의 2021년과 2022년 자산총액의 항목별 구성비를 나타낸 자료이다. 다음 〈보기〉 중 옳은 것을 모두 고른 것은?

| 2024 상반기 기출 키워드 | 보기가 ㄱ, ㄴ, ㄷ, ㄹ로 주어진 자료해석

〈표〉 S기업의 2021년과 2022년 자산총액의 항목별 구성비

(단위 : %)

항목	2021년	2022년
현금 및 현금성자산	7	8
단기금융상품	15	13
매출채권	7	7.5
재고자산	5	5
유형자산	27.5	26.5
무형자산	17	13
이연법인세자산	12	16
기타비유동자산	9.5	11

※ 2021년 자산총액 3,000억 원, 2022년 자산 총액 2,500억 원

※ 유동자산 = 현금 및 현금성자산 + 단기금융상품 + 매출채권 + 재고자산

〈 보 기 〉

ㄱ. 2021년과 2022년 재고자산은 동일하다.

ㄴ. 2022년 기타비유동자산은 250억 원 이상이다.

ㄷ. 2021년 단기금융상품 금액은 2022년 단기금융상품 금액보다 많다.

ㄹ. 2022년 유동자산 금액은 2021년보다 많다.

① ㄱ, ㄴ ② ㄱ, ㄷ ③ ㄴ, ㄷ
④ ㄴ, ㄹ ⑤ ㄷ, ㄹ

08. 다음은 2021~2023년 S지역 곡물 재배면적 및 생산량에 대한 자료이다. 다음 중 옳은 것은?

| 2024 상반기 기출 키워드 | 증감 추이를 묻는 문제

〈표〉 2021~2023년 S지역 곡물 재배면적 및 생산량

(단위 : 천 정보, 천 석)

구분		2021년	2022년	2023년
두류	재배면적	264	215	208
	생산량	750	633	772
잡곡	재배면적	301	317	339
	생산량	1,143	1,215	1,362
서류	재배면적	87	101	138
	생산량	1,228	1,436	2,612

① 서류 생산량의 전년 대비 증감 추이는 증가와 감소를 반복한다.

② 매년 잡곡의 생산량이 가장 많다.

③ 두류의 재배면적과 생산량의 증감 추이가 동일하다.

④ 2023년 잡곡의 생산량은 두류의 생산량의 약 1.5배이다.

⑤ 2021년 대비 2023년 재배면적이 가장 큰 폭으로 증가한 것은 서류이다.

09. 다음은 2020~2022년 농림수산식품 수출액 상위 5개 품목에 대한 자료이다. 이를 바탕으로 옳지 않은 것은?

| 2024 상반기 기출 키워드 | 5지선다형 자료해석

〈표〉 2020~2022년 농림수산식품 수출액 상위 5개 품목

(단위 : 천 톤, 백만 불)

순위	2020년			2021년			2022년		
	품목	수출물량	수출액	품목	수출물량	수출액	품목	수출물량	수출액
1	배	10.5	24.3	인삼	0.7	37.8	인삼	0.5	22.3
2	인삼	0.4	23.6	배	7.7	19.2	배	6.5	20.5
3	사과	7.3	15.2	유자차	5.7	12.6	궐련	1.6	18.4
4	김치	37.5	15.0	궐련	0.6	8.1	유자차	7.0	14.6
5	유자차	4.8	9.7	비스킷	1.8	7.9	비스킷	2.4	8.8

① 조사기간 동안 항상 5위 안에 있는 품목은 인삼, 배, 유자차이다.

② 2021년 인삼의 수출액은 전년 대비 증가했다.

③ 유자차의 수출물량은 매년 증가했다.

④ 2022년 농림수산식품 수출액 상위 5개 품목의 수출액 합은 85백만 불 이상이다.

⑤ 배의 수출물량은 지속적으로 감소했다.

10. 다음은 2021~2023년 L국의 업종별 일반음식점 수를 나타낸 자료이다. 다음 중 옳지 않은 것은?

| 2024 상반기 기출 키워드 | 5지선다형 자료해석

〈표〉 2021~2023년 L국 업종별 일반음식점 수

(단위 : 개소)

구분	2021년	2022년	2023년
한식	317,200	314,028	307,500
중식	28,670	27,540	26,850
일식	12,540	11,420	10,790
서양식	15,757	14,550	13,980
기타 외국식	2,333	2,450	2,340
계	376,500	369,988	361,460

① 조사기간 동안 매년 한식 일반음식점 수가 가장 많았다.

② 조사기간 동안 매년 일식 일반음식점 수가 두 번째로 적었다.

③ 기타 외국식 일반음식점 수는 지속적으로 전년 대비 감소했다.

④ 중식 일반음식점 수는 2021년 대비 2023년 1,000개소 이상 감소했다.

⑤ 서양식 일반음식점 수는 2022년 대비 2023년 500개소 이상 감소했다.

11. 다음은 2023년 하반기 고속철도 여객수송실적에 대한 자료이다. 다음 〈보기〉 중 옳은 것을 모두 고른 것은?

〈표〉 2023년 하반기 고속철도 여객수송실적

(단위 : 천 명)

구분	수송인원	승차인원	유입인원
7월	6,431	( )	3,267
8월	6,720	3,103	3,617
9월	6,333	2,853	3,480
10월	( )	3,048	3,827
11월	6,717	2,923	3,794
12월	6,910	3,010	( )

※ 수송인원 = 승차인원 + 유입인원

〈 보 기 〉

ㄱ. 수송인원은 지속적으로 증가한다.
ㄴ. 유입인원의 전월 대비 증감 추이는 증가와 감소를 반복한다.
ㄷ. 승차인원은 지속적으로 감소한다.
ㄹ. 수송인원이 가장 많았던 월에 유입인원도 가장 많다.

① ㄱ, ㄴ ② ㄱ, ㄷ ③ ㄱ, ㄹ
④ ㄴ, ㄷ ⑤ ㄴ, ㄹ

12. 다음은 S국의 2023년 2분기와 3분기 죄종별 범죄발생 및 검거현황에 대한 자료이다. 다음 설명 중 옳지 않은 것은?

| 2024 상반기 기출 키워드 | 5지선다형 자료해석

〈표〉 S국의 2023년 2분기와 3분기 죄종별 범죄발생 및 검거현황

(단위 : 건)

죄종별	2023년 2분기		2023년 3분기	
	발생건수	검거건수	발생건수	검거건수
총계	226,002	157,037	226,020	157,815
강력범죄	6,364	5,983	6,797	6,398
절도범죄	48,262	33,990	48,392	35,178
폭력범죄	59,438	52,296	60,245	53,194
지능범죄	111,938	64,768	110,586	63,045

① 2023년 2분기와 3분기 모두 지능범죄의 발생건수가 가장 많다.
② 발생건수가 많을수록 검거건수도 많다.
③ 2023년 3분기 절도범죄 검거건수는 전 분기 대비 1,000건 미만 증가했다.
④ 지능범죄와 강력범죄 검거건수의 증감 추이가 서로 다르다.
⑤ 발생건수와 검거건수의 총계는 2023년 3분기에 모두 전 분기 대비 증가했다.

13. 다음은 지역별 S대학교 지원자 및 합격자에 대한 자료이다. 다음 중 합격률이 가장 높은 지역은?

| 2024 상반기 기출 키워드 | 5지선다형 자료해석

〈표〉 지역별 S대학교 지원자 및 합격자 현황

(단위 : 명)

지역 \ 구분	지원자	합격자
A	300	16
B	20	1
C	50	2
D	100	6
E	200	9

※ 합격률(%) = $\dfrac{합격자}{지원자} \times 100$

① A ② B ③ C
④ D ⑤ E

 다음은 상품 A의 생산가격 비율을 나타낸 자료이다. 다음 중 옳지 않은 것은?

〈그래프〉 상품 A의 생산가격 비율

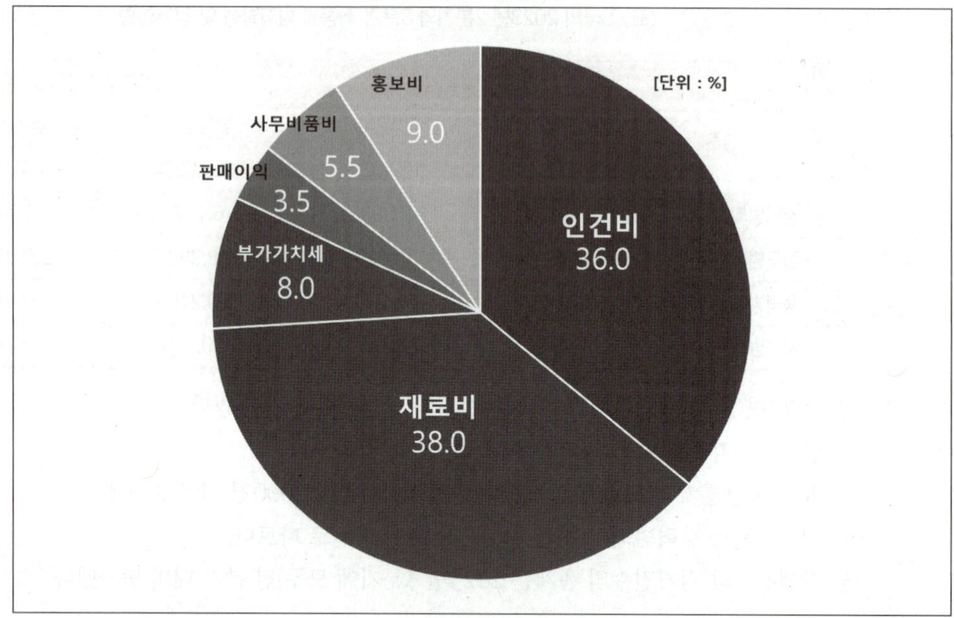

① 상품 A를 생산할 때 재료비와 인건비의 비율의 합은 50%를 넘는다.

② 상품 A를 생산하는 비용이 100억 원일 때, 판매이익은 3.5억 원이다.

③ 상품 A를 생산하는 비용이 50억 원일 때, 부가가치세는 4억 원이다.

④ 상품 A의 홍보비와 사무비품비는 생산가격의 10% 미만이다.

⑤ 인건비가 60억 원이라면 홍보비는 15억 원이다.

15. 다음은 2021년 신재생에너지에 대한 자료이다. 다음 중 옳지 않은 것은?

〈표〉 2021년 신재생에너지 업종별 현황

업종별	사업체 수 (개)	종사자 수 (명)	매출액 (억 원)	투자액 (억 원)
신재생에너지 제조업	536	11,864	121,191	5,408
신재생에너지 건설업	2,144	14,937	64,544	332
신재생에너지 발전 및 열 공급업	104,132	108,462	87,352	57,630
신재생에너지 서비스업	1,021	5,690	15,001	350

① 투자액 대비 사업체 수가 가장 적은 업종은 신재생에너지 제조업이다.

② 사업체 수가 두 번째로 많은 업종은 매출액도 두 번째로 많다.

③ 종사자 수가 가장 적은 업종은 매출액도 가장 적다.

④ 매출액을 제외한 각 항목의 1순위는 모두 신재생에너지 발전 및 열 공급업이다.

⑤ 신재생에너지 서비스업의 투자액보다 투자액이 작은 업종의 사업체 수는 신재생에너지 서비스업의 사업체 수보다 많다.

16. 다음은 2019~2023년 S국의 국세 및 지방세에 관한 자료이다. 설명으로 옳지 않은 것은?

〈표〉 2019~2023년 S국의 국세 및 지방세 현황

구분	연도	2019년	2020년	2021년	2022년	2023년
국세	징수액	192	216	138	202	178
	감면액	30	33	21	34	30
지방세	징수액	49	62	41	54	49
	감면액	15	11	8	14	15

① 국세 징수액은 지방세 징수액보다 항상 많다.

② 지방세 감면액은 국세 감면액보다 항상 적다.

③ 지방세 징수액은 전년 대비 지속적으로 증가한다.

④ 국세 감면액의 전년 대비 증감 추이는 증가와 감소를 반복한다.

⑤ 국세 징수액과 지방세 징수액의 증감 추이가 동일하다.

 다음은 S국의 2018~2022년 비만율을 나타낸 그래프이다. 다음 중 설명으로 옳은 것은?

| 2024 상반기 기출 키워드 | 5지선다형 자료해석

〈그래프〉 S국의 2018~2022년 비만율

(단위 : %)

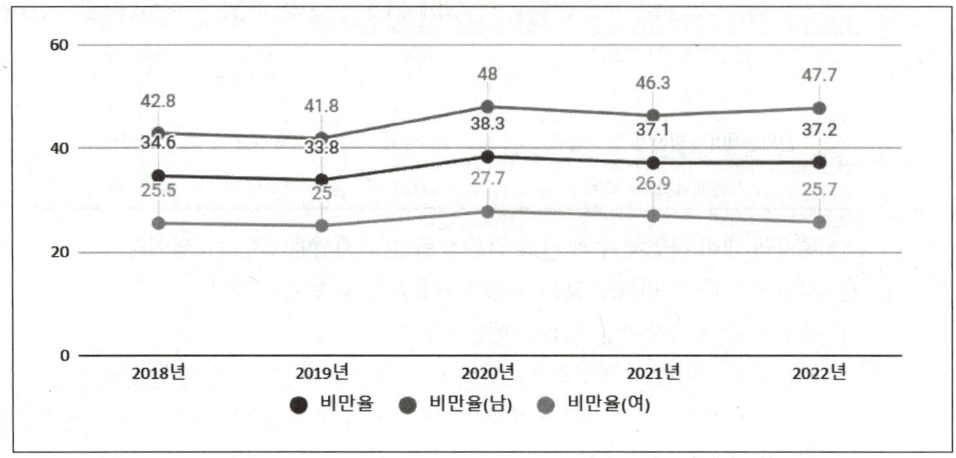

① 비만율은 지속적으로 증가한다.

② 여자의 비만율은 남자의 비만율보다 항상 낮다.

③ 남자와 여자의 비만율이 교차하는 지점은 2개이다.

④ 비만율이 가장 높았던 해는 주어진 기간 동안 남자의 비만율은 두 번째로 높은 해이다.

⑤ 2021년 여자의 비만율이 감소한 것은 운동하는 사람이 증가했기 때문이다.

 다음은 S국의 2014~2023년 출산율에 대한 자료이다. 다음 중 옳지 않은 것은?

〈그래프〉 S국의 2014~2023년 출산율

(단위 : 명/가임여성 1명당)

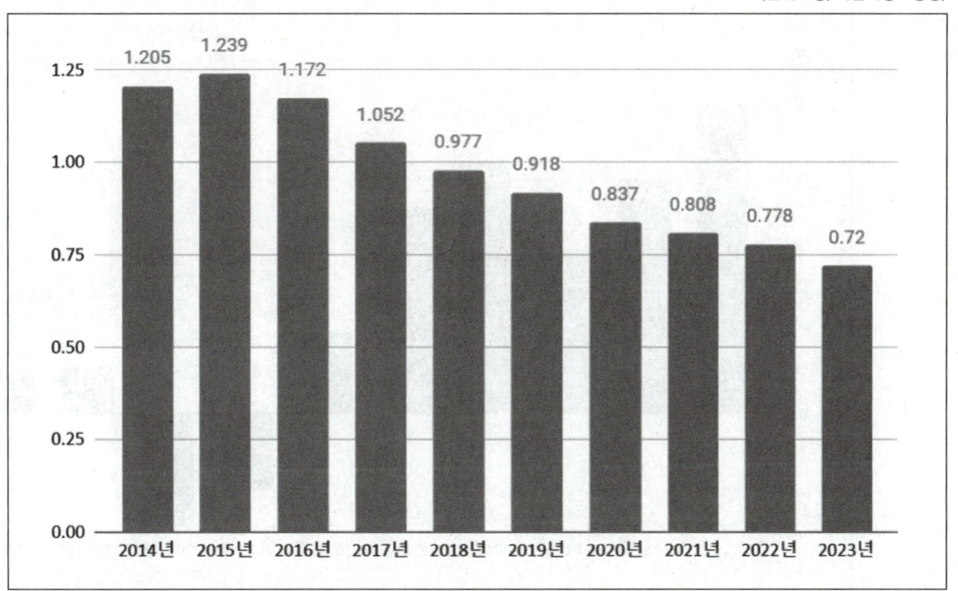

① 2016년부터 출산율은 지속적으로 감소했다.

② 2018년 처음으로 가임여성 1명당 출생한 아이는 1명 이하이다.

③ 2023년 출산율은 전년 대비 0.05명 이상 감소했다.

④ 가임여성 1명당 출생한 아이가 1명이 넘는 해는 4개이다.

⑤ 전년 대비 출산율이 가장 큰 폭으로 감소한 해는 2022년이다.

 다음은 S국의 인구성장률을 나타낸 자료이다. 다음 중 옳지 않은 것은?

〈그래프〉 S국 인구성장률

(단위 : %)

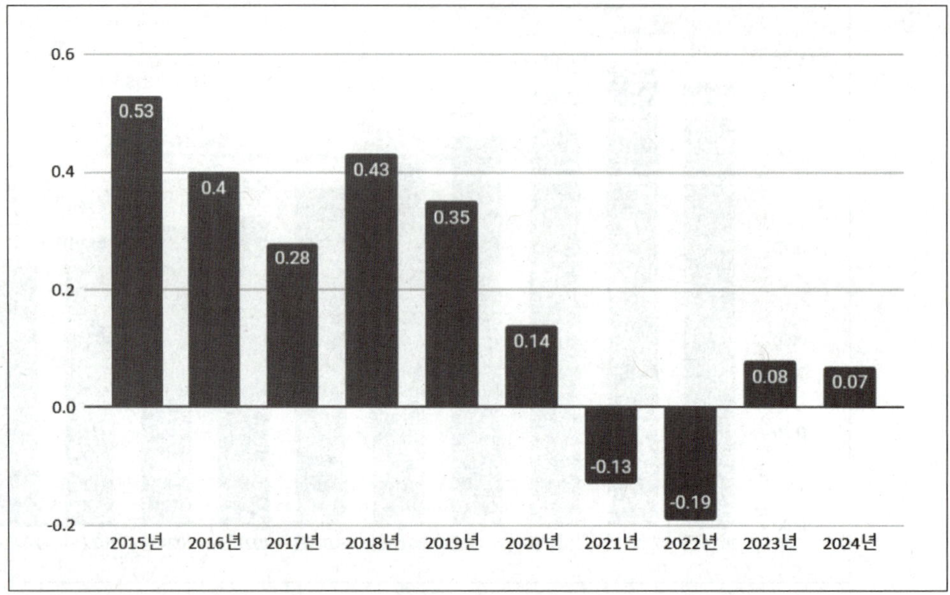

① 2018년부터 2022년 인구는 지속적으로 감소한다.

② 인구성장률이 가장 큰 해와 가장 작은 해의 인구성장률의 차는 0.72%p이다.

③ 인구가 전년 대비 증가한 해 중 인구성장률이 가장 작은 해는 2024년이다.

④ 2015년부터 2017년의 인구성장률과 2018년부터 2020년의 인구성장률의 증감 추이가 동
일하다.

⑤ 2023년 인구는 2021년 이후 처음으로 전년 대비 증가했다.

| 2024 상반기 기출 키워드 | 자료계산

20. 다음은 S국의 감척지원금 신청 어선 현황이다. 다음 중 감척지원금이 가장 작은 어선은?

〈표〉 감척지원금 신청 어선 현황

(단위 : 백만 원, 명)

어선	어선 잔존가치	평년수익액	선원 수
A	170	60	6
B	350	80	8
C	200	150	10
D	50	30	3
E	150	100	5

※ 감척지원금 = 어선 잔존가치 + (평년수익액 / 선원 수)

① A ② B ③ C
④ D ⑤ E

기출복원 모의고사

해설 p.104

문항수 20문항 | 제한시간 15분

01. 딸기의 함유량이 8%인 딸기잼 400g과 딸기의 함유량이 15%인 딸기잼을 섞어 딸기의 함유량이 11%인 딸기잼을 만들었다. 이때 15%의 딸기잼의 양을 바르게 구한 것은?

| 2024 상반기 기출 키워드 | 딸기잼 비율 문제

① 250g ② 300g ③ 350g
④ 400g ⑤ 450g

02. 둘레가 1.2km인 운동장이 있다. 이 운동장의 출발점에서 서진과 서영이가 같은 방향으로 돌면 40분 후에 처음 만나고, 반대 방향으로 돌면 15분 후에 처음 만난다. 서진이가 서영이보다 더 빠르게 걷는다고 할 때, m/m 단위로 구한 서진이와 서영이의 속력을 곱한 값을 바르게 구한 것은?

| 2024 상반기 기출 키워드 | 원형 운동장을 반대로 달릴 때, 같은 방향으로 달릴 때의 속도 차이

① 1,340 ② 1,345 ③ 1,355
④ 1,375 ⑤ 1,395

03. S기업은 24년 9월 5일 화요일에 전체 회의를 진행했다. 다음 회의를 24년 12월 13일에 진행한다고 할 때 다음 회의는 무슨 요일인지 바르게 구한 것은?

| 2024 상반기 기출 키워드 | 회의 진행 요일

① 월요일 ② 화요일 ③ 수요일
④ 목요일 ⑤ 금요일

04. 한 변의 길이가 13cm인 정사각형 울타리가 있다. 다음 그림처럼 울타리 안에 둘레가 28㎝인 직사각형의 건물외벽을 만들려고 할 때, x의 값을 바르게 구한 것은?

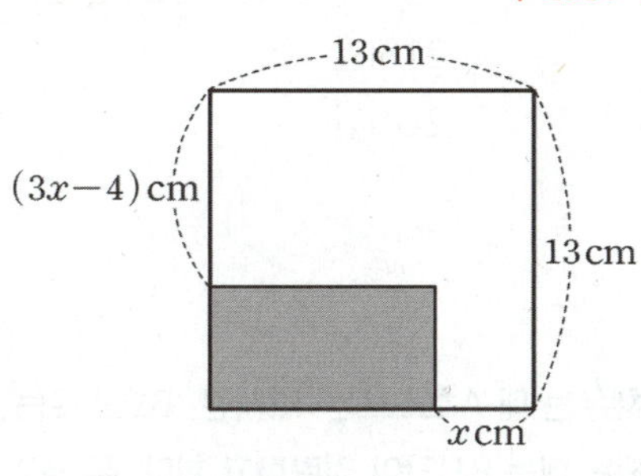

① 4cm　　② 5cm　　③ 6cm
④ 7cm　　⑤ 8cm

05. 출발점 A에서 도착점 B까지 최단 거리로 이동하는 가지 수를 바르게 구한 것은?

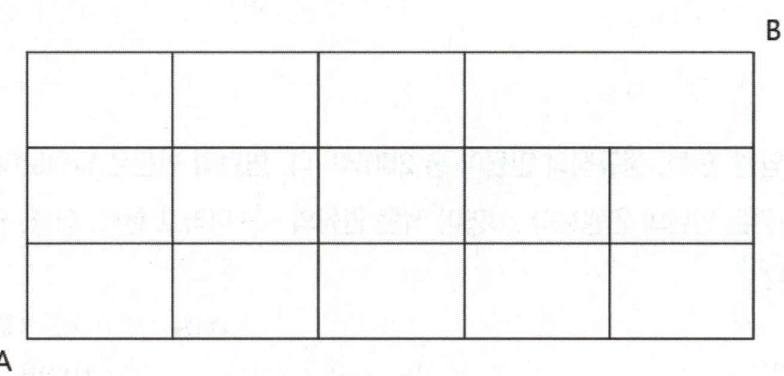

① 37가지　　② 38가지　　③ 39가지
④ 40가지　　⑤ 41가지

06. S기업의 전체 신입사원 중 남자와 여자의 비율이 0.55 : 0.45이다. 여자 중에서 안경을 낀 사람과 안경을 끼지 않은 사람의 비율이 0.55 : 0.45 라고 한다. 전체사원들 중에서 무작위로 한 명을 뽑았을 때 안경을 낀 사람일 확률이 0.44였다면, 남자 중에서 안경을 낀 비율을 바르게 구한 것은?

① 0.275　　② 0.3　　③ 0.325
④ 0.35　　⑤ 0.375

07. 어떤 일을 a가 5시간, b가 8시간 동안 일하거나, a가 6시간, b가 5시간 동안 일하면 일을 다 끝낼 수 있다. 만약 b가 혼자 일을 다 해야 한다면 몇 시간이 걸리는지를 바르게 구한 것은?

① 20시간 ② 21시간 ③ 22시간
④ 23시간 ⑤ 24시간

08. 어떤 물통에 물을 가득 채우는 데 A호스로는 12시간, B호스로는 6시간이 걸린다. 또한, 이 물통에 가득 찬 물을 C호스로 빼는 데는 8시간이 걸린다고 한다. 두 호스 A, B로 물을 넣는 동시에 C호스로 물을 빼기 시작했다면, 이 물통에 물이 가득 채워지는 데 걸리는 시간은 몇 시간인지 바르게 구한 것은?

① 8시간 ② 7시간 ③ 6시간
④ 5시간 ⑤ 4시간

09. S기업에 임원, 인턴, 정규직의 인원이 총 250명이다. 인턴의 인원은 임원보다 25명이 더 많고, 정규직의 인원은 인턴의 인원보다 10명이 적은 인원의 $\frac{1}{7}$이라고 한다. 이때, 임원의 인원을 바르게 구한 것은?

① 101명 ② 102명 ③ 103명
④ 104명 ⑤ 105명

10. 거리가 12km인 강을 하류에서 상류로, 다시 상류에서 하류로 왕복한다고 한다. 보트의 속력은 10km/h이고, 강물의 속력은 2km/h라고 할 때, 총 걸린 시간을 바르게 구한 것은? (단, 흐르는 강물의 속력과 보트의 속력은 일정하다고 한다.)

① 2.6시간 ② 2.5시간 ③ 2.4시간
④ 2.3시간 ⑤ 2시간

11. 남자 4명과 여자 3명의 후보 중에서 대표로 4명을 뽑을 때, 남자 2명, 여자 2명이 뽑힐 확률을 바르게 구한 것은?

① $\dfrac{1}{4}$

② $\dfrac{3}{35}$

③ $\dfrac{9}{35}$

④ $\dfrac{11}{35}$

⑤ $\dfrac{18}{35}$

12. 한 의자당 6명씩 앉으면 직원 5명이 못 앉는다. 한 의자당 8명씩 앉으면 빈 의자는 없고 마지막 의자에 직원 3명만 앉는다. 이때, 직원의 수를 바르게 구한 것은?

① 32명

② 35명

③ 36명

④ 37명

⑤ 40명

13. 6%의 소금물 200g과 12%의 소금물 300g을 섞은 후 물을 증발시켰더니 12%의 소금물이 되었다. 이때 증발시킨 물의 양을 바르게 구한 것은?

① 80g

② 90g

③ 100g

④ 110g

⑤ 120g

14. 어떤 상품을 원가에 30%의 이익을 붙여서 정가를 정하고, 정가에서 1,200원을 할인하여 팔았더니 1개를 팔 때마다 원가의 10%의 이익을 얻었다. 이 상품의 원가를 바르게 구한 것은?

① 4,000원

② 4,500원

③ 5,000원

④ 5,500원

⑤ 6,000원

15. 어느 모임의 전체 학생 수는 작년에 500명이었는데 올해는 작년에 비해 남학생 수는 14% 감소하고 여학생 수는 6% 증가하여 전체적으로 6%가 줄었다. 올해의 남학생 수를 바르게 구한 것은?

① 182명　　　　② 196명　　　　③ 210명
④ 258명　　　　⑤ 342명

16. K제과에서 케이크 A, B를 각각 1개씩 만드는 데 필요한 밀가루와 우유의 양이 아래 표와 같고, 하루 동안 사용이 가능한 밀가루와 우유의 양은 각각 40kg, 20L라고 한다. 케이크 A, B를 1개씩 만들어 판매했을 때, 이익은 각각 2만 원, 1만 원이라고 한다. 하루 동안 만든 케이크를 모두 판매한다고 할 때, 최대이익을 바르게 구한 것은? (단, 케이크 A, B는 최소 1개 이상을 만들어 판매한다.)

구분	밀가루	우유
A	3kg	1L
B	1kg	2L

① 20만 원　　　　② 24만 원　　　　③ 25만 원
④ 27만 원　　　　⑤ 28만 원

17. 둘레가 2km인 호수가 있다. 이 호수 둘레를 같은 지점에서 반대 방향으로 은솔이는 82m/m, 민준이는 106m/m으로 동시에 출발하였다. 5분 후 두 사람이 있는 지점으로부터 두 사람이 만나기까지 각각 이동해야 하는 거리의 합을 바르게 구한 것은?

① 1,060m　　　　② 1,160m　　　　③ 1,260m
④ 1,360m　　　　⑤ 1,460m

18. S기업 R팀 24명을 대상으로 올해 봉사활동에 대한 선호도를 조사하였다. 이 조사에 참여한 직원은 연탄 배달과 유기견 보호 봉사 중 하나를 선택했다. 조사에 참여한 남자직원 중에서 임의로 한 명을 선택했을 때, 이 직원이 유기견 보호 봉사를 선택했을 확률을 바르게 구한 것은?

| 2024 상반기 기출 키워드 | 조건부 확률

구분	연탄 배달	유기견 보호	합계
남자직원	5	7	12
여자직원	4	8	12
합계	9	15	24

① $\dfrac{3}{4}$　　② $\dfrac{3}{8}$　　③ $\dfrac{7}{6}$

④ $\dfrac{7}{12}$　　⑤ $\dfrac{7}{24}$

19. 현재 진경이 아버지의 나이는 진경이의 나이의 6배이다. 15년 후에 진경이 아버지의 나이가 진경이의 나이의 3배보다 12세 적다고 할 때, 현재 진경이의 나이를 바르게 구한 것은?

| 2024 상반기 기출 키워드 | 나이 문제

① 4세　　② 5세　　③ 6세

④ 7세　　⑤ 8세

20. 일정한 속력으로 달리는 열차가 길이가 700m인 철교를 완전히 통과하는 데 1분이 걸렸다. 또 길이가 1,350m인 터널을 통과할 때는 열차가 1분 30초 동안 보이지 않았다. 이 열차의 길이를 바르게 구한 것은?

| 2024 상반기 기출 키워드 | 기차 문제

① 135m　　② 130m　　③ 125m

④ 120m　　⑤ 110m

기출복원 모의고사

해설 p.107

문항수 20문항 | 제한시간 15분

---

01. A, B, C, D, E는 일렬로 줄을 선다. 〈보기〉의 조건을 토대로 반드시 여직원인 사람을 고르시오.

| 2024 상반기 기출 키워드 | 5명 일렬로 줄 세우기 문제

〈 보 기 〉

- A와 C의 성별은 같다.
- 남직원끼리는 이웃하게 줄을 서지 않는다.
- 여직원의 수는 남직원의 수보다 적다.
- D는 E와 이웃하게 줄을 선다.

① A   ② B   ③ C
④ D   ⑤ E

---

02. A, B, C, D, E의 키가 모두 다르다고 할 때 〈보기〉를 토대로 항상 참인 것을 고르시오.

| 2024 상반기 기출 키워드 | 순서 정하는 문제

〈 보 기 〉

- A는 C보다 키가 크다.
- D의 키는 B보다 크고 E보다 작다.
- B보다 키가 큰 사람은 3명이다.

① E보다 키가 큰 사람은 없다.
② 5명 중 A의 키가 가장 크다.
③ D보다 키가 큰 사람은 2명이다.
④ C보다 키가 작은 사람은 없다.
⑤ 5명 중 D의 키가 가장 작다.

03. A, B, C, D, E 중 2명이 기혼이고 나머지 3명은 미혼이다. 5명 중 2명만 진실을 말한다고 할 때 진실을 말하는 2명을 알맞게 짝지은 것을 고르시오.

| 2024 상반기 기출 키워드 | 진실게임

〈 보 기 〉

A: B는 미혼이다.
B: D는 진실을 말한다.
C: 나와 D는 미혼이다.
D: C 또는 E가 기혼이다.
E: B가 기혼이다.

① A, D   ② A, E   ③ B, C
④ B, D   ⑤ C, E

04. A, B, C, D, E, F는 2행 3열로 배치된 의자에 앉는다. 〈보기〉를 참고하여 항상 거짓인 것을 고르시오.

| 2024 상반기 기출 키워드 | 의자 앉는 문제

〈 보 기 〉

- C와 F는 같은 행에 놓인 의자에 앉는다.
- A와 D는 같은 열에 놓인 의자에 앉는다.

① C와 B는 서로 다른 열에 놓인 의자에 앉는다.
② E와 F는 서로 다른 열에 놓인 의자에 앉는다.
③ A와 E는 서로 다른 행에 놓인 의자에 앉는다.
④ E와 B는 서로 다른 행에 놓인 의자에 앉는다.
⑤ B와 F는 서로 다른 행에 놓인 의자에 앉는다.

05. A, B, C 중 2명이 진실을 말하고 나머지 1명은 거짓을 말한다. 거짓을 말하는 1명만 결근했다고 할 때 〈보기〉를 참고하여 다음 중 항상 참인 것을 고르시오.

| 2024 상반기 기출 키워드 | 1명이 거짓을 말하는 문제

〈 보 기 〉

A: 나와 B는 결근하지 않았다.
B: A 또는 C가 결근했다.
C: A가 결근했다.

(가): A는 진실을 말한다.
(나): B는 진실을 말한다.
(다): C는 진실을 말한다.

① (나)만 옳다.　　　　　　　② (다)만 옳다.
③ (가)와 (다)만 옳다.　　　　④ (나)와 (다)만 옳다.
⑤ (가), (나), (다) 모두 옳다.

06. A, B, C, D는 식사로 한식과 양식 중 한 가지를 먹고 후식으로 커피와 녹차 중 한 가지를 먹는다. 식사와 후식의 조합이 같은 사람은 없다고 할 때 〈보기〉를 참고하여 한식과 녹차, 한식과 커피, 양식과 녹차, 양식과 커피 순으로 식사와 후식의 조합을 먹는 사람을 나열한 것을 고르시오.

| 2024 상반기 기출 키워드 | 식사와 후식 먹은 사람 나열하기

〈 보 기 〉

- B와 C는 같은 음식으로 식사한다.
- C와 A가 먹는 후식은 다르다.
- D는 한식과 녹차를 먹는다.

① D - A - C - B　　　② D - B - C - A　　　③ D - C - A - B
④ D - B - A - C　　　⑤ D - A - B - C

07. A, B, C, D, E는 회사 기밀자료를 유출한 용의자로 지목됐다. 5명 중 1명이 기밀자료를 유출했고 2명만 거짓을 말한다고 할 때 〈보기〉의 진술을 참고하여 거짓을 말하는 2명을 고르시오.

| 2024 상반기 기출 키워드 | 범인 찾는 문제, 거짓 2명, 진실 3명

〈 보 기 〉

A: E가 기밀자료를 유출했다.

B: E의 진술은 거짓이다.

C: E는 기밀자료를 유출하지 않았다.

D: B가 기밀자료를 유출했다.

E: B 또는 C가 기밀자료를 유출했다.

① A, B ② A, C ③ B, D
④ C, E ⑤ D, E

08. A, B, C, D, E는 모두 하나의 동아리에서 활동한다. 이들이 활동하는 동아리는 필라테스, 러닝, 테니스라고 할 때 〈보기〉를 참고하여 항상 참인 것을 고르시오.

| 2024 상반기 기출 키워드 | A~E, 필라테스, 러닝 동호회

〈 보 기 〉

- 필라테스 동아리에서 활동하는 인원과 러닝 동아리에서 활동하는 인원은 같다.
- B와 C는 같은 동아리에서 활동한다.
- D는 러닝 동아리에서 활동한다.

① D와 A는 서로 다른 동아리에서 활동한다.
② E와 B는 서로 다른 동아리에서 활동한다.
③ A와 E는 서로 다른 동아리에서 활동한다.
④ B와 A는 서로 다른 동아리에서 활동한다.
⑤ C와 E는 서로 다른 동아리에서 활동한다.

09. 투자자인 A, B, C, D는 금, 달러, 채권, 주식에 투자한다. 인당 2가지 종류의 투자를 한다고 할 때 〈보기〉를 참고하여 항상 참인 것을 고르시오.

| 2024 상반기 기출 키워드 | 참거짓 판별 문제

〈 보 기 〉

- A와 C는 채권에 투자하지 않는다.
- D는 달러에 투자하고 B는 금에 투자한다.
- A는 B가 투자한 2곳에 투자하지 않는다.
- 달러에 투자한 사람은 2명이다.

① B는 달러에 투자한다.
② D는 주식에 투자한다.
③ C는 금에 투자한다.
④ D는 채권에 투자한다.
⑤ A는 금에 투자한다.

10. 〈보기〉의 명제를 토대로 항상 참인 것을 고르시오.

| 2024 상반기 기출 키워드 | 4개의 문장이 주어진 명제추리

〈 보 기 〉

- 사주팔자에 목(木)이 많은 사람은 수(水)가 많다.
- 사주팔자에 금(金)이 많지 않은 사람은 화(火)가 많다.
- 사주팔자에 수(水)가 많은 사람은 금(金)이 많지 않다.
- 사주팔자에 토(土)가 많지 않은 사람은 화(火)가 많지 않다.

① 사주팔자에 토(土)가 많지 않으면 목(木)이 많지 않다.
② 사주팔자에 목(木)이 많으면 금(金)이 많다.
③ 사주팔자에 화(火)가 많지 않으면 수(水)가 많다.
④ 사주팔자에 금(金)이 많으면 목(木)이 많다.
⑤ 사주팔자에 토(土)가 많으면 수(水)가 많다.

11. A, B, C 중 1명이 야근을 한다. 3명 모두 2번씩 진술하며 한 진술은 진실, 나머지 한 진술은 거짓이라고 할 때 〈보기〉를 참고하여 항상 참인 것을 고르시오.

〈 보 기 〉

A: C는 야근하지 않는다.
A: B와 C는 야근하지 않는다.
B: C는 야근하지 않는다.
B: C가 야근한다.
C: 나와 A는 야근하지 않는다.
C: A가 야근한다.

(가): A는 야근하지 않는다.
(나): B는 야근하지 않는다.
(다): C는 야근하지 않는다

① (가)만 옳다.　　　　　　　　② (나)만 옳다.
③ (가)와 (다)만 옳다.　　　　　④ (나)와 (다)만 옳다.
⑤ (가), (나), (다) 모두 옳다.

12. A, B, C, D, E, F는 원형의 테이블에 일정한 간격으로 앉는다. 〈보기〉를 참고하여 F와 마주 보는 자리에 앉는 사람을 고르시오.

| 2024 상반기 기출 키워드 | 배치 문제

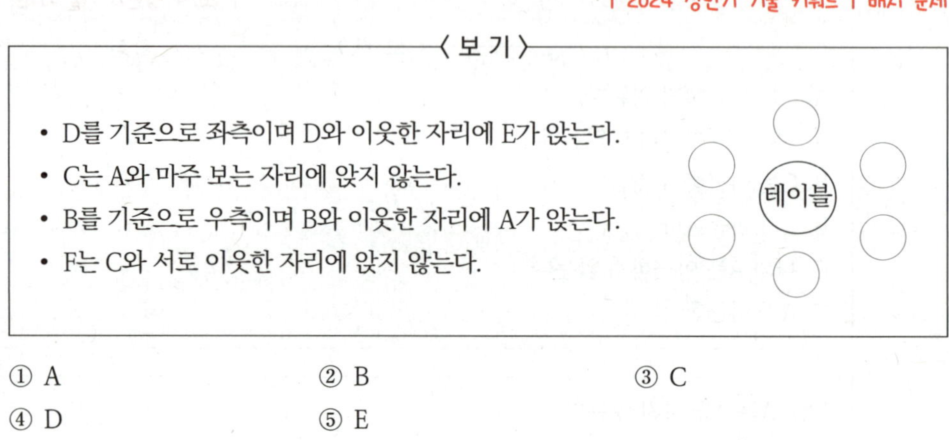

〈 보 기 〉

- D를 기준으로 좌측이며 D와 이웃한 자리에 E가 앉는다.
- C는 A와 마주 보는 자리에 앉지 않는다.
- B를 기준으로 우측이며 B와 이웃한 자리에 A가 앉는다.
- F는 C와 서로 이웃한 자리에 앉지 않는다.

① A ② B ③ C
④ D ⑤ E

---

13. A, B, C, D, E는 범인으로 지목된 용의자다. 5명 중 2명의 진술이 거짓이고 나머지 3명의 진술은 참이다. 범인은 1명이라고 할 때 〈보기〉의 진술을 토대로 범인을 고르시오.

| 2024 상반기 기출 키워드 | 범인 찾는 문제, 5명 중 범인 1명

〈 보 기 〉

A: D가 범인이다.
B: D는 범인이 아니다.
C: B가 범인이다.
D: C가 범인이다.
E: B와 D는 범인이 아니다.

① A ② B ③ C
④ D ⑤ E

14. 〈보기〉의 명제를 토대로 항상 거짓인 것을 고르시오.

| 2024 상반기 기출 키워드 | 4개의 문장이 주어진 명제추리

〈 보 기 〉

- 강준이의 몸무게는 은준이의 몸무게보다 가볍다.
- 유이의 몸무게는 은준이의 몸무게보다 무겁다.
- 율아의 몸무게는 보윤이의 몸무게보다 무겁다.
- 은준이의 몸무게는 보윤이의 몸무게와 같다.

① 유이의 몸무게는 율아의 몸무게보다 무겁다.
② 율아의 몸무게는 은준이의 몸무게보다 무겁다.
③ 보윤이의 몸무게는 강준이의 몸무게보다 무겁다.
④ 유이의 몸무게는 보윤이의 몸무게보다 무겁다.
⑤ 강준이의 몸무게는 율아의 몸무게보다 무겁다.

15. A는 월요일부터 토요일까지 6일 동안 분당, 이천, 청주로 출장을 간다. 하루에 한 곳으로 출장을 가며 동일한 곳으로 연속하여 출장을 가지 않는다고 할 때 〈보기〉를 참고하여 반드시 거짓인 것을 고르시오.

| 2024 상반기 기출 키워드 | 월~토 출장 문제, 연속 출장 가지 않음

〈 보 기 〉

- 이천으로 출장을 간 다음날에는 반드시 청주로 출장을 간다.
- 토요일에 분당으로 출장을 간다.
- 수요일에 이천 또는 분당으로 출장을 간다.

① A가 월요일에 출장을 갈 수 있는 곳은 1곳이다.
② A가 화요일에 출장을 갈 수 있는 곳은 1곳이다.
③ A가 수요일에 출장을 갈 수 있는 곳은 1곳이다.
④ A가 목요일에 출장을 갈 수 있는 곳은 1곳이다.
⑤ A가 금요일에 출장을 갈 수 있는 곳은 1곳이다.

| 2024 상반기 기출 키워드 | 순서 정하는 문제

16. A, B, C, D, E, F는 6층의 빌라에 산다. 각 층에 1명씩 산다고 할 때 〈보기〉를 참고하여 항상 참인 것을 고르시오.

〈 보 기 〉

- F가 사는 층과 인접한 위층에 B가 산다.
- A는 3층에 산다.
- D는 홀수 층에 산다.
- E는 B보다 낮은 층에 산다.

① B는 6층에 산다.　　② C는 4층에 산다.　　③ D는 1층에 산다.

④ E는 2층에 산다.　　⑤ F는 5층에 산다.

| 2024 상반기 기출 키워드 | 팀을 소재로 한 진실게임

17. A, B, C, D, E는 금년에 채용된 신입사원이고 5명 중 2명은 T팀, 나머지 3명은 S팀으로 배정된다. 5명 중 1명이 거짓을 말한다고 할 때 〈보기〉의 대화 내용을 참고하여 T팀으로 배정된 2명을 고르시오.

〈 보 기 〉

A: C가 하는 말은 거짓이 아니다.
B: 나와 C는 S팀으로 배정된다.
C: B와 E는 S팀으로 배정된다.
D: B는 T팀으로 배정된다.
E: A 또는 B가 T팀으로 배정된다.

① A, B　　　　② A, D　　　　③ B, E

④ C, D　　　　⑤ C, E

18. 승합차를 타고 이동 중인 A, B, C, D, E, F는 3행 2열로 배치된 승합차의 좌석에 앉는다. 동성끼리는 같은 행에 배치된 좌석에 앉지 않는다고 할 때 〈보기〉를 참고하여 E가 앉는 좌석의 위치를 고르시오.

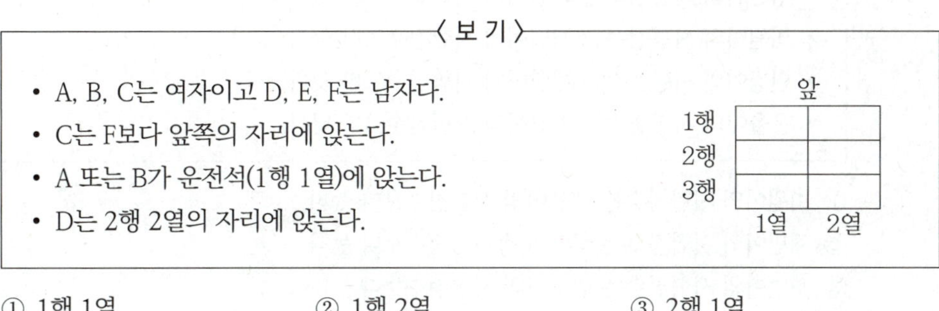

〈 보 기 〉

- A, B, C는 여자이고 D, E, F는 남자다.
- C는 F보다 앞쪽의 자리에 앉는다.
- A 또는 B가 운전석(1행 1열)에 앉는다.
- D는 2행 2열의 자리에 앉는다.

① 1행 1열　　② 1행 2열　　③ 2행 1열
④ 3행 1열　　⑤ 3행 2열

19. A, B, C, D, E 중 1명이 이직한다. 이직하는 1명만 거짓을 말하고 나머지 4명은 참을 말한다고 할 때 이직하는 1명을 고르시오.

〈 보 기 〉

A: E의 말은 참이다.
B: A와 C는 이직하지 않는다.
C: E는 이직하지 않는다.
D: B가 이직하거나 E가 이직한다.
E: B는 이직하지 않는다.

① A　　② B　　③ C
④ D　　⑤ E

20. 〈보기〉의 명제를 토대로 항상 참인 것을 고르시오.

〈 보 기 〉

- 성연이의 시험점수는 희원이의 시험점수보다 낮다.
- 희원이의 시험점수는 채민이의 시험점수보다 높다.
- 민경이의 시험점수는 채민이의 시험점수보다 낮다.
- 은율이의 시험점수는 민경이의 시험점수보다 낮다.

① 희원이의 시험점수는 은율이의 시험점수보다 높다.
② 채민이의 시험점수는 성연이의 시험점수보다 높다.
③ 성연이의 시험점수는 민경이의 시험점수보다 높다.
④ 은율이의 시험점수는 성연이의 시험점수보다 높다.
⑤ 민경이의 시험점수는 희원이의 시험점수보다 높다.

기출복원 모의고사

01. 다음 수는 일정한 규칙을 통해 나열되어 있다. A 위치에 알맞은 수를 고르시오.

〈 보 기 〉

| 4,721 | 7,807 | 10,893 | 13,979 | 17,065 | 20,151 | (A) |

① 23,207   ② 23,217   ③ 23,227   ④ 23,237   ⑤ 23,247

02. 다음 수는 일정한 규칙을 통해 나열되어 있다. A 위치에 알맞은 수를 고르시오.

〈 보 기 〉

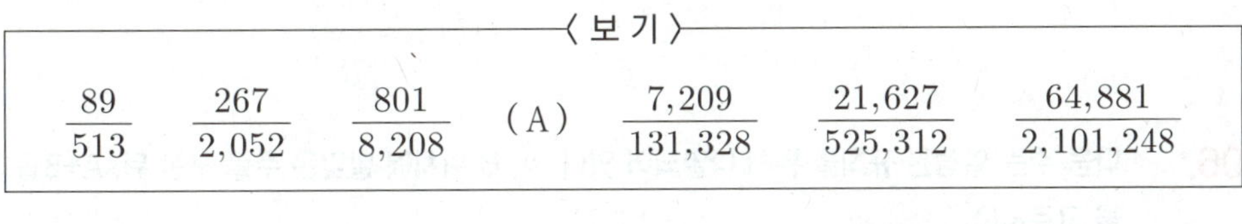

| $\dfrac{89}{513}$ | $\dfrac{267}{2,052}$ | $\dfrac{801}{8,208}$ | (A) | $\dfrac{7,209}{131,328}$ | $\dfrac{21,627}{525,312}$ | $\dfrac{64,881}{2,101,248}$ |

① $\dfrac{2,403}{41,040}$ ② $\dfrac{2,403}{32,832}$ ③ $\dfrac{3,204}{32,832}$ ④ $\dfrac{2,403}{24,624}$ ⑤ $\dfrac{3,204}{24,624}$

03. 다음 수는 일정한 규칙을 통해 나열되어 있다. 13번째로 올 수로 알맞은 것을 고르시오.

〈 보 기 〉

| $\dfrac{1}{2}$ | $\dfrac{5}{6}$ | $\dfrac{13}{12}$ | $\dfrac{17}{12}$ | $\dfrac{5}{3}$ | 2 | $\dfrac{9}{4}$ | $\dfrac{31}{12}$ | $\dfrac{17}{6}$ |

① $\dfrac{15}{4}$ ② $\dfrac{23}{6}$ ③ $\dfrac{47}{12}$ ④ 4   ⑤ $\dfrac{49}{12}$

04. 다음 수는 일정한 규칙을 통해 나열되어 있다. A 위치에 알맞은 수를 고르시오.

⟨ 보 기 ⟩						
85,467	85,475	85,506	85,560	85,637	85,737	(A)

① 85,860　　② 85,861　　③ 85,880　　④ 85,891　　⑤ 85,904

05. 다음 수는 일정한 규칙을 통해 나열되어 있다. A 위치에 알맞은 수를 고르시오.

⟨ 보 기 ⟩						
175.648	241.395	417.043	658.438	1,075.481	(A)	2,809.400

① 1,723.919　　② 1,733.819　　③ 1,733.919
④ 1,734.719　　⑤ 1,734.919

06. 다음 수는 일정한 규칙을 통해 나열되어 있다. A, B 위치에 알맞은 수를 구한 뒤, A+B를 계산한 값을 고르시오.

⟨ 보 기 ⟩								
51	53	106	109	327	331	1,324	(A)	(B)

① 5,306　　② 6,045　　③ 6,645　　④ 7,969　　⑤ 7,974

07. 다음 수는 일정한 규칙을 통해 나열되어 있다. A 위치에 알맞은 수를 고르시오.

⟨ 보 기 ⟩								
375	134	509	118	(A)	427	555	222	241

① 309　　② 391　　③ 428　　④ 453　　⑤ 473

08. 다음 수는 일정한 규칙을 통해 나열되어 있다. A 위치에 알맞은 수를 고르시오.

〈 보 기 〉
144　　36　　92　　23　　79　　(A)　　75.75

① 19.75　　② 21.75　　③ 32.5　　④ 42.75　　⑤ 77

09. 다음 수는 일정한 규칙을 통해 나열되어 있다. 9번째로 올 수로 알맞은 것을 고르시오.

〈 보 기 〉
1,320　　31　　40,920　　419　　456　　191,064　　835　　674

① 349,865　　② 380,760　　③ 478,750
④ 562,790　　⑤ 581,840

10. 다음 수는 일정한 규칙을 통해 나열되어 있다. A, B 위치에 알맞은 수를 구한 뒤, A+B를 계산한 값을 고르시오.

〈 보 기 〉
2.74　　4.29　　3.432　　4.982　　3.9856　　(A)　　(B)　　5.97848

① 7.89412　　② 8.03457　　③ 8.41408
④ 9.41048　　⑤ 9.96408

11. 다음 수는 일정한 규칙을 통해 나열되어 있다. A 위치에 알맞은 수를 고르시오.

〈 보 기 〉
58.46　　50.29　　42.12　　33.95　　25.78　　17.61　　(A)

① 9.04　　② 9.24　　③ 9.44　　④ 9.84　　⑤ 10.04

12. 다음 수는 일정한 규칙을 통해 나열되어 있다. A 위치에 알맞은 수를 고르시오.

〈 보 기 〉

| $\dfrac{16}{7}$ | $\dfrac{128}{105}$ | $\dfrac{1,024}{1,575}$ | $\dfrac{8,192}{23,625}$ | $\dfrac{65,536}{354,375}$ | (A) | $\dfrac{4,194,304}{79,734,375}$ |

① $\dfrac{458,752}{5,670,000}$ ② $\dfrac{524,288}{5,315,625}$ ③ $\dfrac{524,288}{4,961,250}$

④ $\dfrac{589,824}{5,315,625}$ ⑤ $\dfrac{589,824}{4,961,250}$

13. 다음 수는 일정한 규칙을 통해 나열되어 있다. A 위치에 알맞은 수를 고르시오.

〈 보 기 〉

| 9,758 | 14,759 | 24,517 | 39,276 | 63,793 | (A) | 166,862 |

① 95,689 ② 99,547 ③ 103,069 ④ 111,241 ⑤ 115,327

14. 다음 수는 일정한 규칙을 통해 나열되어 있다. A 위치에 알맞은 수를 고르시오.

〈 보 기 〉

| 13 | 26 | 78 | 286 | (A) | 4,446 | 17,758 |

① 858 ② 987 ③ 1,064 ④ 1,118 ⑤ 1,430

15. 다음 수는 일정한 규칙을 통해 나열되어 있다. A, B 위치에 알맞은 수를 구한 뒤, A÷B를 계산한 값을 고르시오. (단, 소수점 셋째 자리에서 반올림하여 계산한다.)

〈 보 기 〉

| 616 | 643 | 670 | 697 | (A) | 751 | 778 | 805 | (B) |

① 0.85 ② 0.86 ③ 0.87 ④ 0.88 ⑤ 0.90

16. 다음 수는 일정한 규칙을 통해 나열되어 있다. 10번째로 올 수로 알맞은 것을 고르시오.

〈 보 기 〉

$$\frac{52}{51} \quad \frac{66}{153} \quad \frac{80}{459} \quad \frac{94}{1,377} \quad \frac{108}{4,131} \quad \frac{122}{12,393} \quad \frac{136}{37,179} \quad \frac{150}{111,537} \quad \frac{164}{334,611}$$

① $\dfrac{178}{1,338,444}$ ② $\dfrac{178}{1,003,833}$ ③ $\dfrac{176}{1,338,444}$

④ $\dfrac{176}{1,003,833}$ ⑤ $\dfrac{174}{1,338,444}$

17. 다음 수는 일정한 규칙을 통해 나열되어 있다. A. B 위치에 알맞은 수를 구한 뒤, A×B를 계산한 값을 고르시오.

〈 보 기 〉

$$\frac{2}{9} \quad \frac{8}{39} \quad \frac{4}{21} \quad \frac{8}{45} \quad \frac{1}{6} \quad (A) \quad (B)$$

① $\dfrac{56}{2,860}$ ② $\dfrac{64}{2,860}$ ③ $\dfrac{56}{2,754}$ ④ $\dfrac{64}{2,754}$ ⑤ $\dfrac{64}{2,650}$

18. 다음 수는 일정한 규칙을 통해 나열되어 있다. A, B 위치에 알맞은 수를 구한 뒤, A−B를 계산한 값을 고르시오.

〈 보 기 〉

| 37 | 41 | 43 | 47 | 53 | 59 | (A) | 67 | (B) |

① -14   ② -13   ③ -10   ④ -9   ⑤ -8

19. 다음 수는 일정한 규칙을 통해 나열되어 있다. 15번째로 올 수로 알맞은 것을 고르시오.

〈 보 기 〉

| 74.627 | 95.491 | 170.118 | 265.609 | 435.727 | 701.336 | 1,137.063 | 1,838.399 | 2,975.462 |

① 32,995.691　　　　② 43,191.945　　　　③ 53,388.198
④ 57,392.507　　　　⑤ 65,991.380

20. 다음 수는 일정한 규칙을 통해 나열되어 있다. 7번째로 올 수로 알맞은 것을 고르시오.

〈 보 기 〉

| 486 | 494 | 518 | 590 | 806 | 1,454 |

① 3,398　　　　② 3,514　　　　③ 3,678
④ 3,845　　　　⑤ 4,046

SK 취업은 렛유인 WWW.LETUIN.COM

- 지원자의 가치관과 태도를 측정하는 역량 검사로, 일하는데 적합한 성격, 가치관, 태도를 갖추고 있는지 판단하기 위해 시행된다.

- PART1은 A, B, C 각 질문에 대해 ① 전혀 아니다, ② 아니다, ③ 약간 아니다, ④ 약간 그렇다, ⑤ 그렇다, ⑥ 매우 그렇다 중 본인이 해당한다고 생각하는 번호를 골라 표기하고, A, B, C 중 자신의 성향과 가장 가까운 것 1개와 가장 먼 것 1개를 골라 표기하는 검사이다.

문항			응답 1						응답 2	
			전혀 아니다 ◀				▶ 매우 그렇다		멀다	가깝다
1	A	반복적인 일 보다는 새로운 일이 재미있다.	①	②	③	④	⑤	⑥	○	○
	B	평범한 삶이 즐겁다.	①	②	③	④	⑤	⑥	○	○
	C	동료의 업무를 도와주는 것이 즐겁다.	①	②	③	④	⑤	⑥	○	○

- PART2는 문항을 읽고 ① 전혀 아니나, ② 아니다, ③ 약간 아니다, ④ 약간 그렇다, ⑤ 그렇다, ⑥ 매우 그렇다 중 본인이 해당한다고 생각하는 번호를 골라 표기하는 검사이다.

문항		응답 1					
		전혀 아니다 ◀				▶ 매우 그렇다	
1	기회는 모두에게 공평하게 주어져야 한다고 생각한다.	①	②	③	④	⑤	⑥

검사 TIP

1. 일관성 있게 대답해야 한다.

- 검사지 질문 중 비슷한 질문에 대한 응답이 서로 다를 경우, 결과에 대한 신뢰도가 떨어질 수 있다. 낮은 신뢰도는 채용 결과에 안 좋은 영향을 줄 수 있으므로 문항 수가 많더라도 끝까지 집중하며 일관성 있는 응답을 해야 한다.

2. 솔직하게 대답해야 한다.

- ·지원자가 심층역량 검사에 응답한 내용이 면접에서 보여지는 실제 지원자의 성향 및 태도, 면접에서의 응답 내용과 다른 경우, 검사 결과에 대한 신뢰도가 떨어질 수 있으므로 솔직하게 답변하는 것이 좋다.

3. 빠르게 응답하고 넘어간다.

- ·심층역량 검사의 경우, 짧은 시간 동안 많은 질문에 응답해야 하기 때문에 하나의 질문에 너무 많은 시간을 소요하지 않고 빠르게 넘어가야 한다. 고민하지 않고 솔직한 응답을 할수록 일관성 있는 응답을 할 수 있다.

4. 지원하는 계열사의 인재상을 파악해야 한다.

- ·지원하는 계열사의 인재상을 미리 파악하고 자신의 직무에 필요한 역량 또한 미리 파악해두는 것이 좋다.

[PART 1] 다음 문항을 읽고 A, B, C 각 질문에 대해 ① 전혀 아니다, ② 아니다, ③ 약간 아니다, ④ 약간 그렇다, ⑤ 그렇다, ⑥ 매우 그렇다 중 본인이 해당한다고 생각하는 번호를 골라 표기하고, A, B, C 중 자신의 성향과 가장 가까운 것 1개와 가장 먼 것 1개를 골라 표기하시오.

		문항	응답 1						응답 2	
			전혀 아니다 ◀			▶ 매우 그렇다			멀다	가깝다
1	A	반복적인 일 보다는 새로운 일이 재미있다.	①	②	③	④	⑤	⑥	○	○
	B	평범한 삶이 즐겁다.	①	②	③	④	⑤	⑥	○	○
	C	동료의 업무를 도와주는 것이 즐겁다.	①	②	③	④	⑤	⑥	○	○
2	A	평소에 짜증이 많은 편이다.	①	②	③	④	⑤	⑥	○	○
	B	리더는 최대한 빠르게 판단을 내려야 한다.	①	②	③	④	⑤	⑥	○	○
	C	나에게 도움이 되지 않는 사람과는 친하게 지내지 않는다.	①	②	③	④	⑤	⑥	○	○
3	A	여행하는 것이 운동하는 것보다 즐겁다.	①	②	③	④	⑤	⑥	○	○
	B	혼자 있어도 외로움을 느끼지 않는다.	①	②	③	④	⑤	⑥	○	○
	C	다친 동물을 보면 불쌍한 마음이 생긴다.	①	②	③	④	⑤	⑥	○	○
4	A	비슷한 일 보다는 변화가 있는 일을 선호한다.	①	②	③	④	⑤	⑥	○	○
	B	가끔 특이한 말로 사람들을 웃긴다.	①	②	③	④	⑤	⑥	○	○
	C	현실적인 방법보다 이상적인 방법을 선호한다.	①	②	③	④	⑤	⑥	○	○
5	A	사교모임에 참석하는 것을 좋아한다.	①	②	③	④	⑤	⑥	○	○
	B	나와 반대되는 의견을 주장하는 사람을 보면 기분이 나쁘다.	①	②	③	④	⑤	⑥	○	○
	C	체력이 약해서 피곤하다고 자주 생각한다.	①	②	③	④	⑤	⑥	○	○
6	A	새로운 물건을 만들고 싶다.	①	②	③	④	⑤	⑥	○	○
	B	실수를 많이 하는 편이다.	①	②	③	④	⑤	⑥	○	○
	C	계획에서 벗어나는 것을 싫어한다.	①	②	③	④	⑤	⑥	○	○
7	A	융통성이 부족한 편이다.	①	②	③	④	⑤	⑥	○	○
	B	남의 의견에 동조하기보다는 비판하는 것을 좋아한다.	①	②	③	④	⑤	⑥	○	○
	C	행동이 느리다는 말을 자주 들었다.	①	②	③	④	⑤	⑥	○	○
8	A	처음 먹어보는 음식에 대해 거부감이 없다.	①	②	③	④	⑤	⑥	○	○
	B	책 읽는 것 보다 미술작품을 구경하는 것이 좋다.	①	②	③	④	⑤	⑥	○	○
	C	주변 환경보다 자신의 의지가 중요하다고 생각한다.	①	②	③	④	⑤	⑥	○	○
9	A	모든 일에서 형식과 절차를 지키는 것이 중요하다.	①	②	③	④	⑤	⑥	○	○
	B	처음 보는 사람과 함께 있으면 피곤하다.	①	②	③	④	⑤	⑥	○	○
	C	긍정적이고 낙천적인 성격이다.	①	②	③	④	⑤	⑥	○	○
10	A	어떤 일을 하기 전 충분히 생각하는 편이다.	①	②	③	④	⑤	⑥	○	○
	B	다른 사람들보다 자존감이 높다고 생각한다.	①	②	③	④	⑤	⑥	○	○
	C	고등학교 시절 반에서 인기가 많았다.	①	②	③	④	⑤	⑥	○	○

문항			응답 1						응답 2	
			전혀 아니다 ◀ ▶ 매우 그렇다						멀다	가깝다
11	A	친구들에게 성격이 좋다는 말을 많이 듣는다.	①	②	③	④	⑤	⑥	○	○
	B	새로운 환경에 적응하는 것이 어렵다.	①	②	③	④	⑤	⑥	○	○
	C	친한 사람과도 가끔 말이 안 통한다고 느낀다.	①	②	③	④	⑤	⑥	○	○
12	A	항상 웃는 표정이라는 말을 많이 듣는다.	①	②	③	④	⑤	⑥	○	○
	B	직관보다는 경험이 중요하다고 생각한다.	①	②	③	④	⑤	⑥	○	○
	C	남들이 나를 어떻게 볼지 많이 신경 쓴다.	①	②	③	④	⑤	⑥	○	○
13	A	누군가 나를 이끌어주는 것이 편하다.	①	②	③	④	⑤	⑥	○	○
	B	리더십보다 팔로우십이 뛰어나다.	①	②	③	④	⑤	⑥	○	○
	C	맡은 일은 열심히 한다.	①	②	③	④	⑤	⑥	○	○
14	A	가장 좋아하는 계절은 겨울이다.	①	②	③	④	⑤	⑥	○	○
	B	업무를 처리할 때는 신속함보다 정확함이 중요하다.	①	②	③	④	⑤	⑥	○	○
	C	매사에 충분히 생각하고 행동하는 편이다.	①	②	③	④	⑤	⑥	○	○
15	A	꿈에서 미래에 일이날 일을 본디.	①	②	③	④	⑤	⑥	○	○
	B	상대방이 약속 시간을 지키지 않으면 기다리지 않고 간다.	①	②	③	④	⑤	⑥	○	○
	C	누군가 나를 험담해도 별로 신경 쓰지 않는다.	①	②	③	④	⑤	⑥	○	○
16	A	주변 사람들의 시선을 의식한다.	①	②	③	④	⑤	⑥	○	○
	B	남들 앞에 서서 발표하는 것을 좋아한다.	①	②	③	④	⑤	⑥	○	○
	C	슬픈 영화를 봐도 눈물이 잘 나지 않는다.	①	②	③	④	⑤	⑥	○	○
17	A	냉소적인 성격이라는 말을 자주 듣는다.	①	②	③	④	⑤	⑥	○	○
	B	도전은 즐거운 것이다.	①	②	③	④	⑤	⑥	○	○
	C	나에게 도움이 되는 사람만 사귄다.	①	②	③	④	⑤	⑥	○	○
18	A	새로운 친구를 사귀는 데 어려움을 느낀다.	①	②	③	④	⑤	⑥	○	○
	B	속마음을 털어놓을 수 있는 친구가 적다.	①	②	③	④	⑤	⑥	○	○
	C	협동하는 일보다 혼자 하는 일이 편하다.	①	②	③	④	⑤	⑥	○	○
19	A	압박을 심하게 받아도 동요하지 않는다.	①	②	③	④	⑤	⑥	○	○
	B	어두운 곳을 무서워한다.	①	②	③	④	⑤	⑥	○	○
	C	계절에 따라 기분이 달라진다.	①	②	③	④	⑤	⑥	○	○
20	A	가끔 거짓말을 한다.	①	②	③	④	⑤	⑥	○	○
	B	덜렁대는 편이다.	①	②	③	④	⑤	⑥	○	○
	C	직관적으로 행동하는 것을 좋아한다.	①	②	③	④	⑤	⑥	○	○
21	A	똑똑하다는 말을 많이 들었다.	①	②	③	④	⑤	⑥	○	○
	B	주말에는 집에서 쉬는 편이다.	①	②	③	④	⑤	⑥	○	○
	C	사람들과 만나는 것은 피곤한 일이다.	①	②	③	④	⑤	⑥	○	○

문항			응답 1						응답 2	
			전혀 아니다 ◀		▶ 매우 그렇다				멀다	가깝다
22	A	나는 지금 힘든 상황에 놓여있다.	①	②	③	④	⑤	⑥	○	○
	B	나는 미래에 성공했을 것이다.	①	②	③	④	⑤	⑥	○	○
	C	손해 보는 일은 하지 않는다.	①	②	③	④	⑤	⑥	○	○
23	A	과도한 배려는 가식이라고 생각한다.	①	②	③	④	⑤	⑥	○	○
	B	내가 손해를 보더라도 친구들을 배려하는 편이다.	①	②	③	④	⑤	⑥	○	○
	C	남들에게 양보하는 것을 좋아한다.	①	②	③	④	⑤	⑥	○	○
24	A	상대방의 감정 변화에 신경 쓴다.	①	②	③	④	⑤	⑥	○	○
	B	가끔 심한 장난을 쳐서 친구와 사이가 나빠지기도 한다.	①	②	③	④	⑤	⑥	○	○
	C	친구들이 나에게 고민을 자주 털어놓는다.	①	②	③	④	⑤	⑥	○	○
25	A	수영보다 등산을 좋아한다.	①	②	③	④	⑤	⑥	○	○
	B	내 실수를 인정하는 것이 어렵다.	①	②	③	④	⑤	⑥	○	○
	C	고집 있다는 말을 자주 듣는다.	①	②	③	④	⑤	⑥	○	○
26	A	어떤 일이든 최선을 다한다.	①	②	③	④	⑤	⑥	○	○
	B	주변 사람들의 소문을 듣는 것을 좋아한다.	①	②	③	④	⑤	⑥	○	○
	C	기쁜 일이 있어도 내색하지 않는다.	①	②	③	④	⑤	⑥	○	○
27	A	친구의 고민을 들을 때 가끔 공감되지 않을 때가 있다.	①	②	③	④	⑤	⑥	○	○
	B	학창 시절 동아리 활동을 즐겨 했다.	①	②	③	④	⑤	⑥	○	○
	C	남들의 단점보다는 장점을 잘 찾아낸다.	①	②	③	④	⑤	⑥	○	○
28	A	성공하고자 하는 열망이 강하다.	①	②	③	④	⑤	⑥	○	○
	B	지하철 옆자리에 다른 사람이 앉으면 불편하다.	①	②	③	④	⑤	⑥	○	○
	C	식사를 빠르게 하는 편이다.	①	②	③	④	⑤	⑥	○	○
29	A	타인의 의견에 귀를 기울이는 편이다.	①	②	③	④	⑤	⑥	○	○
	B	논리적인 생각은 빠른 결정에 방해가 된다.	①	②	③	④	⑤	⑥	○	○
	C	판단하기 전 망설이는 편이다.	①	②	③	④	⑤	⑥	○	○
30	A	나의 미래는 불투명하다.	①	②	③	④	⑤	⑥	○	○
	B	다수의 이익을 위해서라면 소수가 희생해야 한다.	①	②	③	④	⑤	⑥	○	○
	C	할 일이 많으면 불안해진다.	①	②	③	④	⑤	⑥	○	○
31	A	친구와 싸울 때 욕을 한 적이 있다.	①	②	③	④	⑤	⑥	○	○
	B	쉽게 자만하는 편이다.	①	②	③	④	⑤	⑥	○	○
	C	남들에 비해 똑똑하다고 생각한다.	①	②	③	④	⑤	⑥	○	○
32	A	익숙한 환경에서 벗어나는 것을 싫어한다.	①	②	③	④	⑤	⑥	○	○
	B	작은 소리에도 예민한 편이다.	①	②	③	④	⑤	⑥	○	○
	C	나는 미래에 돈을 많이 벌 것이다.	①	②	③	④	⑤	⑥	○	○

		문항	응답 1						응답 2	
			전혀 아니다 ◀			▶ 매우 그렇다			멀다	가깝다
33	A	집단에서 리더 역할을 자주 맡는다.	①	②	③	④	⑤	⑥	○	○
	B	남을 배려할 줄 안다고 생각한다.	①	②	③	④	⑤	⑥	○	○
	C	친구가 일방적으로 약속을 파기해도 이해한다.	①	②	③	④	⑤	⑥	○	○
34	A	내성적인 성격이라고 생각한다.	①	②	③	④	⑤	⑥	○	○
	B	최근 행복한 일이 별로 없었다.	①	②	③	④	⑤	⑥	○	○
	C	새로운 환경에 적응하는 과정이 즐겁다.	①	②	③	④	⑤	⑥	○	○
35	A	기쁜 소식을 들어도 즐겁지 않다.	①	②	③	④	⑤	⑥	○	○
	B	혼자 있어도 외롭지 않다.	①	②	③	④	⑤	⑥	○	○
	C	다친 동물을 보면 불쌍한 마음이 생긴다.	①	②	③	④	⑤	⑥	○	○
36	A	성공하는 것은 돈을 많이 버는 것이라 생각한다.	①	②	③	④	⑤	⑥	○	○
	B	친구들에게 허세 부리는 편이다.	①	②	③	④	⑤	⑥	○	○
	C	친한 친구가 많다.	①	②	③	④	⑤	⑥	○	○
37	A	조직의 성공을 위해서라면 희생은 불가피하다.	①	②	③	④	⑤	⑥	○	○
	B	상상력이 풍부하다.	①	②	③	④	⑤	⑥	○	○
	C	사소한 일에도 화내는 경우가 많다.	①	②	③	④	⑤	⑥	○	○
38	A	쉬운 일을 실수하는 것은 이해하기 힘들다.	①	②	③	④	⑤	⑥	○	○
	B	익숙한 곳에서 벗어나기 싫다.	①	②	③	④	⑤	⑥	○	○
	C	남을 험담한 적이 없다.	①	②	③	④	⑤	⑥	○	○
39	A	지난 일을 후회하는 경우가 많다.	①	②	③	④	⑤	⑥	○	○
	B	종종 충동적으로 행동하는 편이다.	①	②	③	④	⑤	⑥	○	○
	C	힘든 일이 생기면 뒤로 미루는 편이다.	①	②	③	④	⑤	⑥	○	○
40	A	더위를 잘 탄다.	①	②	③	④	⑤	⑥	○	○
	B	단순 반복 작업은 견디기 힘들다.	①	②	③	④	⑤	⑥	○	○
	C	전문성이 필요한 업무만 하고 싶다.	①	②	③	④	⑤	⑥	○	○
41	A	고민 없이 빠르게 행동하는 편이다.	①	②	③	④	⑤	⑥	○	○
	B	음식에 대한 호불호가 강한 편이다.	①	②	③	④	⑤	⑥	○	○
	C	남에게 먼저 연락하는 것을 좋아하지 않는다.	①	②	③	④	⑤	⑥	○	○
42	A	실리보다 명분을 중요하게 생각한다.	①	②	③	④	⑤	⑥	○	○
	B	여행을 자주 가는 편이다.	①	②	③	④	⑤	⑥	○	○
	C	남보다 앞서나가고 싶다.	①	②	③	④	⑤	⑥	○	○
43	A	종종 약속 시간을 지키지 못한다.	①	②	③	④	⑤	⑥	○	○
	B	업무를 위해서라면 개인 시간을 포기할 수 있다.	①	②	③	④	⑤	⑥	○	○
	C	행동하기 전에 먼저 생각하는 편이다.	①	②	③	④	⑤	⑥	○	○

		문항	응답 1						응답 2	
			전혀 아니다 ◀			▶ 매우 그렇다			멀다	가깝다
44	A	나보다 약한 사람을 먼저 도와야 한다.	①	②	③	④	⑤	⑥	○	○
	B	토론에서 상대방을 몰아세우는 것을 좋아한다.	①	②	③	④	⑤	⑥	○	○
	C	도전 정신이 많다고 생각한다.	①	②	③	④	⑤	⑥	○	○
45	A	처음 보는 사람과 대화하는 것이 어렵다.	①	②	③	④	⑤	⑥	○	○
	B	책임감 없는 사람들을 보면 화가 난다.	①	②	③	④	⑤	⑥	○	○
	C	친한 친구가 적다고 생각한다.	①	②	③	④	⑤	⑥	○	○
46	A	메신저보다는 대화하는 것이 편하다.	①	②	③	④	⑤	⑥	○	○
	B	남의 부탁을 거절하는 것이 어렵다.	①	②	③	④	⑤	⑥	○	○
	C	과도한 친절은 오히려 상대방을 부담스럽게 하는 것이다.	①	②	③	④	⑤	⑥	○	○
47	A	내가 손해 보는 것은 참기 힘들다.	①	②	③	④	⑤	⑥	○	○
	B	관광객이 많은 여행지보다 한적한 여행지가 좋다.	①	②	③	④	⑤	⑥	○	○
	C	즉흥적으로 여행을 떠나는 편이다.	①	②	③	④	⑤	⑥	○	○
48	A	쉬운 방법이 있더라도 원칙을 지켜야 한다.	①	②	③	④	⑤	⑥	○	○
	B	내가 옳다고 생각하면 주장을 굽히지 않는다.	①	②	③	④	⑤	⑥	○	○
	C	무단횡단을 해본 적이 없다.	①	②	③	④	⑤	⑥	○	○
49	A	남에게 무례한 행동을 하지 않는다.	①	②	③	④	⑤	⑥	○	○
	B	참을성이 많은 편이다.	①	②	③	④	⑤	⑥	○	○
	C	과거의 일보다는 미래를 많이 생각한다.	①	②	③	④	⑤	⑥	○	○
50	A	잘생겼다 혹은 예쁘다는 말을 자주 듣는다.	①	②	③	④	⑤	⑥	○	○
	B	자유분방한 옷차림을 선호한다.	①	②	③	④	⑤	⑥	○	○
	C	자신의 외모가 마음에 들지 않는다.	①	②	③	④	⑤	⑥	○	○
51	A	기분이 얼굴에 드러난다.	①	②	③	④	⑤	⑥	○	○
	B	항상 최악의 상황을 대비한다.	①	②	③	④	⑤	⑥	○	○
	C	화나는 상황에서도 비속어를 사용하지 않는다.	①	②	③	④	⑤	⑥	○	○
52	A	옷 사는 것을 좋아한다.	①	②	③	④	⑤	⑥	○	○
	B	행동하기 전 항상 계획을 세운다.	①	②	③	④	⑤	⑥	○	○
	C	음악을 들을 때 가사를 주의 깊게 듣는다.	①	②	③	④	⑤	⑥	○	○
53	A	음식에 대한 기준이 까다롭다.	①	②	③	④	⑤	⑥	○	○
	B	스트레스를 받아도 잘 대처할 줄 안다.	①	②	③	④	⑤	⑥	○	○
	C	식사를 천천히 하는 편이다.	①	②	③	④	⑤	⑥	○	○
54	A	나는 특별한 사람이라고 생각한다.	①	②	③	④	⑤	⑥	○	○
	B	가수나 배우가 되고 싶다고 생각한 적이 있다.	①	②	③	④	⑤	⑥	○	○
	C	인간관계에서 오는 스트레스가 많다.	①	②	③	④	⑤	⑥	○	○

<table>
<tr><td rowspan="2" colspan="2">문항</td><td colspan="6">응답 1</td><td colspan="2">응답 2</td></tr>
<tr><td colspan="6">전혀 아니다 ◀　　▶ 매우 그렇다</td><td>멀다</td><td>가깝다</td></tr>
<tr><td rowspan="3">55</td><td>A</td><td>나는 자유로운 환경에서 자랐다.</td><td>①</td><td>②</td><td>③</td><td>④</td><td>⑤</td><td>⑥</td><td>○</td><td>○</td></tr>
<tr><td>B</td><td>계획에서 벗어난 일은 하지 않는다.</td><td>①</td><td>②</td><td>③</td><td>④</td><td>⑤</td><td>⑥</td><td>○</td><td>○</td></tr>
<tr><td>C</td><td>내가 상대보다 먼저 인사하는 편이다.</td><td>①</td><td>②</td><td>③</td><td>④</td><td>⑤</td><td>⑥</td><td>○</td><td>○</td></tr>
<tr><td rowspan="3">56</td><td>A</td><td>나의 미래에 대해 낙관적이다.</td><td>①</td><td>②</td><td>③</td><td>④</td><td>⑤</td><td>⑥</td><td>○</td><td>○</td></tr>
<tr><td>B</td><td>처음 보는 사람에게도 쉽게 마음을 여는 편이다.</td><td>①</td><td>②</td><td>③</td><td>④</td><td>⑤</td><td>⑥</td><td>○</td><td>○</td></tr>
<tr><td>C</td><td>나는 지금 걱정거리가 많다.</td><td>①</td><td>②</td><td>③</td><td>④</td><td>⑤</td><td>⑥</td><td>○</td><td>○</td></tr>
<tr><td rowspan="3">57</td><td>A</td><td>나에게 도움 되는 사람이 가치 있는 사람이다.</td><td>①</td><td>②</td><td>③</td><td>④</td><td>⑤</td><td>⑥</td><td>○</td><td>○</td></tr>
<tr><td>B</td><td>말실수를 할 때가 많다.</td><td>①</td><td>②</td><td>③</td><td>④</td><td>⑤</td><td>⑥</td><td>○</td><td>○</td></tr>
<tr><td>C</td><td>걱정되는 일이 많다.</td><td>①</td><td>②</td><td>③</td><td>④</td><td>⑤</td><td>⑥</td><td>○</td><td>○</td></tr>
<tr><td rowspan="3">58</td><td>A</td><td>눈치 없다는 말을 자주 듣는다.</td><td>①</td><td>②</td><td>③</td><td>④</td><td>⑤</td><td>⑥</td><td>○</td><td>○</td></tr>
<tr><td>B</td><td>야근 대신 업무시간에 일을 마치는 것이 능력 있는 것이다.</td><td>①</td><td>②</td><td>③</td><td>④</td><td>⑤</td><td>⑥</td><td>○</td><td>○</td></tr>
<tr><td>C</td><td>좋아하는 운동이 없다.</td><td>①</td><td>②</td><td>③</td><td>④</td><td>⑤</td><td>⑥</td><td>○</td><td>○</td></tr>
<tr><td rowspan="3">59</td><td>A</td><td>일 못하는 사람보다 지각하는 사람이 더 싫다.</td><td>①</td><td>②</td><td>③</td><td>④</td><td>⑤</td><td>⑥</td><td>○</td><td>○</td></tr>
<tr><td>B</td><td>성격이 예민하다는 말을 많이 듣는다.</td><td>①</td><td>②</td><td>③</td><td>④</td><td>⑤</td><td>⑥</td><td>○</td><td>○</td></tr>
<tr><td>C</td><td>정해진 규칙을 지켜야 마음이 편하다.</td><td>①</td><td>②</td><td>③</td><td>④</td><td>⑤</td><td>⑥</td><td>○</td><td>○</td></tr>
<tr><td rowspan="3">60</td><td>A</td><td>내 주변에서 일어나는 일들에 관심이 많다.</td><td>①</td><td>②</td><td>③</td><td>④</td><td>⑤</td><td>⑥</td><td>○</td><td>○</td></tr>
<tr><td>B</td><td>스스로 정한 기준은 반드시 지킨다.</td><td>①</td><td>②</td><td>③</td><td>④</td><td>⑤</td><td>⑥</td><td>○</td><td>○</td></tr>
<tr><td>C</td><td>주어진 일은 반드시 완료한다.</td><td>①</td><td>②</td><td>③</td><td>④</td><td>⑤</td><td>⑥</td><td>○</td><td>○</td></tr>
<tr><td rowspan="3">61</td><td>A</td><td>친구들 사이에서 존재감이 없는 편이다.</td><td>①</td><td>②</td><td>③</td><td>④</td><td>⑤</td><td>⑥</td><td>○</td><td>○</td></tr>
<tr><td>B</td><td>항상 웃음을 잃지 않는다.</td><td>①</td><td>②</td><td>③</td><td>④</td><td>⑤</td><td>⑥</td><td>○</td><td>○</td></tr>
<tr><td>C</td><td>고지식하다는 말을 들어본 적 있다.</td><td>①</td><td>②</td><td>③</td><td>④</td><td>⑤</td><td>⑥</td><td>○</td><td>○</td></tr>
<tr><td rowspan="3">62</td><td>A</td><td>나로 인해 전체가 피해받는 것이 두렵다.</td><td>①</td><td>②</td><td>③</td><td>④</td><td>⑤</td><td>⑥</td><td>○</td><td>○</td></tr>
<tr><td>B</td><td>내가 남들보다 똑똑하다고 생각한다.</td><td>①</td><td>②</td><td>③</td><td>④</td><td>⑤</td><td>⑥</td><td>○</td><td>○</td></tr>
<tr><td>C</td><td>반복적인 일에는 금방 흥미를 잃는다.</td><td>①</td><td>②</td><td>③</td><td>④</td><td>⑤</td><td>⑥</td><td>○</td><td>○</td></tr>
<tr><td rowspan="3">63</td><td>A</td><td>매일 다른 곳에서 잠을 잘 수 있다.</td><td>①</td><td>②</td><td>③</td><td>④</td><td>⑤</td><td>⑥</td><td>○</td><td>○</td></tr>
<tr><td>B</td><td>행복은 일상 속에 존재한다고 생각한다.</td><td>①</td><td>②</td><td>③</td><td>④</td><td>⑤</td><td>⑥</td><td>○</td><td>○</td></tr>
<tr><td>C</td><td>남들보다 유명해지고 싶다.</td><td>①</td><td>②</td><td>③</td><td>④</td><td>⑤</td><td>⑥</td><td>○</td><td>○</td></tr>
<tr><td rowspan="3">64</td><td>A</td><td>내 의견을 주장하는 것에 어려움을 느끼지 않는다.</td><td>①</td><td>②</td><td>③</td><td>④</td><td>⑤</td><td>⑥</td><td>○</td><td>○</td></tr>
<tr><td>B</td><td>주도적으로 행동하는 것이 편하다.</td><td>①</td><td>②</td><td>③</td><td>④</td><td>⑤</td><td>⑥</td><td>○</td><td>○</td></tr>
<tr><td>C</td><td>잘못된 일은 반드시 지적한다.</td><td>①</td><td>②</td><td>③</td><td>④</td><td>⑤</td><td>⑥</td><td>○</td><td>○</td></tr>
<tr><td rowspan="3">65</td><td>A</td><td>도시보다 시골이 편하다.</td><td>①</td><td>②</td><td>③</td><td>④</td><td>⑤</td><td>⑥</td><td>○</td><td>○</td></tr>
<tr><td>B</td><td>남의 주장에 쉽게 설득된다.</td><td>①</td><td>②</td><td>③</td><td>④</td><td>⑤</td><td>⑥</td><td>○</td><td>○</td></tr>
<tr><td>C</td><td>소심하다는 말을 자주 듣는다.</td><td>①</td><td>②</td><td>③</td><td>④</td><td>⑤</td><td>⑥</td><td>○</td><td>○</td></tr>
</table>

문항			응답 1						응답 2	
			전혀 아니다 ◀			▶ 매우 그렇다			멀다	가깝다
66	A	여행지에서도 운동을 한다.	①	②	③	④	⑤	⑥	○	○
	B	책을 많이 읽는 편이다.	①	②	③	④	⑤	⑥	○	○
	C	친구와 잡은 약속을 먼저 취소하는 경우가 많다.	①	②	③	④	⑤	⑥	○	○
67	A	칭찬을 들어도 별로 기쁘지 않다.	①	②	③	④	⑤	⑥	○	○
	B	단정한 옷차림을 선호한다.	①	②	③	④	⑤	⑥	○	○
	C	감정 기복이 거의 없는 편이다.	①	②	③	④	⑤	⑥	○	○
68	A	억울한 일을 당하면 반드시 복수한다.	①	②	③	④	⑤	⑥	○	○
	B	표정이 무섭다는 말을 자주 듣는다.	①	②	③	④	⑤	⑥	○	○
	C	원리원칙을 따지는 것은 시간 낭비라고 생각한다.	①	②	③	④	⑤	⑥	○	○
69	A	남을 협박한 적이 있다.	①	②	③	④	⑤	⑥	○	○
	B	잠을 깊게 자기 힘들다.	①	②	③	④	⑤	⑥	○	○
	C	별다른 이유 없이 잘 놀란다.	①	②	③	④	⑤	⑥	○	○
70	A	감수성이 풍부하다.	①	②	③	④	⑤	⑥	○	○
	B	문제를 해결하기 위해서는 이성이 감성보다 중요하다.	①	②	③	④	⑤	⑥	○	○
	C	남에게 잘 공감한다.	①	②	③	④	⑤	⑥	○	○
71	A	스스로의 행동에 실망할 때가 많다.	①	②	③	④	⑤	⑥	○	○
	B	전통이나 관습을 크게 신경 쓰지 않는다.	①	②	③	④	⑤	⑥	○	○
	C	좁은 공간에 있는 것이 힘들다.	①	②	③	④	⑤	⑥	○	○
72	A	운동하는 것이 영화 보는 것보다 즐겁다.	①	②	③	④	⑤	⑥	○	○
	B	친구에게 고민을 많이 이야기한다.	①	②	③	④	⑤	⑥	○	○
	C	다른 사람의 생각을 잘 읽는 편이다.	①	②	③	④	⑤	⑥	○	○
73	A	종종 공상에 빠진다.	①	②	③	④	⑤	⑥	○	○
	B	때로는 멀리 떠나고 싶다는 마음이 든다.	①	②	③	④	⑤	⑥	○	○
	C	돈과 관련된 고민을 자주 한다.	①	②	③	④	⑤	⑥	○	○
74	A	나는 활발한 편이다.	①	②	③	④	⑤	⑥	○	○
	B	귀신을 본 적이 있다.	①	②	③	④	⑤	⑥	○	○
	C	내향적이라는 말을 자주 듣는다.	①	②	③	④	⑤	⑥	○	○
75	A	취미가 다양하다.	①	②	③	④	⑤	⑥	○	○
	B	변화를 좋아하지만, 새로운 것에 대해 금방 흥미를 잃는다.	①	②	③	④	⑤	⑥	○	○
	C	성공하기 위해서는 불법적인 행동도 필요하다.	①	②	③	④	⑤	⑥	○	○
76	A	자유롭게 살고 싶다.	①	②	③	④	⑤	⑥	○	○
	B	낯을 많이 가린다.	①	②	③	④	⑤	⑥	○	○
	C	관찰력이 좋은 편이다.	①	②	③	④	⑤	⑥	○	○

문항			응답 1						응답 2	
			전혀 아니다 ◀			▶ 매우 그렇다			멀다	가깝다
77	A	활발하고 모험하는 것을 좋아한다.	①	②	③	④	⑤	⑥	○	○
	B	화가 나면 참기 힘들다.	①	②	③	④	⑤	⑥	○	○
	C	사람의 이름과 얼굴을 잘 기억한다.	①	②	③	④	⑤	⑥	○	○
78	A	나는 아직 더 발전할 수 있다고 생각한다.	①	②	③	④	⑤	⑥	○	○
	B	가끔 친절하지 않다는 말을 듣는다.	①	②	③	④	⑤	⑥	○	○
	C	성공하기 위해서는 운이 중요하다고 생각한다.	①	②	③	④	⑤	⑥	○	○
79	A	직접 경험한 것을 바탕으로 문제를 해결하려고 한다.	①	②	③	④	⑤	⑥	○	○
	B	여러 업무를 동시에 진행하는 것이 어렵다.	①	②	③	④	⑤	⑥	○	○
	C	항상 긍정적인 방향으로 생각하는 편이다.	①	②	③	④	⑤	⑥	○	○
80	A	매사에 진지하다는 말을 자주 듣는다.	①	②	③	④	⑤	⑥	○	○
	B	나는 운이 좋은 편이다.	①	②	③	④	⑤	⑥	○	○
	C	일이 잘 진행되는 동안에는 새로운 의견이 불필요하다.	①	②	③	④	⑤	⑥	○	○

[PART 2] 다음 문항을 읽고 ① 전혀 아니다, ② 아니다, ③ 약간 아니다, ④ 약간 그렇다, ⑤ 그렇다, ⑥ 매우 그렇다 중 본인이 해당한다고 생각하는 번호를 골라 표기하시오.

	문항	응답 전혀 아니다 ◀ ▶ 매우 그렇다					
1	기회는 모두에게 공평하게 주어져야 한다고 생각한다.	①	②	③	④	⑤	⑥
2	가끔은 낯익은 장소도 생소하게 느껴진다.	①	②	③	④	⑤	⑥
3	내가 공감할 수 없는 이유로는 나를 설득할 수 없다.	①	②	③	④	⑤	⑥
4	지금 만나고 있는 친구들 외에 새로운 친구는 만들고 싶지 않다.	①	②	③	④	⑤	⑥
5	내 단점을 지적받으면 기분이 나쁘다.	①	②	③	④	⑤	⑥
6	옆집에서 발생하는 소리를 많이 신경 쓴다.	①	②	③	④	⑤	⑥
7	몸이 아프면 병에 걸린 것 같다고 생각한다.	①	②	③	④	⑤	⑥
8	사소한 일에는 크게 신경 쓰지 않는다.	①	②	③	④	⑤	⑥
9	새로운 장소를 여행하는 것이 재밌다.	①	②	③	④	⑤	⑥
10	신중하고 조심스러운 성격이다.	①	②	③	④	⑤	⑥
11	여러 명이 참여하는 프로젝트보다는 혼자 진행하는 프로젝트가 편하다.	①	②	③	④	⑤	⑥
12	주변 사람들 의견에 잘 휘둘리지 않는다.	①	②	③	④	⑤	⑥
13	남들에게 주목받는 것을 즐긴다.	①	②	③	④	⑤	⑥
14	기분 나쁜 일이 있어도 그 자리에서 바로 표현하지는 않는다.	①	②	③	④	⑤	⑥
15	휴일에는 아무도 나를 방해하지 않길 원한다.	①	②	③	④	⑤	⑥
16	내가 옳다고 생각하면 힘들어도 끝까지 한다.	①	②	③	④	⑤	⑥
17	새로운 지식을 습득하면 어느 곳에 활용할 수 있을지 생각한다.	①	②	③	④	⑤	⑥
18	격렬한 운동보다는 가벼운 운동이 좋다.	①	②	③	④	⑤	⑥
19	주변 사람들의 평가에 크게 신경 쓰지 않는다.	①	②	③	④	⑤	⑥
20	내가 어려울 때 나를 도와줄 사람이 있으면 좋겠다.	①	②	③	④	⑤	⑥
21	누군가 나한테 잘해준다면 반드시 목적이 있기 때문이다.	①	②	③	④	⑤	⑥
22	주변 사람들에 비해 내가 훨씬 활동적이다.	①	②	③	④	⑤	⑥
23	남들은 생각하지 못하는 방법으로 일을 해결하고 싶다.	①	②	③	④	⑤	⑥
24	다른 사람의 주장이 맞는 것 같으면 내 주장을 쉽게 바꾼다.	①	②	③	④	⑤	⑥
25	실력보다는 정이 많은 동료가 있으면 좋겠다.	①	②	③	④	⑤	⑥
26	회사라고 할지라도 업무능력만으로 사람을 평가해서는 안 된다.	①	②	③	④	⑤	⑥
27	주말에 집에 있으면 답답하다.	①	②	③	④	⑤	⑥
28	토론을 할 때 내 주장을 먼저 말하는 편이다.	①	②	③	④	⑤	⑥
29	새로운 물건을 봐도 어떤 역할을 하는 물건인지 쉽게 아는 편이다.	①	②	③	④	⑤	⑥
30	목표가 생기면 몸에 무리가 되더라도 도전한다.	①	②	③	④	⑤	⑥
31	누군가를 때린 적이 있다.	①	②	③	④	⑤	⑥
32	목표를 다른 사람이 정해주는 것이 편하다.	①	②	③	④	⑤	⑥
33	나의 건강 상태에 대해 불안감을 느낀다.	①	②	③	④	⑤	⑥

| 문항 | 응답 |
| | 전혀 아니다 ◀　　　　▶ 매우 그렇다 |

	문항	①	②	③	④	⑤	⑥
34	흥분을 잘하는 성격이다.	①	②	③	④	⑤	⑥
35	일이 잘 풀리지 않으면 내 능력이 부족해서라고 생각한다.	①	②	③	④	⑤	⑥
36	나는 참을성이 강하다.	①	②	③	④	⑤	⑥
37	보는 사람이 없어도 무단횡단을 하지 않는다.	①	②	③	④	⑤	⑥
38	감정적인 판단은 위험하다고 생각한다.	①	②	③	④	⑤	⑥
39	나는 이유 없이 벌 받은 적이 많다고 생각한다.	①	②	③	④	⑤	⑥
40	작은 소리에도 금방 잠에서 깬다.	①	②	③	④	⑤	⑥
41	원칙을 고수하는 사람을 보면 답답하다.	①	②	③	④	⑤	⑥
42	다수결의 원칙은 언제나 옳다.	①	②	③	④	⑤	⑥
43	나는 뒤끝 있는 성격이다.	①	②	③	④	⑤	⑥
44	다른 사람들도 나만큼 똑똑하다.	①	②	③	④	⑤	⑥
45	나를 싫어하는 사람들을 이해할 수 없다.	①	②	③	④	⑤	⑥
46	나는 미래를 잘 예측한다.	①	②	③	④	⑤	⑥
47	걱정 때문에 잠을 잘 이루지 못한다.	①	②	③	④	⑤	⑥
48	말하고 싶은 것이 있으면 거침없이 말한다.	①	②	③	④	⑤	⑥
49	순간적으로 화가 나서 친구와 싸운 적이 있다.	①	②	③	④	⑤	⑥
50	동시에 여러 일을 진행하는 것을 선호하지 않는다.	①	②	③	④	⑤	⑥
51	업무가 주어지면 빨리 끝내야 마음이 편하다.	①	②	③	④	⑤	⑥
52	회식 참석 여부가 직원을 평가하는 기준이 되어서는 안 된다.	①	②	③	④	⑤	⑥
53	나는 한 가지 취미에 빠지면 쉽게 헤어 나오지 못한다.	①	②	③	④	⑤	⑥
54	나는 가끔 심한 장난을 치곤 한다.	①	②	③	④	⑤	⑥
55	내 능력을 가장 잘 알아주는 곳에서 일하고 싶다.	①	②	③	④	⑤	⑥
56	정직하게 사는 사람이 손해 보는 세상이다.	①	②	③	④	⑤	⑥
57	성공하기 위해서는 불법적인 일도 할 줄 알아야 한다.	①	②	③	④	⑤	⑥
58	일을 시간 내 완료하지 못하는 경우가 있다.	①	②	③	④	⑤	⑥
59	지시를 받으면 그 지시가 부당하지 않은지 한 번 더 생각한다.	①	②	③	④	⑤	⑥
60	말이 느린 편이다.	①	②	③	④	⑤	⑥
61	잘못한 사람을 쉽게 용서하는 편이다.	①	②	③	④	⑤	⑥
62	나는 신중한 사람이다.	①	②	③	④	⑤	⑥
63	상대방에게 양보하는 경우가 많다.	①	②	③	④	⑤	⑥
64	새치기하는 사람을 보면 그 자리에서 지적한다.	①	②	③	④	⑤	⑥
65	내 의견을 강하게 주장하는 편이다.	①	②	③	④	⑤	⑥
66	잠을 잘 때 꿈을 많이 꾼다.	①	②	③	④	⑤	⑥
67	나는 이성에게 인기가 많다.	①	②	③	④	⑤	⑥
68	나는 욕심이 많은 편이다.	①	②	③	④	⑤	⑥

	문항	응답					
		전혀 아니다 ◀			▶ 매우 그렇다		
69	뉴스 보는 것을 좋아한다.	①	②	③	④	⑤	⑥
70	여행을 가기 전 세세한 일정까지 모두 계획한다.	①	②	③	④	⑤	⑥
71	작은 일이라도 계획을 세운 후 시작한다.	①	②	③	④	⑤	⑥
72	내가 학창 시절 가장 좋아했던 과목은 체육이다.	①	②	③	④	⑤	⑥
73	지나간 일에 대해 후회를 많이 한다.	①	②	③	④	⑤	⑥
74	새로운 일을 시작하면 설렘보다는 두려움이 크다.	①	②	③	④	⑤	⑥
75	나의 어린 시절은 힘들었다.	①	②	③	④	⑤	⑥
76	주변 사람들에게 타고난 리더라는 말을 많이 듣는다.	①	②	③	④	⑤	⑥
77	어떤 상황에서든 법을 지켜야 한다.	①	②	③	④	⑤	⑥
78	매사에 걱정이 많은 편이다.	①	②	③	④	⑤	⑥
79	가장 좋아하는 색은 검은색이다.	①	②	③	④	⑤	⑥
80	가능하면 새로운 사람들을 만나고 싶다.	①	②	③	④	⑤	⑥
81	나는 자율적으로 행동할 때 가장 능력을 발휘할 수 있다.	①	②	③	④	⑤	⑥
82	목소리가 큰 편이다.	①	②	③	④	⑤	⑥
83	영화를 볼 때 결말이 예상된다.	①	②	③	④	⑤	⑥
84	나의 미래는 아직 불투명하다.	①	②	③	④	⑤	⑥
85	능력이 있다면 이직하는 것이 좋다.	①	②	③	④	⑤	⑥
86	즉흥적으로 여행을 떠나는 것을 즐긴다.	①	②	③	④	⑤	⑥
87	친구의 부탁을 거절하지 못한다.	①	②	③	④	⑤	⑥
88	반복적인 작업을 해도 지루하지 않다.	①	②	③	④	⑤	⑥
89	나는 동성 친구보다 이성 친구가 더 많다.	①	②	③	④	⑤	⑥
90	형식적인 절차를 지키는 것을 좋아하지 않는다.	①	②	③	④	⑤	⑥
91	나의 과거는 불행했다.	①	②	③	④	⑤	⑥
92	아무도 생각하지 못한 제품을 만들고 싶다.	①	②	③	④	⑤	⑥
93	부지런하다는 말을 많이 듣는다.	①	②	③	④	⑤	⑥
94	어떤 일이든 잘할 자신이 있다.	①	②	③	④	⑤	⑥
95	매일 일기를 쓴다.	①	②	③	④	⑤	⑥
96	불법적인 일은 단 한 번도 한 적이 없다.	①	②	③	④	⑤	⑥
97	나는 다른 사람보다 노력을 많이 하는 편이다.	①	②	③	④	⑤	⑥
98	취미가 같은 사람을 만나면 몇 시간이고 얘기할 수 있다.	①	②	③	④	⑤	⑥
99	나는 여러 사람 앞에서 행사를 진행해 본 적이 있다.	①	②	③	④	⑤	⑥
100	아무도 지키지 않는 법이라도 나는 지켜야 한다.	①	②	③	④	⑤	⑥
101	항상 효율적인 방법을 찾는 편이다.	①	②	③	④	⑤	⑥
102	사람이 많은 여행지를 좋아한다.	①	②	③	④	⑤	⑥
103	내 인생에서 가장 중요한 것은 가족이다.	①	②	③	④	⑤	⑥

문항		응답					
		전혀 아니다 ◀			▶ 매우 그렇다		
104	부당한 일을 당해도 제대로 항의하기가 어렵다.	①	②	③	④	⑤	⑥
105	나는 혼자서 쉬는 시간이 반드시 필요하다.	①	②	③	④	⑤	⑥
106	행동이 느린 편이다.	①	②	③	④	⑤	⑥
107	하던 일을 마무리 지어야 마음이 편하다.	①	②	③	④	⑤	⑥
108	나만의 개인적인 공간이 필요하다.	①	②	③	④	⑤	⑥
109	다른 사람들에게 나의 장점을 이야기할 수 있다.	①	②	③	④	⑤	⑥
110	좋아하는 음식과 싫어하는 음식이 명확하다.	①	②	③	④	⑤	⑥
111	가끔 아무 이유 없이 싫은 사람이 있다.	①	②	③	④	⑤	⑥
112	말이 통하지 않는 나라를 여행해 보고 싶다.	①	②	③	④	⑤	⑥
113	남을 이기기 위해서는 남보다 빨리 시작해야 한다.	①	②	③	④	⑤	⑥
114	항상 일이 잘 풀리지 않았을 때를 대비한다.	①	②	③	④	⑤	⑥
115	여러 사람이 어울리는 모임을 좋아한다.	①	②	③	④	⑤	⑥
116	압박감이 심해도 평정심을 유지한다.	①	②	③	④	⑤	⑥
117	주변이 시끄러우면 집중하기 힘들다.	①	②	③	④	⑤	⑥
118	선배보다는 후배들과 말하는 것이 편하다.	①	②	③	④	⑤	⑥
119	엄격한 규율이 있는 집단에서 생활하는 것이 어렵다.	①	②	③	④	⑤	⑥
120	사교모임에서 아무도 말하지 않고 있으면 불안해진다.	①	②	③	④	⑤	⑥
121	처음 보는 사람과도 편하게 이야기할 수 있다.	①	②	③	④	⑤	⑥
122	결과보다 과정이 중요하다.	①	②	③	④	⑤	⑥
123	가끔 이유 없이 불안할 때가 있다.	①	②	③	④	⑤	⑥
124	나는 남들보다 불행한 것 같다.	①	②	③	④	⑤	⑥
125	내 방에 있을 때가 가장 마음이 편하다.	①	②	③	④	⑤	⑥
126	내가 맡은 일에서 최고의 전문가가 되고 싶다.	①	②	③	④	⑤	⑥
127	노력한 일에서 성과를 거두지 못하면 심하게 자책한다.	①	②	③	④	⑤	⑥
128	운이 없으면 성공하지 못한다.	①	②	③	④	⑤	⑥
129	나는 개성이 강한 편이다.	①	②	③	④	⑤	⑥
130	나는 사회에 꼭 필요한 사람이라고 생각한다.	①	②	③	④	⑤	⑥
131	힘든 일이 있어도 주변 사람들에게 내색하지 않는다.	①	②	③	④	⑤	⑥
132	이직하는 것은 동료들에 대한 배신이다.	①	②	③	④	⑤	⑥
133	오랫동안 해온 취미생활이 있다.	①	②	③	④	⑤	⑥
134	익숙한 일이라도 항상 긴장된다.	①	②	③	④	⑤	⑥
135	나는 어디서든 잘 적응할 수 있다.	①	②	③	④	⑤	⑥
136	가족들과 떨어져서 지내는 것이 힘들다.	①	②	③	④	⑤	⑥
137	친한 친구라도 말이 통하지 않는 경우가 있다.	①	②	③	④	⑤	⑥
138	내 마음을 진짜 이해할 수 있는 사람은 없다.	①	②	③	④	⑤	⑥

문항	응답					
	전혀 아니다 ◀				▶ 매우 그렇다	
139 억울한 일을 당해도 화를 참을 수 있다.	①	②	③	④	⑤	⑥
140 나와 관련 없는 일은 관심이 없다.	①	②	③	④	⑤	⑥
141 시끄러운 분위기가 좋다.	①	②	③	④	⑤	⑥
142 자존심이 세다는 말을 많이 듣는다.	①	②	③	④	⑤	⑥
143 다른 사람들이 동의하지 않아도 내가 옳다고 생각한다.	①	②	③	④	⑤	⑥
144 나의 결정이 대체로 옳다고 생각한다.	①	②	③	④	⑤	⑥
145 리더는 반드시 가장 능력이 뛰어난 사람이어야 한다.	①	②	③	④	⑤	⑥
146 계획을 세웠더라도 수시로 바꾼다.	①	②	③	④	⑤	⑥
147 나는 우유부단한 편이다.	①	②	③	④	⑤	⑥
148 내 친구들은 모두 나와 생각이 비슷하다.	①	②	③	④	⑤	⑥
149 내 능력을 인정하지 않는 회사에서는 일하고 싶지 않다.	①	②	③	④	⑤	⑥
150 미래의 나는 지금과는 다른 사람일 것이다.	①	②	③	④	⑤	⑥

기출복원 모의고사

▶ **언어이해**

01	02	03	04	05	06	07	08	09	10
①	③	②	⑤	③	④	③	②	⑤	③
11	12	13	14	15	16	17	18	19	20
④	④	④	①	④	②	①	⑤	③	④

01 ①

스태그플레이션은 국제 원자재 가격 급등이나 공급망 차질 같은 총공급 충격으로 인해 발생하며, 이 과정에서 실업률 상승함과 동시에 비용 진가로 물가 싱승이 나타난다. 즉, 공급 충석은 물가 상승과 경기 침체(실업률 상승)를 동시에 유발할 수 있다는 점을 정확히 추론한 선택지는 ①번이다.

[오답 점검]

② 주어진 글에서는 스태그플레이션 상황에서 금리 상승은 경기를 더욱 침체시키고, 통화 확대 정책은 물가를 상승시킨다고 하였다. 즉 두 정책이 동일한 효과를 낸다고 하지 않았다.

③ 총수요 증가로 발생한 일반적 인플레이션은 경기 활황 및 낮은 실업률을 동반한다.

④ 경기 침체기에도 물가가 상승하는 현상은 지문에서 일반적인 인플레이션이 아니라 스태그플레이션의 특징으로 설명된다.

⑤ 스태그플레이션은 일반적인 인플레이션보다 해결하기 어려운 문제로 제시되었으며, 자연스럽게 해소된다는 언급은 없다.

02 ③

주어진 글에서는 대상을 수동적으로 받아들이는 수용성을 담당하며, 오성은 그것을 능동적으로 생각하는 자발성을 담당한다고 설명한다. 따라서 오성이 수동적 수용성을 담당한다는 것은 글의 내용과 일치하지 않는다.

[오답 점검]

① 칸트의 대표작 《순수 이성 비판》을 언급하며 "인간 지식의 근원과 한계를 탐구한다"고 하였다. 이는 칸트가 인식론을 주요 과제로 삼았다는 것과 일치한다.

② "우리가 인식하는 세계는 현상이며" 이는 주관에 의해 구성된 것이라고 하였다. 따라서 글의 내용과 일치한다.

④ "칸트는 지식이 감성과 오성의 합작품이라고 주장하며"라고 하였다. 따라서 글의 내용과 일치한다.

⑤ "본체 즉, 사물 그 자체는 우리의 경험 범위를 완전히 벗어나 직접적으로 인식될 수 없는 영역이다"라고 하였다. 따라서 글의 내용과 일치한다.

03 ②

일일 스크럼 미팅은 9시 정각에 시작한다. 8시 40분은 미팅 시작 전이며, 8시 30분까지 혼자 개발 업무에 집중하는 시간이 끝난 직후이다.

[오답 점검]

① 팀원 출근 전인 8시부터 30분간, 난이도 높은 개발 업무에 집중한다고 하였다.

③ 오후 3시까지는 주로 타 부서와의 협업 회의나 외부 미팅이 잡혀 있어 코딩에 집중하기 어렵다고 하였다.

④ 김 팀장은 오후 7시까지 저녁 식사를 마친 후, 90분 동안 농구 동호회 활동을 한다.

⑤ 김 팀장은 오후 9시 30분에 취침하며, 취침 30분 전에 반드시 독서를 한다고 하였다.

04 ⑤

ESG 경영은 이윤 극대화를 목표로 하는 것이 아니라 지속가능성과 투명한 의사 결정 구조를 중시한다. 따라서 이윤 극대화를 위해 이사회 결의를 통해 비핵심 사업 부분을 매각하는 것은 단기적인 재무적 이익을 위한 결정일 뿐, ESG의 근본 목표와 직접적인 관련이 없거나 상충될 수 있으므로 사례로 적절하지 않다.

[오답 점검]

① 탄소 감축 및 친환경 설비 도입은 환경 요소에 대한 사례로 적절하다.

② 안전 교육 및 인권, 다양성 존중은 사회 요소에 대한 사례로 적절하다.

③ 독립적인 감사 위원회 설치는 지배구조 요소에 대한 사례로 적절하다.

④ 폐수 정화는 환경 요소이며, 지역사회에 무상 제공은 사회 요소 이행 사례로 적절하다.

05 ③

글은 거식증의 특징(식이장애의 일종), 원인(유전적 소인, 심리적 요인), 동반 문제(우울증), 그리고 치료 방법(약물치료, 심리치료) 등 거식증이라는 질환을 총체적으로 설명하고 있다. 따라서 '거식증의 원인, 동반 증상, 그리고 다각적인 치료 접근법'이 글 전체를 가장 포괄적으로 아우르는 주제로 적절하다.

[오답 점검]
① 약물치료는 치료의 한 방법으로만 언급되었을 뿐으로 글 전체의 주제로 적절하지 않다.
② 유전적 요인은 원인 중 하나로만 언급되었을 뿐으로 글 전체의 주제로 적절하지 않다.
④ 우울증은 거식증의 '동반 증상'으로 언급되었을 뿐, 글의 전체 논리가 우울증의 설명에만 집중되지는 않으므로 주제로 적절하지 않다.
⑤ 왜곡된 신체 이미지는 거식증의 특징으로 언급뿐으로 글 전체의 주제로는 적절하지 않다.

06 ④

(B)는 키오스크의 개념과 주요 활용 장소를 설명하며, 키오스크가 현대 사회의 필수 설비로 자리 잡고 있음을 제시한다. 이는 글의 주제를 도입하는 역할을 하므로 첫 문단으로 가장 적절하다.
(D)는 '이러한 키오스크의 도입'이라는 표현을 통해 (B)에서 설명한 키오스크의 효과와 장점을 설명하고 있다.
(A)는 '그러나'라는 표현을 사용하여 앞서 제시된 긍정적인 평가와 대비되는 문제점을 제기한다.
(C)는 키오스크 확산 과정에서 드러난 문제를 바탕으로 해결 방안을 제시하는 문단이다. 글을 종합·마무리하므로 마지막에 오는 것이 가장 적절하다.

07 ③

주어진 글에서는 비스페놀 A와 프탈레이트가 내분비계분만 아니라 중추 신경계의 정상적인 신호 전달 체계까지 교란한다고 설명하고 있으며, 그 결과로 신경 발달 장애와 인지 기능 저하 등 신경계 관련 문제도 함께 제시하고 있다. 따라서 이들 물질의 영향이 주로 내분비계에 국한된다고 서술한 것은 옳지 않다.

[오답 점검]
① 비스페놀 A가 음식 용기뿐 아니라 건축 자재와 의료 기기 등 다양한 분야에 사용된다고 명시하고 있다.
② 이들 물질이 호르몬 수용체에 결합하거나 호르몬 합성과 대사 과정에 개입하여, 호르몬 모방 또는 길항 작용을 한다고 설명한다.
④ 프탈레이트를 포함한 해당 물질 노출이 신경 발달 장애, 갑상선 기능 저하, 비만, 호르몬 의존성 암 발생률 증가와 상관관계를 보였다고 제시한다.

⑤ 개인의 신중한 소비 선택과 함께 정부 및 산업계 차원의 규제와 대체 물질 개발이 필요하다고 결론짓고 있다.

08 ②

(A)는 땅콩 알레르기의 개념과 발생 배경을 설명하며 글의 주제를 설명한다.
(D)는 '이러한 땅콩 알레르기는'이라는 표현으로 (A)를 받아 알레르기의 구체적 위험성과 심각성을 제시한다.
(B)는 앞서 제시된 위험에 대응하여 현실적인 관리·치료 방법을 설명한다.
(C)는 '개인의 주의만으로 해결되기 어렵다'는 점을 들어 사회적 차원의 지원 필요성을 강조하며 글을 마무리한다.

09 ⑤

주어진 글에서 신자유주의에 대한 비판적 입장은 노동 유연화가 비정규직을 양산하고 노동자의 권리를 약화시킨다고 주장한다. 이에 대해 ⑤번 선택지에서는 노동 유연화를 기업 경쟁력 강화와 일자리 창출의 수단으로 해석하며, 장기적으로 고용 안정에 기여한다는 논리를 제시하고 있다. 이는 시장 경쟁을 통해 경제 성장을 이루고 그 혜택이 사회 전반에 확산된다는 신자유주의의 핵심 관점과 일치한다.

[오답 점검]
① 주어진 글에서는 국가 간 자유무역이나 세계적 차원의 빈곤 문제 해결에 대해서는 언급하지 않았다.
② 공기업 민영화를 중단하고 국가 통제를 강화해야 한다는 주장은 신자유주의의 핵심 정책 방향과 반대되는 내용으로, 비판적 입장을 오히려 강화하는 선택지이다.
③ 공공 서비스의 평등한 제공을 위해 정부 개입이 필요하다는 주장은 지문에서 제시된 비판적 입장의 논리와 일치하며, 신자유주의 옹호의 반박으로는 적절하지 않다.
④ 정부의 적극적인 소득 재분배와 개입을 강조하고 있어, 작은 정부와 시장 자율성을 중시하는 신자유주의의 기본 전제와 정면으로 배치된다.

10 ③

주어진 글에서는 단원풍이 간결하면서도 역동적인 구도를 보여준다고 설명되어 있다. 따라서 정적인 구도를 지향한다는 것은 글의 내용과 일치하지 않는다.

[오답 점검]
① "특정 계층이나 양반의 위세를 과시하는 기존의 전통적인 회화에서 벗어나"라고 언급하고 있다.
② "평범한 사람들의 모습과 해학적인 상황을 주요 주제로 삼았다"라고 언급하고 있다.

④ "김홍도는 왕실의 초상화와 기록화를 그리는 도화서 소속 화원이었음에도 불구하고"라고 언급하고 있다.
⑤ "서민들의 솔직한 감정과 자유로운 활력을 보여주면서~ 시대를 기록한 기록물로서 중요한 역사적 가치를 지닌다"라고 언급하고 있다.

11 ④

글은 식민 지배하의 억압적인 환경과 80%대의 문맹률이라는 절망적인 상황을 제시한다. 그러나 동시에 민족 지식인들이 '야학이나 강습소'를 통해 계몽 활동을 끊임없이 전개하여 '교육에 대한 열망을 심는 중요한 밑거름'이 되었다고 서술한다. 광복 후의 급격한 문맹률 하락은, 이러한 억압 속에서도 꺼지지 않았던 민족의 교육열과 계몽 활동의 기반이 있었기에 가능했다는 것을 추론할 수 있게 한다.

[오답 점검]
① 식민 당국이 제한적인 보통 교육을 제공하기는 했으나, 글은 '차별적인 교육 정책'과 '한글 교육 탄압'을 통한 억압을 강조하며, 문맹률이 80%대에 달했다고 언급하였다. 이는 통제와 억압 속에서도 '자발적인 계몽 노력'이 있었음을 강조하는 문맥이므로, 교육 기회 봉쇄 여부를 다루는 것은 문맥상 핵심이 아니다.
② 주어진 글에서는 고등 교육이 아닌 야학 등을 통한 '문맹 퇴치 운동'의 중요성을 강조하고 있다.
③ 계몽 활동의 성과가 계승되었다는 것은 사실이나, 빈칸은 '억압적인 환경 속에서' 가능했던 이유를 묻고 있다. 따라서 '계몽 활동'이 억압 속에서도 지속될 수 있었던 내적 동력(교육열)을 설명하는 것이 더 적절하다.
⑤ 글에서 언급된 야학이나 강습소는 '사교육 시장'이라기보다는 민족의식을 고취하려는 '계몽 활동'의 성격이 강하며, '사교육 시장'이라는 표현은 당시의 맥락과 맞지 않는다.

12 ④

주어진 글에서는 개가 노란색과 파란색 계열의 색상은 잘 구별할 수 있으나 빨간색과 녹색을 구분하는 능력이 떨어진다고 했다. 따라서 파란색 공을 던지면 잘 알아볼 것이다.

[오답 점검]
① "인간의 망막에는 세 가지 종류의 원추 세포가 있어~ 삼색시(Trichromatic) 시각을 갖는다"라고 언급되어 있다.
② "개는 두 가지 종류의 원추 세포만을 가지고 있어 이색시(Dichromatic) 시각을 가진다. 이는 인간의 색약 중 하나인 적록 색약과 유사한 방식이다"라고 언급하고 있다.

③ "안구 뒤쪽에 빛을 반사하여 시력을 증폭시키는 타페툼 루시덤(Tapetum Lucidum)이라는 구조가 있어 어두운 곳에서도 효율적으로 사물을 볼 수 있다"라고 언급하고 있다.
⑤ "개에게 색상의 정보는 인간만큼 중요하지 않으며, 주로 사물의 명암과 움직임을 통해 주변 환경을 파악한다"라고 언급하고 있다.

13 ④

주어진 글에서는 적응 면역의 특징을 "한 번 침입했던 병원체의 정보를 체내에 저장해 두었다가, 동일한 병원체가 다시 침입하면 이전보다 훨씬 빠르고 강력하게 반응한다"라고 설명하고 있다. 과거의 침입 경험을 바탕으로 이후의 방어 반응을 강화하는 성질을 의미하며, 이에 해당하는 선택지는 ④번이다.

[오답 점검]
① 항상성 유지에 대한 설명으로, 면역 체계 전반이나 생리 조절과 관련된 개념이며 주어진 글에서는 언급되지 않았다.
② 자기와 비자기를 구별하는 능력에 대한 설명으로, 주어진 글에서는 이러한 억제 기능을 다루지 않는다.
③ 병원체의 종류와 무관하게 즉각 반응하는 것은 선천 면역의 특징으로, 적응 면역과 반대된다.
⑤ 면역 반응이 강해진다는 표현은 있으나, 지문에서는 일시적 증가 현상이 아니라 기억을 통한 반응의 변화를 강조하고 있다.

14 ①

플라톤은 감각으로 경험하는 세계는 끊임없이 변화하기 때문에 참된 지식은 감각적인 경험이 아닌 이성적인 통찰을 통해서만 얻을 수 있다고 보았다. 반면 아리스토텔레스는 감각적 경험과 관찰을 통해 진정한 지식을 얻을 수 있다고 보았다. 따라서 주어진 글을 기반으로 플라톤의 입장에서 아리스토텔레스를 비판하고자 한다면 이러한 차이를 언급하는 ①번 선택지가 가장 적합하다.

[오답 점검]
②,③ 플라톤의 주장과는 일치하지만 글에서 나타나는 두 철학자 간의 주된 차이는 감각적 경험과 관련된 것이다.
④ 아리스토텔레스의 네 가지 원인론이 감각 세계 탐구를 부정한다는 잘못된 전제를 두고 있어, 지문 내용과 부합하지 않는다.
⑤ 감각 경험을 지식의 근거로 보지 않는다는 플라톤의 기본 입장을 부정하므로, 플라톤의 관점에서 아리스토텔레스를 비판하라는 문항 요구에 부합하지 않는다.

15 ④

"소비자는 물리적인 쇼핑의 수고를 덜면서 충동적인 구매에 더 쉽게 노출된다"라고 언급하고 있다. 따라서 인터넷 쇼핑의 편의성이 충동적 구매에 노출되는 빈도를 줄이는 데 기여했다는 것은 글의 내용과 일치하지 않는다.

[오답 점검]

① 라이브 커머스가 "단시간에 높은 몰입도와 시각적 현장감을 제공"하며, "기존의 정적인 상품 정보 제공 방식이 가진 한계를 보완하려는 시장의 노력"이라고 언급하였다.

② 온라인 플랫폼이 "오프라인 매장보다 낮은 임대료~를 바탕으로 상품의 가격 경쟁력을 확보할 수 있었다"라고 언급하고 있다.

③ "소비자 후기 시스템과 상품 비교 기능은 구매 결정의 투명성을 높이는 데 기여하였다"라고 언급하고 있다.

⑤ "화면 속 이미지와 실제 상품 간의 품질 차이~ 문제는 여전히 온라인 쇼핑의 중요한 한계로 지적되고 있다. 이 때문에 반품 및 교환율이 오프라인 구매보다 상대적으로 높은 경향을 보인다"라고 언급하고 있다.

16 ②

주어진 글에서는 보유세의 한계로 효과가 나타나기까지 시간이 걸린다는 것과 현금을 보유한 소유자에게는 즉각적으로 영향을 미치지 못한다는 점을 언급했다. 따라서 이를 보완하는 정책이 ㉠에서 언급되어야 한다. 주어진 선택지 중 가장 즉각적으로 효과를 볼 수 있는 정책은 대출 억제를 통한 투기 수요를 차단하는 ②번이다.

[오답 점검]

① 공급 확대는 장기적인 주거 안정 정책이지만, 빈칸 앞뒤 문맥은 보유세의 '한계'를 보완하는 즉각적인 정책을 묻고 있으므로 ㉠에 들어갈 문장으로 적절하지 못하다.

③ 주어진 글에서는 규제를 통한 과열 진정을 목표로 하고 있으므로, 규제를 철폐하라는 내용은 ㉠에 들어갈 문장으로 적절하지 못하다.

④ 주어진 글에서는 보유세의 '효과'를 언급하며 그 '한계'를 보완해야 한다고 주장하고 있으므로, 보유세 부담을 완화하라는 내용은 문맥과 정반대이다.

⑤ SOC 투자는 거시적인 경제 및 국토 개발 정책이지만, 부동산 시장의 단기적 투기 수요 억제라는 지문의 주제와는 직접적인 관련이 없다.

17 ①

주어진 글은 한국 전통주의 문화적 성격과 역사적 변천 과정을 시간의 흐름에 따라 설명하고 있다.

(D)는 한국 전통주의 전반적인 성격과 특징을 설명하는 도입부로, 전통주가 지닌 문화적 가치와 기본적인 특성을 제시하고 있다. 따라서 글의 맨 앞에 오는 것이 자연스럽다.

(B)는 조선 시대를 배경으로 가양주 문화와 양조 기술의 발전을 설명하며, 과거의 전성기를 다룬다.

(A)는 광복 이후 산업화와 1960년대 양곡 관리법을 언급하며, 쌀 부족과 정책적 규제로 인해 전통주 문화가 위축된 쇠퇴기를 설명한다.

(C)는 1990년대 이후 규제 완화와 제도 도입을 통해 전통주가 다시 복원되고, 최근 재조명되고 있음을 다룬다.

18 ⑤

준혁은 자연적으로 얻어지는 견과류와 열매만 섭취한다. 따라서 ㉤의 정의와 일치하는 예시이다.

[오답 점검]

① "유제품은 먹기 때문에" ㉠의 정의인 동물 유래 모든 식품 배제와 일치하지 않는 예시이며, 락토 오브 베지테리언 유형과 일치한다.

② ㉡은 육류와 해산물을 모두 피해야 한다. 철수는 육류를 피하고 있으나 닭고기를 먹고 있으므로 ㉡의 정의와 일치하지 않는 예시이며, 폴로 베지테리언 유형에 가깝지만, 해산물 여부에 따라 달라질 수 있다.

③ ㉢은 '육상 동물의 육류인 소, 돼지, 닭 등을 피해야 한다.' 민수는 돼지고기를 피하고 해산물인 새우를 먹고 있어 정의에와 일치하지만, 치즈를 먹을 수 있는지 여부는 주어진 글에서 설명되지 않고 있어서 정확히 일치하는 예시라고 할 수 없다.

④ ㉣은 "붉은 육류는 피하고 닭고기와 같은 가금류를 허용"한다는 것만 설명되어 있으나 지수의 식단에는 계란이 포함되어 있다. 따라서 정확히 일치하는 예시로는 보기 힘들다.

19 ③

주어진 글은 촉법소년 제도의 기본 개념을 설명한 뒤, 해당 제도를 둘러싼 사회적 문제 제기와 상반된 입장을 순차적으로 제시하는 방식으로 전개된다.

(D)는 촉법소년의 개념과 제도의 취지를 설명하는 부분으로, 글 전체의 논의를 이해하기 위한 기초 정보 제시에 해당한다. 따라서 글의 맨 앞에 오는 것이 가장 자연스럽다.

(C)는 최근 촉법소년 범죄의 증가와 흉포화 현상을 언급하며, 현행 제도에 대한 사회적 문제 제기와 비판 여론을 제시하고 있다. 이는 이후 제도 개선 논의가 등장하기 위한 배경이 된다.

(A)는 이러한 사회적 요구를 바탕으로 형사 미성년자 연령을 낮춰야 한다는 찬성 입장을 구체적으로 제시한다. (C)의 문제 인식에 대한 직접적인 대응이므로 그 뒤에 이어지는 것이 적절하다. (B)는 연령 하향에 반대하는 입장을 제시하며, 처벌 강화의 부작용을 지적하고 보호 · 교화 중심의 대안을 주장한다. 이는 앞선 (A)의 주장에 대한 반론이므로 글의 마지막에 배치되는 것이 가장 자연스럽다.

20 ④

목디스크의 주된 증상은 목 주변의 통증뿐만 아니라 어깨, 팔, 손가락까지 저리는 방사통과 심한 경우 팔의 근력이 약화되거나 감각저하가 발생한다고 서술했다. 하지만 전신의 근력이 약화되는 근무력증으로 진행될 수 있다는 내용은 서술되어있지 않다.

[오답 점검]
① 목디스크를 "추간판(디스크)이 제자리를 벗어나거나 파열되면서, 이로 인해 주변의 신경을 압박하여 통증을 유발하는 질환이다"라고 설명하고 있으므로 글의 내용과 일치한다.
② "추간판은 외부 충격을 흡수하고~ 중앙의 수핵과 이를 둘러싼 섬유륜으로 구성되어 있다"라고 설명하고 있으므로 글의 내용과 일치한다.
③ "스마트폰 사용 시 고개를 숙이는 자세는 경추에 상당한 부담을 주어 발병을 촉진하는 주요 원인으로 지목된다"라고 설명하고 있으므로 글의 내용과 일치한다.
⑤ "초기에는 약물 치료나 물리 치료 같은 보존적 치료를 우선적으로 시행하며, 이러한 치료로도 증상이 호전되지 않거나 신경 손상이 심한 경우에만 수술적 치료를 고려하는 것이 일반적이다"라고 설명하고 있으므로 글의 내용과 일치한다.

자료해석

01	02	03	04	05	06	07	08	09	10
②	③	②	④	⑤	③	③	①	③	④

11	12	13	14	15	16	17	18	19	20
①	②	⑤	⑤	⑤	④	②	①	②	⑤

01 ②

2023년 대비 2024년 수출 비중 증가한 국가는 중국, 인도이다. 두 국가 모두 수출 비중이 1%p 증가하였지만, 중국의 경우 21%에서 1%p 증가하였는 데 반해 인도의 경우 10%에서 1%p 증가했다. 즉 인도의 증가율이 중국보다 높다. 이를 수식으로 표현하면 다음과 같다.

중국: $\dfrac{22-21}{21} \times 100 ≒ 4.76\%$

인도: $\dfrac{11-10}{10} \times 100 = 10\%$

[오답 점검]
① 2023년 대비 2024년 수출 비중이 감소한 국가는 베트남, 일본으로 2개이다.
③ 2024년 베트남의 수출액이 독일과 일본의 개별 수출액보다 많다. 따라서 두 국가 수출액의 평균은 굳이 계산하지 않아도 베트남 수출액보다는 작다는 것을 알 수 있다.
④ 모든 국가에서 2023년 대비 2024년 수출액이 증가했다. 따라서 비중이 증가했는지 감소했는지만 확인하면 된다. 비중이 감소한 증가한 국가는 중국, 인도 2개이고, 비중이 감소한 국가는 베트남, 일본 2개이다. 따라서 수는 동일하다.
⑤ 2023년 대비 2024년 미국의 수출액 증가율
$$= \dfrac{1,380-1,200}{1,200} \times 100 = 15\%$$

02 ③

ㄴ. 2023년 대비 2024년에 GDP와 투자 비중 모두 증가하였으므로 투자 금액을 계산하지 않아도 증가했다는 것을 알 수 있다.
ㄷ. 2024년 민간 소비금액: 2,100 × 54% = 1,134조 원이므로 1,100조 원을 초과하였다.

[오답 점검]
ㄱ. 2023년 GDP 증가액: 2,000 - 1,900 = 100조 원
    2024년 GDP 증가액: 2,100 - 2,000 = 100조 원
    따라서, 2023년과 2024년 GDP 증가액은 동일하다.
ㄹ. 정부 지출 금액의 비중은 2022년부터 2024년까지 동일하지만 GDP가 증가하였으므로 정부 지출 금액은 지속적으로 증가했음을 알 수 있다.

03 ②

수출액 상위 3개 국가는 미국, 중국, 일본으로 수출액의 합은 1,200 + 1,050 + 620 = 2,870억 달러이고, 하위 5개 국가는 인도, 대만, 홍콩, 싱가포르, 멕시코로 수출액의 합은 500 + 460 + 430 + 410 + 390 = 2,190억 달러이다. 따라서 상위 3개 국가의 수출액의 합이 더 크다.

[오답 점검]
① 전년 대비 수출액이 감소한 국가는 중국, 대만, 홍콩으로 3개이다.
③ 전년 대비 수출액 증가율이 가장 높은 국가는 인도이고, 수출액 순위가 가장 높은 국가는 미국이다.
④ 일본과 독일의 수출액이 모두 베트남보다 많으므로 계산하지 않아도 둘의 평균이 베트남보다 높다는 것을 알 수 있다.
⑤ 수출액 증감률이 가장 낮은 국가는 홍콩으로 수출액 순위는 8위이다.

04 ④

2021년 원자재 수출 증가액: 120 – 110 = 10억 달러
2021년 원자재 수입 증가액: 92 – 80 = 12억 달러
따라서, 원자재 수출 증가액이 원자재 수입 증가액보다 적다.

[오답 점검]
① 2021년 원자재 수입 증가액: 92 – 80 = 12억 달러
② 2020년 원자재 수지 = 80 – 110 = – 30억 달러
　 2021년 원자재 수지 = 92 – 120 = – 28억 달러
　 따라서, 원자재 수지 적자는 전년 대비 2021년 감소하였다.
③ 2020년 수입(80) 〈 수출(110), 2021년 수입(92) 〈 수출(120)
⑤ 2021년 원자재 수출과 원자재 수입액의 차 = 120 – 92 = 28억 달러
　 2020년 원자재 수출과 원자재 수입액의 차 = 110 – 80 = 30억 달러

05 ⑤

1가구당 평균 인원 수는 '인구 수 ÷ 가구 수'이다.
따라서, 2021년 1가구당 평균 인원 수 = 520 ÷ 200 = 2.6명이다.

06 ③

판매량은 120 → 140 → 160으로 매년 20만 개 증가하고 있다. 평균 판매 단가는 5,000 → 4,500 → 4,000으로 500원 감소하고 있다. 2024년 판매량은 180만 개, 평균 판매 단가는 3,500원일 것이다. 따라서 총 매출액은 180만 × 3,500원 = 63억 원이다.

07 ③

C사는 조사기간 동안 매출 성장률이 3%로 동일하다.

[오답 점검]
① A사 매출 성장률 변화는 2 → 3 → 4 → 5 → 6으로 매년 1%p씩 증가하였다.
② B사 증감방향은 지속적으로 감소하고, D사는 지속적으로 증가한다.
④ E사는 증감을 반복하고 있다.
⑤ 2023년 매출 성장률이 가장 높은 회사는 A사와 D사이다.

08 ①

수도권 도서관(300) 〉 영화관(180), 중부권 도서관(220) 〉 영화관(130), 남부권 도서관(260) 〉 영화관(150), 동부권 도서관(190) 〉 영화관(100), 서부권 도서관(160) 〉 영화관(90)으로 모두 도서관의 수가 영화관의 수보다 많다.

[오답 점검]
② 박물관 수가 가장 많은 지역은 수도권이고, 공연장 수가 가장 적은 지역은 서부권이다.
③ 영화관 수가 가장 적은 지역은 서부권이고, 공연장 수가 가장 많은 지역은 수도권이다.
④ 남부권이 중부권보다 박물관 제외 모든 문화시설의 수가 더 많다. 박물관의 숫자 차이도 10개에 불과하여 계산하지 않아도 남부권의 총합이 더 많은 것을 알 수 있다.
⑤ 수도권을 제외하고 도서관 수가 가장 많은 지역은 남부권이다.

09 ③

연도별 매출액 증가폭을 구하면 다음과 같다.
2020년: 920 – 800 = 120억 원
2021년: 1,040 – 920 = 120억 원
2022년: 1,350 – 1,040 = 320억 원
2023년: 1,440 – 1,360 = 80억 원
따라서, 가장 큰 폭으로 증가한 해는 2022년이다.
2022년의 영업이익 대비 연구개발비의 비율
$= \dfrac{90}{150} \times 100 = 60\%$ 이다.

10 ④

2023년 매출액이 증가한 기업은 증감률이 + 인 기업이다. 따라서 증가한 기업은 A기업과 D기업 이므로 2곳이다.

[오답 점검]
①, ②, ③ 주어진 자료는 기업의 매출액이 아닌 증감률에 관한

자료이다. 따라서 증감률만으로는 기업 간 매출액을 비교할
수 없다.
⑤ 개별 기업의 증감률만 제시되어 있으므로 전체 매출액 합의
크기 비교는 불가능하다.

11 ①

ㄱ. 모든 지역에서 태양광 생산량이 풍력 생산량보다 많다.
ㄴ. 수력 생산량이 가장 많은 지역은 대구이고 바이오 생산량이
가장 적은 곳은 대구이다.

[오답 점검]

ㄷ. 부산이 서울보다 모든 신재생 에너지 생산량이 더 많다. 따
라서 계산하지 않아도 최소한 서울이 신재생 에너지 총 생
산량이 가장 많은 지역이 아니라는 것은 알 수 있다.
ㄹ. 풍력 생산량이 가장 적은 지역은 인천이고, 태양광 생산량
이 두 번째로 적은 지역은 대구이다.

12 ②

2021년: 120 + 45 + ㉠ = 190이므로 ㉠ = 25
2022년: ㉡ + 40 + 30 = 150이므로 ㉡ = 80
2023년: 110 + ㉢ + 25 = 165이므로 ㉢ = 30
따라서, ㉠ + ㉡ + ㉢ = 25 + 80 + 30 = 135이다.

13 ⑤

중학교의 학생당 교사 수와 고등학교의 학생당 교사 수를 구하
면 다음과 같다.

중학교: $\dfrac{36,000}{2,000}$ = 18명, 고등학교: $\dfrac{40,000}{20,000}$ = 20명

따라서 중학교의 학생당 교사 수가 고등학교보다 적다.

[오답 점검]

① 초등학교의 학생당 교사 수는 $\dfrac{48,000}{3,000}$ = 16명이고, 중학교
는 18명이다.
② 고등학교의 학생당 교사 수는 20명이고, 초등학교는 16명
으로 4명 더 많다.
③ 중학교의 학생당 교사 수는 18명이고, 유치원의 학생당 교
사 수는 $\dfrac{12,000}{1,500}$ = 8명으로 2.25배 더 많다.
④ 학생당 교사 수가 가장 작은 학교급은 유치원이다.

14 ⑤

2023년 GDP가 동일할 때, 2022년 GDP는 증가율이 클수록
작아지고, 증가율이 작을수록 커진다. 따라서 2023년 GDP가
동일하다고 했으므로 증가율에 따라 2022년 GDP를 순서대로
나열하면 A, D, C, B이다. 전년 대비 2023년 GDP 증가율이
가장 낮은 국가는 A국이고 2022년 GDP가 가장 크다.

[오답 점검]

① 2022년 GDP가 가장 큰 국가는 A이다.
② 2022년 GDP가 가장 작은 국가는 B국이다.
③ 2022년 GDP 기준 상위 2개 국가는 A국과 D국이다.
④ 전년 대비 2023년 GDP 증가율이 가장 큰 국가는 B국이
고, 2022년 GDP는 가장 작다.

15 ⑤

2023년 매출액이 가장 적은 분야는 차량용 반도체이고 전년 대
비 성장률이 가장 낮은 분야는 메모리 반도체이다.

[오답 점검]

① 전년 대비 성장이 감소한 분야는 성장률이 음수인 메모리
반도체이다.
② 2023년 매출액이 1,000억 달러 이상인 분야는 메모리 반
도체, 시스템 반도체, 파운드리다.
③ 전년 대비 성장률이 가장 높은 분야는 차량용 반도체이다.
2022년 매출액 × 1.2 = 2023년 매출액이므로
2022년 매출액 = 2023년 매출액 ÷ 1.2 = 840 ÷ 1.2 =
700억 달러다.
④ 2022년 매출액이 가장 적은 분야는 전년 대비 성장률이 가
장 높지만 2023년 매출액이 가장 낮은 차량용 반도체이다.

16 ④

2022년 전체 대비 컨테이너 물동량 비중: $\dfrac{200}{500}$ × 100 = 40%

2023년 전체 대비 컨테이너 물동량 비중: $\dfrac{270}{600}$ × 100 = 45%

따라서, 컨테이너 물동량 비중의 차이는 5%p이다.

17 ②

총 충전량은 '충전 건수 × 1회 평균 충전량'으로 구하는데, 1
회 평균 충전량이 2024년과 2025년 동일하므로 충전 건수의
증가 비율만 확인하면 된다. 충전 건수는 10,000에서 12,500
으로 25% 증가하였으므로 총 충전량도 25% 증가했다.

18 ①

1월부터 3월까지 1장당 평균 이용건수는 20건으로 모두 동일하다.

[오답 점검]

② 정기권 판매량이 가장 많은 달은 3월이다.

③ 1월 대비 3월의 이용건수 증가율

$$= \frac{280 - 240}{240} \times 100 ≒ 16.7\%$$

④ 1월과 2월의 판매량 합은 12 + 10 = 22건, 3월의 2배는 28건이므로 2배 미만이다.

⑤ 3월의 1장당 평균 이용건수 20건이고, 평균도 20건으로 동일하다.

19 ②

4월 실제 사용량: 100 × 0.8 = 80, 누수량: 100 − 80 = 20
5월 실제 사용량: 100 × 0.9 = 90, 누수량: 100 − 90 = 10
4월과 5월의 누수량 차이: 20 − 10 = 10만 ㎥

20 ⑤

2023년 총 대출 권수 = 8,000 × 12 = 96,000권
2024년 총 대출 권수 = 10,000 × 15 = 150,000권
2023년 대비 2024년의 총 도서 대출 권수의 증가량 = 150,000 − 96,000 = 54,000권이다.

01	02	03	04	05	06	07	08	09	10
③	⑤	④	②	⑤	①	⑤	③	④	②
11	12	13	14	15	16	17	18	19	20
①	⑤	②	③	④	④	③	①	⑤	③

01 ③

마케팅팀이 6명이고 인사팀이 3명으로 총 9명이다. 이 중에서 3명을 뽑을 때, 각 팀에서 최소 한 명 이상씩 포함되어야 하므로 경우를 나누어보자.

ⅰ) A팀에서 2명, B팀에서 1명을 뽑는 경우

$$_6C_2 \times {}_3C_1 = \frac{6 \times 5}{2 \times 1} \times 3 = 45$$

ⅱ) A팀에서 1명, B팀에서 2명을 뽑는 경우

$$_6C_1 \times {}_3C_2 = 6 \times \frac{3 \times 2}{2 \times 1} = 18$$

따라서 45 + 18 = 63가지이다.

02 ⑤

공장 A 생산 비율: 40% → P(A) = 0.4, 공장 B 생산 비율: 60% → P(B) = 0.6이고,
공장 B의 불량률: 3% → P(불량 | B) = 0.03, 공장 A의 비불량률: 5% → P(불량 | A) = 1−0.05 = 0.95 이다.
무작위로 1개를 구매했을 때 불량일 확률을 계산하면,
P(불량) = P(A) × P(불량 | A) + P(B) × P(불량 | B) = (0.4 × 0.95) + (0.6 × 0.03) = 0.38 + 0.018 = 0.398이다. 따라서 39.8%이다.

03 ④

180m인 다리를 60m 길이의 SRT가 지나가는데 20초가 걸리므로 속력은, $\frac{180 + 60}{20} = \frac{240}{20} = 12\,m/s$이다.

길이가 300m인 KTX는 300m를 지나가는데 10초가 걸리므로 속력은, $\frac{300 + 300}{10} = \frac{600}{10} = 60\,m/s$이다. 두 기차가 마주친 순간부터 완전히 지나쳤다면 총 이동거리는 두 기차의 길이가 되므로 60 + 300 = 360m이다. 또한 마주보고 달려오고 있으므로 두 기차의 속력을 더하면 12 + 60 = 72m/s이다. 따라서 서로 완전히 지나갈 때까지 걸린 시간은 $\frac{360}{72}$ = 5초이다.

04 ②

거리가 90km인 강을 거슬러 올라갈 때 시간을 x라고 하자. 배의 속력은 24km/h, 강물의 속력은 6km/h이므로 조건에 맞춰 식을 세우면 $x(24 - 6) = 90$이다. 따라서 $x = 5$이다. 거슬러 올라갈 때 걸리는 시간은 5시간이다.

05 ⑤

직육면체 상자의 가로의 길이가 12cm, 세로 8cm, 높이가 6cm이고, 이 상자를 한 변의 길이가 48cm인 정육면체 창고에 빈틈없이 채운다고 했을 때, 가로, 세로, 높이에 각각 몇 개씩 들어가는지를 구해야한다. 따라서 48cm 안에 가로는 4개, 세로는 6개, 높이는 8개까지 쌓을 수 있으므로 필요한 상자의 총 개수는 4 × 6 × 8 = 192개이다.

06 ①

a와 b 같이 일하면 3일, b와 c 같이 일하면 3일, a와 c 같이 일하면 2일 이므로 조건에 맞춰 식을 세우면 3(a + b) = 1, 3(b + c) = 1, 2(a + c) = 1이다. 식을 정리하면, $a = \dfrac{1}{4}$, $b = \dfrac{1}{12}$, $c = \dfrac{1}{4}$ 이다. 그러므로 b혼자 일하는 데 걸리는 시간은 12일이다.

07 ⑤

물만 증발되므로 소금의 양은 변화가 없다. 농도가 40%인 소금물 450g에서 소금의 양은 450 × 0.4 = 180g이다. 따라서 농도가 60%인 소금물에서도 소금의 양은 180g이며, 이때 소금물의 양을 x로 두면 $x \times 0.6 = 180$, $x = 300$g이다. 450g에서 300g으로 물이 150g 줄어들었는데 1분에 5g씩 증발되었으므로 총 30분이 걸린다.

08 ③

최종 합격 조건이 공장 b는 합격해야 하고, 그 상태에서 공장 a 또는 공장 c 중 적어도 하나가 합격해야 한다. 각 공장의 합격 여부는 서로 독립이므로,
ⅰ) b가 무조건 합격하는 확률은 0.95
ⅱ) 공장 a 합격 확률은 0.90이고, 불합격 확률은 0.10이다.
ⅲ) 공장 c 합격 확률은 0.80이고, 불합격 확률은 0.20이다.
따라서 a와 c가 모두 불합격할 확률은 0.1 × 0.2 = 0.02이므로, a와 c중 적어도 하나가 합격할 확률은 1 - 0.02 = 0.98이다. 최종 합격할 확률의 합은 b가 합격한 확률에 a와 c중 적어도 하나가 합격할 확률을 곱한 0.95 × 0.98 = 0.931이다. 즉, 93.1%이다.

09 ④

원가를 a라고 하고 정가를 x(= a + 이익)라고 하자. 정가에서 20% 할인했을 때, 원가의 5% 이익을 본다는 것을 식으로 정리하면, $0.8x = 1.05a$이다. x에 대해 정리하면, $x = \dfrac{1.05}{0.8}a = 1.3125a$이다. 즉 정가는 원가의 131.25%이다.

10 ②

4명이 3개의 메뉴 중에서 선택하는 것이므로 $3^4 = 81$ 가지이다.

11 ①

기차의 길이를 x라고 하자. 속력이 70m/s이고, 길이가 600m인 터널을 완전히 지나가는 데, 6초 동안 보이지 않았다면 기차가 보이지 않는 동안 이동한 거리는 (600 - x)m이다. 따라서 기차의 길이를 구하려면 $\dfrac{600 - x}{70} = 6$, 따라서 $x = 180$이다.

12 ⑤

B가 8분 먼저 출발하고 A가 B를 따라잡는 데 12분이 걸렸다면, B의 이동시간은 20분, A의 이동시간은 12분이다. B의 속력을 b라고 하고, A의 속력이 250m/m임을 이용하여 식을 세우면, 이동 거리는 같으므로 b × 20 = 250 × 12, 따라서 b = 150이다. B의 속력은 150m/m이다.

13 ②

정가를 x라고 하자. 원가가 7,000원인 물건을 정가의 30% 할인해서 판매했을 때 원가에서 10% 이익이 발생한다는 것을 식으로 정리하면 $0.7x - 7,000 = 700$, 따라서 $x = 11,000$원이다.

14 ③

하루에 100개씩 생산하는 제품 중에 불량품의 개수를 x개라고 하자. 양품은 개당 가격이 50,000원이고 불량품이 나오면 제작 및 폐기 비용으로 개당 20,000원의 손해를 본다. 총 매출액이 290만원이므로 식을 세우면 $50,000(100 - x) - 20,000x = 2,900,000$이고 이를 정리하면 $x = 30$이다. 따라서 불량품의 개수는 30개이다.

15 ④

a는 1시간에 $\frac{1}{6}$ 만큼 일을 하고, b는 1시간에 $\frac{1}{5}$ 만큼 일을 한다. 이 일을 a가 3시간 동안 혼자하고 이어서 b가 한다고 했으므로 b가 혼자 일한 시간을 x라고 하자. 식을 세우면 $\frac{1}{6} \times 3 + \frac{1}{5} \times x = 1$, $x = 2.5$이다.

따라서 b가 혼자 일한 시간은 2.5시간이 되고, 일을 완성하기까지 걸린 시간은 3시간 + 2.5시간 = 5.5시간이다.

16 ④

작년 남자 직원의 수를 x, 작년 여자 직원의 수를 y 라고 하자. $x + y = 350$이고, 올해 남자는 5% 증가, 여자는 2% 감소하여 올해 357명에 대한 식을 세우면, $\frac{105}{100}x + \frac{98}{100}y = 357$ 이다. 올해 남자 직원의 수를 이용하면 $\frac{105}{100}x = \frac{21}{20}x =$ 올해 남자 직원수이므로 올해 남자 직원 수는 21의 배수만 가능하다. 역수를 이용하면 $x =$ 올해 남자 직원 수 $\times \frac{20}{21}$ 이 되므로 작년 남자 직원 수는 20의 배수만 가능하다. 보기에서 20의 배수는 ④번 뿐이다.

정석적인 풀이법은 앞에서 세운 $\frac{105}{100}x + \frac{98}{100}y = 357$ 과 $x + y = 350$을 연립하여 푸는 것이다.
$1.05x + 0.98y = 357$, $1.05x + 1.05y = 367.5$
$0.07y = 10.5$, $y = 150$
$\therefore x = 200$

17 ③

5km/h로 이동한 거리를 x라고 하고, 10km/h로 이동한 거리를 y라고 하자. 총 이동거리는 $x + y = 60$, 총 이동시간이 8시간 30분이므로 $8\frac{1}{2} = \frac{17}{2}$ 이다. 시간과 거리를 이동하여 식을 세우면, $\frac{x}{5} + \frac{y}{10} = \frac{17}{2}$ 이다. 이를 정리하면 $2x + y = 85$이고 앞에서 세운 식과 연립하여 계산하면 $x = 25$이다. 5km/h로 간 거리는 x이므로 25km를 이동한 것이다.

18 ①

수영장의 물을 가득 채우는 데 A호스로 4분, B호스로 12분이 걸리고, C호스로 빼는 데는 6분이 걸린다. 수영장에 물이 가득 채워지는 시간을 x라고 하자. 두 호스 A, B로 물을 넣는 동시에 C호스로 물을 빼는 식을 세우면 $(\frac{1}{4} + \frac{1}{12} - \frac{1}{6})x = 1$ 이다. 양변에 12를 곱하면 $(3 + 1 - 2)x = 12$, $x = 6$이므로 총 걸린 시간은 6분이다.

19 ⑤

귤과 딸기가 A상자에는 3:4의 비율로 섞여 있고, B상자에는 7:1의 비율로 섞여 있다. A상자와 B상자의 귤과 딸기를 모두 합쳐 귤과 딸기의 가격의 비율이 3:2로 10,000원짜리 선물 세트를 만든 것을 표로 정리하면 아래와 같다.

	귤	딸기	가격
A상자	3 (1,800원)	4 (3,200원)	5,000원
B상자	7 (4,200원)	1 (800원)	5,000원
총계	3 (6,000원)	2 (4,000원)	10,000원

따라서 A상자에 들어있는 귤과 딸기의 가격의 합은 5,000원이다.

20 ③

2명이 모두 다른 항목을 골라야 하므로
i) 한 명당 빵 2개 중 1개를 고르는 경우: $_2C_1 \times _1C_1 = 2$가지
ii) 음료수 3개 중 1개를 고르는 경우: $_3C_1 \times _2C_1 = 6$가지
iii) 소스 5개 중 2개를 고르는 경우:
$$_5C_2 \times _3C_2 = \frac{5 \times 4}{2 \times 1} \times \frac{3 \times 2}{2 \times 1} = 10 \times 3 = 30$$가지이다.
따라서 모든 경우의 수는 $2 \times 6 \times 30 = 360$가지이다.

01	02	03	04	05	06	07	08	09	10
①	②	③	④	⑤	④	⑤	④	①	②

11	12	13	14	15	16	17	18	19	20
①	④	②	⑤	①	③	②	③	③	④

01 ①

[추천 풀이 도구] A, D 고정까지 그림판 → 이어지는 풀이는 눈으로만

2명이 인접한 자리에 빈 자리가 있다. 2명이 인접한 자리는 1행 1열, 1행 2열과, 4행 1열, 4행 2열 자리다. 이를 기억한 채 문제를 풀이하자.

A와 D를 고정하자. 이후 C와 F가 같은 행의 자리에 앉으며 E와 G가 같은 열이며 서로 이웃한 자리에 앉는 경우를 찾아보자. C와 F가 자리를 바꿀 수 있으니 CF 또는 FC로 표기하겠다. E와 G도 마찬가지다.

CF	FC
A	
EG	D
GE	

Case 1

	EG
A	GE
	D
CF	FC

Case 2

B는 1열의 자리에 앉지 않는다. Case 1은 조건을 만족하지 않는다. Case 2에서 2명이 인접한 자리의 빈 자리는 1행 1열에 위치한다. 항상 인접한 자리에 빈 자리가 있는 사람은 A이다.

02 ②

[추천 풀이 도구] 눈으로만

🔑 치트키 풀이

C는 D의 실적이 가장 높다고 하고 D는 B와 D의 실적이 가장 높지 않다고 한다. C의 말이 진실이면 D의 말은 거짓이고 D의 말이 진실이면 C의 말은 거짓이다. C와 D는 모든 경우에서 둘 다 진실을 말하지 않는다. B의 실적이 가장 높은 경우처럼 C와 D가 둘 다 거짓말을 하는 경우가 존재한다. 하지만 문제에서 1명만 거짓말을 한다고 했으니 이는 조건을 만족하지 않는다. 1명만 거짓말을 한다는 조건을 만족하는 경우에서는 C와 D는 둘 다 진실을 말하지 않고 둘 다 거짓을 말하지 않는다. 문제의 조건을 모두 만족하는 경우에서 C와 D 중 1명이 거짓말을 하고 A와 B는 진실을 말한다.

B의 말을 통해 C와 D는 실적이 가장 높지 않다고 알 수 있다. D의 실적이 가장 높다고 말하는 C의 말이 거짓이다.

D의 말이 진실이니 B의 실적도 가장 높지 않다. B, C, D가 아닌 A의 실적이 가장 높다.

[일반 풀이]

A가 실적이 가장 높은 경우부터 D가 실적이 가장 높은 경우까지 총 4가지 경우에서 4명의 말이 진실인지 거짓인지 판별하면 다음과 같다.

실적 \ 말	A	B	C	D
A	T	T	F	T
B	T	T	F	F
C	F	F	F	T
D	T	F	T	F

03 ③

[추천 풀이 도구] 메모장

〈보기〉의 명제를 이어주면 다음과 같다. 효율적 풀이를 위해 항공 마일리지 카드를 마일리지와 같이 간단하게 정리했다.

[~내향형 → 외국어 → 여행 → 마일리지]
[~내향형 → 외국어 → 여행 → ~낯설어]

[~내향형 → 외국어 → 여행 → ~낯설어]를 대우하여 정답을 찾을 수 있다.

[오답 점검]

항공 마일리지 카드 유무를 토대로 새로운 곳을 낯설어하는지 아닌지를 알 수 없다.

04 ④

[추천 풀이 도구] 눈으로만

F를 4번째에 고정하자. 이후 A와 B 사이에 1명이 줄을 선다는 조건을 토대로 경우를 나누면 다음과 같다. A와 B는 자리를 바꿀 수 있으니 A/B 또는 B/A로 표기하겠다.

1	2	3	4	5	6
A/B		B/A	F		
		A/B	F	B/A	

D 바로 앞에 E가 줄을 선다. 그러면서 C는 F보다 앞에 줄을 선다. A와 B가 3, 5번째로 줄을 서는 경우 D, E, C와 관련된 조건을 만족하지 않는다. E는 5번째로 줄을 서고 D는 6번째로 줄을 선다.

1	2	3	4	5	6
A/B	C	B/A	F	E	D

05 ⑤

[추천 풀이 도구] 눈으로만

진술관계는 없지만 몇 명이 거짓말을 하는지에 따라 진술관계
처럼 쓸 수 있는 진술이 있다. 하지만 선택지를 보면 거짓말을
하는 사람의 수가 달라지기에 어떤 경우에는 적용할 수 있고 어
떤 경우에는 적용할 수 없어 더 복잡하게 느껴진다. A가 상을 받
은 경우부터 E가 상을 받은 경우까지 5가지 경우에서 거짓말을
몇 명이 하는지, 선택지에서 항상 참인 것이 무엇인지 찾아보자.

1) A가 상을 받은 경우

상 \ 진술	A	B	C	D	E	거짓말 인원
A	F	T	F	F	F	4

A가 상을 받은 경우 4명이 거짓말을 한다. 바로 답을 고르기에
는 B, C, D, E 중 1명이 상을 받은 경우 중에 4명이 거짓말을 하
는 경우도 있을 수 있으니 조금 더 점검하자.

2) B가 상을 받은 경우

상 \ 진술	A	B	C	D	E	거짓말 인원
A	F	T	F	F	F	4
B	T	T	F	T	T	1

B가 상을 받은 경우 거짓말을 하는 사람이 1명이다. 1명이 거
짓말을 할 때 B가 상을 받는 경우도 존재하니 선택지에서 ①,
②를 소거하자.

3) C가 상을 받은 경우

남은 선택지에서 C가 상을 받았는지 묻지 않는다. 점검하지 않
아도 되겠다.

4) D가 상을 받은 경우

상 \ 진술	A	B	C	D	E	거짓말 인원
A	F	T	F	F	F	4
B	T	T	F	T	T	1
D	T	T	F	F	T	2

D가 상을 받은 경우 2명이 거짓말을 한다. 2명이 거짓말을 할
때 D가 상을 받는 경우도 존재하니 ③번을 소거하자.
④를 보면 3명이 거짓말을 한다면 D가 상을 받았다고 한다. 3
명이 거짓말을 하면 상을 받는 사람은 D가 아니다. 2명이 거짓
말을 해야 상을 받는 사람이 D다. ④번도 소거하자.

5) E가 상을 받은 경우

이미 답이 나왔으니 확인할 필요가 없다.

[오답 점검]

5명 중 1명이 상을 받은 경우에서 A, B, C, D, E의 진술이 진실
인지 거짓인지 판별하면 다음과 같다.

상 \ 진술	A	B	C	D	E	거짓말 인원
A	F	T	F	F	F	4
B	T	T	F	T	T	1
C	T	F	F	T	F	3
D	T	T	F	F	T	2
E	F	T	T	F	T	2

06 ④

[추천 풀이 도구] ① 눈으로만
[추천 풀이 도구] ② 메모장

F와 D는 제주로 출장을 간다. A와 C의 출장지가 서로 다르다.
A와 C 중 1명은 제주로 출장을 간다. 언급하지 않은 B와 E는
부산으로 출장을 간다.

	과장	대리	사원	미정
부산				A/C, B, E
제주				C/A, F, D

B와 A의 직급이 같다. 부산으로 출장을 가는 3명의 구성은 과
장 1명, 대리 1명, 사원 1명이다. 과장이 2명, 대리가 2명, 사원
이 2명인 점을 고려하면 제주로 출장을 가는 3명의 구성도 3명
의 구성은 과장 1명, 대리 1명, 사원 1명이다. B와 A는 서로 다
른 곳으로 출장을 간다. 이를 토대로 A가 제주로 출장을 가고 C
가 부산으로 출장을 간다고 알 수 있다.

	과장	대리	사원	미정
부산				C, B, E
제주				A, F, D

F는 대리이고 E는 사원이다. F와 E를 정리하자. B와 A의 직급
이 같다. B와 A는 과장이다. 남은 자리에 C와 D를 채우면 다음
과 같다.

	과장	대리	사원
부산	B	C	E
제주	A	F	D

*참고

메모장으로 정리한다면 다음과 같이 정리하고 왼쪽부터 과장,
대리, 사원이라고 인식하며 풀이하자.

부산: B C E
제주: A F D

07 ⑤

[추천 풀이 도구] 눈으로만

🔑 치트키 풀이

C와 E의 진술은 모순관계이고 C와 D의 진술은 동일관계. 이를 토대로 편을 나누면 다음과 같다.
- C, D vs E

B는 D가 커피를 마신다고 한다. 커피를 마시는 2명은 거짓을 말하고 나머지 3명은 진실을 말한다는 조건을 만족하는 경우에서 B와 D의 진술을 모순관계처럼 활용할 수 있다. 이를 토대로 편을 더 나눠보자.
- C, D vs E, B

2명이 거짓을 말한다. 거짓을 말하는 2명은 C, D이거나 E, B이다. A는 거짓을 말하지 않는다.
A의 말이 진실이다. A와 E는 커피를 마시지 않는다. E가 커피를 마시지 않으니 F의 진술이 진실이라고 알 수 있다. 거짓을 말하는 2명은 E, B가 아니라 C, D이다.

[일반 풀이]

5명 중 2명이 커피를 마시는 경우는 10가지다. 선택지에서 5가지로 좁혀뒀으니 5가지 경우에서 2명이 거짓을 말하는지, 그러면서 거짓을 말하는 2명이 커피를 마시는 2명인지 확인하자.

진술 커피	A	B	C	D	E	거짓말 인원
① A, D	F	T	F	F	T	3
② A, E	F	F	F	F	T	4
③ B, C	T	F	F	F	T	3
④ B, E	F	F	T	T	F	3
⑤ C, D	T	T	F	F	T	2

5가지 경우 중 C와 D가 커피를 마시는 경우만 거짓을 말하는 사람이 2명이다. 거짓을 말하는 2명이 커피를 마시는 2명인지 확인하지 않아도 정답이라고 알 수 있다.

08 ④

[추천 풀이 도구] 메모장

〈보기〉의 조건을 위부터 조건1부터 조건5까지 명명하여 설명하겠다. 조건4인 E는 해외 출장을 간다는 조건을 제외하고 남은 조건을 정리하자. 조건3의 대우, 조건1, 조건2의 대우, 조건5 순서로 이어주면 다음과 같다. 참고로 'V'는 OR을 의미한다.
[(C∨E) → ~B → ~F → A → (B∨D)]

E가 해외 출장을 가니 (C∨E)를 만족한다. B와 F는 해외 출장을 가지 않고 A는 해외 출장을 간다. A가 해외 출장을 가기에 B 또는 D가 해외 출장을 간다. 이미 B가 해외 출장을 가지 않는다고 알기에 D가 해외 출장을 간다고 알 수 있다.
반드시 해외 출장을 가는 사람은 E, A, D이다.

[오답 점검]

[(C∨E) → ~B]를 보고 C가 해외 출장을 간다고 오해할 수 있지만 OR조건에서 E가 해외 출장을 간다를 만족하였기에 ~B의 결론을 도출한 것이다. C는 해외 출장을 가는지 아닌지 알 수 없다.

09 ①

[추천 풀이 도구] 눈으로만

결론은 전제1, 2, 3을 이어준 결과물이라 예상된다. 전제1의 ~부동산, 전제2의 금이 그 힌트다. 결론이 [부동산 → 금]인 것을 보아 전제1의 대우, 전제3, 전제2의 순서로 이어줬을 것이라 예상된다.
전제1의 대우인 [부동산 → ~코인]과 전제2인 [채권 → 금]을 이어주기 위한 전제3은 [~코인 → 채권]이다. 그런데 선택지에 답이 없다. [~코인 → 채권]을 대우한 [~채권 → 코인]을 정답이다.

10 ②

[추천 풀이 도구] 메모장

〈보기〉의 명제를 이어보자. 편의상 맨 위부터 조건1, 조건2와 같이 명명하겠다. 조건3, 조건1의 대우, 조건4, 조건5의 대우, 조건2의 대우 순서로 이어주면 다음과 같다.

[도넛 → ~만쥬 → 과자 → 초콜릿 → ~사탕 → ~젤리]

이어준 내용을 토대로 선택지를 판별하자. 판별할 때 [도넛 → ~만쥬 → 과자 → 초콜릿 → ~사탕 → ~젤리] 전체를 대우했다고 생각하며 풀이해야 할 때가 있다. 실제 풀이에서는 [젤리 → 사탕 → ~초콜릿 → ~과자 → 만쥬 → ~도넛]과 같이 다 적으며 풀기보다는 NOT을 붙이며 왼쪽으로 읽으며 풀이하길 바란다.

② 젤리를 좋아하는 사람은 만쥬를 좋아하지 않는다.
[젤리 → 사탕 → ~초콜릿 → ~과자 → 만쥬 → ~도넛] 중 [젤리 → 사탕 → ~초콜릿 → ~과자 → 만쥬]에 의해 항상 거짓이라고 알 수 있다.

[오답 점검]

① 과자를 좋아하는 사람은 사탕을 좋아하지 않는다.
[도넛 → ~만쥬 → 과자 → 초콜릿 → ~사탕 → ~젤리] 중 [과자 → 초콜릿 → ~사탕]에 의해 항상 참이라고 알 수 있다.

③ 사탕을 좋아하는 사람은 도넛을 좋아하지 않는다.
[젤리 → 사탕 → ~초콜릿 → ~과자 → 만쥬 → ~도넛]에 의해
항상 거짓이라고 알 수 있다.

④ 과자를 좋아하지 않는 사람은 사탕을 좋아한다.
[젤리 → 사탕 → ~초콜릿 → ~과자 → 만쥬 → ~도넛] 중 과자
를 좋아하지 않는 사람의 우측을 보면 사탕 또는 ~사탕이 없다.
항상 참인지 거짓인지 판별할 수 없다.

⑤ 만쥬를 좋아하는 사람은 초콜릿을 좋아한다.
[젤리 → 사탕 → ~초콜릿 → ~과자 → 만쥬 → ~도넛] 중 만쥬를
좋아하는 사람의 우측에는 도넛을 좋아하지 않는 사람이 있다.
만쥬를 좋아하는 사람이 도넛을 좋아하는지 아닌지에 대한 명
제는 참/거짓을 판별할 수 있으나 ⑤의 명제는 판별할 수 없다.

11 ①

[추천 풀이 도구] ① 선택지에서 제시한 상황을 넣어보며 눈
으로만
[추천 풀이 도구] ② 각 축에 값을 적는 과정까지는 그림판
→ 이후 풀이는 눈으로만
스도쿠와 비슷한 느낌이다. 직급이 3개이고 3명의 직급이 서로
다르고 근무지도 3곳이고 3명의 근무지가 서로 다르기 때문이
다. 한 축에 직급, 다른 한 축에 근무지의 값을 놓고 사람을 안에
채운다고 할 때 어떤 값이 채워지면 같은 행, 같은 열에는 값을
채우지 못한다. 이를 유의하며 선택지를 확인하자.

① A가 대리이고 이천에서 근무하는 경우는 2가지이다.

	사원	대리	과장
이천		A	
청주			B
분당	C		

A가 대리이고 이천에서 근무하는 경우는 1가지이다.

[오답 점검]
정답이 아닌 선택지도 풀이하면 다음과 같다.

② A가 사원이고 이천에서 근무하는 경우는 1가지이다.
C의 직급이 대리로 고정된다. 자연스럽게 B의 직급도 (과장으
로) 고정된다. 직급으로 경우가 나뉘지 않는다. B의 근무지는
청주로 고정된다. 이 덕에 C의 근무지도 (분당으로) 고정된다.
경우는 1가지이다.

	사원	대리	과장
이천	A		
청주			B
분당		C	

③ A가 과장이고 분당에서 근무하는 경우는 4가지이다.
A가 과장이기에 C의 직급이 대리인 경우와 사원인 경우로 나뉜
다. C가 대리라면 B는 사원일테니 B의 직급까지는 고민하지
않아도 되겠다. B의 근무지가 청주인 경우와 이천인 경우로 나
뉜다. B의 근무지가 청주라면 C의 근무지는 이천이기에 C의
근무지까지 고민하지 않아도 되겠다. 직급으로 2가지, 근무지
로 2가지로 나뉘어 총 4가지 경우가 나온다고 알 수 있다.

	사원	대리	과장
이천	B		
청주		C	
분당			A

	사원	대리	과장
이천		C	
청주	B		
분당			A

	사원	대리	과장
이천		B	
청주	C		
분당			A

	사원	대리	과장
이천	C		
청주		B	
분당			A

④ A가 과장이고 청주에서 근무하는 경우는 2가지이다.
B의 근무지가 이천으로 고정된다. 이에 C의 근무지는 분당으
로 고정된다. 근무지로 경우가 나뉘지 않는다. C의 직급이 대리
인 경우와 사원인 경우로 나뉜다. C의 직급이 사원인 경우 B의
직급은 대리이기에 B의 직급까지는 고려하지 않아도 되겠다.
직급으로 경우가 2가지로 나뉜다고 확인할 수 있다.

	사원	대리	과장
이천	B		
청주			A
분당		C	

	사원	대리	과장
이천		B	
청주			A
분당	C		

⑤ A가 대리이고 청주에서 근무하는 경우는 1가지이다.
C의 직급은 사원으로 고정되고 B의 근무지는 이천으로 고정된
다. A, C의 직급이 고정되었기에 B의 직급은 고려하지 않아도
되고 A, B의 근무지가 고정되었기에 C의 근무지도 고려하지
않아도 된다. 즉 A가 대리이고 청주에서 근무하는 모든 경우는
1가지이다.

	사원	대리	과장
이천			B
청주		A	
분당	C		

12 ④

[추천 풀이 도구] 눈으로만

🔑 **치트키 풀이**

A의 진술을 참고하면 A와 D의 진술이 모순관계라고 알 수 있
다. 문제에서 1명만 진실을 말하니 문제의 조건을 만족하는 경
우에서 B, C, E의 진술은 거짓이다. B, C, E가 거짓일 때 얻
을 수 있는 정보는 다음과 같다.
- B가 거짓: A 또는 C가 결근
- C가 거짓: A 또는 E가 결근
- E가 거짓: A와 B는 결근하지 않음

위 정보를 종합하면 C와 E가 결근했다고 알 수 있다.

[일반 풀이]
모순관계를 보지 못했거나 봤더라도 활용하기 어렵다면 선택지
에서 제시한 5가지 경우 중 1명만 진실을 말하는 경우를 찾으면
된다.

진술\결근	A	B	C	D	E
① A, B	T	F	F	F	T
② A, D	T	F	F	F	T
③ B, C	T	F	T	F	T
④ C, E	F	F	F	T	F
⑤ D, E	T	T	F	F	F

C와 E가 결근한 경우, 진실을 말하는 사람이 1명이다.

13 ②

[추천 풀이 도구] 눈으로만

D 부서는 만년필을 받는다. 이를 고정하자. C 부서와 B 부서는
같은 기념품을 받는다. 만년필 2자루, 텀블러 2개, 티셔츠 1개

인 점을 고려하면 B, C 부서는 텀블러를 받는다.
A 부서와 E 부서 중 한 부서는 만년필을 받고 나머지 한 부서는
티셔츠를 받는다. 즉 A 부서가 만년필을 받고 E 부서가 티셔츠
를 받는 경우와 A 부서가 티셔츠를 받고 E 부서가 만년필을 받
는 경우로 나뉜다. 그렇다고 하더라도 문제에서 묻는 것은 만년
필을 반드시 받는 부서와 텀블러를 반드시 받는 부서. A와 E
를 언급한 선택지는 정답일 수 없다.

> 만(2): D, A/E
> 텀(2): C, B
> 티(1): E/A

14 ⑤

[추천 풀이 도구] 눈으로만

D는 A의 진술이 거짓이라고 한다. D의 진술이 참이면 A의 진
술이 거짓이고 D의 진술이 거짓이면 A의 진술이 진실이다. D
와 A는 모든 경우에서 둘 중 1명이 참으로 진술하고 나머지 1명
이 거짓으로 진술하는 모순관계다.
조건을 모두 만족하는 경우에서 D와 A 중 1명이 거짓으로 진술
하고 B, C, E의 진술은 진실이다. B와 C의 진술을 토대로 2, 3,
5등을 확정할 수 있다.

1	2	3	4	5
	D	E		A

문제에서 묻는 것이 3등과 5등이다. 이미 정답이 나왔지만 E의
진술까지 참고하면 1, 4등도 구할 수 있다.

1	2	3	4	5
B	D	E	C	A

15 ①

[추천 풀이 도구] ① B, C, F 자리 고정까지 그림판 → 이후
풀이는 눈으로만
[추천 풀이 도구] ② B, C, F, A 자리 고정까지 그림판 → 이
후 풀이는 눈으로만
B와 C를 마주 보는 자리에 고정하자. 이후 F는 C와 이웃하며 C
의 왼쪽 자리에 앉는다는 조건을 적용하면 다음과 같다.

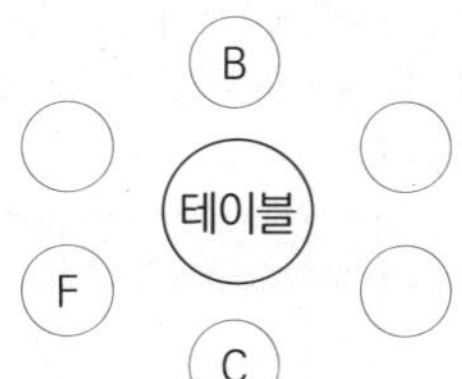

D는 F와 마주 보지 않게 앉는다. A는 D와 마주 보고 앉지 않는다. D는 F, A와 마주 보고 앉지 않는다. 이미 마주 보고 앉는 B, C와도 마주 보고 앉지 않는다. D와 마주 보고 앉는 사람은 E이다. D와 E는 자리를 바꿀 수 있다. 2가지 경우로 나뉘며 2가지 경우 모두 A의 자리는 B와 이웃하며 B의 왼쪽인 자리다.

Case 1   Case 2

16 ③

[추천 풀이 도구] 눈으로만

🔑 치트키 풀이

문제에서 묻는 것은 거짓말하는 2명이다. 진술관계가 있다면 이를 토대로 선택지를 소거하자.
A와 B의 진술은 모순관계다. 이를 토대로 ⑤번을 소거하자. 선택지에 A와 B 중 1명이 꼭 와야하고 A와 B 둘 다 오는 경우는 없다. C와 E의 진술은 동일관계다. C와 E가 둘 다 선택지에 있거나 둘 다 선택지에 없어야 한다. 이를 토대로 ①, ②, ④, ⑤를 소거하자.

[일반 풀이]
A와 B의 진술은 모순관계다. 둘 중 1명이 거짓을 말한다. C, D, E 중 1명도 거짓을 말한다. C와 E의 진술은 동일관계다. C, D, E 중 1명이 거짓을 말하니 C와 E는 진실을 말하고 D는 거짓을 말한다.
E의 진술이 진실이니 E와 C는 승진하지 않았다고 알 수 있다. A와 B 중 E가 승진했다는 B의 진술이 거짓이다. 거짓을 말하는 2명은 B와 D이다.

17 ②

[추천 풀이 도구] 눈으로만(1층에 올 수 있는 사람에만 집중하여 풀이)

A와 C가 담당하는 층 사이에 2개 층이 있다는 조건과 B는 E가 담당하는 층보다 1층 위의 층을 담당한다는 조건을 토대로 경우를 나누면 다음과 같다.

Case	1	2	3	4	5
1	A	E	B	C	
2	C	E	B	A	
3		A	E	B	C
4		C	E	B	A

각 Case에서 남은 층은 D가 담당하는 층이다. C는 D와 인접한 층을 담당하지 않는다. Case 1, 4는 조건을 만족하지 않는다.

Case	1	2	3	4	5
2	C	E	B	A	D
3	D	A	E	B	C

1층을 담당할 수 있는 사람은 C와 D로 총 2명이다.

18 ③

[추천 풀이 도구] 눈으로만

전제3을 보면 초록과 보라가 교집합을 이룬다. 이를 전제로 보라와 파랑이 교집합을 이룬다는 결론을 내야 한다. 초록이 파랑의 부분집합일 때 보라와 파랑이 교집합을 이룬다고 알 수 있다. 초록을 파랑의 부분집합으로 만들자.
전제2는 [빨강 → 파랑]이다. 전제1을 [초록 → 빨강]으로 두어 초록을 파랑의 부분집합으로 만들자.

[다른 풀이]
SKCT에서는 잘 설명하지 않지만 참고를 위해 GSAT에서 자주 다루는 '삼단논법, 어모어'로 해설하겠다. 상세하게 설명하지 않고 어모어를 알고 있다는 가정하에 간략히 정리하겠다.
작: 초록
큰: 파랑
거: 보라

위와 같이 접근할 수 있다. 전제1과 전제2를 이어준 [초록 → (빨강) → 파랑]을 전제의 모든으로 보는 방법이다.

19 ③

[추천 풀이 도구] ① 눈으로만
[추천 풀이 도구] ② 메모장

〈보기〉의 조건을 위부터 조건1, 조건2와 같이 명명하겠다. 조건1이 가장 확실한 정보다. A는 미혼이다. 조건4를 확인하면 A가 미혼이기에 F도 미혼이라고 알 수 있다.
F가 미혼이다. 조건2를 보면 B와 F 중 1명이 기혼이기에 B가 기혼이라고 알 수 있다.
B가 기혼이다. 조건3을 대우하면 B가 기혼이기에 E도 기혼이라고 알 수 있다. 조건5를 보면 'B 또는 F가 기혼이라면'이라고 하는데 B가 기혼이기에 전건(=앞부분)을 만족한다. C와 D는 미혼이다.
문제에서 가능성이 있는 사람을 묻지만 6명의 혼인 상태가 명확하다. A, F, C, D는 미혼이고 B와 E는 기혼이다.

20 ④

[추천 풀이 도구] 눈으로만 → 메모장(6가지 경우를 적어둔 후 소거하는 용도로 활용) → 눈으로만

A, B, C가 2번씩 진술하며 1번의 진술은 진실이고 나머지 1번의 진술은 거짓이다. A의 두 진실이 진실인 경우 또는 두 진술이 거짓인 경우를 찾은 후 소거하자. 이후 B의 두 진술과 C의 두 진술도 같은 방법으로 접근하자.

3명이 각기 다르게 메달을 받은 6가지 경우를 메모장에 적어둔 후 반례를 찾아 지워나가자. 해설이다 보니 'A:금, B:은, C:동'과 같이 정리했지만 실제로는 ABC와 같이 간략하게 적은 뒤 왼쪽부터 금, 은, 동메달 순서라고 인식하는 편이 더 낫겠다. 또한 지우는 경우도 취소선을 적용했지만 실제로는 Backspace 키 등을 활용하여 정말 지워버리면 되겠다.

A:금, B:은, C:동	A:금, B:동, C:은
A:은, B:금, C:동	A:은, B:동, C:금
A:동, B:금, C:은	A:동, B:은, C:금

1) A의 두 진술이 거짓인 경우를 찾아 소거

A의 두 진술 중 2번째 진술을 거짓으로 만들려면 C는 은메달이 아닌 다른 메달을 받아야 한다. 그러면서 C가 금메달을 받으면 1번째 진술이 진실이 된다. C가 동메달을 받아야 A의 두 진술이 거짓이 된다. 이때 A가 은메달을 받으면 1번째 진술이 진실이 되기에 C는 동메달, A는 금메달을 받은 경우가 둘 다 거짓인 경우라고 알 수 있다.

~~A:금, B:은, C:동~~	A:금, B:동, C:은
A:은, B:금, C:동	A:은, B:동, C:금
A:동, B:금, C:은	A:동, B:은, C:금

2) A의 두 진술이 진실인 경우를 찾아 소거

A의 두 진술이 진실인 경우는 없다. 1번째 진술이 진실일 때 2번째 진술을 진실로 만들 수 없다.

3) B의 두 진술이 거짓인 경우를 찾아 소거

C가 동메달을 받은 경우 B의 두 진술이 모두 거짓이다. C가 동메달을 받은 2가지 경우를 소거하자. 참고로 2가지 경우 중 하나는 이미 1)에서 소거하기는 했다.

~~A:금, B:은, C:동~~	A:금, B:동, C:은
~~A:은, B:금, C:동~~	A:은, B:동, C:금
A:동, B:금, C:은	A:동, B:은, C:금

4) B의 두 진술이 진실인 경우를 찾아 소거

OR를 활용한 1번째 진술보다 AND를 활용한 2번째 진술을 먼저 보는 것이 좋겠다. 2번째 진술이 진실인 경우는 'A:금, B:동, C:은'이다. 이 경우에서 1번째 진술도 진실이다. 소거하자.

5) C의 두 진술이 거짓인 경우를 찾아 소거

C의 두 진술 모두 OR다. OR는 둘 다 만족하지 않아야 거짓이다. 1번째 진술이 거짓이 되려면 A는 금메달을 받지 않고 C는 동메달을 받지 않아야 한다. 2번째 진술이 거짓이 되려면 A는 은메달을 받지 않고 C는 금메달을 받지 않아야 한다. 4가지 정보를 취합하면 'A:동, B:금, C:은'인 경우에서 C의 두 진술이 거짓이라고 알 수 있다.

~~A:금, B:은, C:동~~	~~A:금, B:동, C:은~~
~~A:은, B:금, C:동~~	A:은, B:동, C:금
~~A:동, B:금, C:은~~	A:동, B:은, C:금

6) C의 두 진술이 진실인 경우를 찾아 소거

C의 두 진술이 진실인 경우를 찾아도 되지만 남은 2개 경우에서 C의 두 진술이 진실인지 확인하는 편이 더 빠르겠다. 'A:은, B:동, C:금', 'A:동, B:은, C:금' 모두 1번째 진술은 거짓이고 2번째 진술은 진실이다. 'A:은, B:동, C:금', 'A:동, B:은, C:금'의 두 경우는 문제의 조건을 모두 만족하는 경우이고 C가 금메달을 받았다는 선택지가 항상 참이라고 알 수 있다.

[다른 풀이]

A, B, C가 각기 다르게 메달을 받은 6가지 경우에서 6개의 진술의 진실, 거짓 여부를 판별하면 다음과 같다. A의 1번째 진술을 A1, 2번째 진술을 A2와 같이 표기하겠다.

경우 \ 진술	A1	A2	B1	B2	C1	C2
A:금, B:은, C:동	F	F	F	F	T	F
A:금, B:동, C:은	F	T	T	T	T	F
A:은, B:금, C:동	T	F	F	F	T	T
A:은, B:동, C:금	T	F	T	F	F	T
A:동, B:금, C:은	F	T	T	F	F	F
A:동, B:은, C:금	T	F	T	F	F	T

[오답 점검]

선택지를 기준으로 6개의 진술의 진실/거짓 여부를 파악할 수는 있으나 각 선택지가 의미하는 경우가 2가지인 점을 고려해야 한다. 예를 들어 A가 금메달을 받았다는 표현은 'A:금, B:은, C:동', 'A:금, B:동, C:은'의 2가지 경우를 의미한다. 5개의 선택지를 모두 확인하다보면 중복된 경우를 포함하여 6가지 경우를 모두 고려하게 된다.

01	02	03	04	05	06	07	08	09	10
⑤	④	②	③	④	①	③	④	②	⑤

11	12	13	14	15	16	17	18	19	20
③	⑤	②	①	③	②	④	⑤	①	④

01 ⑤

주어진 수열은 세 개의 항씩 묶어서 규칙을 가지는 군수열로, a+b=c인 규칙을 가지고 있다. A에 위치할 수는 367와 98의 합인 '465'이다.

02 ④

제시된 수들은 분자는 초항이 545, 공차가 4인 등차수열이며 분모는 초항이 869, 공차가 5인 등차수열이다.

따라서 빈 칸에 들어갈 값은 $\dfrac{565}{894}$ 이다.

03 ②

제시된 수열은 공차 +9.13인 등차수열의 규칙을 가지므로 빈 칸에 들어갈 수는 39.44+9.13=48.57이다.

04 ③

제시된 수들은 인접한 항의 차이가 일정한 규칙을 갖는 계차수열로, 인접한 항의 차이가 초항이 2, 공비가 2인 등비수열의 규칙을 가진다. 빈 칸에 들어갈 값은 '642'이다.

05 ④

주어진 수열은 공차가 +132인 등차수열의 규칙을 가지므로 8번째로 올 수는 16+(132×7)=940이다.

06 ①

제시된 수들은 앞선 두 수의 합으로 다음 항이 생겨나는 피보나치수열이므로 A의 값은 176+285=461이다.

07 ③

제시된 수들의 분모를 36로 통분하면 다음과 같다.

$$\dfrac{145}{36} \quad \dfrac{192}{36} \quad \dfrac{239}{36} \quad \dfrac{286}{36} \quad \dfrac{333}{380} \quad \dfrac{380}{36} \quad \dfrac{427}{36}$$

분모는 36로 동일하며 분자는 초항이 145, 공차가 47인 등차수열이다.

따라서 빈 칸에 들어갈 값은 $\dfrac{474}{36} = \dfrac{79}{6}$ 이다.

08 ④

주어진 수열은 세 개의 항씩 묶어서 규칙을 가지는 군수열로, a×c=b인 규칙을 가지고 있다. 빈칸에 위치할 수는 66와 57의 곱인 3,762이다.

09 ②

제시된 수들은 역수가 등차수열인 조화수열로 제시된 숫자들의 역수는 다음과 같다.

$$\dfrac{25}{12} \quad \dfrac{32}{12} \quad \dfrac{39}{12} \quad \dfrac{46}{12} \quad \dfrac{53}{12} \quad \dfrac{60}{12}$$

이에 따라 제시된 숫자들의 역수는 초항이 $\dfrac{25}{12}$ 이고 공차는 $\dfrac{7}{12}$ 인 등차수열로 A위치에 들어갈 알맞은 숫자는 $\dfrac{67}{12}$ 의 역수 형태인 '$\dfrac{12}{67}$'이다.

10 ⑤

주어진 수들은 분자는 1로 동일하며 분모는 초항이 571, 등차가 −2인 등차수열이다.

9번째의 분모는 571+(−2×8)=555이다.

따라서 9번째에 알맞은 수는 '$\dfrac{1}{555}$'이다.

11 ③

주어진 수들을 거듭제곱식으로 표현하면 규칙을 발견할 수 있다.

$$11^2 \quad 12^2 \quad 13^2 \quad 14^2 \quad 15^2 \quad 16^2 \quad 17^2 \quad 18^2$$

11번째에 알맞은 숫자는 $21^2=441$이다.

12 ⑤

제시된 수들은 공비가 $\dfrac{1}{4}$ 인 등비수열의 규칙을 가지므로 빈 칸에 들어갈 값은 '128'이다.

13 ②

제시된 수열은 정수 부분은 ×3, 소수 부분은 +0.125를 계산하는 규칙을 가진다. 따라서 빈 칸에 들어갈 값의 정수 부분은 81×3,=243, 소수 부분은 0.518+0.125=0.643이므로 빈 칸에 들어갈 값은 243.643 이다.

14 ①

주어진 수열은 '(n)항+(n+1)항=(n+2)항'의 규칙을 가지는 피보나치수열이다. 따라서 빈 칸에 들어갈 값은 11,068 + 17,931 = 28,999이다.

15 ③

제시된 수들은 (n)항=(n-3)항+2의 규칙을 가지므로 빈칸에 들어갈 값은 '925'이다.

16 ②

제시된 수열은 인접한 항의 차이가 일정한 규칙을 갖는 계차수열로, 인접한 항의 차이가 초항이 -1, 공차가 -1인 등차수열의 규칙을 가지므로 A 위치에 들어갈 알맞은 수는 1,526이다.

17 ④

주어진 수열은 공차가 +11인 등차수열의 규칙을 가지므로 11번째로 볼 수는 11+(11×10)=121이다.

18 ⑤

주어진 수열은 '(n)항+(n+1)항=(n+2)항'의 규칙을 가지는 피보나치 수열이다. A+(-38)=19가 되어야한다. A 위치에 들어갈 알맞은 수는 '57'이다.

19 ①

주어진 수열은 공비가 $\frac{3}{4}$ 인 등비수열이다. 따라서 B = A × $\frac{3}{4}$ 이므로 B ÷ A는 굳이 계산하지 않아도 $\frac{3}{4}$ 임을 알 수 있다.

20 ④

주어진 수열은 '(n)항+(n+1)항=(n+2)항'의 규칙을 가지는 피보나치 수열이다. 176+285=461 가 되어야한다. 빈칸에 들어갈 값은 '461'이다.

기출복원 모의고사

언어이해

01	02	03	04	05	06	07	08	09	10
④	③	④	①	③	④	④	④	②	③
11	12	13	14	15	16	17	18	19	20
②	⑤	①	⑤	②	④	⑤	④	⑤	①

01 ④

주어진 글에서는 현재 고령층이 단순히 사회적 돌봄의 대상을 넘어 경제·문화의 새로운 주체로 인식되는 그레이 르네상스 현상에 대해 설명하고 있다. 이들은 상당한 자산과 소득을 바탕으로 과거의 고령층처럼 자녀 세대에 의존하지 않는다. 따라서 이들을 지원하는 자녀 세대의 부담이 증가하였다는 예시는 글의 내용과 맞지 않다.

[오답 점검]

①, ③ 기업은 고령층을 소비력이 높은 중요한 고객으로 인식하여 제품과 서비스를 개발하고 있다. 따라서 적절한 예시이다.

② 현재의 고령층은 과거처럼 지출을 최소화하지 않고 문화 예술 관람 같은 삶의 질을 향상시키는 지출을 활발하게 한다. 따라서 적절한 예시이다.

⑤ 현대 사회에서는 고령층을 단순히 사회적 돌봄의 대상을 넘어 경제·문화의 새로운 주체로 인식하고 있다. 따라서 적절한 예시이다.

02 ③

주어진 글에서는 서양 미술 교육이 '추상적 이론 중심의 삶에로 기울어져 있다'는 문제점을 도입부에서 언급하고, 가장 큰 문제는 '실증적인 학습의 부족'이라고 지적한다. 결론에서는 실증적 학습을 강화하고 이론은 보조적 역할만 해야 한다고 주장한다. 따라서 현재 교육의 문제점과 실증적 학습의 필요성을 언급한 ③번이 정답이다.

[오답 점검]

① 미술사와 미학 등 이론과 비평이 과도하게 치중되는 것을 '문제점'으로 지적하고 있으며, 이론의 역할을 '창작 활동을 비판적으로 성찰하게 하는 보조적 역할'로 수행해야 한다고 주장한다. 중요성을 '재강조'하라는 내용은 글의 내용과 반대된다.

② '작업실에서 재료를 직접 다루고 시행착오를 경험하는 과정'을 실증적 학습의 예시로 들고 있지만, 구체적이고 체계적인 '새로운 교육 방법론(커리큘럼, 평가 방식 등)'을 제시하지는 않았다. 단순히 그 필요성을 강조하고 있다.

④ 현재 이론 중심 교육이 '미술을 지적 탐구나 철학적 사유의 대상으로만 바라보게' 만든다고 비판하며, 이것이 예술의 본질적 요소를 약화한다고 지적한다. 따라서 '증진 방안'을 주제로 볼 수 없다.

⑤ 주어진 글에서는 '재료의 물성'에 대한 경험적 이해가 부족한 것을 실증적 학습 부족의 예시로 들 뿐이다. 물성이 갖는 '역사적 의미'를 고찰하는 것은 옳지 않다.

03 ④

칸트는 도덕성 판단의 기준을 개인의 감정이나 상황적 경험이 아닌, 모든 이에게 예외 없이 적용되어야 하는 보편적이고 객관적인 이성의 법칙인 정언명령에서 찾는다. 따라서 존 스튜어트 밀의 입장에서 칸트에게 "개인의 주관적 경험에만 의존한다"라고 비판하는 것은 옳지 않다.

[오답 점검]

① 밀은 결과와 유용성을 중시하는 데 반해 칸트는 동기만 중시하고 결과를 무시하므로, 밀의 입장에서 칸트의 주장에 대하여 도덕적 행위가 실제 삶에 미치는 유용성을 간과한다는 것은 비판으로 적절하다.

② 밀은 도덕 원칙이 경험과 유용성에 기반해야 한다고 보지만, 칸트는 이성적 의무만을 강조하므로, 밀은 칸트의 주장이 비현실적이라는 것은 비판으로 적절하다.

③ 칸트의 절대적인 정언명령은 예외를 허용하지 않는데, 밀의 주장은 상황에 따라 도덕적 행위가 달라져야 한다고 보므로, 칸트 윤리가 경직성을 가진다고 비판한 것은 적절하다.

⑤ 밀은 도덕을 '결과와 행복'으로 판단하는데, 칸트는 이를 배제하므로 밀의 입장에서 칸트의 도덕론은 한계를 지닌다고 비판하는 것은 적절하다.

04 ①

주어진 글에서는 인간의 실제 행동과 태도가 이성의식의 논리적 판단뿐 아니라 잠재의식의 영향에 의해 크게 좌우된다고 설명한다. 금연이라는 합리적 계획은 이성의식의 작용이지만, 스트레스 상황에서 무의식적으로 담배를 찾는 행동은 잠재의식의 영향으로 볼 수 있다. 이는 지문의 핵심 내용을 구체적 사례를 통해 적절하게 추론한 것이다.

[오답 점검]

② 주어진 글에서는 인간의 행동이 이성의식과 잠재의식의 상호작용 속에서 이루어진다고 보며, 어느 한 영역만이 행동을 전적으로 결정한다고 말하지 않는다.

③ 주어진 글에서는 잠재의식이 과거의 경험과 기억을 저장하고 있으며 실제 행동에 큰 영향을 미친다고 설명하지만, 이성의식의 판단과 무관하게 행동이 결정된다고는 말하지 않는다.

④ 이성의식이 잠재의식의 본질적인 내용을 인식하지 못하는 경우가 많다고 설명하지만, 그로 인해 인간이 자신의 행동 원인을 전혀 파악하지 못한 상태에서 판단과 선택을 내린다고까지는 말하지 않는다. 이는 지문의 설명을 인간 인식 전반에 대한 단정적인 결론으로 확장한 과잉 추론이다.

⑤ 주어진 글에서는 잠재의식이 이성의식의 판단 이후에도 실제 행동과 태도에 지속적이고 근본적인 영향을 미친다고 설명한다.

05 ③

(B)는 린 스타트업의 개념과 의의를 설명하며 글 전체의 주제를 제시하는 문장이므로 글의 도입부에 오는 것이 가장 적절하다. (A)는 (B)에서 제시한 린 스타트업의 의의를 구체적인 실행 방식으로 풀어낸 문장이다. '따라서'라는 연결어를 통해 최소 기능 제품(MVP)을 먼저 출시하는 만들기(Build) 단계로 이어짐을 설명하고 있어 (B) 다음에 배치된다. (D)는 (A)에서 시장에 출시된 MVP 이후의 과정을 설명한다. '이렇게'라는 지시어는 앞에서 언급한 MVP 출시로 연결되고, 이후 고객 반응을 수집·분석하는 측정(Measure) 단계와 학습(Learn) 단계를 설명한다. 따라서 (A) 다음에 오는 것이 자연스럽다. (C)는 학습의 결과에 따라 스타트업이 취할 수 있는 선택과 린 스타트업의 핵심 구조를 종합적으로 정리하는 문장이다. 따라서 가장 마지막에 배치되는 것이 적절하다.

06 ④

리퍼셰이의 망원경은 오목렌즈를 접안렌즈로, 볼록렌즈를 대물렌즈로 사용하는 구조였다.

[오답 점검]

① 리퍼셰이의 망원경은 물체의 상이 뒤집히지 않고 똑바로 보이는 정립상을 형성한다.

② 갈릴레이는 독자적인 연구를 통해 망원경의 성능을 크게 개선하고 천체 관측에 활용하여 현대 천문학의 새 지평을 열었다.

③ 케플러가 제작한 망원경은 더 넓은 시야와 높은 배율을 제공하였다.

⑤ 케플러식 망원경은 물체가 거꾸로 뒤집혀 보이는 도립상을 보여주는 단점이 있었음에도 천문학의 발전에 크게 기여했다.

07 ④

주어진 글에서는 코페르니쿠스 우주론의 한계를 언급하며 "망원경 부재로 항성 연주 시차를 증명할 수 없다는 기술적 한계에 직면하였다"고 하였다. 즉, 코페르니쿠스는 망원경을 사용하지 못했으며 연주 시차를 증거로 확보하지 못했다. 따라서 글의 내용과 일치하지 않는다.

[오답 점검]

① 글에서 "프톨레마이오스의 천동설은 주전원(epicycle)을 복잡하게 활용하여 관측 결과를 맞히려 하였다"고 하였으므로 글의 내용과 일치한다.

③ 글에서 "행성들이 완벽한 원형 궤도를 돈다고 가정했기에 미세한 오차를 해결하기 위해 여전히 소수의 주전원을 사용해야 하였다"고 하였으므로 글의 내용과 일치한다.

④ 글에서 "행성의 역행을 지구 공전으로 인한 시차 효과로 자연스럽게 설명하였다"고 하였으므로 글의 내용과 일치한다.

⑤ 글에서 "당시 사람들 또한 지구는 정지하고 있다는 직관과 부합하지 않는 코페르니쿠스 우주론을 받아들이길 거부했다"고 하였으므로 글의 내용과 일치한다.

08 ④

글의 핵심 내용 중 하나는 니체의 차라투스트라가 "초월적이고 절대적인 가치의 허구성을 폭로하며"였다고 하는 부분이다. 그러므로 글의 내용과 일치한다.

[오답 점검]

① 니체의 차라투스트라는 고대 가르침과 정반대로 초월적인 선악 개념을 비판하고 초인의 이념을 설파하였다. 따라서 '그대로 계승했다'는 것은 글의 내용과 일치하지 않는다.

② 실제 차라투스트라의 가르침이 이후 서양 종교 사상에도 큰 영향을 미쳤다고 하였다. 따라서 '영향을 주지 못했다'는 것은 글의 내용과 일치하지 않는다.

③ 니체의 차라투스트라는 유럽의 낡은 사상과 전통을 통렬히
비판하는 대변자로 활용되었다.
⑤ 차라투스트라를 도덕의 비판자로 전복시킨 시도는 모든 가
치의 재평가라는 그의 핵심 철학을 담고 있다고 하였다. 따
라서 가치 보존 이념과는 연관되어 있지 않다.

09 ②

거대 플랫폼의 알고리즘이 '사회적 자원의 배분 메커니즘'으로
기능하며, 그 '불투명성'과 '편향성'이 독점적 지위 하에서 심각
한 사회적, 경제적 불공정을 초래한다고 하였다. 따라서 전통적
인 독점 규제는 가격이나 시장 점유율 등 최종 결과에 초점을 맞
추지만, 플랫폼의 문제는 알고리즘이라는 내부 작동 메커니즘
자체에 내재되어 있다. 그러므로 규제 역시 이 핵심 배분 메커니
즘의 투명성과 공정성을 확보하기 위해 기술 내부를 검토하는
방향으로 전환되어야 한다는 결론을 추론할 수 있다.

[오답 점검]

① 알고리즘이 학습 과정에서 이미 존재하는 사회적 편향을
'반영하여' 불리한 결과를 도출할 수 있다고 하였으므로, 편
향을 반영하지 않는다는 추론은 적절하지 않다.
③ 알고리즘의 불투명성이 독점적 지위를 통해 강화된다고 설
명하며, 이는 소규모 경쟁 기업의 시장 진입을 어렵게 만들
고 있으므로 추론으로 적절하지 않다.
④ 불공정의 영향이 '플랫폼 독점력 하에서 작동할 경우. 통제
불가능할 정도로 확대될 수 있다'고 하였다. 즉, 독점적 지위
가 영향의 수준을 결정하게 되므로 추론으로 적절하지 않다.
⑤ 알고리즘이 '상품 추천, 검색 순위, 심지어 채용 기회까지
결정'한다고 하였으므로, 영향을 미치기 힘들다는 추론은
적절하지 않다.

10 ③

동물의 움벨트와 인간의 움벨트는 근본적으로 다르므로, 동물
의 행동을 연구하고 분석하는 과학적인 방법론 역시 인간의 심
리 상태를 그대로 대입하거나 투사해서는 안 된다. 따라서 인간
심리 상태를 대입하는 방법론은 움벨트 개념에 비추어 정당성
을 얻기 어렵다는 추론이 가장 적절하다.

[오답 점검]

① 인간의 감각이 우월한지 여부가 아니라, 감각 세계가 근본
적으로 다르다는 점을 강조한다. 움벨트가 주관적 세계이므
로 쉽게 모방할 수 있다는 것은 추론으로 적절하지 않다.
② 움벨트 차이 때문에 '완전히 교감하는 것을 불가능하게 한
다'고 언급한다. 언어 사용 여부와 무관하게 이해할 수 있다
는 추론은 적절하지 않다.
④ 움벨트 차이로 인한 유기체의 생존 노력은 주어진 글에서
언급되지 않았다.

⑤ 현재의 상태에서 제한적인 교감 가능성을 논할 뿐, 동물의
감각 능력이 진화하여 인간을 닮아간다는 미래의 가능성이
나 진화론적 설명을 제시하고 있지 않다. 글의 내용을 벗어
난 추론이다.

11 ②

주어진 글에서는 대상포진의 가장 특징적인 증상으로 신체 한
쪽에 국한된 수포와 이에 동반되는 극심한 통증을 함께 제시하
고 있다. 즉, 수포성 병변은 부차적 증상이 아니라 통증과 더불
어 핵심적인 임상 증상이다.

[오답 점검]

① 대상포진이 VZV(수두-대상포진 바이러스)에 의해 발생하
며, 이 바이러스가 유년기에 수두를 일으킨다고 설명하고
있다. 따라서 대상포진과 수두가 동일한 바이러스에 의해
발생한다는 설명은 일치한다.
③ VZV는 수두 발병 이후에도 완전히 소멸되지 않고, 척수 신
경절이나 뇌신경절에 잠복 상태로 남는다고 하였다. 이는
선택지의 내용과 일치한다.
④ 주어진 글 마지막 부분에서 대상포진은 발병 후 72시간 이
내에 항바이러스제를 투여하는 것이 중요하다고 명시하고
있으므로, 선택지의 내용과 일치한다.
⑤ 피부 병변이 사라진 이후에도 통증이 장기간 지속되는 대상
포진 후 신경통(PHN)이 심각한 합병증으로 나타날 수 있으
며, 특히 고령 환자에게서 흔하다고 설명한다. 따라서 선택
지의 내용은 지문과 일치한다.

12 ⑤

P2G 메탄화는 수소의 친환경적 장점을 유지하면서, 저장과 운
송이 어렵다는 수소의 단점을 기존의 천연가스 인프라를 그대
로 활용하는 방안을 통해 극복할 수 있다. 따라서 주어진 글의
논리 전개를 충실히 반영한 선택지이다.

[오답 점검]

① 주어진 글에서는 저장 기술을 통해 재생 에너지의 변동성을
보완할 수 있다고 설명한다. 또한 발전 단계의 혁신이 우선
되어야 한다는 논리는 제시되지 않았다.
② 메탄화 과정에서 에너지 손실이 발생할 가능성은 일반적으
로 생각할 수 있으나, 이는 지문에서 전혀 언급되지 않은 외
부 지식에 기반한 추론이다.
③ 지문은 화학적 에너지 저장이 중요한 축이라고만 언급했을
뿐, 다른 저장 방식의 역할을 언급하지는 않았다.
④ 기존 인프라 활용 가능성은 연계와 전환의 용이성을 의미할
뿐, 화석 연료 체계를 완전히 대체할 수 있다는 결론까지는
도출되지 않는다.

13 ①

문화 변화의 방향과 결과를 문화 구조가 미리 규정한다고 하여 개인의 역할을 부차적인 것으로 제한하고 있다. 이는 개인을 문화 변화의 핵심 동력으로 보는 개인 주체론의 기본 전제와 충돌하며, 오히려 문화 자체 변화론의 입장에 가깝다.

[오답 점검]
② 문화 변화의 원인을 구조적 법칙에만 귀속할 경우, 새로운 문화 요소의 출현을 설명하기 어렵다는 점을 지적하고 있다.
③ 문화 자체 변화론이 개인의 창의적 선택과 혁신의 역할을 충분히 반영하지 못한다고 비판하고 있으며, 이는 개인 주체론의 핵심 논지에 부합한다.
④ 개인을 구조의 산물로 환원하는 관점을 비판하며 문화의 능동적 성격을 강조하고 있어, 개인 주체론의 입장에서 문화 자체 변화론을 비판한 것으로 적절하다.
⑤ 문화 변화의 원인을 구조에만 귀속시키는 한계를 지적하고, 개인을 문화의 생산자로 본다는 개인 주체론의 관점을 분명히 드러내고 있다.

14 ⑤

주어진 글에서는 통제시장이 사회적 평등과 안정을 달성하는 데에는 장점이 있으나, 자원 배분의 비효율성과 개인의 혁신 동기 약화로 인해 장기적인 경제 성장을 저해하는 경향이 있다고 명시하고 있다. 하지만 ⑤번에서는 통제시장 방식이 장기적 경제 성장을 위해 효율적인 자원 배분을 가능하게 할 것이라고 주장하고 있어, 지문의 핵심 논지와 정면으로 배치된다.

[오답 점검]
① 주어진 글에서 자유시장의 한계로 외부 효과와 사회적 비용 발생을 언급하고 있으므로, 가격 메커니즘이 사회적 비용을 충분히 반영하지 못한다는 추론은 타당하다.
② 자유시장은 효율성과 혁신을, 통제시장은 평등과 안정을 중시한다고 설명하고 있으므로, 두 체제의 차이를 가치 우선순위의 차이로 해석하는 것은 지문에 근거한 적절한 추론이다.
③ 현대 국가들이 혼합 경제 체제를 통해 두 시스템의 장점을 취한다고 설명하고 있으며, 이는 정부 개입이 시장 실패 보완을 주요 목적으로 함을 시사한다. 따라서 지문과 일치한다.
④ 통제시장이 개인의 혁신 동기를 약화시켜 장기적인 경제 성장을 저해한다고 서술되어 있으므로, 혁신 동기 약화가 성장 잠재력 감소로 이어질 수 있다는 추론은 지문에 부합한다.

15 ②

주어진 글에서는 기업이 단순히 기존의 수요를 충족하는 데 그치지 않고 소비자의 욕망을 관리한다고 설명한다. 이 과정에서 소비자의 구매는 실제 필요보다는 심리적·사회적 욕구에 의해 이루어지며, 이는 기업의 이윤과 직결된다. 따라서 현대 자본주의 사회에서 소비자의 구매 결정이 기업이 설계한 욕망 구조의 영향을 크게 받는다는 추론은 적절하다.

[오답 점검]
① 주어진 글에서는 기업이 소비자의 실제 필요를 충족시키는 데서 이윤이 자연스럽게 발생한다고 보지 않는다. 오히려 실제 필요와 무관한 욕망을 자극하고 관리하는 과정이 이윤 창출의 핵심임을 강조한다.
③ 기술 혁신이 소비자의 삶의 질을 향상시킨다고 단정할 근거는 지문에 없다. 오히려 기술 혁신은 소비자의 결핍감을 자극하고 새로운 욕망을 만들어 내는 수단으로 제시된다.
④ 이윤은 단순히 생산 비용 절감에 의해 결정되는 것이 아니라, 소비자 욕망을 얼마나 효과적으로 통제하느냐에 달려 있다고 설명한다.
⑤ 주어진 글에서는 소비가 사회적 지위의 표현 방식으로 작동하며, 이것이 소비자를 구매로 유도해 기업의 이윤으로 이어진다고 설명하고 있다. 따라서 사회적 지위 표현과 이윤 구조가 무관하다는 진술은 부적절하다.

16 ④

주어진 글에서는 AI 문학의 가장 큰 제약 중 하나로 장편 서사 구조를 일관성 있게 유지하거나, 캐릭터 심리 변화를 섬세하게 다루지 못하는 점을 언급했다. 따라서 이러한 점을 탁월하다고 주장하는 것은 옳지 않다.

[오답 점검]
① AI 창작 모델은 방대한 기존 텍스트를 학습하여 패턴을 인식하고 새로운 텍스트를 생성한다.
② AI 문학은 학습된 데이터의 재조합 및 변형의 산물이라고 보는 시각이 우세하다.
③ AI는 인간 작가가 예상하지 못하는 새로운 스타일이나 표현을 생성할 수 있다.
⑤ AI는 아직 문학적 판단이나 윤리적 평가를 내릴 수 없다.

17 ⑤

ⓐ의 입장은 노이즈 마케팅을 저비용·단기간·고효율의 적극적인 전략으로 평가하며, 자극적이고 논란이 될 만한 방식으로라도 소비자의 관심을 끌어야 한다는 점을 강조한다. 그런데 ⑤번은 ⓐ가 논란을 회피하고 수동적인 방식을 지향한다고 서술하고 있어, ⓐ의 입장을 정반대로 왜곡하고 있다.

[오답 점검]

① ⓑ의 입장은 윤리성과 장기적 신뢰를 중시하는 반면, 즉각적인 주목과 단기 성과의 필요성에는 상대적으로 비판적이다. 따라서 정보 과잉 시대에서 즉각적인 시장 반응의 중요성을 간과한다는 비판은 ⓑ에 대해 가능하다.
② ⓐ는 노이즈 마케팅의 단기적 효율성과 매출 증대를 강조하며, 장기적인 브랜드 신뢰 훼손 가능성에 대해서는 문제 삼지 않는다. 따라서 장기적 신뢰 훼손을 외면한다는 비판은 ⓐ에 적절하다.
③ ⓑ의 관점에서 보면, ⓐ의 노이즈 마케팅은 제품의 본질적 가치보다 허위·과장·논란에 의존하는 방식이라는 윤리적 비판을 받을 수 있다. 이는 지문에 직접적으로 제시된 비판이다.
④ ⓑ는 지속 가능성·윤리·신뢰를 중시하는 입장으로, 단기적 이윤 극대화를 강조하지 않는다. 따라서 기업의 근본 목표인 이윤 추구를 지나치게 도외시한다는 비판은 ⓑ에 대해 제기될 수 있다.

18 ④

주어진 글에서는 PIM 기술이 메모리 칩 내부에 연산 회로를 통합하여, CPU와 메모리 간 데이터 이동 자체를 최소화함으로써 처리 속도와 에너지 효율을 향상시키는 방식이라고 설명하고 있다. 그러나 ④번은 연산 회로를 메모리 칩 외부에 별도로 두고 데이터 이동 경로를 최적화한다고 서술하여, PIM의 핵심 원리를 잘못 설명하고 있다.

[오답 점검]

① PIM 기술의 목적은 CPU와 메모리 사이의 데이터 이동 연, 즉 폰 노이만 병목 현상을 해소하는 것이라고 명시되어 있다.
② PIM이 대규모 데이터 병렬 연산이 필요한 AI 및 머신러닝 분야에서 에너지 효율성과 처리 속도를 크게 향상시킨다고 설명한다.
③ CAMM은 델이 개발을 주도하고, JEDEC에 표준화를 제안한 새로운 메모리 모듈 형태라고 지문에 제시되어 있다.
⑤ CAMM은 기존의 길고 얇은 DIMM과 달리 압축 결합 방식을 사용하는 단일의 컴팩트한 모듈로 설계되어 메인보드 공간을 절약한다고 설명되어 있다.

19 ⑤

(B)는 반려동물 의료보험 시장의 현황과 문제점을 제시하는 문단이다. 낮은 가입률의 원인을 진료 정보 관리 부재에서 찾으며 글의 출발점 역할을 한다.
(D)는 이러한 문제를 해결하고려는 표현을 통해 (B)의 내용을 이어받아, 제도적 기반 확립과 정책 추진의 필요성을 총괄적으로 제시한다. 즉, 문제 제기 이후의 정책적 방향 설정이다.
(C)는 (D)에서 제시한 정책 추진의 필요성에 대한 구체적 대응으로, "이에 정부는"이라는 연결어를 사용하여 실제로 시행 중인 진료비 공시, 표준화, 협력 체계 구축 등의 조치를 설명한다.
(A)는 "더 나아가"라는 표현에서 알 수 있듯이, (C)의 정책적 조치들을 보완·확장하는 추가 정책 내용을 제시하며 글을 마무리한다.

20 ①

주어진 글에서는 높은 SOC(고전압 상태)를 장기간 유지할 경우 화학적 부반응이 가속되어 배터리 열화가 빠르게 진행될 수 있음을 설명하고 있다. 또한 장기 주차 시에는 자연 방전과 대기 전력 소모가 동시에 발생하므로, 단순히 충전량을 높게 유지하는 것이 아니라 충전 상태를 적절한 수준으로 관리하는 것이 배터리 수명과 안전성 확보에 중요하다는 점을 강조한다. 이를 종합하면, 장기 주차 시 높은 SOC 유지보다 적정 SOC 관리가 열화 억제에 유리하다는 ①번이 가장 적절한 추론이다.

[오답 점검]

② 고전압 상태에서는 자연 방전이 억제되는 것이 아니라, 부반응이 가속되어 열화 위험이 증가한다고 설명하고 있다.
③ 주어진 글에서는 장기 주차 시 관리의 중요성을 강조하지만, 주행 중 충·방전 조건보다 더 중요하다고 단정할 근거는 제시하지 않는다. 이는 과도한 일반화이다.
④ 완전 충전 또는 높은 SOC의 장기 유지를 오히려 배터리 수명에 부정적인 요인으로 제시하고 있으므로, 내용과 반대된다.
⑤ 주어진 글에서는 배터리 열화의 주요 원인으로 높은 SOC 상태에서의 화학적 부반응을 강조하고 있다. 대기 전력 소모만을 주된 원인으로 언급하지는 않는다.

01	02	03	04	05	06	07	08	09	10
④	④	③	⑤	①	②	④	①	④	②
11	12	13	14	15	16	17	18	19	20
③	②	①	③	④	③	①	⑤	②	⑤

01 ④

매출액과 영업이익은 모든 연도에서 증가하고 있다.

[오답 점검]

①, ②, ⑤ 2022년부터 2024년 영업이익률을 계산하면 다음
과 같다.

2022년: (150 ÷ 1,250) × 100 = 12%

2023년: (210 ÷ 1,500) × 100 = 14%

2024년: (216 ÷ 1,800) × 100 = 12%

③ 2022년 대비 2024년의 매출액 증가율

$$= \frac{1,800 - 1,250}{1,250} \times 100 = 44\%$$

2022년 대비 2024년의 영업이익 증가율

$$= \frac{210 - 150}{150} \times 100 = 44\%$$

따라서, 2022년 대비 2024년의 매출액 증가율과 영업이익 증
가율이 동일하다.

02 ④

2022년과 2023년 모두 수출액, 수입액이 전년 대비 '+'로 제
시되어 있으므로 증가하였다.

[오답 점검]

① 2022년 수출액의 증감률은 + 12%이고, 수입액 증감률은
+ 10%이다.

② 2023년 수출액 증감량은 + 70억 달러이고, 수입액 증감량
은 + 52억 달러이다.

③ 2021년 대비 2023년 수출액 증가율:

$$\frac{630 - 500}{500} \times 100 = 26\%$$

2021년 대비 2023년 수입액 증가율:

$$\frac{580 - 480}{480} \times 100 ≒ 21\%$$

⑤ 2023년 수출액 증감률은 + 12.5%이고, 2023년 수입액
증감률은 + 9.8%이다.

03 ③

2023년 총 생산량은 600천 대이고, 공정별 생산량을 계산하
면 다음과 같다.

조립 공정: 600 × 45% = 270천 대

가공 공정: 600 × 35% = 210천 대

검사 공정: 600 × 20% = 120천 대

따라서, 가공 공정의 생산량과 검사 공정의 차이는 210 − 120
= 90천 대다.

[오답 점검]

① 2022년 대비 2023년 총 생산량 증가율:

$$\frac{600 - 500}{500} \times 100 = 20\%$$

② 2023년 조립 공정의 생산량은 270천 대이고, 2022년 전
체 생산량의 50%는 250천 대보다 많다.

④ 2023년 조립 공정과 가공 공정의 생산량의 합은 270 +
210 = 480천 대이다.

⑤ 2023년 검사 공정의 생산량은 120천 대이고, 2021년 전
체 생산량의 25%는 100천 대이므로 25% 이상이다.

04 ⑤

ㄷ. 2022년 대비 2023년의 국방 R&D 예산 증가율

$$= \frac{5.6 - 4.8}{4.8} \times 100 ≒ 16.7\%$$

ㄹ. 연도별 국방 R&D예산 증감액은 지속적으로 증가한다.

[오답 점검]

ㄱ. 2021년 대비 2022년 국방 R&D 예산 증감액 = 4.8 − 4.0
= 0.8조 원

ㄴ. 2021년 대비 2023년의 국방 R&D 예산 증가율

$$= \frac{5.6 - 4.0}{4.0} \times 100 = 40\%$$

05 ①

2020년은 전년 대비 감소하였고, 2022년은 전년 대비 변동이
없으므로 2번 존재한다.

[오답 점검]

② 2022년 설비 단가는 2021년과 동일하므로 매년 증가하지
않았다.

③ 2019년 대비 2023년 도입 대수 증가율:

$$\frac{520 - 500}{500} \times 100 = 4\%$$

④ 2020년 대비 2021년 도입 대수 증가율:

$$\frac{480-450}{450}\times 100 = 7\%$$

2020년 대비 2021년 설비 단가 증가율:

$$\frac{24-22}{22}\times 100 = 9\%$$

2020년 대비 2021년의 도입 대수 증가율은 설비 단가 증가율보다 작다.

⑤ 2021년과 2022년은 도입 대수와 평균 단가가 모두 동일하므로 계산하지 않아도 도입 비용이 동일한 것을 알 수 있다.

06 ②

전체 매출액은 18,000 + 7,200 + 12,000 + 4,800 = 42,000 억 원이다. 수도권의 비중은 $\frac{18,000}{42,000}\times 100 = 43\%$ 이다.

전체 매출액에서 수도권이 차지하는 비중은 40% 이상이다.

[오답 점검]

① 지역별 업체당 평균 매출액을 구하면 다음과 같다.

수도권: 18,000 ÷ 120 = 150

충청권: 7,200 ÷ 80 = 90

영남권: 12,000 ÷ 100 = 120

호남권: 4,800 ÷ 60 = 80

따라서, 가장 높은 지역은 수도권이다.

③ 지역별 종사자 1인당 평균 매출액을 구하면 다음과 같다.

수도권: 18,000 ÷ 6,000 = 3

충청권: 7,200 ÷ 3,200 = 2.25

따라서 종사자 1인당 평균 매출액은 충청권보다 수도권이 높다.

④ 매출액이 1조 원(= 10,000억 원) 이상인 지역은 수도권과 영남권이다. 수도권과 영남권인 업체 수의 합은 120 + 100 = 220개 이므로 200개를 초과한다.

⑤ 지역별 업체 당 평균 종사자 수를 구하면 다음과 같다.

수도권: 6,000 ÷ 120 = 50명

충청권: 3,200 ÷ 80 = 40명

영남권: 4,000 ÷ 100 = 40명

호남권: 2,400 ÷ 60 = 40명

따라서 업체 당 평균 종사자 수가 가장 많은 지역은 수도권이다.

07 ④

평균 통근시간 순위와 월평균 임금 순위가 동일한지 확인하라는 말이다. 평균 통근시간은 가로축, 월평균 임금은 세로축이다. 가로축 기준으로의 순서와 세로축 기준으로의 순서가 일치하는지 확인하면 된다. 경기의 경우 가로축 기준으로는 2번째로 높지만, 세로축 기준으로는 3번째로 높다. 따라서 평균 통근시간과 월평균 임금 순위는 동일하지 않다.

[오답 점검]

① 평균 통근시간이 가장 긴 지역은 가장 오른쪽에 있는 서울이고, 세로축 기준으로 가장 높은 곳에 있으니 월평균 임금도 가장 높다.

② 평균 통근시간이 45분 미만인 지역은 가로축 45를 기준으로 왼쪽에 있는 대구, 대전, 강원, 광주이다. 이 중 세로축 기준 가장 높은 곳에 있는 대전이 월평균 임금이 가장 높다.

③ 평균 통근시간이 50분 이상인 지역은 가로축 50을 기준으로 오른쪽에 있는 인천, 경기, 서울이다. 세 지역 모두 세로축 380 이상에 해당한다.

⑤ 평균 통근시간이 40분 이상 50분 미만인 지역은 광주, 강원, 대전, 대구, 충북, 부산, 울산이다. 이 중 세로축 기준 가장 낮은 곳에 있는 강원이 월평균 임금이 가장 낮다.

08 ①

2022년 대비 2023년 R&D 예산이 감소한 분야는 반도체, IT, 바이오다.

[오답 점검]

② 2019년 대비 2023년 R&D 예산의 증감폭을 구하면 다음과 같다.

반도체: 5.4 – 5.0 = 0.4조 원

IT: 3.6 – 3.5 = 0.1조 원

바이오: 4.5 – 4.0 = 0.5조 원

에너지: 3.3 – 2.5 = 0.8조 원

국방: 4.0 – 3.0 = 1.0조 원

따라서 가장 큰 분야는 국방이다.

③ 반도체, IT, 바이오 분야는 모두 1번 이상 감소한 연도가 있다.

④ 2023년뿐 아니라 주어진 모든 기간 동안 에너지 분야의 R&D 예산이 가장 낮다.

⑤ 모든 분야의 R&D 예산이 증가하였다.

09 ④

ㄴ. 드라마 분야의 비용은 6,400억 원이고, 매출액은 6,000억 원으로 비용이 매출액보다 많다.

ㄹ. 음악 분야의 손익률 = $\frac{300}{3,000}\times 100 = 10\%$ 이고, 웹툰 분야의 손익률 = $\frac{300}{4,500}\times 100 = 6.67\%$ 이다,

[오답 점검]

ㄱ. 흑자를 기록한 분야는 손익이 + 인 웹툰, 영화, 음악으로 총 3개이다.

ㄷ. 웹툰 분야 손익 규모는 300억 원, 영화 분야 손익 규모는 500억 원으로 영화 분야가 더 크다.

10 ②

플랫폼 B는 1월에 260만 명, 2월 250만 명, 3월 240만 명으로 모두 감소하였다.

[오답 점검]
① 플랫폼 A는 3월에 340만 명이었고, 4월에는 330만 명이었다. 따라서 4월에는 감소하였다.
③ 플랫폼 C의 이용자 수 증가폭은 2~3월에는 + 10만 명, 4~6월에는 + 20만 명으로 점점 감소하지 않았다.
④ 5월 기준 플랫폼 A 이용자 수는 350만 명, 플랫폼 B 이용자 수는 255만 명으로 95만 명 차이가 난다.
⑤ 6월 기준 플랫폼 C 이용자 수는 270만 명, 플랫폼 A 이용자 수는 360만 명이다. 따라서 플랫폼 A가 더 많다.

11 ③

전체 인구수는 160,000 + 80,000 = 240,000명, 전체 가구 수는 64,000 + 32,000 = 96,000가구다. 가구당 평균 인구 수를 구하면 240,000 ÷ 96,000 = 2.5명이다.

12 ②

2020년 순수익 300억 원은 전체 순수익의 30%이다. 따라서 전체 순수익은 1,000억 원이다. 2021년 순수익은 25%이므로 1,000 × 25% = 250억 원이다.

13 ①

2022년 귀농 인구수는 4,000,000 × 1.5% = 60,000명이고, 2023년 귀농 인구수는 3,600,000 × 2% = 72,000명이다. 따라서 2023년 귀농 인구는 2022년에 비해 12,000명 증가하였다.

14 ③

A산업에서 D산업으로 갈수록 내수매출액이 감소하며, 이에 따라 전체 매출 대비 내수 비중도 75%, 70%, 60%, 50%로 함께 낮아진다. 즉 내수매출액 규모가 큰 산업일수록 내수가 전체 매출에서 차지하는 비중이 상대적으로 높게 나타나는 경향이 확인된다. 따라서 내수매출액 규모가 클수록 내수 비중도 큰 경향이 나타난다.

[오답 점검]
① 내수매출액이 가장 큰 산업은 A산업이고, 내수 비중 역시 가장 높다.
② 내수매출액 상위 두 산업은 A산업과 B산업이고, 두 산업의 내수 비중 평균을 구하면 다음과 같다. $\dfrac{75 + 70}{2} = 72.5\%$
④ C산업과 D산업의 내수매출액 차이 = 4,500 − 2,500 = 2,000억 원
B산업과 C산업의 내수매출액 차이 = 7,000 − 4,500 = 2,500억 원
C산업과 D산업의 내수매출액 차이는 B산업과 C산업의 차이보다 작다.
⑤ 내수매출액이 4,000억 이상인 산업은 A, B, C산업이고 평균 내수 비중은 (75 + 70 + 60) ÷ 3 늑 68.3%이다.
내수매출액이 4,000억 원 이상인 산업의 평균 내수 비중은 70% 미만이다.

15 ④

세 산업의 전체 노동자 수은 320 + 240 + 160 = 720천 명이고, 산업체 전체 일자리 수는 160 + 120 + 80 = 360백 개이다. 따라서 일자리 1개당 평균 노동자 수 = $\dfrac{720,000}{36,000} = 20$명이다.

16 ③

9위 업체의 매출액은 4,800억 원이고 11위 업체의 매출액은 4,200억 원이므로, 두 순위 간 매출액 차이는 600억 원이다. 9위에서 11위까지는 순위가 두 단계 내려간 것이고 한 단계 내려갈 때마다 매출액이 같은 폭으로 감소한다고 하였으므로, 순위 한 단계당 매출 감소폭은 300억 원이다. 따라서 10월 매출액은 4,800억 원에서 300억 원 감소한 4,500억 원이다.

17 ①

에너지 산업체 전체 매출액은 6,000 + 4,000 + 2,000 + 8,000 = 20,000억 원이다.
이 중 태양광 산업의 매출액은 6,000억 원이므로 전체 매출액에서 차지하는 비중은 $\dfrac{6,000}{20,000} \times 100 = 30\%$이다.

18 ⑤

70대 이상 C활동 참여 인원은 50,000명이고 A활동은 20,000명, B활동은 30,000명이다. 따라서 C활동 인원은 A활동과 B활동의 합과 같다.

[오답 점검]
① 20대 A활동은 40,000명이고 B활동은 30,000명으로 A활동과 B활동의 인원 수 합은 70,000명이다. C활동은 60,000명이므로 A활동과 B활동의 합과 같지 않다.
② 30대 B활동은 20,000명이고 C활동은 60,000명으로 B활동과 C활동의 인원 수 합은 80,000명이다. A활동은

50,000명이므로 B활동과 C활동의 합과 같지 않다.
③ 40대 A활동은 45,000명이고 B활동은 35,000명으로 A
활동과 B활동의 인원 수 합은 80,000명이다. C활동은
70,000명이므로 A활동과 B활동의 합과 같지 않다.
④ 50대 A활동은 30,000명이고 B활동은 40,000명이므로
A활동과 B활동의 인원 수 합은 70,000명이다. C활동은
60,000명이므로 A활동과 B활동의 합과 같지 않다.

19 ②

2023년 전체 산업체 수는 240,000개이다. 이 중 서비스업의 비중은 30%이므로 2023년 서비스 산업체 수는 240,000 × 30% = 72,000개다.

20 ⑤

각 연령대별 농가 가구원 수를 구하면 다음과 같다.
30대: 55 + 45 = 100천 명
40대: 85 + 75 = 160천 명
50대: 135 + 125 = 260천 명
60대: 155 + 175 = 330천 명
70대 이상: 120 + 140 = 260천 명
따라서, 모두 농업인 수와 동일하다.

[오답 점검]
① 40대 농가 가구원 수 합계는 160천 명으로 농업인 수 160천 명과 같다.
② 50대 여성 농가 가구원 수는 125천 명이고 남성은 135천 명이므로 남성이 더 많다.
③ 60대 농가 가구원 수 합계는 330천 명으로 가장 많다.
④ 70대 이상 남성 농가 가구원 수는 120천 명이고, 여성은 140천 명이므로 여성이 더 많다.

01	02	03	04	05	06	07	08	09	10
③	②	②	④	④	③	①	⑤	⑤	②
11	12	13	14	15	16	17	18	19	20
①	③	④	⑤	①	③	⑤	④	①	③

01 ③

조건을 정리하면 아래와 같다.

	남	여	전체
작년	3 (150명)	2 (100명)	250명
	250명에 대해서 20% 증가하면 300명		
올해	3 (180명)	2 (120명)	300명

따라서 올해 여성의 신입사원의 수는 120명이다.

02 ②

올라갈 때와 내려올 때 같은 길을 이용하였으므로 출발지점에서 정상까지의 거리를 x 라고 하자.
올라갈 때 시속 4km, 내려갈 때 시속 6km, 산을 오르고 내려오는 데 총 5시간이 걸렸으므로 식을 세우면, $\frac{x}{4} + \frac{x}{6} = 5$ 가 되므로, 전체 식에 12를 곱하면, $3x + 2x = 60$이다.
정리하면 $5x = 60$, $x = 120$이다. 따라서 정상까지의 거리는 12km이다.

03 ②

주어진 조건에 따라 표로 정리하면 아래와 같다.

상품	재료비	인건비	개수
A	2,400원	3,600원	x
B	4,800원	1,800원	y
총 예산	120,000원	72,000원	

재료비와 인건비에 맞춰 A상품의 개수를 x, B상품의 개수를 y 라고 하자. 식으로 정리하면,
$2,400x + 4,800y \leq 120,000$, 따라서 $x + 2y \leq 50$
$3,600x + 1,800y \leq 72,000$, 따라서 $2x + y \leq 40$
연립방정식으로 정리하면 $x = 10$, $y = 20$일 때 최대로 생산이 가능하므로 A와 B 상품을 합쳐 최대로 생산이 가능한 개수는 30개이다.

04 ④

거리가 3km 떨어진 한강공원까지 이동한다. 승우의 러닝 소요 시간을 x라고 하자. 승우는 희연이의 속력의 2배이고, 희연이는 승우보다 6분 늦게 도착한다는 내용으로 식을 세우면,

$$\frac{3000}{x} = 2\left(\frac{3000}{x+6}\right) \text{ 이다.}$$

식을 정리하면 $6,000x = 3,000x + 18,000$, $x = 6$이 되므로 희연이는 3km를 가는데 12분이 걸렸다.

따라서 희연이가 같은 속력으로 15km를 이동하는 데 걸리는 시간은 1시간이다.

05 ④

11개 중 3개가 파손되어 8개만 판매가 가능하다. 따라서 8개를 팔아서 20만원이 되도록 만들면 된다. $200,000 \div 8 = 25,000$원이다. 따라서 1개당 25,000원에 판매하면 손해를 보지 않는다.

06 ③

한 명당 추가한 물의 양을 xg이라고 하자. 물을 추가해도 소금의 양은 변화가 없으므로 조건에 따라 식을 세우면,

$$800 \times \frac{25}{100} + 5x \times \frac{0}{100} = (800+5x) \times \frac{10}{100} \text{ 이다.}$$

물을 추가하기 전 소금의 양이 200g이고 5명이 x만큼, 총 $5x$g의 물을 추가하고 난 후의 소금의 양은 $(80 + 0.5x)$g이다. 두 소금의 양은 같으므로 $200 = 80 + 0.5x$, $0.5x = 120$, $x = 240$이다. 따라서 한 명당 추가한 물의 양은 240g이다.

07 ①

한 명당 증발시킨 물의 양을 xg이라고 하자. 물을 증발해도 소금의 양은 변화가 없으므로 조건에 따라 식을 세우면,

$$250 \times \frac{4}{100} - 5x \times \frac{0}{100} = (250-5x) \times \frac{10}{100} \text{ 이다.}$$

물이 증발하기 전 소금의 양이 10g이고 5명이 x만큼, 총 $5x$g의 물이 증발하고 난 후의 소금의 양은 $(25 - 0.5x)$g이다. 두 소금의 양은 같으므로 $10 = 25 - 0.5x$, $0.5x = 15$, $x = 30$이다. 따라서 한 명당 증발시킨 물의 양은 30g이다.

08 ⑤

정가를 x라 하고, 원가 700원에 대한 10% 이익은 70원이다. 정가에 대해 30% 할인된 조건에 따라 식을 세우면 $0.7x - 700 = 70$, $0.7x = 770$, $x = 1,100$이다. 따라서 원래 정가는 1,100원이다.

09 ⑤

주어진 조건을 아래 표에 정리해보면 자전거, 도보, 대중교통의 속력을 알 수 있다.

	자전거	도보	대중교통
거리	5km	5km	5km
시간	$\frac{1}{2}h$	1시간	$\frac{1}{3}h$
속력	10km/h	5km/h	15km/h

따라서 30km를 왕복으로 즉, 총 60km의 거리를 자전거로 이동했을 때 걸리는 시간은 $\frac{60km}{10km/h} = 6$시간이다.

10 ②

8명이 함께하면 3일 걸리는 일의 전체 양은 $8 \times 3 = 24$이므로 $24 \div 2 = 12$명이다.

11 ①

전체 직원 수가 100명이고, 부서 비율과 상관없이, 각 부서에서 남자 : 여자는 항상 4 : 1이다.

즉, 전체의 $\frac{4}{5}$는 남자이므로 남자 직원의 수는

$$100 \times \frac{4}{5} = 80 \text{ 명이다.}$$

12 ③

연비가 12km/L이고, 이동거리는 18,000m = 18km이다. 따라서 소비 연료량은 $\frac{18}{12} = 1.5L$이다. 휘발유가 1L당 1,650원이므로, 사용한 연료만큼 주유했을 때 드는 비용은 $1,650 \times 1.5 = 2,475$원이다.

13 ④

A는 하루에 $\frac{1}{6}$ 만큼 일을 하고, B는 하루에 $\frac{1}{12}$ 만큼 일을 한다. 둘이 함께 일을 한다면 하루에 $\frac{1}{6} + \frac{1}{12} = \frac{1}{4}$ 만큼씩 일을 할 수 있으므로, 일을 완료하는데 걸리는 시간은 4일이다.

14 ⑤

몇 년 후를 x라고 하자. 주어진 조건에 의해 몇 년 후 어머니의 나이가 나연이의 나이의 6배가 되는 식을 세우면, $27 + x = 6(2 + x)$, $5x = 15$, $x = 3$이다. 따라서 3년 후면 어머니의 나이가 나연이의 나이의 6배이다. 3년 후 어머니의 나이는 30세, 나연이는 5세가 되므로 어머니와 나연이의 나이 차는 25살이다.

15 ①

우선 창가석에 모두 여자가 앉아야 하므로 여자 4명 중에서 3명을 선택해야한다. $_4C_3 = 4$가지

선택된 3명의 여자를 창가석에 배치하는 경우의 수는 $3! = 6$가지이다.

나머지 6명을 통로석과 가운데석에 배치하는 경우의 수는 $6! = 720$가지이다.

따라서 전체 경우의 수는 $4 \times 6 \times 720 = 17,280$가지이다.

16 ③

주머니에 들어있는 100개의 공 중에서 당첨 공의 개수는 4개이다.

따라서 한 번에 1개씩 연달아 2번 뽑을 때 당첨 확률은 $\frac{4}{100} \times \frac{3}{99} = \frac{12}{9900} = \frac{1}{825}$이다.

17 ⑤

A는 4시간에 2개를 만드므로 2시간에 1개, B는 3시간에 1개를 만들어 낸다. 둘이 함께 작업을 하여 총 10개를 만들어내는 식은 $\left(\frac{1}{2} + \frac{1}{3}\right) \times x = 10$, $(3+2)x = 60$, $x = 12$ 이다. 따라서 12시간이 걸려야 둘이 합쳐서 10개를 만들어 낼 수 있다.

18 ④

2개의 동전을 선택했을 때, 1,200원을 넘기지 않아야 하므로

ⅰ) 300원짜리 동전 2개를 선택할 경우, $_6C_2 = \frac{6 \times 5}{2 \times 1} = 15$ 가지이다.

ⅱ) 300원짜리 동전 1개와 900원짜리 동전 1개를 선택할 경우, $_6C_1 \times _4C_1 = 24$가지이다.

따라서 총 경우의 수는 39가지이다.

19 ①

티켓 1장의 정가를 x원이라 할 때 티켓 7장의 총 지불 금액은 $7x$원이다.

조건에서 1장은 $(x - 2,000)$원, 나머지 3장은 $\frac{x}{2}$ 만큼 환불을 받아서 총 지불 금액이 92,000원이므로 식으로 정리하면, $7x - (x - 2,000 + \frac{3}{2}x) = 92,000$이다. 정리하면 $\frac{9}{2}x = 90,000$, $x = 20,000$ 원이다.

20 ③

구매한 티켓을 x장이라 하자.

현장 구매 시 총비용은 $10,000x$이고, 온라인 구매 시 총 비용은 $\{(10,000 - 150)x + 3,000\}$원이다.

온라인 예매가 현장 구매보다 이득이 되기 위해서는 최소 몇 장 이상의 티켓을 구매해야 하는지를 구하려면 $9,850x + 3,000 < 10,000x$, $3,000 < 150x$, $x > 20$이다. 따라서 최소 21장을 구매해야 이득이다.

01	02	03	04	05	06	07	08	09	10
④	③	②	①	⑤	⑤	②	②	③	③
11	12	13	14	15	16	17	18	19	20
④	③	⑤	①	⑤	②	①	①	⑤	④

01 ④

[추천 풀이 도구] 눈으로만

🔑 치트키 풀이

B와 C의 진술이 모순관계다. 둘 중 1명의 진술이 거짓일 때 얻을 수 있는 정보와 드모르간의 법칙을 생각하면 모순관계를 쉽게 파악할 수 있다.

5명 중 1명만 참을 말한다. 정답인 경우에서는 A, D, E가 거짓을 말한다고 알 수 있다. A의 진술이 거짓이니 C 또는 D가 기숙사에 산다는 정보를 얻을 수 있고 D의 진술이 거짓이니 C가 기숙사에 살지 않는다는 정보를 얻을 수 있다. 두 정보를 취합하여 D가 기숙사에 산다고 알 수 있다.

[일반 풀이]

모순관계가 보이지 않는다면 A가 기숙사에 사는 경우부터 E가 기숙사에 사는 경우로 나눈 뒤 A가 기숙사에 산다고 할 때 A, B, C, D, E의 진술이 참인지 거짓인지, B가 기숙사에 산다고 할 때 5명의 진술이 참인지 거짓인지의 순서로 파악하며 풀이하자.

실제 풀이에서는 표를 그리지 않겠지만 참고를 위해 5가지 경우에서 A, B, C, D, E의 진술이 참인지 거짓인지 판별하면 다음과 같다.

진술 기숙사	A	B	C	D	E
A	T	F	T	F	F
B	T	T	F	F	T
C	F	T	F	T	F
D	F	F	T	F	F
E	T	T	F	F	F

D가 기숙사에 사는 경우만 1명(C)의 진술만 참이다.

02 ③

[추천 풀이 도구] 메모장

〈보기〉의 명제를 이어보자. 해설의 편의상 맨 위부터 조건1부터 조건5라고 명명하겠다. 조건1, 조건4의 대우, 조건5, 조건3의 순서로 이을 수 있다. 조건2는 다른 명제와 이을 수 없다.

[무선이어폰 → 학습지 → ~태블릿 → 노트북 가방 → ~무선마우스]

[무선마우스 → ~노트북]

[오답 점검]

① 노트북 가방을 사지 않으면 노트북을 산다.
 – 노트북 가방과 노트북의 관계를 파악할 수 없다. 항상 참인지 항상 거짓인지 알 수 없다.
② 학습지를 사지 않으면 무선마우스를 사지 않는다.
 – 학습지를 사지 않으면 무선이어폰을 사지 않는다는 점은 알 수 있지만 무선마우스는 사는지 사지 않는지 알 수 없다.
④ 노트북을 사면 태블릿을 사지 않는다.
 – 노트북과 태블릿의 관계를 파악할 수 없기에 항상 참인지 항상 거짓인지 알 수 없다.
⑤ 무선이어폰을 사면 노트북 가방을 사지 않는다.
 – 무선이어폰을 사면 노트북 가방을 산다. 항상 거짓이다.

03 ②

[추천 풀이 도구]

B, D, E 진술의 참/거짓 상태 확인은 눈으로만 → 줄 서는 순서 정리는 메모장 → 이후 풀이는 눈으로만

A와 C의 진술을 보자. A의 진술이 진실이면 C의 진술은 거짓이다. C의 진술이 참이면 A의 진술이 거짓이다. 이를 토대로 A와 C의 진술이 모순관계라 생각할 수 있지만 E가 3번째로 줄을 서는 경우와 같이 A, C 둘 다 거짓으로 말하는 경우가 있어 모순관계는 아니다. A와 C는 모든 경우에서 둘 다 진실을 말하지 않는다. A와 C가 둘 다 거짓으로 말하는 경우는 존재하지만 5명 중 1명만 거짓으로 말한다는 조건을 만족하지 않는다. 5명 중 1명만 거짓으로 말한다는 조건을 만족하는 경우에서는 A와 C의 진술을 모순관계처럼 활용할 수 있다.

A와 C 중 1명이 거짓으로 말한다. B, D, E는 문제의 조건을 모두 만족하는 경우에서 거짓으로 진술하지 않는다. B, D, E의 진술을 토대로 이들이 줄 서는 순서를 정리하면 다음과 같다.

1	2	3	4	5
B	A		E	

3번째로 C가 줄을 서는 경우와 3번째로 D가 줄을 서는 경우로 나뉜다. 3번째로 C가 줄을 서는 경우는 C만 거짓을 말하고 3번째로 D가 줄을 서는 경우는 A만 거짓을 말한다. 문제의 상황과 〈보기〉를 만족하는 경우가 2가지다. 2가지 경우 모두 A는 2번째로 줄을 선다.

04 ①

[추천 풀이 도구] ① 눈으로만(확실하게 출장지를 정할 수 있는 사람 위주로 판단)
[추천 풀이 도구] ② C, D, E 정리까지 메모장 → 이후 풀이는 눈으로만

A만 두 곳으로 출장을 간다. 각 지역으로 출장을 가는 사람이 2명이고 출장을 가지 않는 사람은 없다는 조건을 토대로 B, C, D, E는 한 곳으로 출장을 간다고 알 수 있다.
C는 (다), D는 (나)로 출장을 간다. 이를 정리한 후 (가)로 출장을 가지 않는 E가 (나)로 출장을 가는 경우와 (다)로 출장을 가는 경우로 나눠보자.

```
(가):              (가):
(나): D, E         (나): D
(다): C            (다): C, E
  Case 1            Case 2
```

Case 1에서는 (나)로 출장을 가는 2명이 정해졌고 Case 2에서는 (다)로 출장을 가는 2명이 정해졌다. Case 1, 2에서 정해지지 않은 출장지에 A를 배치하자. 자연스럽게 B가 (가)로 출장을 간다는 정보도 알 수 있다.

```
(가): A, B         (가): A, B
(나): D, E         (나): D, A
(다): C, A         (다): C, E
  Case 1            Case 2
```

05 ⑤

[추천 풀이 도구] 눈으로만

🔑 치트키 풀이

E의 진술을 토대로 E와 A의 진술이 동일관계라고 알 수 있다. 5명 중 2명이 거짓을 말하니 E와 A의 진술이 동일관계라고 하여 진실을 말하는지 거짓을 말하는지 확정할 수 없다. 여기서 포기하지말고 선택지도 확인해보자. 선택지에서 수첩을 가져간 2명씩 제시했다. 즉 거짓말을 하는 2명씩 제시했다고 볼 수 있다. A와 E 중 1명만 있는 선택지를 소거할 수 있다. ①, ④를 소거하자.
B는 C가 수첩을 들고 갔다고 한다. B의 진술이 진실이면 C는 수첩을 들고 갔다. 수첩을 들고 간 2명은 거짓을 말한다는 조건을 만족하는 경우에서 C는 거짓을 말한다. B의 진술이 거짓이면 C는 수첩을 들고 가지 않았다. 수첩을 들고 가지 않은 3명은 진실을 말한다는 조건을 만족하는 경우에서 C는 진실을 말한다. 수첩을 들고 간 2명은 거짓을 말하고 수첩을 들고 가지 않은 3명은 진실을 말한다는 조건을 만족하는 경우에서 B와 C의 진술을 모순관계처럼 활용할 수 있다. 선택지에서 B와 C 중 1명만 있어야 한다. ②, ③을 소거하자.

[일반 풀이]
선택지에서 제시한 5가지 경우를 토대로 A, B, C, D, E의 진술이 진실인지 거짓인지 판별하자. 2명만 거짓을 말하는 경우라고 하더라도 수첩을 들고 간 2명은 거짓을 말하는지도 추가로 점검하자.

	A	B	C	D	E	거짓말 인원
① A, D	T	F	F	F	T	3
② A, E	F	F	F	T	F	4
③ B, C	T	T	T	T	T	0
④ B, E	F	F	T	T	F	3
⑤ C, D	T	T	F	F	T	2

선택지 중 거짓말을 하는 사람이 2명인 경우는 ⑤ C, D뿐이다. 수첩을 들고 간 2명은 거짓을 말하는지까지 점검하지 않아도 정답을 찾았다.

06 ⑤

[추천 풀이 도구] ① 눈으로만
[추천 풀이 도구] ② [기획팀 → 추진력 → 분석력] 정리까지는 메모장 → 이후 풀이는 눈으로만

영업팀이면서 기획팀인 사원이 존재한다는 명제를 통해 영업팀과 기획팀이라는 개념이 교집합을 이룬다고 알 수 있다.
나머지 두 명제를 정리하면 [기획팀 → 추진력 → 분석력]이다. 이는 부분집합을 의미한다.
이를 토대로 영업팀인 어떤 사원이 분석력이 뛰어나다고 알 수 있다. 이해를 돕기 위해 벤 다이어그램으로 정리 후 정답이 되는 부분을 색칠하면 다음과 같다.

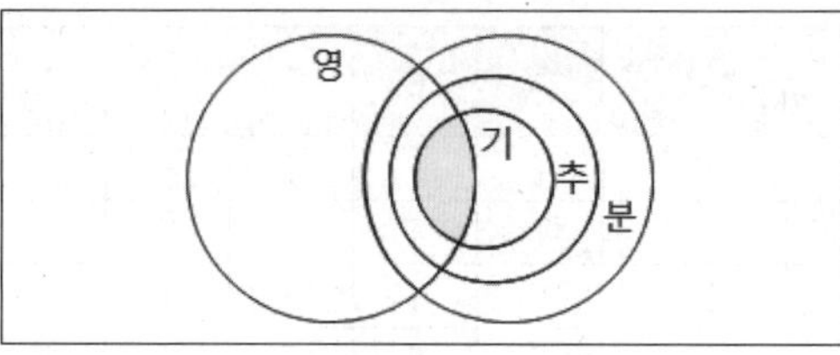

[오답 점검]
항상 참이라고 할 수 없는 이유를 정리하면 다음과 같다.

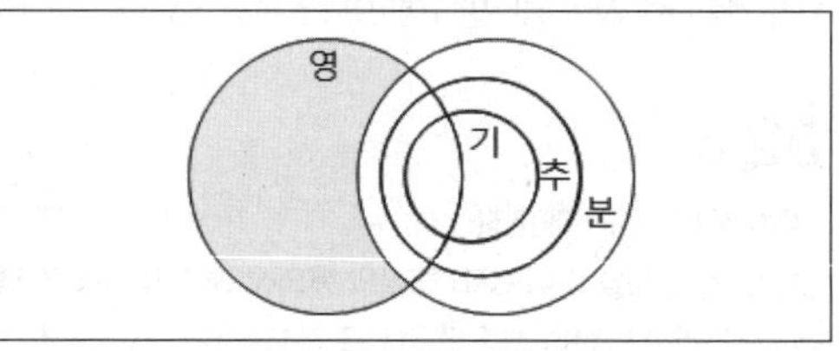

①, ③, ④의 반례

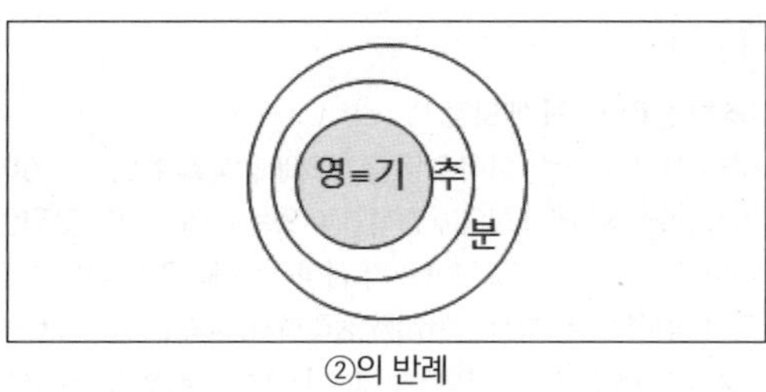

②의 반례

당직＼진술	A	B	C	D	E
A	T	F	T	F	T
B	F	T	F	F	F
C	T	T	T	T	T
D	F	T	T	F	F
E	T	T	T	F	F

[참고]
③의 반례는 분석력으로 표현한 벤 다이어그램의 밖을 의미하지만 반례를 간단히 제시하기 위해 분석력이 아니며 영업팀인 벤 다이어그램에만 색을 칠했다.

[다른 풀이]
SKCT에서는 잘 설명하지 않지만 참고를 위해 GSAT에서 자주 다루는 '삼단논법, 어모어'로 해설하겠다. 상세하게 설명하지 않고 어모어를 알고 있다는 가정하에 간략히 정리하겠다.
[영업팀이면서 기획팀인 사원이 존재]: 영업/어떤/기획
[기획팀 ▪ 추진력 → 분식력]: 기획 → 문석
작: 기획
큰: 분석
거: 영업
결론: '분석/어떤/영업' 또는 '영업/어떤/분석'

07 ②

[추천 풀이 도구] 눈으로만
모순관계나 동일관계가 보이지 않는다. 관계를 찾기보다는 진술 자체를 파악하며 풀어보자.
B는 A가 당직 근무를 서지 않는다고 하고 C는 B가 당직 근무를 서지 않는다고 한다. A, B가 아닌 C, D, E 중 1명이 당직 근무를 서는 경우 B, C의 진술이 진실이 되어 1명만 진실을 말한다는 조건을 만족하지 않는다. 이를 통해 당직 근무를 선다고 생각되는 사람을 A, B 2명으로 압축하자.
A가 당직 근무를 서는 경우 A의 진술이 진실이다. 그러면서 C의 진술도 진실이다. 1명만 진실을 말한다는 조건을 만족하지 않는다. (E의 진술도 진실이다. 누구의 진술로 보든 진실을 말하는 사람이 2명 이상이라는 점만 파악하면 된다.)
B가 당직 근무를 선다. 이때 진실을 말하는 사람도 B다.

[오답 점검]
참고로 A가 당직 근무를 서는 경우부터 E가 당직 근무를 서는 경우까지 5가지 경우에서 A, B, C, D, E의 진술이 진실인지 거짓인지 판별하면 다음과 같다.

08 ②

[추천 풀이 도구] 메모장
변수의 종류가 사람, 직급, 인사평가점수, 평가순서로 4가지다. 메모장에 간단하게 내용을 정리하자.
마지막으로 평가를 받은 사람은 '하'를 받았고 대리는 2번째로 평가를 받았다.

```
1:
2: 대리
3: 하
```

사원은 '상'을 받았다. 사원은 1번째로 평가를 받았다고도 알 수 있다.

```
1: 사원, 상
2: 대리
3: 하
```

A는 과장이다. 1번째가 사원, 2번째가 대리인 점을 참고했을 때 A는 3번째이고 '하'를 받았다고 알 수 있다. 2번째이며 대리는 '중'을 받았다.

```
1: 사원, 상
2: 대리, 중
3: 과장, 하, A
```

B와 C 중 누가 1번째로 평가를 받았는지는 확정할 수 없다. 경우가 2가지로 나뉘지만 문제에서 묻는 건 항상 참이기에 위에 정리한 정보에 집중하며 선택지를 확인하자.

09 ③

[추천 풀이 도구] 눈으로만

🔑 치트키 풀이

A의 두 진술을 보자. A가 (가)를 구매한 경우 A의 두 진술이 거짓이 된다. A는 (가)를 구매하지 않았다고 알 수 있다.

C의 두 진술을 보자. A는 (가)를 구매하지 않았다는 정보를 토대로 C의 두 번째 진술이 진실이라고 알 수 있다. 2번의 진술 중 1번은 진실, 나머지 1번은 거짓이라는 조건을 만족하는 경우를 찾는 과정이다. C의 첫 번째 진술은 거짓이어야 한다. 이를 토대로 C가 (다)를 구매했다고 알 수 있다.

A는 (가)를 구매하지 않았다. A는 (나)를 구매했거나 (다)를 구매했는데 C가 (다)를 구매했으니 A는 (나)를 구매했다고 알 수 있다. 자연스럽게 B는 (가)를 구매했다는 정보도 얻을 수 있다.

[일반 풀이]

A, B, C가 각자 물건을 서로 겹치지 않게 구매하는 6가지 경우에서 6개의 진술이 진실인지 거짓인지 정리하면 다음과 같다. A의 첫 번째 진술을 A1, 두 번째 진술을 A2와 같이 간략히 표현했다. B, C도 마찬가지다.

진술 Case	A1	A2	B1	B2	C1	C2
A:가, B:나, C:다	F	F	F	F	F	F
A:가, B:다, C:나	F	F	F	T	T	F
A:나, B:가, C:다	T	F	T	F	F	T
A:나, B:다, C:가	F	T	F	F	T	T
A:다, B:가, C:나	T	F	F	T	T	T
A:다, B:나, C:가	F	T	F	F	T	T

10 ③

[추천 풀이 도구] 메모장

'A가 수리를 듣는다.'와 'A가 영어를 듣는다.'는 다른 개념이다. A수, A영과 같이 표기하여 실수를 줄이자. 〈보기〉의 명제를 다음과 같이 이어보자. 〈보기〉의 명제를 맨 위부터 조건1, 조건2와 같이 명명하여 설명하겠다. 조건2부터 5까지를 조건5의 대우, 조건2, 조건4의 대우, 조건3의 대우 순서로 이어주면 다음과 같다.

[B영 → A수 → ~B언 → C수 → ~A영]

A, B, C가 듣는 과목은 B의 영어, A의 수리, C의 수리로 총 3과목이다.

11 ④

[추천 풀이 도구] 메모장

문제에서 묻는 것은 여러 경우 중 회의에 참석할 수 있는 인원이 가장 많은 경우에서 회의에 참석할 수 있는 최대 인원이 몇 명인지이다. 〈보기〉를 참고하여 누가 참석하는지에 따라 다른 누군가가 참석하는지 하지 않는지를 정리한다. A와 D 중 1명은 반드시 회의에 참석한다. 이를 토대로 1) A는 회의에 참석하고 D는 회의에 참석하지 않는 경우, 2) D는 회의에 참석하고 A는 회의에 참석하지 않는 경우, 3) A와 D 모두 회의에 참석하는 경우로 경우를 나눌 수 있다. 각 경우에 최대 몇 명이 참석할 수 있는지 알아보자.

1) A는 회의에 참석하고 D는 회의에 참석하지 않는 경우
2번째 조건에 의해 A가 회의에 참석하면 E는 회의에 참석하지 않는다고 알 수 있다. 참석하지 않는 사람은 D, E로 2명이다. 최대 4명이 회의에 참석할 수 있다.

2) D는 회의에 참석하고 A는 회의에 참석하지 않는 경우
1, 4번째 조건에 의해 D가 회의에 참석하면 B가 회의에 참석하고 B가 회의에 참석하면 C는 회의에 참석하지 않는다고 알 수 있다. A, E가 반드시 회의에 참석하지 않는다. 최대 4명이 회의에 참석할 수 있다.

3) A와 D 모두 회의에 참석하는 경우
위의 1), 2)의 경우를 정리하는 과정에서 알 수 있듯 C, E가 참석하지 않는다. 최대 4명이 회의에 참석할 수 있다.

[오답 점검]

D는 회의에 참석하고 A는 회의에 참석하지 않는 경우로 설명하겠다. A가 회의에 참석하지 않는다고 하여 E가 회의에 참석하는지 아닌지는 알 수 없다. 문제에서 묻는 것이 회의에 최대로 참석하는 인원이기에 E를 회의에 참석할 수 있는 인원으로 봐야 한다.

F는 〈보기〉에 언급되지 않았다. F가 회의에 참석하는지 아닌지는 알 수 없다. 회의에 참석할 수 있는 최대 인원을 묻는 문제다. F도 회의에 참석할 가능성이 있다.

12 ③

[추천 풀이 도구] E, A, F 정리까지 메모장 → 이후 풀이는 눈으로만

각 호차에 2명씩 배정하자. E는 2호차에 탄다. A가 타는 호차의 번호와 F가 타는 호차의 번호 차이는 1이다. A와 F가 1, 2호차에 타며 자리를 바꿀 수도 있고 2, 3호차에 타며 자리를 바꿀 수도 있다. 편의를 위해 A/F 또는 F/A로 표기하여 서로 타는 호차를 바꿀 수 있다고 정리하자.

```
1호차: A/F
2호차: E, F/A
3호차:
   Case 1
```
```
1호차:
2호차: E, A/F
3호차: F/A
   Case 2
```

B는 C와 같은 호차에 타지 않는다. Case 1에서 B와 C 중 1명은 3호차에 타고 나머지 1명은 1호차에 탄다. Case 2에서 B와 C 중 1명은 1호차에 타고 나머지 1명은 3호차에 탄다. Case 1, 2에서 B와 C를 정리한 후 남은 자리에 D를 배정하자.

```
1호차: A/F, B/C
2호차: E, F/A
3호차: C/B, D
   Case 1
```
```
1호차: B/C, D
2호차: E, A/F
3호차: F/A, C/B
   Case 2
```

13 ⑤

[추천 풀이 도구] 눈으로만

🗝 **치트키 풀이**

A는 B와 D가 출근했다고 하고 C는 A와 C가 출근했다고 한다. 4명 중 1명이 출근하는 4가지 경우에서 A의 진술과 C의 진술 중 1개 진술은 진실이고 나머지 1개 진술은 거짓이다. 즉 A와 C의 진술은 모순관계.

1명만 거짓을 말하는 경우에서 B와 D의 진술은 진실이다. B와 D의 진술을 종합하면 B, A, C는 출근했다. 따라서 D가 출근하지 않은 사람이라고 알 수 있다.

D가 출근하지 않았다. A의 진술은 거짓이다.

[일반 풀이]

진술관계가 바로 보이지 않는다. A가 출근하지 않은 경우부터 D가 출근하지 않은 경우까지 4가지 경우에서 1명만 거짓을 말하는지 확인하자.

1) A가 출근하지 않은 경우
   B, C의 진술이 거짓이다. 1명만 거짓을 말한다는 조건을 만족하지 않는다.
2) B가 출근하지 않은 경우
   A, B, D의 진술이 거짓이다. 1명만 거짓을 말한다는 조건을 만족하지 않는다.
3) C가 출근하지 않은 경우
   C, D의 진술이 거짓이다. 1명만 거짓을 말한다는 조건을 만족하지 않는다.
4) D가 출근하지 않은 경우
   A만 거짓을 말한다.

참고로 위에서 1) ~ 4)의 과정을 표로 정리하면 다음과 같다.

출근X \ 진술	A	B	C	D
A	T	F	F	T
B	F	F	T	F
C	T	T	F	F
D	F	T	T	T

14 ①

[추천 풀이 도구] 메모장

변수의 종류가 사람과 글자로 2가지이며 다대다의 구조다. 한 축에 사람, 나머지 한 축에 글자의 값을 둔 후 표 안을 O, X로 채우면 너무 좋겠지만 풀이 환경이 녹록치 않다. 글자를 기준으로 적어둔 후 해당 글자를 고르는 사람을 옆에 적어도 좋지만 사람을 중심으로 사고하는 것이 익숙하기에 사람을 기준으로 적은 후 선택하는 글자를 옆에 적자. 이때 적지 않는 글자도 ~(가), (가) 위에 X를 표기하는 등의 방법으로 정보를 적어두자.

A는 (가), (다)를 선택한다. 4명 모두 글자를 2개씩 선택하니 A는 (나), (라)를 선택하지 않는다. (나), (라)를 선택하지 않는다는 정보를 A 옆에 적어도 되지만 인당 2개 글자를 선택한다는 점을 기억하고 있다면 굳이 적지 않아도 된다. (라)를 선택한 사람은 C와 D이다. 글자를 선택한 사람이 각각 2명씩이니 A와 B는 (라)를 선택하지 않는다.

```
A: 가, 다
B: ~라
C: 라
D: 라
```

B가 선택한 2개의 글자 중 1개 글자는 C가 선택한 글자다. B와 C가 같은 글자를 1개 선택한다는 의미이다. (라)는 이미 B가 선택하지 않는다고 알고 있다. B와 C가 선택한 같은 글자는 (가), (나), (다) 중 하나이다. 그런데 이미 (가)와 (다)를 선택한 사람 중 1명은 A이다. 각 글자를 선택하는 사람이 2명씩이니 B와 C가 선택한 같은 글자는 (나)이다.

```
A: 가, 다
B: 나, ~라
C: 나, 라
D: 라
```

답이 나왔지만 나머지를 채우면 다음과 같다. B가 (가)를 고르고 D가 (다)를 고르는 경우와 B가 (다)를 고르고 D가 (가)를 고르는 경우로 나뉜다.

```
A: 가, 다
B: 나, 가/다
C: 나, 라
D: 라, 다/가
```

15 ⑤

[추천 풀이 도구] 눈으로만(C, D를 고정한 후 A와 인접하게 않는 사람이 누구인지에만 집중하며 풀이)

테이블 문제에서 자리에 숫자 등이 명명되어 있지 않다면 마주 보고 앉는다는 조건 하나를 고정조건으로 활용할 수 있다. C와 D를 마주 보도록 앉자.

이후 B와 F가 이웃하게 않는다는 조건을 토대로 B와 F가 D의 오른쪽 두 자리에 앉는 경우와 왼쪽 두 자리에 앉는 경우로 나눌 수 있다. 이에 따라 C와 이웃하게 않는 E의 자리도 나뉜다. 경우를 나눠도 되지만 어차피 궁금한 것은 반드시 A와 이웃하게 않는 사람이고 조건에서 왼쪽이나 오른쪽 등의 방향을 주지 않았다. B와 F를 임의의 방향의 두 자리에 앉히자.

B와 F는 A와 이웃하게 않는다. C도 E와 B/F 중 1명과 이웃하게 않기에 A와 이웃하게 않는다. 반드시 A와 이웃하게 않는 사람은 D와 E이다.

이해를 돕기 위해 문제의 상황과 〈보기〉의 조건을 만족하는 모든 경우를 정리하면 다음과 같다. B와 F는 자리를 바꿀 수 있기에 BF 또는 FB로 표기했다.

16 ②

[추천 풀이 도구] 눈으로만(D의 진술로 선택지 소거 후 A의 두 진술의 진실/거짓 여부를 파악하며 추가로 선택지 소거)

2번의 진술 중 1번이 진실이고 1번이 거짓이다. 진술의 진실/거짓 여부를 기준으로 경우를 나누면 16가지나 된다. 복잡하다. 4명의 전공계열을 각기 다르다는 점을 토대로 경우를 나누면 24가지나 된다. Action 기준으로 접근하기도 복잡하다. 다른 방법으로 접근하자.

D는 2번의 진술에서 B가 공학계열, C가 공학계열이라 말한다. A가 공학계열인 경우 D의 두 진술이 거짓이다. A는 공학계열이 아니다. D도 마찬가지로 공학계열이 아니다. B가 공학계열이거나 C가 공학계열이다. ①, ③을 소거하자.

더 머리쓰기는 어렵다고 생각된다. 남은 선택지를 토대로 A, B, C의 두 진술 중 한 진술이 진실이고 나머지 진술이 거짓인지 판별해보자. D는 이미 두 진술이 거짓이 되는 경우를 소거했고 D의 두 진술이 진실일 수도 없기에 D의 진술이 진실인지 거짓인지는 판별하지 않아도 되겠다. A의 첫 번째 진술을 A1, 두 번째 진술을 A2와 같이 간략히 표현했다. B, C도 마찬가지다.

A B C D	A1	A2	B1	B2	C1	C2
② 인문 공학 어문 자연	F	T	F	T	T	F
④ 어문 자연 공학 인문	F	F				
⑤ 자연 공학 어문 인문	F	F				

④, ⑤번은 A의 두 진술이 모두 거짓이다. 이에 B, C의 진술이 진실인지 거짓인지 까지는 판별하지 않아도 되겠다.

17 ①

[추천 풀이 도구] 메모장

〈보기〉의 명제를 이어주자. 참고로 '∧'는 AND를 의미하고 '∨'는 OR를 의미한다. [지우개 → 볼펜 → 자 → ~싸인펜]과 같이 연결할 수는 있으나 전체를 대우했을 때 실수가 있을 수 있어 다음과 같이 따로 정리했다.

[지우개 → 볼펜∧연필]
[볼펜 → 자 → ~싸인펜]
[연필 → ~수정테이프 → ~형광펜]

① 지우개를 구매하면 형광펜을 구매한다.
 - [지우개 → 볼펜∧연필], [연필 → ~수정테이프 → ~형광펜]에 의해 항상 거짓이라고 알 수 있다.

[오답 점검]
② 형광펜을 구매하면 지우개를 구매하지 않는다.
- [연필 → ~수정테이프 → ~형광펜]를 대우하면 [형광펜 →
수정테이프 → ~연필]이다. 그러면서 [지우개 → 볼펜∧연
필]를 대우하면 [~볼펜∨~연필 → ~지우개]이다. 볼펜을
구매하지 않거나 연필을 구매하지 않으면 지우개를 구매
하지 않는다. 연필을 구매하지 않기에 지우개도 구매하지
않는다고 알 수 있다.
③ 싸인펜을 구매하면 연필을 구매한다.
- [볼펜 → 자 → ~싸인펜]를 대우하여 싸인펜을 구매하면
볼펜을 구매하지 않는다고 알 수 있다. 하지만 볼펜을 구
매하지 않는다고 하여 연필을 구매하는지 아닌지는 알 수
없다.
④ 자를 구매하지 않으면 연필을 구매하지 않는다.
- [볼펜 → 자]를 대우하여 자를 구매하지 않으면 볼펜을 구
매하지 않는다고 알 수 있다. ③번과 마찬가지로 볼펜을
구매하지 않는다고 하여 연필을 구매하는지 아닌지는 알
수 없다.
⑤ 수정테이프를 구매하면 볼펜을 구매한다.
- [연필 → ~수정테이프]를 대우하여 연필을 구매하지 않는
다고 알 수 있다. [지우개 → 볼펜∧연필]을 보고 오해할
수 있으나 연필을 구매하지 않는다고 하여 볼펜을 구매하
는지 아닌지는 알 수 없다.

18 ①

[추천 풀이 도구] 눈으로만
3명이 여자이고 나머지 3명이 남자다. B와 E의 성별은 다르다.
F는 C와 같은 조이다. 남자 1명, 여자 1명이 짝을 이뤄 조를 구
성한다는 조건을 토대로 F와 C의 성별도 다르다고 알 수 있다.

여: B/E, F/C
남: E/B, C/F

A와 D도 성별이 다르다고 자연스럽게 알 수 있다. D가 여자이
니 A는 남자다. A는 1조이며 남자다.

19 ⑤

[추천 풀이 도구] 메모장
달리는 순서를 1부터 6까지 적은 후 순서에 맞게 사람을 배치하
자. 해설 편의상 가로 방향으로 숫자를 적었지만 메모장이라면
세로로 적어 편집을 편리하게 하자. Tab 키가 된다면 가로 방향
이 더 편리할 수도 있으나 아쉽게도 Tab 키를 활용한 간격 조절
은 지원하지 않는다.
E를 4번째에 고정하자. 이후 C와 D 사이에 1명이 달리며 C는
D보다 먼저 달린다는 조건을 토대로 경우를 나눠보자.

1	2	3	4	5	6
C		D	E		
		C	E	D	

F가 달린 후 B가 이어서 달린다. 연속된 2개 자리에 F와 B를 채
우자.

1	2	3	4	5	6
C		D	E	F	B
F	B	C	E	D	

D는 A보다 먼저 달린다. D가 3번째인 경우 A가 2번째로 달리게
되어 조건을 만족하지 않는다. 소거하자. A는 6번째로 달린다.

1	2	3	4	5	6
F	B	C	E	D	A

20 ④

[추천 풀이 도구] 눈으로만

🔑 **치트키 풀이**

B는 E의 진술이 참이라고 한다. B의 진술 덕에 B와 E의 진술이
동일관계라고 알 수 있다. B와 E는 모든 경우에서 둘 다 진실을
말하거나 둘 다 거짓을 말한다. 문제에서 범인인 1명만 거짓을
말한다고 한다. B와 E는 진실을 말하고 범인도 아니다.
E는 E와 A가 범인이 아니라고 한다. E의 진술이 진실이니 A도
범인이 아니고 A의 진술도 진실이라고 알 수 있다.
A의 진술이 진실이다. B 또는 D가 범인인데 이미 B가 범인이
아니라고 알고 있다. D가 범인이다.

[일반 풀이]
A가 범인인 경우부터 E가 범인인 경우로 나누고 각 경우에서 A,
B, C, D, E의 진술이 참인지 거짓인지 판별하면 다음과 같다.

진술 범인	A	B	C	D	E	거짓말 인원
A	F	F	T	T	F	3
B	T	T	T	T	T	0
C	F	T	T	T	T	1
D	T	T	T	F	T	1
E	F	F	F	F	F	5

C가 범인인 경우와 D가 범인인 경우 모두 1명만 거짓으로 진술
한다. 그런데 C가 범인인 경우는 거짓으로 진술하는 사람이 A
이다. 범인인 1명만 거짓으로 진술한다는 조건을 만족하지 않
는다. D가 범인인 경우 D가 거짓으로 진술한다.

01	02	03	04	05	06	07	08	09	10
⑤	②	④	③	③	⑤	②	④	③	①
11	12	13	14	15	16	17	18	19	20
①	④	③	②	⑤	①	①	③	④	②

01 ⑤

주어진 수열은 '(n)항+(n+1)항=(n+2)항'의 규칙을 가지는 피보나치 수열이다. 따라서 6번째 항은 24(4항)+39(5항)의 결과인 '63'이다.

02 ②

주어진 수열은 공차가 −57인 수열이므로 4번째 항은 2,208 +(−57×3)의 결과인 2,037이다.

03 ④

제시된 수들은 공비가 3인 등비수열의 규칙을 가지므로 12번째로 올 수는 $2 \times 3^{11} = 354,294$이다.

04 ③

주어진 수열은 분자, 분모 각각 '(n)항+(n+1)항=(n+2)항'의 규칙을 가지는 피보나치 수열이다.
5번째 항의 분자는 18(3항)+23(4항)=41이고, 5번째 항의 분모는 11(3항)+15(4항)=26이다.

05 ③

주어진 수열은 홀수 항과 짝수 항이 각각 다른 규칙을 가지는 특수 수열이다. 홀수 항은 '×2'의 규칙을 가지며, 짝수항은 인접한 항의 차이가 1인 등차수열이다. 따라서 (A)는 38+1=39이고, (B)는 152×2=304이다. 그러므로 (A)+(B)=343이다.

06 ⑤

주어진 수열은 ×(−2), +6이 반복되는 규칙을 가지는 특수 수열이다. 따라서 6번째 항은 6×(−2)=−12, 7번째 항은 −12+6=−6, 8번째 항은 −6×(−2)=12이다.

07 ②

제시된 수들의 분모를 18로 통분하면 다음과 같다.
$$\frac{2}{18} \quad \frac{4}{18} \quad \frac{9}{18} \quad \frac{17}{18} \quad \frac{28}{18} \quad \frac{42}{18}$$
제시된 수열의 분자는 인접한 항의 차이가 일정한 규칙을 갖는 계차수열로, 인접한 항의 차이가 초항이 2, 공차가 3인 규칙을 가진다. 따라서 7번째 항의 값은 $\frac{59}{18}$이다.

08 ④

제시된 수열은 +3.6과 +2.1이 반복되는 특수수열이다. 따라서 A에 들어갈 숫자는 18.1 + 2.1 = 20.2이고, B에 들어갈 숫자는 25.9 + 3.6 = 29.50이다. 그러므로 A + B = 49.70이다.

09 ③

주어진 수열은 '÷3'의 규칙을 가진 수열이다. 8번째 항에 들어갈 알맞은 수는 '0.98'이다.

10 ①

주어진 수열은 공차가 −1.3인 등차수열의 규칙을 가지므로 12번째로 올 수는 9+(−1.3×11)을 계산한 값인 '−5.3'이다.

11 ①

주어진 수들의 분모는 1과 자기 자신만을 약수로 가지는 소수의 나열이다. 23과 31 사이에 위치에 알맞은 소수는 29이다. 따라서 빈 칸에 들어갈 값은 '$\frac{1}{29}$'이다.

12 ④

주어진 수들은 '×2', '−2', '×2', '−3', '×2', '−4' …의 규칙을 가지는 특수 수열이므로 8번째 숫자는 14×2=28, 9번째 숫자는 28−5=23, 10번째 숫자는 23×2=46이다.

13 ③

제시된 수들의 분모를 15로 통분하면 다음과 같다.
$$\frac{17}{15} \quad \frac{20}{15} \quad \frac{24}{15} \quad \frac{29}{15} \quad \frac{35}{15} \quad \frac{42}{15}$$
분모는 15로 동일하며 분자는 인접한 항의 차이가 일정한 규칙을 갖는 계차수열로, 인접한 항의 차이가 초항이 3, 공차가 1인 등차수열의 규칙을 가진다.
따라서 빈 칸에 들어갈 값은 $\frac{50}{15} = \frac{10}{3}$이다.

14 ②

주어진 수들은 분자는 2로 동일하며 분모는 초항이 285, 등차가 78인 등차수열이다.

12번째의 분모는 285+(78×11)=1,143 이다.

따라서 12번째에 알맞은 수는 '$\dfrac{2}{1,143}$'이다.

15 ⑤

주어진 수열은 세 개의 항씩 묶어서 규칙을 가지는 군수열로, a+c=b인 규칙을 가지고 있다. A에 위치할 수는 421와 215의 합인 '636'이다.

16 ①

제시된 수들은 '×-2', '-6' 이 반복되는 규칙을 가지는 특수 수열이므로 A위치에 들어갈 알맞은 수는 -33.36이다.

17 ①

제시된 수열은 정수 부분은 +2, 소수 부분은 ×2를 계산히는 규칙을 가진다. 따라서 빈 칸에 들어갈 값의 정수 부분은 12+2=14, 소수 부분은 0.448×2=0.896이므로 빈 칸에 들어갈 값은 14.896이다.

18 ③

제시된 수열은 인접한 항의 차이가 일정한 규칙을 갖는 계차수열로, 인접한 항의 차이가 초항이 3, 공비가 2인 등비수열의 규칙을 가진다. 따라서 A에 들어갈 수는 164+96=260이다.

19 ④

제시된 수들은 공비가 $\dfrac{1}{3}$인 등비수열의 규칙을 가지므로 9번째로 올 수는 $\dfrac{8}{2,187}$이다.

20 ②

제시된 수들은 공비가 0.4인 등비수열의 규칙을 가지므로 10번째로 올 수는 19,531.25×0.4^9=5.12이다.

빈출 유형 공략 문제(주제 파악)

01	02	03	04	05	06
⑤	③	④	②	④	③

01 ⑤

글의 상단에 가산세가 부과되는 경우를 설명하고, 중반부에서 납세자가 알든 모르든 납세 의무는 확정되고 처분된다고 설명하고 있다. 하단부에서는 납세자 본인이 납부할 세금에 관심을 가지거나 전문가와의 상담을 통해서 절세 혜택이나 가산세 부담을 사전에 예방하는 것이 최선의 납세 의무 이행이라고 이야기 하고 있으므로 가산세의 위험과 예방 대책이 주제로서 적절하다.

[오답 점검]
① 중반부에 가산세는 경감될 수 없다고 설명하고 있다.
② 가산세의 부과 경우를 설명하고는 있으나 납세자가 납부할 세금에 대하여는 언급되어 있지 않다.
③ 본 내용은 가산세에 대한 내용이 주요 내용이며, 하단부에 납세자로서 본인이 납부할 세금을 잘 알고 있어야 하며, 전문가와 상담하여 절세 혜택 및 가산세 부담을 예방해야 한다고 하였지만 절세 혜택을 주제로 볼 수는 없다.
④ 중반부에서 납세자가 알든 모르든 납세 의무는 확정되고 처분되는 것이라고는 하였지만, 본 내용으로 납세자의 인지와 납세 의무 확정이 주제로 적절하다고 할 수는 없다.

02 ③

주어진 글에서는 언택트 문화의 확산, 첨단 기술과 문화예술의 결합, 지속가능한 예술, 사회적 다양성을 증진하는 작품 등 최신 문화예술 사조에 대해 설명하고 있다. 따라서 가장 적절한 주제는 현대 문화예술의 트렌드이다.

[오답 점검]
① 문화예술 발전의 역사에 대해서는 언급하지 않았다.
② 가상현실이나 홀로그램 같은 일부 최신 기술들이 문화예술과 결합되었다고 언급하긴 했지만 글 전체의 주제로 보기에는 어려움이 있다.
④ 지속가능한 예술과 환경 예술의 영향으로 환경 문제에 대한 인식이 높아지고 있다고 언급하였을 뿐, 해당 작품들이 외면받는다고는 말하지 않았다.
⑤ 포용성과 다양성이 사회에 미치는 영향에 대해서는 언급하지 않았다.

03 ④

반도체 전공정 및 주요 단계에 대해 설명하고 있다.

[오답 점검]
① 글의 후반부에 반도체 전공정을 건축에 비유하고 있지만, 글 전체의 주제라고 볼 수는 없다.
② 해당 글을 통해 알 수 없는 내용이다.
③ 반도체 실제 제작 과정에 대한 설명은 없다.
⑤ 반도체 후공정에 대한 설명은 없다.

04 ②

주어진 글에서는 임마누엘 칸트의 인간 이성과 도덕적 행동에 대한 관점을 설명하고 있다. 그는 '정언명령'을 통해 도덕이 인간 이성에서 비롯된 자율적 판단임을 강조하였고, '순수이성비판'과 '실천이성비판'을 통해 인간이 이성을 통해 세계를 이해하고 규명할 수 있음을 논증했다. 따라서 이러한 내용을 포괄할 수 있는 ②가 글의 제목으로 적절하다. 나머지 선택지들은 글에서 언급되었다고 보기 힘들다.

05 ④

음식을 주문하기 위해 메뉴판을 받아든 고객이 무엇을 먹을지 선택해야 하는 순간의 심리적 갈등 상황을 겨냥한 마케팅을 메뉴 심리학이라고 한다. 주어진 글에서는 메뉴 심리학이 무엇인지 설명하고, 이를 활용하여 매출을 높이는 다양한 방법을 소개했다. 따라서 ④가 글의 제목으로 가장 적절하다.

06 ③

외화 선불카드란 실시간으로 환율에 맞춰 외화를 충전하고, 이를 현지에서 사용할 수 있는 카드로 충전 시 환전 수수료가 없는 점을 다른 카드와 비교하여 혜택을 설명하고, 여행객들에게 인기인 부분과 카드사들의 동향을 이야기하고 있다. 따라서 기사문의 제목으로는 외화 선불카드 혜택과 인기에 대한 분석과 동향이 적절하다.

[오답 점검]

①, ②, ④ 이 글에서는 찾을 수 없는 주제로 적절하지 않다.

⑤ 비자·마스터 등 카드별 제휴사에 따라 현지 ATM에서도 수수료를 부담하고 돈을 출금하고 있어, 충전 시 환전 수수료가 없는 외화 선불카드가 해외여행을 다니는 사람들에게 최근 큰 인기를 끌고 있다고 설명하고 있다.

빈출 유형 공략 문제(일치 · 불일치)

01	02	03	04	05
①	②	④	⑤	①

01 ①

카이로스는 인간이 통제할 수 없는 끊임없이 흘러가는 시간을 상징하는 크로노스와는 다르게, 인간의 선택과 행동에 따라 미래를 결정짓는 중요한 순간을 주관하는 신이다. 따라서 ①이 정답이다.

[오답 점검]

②, ⑤ 크로노스는 끊임없이 흘러가는 시간을 상징하며 인간이 통제할 수 없는 시간의 본질을 나타낸다.

③ 특정한 순간이나 기회보다는 연속적인 시간을 상징하는 것은 크로노스이다.

④ 날개 달린 모래시계로 상징되는 것은 카이로스이다.

02 ②

주어진 글에서는 슬리포노믹스 산업을 선진국형 산업이라고 언급하였으며, 개발도상국에서 성장하고 있다는 것은 언급되지 않았다.

[오답 점검]

① 슬리포노믹스는 잠(Sleep)과 경제(Economics)의 합성어로, 숙면을 위해 비용을 지불하는 현대인들의 수요에 의해 성장하고 있는 산업을 가리킨다.

③ 한국수면산업협회에 따르면, 국내 슬리포노믹스 시장 규모는 2011년 4,800억 원에서 2021년 3조 원으로 크게 성장했다.

④ IT 기반의 솔루션은 단순히 편안함을 제공하는 것을 넘어, 수면 데이터를 분석해 사용자 맞춤형 솔루션을 제안하는 방식으로 발전하고 있다.

⑤ 선진국형 산업으로 분류되는 슬리포노믹스는 기능성 침구류, 숙면 기능을 강화한 IT 제품, 수면 보조 의료기기, 수면 개선 생활용품 등 다양한 분야로 나뉜다.

03 ④

강희제는 '국궁진력'이라는 서번트 리더십을 추구했는데, 이를 통해 사치와 낭비를 철저히 막고 백성을 위한 정책을 펼칠 수 있었다. 이러한 정책의 결과로 청나라는 경제적으로 번영하고 군사적으로 강해졌다.

[오답 점검]
① 강희제는 만주족과 한족의 통합을 위해 잔치를 열도록 명령
  했고, 이러한 잔치에서 먹을 수 있는 만한전석이라는 요리
  를 만들었다.
② 강희제가 통치 기간 동안 경제적 어려움을 겪었다는 이야기
  는 언급되지 않았다.
③ 강희제는 백성들을 위한 정책을 펼쳤지만 사치와 낭비는 철
  저히 막았다.
⑤ 강희제는 만주족과 한족의 통합을 위해 왕족과 귀족들에게
  한자를 사용하도록 명령했다.

04 ⑤

승무는 사찰에서 진행되는 불교 의식에서 행해지는 춤으로, 불
교의 수행과 깨달음을 표현하는 춤으로 알려져 있다.

[오답 점검]
① 주어진 글에서는 승무의 춤사위가 아름답다고 표현되어 있
  을 뿐 거칠고 힘차다는 표현은 찾을 수 없다.
② 승무는 고려 시대부터 시작되어 조선 시대를 거쳐 현대까지
  전해졌다.
③ 승무의 반주를 담당하는 악기는 피리, 대금, 해금, 장구, 북
  등으로 구성된 삼현육각이다.
④ 승무의 기원은 파계승의 번뇌에서 시작되었다는 설, 민속춤
  의 입장에서 본 황진이의 무용설 등 다양한 설이 있다.

05 ①

메신저 피싱(Messenger Phishing)은 인기 있는 메신저 사용
자를 대상으로 하는 사기 기법으로, 피해자에게 악성 링크나 위
장된 파일을 보낸 후 이를 통해 개인정보를 탈취하는 방식이다.

[오답 점검]
② 전화를 통해 피해자로부터 개인정보를 얻거나 금융 거래를
  유도하는 것은 보이스피싱이다.
③ 정상적인 웹사이트처럼 제작된 악성 웹사이트에 피해자가
  개인정보를 입력하여 발생하는 사기 기법은 파밍이다.
④ 피해자로부터 개인정보를 얻기 위해 사회 공학 기법을 사용
  하는 것은 보이스피싱이다.
⑤ 문자에 포함된 링크를 클릭한 후 개인정보를 입력하도록 유
  도하는 사기 기법은 스미싱이다.

01	02	03	04	05	06	07	08
①	⑤	①	③	①	②	③	⑤

01 ①

주어진 글에 의하면 닛케이 신문은 '쇼군'의 18관왕 달성 이면
에는 한국 드라마 '오징어 게임'이 있다고 보도하였으므로 이를
고려하면 옳은 추론이다.

[오답 점검]
② 현대의 '쇼군'과 1980년 '쇼군'에 어떤 캐릭터가 등장하는
  지는 주어진 글에서 확인할 수 없다.
③ '쇼군'과 '오징어 게임'의 줄거리에 대한 내용은 주어진 글
  에서 확인할 수 없다.
④ 닛케이 신문은 '쇼군'의 성공에 '오징어 게임'의 영향이 있
  었다고 보도했지만, 온전히 '오징어 게임'의 후광효과 때문
  에 성공했다고는 추론할 수 없다.
⑤ '쇼군'은 에미상에서 18개 부문을 수상하였지만 몇 개 부문
  의 후보로 지명되었는지는 확인할 수 없다.

02 ⑤

결정론에서 인간의 행동이 외부 조건에 의해 결정된다고 주장
하지만, 그것이 도덕적 책임의 존재를 완전히 부정한다는 것은
지나친 비약이다.

[오답 점검]
① 주어진 글에 의하면 자유의지와 결정론은 인간의 행동과 선
  택을 설명하는 두 가지 상반된 관점 즉 상호 배타적이다. 또
  한 글의 마지막 부분에서 이 두 관점을 통합하는 것이 철학
  적 문제라고 하였으므로 도전 과제라고도 추론할 수 있다.
② 자유의지는 인간이 도덕적 책임을 지고, 자율적인 선택을
  할 수 있다고 주장한다. 반면 결정론은 우리가 내리는 모든
  선택은 이전의 사건이나 조건에 의해 영향을 받으며, 우리
  의 선택은 미리 정해져 있다고 주장했다.
③ 자유의지와 결정론의 충돌은 철학적 논쟁을 불러일으키며,
  인간의 행동에 대한 깊은 이해를 돕는다.
④ 자유의지는 자신의 의지라는 요인을 인정하며, 결정론은 외
  부 환경과 조건의 영향을 강조한다.

03 ①

주어진 글에 의하면 당나라 황제 태종이 신언서판을 기준으로 두고 인재를 선발한 것은 맞으나, 고구려와 효과적인 전쟁을 치를 수 있는 인재를 찾았다는 것은 확인할 수 없다.

[오답 점검]

② 을지문덕은 적장인 우중문의 심리를 뒤흔드는 시로 그의 판단을 흐렸고 결국 전쟁에서 승리할 수 있었다. 따라서 그의 시는 수나라 군대를 물리치는 데 결정적인 역할을 했을 것이다.

③ 당나라 황제 태종은 과거제도를 통하여 인재를 선발하였는데, 선발 기준은 '신언서판'이었다.

④ 주어진 글에 의하면 을지문덕이 적장의 심리를 뒤흔든 글은 서(書)이며 지략은 판(判)이다.

⑤ 순자는 군자의 기준으로 용모, 말, 행동 등을 언급하였는데, 이것은 당 태종의 인재 선발 기준인 신언서판과 유사하다.

04 ③

데이터 저장 전이 아니라 저장 후에 연결된 셀 트랜지스터를 'off'로 유지하여 저장된 전하가 방출되지 않도록 한다.

[오답 점검]

①, ②, ④, ⑤ 본문 내용에 비추어 적절한 추론이다.

05 ①

주어진 글에 의하면 사일로 효과를 극복하기 위해서는 조직 전체가 공감할 수 있는 명확한 목표를 설정하고, 부서 간 소통을 강화해야 한다. 또한 정기적인 협업 회의나 정보 공유 플랫폼을 도입하고, 부서 간 협력을 평가와 보상 체계에 반영해야 한다.

[오답 점검]

② 사일로 효과는 개별 부서의 목표를 우선시 하는 상황에서 발생하기 쉽다.

③ 사일로 효과는 부서 간 갈등과 조직의 분열을 초래하며, 다양한 아이디어가 교류되지 않아 혁신이 저해될 뿐만 아니라, 고객에게 일관된 서비스를 제공하기 어려워 만족도가 저하될 수 있다고 했으므로 조직의 성과를 향상시킨다고 추론하는 것은 적절하지 않다.

④ 주어진 글에서는 사일로 효과를 극복하기 위해 부서 간 소통을 강화하고 서로 협력해야 한다는 것만 언급했을 뿐, 협력을 강화하면 의사결정이 느려진다는 것은 확인할 수 없다.

⑤ 사일로 효과로 인해 고객에게 일관된 서비스를 제공하기 어려워 고객 만족도가 저하될 수 있다.

06 ②

주상복합빌딩은 「건축법」에 의한 공동주택과 주거용 외의 용도가 복합된 건축물로서 공동주택 부분의 면적이 연면적 합계의 90% 미만(조례로 90% 미만의 범위에서 정한 경우에는 그 비율)인 것을 말한다. 따라서 공공주택 부분의 면적이 연면적 합계의 90% 이하인 것은 추론으로 적절하지 않다.

[오답 점검]

①, ③, ④, ⑤ 글의 내용에 비추어 추론으로 적절하다.

07 ③

주어진 글에 의하면 토스트아웃 증상을 보이는 사람들은 실제로 업무나 공부 등에서 의욕을 느끼지는 못하지만, 본인의 역할을 충실하게 수행하며 일상을 살아간다.

[오답 점검]

① 여러 노력에도 불구하고 토스트아웃에서 벗어나지 못한다면 전문가의 도움을 받는 것이 필요하다. 번아웃 증상을 극복하기 위한 방법은 주어진 글에서 언급되지 않았다.

② 토스트아웃 증상을 보이는 사람들은 실제로 업무나 공부 등에서 의욕을 느끼지는 못하지만, 본인의 역할을 충실하게 수행하며 일상을 살아간다.

④ 토스트아웃을 예방하기 위해서는 일과 삶의 균형을 유지하려고 노력하는 것이 무엇보다 중요하다.

⑤ 토스트아웃과 번아웃 모두 무기력함과 관련된 용어이므로 긍정적인 상태와는 거리가 멀다.

08 ⑤

메라비언의 법칙에 의하면 상대방에 대한 인상이나 호감을 결정하는 데는 언어적인 요소가 7%, 비언어적인 요소(시각, 청각)가 93%의 영향을 미친다. 따라서 마케팅이나 서비스를 홍보할 때는 언어적인 요소보다 비언어적인 요소를 고려하는 것이 효과가 좋을 것이다.

[오답 점검]

① 주어진 글에서는 언어적인 요소가 비언어적인 요소보다 전달력이 떨어지기 때문에 둘을 함께 사용해야 한다고 말했다. 언어적인 요소 사용을 자제하라는 추론은 하기 힘들다.

② 주어진 글에서는 인상을 결정하는 데 시각적인 요소가 가장 중요하다고 말했다. 또한 한 번 결정된 인상을 바꾸는 데 영향을 주는 요소는 언급하지 않았다.

③ 주어진 글에서는 인상을 결정하는 요소와 문화적인 차이에 관한 내용을 언급하지 않았다.

④ 메라비언의 법칙을 일상적인 모든 상황에서 적용할 수 있는지는 주어진 글만으로는 추론하기 어렵다.

"

01	02	03	04	05
③	⑤	③	②	⑤

01 ③

정부와 관련 기관은 대기 오염을 관리하기 위해 미세먼지 저감 정책을 시행하고 있다가 가장 적절하다.

[오답 점검]

① 정부와 관련 기관은 대기 오염을 관리하기 위해 미세 물질 처리 예산을 확산하는 정책이 적절하다.
② 대기오염 문제에 대한 인식 정보 조작 정책은 대기 오염을 관리하기 위한 정책으로 적절하지 않다.
④ 산업 확대 정책은 친환경적이면 적절하나 미세먼지 발생을 촉진하는 산업 확대라면 적절하지 않으므로, 빈칸에 가장 적절하다고 할 수 없다.
⑤ 대기 오염을 관리하기 위해 환경 규제 완화 정책이 아니라 강화 정책이 적절하다.

02 ⑤

빈칸 바로 앞의 문장인 '핵처리 기술은 원자핵의 에너지를 다루는 기술이기 때문에, 안전이 매우 중요하다.'를 통해 빈칸에 들어갈 문장에 핵처리 기술과 안전의 중요성에 대한 내용이 이어져 나오는 '핵발전소와 핵시설은 엄격한 안전 규제와 절차를 따른다.'가 적절한 것을 알 수 있다. 따라서 정답은 ⑤번이다.

03 ③

빈칸 바로 뒤의 문장인 '합성(Anabolism)은 간단한 물질인 원료를 사용하여 복잡한 화합물, 즉 영양소를 생성하는 과정으로 생체 내에서 일어나며, 주로 대사 경로에서 일어난다.'와 그 뒤의 문장인 '분해(Catabolism)는 복잡한 화합물인 영양소를 간단한 물질로 분해하는 과정으로 생체 내에서 주로 호흡 작용(셀룰라르 호흡)을 통해 일어나며, 에너지를 생성한다.'를 통해 빈칸에 합성과 분해에 대한 문장이 들어가는 것이 적절한 것을 알 수 있다. 따라서 정답은 ③번이다.

04 ②

할인율이란 미래시점의 일정 금액과 동일한 가치를 갖는 현재 시점의 금액(현재가치)을 계산하기 위해 적용하는 비율을 말한다. 그러므로 본문의 미래의 비용과 편익을 현재 가치로 환산하는 비율은 사회적 할인율이 적절하다.

[오답 점검]

① 환산율이란 어떤 단위 척도로 된 것을 다른 단위나 척도로 고치어 헤아리는 비율이다.
③ 할증률이란 일반적으로 상품이나 서비스의 가격에 적용되는 추가 비용의 비율이다. 주로 시간이 지남에 따라 가격이 증가하는 경우에 사용되고 할증률은 보통 연간 또는 월간 기준으로 표현되며, 특정 기간 동안의 가격 상승률을 나타낸다.
④ 통계율이란 통계적인 분석이나 조사에서 사용되는 수치적인 측정이며 일반적으로 특정 그룹이나 집단 내에서 발생한 현상을 나타내는 비율이다.
⑤ 참조율이란 어떤 미디어(신문, 방송, 인터넷 등)가 전체 대상 중에서 얼마나 많은 사람들에게 접근하고 있는지를 나타내는 지표이다. 일반적으로 참조율은 특정 방송 프로그램이나 신문 기사 등을 전체 시청자나 독자 중 몇 퍼센트의 사람들이 시청하거나 읽고 있는지를 나타낸다. 참조율은 미디어의 인기도나 광고 요금 책정 등에 활용되는 중요한 지표이다.

05 ⑤

빈칸 바로 뒤의 문장인 '이 시스템은 외벽이 없는 건물들에 사용되는 외벽 처리 기법으로, ~ 일반적으로 비구조적인 형태이기 때문에 경량 재료들로 만들 수 있으므로 건설 비용을 절감할 수 있다.'를 통해 커튼월이 경량 재료로 만들 수 있는 비구조적인 형태의 외벽 처리 기법임을 알 수 있다. 이에 따라 내용에 가장 부합하는 설명인 '커튼을 치듯 건축자재를 돌려쳐 외벽으로 만드는 건축 양식이다.'가 가장 적절한 문장임을 알 수 있다. 따라서 정답은 ⑤번이다.

01	02	03	04	05
②	③	④	②	④

01 ②

글은 아로마테라피의 정의와 역사를 말하고 있다. 따라서 문맥상 흐름은 (B) 아로마테라피의 정의 – (A) 전체적인 역사 – (D) BC 1555년경 – (C) 19세기 이후 역사 – (E)로 이어지는 것이 자연스럽다.

02 ③

이 글의 흐름은 (A) 소송 사건 이야기 (B) 판결내용 (C) 소송 회사가 아닌 다른 회사의 사례를 통한 강화 (D) 이 사례를 통한 사회적 이슈 (E) 그래서 세계의 현재 상황의 흐름으로 이야기가 전개되었다. 문맥의 흐름상 (C) 소송 회사 외의 다른 회사의 사례는 제외되어도 크게 영향을 주지 않는다. 따라서 (C)가 제외되는 것이 가장 적절하다.

03 ④

〈보기〉는 문맥상으로 3문단 뒤인 D에 위치하여 앞의 내용을 다시 한번 설명함으로써 루터의 교육 목적을 정리하는 흐름이 적절하다.

04 ②

이 글의 흐름은 포토 공정의 해상도 증가의 한계를 언급한 부분 (A)가 도입으로 적절하고, 포토공정의 한계 극복 기술이지만 다른 문제가 발생하는 부분 (D), 반도체 산업 발전의 저해요인을 앞의 문단에 이어서 설명하고 있는 (E), 그리고 순서대로 해결방안을 설명하고 있는 (B)와 (C)가 차례로 이어지는 것이 자연스럽다. 따라서 (A) – (D) – (E) – (B) – (C)가 가장 적절하다.

05 ④

문맥의 흐름상 (E) 회사후소에 대한 간략한 소개 – (D) 제자 자하의 질문 – (C) 공자의 답변 – (B) 공자 답변의 해석 – (A) 이후의 해석으로 이어지는 것이 가장 적절하다.

01	02	03	04	05
③	②	④	⑤	③

01 ③

이 글은 사소한 안전 문제도 인명이 희생되어 사회적 문제가 될 때에 급하게 챙기고, 통합적으로 검토하지 않는 것에 대한 것이 주요 비판이다.

[오답 점검]

①, ⑤ 이 글은 2012년 도로설계편람 개정 시에 방음벽 화재 안전 규정을 삭제한 것, 전문가의 안전에 대한 경고 자문이 있어도 해당 부서가 무관심한 것 등의 부분적 사례를 통합하면서 사소한 안전 문제도 인명의 희생이 있어야 급하게 검토하고, 그 검토도 통합적인 것이 아닌 것에 대해 비판하고 있다.

②, ④ 주어진 글에서 언급되지 않은 내용이다.

02 ②

원자력 발전에 대해 긍정적으로 말하고 있는 주어진 글에 대해 비판하는 내용은 맞지만, 원자력 발전이 아닌 원자력 발전소 건설에 대한 내용이므로 글의 논제에서 벗어나는 내용이라고 볼 수 있다.

[오답 점검]

①, ③, ④, ⑤ 주어진 글을 비판하는 내용으로 적절하다.

03 ④

주어진 글에서는 주식 투자에 대해 긍정적으로 말하고 있으며, 주식은 변동성이 높은 투자 자산이지만, 장기 투자를 통해 안정성을 높일 수 있다는 내용은 주어진 글의 주장을 비판하는 것이 아니라 뒷받침하는 내용에 가깝다.

[오답 점검]

①, ②, ③, ⑤ 다양한 측면에서 주식 투자의 위험성과 단점을 이야기 하고 있으므로 주식 투자에 대해 긍정적으로 서술하고 있는 글의 의견에 대해 적절한 비판이다.

04 ⑤

검열제도는 로마 제국 시대의 검열관이 국민의 도덕적 품위와 선량한 생활 방식을 유지하는 것을 목적으로 만들어진 제도라고 하였으므로 검열제도가 도덕적인 품위와 생활 방식을 강제하는 체제라고 비판하는 것은 적절하지 않다.

[오답 점검]
①, ②, ③, ④ 검열제도에 대한 비판으로 적절하다.

05 ③

주어진 글에서 일반적으로 학생들이 온라인 교육을 지루해한다는 내용을 찾을 수 없으며, 근거가 부족한 내용이므로 가장 설득력이 낮은 비판이라고 볼 수 있다.

[오답 점검]
① 주어진 글의 '비용 효율성이 높아 많은 사람들이 저렴한 비용으로 양질의 교육을 받을 수 있다'는 문장을 적절하게 비판하고 있다.
② 주어진 글의 '기업과 학교에서도 온라인 교육 플랫폼을 통해 직원 교육과 학생 학습을 지원하며 그 활용 범위가 점점 확대되고 있다'는 내용을 적절하게 비판하고 있다.
④ 주어진 글의 '각자의 학습 스타일에 맞춘 교육을 가능하게 하고 있다'는 내용을 다른 관점에서 적절하게 비판하고 있다.
⑤ 주어진 글의 '시간과 장소의 제약 없이 학습이 가능하다는 점이 가장 큰 장점이다'라는 내용에서 장소와 관련하여 적절하게 비판하고 있다.

빈출 유형 공략 문제(사례 판단)

01	02	03	04	05	06
②	⑤	⑤	③	③	④

01 ②

ⓐ 부정성 편향은 인간의 사고나 판단에서 부정적인 정보에 대해 더 큰 비중을 두는 경향을 말한다. 즉 부정적인 것에 더 관심을 가지고, 선택할 때 배제하는 것이 그 사례가 될 수 있다. 따라서 '자신의 정치적 신념과 일치하는 정보는 선호하고, 반대 정보는 무시 및 왜곡하는 경향을 가진다.'는 사례는 확인 편향(Confirmation Bias)이라고 할 수 있다. 확인 편향은 우리가 이미 가지고 있는 신념이나 가설을 확립하기 위해 정보를 선택적으로 선별하는 경향을 의미하는 것으로 우리는 일치하는 정보를 선호하고, 불일치하는 정보를 무시하거나 왜곡하는 경향이 있다는 것이다.

[오답 점검]
①, ③, ④, ⑤ 부정적인 정보에 관심을 가지고 집중하고, 같은 의미여도 부정적인 것을 선택하지 않고 긍정적인 것을 선택하는 부정성 편향의 사례라고 할 수 있다.

02 ⑤

환경 오염을 고발하는 다큐멘터리는 주로 교육적이고 사회적인 메시지를 전달하는 데 중점을 두며, Attention Economy의 핵심인 즉각적인 관심을 끌어내는 데 초점을 맞추지 않는다. 반면, 나머지 선택지는 대부분 주의력을 끌어내기 위한 자극적인 콘텐츠나 빠르게 소비되는 형식으로 Attention Economy와 관련이 있다.

03 ⑤

'SNS상의 사람들은 사랑에 빠지고, 좋은 여행지에서 맛있는 음식을 먹는다.'는 것은 대수의 법칙을 적용한 경험의 대상과 횟수를 확대함으로써 나온 사례로 보기에는 적절하지 않고, 성급한 일반화의 오류로 보는 것이 적절하다고 할 수 있다. 성급한 일반화의 오류는 하나의 현상, 몇 가지 사례를 기반으로 전체 현상과 많은 사례에 대한 결론을 내리는 경우에 발생하는 오류이다. 예로 한 사람 또는 몇 사람에 대해 알고 있는 것을 기반으로 모든 사람 또는 모든 구성원에 대해 일반화하여 이야기하는 것이 여기에 속한다.

[오답 점검]
①, ②, ③, ④ 대수의 법칙이 적용된 사례라고 할 수 있다. 즉 대수의 법칙은 관찰 대상의 수를 늘려갈수록 개개의 단위가 가지

고 있는 고유의 요인은 중화되고 그 집단에 내재된 본질적인 경향성이 나타나게 되는 현상을 가리킨다. 이러한 경향성은 관찰의 기간을 늘릴수록 안전도가 높아지면서 하나의 법칙성에 도달하게 된다. 대수의 법칙은 보험료 계산원리 중 하나로 이용된다. 즉 인간의 수명이나 각 연령별 사망률을 장기간에 걸쳐 많은 모집단에서 구하고 이것을 기초로 보험 금액과 보험료율 등을 산정한다.

04 ③

(가) 노동자의 권리 보호 제품을 선택하는 것은 올바른 소비라 할 수 있으며, (나) 태양광 온수시스템 도입은 기업의 사회적 책임을 나타내는 것이다.

[오답 점검]
① (가) 친환경적인 제품은 올바른 소비라 할 수 있고, (나) 비용 감소를 위한 오염수 하천 방류는 비용 감소를 통한 원가 절감을 가지고 온다고 하여도 환경을 파괴하는 기업의 사회적 책임을 다하지 못하는 비윤리적 행동으로 기업의 사회적 책임을 다하지 못한 사례이다.
② (가) 편리성이 높은 일회용 제품은 탄소배출이나 환경 오염적인 제품으로 올바른 소비가 아니며, (나) 의료 소외지역 의료지원은 기업의 사회적 책임의 모습으로 올바른 소비적 측면에서 기업의 가치를 높이는 사례이다.
④ (가) 모바일 게임의 중독성 강한 아이템 제품은 무분별한 소비라 할 수 있다. 이것은 소비자의 지각과 선택 없이 지속적인 구매를 유도하며, 소비자들의 경제적 부담을 유발하게 된다. (나) 성능을 안전성보다 우선한 원재료 사용은 제품의 안전성에 대한 사회적 책임을 다하지 않은 기업의 사례이다.
⑤ (가) 트렌디한 제품은 불필요한 소비로 이것은 소비자가 필요성 없는 제품을 구매하게 만들며, 자원 낭비와 지속 가능한 소비 문화를 방해할 수 있다. (나) 매출을 위한 성차별적 광고 실시와 같은 일부 기업의 사회적인 차별이나 인종, 성별, 출신 국가 등에 대한 차별을 실천하는 경영은 비윤리적으로 기업의 가치를 하락시킨다.

05 ③

'포비아(phobia)는 불안장애의 일종으로, 공포증이다. 극도의 두려움이나 불안을 느끼는 것으로 환자는 두려운 물체나 상황을 피하려 하고 이 때문에 일상생활에 지장을 받는다. 그러나 단순히 특정 대상을 꺼리거나 싫어하는 단계만으로 공포증으로 치부할 수는 없다.'는 것에 비추어 오디션, 면접, 시험에 대한 긴장감이 싫어 테스트를 꺼리는 테스트 포비아는 포비아로 보기 어렵고, 이것은 모든 사람이 Test 전에 느끼는 일반적인 긴장감이라고 할 수 있다.

[오답 점검]
①, ②, ④, ⑤ 포비아의 사례로 적절하다.

06 ④

놀이공원 주차장에서 놀이공원까지 고객을 이동시키는 트램의 운영을 중단하여 고객이 걸어가는 것은 스킴플레이션(skimpflation)의 사례이다. 이것은 물가는 올랐지만 상품과 서비스의 양이나 질이 눈에 띄지 않게 떨어지는 현상을 의미한다. 영어로 '(음식 · 돈 등에) 인색하게 굴다'의 뜻을 지닌 스킴프(skimp)와 물가 상승을 뜻하는 인플레이션의 합성어다.

[오답 점검]
①, ②, ③, ⑤ 같은 가격에 제품의 크기나 수량 등을 줄여 사실상 가격 인상 효과를 노리는 슈링크플레이션의 사례라고 할 수 있다.

01	02	03
⑤	①	⑤

01 ⑤

이 글에서는 퍼블리시티권의 정의, 예시, 인용, 설명을 통해 논지를 전개하고 있지만, 비교와 대조를 통해 다른 개념 및 사례와 퍼블리시티권의 차이점, 공통점을 비교하는 방식은 사용되지 않았다. 따라서 가장 적절하지 않은 논지 구조이다.

[오답 점검]

① 퍼블리시티권의 개념을 명확히 설명하며, "개인이 자신의 이름, 이미지, 목소리 등 상업적 가치를 통제할 수 있는 권리"라고 규정하고 있다.

② 축구 선수 손흥민이 특정 브랜드 광고에 등장하는 사례를 들어, 퍼블리시티권이 상업적 가치를 높이는 방식과 연계됨을 보여준다.

③ 법률 전문가 존 스미스의 발언을 인용하여 퍼블리시티권의 법적 중요성과 기능을 강조하고 있다.

④ 퍼블리시티권의 기능을 추가로 분석하며, 단순한 보호를 넘어, 명성과 이미지를 관리하고 거래할 수 있는 권리로 작용한다는 점을 서술하고 있다.

02 ①

활동량, 체온, 수면 패턴 등을 추적할 수 있는 웨어러블 기기와 스마트 급식기를 예시로 들어 설명하였다.

03 ⑤

이 글에서는 반론 논지 전개를 사용하지 않고 있다. 글이 바로크 양식과 그 특징, 발전 배경, 예술적 중요성을 설명하는 데 집중하고 있으므로 반론 논지 전개 방식은 사용되지 않았으며, 가장 적절하지 않은 논지 전개 방식이다.

[오답 점검]

① '바로크 양식은 17, 18세기 초 유럽에서 유행한 예술 양식으로,' 부분에서 개념을 제시하며 논지를 전개하고 있다.

② 지문에서는 예시로 베르니니의 '성 테레사의 몰입'과 같은 작품과 성 베드로 대성당, 바흐와 헨델의 음악을 통해 바로크 양식의 특성을 설명하고 있다. 예시를 통해 이해를 돕고 있으므로 적절한 논지 전개 방식이다.

③ '바로크 건축은 대성당이나 궁전처럼 웅장한 구조가 특징이며,' 부분 등에서 특징 설명을 통해 논지를 전개하고 있다.

④ '바로크는 오늘날까지도 감동적이고 극적인 예술로 평가받으며, 그 당시 사람들의 삶과 신앙을 반영하는 중요한 예술적 자산으로 남아 있다.'는 부분에서 의의와 평가를 제시하며 논지를 전개하고 있다.

빈출 유형 공략 문제(자료이해)

01	02	03	04	05	06	07
⑤	①	⑤	③	④	③	③

01 ⑤

2022년 매출액의 전년 대비 증가율은

$$\frac{446,216 - 429,978}{429,978} \times 100 ≒ 3.8(\%) \text{이다.}$$

[오답 점검]

① 매출액 대비 영업이익의 비중은 다음과 같다.

2018년	2019년	2020년
$=\dfrac{208,137}{4,044,501}$ $\times 100 ≒ 5.2(\%)$	$\dfrac{27,192}{269,907}$ $\times 100 ≒ 10.1(\%)$	$\dfrac{50,126}{319,004}$ $\times 100 ≒ 15.7(\%)$

2021년	2022년
$\dfrac{124,103}{429,978}$ $\times 100 ≒ 28.9(\%)$	$\dfrac{68,137}{446,216}$ $\times 100 ≒ 15.3(\%)$

② 연도별 매출 총이익은 다음과 같다.

2018년	2019년	2020년	2021년	2022년
3,892,693	81,719	108,106	189,522	156,214

③ 2020년과 2021년의 영업 외 비용이 동일하다면, 경상이익은 영업이익과 영업 외 수익의 합으로 비교할 수 있다. 따라서 2020년의 경상이익은 62,370(억 원), 2021년의 경상이익은 134,159(억 원)으로 2021년이 더 많다.

④ 매출액은 2022년 전년 대비 증가하지만 영업이익은 전년 대비 감소하므로 증감 추이가 동일하지 않다.

02 ①

할인마트의 대형가전 상품군 판매수수료율은 31.7%이고 소형가전 상품군 판매수수료율은 31.1%이다. 하지만 대형가전과 소형가전 모두 온라인쇼핑몰에서는 찾을 수 없다. 온라인쇼핑몰 상위 5위에 들지 못하더라도 할인마트보다 높을 수 있다.

[오답 점검]

② 여성정장 상품군의 판매수수료율은 온라인쇼핑몰에서 21.9%, 할인마트에서 11.0%로 온라인쇼핑몰에서의 판매수수료율이 더 높다.

③ 온라인쇼핑몰 화장품 상품군의 판매수수료율은 8.4%이다. 할인마트의 하위 5개 상품군 판매수수료율이 20.8%~31.1% 범위에 있다. 따라서, 2배 이상이다.

④ 셔츠 상품군의 판매수수료율은 할인마트와 온라인쇼핑몰 모두 하위 3위이다.

⑤ 할인마트와 온라인쇼핑몰 상위 5개 상품군의 판매수수료율은 모두 각각 30%를 넘는다.

03 ⑤

ㄴ. 모니터 가격은 2020년 36$, 2021년 44$, TV 가격은 2020년 47$, 2021년 64$로 두 품목 모두 가격이 상승하였다.

ㄷ. 2020년 모니터 가격은 36$, TV 가격은 47$, 2021년 모니터 가격은 44$, TV 가격은 64$로 두 해 모두 TV 가격이 모니터 가격보다 높다.

[오답 점검]

ㄱ. 2020년 대비 2021년의 디스플레이 산업 수출액 증가율은

$$\frac{(214 - 180)}{180} \times 100 ≒ 18.9(\%) \text{이다.}$$

04 ③

두 기업의 매출액 차이는 다음과 같다.

(단위: 억 원)

2020년	2021년
$17,692 - 15,491$ $= 2,201$	$18,160 - 17,005$ $= 1,155$

2022년	2023년
$19,532 - 19,186$ $= 346$	$20,982 - 20,919$ $= 63$

[오답 점검]

④ 2020년 대비 2022년 B기업의 매출액 증가율

$$= \frac{19,532 - 17,692}{17,692} \times 100 ≒ 10.4(\%)$$

⑤ 2021년 대비 2023년 G기업의 매출액 증가율

$$= \frac{20,982 - 17,005}{17,005} \times 100 ≒ 23.4(\%)$$

05 ④

2022년 품목별 수출물량 대비 수출액의 비중을 구하면 다음과 같다.

품목	수출물량	수출액	비중
인삼	0.5	22.3	$\dfrac{22.3}{0.5} \times 100 ≒ 4,460.0(\%)$
배	6.5	20.5	$\dfrac{20.5}{6.5} \times 100 ≒ 315.4(\%)$
귤련	1.6	18.4	$\dfrac{18.4}{1.6} \times 100 ≒ 1,150.0(\%)$
유자차	7.0	14.6	$\dfrac{14.6}{7.0} \times 100 ≒ 208.6(\%)$
비스킷	2.4	8.8	$\dfrac{8.8}{2.4} \times 100 ≒ 366.7(\%)$

따라서, 4,460.0%로 인삼이 가장 크다.

[오답 점검]

② 2021년 대비 2022년 비스킷 수출액의 증가율은

$$\frac{8.8-7.9}{7.9} \times 100 ≒ 11.4(\%)\text{이다.}$$

③ 전년 대비 2021년 귤련의 수출물량의 증가율은

$$\frac{0.6-0.4}{0.4} \times 100 = 50.0(\%)\text{이다.}$$

⑤ 2020년 김치의 수출액 대비 수출물량의 비율은

$$\frac{37.5}{15.0} \times 100 = 250.0(\%)\text{이다.}$$

06 ③

ㄱ. ㄷ 각각의 증가율은 다음과 같다.

12년	13년	14년	15년	16년	17년
6%	6.1%	7.2%	7.1%	8.1%	7.3%

18년	19년	20년	21년	22년	23년	24년
16.4%	10.9%	2.85%	1.5%	5.05%	5%	2.5%

[오답 점검]

ㄴ. 일 8시간 기준으로 2024년의 일급은

9,860 × 8 = 78,880(원)으로 75,000원을 넘는다.

ㄹ. 인상액은 다음과 같다.

13년	14년	15년	16년	17년	17년
280	350	370	450	440	7.3%

18년	19년	20년	21년	22년	23년	24년
1,060	820	240	130	440	460	240

따라서 인상액이 세 번째로 많은 해는 2023년이다.

07 ③

2022년 원료 의약품이 전체 의약품 특허 출원에서 차지하는 비중은 $\dfrac{797}{6,708} \times 100 ≒ 11.9(\%)$이다.

[오답 점검]

② 기타 의약품이 차지하는 비중

2021년
$\dfrac{2,236}{11,130} \times 100 ≒ 20.1(\%)$

2022년
$\dfrac{1,517}{6,708} \times 100 ≒ 22.6(\%)$

2023년
$\dfrac{1,220}{4,719} \times 100 ≒ 25.9(\%)$

④ 2021년 대비 2023년 완제 의약품 감소량

= $|2,999-7,137| = 4,138$건이다.

⑤ 전체 의약품 특허출원 건수의 감소량을 구하면 다음과 같다.

2021년
-

2022년
$|6,708-11,130| = 4,422$

2023년
$|4,719-6,708| = 1,989$

빈출 유형 공략 문제(자료계산)

01	02	03	04	05	06
①	③	③	①	①	④

01 ①

계산방법에 따라 당해년도 폭염, 한파, 호우, 대설, 강풍의 발생일수 중 최솟값은 0이고, 최댓값은 16이다. 폭염과 한파의 발생지수를 각각 구하면 다음과 같다.

- 폭염 발생지수 = $4 \times (\dfrac{16-0}{16-0})+1 = 5.00$

- 한파 발생지수 = $4 \times (\dfrac{3-0}{16-0})+1 = 1.75$

따라서, 폭염 발생지수와 한파 발생지수 차는 5.00−1.75 =3.25이다.

02 ③

A의 전세금과 C의 월세보증금을 각각 구하면 다음과 같다.

- A의 전세금을 x라 하면, $6\% = \dfrac{50 \times 12}{x-25,000} \times 100$이므로 $x = 35,000$으로 3억 5천만 원이다.

- C의 월세보증금을 y라 하면, $3\% = \dfrac{70 \times 12}{60,000-y} \times 100$ 이므로 $y = 32,000$으로 3억 2천만 원이다.

따라서, A의 전세금과 C의 월세보증금의 합은 6억 7천만 원이다.

03 ③

수출액이 두 번째로 많았던 해는 2022년이다. 2022년 전년 대비 수입액의 증감률을 구하면 다음과 같다.

$$\dfrac{4,785 - 4,062}{4,062} \times 100 ≒ 17.8(\%)$$

04 ①

각 교통편의 결정조건 계수를 구하면 다음과 같다.

A	$\dfrac{5 \times 500}{8 \times 100 + 30,000 \times 0.5} ≒ 0.16$
B	$\dfrac{5 \times 500}{6 \times 100 + 45,000 \times 0.5} ≒ 0.11$
C	$\dfrac{6 \times 500}{4 \times 100 + 64,000 \times 0.5} ≒ 0.09$
D	$\dfrac{7 \times 500}{2 \times 100 + 90000 \times 0.5} ≒ 0.08$
E	$\dfrac{10 \times 500}{1.5 \times 100 + 95,000 \times 0.5} ≒ 0.10$

05 ①

교원 1인당 중학교 학생 수가 가장 적은 국가는 독일이다. 독일의 중학교 교원이 20만 명으로 고등학교 교원 수와 동일하므로 고등학교 학생 수를 x라 할 때, 교원 수는 다음과 같이 구할 수 있다.

$$\dfrac{x}{200,000} = 13.9$$
$$x = 200,000 \times 13.9$$
$$= 2,780,000$$

06 ④

S시의 전체 인구수가 20만 명이라 할 때, 육아휴직을 사용하는 전체 인원 수는

$$200,000 \times \dfrac{30.2}{100} = 60,400(명)이다.$$

빈출 유형 공략 문제(사칙연산)

01	02	03	04	05	06
⑤	④	④	⑤	③	⑤

01　⑤

A, B, C 세 버스의 배차간격의 공배수마다 동시에 출발을 하게 된다. 따라서 8분, 20분, 15분의 최소공배수는 120이 나오게 되므로 2시간 간격으로 동시에 출발을 한다. 첫 출발시각이 오전 6시 50분이므로 2시간 뒤인 오전 8시 50분에 두 번째로 동시에 출발을 하게 된다.

02　④

아들의 나이를 x라고 하면, 어머니의 나이는 $x+32$이다.
11년 후, 어머니의 나이는 $x+43$이 되고, 아들은 $x+11$이 된다.
식을 세우면 $x+43=2(x+11)$, 따라서 $x=21$(살)이 된다.

03　④

승리할 시에 얻는 점수를 x점, 패배할 시에 잃는 점수를 y점이라 하면
A팀은 2승 1패로 5점을 얻었으므로 $2x-y=5\cdots\bigcirc$,
B팀은 1승 2패로 1점을 얻었으므로 $x-2y=1\cdots\bigcirc$,
$\bigcirc$과 $\bigcirc$을 연립방정식으로 계산하면 $x=3$, $y=1$이 된다.
따라서 승리할 시에는 3점을 얻고, 패배할 시에는 1점을 잃는다.
C팀은 3승 0패 하였으므로 9점, D팀은 0승 3패 하였으므로 –3점이 된다.
따라서 C팀과 D팀의 총점의 합은 6점이 된다.

04　⑤

선발된 인원이 20명이므로 대상을 받는 사원의 수를 x, 장려상을 받는 사원의 수를 y라고 하자.
$x+y=20$이고, $500x+100y=6,000$이 된다. 두 식을 연립하면 $x=10$, $y=10$이 되므로 장려상을 받게 되는 사원은 10명이 된다.

05　③

16등한 학생의 점수를 x(점)이라 하면, 전체학생 100명의 평균 $x-36$(점), 수상자 16명의 평균 $x+6$(점), 나머지 84명의 평균 $\dfrac{x+6}{3}$(점)이다.

$$16(x+6)+84(\frac{x+6}{3})=100(x-36)$$

$$16x+96+28x+168=100x-3,600$$
$$44x+264=100x-3,600$$
$$56x=3,864$$
$$x=69$$

06　⑤

3번째 정사각형의 한 변의 길이를 x라고 할 때, 첫 번째 정사각형의 한 변의 길이는 $x-2$, 두 번째 정사각형의 한 변의 길이는 $x-1$, 네 번째 정사각형의 한 변의 길이는 $x+1$, 다섯 번째 정사각형의 한 변의 길이는 $x+2$가 된다. 따라서 이어 붙인 정사각형들의 넓이를 구하는 식은
$$(x-2)^2 + (x-1)^2 + x^2 + (x+1)^2 + (x+2)^2 = 330$$
이 된다. 식을 정리하면,
$$5x^2 + 10 = 330, \ x^2 = 64, \ x = 8$$이다.
따라서 각 정사각형들의 한 변의 길이는 6, 7, 8, 9, 10이 되고, 이어 붙인 정사각형들의 둘레의 길이는
$(6+7+8+9+10)\times2 + (1+1+1+1)+6+10 = 100$(cm)이다.

01	02	03	04	05
②	②	⑤	①	⑤

01 ②

올라갈 때 1,000m의 거리를 1m/s의 속력으로 올라갔으므로 올라갈 때 걸린 시간은 $\dfrac{1,000(\text{m})}{1(\text{m/s})}$ =1,000(s)이다. 올라갈 때가 내려올 때보다 600s의 시간이 더 걸렸으므로 내려올 때 걸린 시간은 400s이다. 내려올 때 뛰어간 거리를 x라고 하자.

$\dfrac{x}{4} + \dfrac{1,000-x}{2} = 400(s)$, $x+2,000-2x=1,600$,

$x=400$(m)이다.

02 ②

A와 B가 같은 지점에서 출발하여 같은 방향으로 돌 때, 속력이 빠른 B가 속력이 느린 A보다 원형 트랙 1바퀴 돌 때마다 A와 B는 한 번씩 만나게 된다. 1분 동안 A는 160×60 = 9,600(m), B는 200×60=12,000(m)를 돌게 된다. 따라서 B는 A보다 2,400m, 즉 6번을 더 돌게 된다. 따라서 A와 B 두 사람은 6번을 만나게 된다.

03 ⑤

유속이 2km/h, 보트의 속력이 12km/h일 때, 내려올 때 시간을 x라고 하고 올라갈 때 시간을 y라고 하자.
내려올 때는 유속과 보트의 속력이 더해지므로 총 이동거리인 28 = x(2+12), 올라갈 때는 보트의 속력에서 유속을 빼야하므로 총이동거리인 28 = y(12-2)가 된다. 따라서 내려올 때 걸린 시간은 2시간이고, 올라갈 때 걸린 시간은 2.8시간이 된다. 왕복하면서 걸린 시간은 4.8시간이므로 4시간 48분이다.

04 ①

성곤, 예림, 승우의 분속을 각각 $3k$m/min , $4k$m/min, $5k$m/min라 하고, 두 지점 A, B사이의 거리를 xm라 하면, 예림이와 승우는 동시에 도착하였으므로 걸린시간을 이용하여 식을 세우면, $\dfrac{x}{4k} = \dfrac{x}{5k} + 6 \cdots$ ㉠

성곤이와 예림이의 이동시간은 같으므로

$\dfrac{x}{4k} = \dfrac{x-1,200}{3k}$, $3x=4x-4,800$, $x=4,800 \cdots$ ㉡,

$x=4,800$ 을 ㉠에 대입하면

$\dfrac{4,800}{4k} = \dfrac{4,800}{5k} + 6$, $\dfrac{1,200}{k} = \dfrac{960}{k}+6$,

$1,200=960+6k$, $k=40$이다.
따라서 예림이의 속력은 4×40 = 160m/min이다.

05 ⑤

스쳐 지나갔으므로 i)에서 ii)로 이동하였다.

i)

	←기차 a 120m
기차 b 120m→	

ii)

←기차 a 120m	
	기차 b 120m→

기차가 이동한 전체 거리는 240m이다.
기차 b는 가만히 있고 기차 a만 혼자 두 배의 속력으로 240m 지나가는 것을 계산하면 빠르게 계산이 된다. 길이가 같은 기차가 서로 마주보며 달려가므로 기차가 움직인 거리는 두 기차를 합한 240m로 볼 수 있다. 따라서 시속 $\dfrac{108,000}{3,600} = 30$(m/s)

이므로 두 기차가 만나서 완전히 스쳐 지나갈 때까지 걸린 시간은 $\dfrac{240}{30+30} = 4$(초)이다.

01	02	03	04	05
①	⑤	④	③	③

01 ①

증발시킨 물의 양을 xg이라 하자. 6%의 소금물 200g에서 물 xg을 증발시켜 12% 이상의 소금물을 만들어야 하므로

소금의 양에 대한 식은 $\dfrac{12}{100} \times (200-x) \leq \dfrac{6}{100} \times 200$, 양변에 100을 곱하면 $12(200-x) \leq 6 \times 200, 2,400-12x \leq 1,200, x \geq 100$이 된다. 따라서 최소 100g의 물을 증발시켜야 한다.

02 ⑤

A용기와 B용기의 페인트를 모두 섞은 용기에 파란색과 빨간색이 3:4의 비율로 섞여 있고, 그 양이 총 840g이므로 이 용기에 파란색 페인트는 $\dfrac{3}{7} \times 840 = 360$g이 들어있다.

A용기에 들어 있던 페인트의 양을 xg이라 하면, B용기에 들어 있던 페인트의 양은 $(840-x)$g이다.

이때 A용기에 들어 있던 파란색 페인트의 양은 $\dfrac{2}{5}x$g, B용기에 들어 있던 파란색 페인트의 양은 $\dfrac{4}{9}(840-x)$g이므로

$\dfrac{2}{5}x + \dfrac{4}{9}(840-x) = 360, 18x + 20(840-x) = 360 \times 45, -2x = -600, x = 300$

따라서 A용기에 들어 있던 페인트의 양은 300g이다.

03 ④

8%의 소금물 250g에 들어있는 소금의 양은 $250 \times \dfrac{8}{100} = 20$g 이다. 여기에 xg의 소금을 더 넣는다고 하면

$20+x = (250+x) \times \dfrac{20}{100}, 2,000+100x = 20(250+x),$

$80x = 3,000, \therefore x = 37.5$g

따라서 더 넣은 소금의 양은 37.5g이다.

04 ③

각각의 컵을 A와 B라고 하자.

구분	A	B	A'	B'
소금물	300	600	$300-x+x$	$600-x+x$
소금	18	54	$18-0.06x+0.09x$	$54-0.09x+0.06x$
농도	6%	9%	a%	a%

A'와 B'는 서로 소금물을 교환한 후의 소금물을 나타낸 것이다. 이때 소금의 양은 변하지 않기 때문에

$3a = 18-0.06x+0.09x$ … ㉠

$6a = 54-0.09x+0.06x$ … ㉡이 된다.

따라서 $x = 200$이 된다.

05 ③

지난달의 A제품의 생산량을 x개, B제품의 생산량을 y개라 하면 지난달 총생산량이 460개이므로

$x+y=460$…㉠, 이번 달에는 지난달에 비해 A제품은 15% 증가하고, B제품은 5% 감소하여 총생산량이 473개가 되었으므로 13개가 증가한 것을 알 수 있다.

따라서, $\dfrac{15}{100}x - \dfrac{5}{100}y = 13, 15x-5y=1,300,$

$3x-y=260$…㉡ , 두 식을 연립하면 $x=180$이 되고, 따라서 지난달 A제품의 생산량이 180개이고 이번 달에 15% 증가하였으므로 이번 달 A제품의 생산량은

$180+180 \times \dfrac{15}{100} = 180+27 = 207$(개)가 된다.

01	02	03	04	05	06
②	①	③	⑤	②	⑤

01 ②

공장에서 생산한 제품의 개수를 예를 들어 1,000개라고 하자. 불량률이 5%이므로 정상제품은 950개, 불량제품은 50개가 된다. 정상제품 950개 중 정상으로 판정된 제품은 950×0.9 $=855$(개)가 되고 불량으로 판정된 제품은 95개이다. 불량 50개 중 불량으로 판정된 제품은 $50 \times 0.9 = 45$(개)이고 정상으로 판정된 제품은 5개이다.

따라서 불량으로 판정된 제품은 $95+45 = 140$(개)이다.

이 중 실제로 불량일 확률은 $\dfrac{45}{140} = \dfrac{9}{28}$ 이다.

02 ①

성곤이가 당첨이 되는 경우는 첫째, 주사위를 처음 굴렸을 때 3이 나오는 경우와 둘째, 주사위가 1이 나와서 처음 가위바위보를 해서 이기는 경우, 셋째, 처음 주사위를 굴렸을 때 1이 나와서 가위바위보를 해서 비기고 두 번째 가위바위보에서 이기는 경우가 있다. 각각의 경우의 확률을 구하면 아래와 같다.

i) 주사위를 처음 굴렸을 때 3이 나오는 경우: $\dfrac{1}{6}$

ii) 주사위가 1이 나와서 처음 가위바위보를 해서 이기는 경우: $\dfrac{1}{6} \times \dfrac{1}{3} = \dfrac{1}{18}$

iii) 처음 주사위를 굴렸을 때 1이 나와서 가위바위보를 해서 비기고 두 번째 가위바위보에서 이기는 경우: $\dfrac{1}{6} \times \dfrac{1}{3} \times \dfrac{1}{3} = \dfrac{1}{54}$ 이 된다.

따라서 성곤이가 당첨이 될 확률은 $\dfrac{1}{6} + \dfrac{1}{18} + \dfrac{1}{54} = \dfrac{9+3+1}{54} = \dfrac{13}{54}$ 이 된다.

03 ③

어떤 사건 A가 일어날 확률을 p라고 할 때, 사건 A가 일어나지 않을 확률은 1−p이다. 1부터 5까지 숫자를 중복으로 사용하여 만들 수 있는 세 자릿수는 $5^3 = 125$(가지)이다. 비밀번호가 216 이상이므로 반대로 216 미만일 경우를 구해서 1에서 빼면 된다. 따라서 216 미만의 경우를 나누어 생각해보면,

i) 백의 자리 수가 1인 경우: 십의 자리와 일의 자리에는 각각 5가지씩 올 수 있으므로 $5 \times 5 = 25$(가지).

ii) 백의 자리 수가 2인 경우: 십의 자리 수는 1, 일의 자리 수는 1,2,3,4,5까지 총 5가지가 된다.

전체 가지 수는 25+5=30(가지)가 된다.

비밀번호의 숫자가 216 미만일 확률은 $\dfrac{30}{125} = \dfrac{6}{25}$ 이 된다.

따라서 비밀번호가 216 이상일 확률은 $1 - \dfrac{6}{25} = \dfrac{19}{25}$ 가 된다.

04 ⑤

중복조합에 대한 문제로, 모든 상자에는 한 개 이상의 공이 들어가야 하므로 크기가 다른 상자에 공을 1개씩 넣은 뒤, 나머지 7개의 공을 3개의 상자에 나누어 넣으면 된다. 상자 3개에 7개의 공을 넣는 방법의 수는 3개의 상자 중에서 7개를 중복을 허락하여 넣는 방법이 되므로 $_3H_7 = {}_{3+7-1}C_7 = {}_9C_7 = {}_9C_2$ $= \dfrac{9 \times 8}{2} = 36$(가지)이다.

05 ②

7명의 후보 중에서 대표 2명을 뽑는 모든 경우의 수는 $_7C_2 = \dfrac{7 \times 6}{2} = 21$(가지)이다. 이 중에서 준오가 뽑히는 경우는 수는 준오를 제외한 6명 중에서 1명이 뽑히는 경우의 수가 같으므로 6가지가 된다. 따라서 그 확률은 $\dfrac{6}{21} = \dfrac{2}{7}$ 가 된다.

구하고자 하는 확률은 $1 - \dfrac{2}{7} = \dfrac{5}{7}$ 이다.

06 ⑤

7전 4선승제 경기에서 현재 2승 1패 중인 J팀이 K팀의 역전으로 인해 우승을 하지 못하려면

i) 앞으로의 3경기를 연이어 지는 경우: J팀은 2승 4패, K팀은 4승 2패

2승 4패로 지는 경우, 확률은 $\dfrac{1}{2} \times \dfrac{1}{2} \times \dfrac{1}{2} = \dfrac{1}{8}$ 이 된다.

ii) 앞으로의 경기에서 1번 이기고, 3번 지는 경우: J팀은 3승 4패, K팀은 4승 3패

3승 4패로 지는 경우, 1번 이기고 3번 질 확률은 $\dfrac{1}{2} \times \dfrac{1}{2} \times \dfrac{1}{2} \times \dfrac{1}{2} = \dfrac{1}{16}$ 이며, 1번 이기는 경우가 4차전, 5차전, 6차전이 될 수 있으므로 $\dfrac{1}{16} \times 3 = \dfrac{3}{16}$ 이 된다.

따라서 두 경우를 모두 더하면 $\dfrac{1}{8} + \dfrac{3}{16} = \dfrac{5}{16}$ 가 된다.

01	02	03	04	05
③	④	④	②	③

01 ③

A, B기계가 1분당 만들 수 있는 신발의 수를 각각 x켤레, y켤레라 하면 A기계 1대와 B기계 4대를 가동하여
3분 동안 신발 60켤레를 만들 수 있으므로
$3 \times 1 \times x + 3 \times 4 \times y = 60$, $x + 4y = 20 \cdots \bigcirc$
A기계 2대와 B기계 3대를 가동하여 2분 동안 신발 50켤레를 만들 수 있으므로
$2 \times 2 \times x + 2 \times 3 \times y = 50$, $2x + 3y = 25 \cdots \bigcirc$
두 식을 연립하면 $x = 8$, $y = 3$이다.
따라서 A, B기계가 1분 동안 만들 수 있는 신발의 수는 각각 8켤레와 3켤레이다.
따라서 A기계 3대와 B기계 2대를 이용하여 3분 동안 만들 수 있는 신발의 수는
$3 \times 3 \times 8 + 3 \times 2 \times 3 = 72 + 18 = 90$
따라서 90켤레이다.

02 ④

장인은 일반인보다 10분에 2개를 더 만드므로 60분에 12개를 더 만든다. 일반인이 한 시간 동안 x개의 컵을 만든다고 하면, 장인은 1시간 동안 $(12+x)$개를 만들 수 있다. 일반인이 3시간 동안 만드는 컵의 개수는 장인의 1시간 작업량의 절반이므로,
$3x = \dfrac{1}{2}(12+x)$, $x = \dfrac{1}{6}(12+x)$, $\therefore x = 2.4$가 된다.
즉 일반인은 1시간 동안 2.4개를 만들 수 있다. 따라서 장인과 일반인이 1시간 동안 만들 수 있는 컵의 개수는 14.4 + 2.4 = 16.8(개)가 된다.

03 ④

전체 화물차의 양을 1이라 하면
A화물차 한 대가 한 시간에 나를 수 있는 화물의 양:
$\dfrac{1}{5 \times 8 \times 12}$
B화물차 한 대가 한 시간에 나를 수 있는 화물의 양:
$\dfrac{1}{12 \times 10 \times 5}$
C화물차 한 대가 한 시간에 나를 수 있는 화물의 양:
$\dfrac{1}{3 \times 8 \times 5}$ 이다.
화물을 모두 나르는 데 x일이 걸린다고 하면
$\dfrac{1}{5 \times 8 \times 12} \times 4 \times 8 \times x + \dfrac{1}{12 \times 10 \times 5} \times 5 \times 8 \times x$
$+ \dfrac{1}{3 \times 8 \times 5} \times 3 \times 8 \times x = 1$이고,
$\dfrac{x}{15} + \dfrac{x}{15} + \dfrac{x}{5} = 1$
$x = 3$
따라서 3일이 걸린다.

04 ②

A와 B가 1시간 동안 함께 일을 하는 양은 $\dfrac{1}{10} + \dfrac{1}{5} = \dfrac{3}{10}$ 이다. 따라서 1시간에 $\dfrac{3}{10}$ 씩 일을 해서 일을 끝냈다면
$\dfrac{3}{10}x = 1$, $x = \dfrac{10}{3} = 3\dfrac{1}{3}$ 이 된다.
따라서 3시간 20분이다.

05 ③

처음 수조에 있었던 물의 양을 x라고 하자. 1분 동안에 수조에 채워지는 물의 양을 y라고 하면, 4명이 퍼낼 때 물의 양은 $(x+30y)$가 되고, 8명이 퍼낼 때 물의 양은 $(x+10y)$가 된다. 따라서 $x+30y = 120$, $x+10y = 80$ 이므로 $x = 60$, $y = 2$가 된다.
따라서 5분 만에 퍼내려고 한다면 60 + 5×2 = 70이 되고, 70÷5 = 14가 된다. 따라서 14명이 필요하다.

01	02	03	04	05
③	⑤	⑤	①	②

01 ③

정사원이 3,000만 원을 투자한 후 10% 손해를 보고 회수한 금액은 $3,000 \times 0.9 = 2,700$(만 원)이다. 이 중 2,000만 원은 연이율 5%인 A은행에, 나머지 금액인 2,700-2,000 = 700(만 원)은 연이율 4%인 B은행에 예금하였다.

1년 후 예금액은 $2,000 \times 1.05 + 700 \times 1.04 = 2,828$(만 원)이고, 2년 후 예금액은
$$2,000 \times (1.05)^2 + 700 \times (1.04)^2 = 2,962.12$$
3년 후 예금액은
$$2,000 \times (1.05)^3 + 700 \times (1.04)^3 = 3,102.6548$$이 된다.
따라서 예금액이 최초 주식투자 금액보다 많아지는 해는 3년 후가 된다.

02 ⑤

원가를 A원이라고 하고, 원가에 $x\%$의 이익을 붙여서 정가를 정했다고 하면, 판매가는 다음과 같다.
$$A\left(1+\frac{x}{100}\right) \times \left(1-\frac{20}{100}\right)$$
$$= A\left(1+\frac{4}{100}\right), \left(1+\frac{x}{100}\right) \times \frac{8}{10} = \frac{104}{100},$$
$$\frac{8(100+x)}{1,000} = \frac{104}{100}, 800+8x = 1,040, 8x = 240, x = 30$$
따라서 원가에 30%의 이익을 붙여서 정가를 정한 것이다.

03 ⑤

상품의 원가를 x원이라 하자. 원가에 30%의 이익을 붙여서 정가를 정하였으므로 정가는
$$x + \frac{30}{100}x = \frac{13}{10}x(원)$$
정가에서 1,200원을 할인하여 상품을 팔았으므로 상품의 판매가격은 $\left(\frac{13}{10}x - 1,200\right)$(원)이다.

이때 상품 1개를 팔 때마다 원가의 10%의 이익을 얻었으므로
$$(판매가격) - (원가) = \left(\frac{13}{10}x - 1,200\right) - x = \frac{1}{10}x$$
$$\frac{13}{10}x - 1,200 - x = \frac{1}{10}x,$$
$$\frac{1}{5}x = 1,200,$$
$$x = 6,000$$
따라서 상품의 원가는 6,000원이다.

04 ①

식품 A는 $100x\text{g}$, 식품 B는 $100y\text{g}$을 구입한다고 하면,
$$\begin{cases} 25x + 10y = 95 \\ 8x + 12y = 48 \end{cases}$$
$$\begin{cases} 5x + 2y = 19 \\ 2x + 3y = 12 \end{cases}$$
$x = 3$이고 $y = 2$이다.
따라서 두 식품 A, B의 100g당 가격은 2,800원, 3,500원이고 식품 A는 300g, 식품 B는 200g을 구입해야 한다.
따라서 필요한 비용은
$$2,800 \times 3 + 3,500 \times 2 = 8,400 + 7,000 = 15,400(원)이 된다.$$

05 ②

2024년 말에 받는 1,100만 원을 2024년 초의 가치로 환산하면 $\dfrac{1,100만}{1.04}$이다.

연금 수령 2년 차인 2025년 말에 받는 1,100만 원을 2024년 초의 가치로 환산하면 $\dfrac{1,100만}{(1.04)^2}$이며,

연금수령 20년 차인 2044년 말에 받는 1,100만 원을 2024년 초의 가치로 환산하면 $\dfrac{1,100만}{(1.04)^{20}}$이다.

따라서 2024년 초에 일시불로 수령하게 되는 금액을 S라 하면
$$S = \frac{1,100만}{1.04} + \frac{1,100만}{(1.04)^2} + \cdots + \frac{1,100만}{(1.04)^{20}}$$이고,
양변에 $(1.04)^{20}$을 곱하면
$$S(1.04)^{20} = 1,100만(1.04)^{19} + 1,100만(1.04)^{18} + \cdots + 1,100만이다.$$
우변의 항들을 반대로 나열하면 초항이 1,100만, 공비가 1.04, 항의 개수가 20개인 등비수열의 합이므로
$$S(1.04)^{20} = \frac{1,100만 \times \{(1.04)^{20} - 1\}}{1.04 - 1}$$이다.

이를 계산하면 $2.2S = \dfrac{1,100만 \times 1.2}{0.04}$인데, 좌변의 2.2와 우변의 1,100만을 약분하면 500만이 남으면서
$$S = \frac{500만 \times 1.2}{0.04} = \frac{600}{0.04} = 15,000만이 되므로$$
1억 5천만 원이 된다.

빈출 유형 공략 문제(명제추리)

01	02	03	04
②	④	③	⑤

01 ②

[추천 풀이 도구] ① 눈으로만 (〈보기〉의 명제를 정리하는 부분이 적기 때문)

[추천 풀이 도구] ② 'A → C → ~E' 정리까지는 메모장 → 이후에는 눈으로만

〈보기〉의 명제 중 확실하게 이어줄 수 있는 두 명제는 'A를 주문하면 C를 주문한다.'와 'C를 주문하면 E를 주문하지 않는다.'이다. A를 주문하면 E를 주문하지 않는다고 정리할 수 있다. 하지만 이 정보만 가지고는 무엇을 판별하기는 어려워 보인다. 바로 선택지를 확인하자.

① A를 주문하지 않으면 B를 주문한다.

　A를 주문하지 않으면 A와 D 중 한 가지 이상은 반드시 주문한다는 명제에 의해 D를 주문한다고 알 수 있다. 하지만 B를 주문하는지는 확실하게 알 수 없다. 참고로 'D를 주문하지 않으면 B를 주문한다.'를 보고 오해할 수 있으나 앞부분(=전건)을 만족하지 않기에 B의 주문여부는 알 수 없다.

② D를 주문하지 않으면 E를 주문하지 않는다.

　D를 주문하지 않으면 A와 D 중 한 가지 이상은 반드시 주문한다는 명제에 의해 A를 주문한다. 앞서 정리한 정보를 통해 A를 주문하면 E를 주문하지 않는다고 알 수 있다.

③ C를 주문하면 D를 주문한다.

　C를 주문한다고 하여 D를 주문하는지는 알 수 없다.

④ E를 주문하면 A를 주문한다.

　E를 주문하면 'C를 주문하면 E를 주문하지 않는다.'의 대우에 의해 C를 주문하지 않는다고 알 수 있다. C를 주문하지 않으니 'A를 주문하면 C를 주문한다.'의 대우에 의해 A를 주문하지 않는다고 알 수 있다.

　참고로 'C를 주문하면 E를 주문하지 않는다.'를 대우하면 'E를 주문하면 C를 주문하지 않는다.'이고 'A를 주문하면 C를 주문한다.'를 대우하면 'C를 주문하지 않으면 A를 주문하지 않는다.'이다.

⑤ B를 주문하면 C를 주문하지 않는다.

　B를 주문한다고 하여 C를 주문하는지, C를 주문하지 않는지 알 수 없다.

02 ④

[추천 풀이 도구] D, C, B, F정리까지는 메모장 → 이후에는 눈으로만

　2개 조로 나눈다. B가 속한 조의 인원은 2명이고 D와 C가 같은 조다. D와 C는 B와 다른 조이고 D, C가 속한 조의 인원은 4명이다.

　더 이상 나눌 조건이 없다. A와 E에 대한 조건이 있으니 A, E가 같은 조일 때와 A, E가 다른 조일 때로 나누어 생각해보자. A와 E가 같은 조라면 A, E는 B와 같은 조일 수 없다. B가 속한 조의 인원이 2명이기 때문이다. A와 E가 다른 조일 경우 A가 B와 같은 조인 경우와 E가 B와 같은 조인 경우로 나눠보자.

DC(4): A, E B(2):	DC(4): A B(2): E	DC(4): E B(2): A
Case 1	Case 2	Case 3

Case 1은 A가 E와 같은 조라면 F는 B와 다른 조라는 조건에 의해 F도 A, E와 같은 조여야 한다. 이렇게 되면 D, C, A, E, F 5명이 한 조가 되어 B가 속한 조의 인원이 2명이라는 조건을 만족하지 않는다. 소거하자.

Case 2, 3에서 정리하지 않은 F는 D, C와 같은 조다.

DC(4): A, F B(2): E	DC(4): E, F B(2): A
Case 2	Case 3

03 ③

[추천 풀이 도구] 눈으로만(〈보기〉의 명제를 정리하는 부분이 없기 때문)

〈보기〉에 제시된 명제를 이어서 정리하려고 해도 마땅히 이어줄 명제가 보이지 않는다. 선택지에서 제시한 내용을 하나씩 따라가며 답을 찾아보자. 설명의 편의를 위해 〈보기〉에서 제시된 명제를 위부터 조건1, 조건2, 조건3, 조건4라 명명하겠다.

① A를 방문하면 E를 방문하지 않는다.

　A를 방문한 경우 조건1에 의해 C를 방문하지 않는다. 또한 조건3을 대우하면 'A 또는 E를 방문하면 B를 방문하지 않는다.'이기 때문에 B를 방문하지 않는다고 알 수 있다. D와 E는 방문하는지 아닌지 확실하게 알 수 없다.

② B를 방문하면 D를 방문하지 않는다.

　B를 방문하면 조건3에 의해 A와 E를 방문하지 않는다. 조건2를 대우하면 'E를 방문하지 않으면 C를 방문하지 않는다.'이다. 이에 의해 C도 방문하지 않는다고 알 수 있다.

다만 현재의 정보로는 D를 방문하는지 아닌지 판별할 수 없다.

③ C를 방문하면 B를 방문하지 않는다.
C를 방문하면 조건2에 의해 E를 방문한다. 조건4에 의해 D를 방문하지 않는다. 또한 조건3을 대우하여 B도 방문하지 않는다고 알 수 있다.
참고로 조건1을 대우하면 'C를 방문하면 A를 방문하지 않는다.'이다. A도 방문하지 않는다고 알 수 있다.

④ D를 방문하면 A를 방문하지 않는다.
조건4를 대우하면 'D를 방문하면 E를 방문하지 않는다.'이다. 이를 토대로 E를 방문하지 않는다고 알 수 있다. 조건2의 대우를 활용하면 C도 방문하지 않는다고 알 수 있다.
다만 A, B를 방문하는지 아닌지는 확정할 수 없다.

⑤ E를 방문하면 C를 방문하지 않는다.
조건4에 의해 D를 방문하지 않는다고 알 수 있다. 더불어 조건3의 대우 덕에 B도 방문하지 않는다고 알 수 있다.
하지만 A와 C의 방문여부는 알 수 없다.

04 ⑤

[추천 풀이 도구] ① 눈으로만
[추천 풀이 도구] ② E 정리까지는 메모장 → 이후에는 눈으로만

E를 3번째 자리에 고정하자. A의 수득률은 D보다 높다는 조건과 B는 D보다 수득률이 높다는 조건을 정리하면 A > D, B > D 이다. D의 수득률은 4번째로 높거나 5번째로 높다.
C가 E보다 수득률이 높다면 A의 수득률은 5마리 중 제일 낮다. 그런데 C가 E보다 수득률이 높아 A가 제일 낮은 수득률을 보인다면 A의 수득률은 D보다 높다는 조건과 충돌하게 된다. 즉 C의 수득률은 E보다 높을 수 없다. C의 수득률은 4번째로 높거나 5번째로 높다.
4번째나 5번째로 높은 수득률은 D이거나 C이다. 1번째나 2번째로 수득률이 높은 물고기는 A이거나 B이다. 단 C와 D 중 어느 물고기가 수득률이 더 높은지 확정할 수 없고 A와 B 중 어느 물고기가 수득률이 높은지 확정할 수 없다. 이를 편의상 빗금(/)으로 표현하면 다음과 같다.

1	2	3	4	5
A/B	B/A	E	D/C	C/D

01	02	03	04
⑤	③	①	③

01 ⑤

[추천 풀이 도구] 눈으로만(E를 고정할 수 있고 C의 순서를 묻는 쉬운 문제이기 때문)
E를 4번째에 고정하자. B는 E보다 앞에 줄을 선다. B가 줄을 서는 순서는 1, 2, 3번째 중 하나다.
A와 D는 서로 인접하게 줄을 선다. A와 D는 5번째로 줄을 서지 않는다. A가 줄을 서는 순서는 1, 2, 3번째 중 하나이고 D도 줄을 서는 순서가 1, 2, 3번째 중 하나다.
문제에서 묻는 C는 5번째로 줄을 선다.

[오답 점검]
오답까지는 아니고 효율의 이야기다. 문제에서 묻는 것은 C가 몇 번째로 줄을 서는지이다. 다음과 같이 다른 인물들이 어떻게 줄을 서는지까지 꼼꼼히 고려할 필요가 없다.

1	2	3	4	5
B	A	D	E	C
B	D	A	E	C
A	D	B	E	C
D	A	B	E	C

02 ③

[추천 풀이 도구] 메모장
A를 기준으로 경우를 나눠보자. A가 1층에 사는 경우와 3층에 사는 경우로 나뉜다. C와 D는 서로 인접한 층에 살지 않는다. A가 1층에 사는 경우 C와 D는 2층과 4층에 산다. C와 D 중 누가 2층에 사는지는 확정할 수 없다. A가 3층에 사는 경우 C, D 중 1명은 반드시 4층에 산다. 나머지 1명이 1층에 사는 경우와 2층에 사는 경우로 경우가 더 나뉘겠다.

Case 1	Case 2
C/D	C/D
	A
D/C	
A	

B는 D보다 높은 층에 산다. Case 1에서 B는 3층에 산다. D는 B보다 낮은 층에 살아야 하니 D가 2층, C가 4층에 산다고 알 수 있다. Case 2에서 4층에 사는 사람은 C이다. B는 1층이나 2층에 사는데 4층에 D가 살면 B는 D보다 높은 층에 산다는 조건을 만족하지 않는다. B와 D가 1층, 2층에 산다. B는 D보다

높은 층에 산다는 점을 고려하면 B는 2층, D는 1층에 산다.

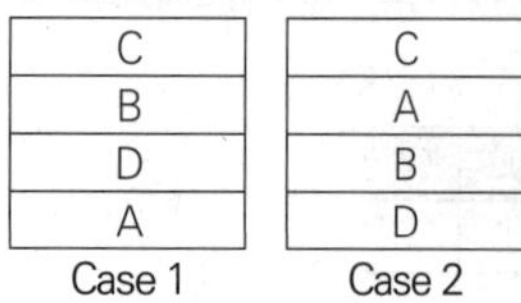

C는 문제의 상황과 〈보기〉를 만족하는 모든 경우에서 4층에 산다.

03 ①

[추천 풀이 도구] 눈으로만(선택지 소거로 풀이)

🔑 치트키 풀이

5명이 일렬로 줄을 서는 경우는 120가지인데 선택지에서 5가지로만 제시했다. 선택지의 5가지 경우 중 보기를 만족하지 않는 경우를 소거하자.

B와 D 사이에 2명이 줄을 선다.
- ②, ④번 소거
E는 C보다 게이트에 먼저 도착한다.
- ②번 소거
E와 C는 서로 이웃하게 줄을 선다.
- ③, ⑤번 소거
D 바로 뒤에 A가 줄을 선다.
- ③, ⑤번 소거

[일반 풀이]

B와 D 사이에 2명이 줄을 선다. E와 C는 서로 이웃하게 줄을 선다. B와 D 사이에 E와 C가 줄을 선다고 알 수 있다. B와 D 사이에 A가 줄을 설 수 있다고 생각할 수도 있지만 전체 인원이 5명이다. 즉 B와 D 사이에 A가 줄을 서면 A 외에 1명이 더 B와 D 사이에 줄을 서야 하는데 그 1명은 E이거나 C일 수밖에 없다. 이렇게 되면 E와 C는 서로 이웃하게 줄을 선다는 조건을 만족하지 않는다.
D 바로 뒤에 A가 줄을 선다. B와 D 사이에 2명이 줄을 서며 D 바로 뒤에 A가 줄을 서는 경우는 다음과 같다.

Case	1	2	3	4	5
1	B			D	A
2	D	A		B	
3		D	A		B

이미 B와 D 사이에 줄을 서는 2명이 E와 C라고 알고 있다. Case 2, 3을 소거하자. Case 1에서 E는 C보다 게이트에 먼저 도착한다는 조건을 고려하면 5명이 다음과 같이 줄을 선다고 알 수 있다.

Case	1	2	3	4	5
1	B	E	C	D	A

04 ③

[추천 풀이 도구] 메모장

줄을 서는 행위가 순차성이 있기에 줄을 몇 번째로 서는지를 기준으로 잡고 정리해보자. 3번째로 줄을 서는 사람은 중식을 선택하고 A와 D는 한식을 선택한다. A와 D는 3번째로 줄을 서지 않는다.
B와 A 사이에 1명이 줄을 서고 E 바로 앞에 D가 줄을 선다. 이를 그룹으로 표현하면 다음과 같다. A와 B는 서로 자리를 바꿀 수 있는데 이를 A/B와 같이 빗금으로 표현했다.

A/B		B/A

D	E

DE그룹이 1, 2번째로 줄을 서면 AB그룹은 3, 5번째로 줄을 선다. DE그룹이 4, 5번째로 줄을 서면 AB그룹은 1, 3번째로 줄을 선다. 두 경우 모두 한식을 선택한 A는 3번째로 줄을 서지 않는다. DE그룹은 1, 2번째나 4, 5번째로만 줄을 설 수 있다. 이와 다르게 줄을 서면 AB그룹이 줄을 설 수 없다. 예를 들어 DE그룹이 2, 3번째로 줄을 서면 A와 B 사이에 1명이 줄을 서도록 채울 수 없다. 두 경우를 정리해보자.

	순서	1	2	3	4	5
Case 1	사람	D	E	B		A
	메뉴	한식		중식		한식
Case 2	사람	A		B	D	E
	메뉴	한식		중식	한식	

각 Case를 조금 더 정리해보자. Case 1에서 E는 양식을 선택한다. 같은 메뉴를 선택하는 사람끼리 인접하게 줄을 서지 않는데 E와 인접하게 줄을 서는 D는 한식, B는 중식을 시키기 때문에 E는 한식과 중식을 선택할 수 없다. C는 4번째로 줄을 서며 E와 마찬가지로 양식을 선택한다.
Case 2에서 C는 2번째로 줄을 서고 인접한 두 사람이 한식과 중식을 선택하기 때문에 양식을 선택한다. E는 4번째로 줄을 선 D가 한식을 선택하기 때문에 E는 한식을 선택하지 않는다. 단 E가 양식을 선택하는지 중식을 선택하는지 확정할 수 없다. 빗금으로 경우가 나뉨을 표현하자.

	순서	1	2	3	4	5
Case 1	사람	D	E	B	C	A
	메뉴	한식	양식	중식	양식	한식
Case 2	사람	A	C	B	D	E
	메뉴	한식	양식	중식	한식	양/중

Case 2가 2가지 경우로 나뉘므로 5명의 메뉴와 줄을 서는 순서를 확정하는 경우는 3가지이다.

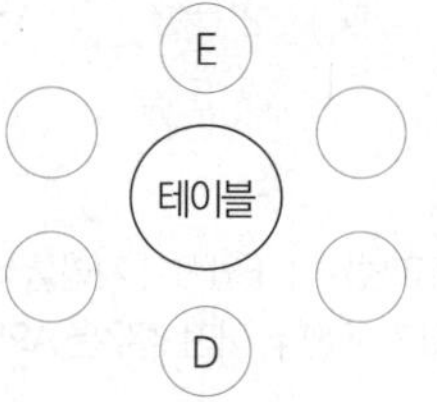

01	02	03	04
②	②	④	①

01 ②

[추천 풀이 도구] 눈으로만(선택지에서 묻는 건 항상 이웃한 둘이기 때문)

D와 E를 마주 보는 자리에 고정하자.

C와 인접한 두 의자 중 한 의자에 앉는 사람은 없다. C가 앉을 수 있는 의자는 위의 빈 의자 4곳인데 C가 어디에 앉든 A와 B는 서로 이웃한 의자에 앉는다. 이해를 돕기 위해 다음과 같이 4가지 경우로 나누었지만 실제 풀이에서는 4가지 경우를 그리지 않고 A와 B가 서로 이웃한 의자에 앉는다고 바로 추론한 뒤 풀이를 끝냈으면 한다. X로 표기한 자리는 아무도 앉지 않는 의자이고 빈 의자 2곳은 A와 B가 앉는 의자다.

02 ②

C와 E도 마주 보고 않고 F와 B도 마주 보고 않는다. 두 조건 중 E는 D와 관련된 조건도 있으니 C와 E를 먼저 고정하자. 이후 E와 인접하며 E의 왼쪽 자리에 D가 앉는다는 조건을 반영하면 다음과 같다.

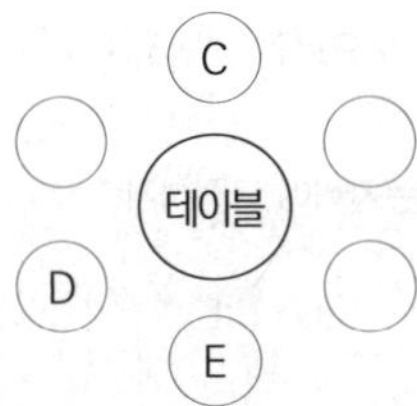

F와 B가 마주 보고 않는다. F와 B가 자리를 바꾸는 경우도 있으니 FB나 BF로 표기하겠다. 어떤 경우든 A와 인접하게 않는 사람은 C이다.

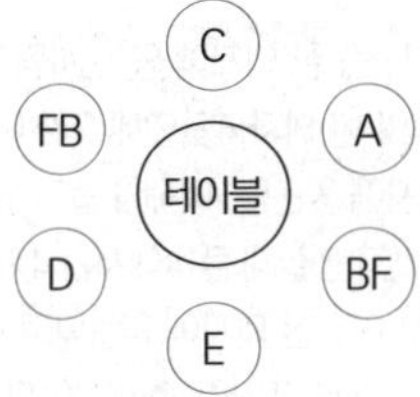

[오답 점검]

마주 보고 않는다는 조건은 1번 자리, 2번 자리와 같이 자리가 명명되어 있지 않다는 전제하에 한 조건만 고정조건으로 쓸 수 있다. 2번째 마주 보고 않는다는 조건부터는 반고정조건이다. 참고를 위해 경우가 나뉘는 것을 정리하면 다음과 같다.

03 ④

B와 C를 임의의 자리에 고정하자. 이후 A와 D 사이에 1명이 앉는다는 조건을 토대로 경우를 나누면 다음과 같다. A와 D는 자리를 바꿀 수 있으니 AD 또는 DA로 정리했다.

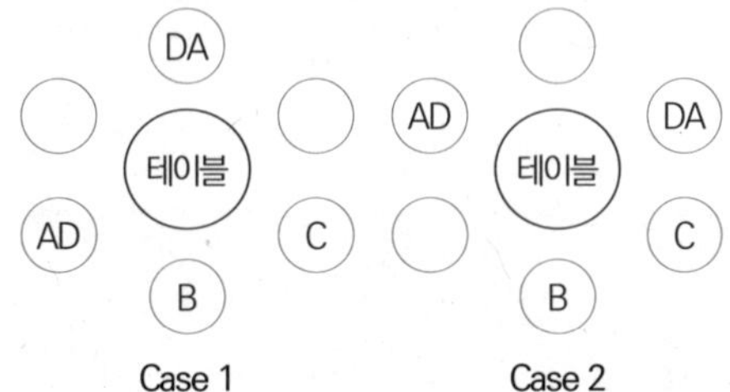

F는 A와 인접한 자리에 앉지 않는다. Case 1, 2 모두 F가 A와 D 사이의 1명이라면 어떻게든 A와 인접한 자리에 앉는다. F를 A와 D 사이의 1명이 아닌 자리에 배정하자.

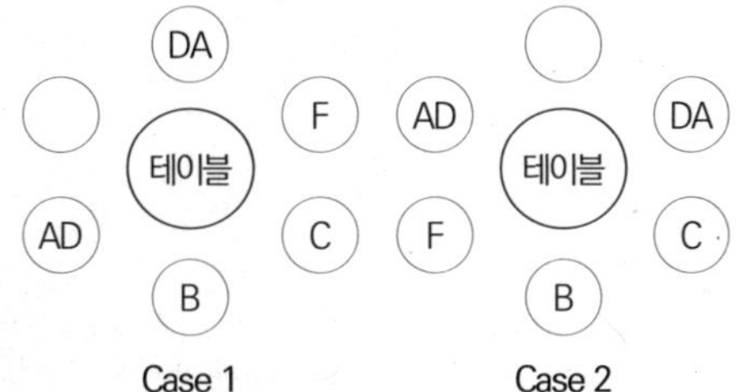

A와 F가 인접하지 않게 앉도록 정리한 후 남은 한 자리에 E를 배치하면 다음과 같다.

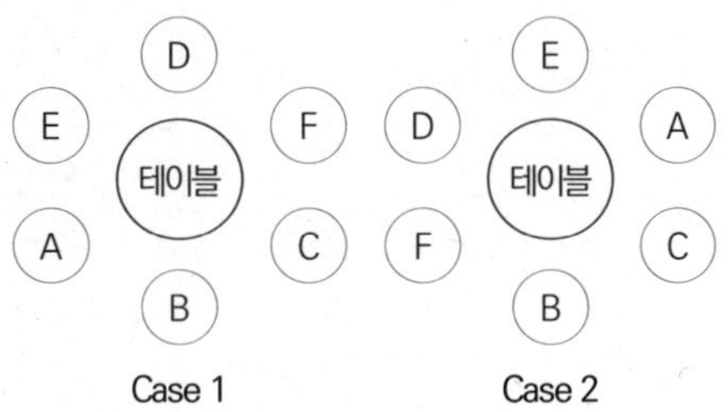

04 ①

[추천 풀이 도구] 그림판

C와 E를 마주 보는 자리에 앉히자. 테이블 문제에서 마주 본다는 조건을 고정조건처럼 쓸 수 있지만 해당 문제는 자리에 번호가 있어 C와 E가 마주 보고 앉는다고 하더라도 둘이 자리를 바꿀 수 있어 고정조건처럼 쓸 수 없다. 여기까지만 고민하면 6가지 경우로 나누어 고민해야 한다. 하지만 C가 앉은 자리의 번호가 짝수이기에 크게 3가지 경우로 나눌 수 있다.

A가 회의실에 도착한 뒤 곧바로 B가 회의실에 도착한다. A와 B는 인접한 자리에 앉으며 A 기준 오른쪽의 자리에 B가 앉는다. 그러면서 E는 F보다 먼저 회의실에 도착한다. Case 1은 조건을 만족하지 않는다. Case 2에서 F는 1번이나 2번 자리에 앉는다. 이에 따라 A는 4번, B는 5번 자리에 앉는다. Case 3에서 F는 1, 3, 4번 자리 중 한 자리에 앉는다. F가 1번 자리에 앉으면 A는 3번, B는 4번 자리에 앉는다. 자연스럽게 D는 6번 자리에 앉는다. F가 3번이나 4번 자리에 앉으면 A와 B가 앉을 자리가 없다. 1번과 6번이 남는데 A 바로 뒤에 B가 도착한다는 정보를 만족할 수 없다.

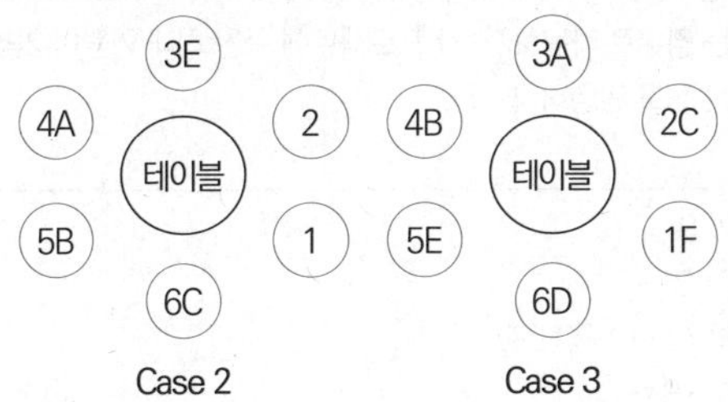

Case 2에서 F가 1번 자리에 앉는 경우와 2번 자리에 앉는 경우로 나눌 수 있다. 바로 위의 Case 2와 같이 1, 2번 자리를 비워 두고 F와 D 경우를 더 나누지 않고 문제를 풀이해도 되지만 풀이과정이 헷갈릴 수 있으니 Case 2.1과 2.2로 나누겠다.

01	02	03	04
③	⑤	⑤	①

01 ③

[추천 풀이 도구] B가 서울, 대전, 부산을 간다는 정리까지 메모장 → 이후 풀이는 눈으로만

변수가 사람과 출장지로 2가지이며 다대다의 관계다. 종이와 펜을 쓸 수 있다면 한 축에 사람을 두고 다른 한 축에 출장지를 둔 뒤 표 안을 O, ×로 채우는 풀이가 좋겠지만 현재로는 어렵다. 메모장에 필요한 정보를 정리한 뒤 머리로 풀이하자.

C는 1곳으로만 출장을 가고 부산으로 출장을 가는 사람은 3명이다. A의 출장지 중 D의 출장지와 겹치는 곳은 없다. A와 D 중 1명만 부산으로 출장을 가고 B와 C는 부산으로 출장을 간다. C는 서울과 대전으로 출장을 가지 않는다. 이를 ~C 또는 C를 적고 위에 X로 표기하자.

```
서울: ~C
대전: ~C
부산(3): A/D, B, C
```

서울, 대전, 부산으로 출장을 가는 사람은 1명이다. A의 출장지 중 D의 출장지와 겹치는 곳은 없다. A가 3곳의 출장지로 모두 출장을 간다면 D는 출장을 가는 곳이 없게 된다. 출장을 가지 않는 사람이 없다는 문제의 상황을 만족하지 않는다. A는 3곳의 출장지로 모두 출장을 가지 않는다. D도 마찬가지다. B가 서울, 대전, 부산으로 출장을 간다.

```
서울: ~C, B
대전: ~C, B
부산(3): A/D, B, C
```

A의 출장지 중 D의 출장지와 겹치는 곳은 없기 때문에 서울로 출장을 가는 사람이 1명인 경우, 2명인 경우로 나뉘며 대전으로 출장을 가는 사람이 1명인 경우, 2명인 경우로 나뉜다. 대전으로 출장을 가는 사람이 3명일 수 없다.

[오답 점검]

A의 출장지 중 D의 출장지와 겹치는 곳은 없다고 하여 A가 출장을 가지 않는 곳에 D가 반드시 출장을 간다고 할 수 없다. 이를 ④번의 반례로 예를 들겠다.

```
서울: B, ~A, ~C, ~D
대전: B, A/D
부산(3): B, C, D/A
```
④번의 반례

02 ⑤

[추천 풀이 도구] Case를 나누기 전까지 메모장 → 이후 나뉘는 Case와 풀이는 눈으로만

인당 1가지 이상의 프로젝트에 속한다. 각 프로젝트 기준으로 속한 사람은 1~2명이다. 변수가 2가지이고 다대다의 구조를 보인다. 메모장에 프로젝트명을 하나씩 적은 후 프로젝트에 A, B, C, D를 배정하자.

B는 P, Q 프로젝트에 속하고 R, S프로젝트에는 속하지 않는다는 조건과 A는 R 프로젝트에 속한다는 조건을 채워보자.

```
P: B
Q: B
R: A, ~B
S: ~B
```

C가 속한 프로젝트에 모두 B도 속한다. C는 R, S프로젝트에 속하지 않는다. 만약 C가 R프로젝트에 속한다면 B도 R프로젝트에 속하는데 이미 B가 R프로젝트에 속하지 않는다고 알 수 있다. S프로젝트도 마찬가지다. D가 속한 프로젝트는 A가 속한 어떤 프로젝트와도 겹치지 않는다. D는 A가 속한 R프로젝트에 속하지 않는다.

```
P: B
Q: B
R: A, ~B, ~C, ~D
S: ~B, ~C
```

인당 1곳 이상의 프로젝트에 속한다. C가 P프로젝트에만 속하는 경우, Q프로젝트에만 속하는 경우, C가 P, Q 프로젝트에 속하는 경우로 나눠보자. 각 프로젝트에 속한 최대 인원이 2명이라는 점도 반영하자.

```
P: B, C
Q: B, ~C
R: A, ~B, ~C, ~D
S: ~B, ~C
```
Case 1

```
P: B, ~C
Q: B, C
R: A, ~B, ~C, ~D
S: ~B, ~C
```
Case 2

```
P: B, C
Q: B, C
R: A, ~B, ~C, ~D
S: ~B, ~C
```
Case 3

D가 속한 프로젝트는 2곳이다. Case 3은 D가 속할 수 있는 프로젝트가 1곳뿐이다. 조건을 만족하지 않는다. Case 1에서 D는 Q, S프로젝트에 속하고 Case 2에서 D는 P, S프로젝트에 속한다. D가 속한 프로젝트는 A가 속한 어떤 프로젝트와도 겹치지 않는다는 조건까지 고려하여 정리하면 다음과 같다.

```
P: B, C
Q: B, D ~C
R: A, ~B, ~C, ~D
S: D, ~B, ~C
```
Case 1

```
P: B, D, ~C
Q: B, C
R: A, ~B, ~C, ~D
S: D, ~B, ~C
```
Case 2

03 ⑤

[추천 풀이 도구] 스킨을 사는 3명, B 정리까지 메모장 → 이후 풀이는 눈으로만

사람을 기준으로 2가지의 화장품을 사고 각 제품을 1명 이상이 산다. 변수가 사람과 화장품으로 2가지이며 다대다의 관계다. 화장품을 기준으로 두고 사람을 채워보자. 이때 사지 않는다는 정보를 ~A 또는 A 위에 X 표시 등으로 적어 추가 정보를 잘 활용할 수 있는 기반을 쌓자.

B는 로션과 크림을 산다. 인당 2가지의 화장품을 사기 때문에 B는 스킨과 에센스를 사지 않는다. 스킨을 사는 사람은 3명이다. B가 스킨을 사지 않기에 스킨을 산 사람은 A, C, D라고 알 수 있다. 크림을 사는 사람이 1명이라는 정보도 적어두자.

```
스킨(3): ~B, A, C, D
로션: B
에센스: ~B
크림(1): B
```

로션을 사는 사람의 수는 에센스를 사는 사람의 수보다 많다. 이를 '로션〉에센스'로 표기하지 말고 숫자를 대입하여 경우를 직관적으로 정리하자. 4명이 2가지 제품을 사고 스킨을 사는 사람이 3명, 크림을 사는 사람이 1명이다. 이를 토대로 로션을 사는 사람과 에센스를 사는 사람의 수를 더하면 4가 나온다고 알 수 있다. 로션을 사는 사람은 3명이고 에센스를 사는 사람은 1명이다.

참고로 로션을 사는 사람이 4명이고 에센스를 사는 사람이 0명이라고 생각할 수 있는데 네 화장품 중 아무도 사지 않은 화장품은 없다. 에센스를 0명이 살 수 없다. 또한 A가 산 화장품 중 1가지 화장품이 D가 산 화장품과 같다. A와 D가 산 화장품 중 겹치는 1가지는 스킨이다. 로션을 4명이 살 수 없다.

로션을 사는 3명 중 B는 이미 확정이다. A와 D는 스킨을 제외한 3가지 화장품을 겹치게 사지 않기 때문에 A와 D 중 1명이 로션을 산다. C가 로션을 산다.

```
스킨(3): ~B, A, C, D
로션(3): B, A/D, C
에센스(1): ~B
크림(1): B
```

스킨과 로션을 사는 C는 에센스와 크림을 사지 않는다.

04 ①

[추천 풀이 도구] 눈으로만

변수가 사람과 물건으로 2가지이며 다대다의 구조를 보인다. 물건을 기준으로 두고 사람을 배정하자. 인당 1~2가지의 물건을 사기에 사람은 1번 또는 2번 등장한다는 점을 고려하자.

가를 선택한 사람은 2명이고 나머지 물건을 선택한 사람은 각각 1명씩이다. B는 나와 다를 선택한다. B가 나와 다를 선택했고 나를 선택한 사람이 1명, 다를 선택한 사람이 1명이기에 A, C, E는 나와 다를 선택하지 않는다.

```
가(2):
나(1): B
다(1): B
라(1):
```

가를 선택하는 사람이 2명이다. 가를 선택하는 2명이 C, A인 경우와 D, A인 경우로 나눌 수 있다. A는 D가 선택한 물건을 모두 선택한다는 조건을 토대로 A가 라를 선택하면 D도 라를 선택한다고 오해할 수 있지만 D는 A의 부분집합이지 상동이 아니다.

가(2): A, C
나(1): B
다(1): B
라(1):

Case 1

가(2): A, D
나(1): B
다(1): B
라(1):

Case 2

4명 모두 물건 중 1~2가지를 선택한다. Case 1에서 D가 라를 선택한다. 그런데 D가 라를 선택하면 A도 라를 선택하게 되는데 이는 라를 선택한 사람이 1명이라는 조건을 만족하지 않는다. Case 2에서 C가 라를 선택하고 라를 선택한 사람이 1명이기에 A와 D는 라를 선택하지 않는다.

가(2): A, D
나(1): B
다(1): B
라(1): C

Case 2

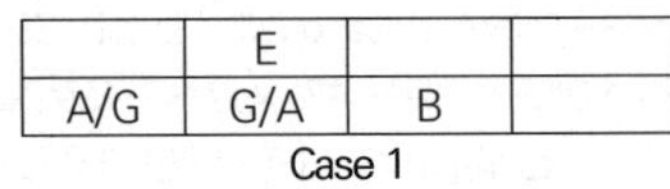
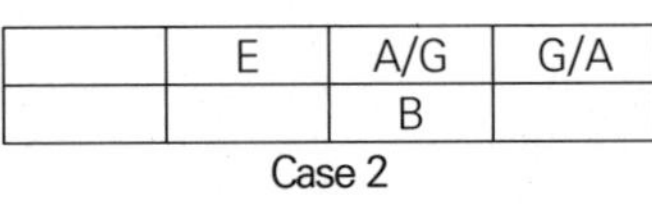

01	02	03	04
③	④	⑤	⑤

01 ③

[추천 풀이 도구] B, E 정리까지 그림판 → 이후 풀이는 눈으로만

B를 2행 3열의 칸, E를 1행 2열인 칸에 고정하자. A와 G는 같은 행이며 서로 이웃한 칸에 진열한다. 이를 토대로 경우를 나누면 다음과 같다. A와 G는 자리를 바꿀 수 있기에 편의상 A/G 또는 G/A로 표기했다.

	E		
A/G	G/A	B	

Case 1

	E	A/G	G/A
		B	

Case 2

F와 C는 같은 열의 칸에 진열한다. Case 1에서 F와 C는 4열의 칸에 진열하고 Case 2에서 F와 C는 1열의 칸에 진열한다. F를 1행인 칸에 진열하는 경우와 C를 1행인 칸에 진열하는 경우로 나뉜다. 이를 편의상 F/C 또는 C/F로 표기했다.

	E		F/C
A/G	G/A	B	C/F

Case 1

F/C	E	A/G	G/A
C/F		B	

Case 2

아무것도 진열하지 않는 칸의 위치로 적절한 것은 1행 1열, 1행 3열, 2행 2열, 2행 4열이다.

02 ④

[추천 풀이 도구] ① 메모장

[추천 풀이 도구] ② 그림판

각 층에 2명씩 배치하자. F가 거주하는 층보다 1층 위에 C가 거주한다. 이를 토대로 경우를 나눈 후 A가 거주하는 층은 E가 거주하는 층과 1층 차이라는 조건으로 경우를 더 나누자. 경우를 나눌 때 E와 C가 같은 층에 거주하지 않는다는 조건을 유의하자.

3층		E	C	C	CA
2층	CA	CA	FE	FA	FE
1층	FE	F	A	E	
	Case 1	Case 2	Case 3	Case 4	Case 5

D는 B보다 높은 층에 거주한다. D와 B가 같은 층에 사는 Case 1, 5를 소거하자. 남은 Case에 D, B를 배치하면 다음과 같다.

3층	ED	CD	CD	CA
2층	CA	FE	FA	FE
1층	FB	AB	EB	
	Case 2	Case 3	Case 4	Case 5

03 ⑤

[추천 풀이 도구] F, I, B, D 정리까지 그림판 → 이후 풀이는 눈으로만

F를 2행 2열의 칸에 놓고 I는 1행 3열의 칸에 놓자. B와 D는 1행인 칸에 놓는다. B와 D 중 하나는 1행 1열에 놓고 나머지 하나는 1행 2열에 놓자. 둘 중 무엇을 1행 1열에 놓는지는 확정할 수 없기에 B/D 또는 D/B로 표기하겠다.

B/D	D/B	I
	F	

H와 C는 1열이며 서로 이웃한 칸에 놓는다. H와 C 중 하나는 1행 2열에 놓고 나머지 하나는 1행 3열에 놓는다. H와 C를 바꿀 수 있기에 H/C 또는 C/H로 표기하겠다.

B/D	D/B	I
H/C	F	
C/H		

E와 A는 같은 행이며 서로 이웃한 칸에 놓는다. E와 A는 3행 2열인 칸과 3행 3열인 칸에 놓는다. 자연스럽게 G는 2행 3열의 칸에 놓는다고 알 수 있다.

B/D	D/B	I
H/C	F	G
C/H	A/E	E/A

04 ⑤

[추천 풀이 도구] E, A 정리 후 B, C 미정으로 정리까지 그림판 → 이후 풀이는 눈으로만(선택지의 앞부분을 넣어보며 풀이)

B가 묵는 호실의 끝 번호는 3이고 E가 묵는 끝 번호는 1이다. 하지만 둘 다 1층에 묵는지 2층에 묵는지는 알 수 없다. 호실은 알지만 층을 모르는 미정인 칸을 두어 표기하자. A와 E가 묵는

호실의 끝 번호는 같기에 A도 E와 같이 호실의 끝 번호가 1이지만 층이 미정인 칸에 두자.

E, A		B
201호	202호	203호
101호	102호	103호

C와 A는 같은 층의 호실에 묵는다. A가 101호에 묵는 경우와 201호에 묵는 경우로 나누자. 두 경우에서 C는 몇 층에 묵는지는 알지만 몇 호인지는 모른다. 층은 알지만 호를 모르는 미정인 칸을 두어 C를 표기하자. E는 자연스럽게 호실의 끝 번호가 1이고 A가 묵지 않는 호실에 묵는다.

		B	
E	202호	203호	
A	102호	103호	C

Case 1

		B	
A	202호	203호	C
E	102호	103호	

Case 2

여기서 풀이의 의사결정이 필요하다고 생각된다. 선택지가 '~라면'일 때 푸는 방법은 크게 2가지다.

1) 정리를 어느 정도 한 후 선택지의 앞부분(=전건)을 넣어봤을 때 뒷부분(=후건)의 내용이 항상 참인지를 판별하는 방법
2) 문제의 상황과 〈보기〉의 조건을 만족하는 모든 경우를 정리한 후 앞부분이 지칭하는 경우에 뒷부분의 내용이 항상 참인지 판별하는 방법

2가지 방식 모두 풀어보겠다.

1) 정리를 어느 정도 한 후 선택지의 앞부분(=전건)을 넣어봤을 때 뒷부분(=후건)의 내용이 항상 참인지를 판별하는 방법
항상 참인 것을 고르는 문제이기에 반례를 찾는 데 집중하여 풀어보자. 반례는 여럿이 나올 수 있기에 해설에서 제시하는 반례가 풀이하며 찾은 반례와 다를 수 있다. 해설에서는 Case 안에 값을 넣어 제시했지만 실제 풀이에서는 머리로만 처리하는 편이 보다 빠르다.

① A가 201호에 묵는다면 D는 102호에 묵는다.
   A가 201호에 묵는 경우는 Case 2뿐이다. 반례를 위해 D를 102호에 묵지 않도록 정리하면 다음과 같다.

A	D	C
E	F	B

Case 2를 활용한 반례

② F가 202호에 묵는다면 B는 103호에 묵는다.

F가 202호에 묵는 경우의 반례를 찾아보자. Case 1을 활용하면 B가 103호에 묵지 않는 경우도 존재한다.

E	F	B
A	D	C

Case 1을 활용한 반례

③ D가 203호에 묵는다면 E는 201호에 묵는다.

E는 Case 2에서 101호에 묵는다. 반례를 찾아보기 위해 Case 2를 활용해보자.

A	C	D
E	F	B

Case 2를 활용한 반례

④ E가 101호에 묵는다면 F는 203호에 묵는다.

E가 101호에 묵는 경우는 Case 2뿐이다. F가 203호에 묵지 않도록 만드는 경우는 다음과 같다.

A	C	D
E	F	B

Case 2를 활용한 반례

⑤ C가 102호에 묵는다면 B는 203호에 묵는다.

C가 102호에 묵을 수 있는 경우는 Case 1뿐이다. Case 1에서 C를 102호에 고정하자. D와 F는 서로 다른 층에 묵어야 하기 때문에 둘 중 1명은 202호에 묵고 나머지 1명은 103호에 묵는다. 단 D와 F 중 누가 202호에 묵는지는 확정할 수 없어 D/F 또는 F/D로 표기했다.

E	D/F	203호
A	C	F/D

Case 1

아직 정리하지 않은 203호에 묵는 사람은 B이다.

[다른 풀이]

2) 문제의 상황과 〈보기〉의 조건을 만족하는 모든 경우를 정리한 후 앞부분이 지칭하는 경우에 뒷부분의 내용이 항상 참인지 판별하는 방법

		B
E	202호	203호
A	102호	103호

C

Case 1

		B
A	202호	203호
E	102호	103호

C

Case 2

이미 정리한 위의 경우에서 더 정리해보자. Case 1을 C가 102호에 묵는 경우와 103호에 묵는 경우로 나눠보자. 이어서 Case 2에서 C가 202호에 묵는 경우와 203호에 묵는 경우로 나누자.

		B
E	202호	203호
A	C	103호

Case 1.1

		B
E	202호	203호
A	102호	C

Case 1.2

		B
A	C	203호
E	102호	103호

Case 2.1

		B
A	202호	C
E	102호	103호

Case 2.2

F는 D와 같은 층의 호실에 묵지 않는다. 해당 조건을 만족하도록 F, D, B를 배치하면 다음과 같다. F와 D는 자리를 바꿀 수 있기에 F/D 또는 D/F로 자리를 바꿀 수 있다고 표기했다.

E	F/D	B
A	C	D/F

Case 1.1

E	F/D	B
A	D/F	C

Case 1.2

A	C	D/F
E	F/D	B

Case 2.1

A	F/D	C
E	D/F	B

Case 2.2

이후 선택지의 앞부분을 만족하는 경우에서 뒷부분을 만족하는지를 판별하면 된다. 반례는 앞선 풀이에서 제시했기에 생략하겠다.

01	02	03	04
③	①	②	⑤

01 ③

[추천 풀이 도구] 눈으로만(반드시 임원인 사람에만 집중하며 풀이)

확실한 정보부터 시작해보자. A는 임원이다. C가 임원이라면 A는 임원이 아니다. 이를 대우하면 A가 임원이기에 C는 임원이 아니라고 알 수 있다.

> 임원: A
> 임원이 아님: C

C와 D 중 1명은 반드시 임원이다. C가 임원이 아니기에 D가 임원이라고 알 수 있다. 또한 D가 임원이라면 F는 임원이 아니나. F는 임원이 아니나.

> 임원: A, D
> 임원이 아님: C, F

E 또는 D가 임원이라면 B는 임원이다. '또는'은 둘 중 하나만 만족해도 참이다. 즉 D가 임원이라는 점을 만족하기에 B가 임원이라고 알 수 있다. 다만 E가 임원인지 아닌지는 현재의 정보로 확정할 수 없다.

> 임원: A, D, B
> 임원이 아님: C, F
> 확정 불가: E

02 ①

[추천 풀이 도구] 눈으로만(반드시 SM팀인 사람에 집중하며 풀이)

6명의 소속은 SI팀과 SM팀 중 하나이다. SI팀 소속이 아니라면 SM팀 소속이고 SM팀 소속이 아니라면 SI팀 소속이다. A는 SI팀이다. 〈보기〉의 두 번째 조건을 대우하면 'A가 SM팀이 아니라면 E와 F는 SM팀이 아니다.'인데 이를 'A가 SI팀이라면 E와 F는 SI팀이다.'로 이해해도 되겠다. E와 F는 SI팀이다.
- SI팀: A, E, F
- SM팀: (아직 모름)

〈보기〉의 첫 번째 조건을 대우하면 'F가 SI팀이라면 C는 SM팀이다.'이다. F가 SI팀이니 C가 SM팀이라고 알 수 있다. 세 번째 조건을 대우하면 'D 또는 E가 SI팀이라면 B는 SI팀이다.'이다. E가 SI팀이기 '또는'은 둘 중 하나만 만족해도 참이기에 B

도 SI팀이라 알 수 있다.
- SI팀: A, E, F, B
- SM팀: C

아쉽게도 D는 SI팀인지 SM팀인지 확정할 수 없다. 반드시 SM팀인 인원을 구하는 문제이기에 C 1명만 반드시 SM팀이라고 알 수 있다.

03 ②

[추천 풀이 도구] 메모장

〈보기〉의 조건을 정리하면 다음과 같다.

> A: (~H)
> B: (~E)
> C: G
> D:

D의 남자친구가 E인 경우, F인 경우, H인 경우로 나눠보자. A가 H와 커플이 아니라는 조건과 B가 E와 커플이 아니라는 조건을 참고하면 다음의 3가지 경우로 정리할 수 있다.

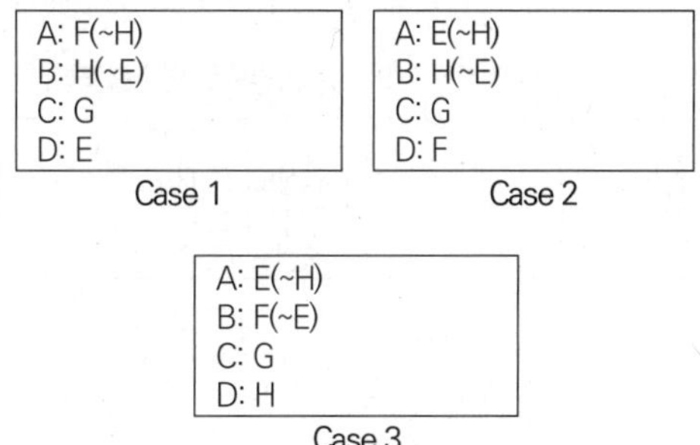

04 ⑤

[추천 풀이 도구] C, F, D, G 정리까지 메모장 → 이후 풀이는 눈으로만(선택지의 앞부분을 넣어보며 풀이)

각 조는 한 곳으로 연수를 가고 연수를 가지 않는 지역은 없다. 각 지역에 연수를 가는 조가 한 조씩 있고 4개 조이기 때문에 4개 조는 각기 다른 지역을 간다.
고정조건을 먼저 확인하자. C, F, D, G를 고정하면 다음과 같다.

> 강원도:
> 경상도: D
> 전라도: C, F
> 충청도: G

선택지가 '~라면'으로 제시됐다. 이를 푸는 방법은 1) 도식을 최대한 정리 후 선택지의 앞부분의 정보를 넣은 후 뒷부분이 참인지 거짓인지 정리하는 방법과 2) 문제의 상황과 〈보기〉의 조건을 만족하는 모든 경우를 구한 후 선택지의 앞부분이 가리키는 경우에서 뒷부분이 참인지 거짓인지 확인하는 방법으로 나뉜다. 1)인지 2)인지 풀이 방법을 정하는 것은 개인차이며 판단하는 기준은 도식을 채울 만큼 채운 후 남은 빈칸이 많은지 즉 경우가 많이 나뉠지 판단하여 경우가 많이 나뉠 것으로 예상되면 1)의 방법, 경우가 적게 나뉜다면 2)의 방법으로 푼다.
해당 문제에서는 1)의 방법을 택하여 풀어보겠다. 문제에서 묻는 것이 항상 참인 것을 고르라 했으니 앞부분의 정보를 넣고 정리했을 때 뒷부분이 만족하지 않는 경우를 찾아보자.

① B가 강원도로 연수를 가면 A는 경상도로 연수를 간다.

강원도: B, A	강원도: B, E/H
경상도: D, E/H	경상도: D, H/E
전라도: C, F	전라도: C, F
충청도: G, H/E	충청도: G, A

② E가 충청도로 연수를 가면 H는 강원도로 연수를 간다.

강원도: A, B
경상도: D, H
전라도: C, F
충청도: G, E

③ A가 강원도로 연수를 가면 E는 충청도로 연수를 간다.

강원도: A, E	강원도: A, E/H
경상도: D, B	경상도: D, H/E
전라도: C, F	전라도: C, F
충청도: G, H	충청도: G, B

강원도: A, B
경상도: D, E
전라도: C, F
충청도: G, H

④ H가 경상도로 연수를 가면 E는 충청도로 연수를 간다.

강원도: E, A/B
경상도: D, H
전라도: C, F
충청도: G, B/A

⑤ A가 충청도로 연수를 가면 B는 강원도로 연수를 간다.

강원도: B, E/H
경상도: D, H/E
전라도: C, F
충청도: G, A

①, ②, ③, ④번은 항상 참이라고 할 수 없는 증거, 즉 반례를 들었고 ⑤는 정답일 수밖에 없는 이유를 정리했다.

오답까지는 아니고 효율성에 대한 점검이다. 풀이에서 여러 반례를 들었지만 반례를 한 가지만이라도 찾으면 해당 선택지는 답이 아니라고 판단하고 넘어가는 방법으로 풀어 풀이 시간을 단축하자.

01	02	03	04
①	①	⑤	⑤

01 ①

[추천 풀이 도구] 눈으로만

A와 D의 진술을 확인해보자. D는 A가 거짓을 말한다고 한다. D의 진술은 참이거나 거짓인데 D의 진술이 참이면 A의 진술은 거짓이고 D의 진술이 거짓이면 A의 진술은 참이다. A와 D의 진술은 모순관계.

A, D 중 1명이 참을 말한다. B, C, E의 진술은 거짓이다. 3명의 진술을 토대로 얻을 수 있는 정보는 다음과 같다.

> B: B 또는 C가 경력사원
> C: E는 신입사원
> E: B 또는 D가 경력사원

B와 E의 진술에서 얻은 정보를 토대로 D가 경력사원이라고 알 수 있다. B가 경력사원이기에 A의 진술은 참이고 D의 진술은 거짓이다.

02 ①

[추천 풀이 도구] 눈으로만

A의 진술을 확인하자. A의 진술이 진실이면 A의 진술 내용에 의해 E의 진술은 거짓이다. A의 진술이 거짓이면 E는 거짓을 말한다는 진술 내용이 거짓이기 때문에 E의 진술은 진실이다. 문제에서 1명만 진실을 말한다고 했고 A와 E의 진술이 모순관계다. A와 E 중 1명이 진실을 말한다. B, C, D는 거짓이다. B, C, D의 진술이 거짓이라는 점을 토대로 얻을 수 있는 정보는 다음과 같다.

B가 거짓: A는 팀장이 아니다.
C가 거짓: A 또는 D가 팀장이다.
D가 거짓: C는 팀장이다.

A는 팀장이 아니라는 정보와 A 또는 D가 팀장이라는 정보를 종합하면 D가 팀장이라고 알 수 있다. D의 진술이 거짓일 때 얻을 수 있는 정보까지 종합하면 C와 D가 팀장이라고 알 수 있다. 문제에서 진실을 말하는 사람을 고르라고 한다. D와 E가 팀원이라 말하는 E의 진술이 거짓이고 E와 모순관계를 형성하는 A의 진술이 진실이다.

03 ⑤

[추천 풀이 도구] 눈으로만(진술관계 파악 또는 선택지 소거 후 B, D, E의 취미가 수영이 아니라는 점을 우선 확인)

🔑 치트키 풀이

A와 B의 진술은 동일관계다. 선택지에 A와 B가 동시에 오거나 동시에 오지 않아야 한다. ②, ③번을 소거하자.

D와 E의 진술은 모순관계다. 둘 중 1명이 꼭 선택지에 있어야 하며 둘 다 있는 경우는 불가하다. ①번을 소거하자.

④ C, D와 ⑤ C, E가 남았다. 이를 토대로 C는 무조건 거짓을 말하고 A, B는 참을 말한다고 알 수 있다. A가 참이기에 E의 취미는 수영이 아니고 C가 거짓이기에 B와 D의 취미도 수영이 아니다. A, C의 취미가 수영이다. D와 E 중 D의 진술이 참이고 E의 진술이 거짓이다. ④번을 소거하자.

아쉽게도 선택지를 소거하며 바로 정답이 나오지는 않았다. 남은 선택지를 토대로 문제를 풀어야 했지만 참 2명 또는 거짓 2명을 고르는 문제는 진술관계를 토대로 소거하며 시간 단축을 노려볼 수 있다.

[일반 풀이]

D의 진술이 참이면 B의 취미는 수영이 아니다. B의 취미가 수영이 아니기에 E의 진술은 거짓이다. D의 진술이 거짓이면 B의 취미는 수영이다. B의 취미가 수영이기에 E의 진술은 참이다. D와 E의 진술은 모순관계다.

문제에서 2명이 거짓을 말한다고 했다. 거짓을 말하는 1명은 D나 E 중 1명이고 나머지 1명은 A, B, C 중 1명이다.

B는 A의 진술이 참이라고 한다. B의 진술이 참이면 A의 진술도 참이고 B의 진술이 거짓이면 A의 진술도 거짓이다. B와 A는 동시에 참, 동시에 거짓을 말하는 동일관계다. A, B, C 중 1명이 거짓을 말한다. C가 거짓이고 A와 B는 참을 말한다. A가 참이기에 E의 취미는 수영이 아니고 C가 거짓이기에 B와 D의 취미도 수영이 아니다. E, B, D를 제외한 A, C의 취미가 수영이다. B의 취미는 수영이 아니기에 D와 E 중 D의 진술이 참이고 E의 진술이 거짓이다.

04 ⑤

[추천 풀이 도구] 눈으로만(B, E 동일관계로 선택지 ②, ④ 소거 → B, E 동일관계 + C, D 모순관계로 A의 진술이 진실임을 파악 후 선택지 ③ 소거 → A의 진술이 진실이기에 C 또는 D가 훔쳤으니 ① 소거)

C와 D의 진술을 확인해보자. C의 진술이 진실이면 D의 진술은 거짓이다. C의 진술이 거짓이면 D의 진술은 진실이다. C와 D는 모든 경우에서 둘 중 1명이 진실이고 나머지 1명이 거짓을 말하는 모순관계다. C와 D중 1명이 진실을 말한다. A, B, E 중 1명도 진실을 말한다.

B와 E의 진술을 살펴보자. B의 진술이 참이면 E의 진술도 참이다. B의 진술이 거짓이면 E의 진술도 거짓이다. B와 E는 모든 경우에 동시에 진실을 말하거나 동시에 거짓을 말하는 동일관계다. A, B, E 중 1명이 진실을 말한다. B와 E는 동시에 진실을 말하거나 동시에 거짓을 말하기 때문에 B와 E는 거짓을 말한다고 알 수 있다. 자연스럽게 A는 진실을 말한다고도 알 수 있다. A의 진술이 진실이다. C 또는 D가 물건을 훔쳤다. E의 진술이 거짓이다. 이를 통해 C는 물건을 훔치지 않았다고 알 수 있다. 물건을 훔친 사람은 D이다.

물건을 훔친 사람이 D이다. D의 진술이 거짓이니 C의 진술이 진실이라고 알 수 있다. 진실을 말하는 2명은 A와 C이다.

01	02	03	04
⑤	④	④	③

01 ⑤

[추천 풀이 도구] 눈으로만

D의 진술을 보면 B가 진실을 말한다고 한다. D의 진술이 진실이면 B의 진술도 진실이고 D의 진술이 거짓이면 B의 진술도 거짓이다. D와 B의 진술은 모든 경우에서 둘 다 진실을 말하거나 둘 다 거짓을 말하는 동일관계다.

문제에서 1명만 진실을 말한다고 한다. 정답이 되는 경우에서 D, B는 거짓을 말한다. B의 진술이 거짓이니 A와 C가 연말정산을 했다고 알 수 있다. 또한 연말정산을 하지 않은 1명만 진실이라는 점을 토대로 거짓을 말하는 D, B도 연말정산을 했다고 알 수 있다.

연말정산을 하지 않은 사람은 E이다. 즉 진실을 말하는 사람은 E이다.

02 ④

[추천 풀이 도구] 눈으로만

A의 진술을 확인하자. A는 C의 진술이 거짓이 아니라고 한다. 즉 C의 진술이 진실이라고 한다. A의 진술이 진실이면 C의 진술도 진실이고 A의 진술이 거짓이면 C의 진술도 거짓이다. A, C의 진술은 모든 경우에서 둘 다 진실을 말하거나 둘 다 거짓을 말하는 동일관계다.

문제에서 1명만 거짓을 말한다고 한다. A와 C는 정답이 되는 경우에서 진실을 말한다. C의 진술이 진실이니 C와 E는 보고를 누락하지 않았다. 또한 A는 진실을 말하는데 거짓을 말하는 1명이 보고를 누락했다고 하니 A는 보고를 누락하지 않았다.

E는 보고를 누락하지 않았다. 즉 E는 진실을 말한다. E의 진술에 의해 B도 보고를 누락하지 않았다고 알 수 있다.

A, B, C, E는 보고는 누락하지 않았다. 보고를 누락한 사람은 D이다.

[오답 점검]

	A의 진술	B의 진술	C의 진술	D의 진술	E의 진술
A가 누락	진실	거짓	진실	진실	진실
D가 누락	진실	진실	진실	거짓	진실

A가 보고를 누락한 경우에도 거짓을 말하는 사람은 1명이다. 그런데 누락한 사람은 A이고 거짓을 말하는 사람은 B이다. 거짓을 말하는 1명이 보고를 누락했다는 조건을 만족하지 않는다.

03 ④

[추천 풀이 도구] 눈으로만

C는 A가 인턴사원이라고 하고 D는 A가 신입사원이라고 한다. A의 Action 상태는 인턴사원과 신입사원 둘뿐이다. A가 인턴사원이면 C가 진실을 말하고 D가 거짓을 말한다. A가 신입사원이면 C는 거짓을 말하고 D는 진실을 말한다. C와 D는 모든 경우에서 둘 중 1명이 진실을 말하고 나머지 1명이 거짓을 말하는 모순관계다.

문제에서 1명만 진실을 말한다고 한다. 정답이 되는 경우에서 C와 D 중 1명이 진실을 말하고 A, B는 거짓을 말한다. A가 거짓이니 C 또는 D가 인턴사원이라고 알 수 있다. B가 거짓이니 A와 C는 신입사원이라고 알 수 있다. 두 정보를 토대로 D가 인턴사원이라고 정리할 수 있다.

04 ③

[추천 풀이 도구] 눈으로만

A가 라면을 먹는 경우, B가 라면을 먹는 경우, C가 라면을 먹는 경우로 나누어 3명의 진술의 진실/거짓 여부를 먼저 파악해보자.

	A의 진술	B의 진술	C의 진술
1) A가 라면	진실	진실	진실
2) B가 라면	진실	진실	거짓
3) C가 라면	진실	진실	거짓

3명 중 1명만 거짓을 말하는 경우는 B가 라면을 먹는 경우, C가 라면을 먹는 경우이다. 두 경우 중 라면을 먹는 1명만 거짓을 말한다는 조건을 만족하는 경우는 C가 라면을 먹는 경우 뿐이다. 반드시 우동을 먹는 사람은 A, B이다.

[오답 점검]

C는 A가 라면을 먹는다고 한다. 거짓을 말하는 사람이 1명이며 라면을 먹는 1명만 거짓을 말한다는 조건을 만족하는 경우에서는 C의 진술이 진실이면 A가 라면을 먹기에 A의 진술은 거짓이고 C의 진술이 거짓이면 A는 우동을 먹기에 A의 진술은 진실이다. C와 A의 진술은 엄밀하게 모순관계는 아니지만 모순관계처럼 활용할 수 있다.

거짓을 말하는 사람이 1명이며 라면을 먹는 1명만 거짓을 말한다는 조건을 만족하는 경우에서는 C와 A 중 1명이 거짓을 말하고 나머지 1명이 진실을 말한다. B의 진술이 진실이다. B의 진술이 진실일 때 얻을 수 있는 정보는 1) A만 우동(=A, B 우동) 2) C만 우동(=C, B 우동) 3) A, C 우동이다. 이는 1명만 라면을 먹는 경우와 동일하다. 아쉽게도 문제 풀이에 도움이 되는 정보는 아니다.

01	02
③	②

01 ③

[추천 풀이 도구] 눈으로만

🔑 치트키 풀이

C의 진술은 Action 기준 3가지 경우(A가 병가, B가 병가, C가 병가) 모두 두 진술 중 하나는 진실이고 나머지 하나는 거짓일 수밖에 없다. C의 진술이 세 경우에서 진실인지 거짓인지 판별하지 않아도 되겠다.

A의 진술을 보면 B가 병가를 사용한 경우 두 진술이 거짓이다. B가 병가를 사용한 경우를 소거하자.

B의 진술을 보면 A가 병가를 사용한 경우 두 진술이 진실이다. A가 병가를 사용한 경우를 소거하자.

C가 병가를 사용한 경우 C의 두 진술을 제외한 진술이 진실인지 거짓인지 판별하면 다음과 같다. 편의상 한 인물을 기준으로 위의 진술을 진술1, 아래의 진술을 진술2로 표현했다.

	A진술1	A진술2	B진술1	B진술2
C가 병가	거짓	진실	거짓	진실

C가 병가를 사용한 경우 한 인물의 두 진술 중 1번은 진실, 1번은 거짓을 말한다는 조건을 만족한다.

[일반 풀이]

한 인물을 기준으로 위의 진술이 진실인지 아래의 진술이 거짓인지로 2가지 경우로 나눈다. 인물이 3명이기에 2의 세제곱으로 8가지 경우가 나온다. 진술의 진실/거짓 여부로 경우를 나누지 않고 Action을 기준으로 경우를 나누고 진실/거짓 여부를 판단하면 다음과 같다.

	A진술 1	A진술 2	B진술 1	B진술 2	C진술 1	C진술 2
A가 병가	진실	거짓	진실	진실	진실	거짓
B가 병가	거짓	거짓	거짓	거짓	거짓	진실
C가 병가	거짓	진실	거짓	진실	거짓	진실

02 ②

[추천 풀이 도구] 눈으로만

🗝 치트키 풀이

A의 두 진술은 Action 기준 3가지 경우(A가 승용차를 구입하는 경우, B가 승용차를 구입하는 경우, C가 승용차를 구입하는 경우)에서 모두 두 진술 중 하나는 진실이고 하나는 거짓이다. A의 두 진술이 진실인지 거짓인지 꼭 판별하지 않아도 되겠다. B의 두 진술은 모순관계다. 위의 진술인 'A와 C는 승용차를 구입하지 않았다.'가 거짓일 때 얻을 수 있는 정보가 'A 또는 C가 승용차를 구입했다.'이다. 모든 경우에서 두 진술 중 한 진술은 진실이고 나머지 한 진술은 거짓이다. 이는 드모르간의 법칙을 생각하면 이해하기 편하다. 아무튼 B의 두 진술 역시 진실인지 거짓인지 꼭 판별하지 않아도 되겠다.

C의 두 진술을 확인하자. C가 승용차를 구입하는 경우 두 진술 모두 진실이다. C는 승용차를 구입하지 않는다. A가 승용차를 구입하는 경우 두 진술 중 한 진술은 진실이고 나머지 진술은 거짓이다. B가 승용차를 구입하는 경우도 마찬가지다. A가 승용차를 구입하는 경우와 B가 승용차를 구입하는 경우가 조건을 모두 만족한다.

따라서 C가 승용차를 구입하지 않았다는 (다)가 항상 참이다.

[일반 풀이]

A가 승용차를 구입하는 경우, B가 승용차를 구입하는 경우, C가 승용차를 구입하는 경우를 기준으로 두 진술의 진실/거짓 여부를 판별하면 다음과 같다. 편의를 위해 한 인물을 기준으로 위의 진술을 진술1, 아래의 진술을 진술2로 표현했다.

	A진술 1	A진술 2	B진술 1	B진술 2	C진술 1	C진술 2
A가 구입	진실	거짓	거짓	진실	거짓	진실
B가 구입	진실	거짓	진실	거짓	진실	거짓
C가 구입	거짓	진실	거짓	진실	진실	진실

A가 승용차를 사는 경우와 B가 승용차를 사는 경우가 조건을 모두 만족한다.

빈출 유형 공략 문제(등차수열과 등비수열)

01	02	03	04
①	④	①	⑤

01 ①

제시된 수들은 공비가 $\dfrac{2}{3}$ 인 등비수열의 규칙을 가지므로 A에 들어갈 수는 $\dfrac{16}{135}$, B에 들어갈 수는 $\dfrac{64}{1,215}$ 이다. 따라서 $A \div B = \dfrac{16}{135} \times \dfrac{1,215}{64} = \dfrac{9}{4}$ 이다.

02 ④

제시된 수들은 공차가 −6인 등차수열의 규칙을 가지므로 A 위치에 들어갈 알맞은 수는 '251'이다.

03 ①

제시된 수들은 공비가 11인 등비수열의 규칙을 가지므로 A 위치에 들어갈 알맞은 수는 '2,737,867'이다.

04 ⑤

제시된 수들은 공차가 $\dfrac{1}{3}$ 인 등차수열이다. 따라서 9번째에 올 수는 $\dfrac{5}{2} + \dfrac{1}{3} + \dfrac{1}{3} + \dfrac{1}{3} = \dfrac{7}{2}$ 이다.

빈출 유형 공략 문제(여러 가지 수열)

01	02	03	04	05	06	07	08	09	10
②	②	③	⑤	⑤	②	③	⑤	③	⑤

01 ②

제시된 수들은 세 개의 항씩 묶어 규칙을 갖는 군수열로 세 개의 항의 합이 24인 규칙을 가진다. 따라서 A와 B에 들어갈 수의 합은 따로 계산하지 않아도 '14'이다.

02 ②

제시된 수들은 앞선 두 수의 합으로 다음 항이 생겨나는 피보나치수열이므로 8번째 수는 52+84=136, 9번째 수는 84+136=220, 10번째 수는 136+220=356, 11번째 수는 220+356=576이다.

03 ③

제시된 수들은 '+7.2', '−5.8'이 번갈아 적용되는 규칙을 가지는 교대 수열이므로 A 위치에 들어갈 알맞은 수는 '11.3'이다.

04 ⑤

제시된 수들은 2개의 수열이 번갈아 가며 나타나는 건너뛰기수열이다. 첫 번째 수열은 첫 번째 항에서 시작하며 초항이 7이고 공차가 7인 등차수열이며, 두 번째 수열은 두 번째 항에서 시작하며 초항이 5이고 공차가 2인 등차수열이다. 따라서 A에 들어갈 수는 21이며, B에 들어갈 수는 11이며, A×B=231이다.

05 ⑤

제시된 수들은 인접한 항의 차이가 일정한 규칙을 갖는 계차수열로 인접한 항의 차이가 초항이 2, 공비가 2인 등비수열의 규칙을 가진다. 따라서 9번째에 올 수는 89+64+128+256=537이다.

06 ②

제시된 수들은 역수가 등차수열인 조화수열로 제시된 수들의 역수를 8로 통분하면 다음과 같다.

$$\frac{1}{8} \quad \frac{2}{8} \quad \frac{3}{8} \quad \frac{4}{8} \quad \frac{5}{8} \quad \frac{6}{8} \quad \frac{7}{8}$$

제시된 수들의 역수는 초항이 $\frac{1}{8}$ 이고 공차가 $\frac{1}{8}$ 인 등차수열로 A에 들어갈 수는 $\frac{8}{4}$ 즉 2이며, B에 들어갈 수는 $\frac{8}{7}$ 이다. 따라서 A÷B= $\frac{7}{4}$ 이다.

07 ③

제시된 수들은 세 개의 항씩 묶어 규칙을 갖는 군수열로 세 개의 항의 합이 63인 규칙을 가진다. 따라서 A와 B에 들어갈 수의 합은 따로 계산하지 않아도 42이며 이를 2로 나눈 평균값은 '21'이다.

08 ⑤

제시된 수들은 앞선 두 수의 합으로 다음 항이 생겨나는 피보나치수열이므로 A 위치에 들어갈 알맞은 수는 '9.9'이다.

09 ③

제시된 수들은 인접한 항의 차이가 일정한 규칙을 갖는 계차수열로 인접한 항의 차이가 초항이 25, 공차가 25인 등차수열의 규칙을 가지므로 A 위치에 들어갈 알맞은 수는 '546'이다.

10 ⑤

제시된 수들은 ×3, −3이 번갈아 적용되는 규칙을 가지는 교대수열이므로 A에 들어갈 수는 10.5, B에 들어갈 수는 85.5이다. 따라서 A+B=96이다.

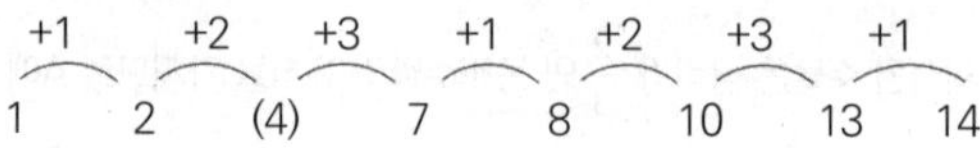

01	02	03	04
②	④	⑤	①

01 ②

제시된 수들은 +1 , +2, +3을 반복해서 계산을하는 규칙 가지는 특수 수열이다.
따라서 A에 들어갈 수는 '4'이다.

$$\begin{array}{ccccccc} +1 & +2 & +3 & +1 & +2 & +3 & +1 \\ 1 & 2 & (4) & 7 & 8 & 10 & 13 & 14 \end{array}$$

02 ④

제시된 수들은 소수점 이상의 수는 ÷3, 소수점 이하의 수는 −1의 규칙이 적용된 특수한 형태의 수열이다. 따라서 A에 들어갈 수는 63.3, B에 들어갈 수는 7.1이므로 A−B=56.2이다.

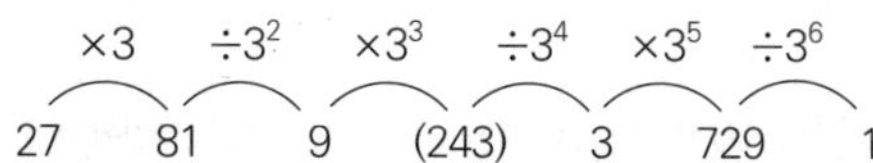

03 ⑤

제시된 수들은 ×3, ÷3^2, ×3^3, ÷3^4, ×3^5, ÷3^6…의 규칙을 가지는 특수 수열이다.
따라서 A에 들어갈 수는 '243'이다.

$$\begin{array}{ccccccc} \times 3 & \div 3^2 & \times 3^3 & \div 3^4 & \times 3^5 & \div 3^6 \\ 27 & 81 & 9 & (243) & 3 & 729 & 1 \end{array}$$

04 ①

제시된 수들은 앞선 항의 분모와 분자의 합이 다음 항의 분모로, 앞선 항의 분모가 다음 항의 분자로 구성되는 형태의 수열이다.

따라서 8번째 수는 $\frac{171}{277}$, 9번째 수는 $\frac{277}{448}$, 10번째 수는 $\frac{448}{725}$ 이다.

언어이해

01	02	03	04	05	06	07	08	09	10
④	②	④	⑤	①	⑤	⑤	⑤	⑤	②
11	12	13	14	15	16	17	18	19	20
①	③	④	①	②	③	④	①	⑤	③

01 ④

태양 중심 우주론은 근대 천문학자인 코페르니쿠스가 주장하였고, 지구 중심 우주론은 고대 천문학자인 프톨레마이오스가 주장했다는 것은 글의 내용과 일치한다.

[오답 점검]
① 2세기에 활동한 천문학자로, 지구 중심 우주론을 주장한 사람은 프톨레마이오스이다.
② 코페르니쿠스의 이론은 지구가 자전하고, 태양 주위를 도는 것으로 주장하였으므로 이 글의 내용과 일치하지 않는다.
③ 프톨레마이오스의 이론은 약 1,400년 동안 지배적인 천문학 이론으로 받아들여졌고, 코페르니쿠스의 이론은 현대 천문학의 기초에 이바지하였다고 한 내용에 비추어 글의 내용과 일치하지 않는다.
⑤ 프톨레마이오스의 이론은 "에피사이클"이라는 여러 가지 복잡한 궤도 모델을 사용하여 행성의 운동을 설명하였다. 따라서 글의 내용과 일치하지 않는다.

02 ②

애플 제품을 구매하여 혁신적이고 세련된 이미지를 함께 소비하려는 것은 파노플리 효과의 사례로 적절하다.

[오답 점검]
① 모방 소비의 사례이다.
③ 베블런 효과의 사례이다.
④ 명품 소비의 사례이다.
⑤ 모방 소비의 사례이다.

03 ④

글의 내용을 토대로 보면 탄소 저감이 지구 온난화와 기후 위기 문제 해결에 중요한 역할을 한다고 하였으며, 탄소 저감을 실현할 수 있는 다양한 방법을 언급하고 있으므로 적절한 추론이다.

[오답 점검]
① 탄소 포집 및 저장(CCS) 기술은 대기 중으로 배출되는 이산화탄소를 포집하고 저장하여 배출을 줄이는 기술로 이산화탄소를 더 많이 방출하도록 설계된 것이 아니므로 추론으로 적절하지 않다.
② 탄소 저감은 재생가능 에너지원인 태양광, 풍력, 수력, 지열 등을 이용하여 화석연료를 대체하는 것이 중요하다고 하였으므로 추론으로 적절하지 않다.
③ 탄소 저감을 위한 정책은 대중교통 이용이나 전기차 사용 등의 개인적인 노력이 중요한 역할을 한다고 하였으므로 추론으로 적절하지 않다.
⑤ 전기차와 대중교통 이용은 탄소 배출을 줄이는 방법으로 제시되었으므로 추론으로 적절하지 않다.

04 ⑤

이 글에서는 인용, 즉 다른 사람의 말이나 글을 사용하지는 않았다. 따라서 이 글에 적용된 서술 방식으로 적절하지 않다.

[오답 점검]
① 육예와 악의 의미와 역할을 설명하며, 각 용어를 명확히 규정하는 정의 방식을 사용한다.
② 음악, 특히 정악이 선비 정신과 사회적 조화에서 어떤 기능을 하는지 논리적으로 풀어내는 설명 방식을 사용한다.
③ 악의 구체적 사례로 아악, 가곡, 시조 등을 언급하여 읽는 이의 이해를 돕는 예시 방식을 사용한다.
④ 정악의 특징을 단순히 기술하는 것에 그치지 않고, 정악이 단순한 음악적 기술이나 오락과 어떻게 다른지 설명하며 도덕적 수양과 사회적 조화의 수단으로 강조하는 비교와 대조 방식을 사용한다.

05 ①

문단은 논리적으로 도입(역경 점수의 취지) → 설명(산출 기준)
→ 문제점(논란과 비판) → 결론(중단과 교훈) 순으로 전개된다.
따라서 (B)-(A)-(D)-(C)가 문단의 배열로 가장 적절하다.

[오답 점검]
②, ③, ④, ⑤는 문단의 배열로 가장 적절하지는 않다.

06 ⑤

글에서 기계식 오르골과 디지털 오르골의 차이를 비교하며 두 가
지 종류의 오르골에 대해 설명하고 있다. 따라서 "기계식 오르골
과 디지털 오르골의 차이점"이 가장 적절한 제목이다.

[오답 점검]
① 오르골의 역사와 발전에 대한 구체적인 설명은 글에 없다.
② 오르골의 구성 방식에 대하여는 언급하고 있으나 만드는 다
　양한 재료들에 대한 설명은 없다.
③ 디지털 기술의 발전과 음악의 변화는 이 글에 언급되고 있
　지 않다.
④ 오르골과 기타 악기의 차이점에 대한 내용은 글에 없다.

07 ⑤

글은 도입에서 땅콩 알레르기에 대하여 설명하고, 다음으로 원
인을, 그리고 예방 방법에 대하여 설명하고 있으므로 주제로 가
장 적절하다.

[오답 점검]
① 땅콩 알레르기에 관한 내용에 집중되어 있으며, 땅콩의 영
　양 성분과 효능에 대한 내용은 다루고 있지 않다.
② 땅콩 알레르기는 주로 땅콩에 포함된 단백질이 면역 시스템
　에 의해 잘못 인식되면서 발생한다고 하였지만, 이것이 글
　의 주제로 가장 적절하지는 않다.
③ 음식 알레르기의 치료법에 대한 구체적인 내용은 설명하지
　않았고, 예방 방법에 관한 내용을 설명하고 있으므로 주제
　로 적절하지 않다.
④ 아나필락시스의 발생 원리에 대한 자세한 설명은 글에 없으
　므로 주제로 적절하지 않다.

08 ⑤

니체는 상징성을 인간의 내면적 갈등과 투쟁을 표현하는 도구
로 보며, 인간이 자신을 이해하고, 세상의 본질을 파악하기 위
해 상징을 사용한다고 생각하였다. 따라서 "니체가 상징성을 완
전히 부정했다"라는 비판은 그의 철학에 대한 비판으로 적절하
지 않다.

[오답 점검]
①, ②, ③, ④는 글의 내용에 비추어 적절한 비판이다.

09 ⑤

글의 내용에 비추어 진통제는 대뇌피질에 직접적으로 작용하지
않고, 신경 말단에서 발생하는 통증 신호를 억제하는 방식으로
작용하고, 항우울제는 대뇌피질을 포함한 뇌의 여러 부분에서
신경전달물질의 분비를 조절한다고 하였으므로 (ⓐ)에는 대뇌
피질에 작용하는 방식에서 그 차이가 있다는 문장이 가장 적절
하다.

[오답 점검]
①, ②, ③, ④는 글의 내용에 비추어 (ⓐ) 에 들어갈 표현으로
적절하지 않다.

10 ②

이 글의 문단 배열은 주제 도입(동물 감정에 대한 논쟁 제기) →
인간 중심적 해석 문제 (동물 감정에 대한 인간 중심적 해석 문
제) → 연구 사례 설명 (동물 행동과 감정에 관한 연구 사례) →
결론 및 비판적 논의(인간 관점에서 감정을 해석하는 한계)의
순으로 전개되면서, 논리적 흐름에 따라 동물 감정에 대한 이해
가 단계적으로 심화된다. 따라서 (D) -(A)-(B)-(C)가 문단 배
열로 가장 적절하다.

[오답 점검]
①, ③, ④, ⑤는 문단의 배열로 가장 적절하지는 않다.

11 ①

ⓑ의 관점에서 ⓐ를 비판하는 핵심은 "연령을 하향시키는 것이
미성년자에게 과도한 책임을 부여하며, 이는 범죄자 낙인을 강
화하고 사회 복귀를 어렵게 만든다"라는 것이다. ⓑ의 주장에
따르면, 연령 하향이 범죄 예방보다는 미성년자에게 불리하게
작용할 수 있기 때문에 ①이 가장 적절한 비판이다.

[오답 점검]
② 범죄 예방에 매우 효과적이라는 비판은 적절하지 않다.
③ 범죄가 악질적으로 변할 위험이 있고, 이는 처벌보다는 교
　육을 강조하는 것이 맞다는 비판은 적절하지 않다.
④ 연령을 높여 범죄의 심각성을 더 강하게 인식시켜야 한다는
　비판은 적절하지 않다.
⑤ 미성년자에게 유리한 영향을 미친다는 내용은 비판으로 적
　절하지 않다.

12 ③

글의 도입 부분의 경추 추간판 탈출증은 주로 중추신경계와 말초신경계에 영향을 미친다는 문장만 보아도 '두 부분에 걸쳐 증상을 유발할 수 있으며'가 가장 적절한 문장이다.

[오답 점검]
①, ②, ④는 도입 부분의 경추 추간판 탈출증은 주로 중추신경계와 말초신경계에 영향을 미친다는 문장에 비추어 보아도 (ⓐ)에 들어갈 문장으로 적절하지 않다.
⑤의 허리 디스크를 설명하는 문장은 글에 언급된 부분이 없으므로 적절하지 않다.

13 ④

첫 번째 문단과 두 번째 문단을 근거로 일치하는 내용이다.

[오답 점검]
① 주택을 가상으로 체험할 수 있는 공간은 모델하우스가 아닌 VR 모델하우스이다.
② VR 모델하우스는 가상현실 기술을 이용해 실제 모델하우스처럼 집을 체험할 수 있는 공간이다.
③ 청약은 주택을 구입할 수 있는 기회를 얻기 위한 제도이며, VR 모델하우스는 소비자들에게 물리적으로 방문하지 않고도 가상으로 다양한 공간을 자유롭게 돌아보며, 공간의 크기와 배치를 직관적으로 파악할 수 있는 장점이 있다. 또한, 시간과 장소에 구애받지 않고 누구나 쉽게 접근할 수 있어, 점점 더 많은 주택 구매자들이 이를 활용하고 있다.
⑤ VR 모델하우스는 가상현실 기술을 이용해 실제 모델하우스처럼 집을 체험할 수 있는 공간이다. 공간의 크기와 배치를 직관적으로 파악할 수 있다는 점에서 실내 디자인을 실제로 체험하는 공간이라고 할 수 있다.

14 ①

이 글의 서술 방식으로 가장 적절한 것은 예시이다. 즉 예시 방식으로 고양이에게 위험한 물질이나 음식 등을 서술하였다.

[오답 점검]
②, ③, ④, ⑤는 이 글의 가장 적절한 서술 방식이 아니다.

15 ②

진경산수화는 사실적이고 자연을 그대로 그리는 화법이다. 겸재 정선과 김창흡은 남종화법을 통해 자연을 사실적으로 묘사하였다. 따라서 인위적으로 이상화된 형태로 그렸다는 것은 글의 내용과 일치하지 않는다.

[오답 점검]
①, ③, ④, ⑤는 글의 내용에 비추어 일치한다.

16 ③

해외 봉사활동을 통해 자신만의 가치를 실현하는 것은 자아실현의 욕구 단계의 사례로 적절하며, 사회적 욕구의 사례로 적절하지 않다.

[오답 점검]
① 생리적 욕구의 사례로 적절하다.
② 안전의 욕구의 사례로 적절하다.
④ 존중의 욕구의 사례로 적절하다.
⑤ 자아실현의 욕구의 사례로 적절하다.

17 ④

글의 내용에 의하면 의식은 우리가 자각하는 정신적 활동을, 무의식은 자각하지 못하는 정신적 활동을 포함한다고 명시하였으므로 추론으로 적절하다.

[오답 점검]
① 의식과 무의식은 상호작용을 하며 두 영역은 독립적이지 않으며 서로 영향을 미친다.
② 의식은 우리가 자각하고 경험하는 것이며, 무의식은 자각하지 못하는 감정, 욕망, 기억 등이 포함된다.
③ 무의식은 단지 어린 시절의 기억으로만 구성된 것은 아니며, 억압된 감정들도 포함된다.
⑤ 지그문트 프로이트는 무의식의 중요성을 강조했지만, 그것이 의식과 함께 우리의 행동을 결정한다고 주장하였다.

18 ①

글에서 니체는 조로아스터교의 이원론적 세계관을 비판하고, 선악을 넘어서 초인의 개념을 제시했다고 하였으므로 초인 개념의 기초를 조로아스터교에서 차용하였다는 것은 추론으로 적절하지 않다.

[오답 점검]
②, ③, ④, ⑤는 글의 내용에 비추어 적절한 추론이다.

19 ⑤

이 글의 문단 배열은 주제 소개 → 기법과 화가 설명 → 초기 반응 → 결론 및 평가의 순서가 논리적인 흐름의 순이다. 따라서 문단 배열은 (D)-(C)-(B)-(A)가 가장 적절하다.

[오답 점검]
①, ②, ③, ④는 문단의 배열로 가장 적절하지는 않다.

20 ③

글의 내용을 보면, 1차 전지와 2차 전지의 차이점뿐만 아니라, 2차 전지의 충전 방식에 대한 설명도 포함되어 있다. 따라서 "1차 전지와 2차 전지의 차이점과 충전 방식"이 가장 적절한 주제이다.

[오답 점검]
① 전지의 역사와 발전에 대해서는 언급하고 있지 않다.
② 2차 전지는 충전 후 여러 번 재사용이 가능해 경제적이며 친환경적인 장점이 있다는 내용은 있지만 '1차 전지와 2차 전지 사용에 따른 환경오염 문제'에 대해서는 언급하고 있지 않다.
④ 전기차 배터리의 충전 시스템에 대한 내용은 글에서 언급하지 않았다.
⑤ 전자 기기의 충전 방식과 효율성에 대한 내용도 글에서 구체적으로 설명하고 있지 않아 주제로 적절하지 않다.

자료해석

01	02	03	04	05	06	07	08	09	10
⑤	②	④	④	②	②	⑤	③	④	②

11	12	13	14	15	16	17	18	19	20
③	⑤	①	①	①	③	①	④	③	⑤

01 ⑤

2023년과 2024년의 전체 인원을 알 수 없다. 즉, 비율로 석사 인원을 비교 할 수 없다.

[오답 점검]
① 고졸의 비율은 2023년 0.6% 대비 2024년 0.3%로 감소하였다.
② 2023년 고졸과 석사 비율의 합 = 0.6 + 24.4 = 25%p, 2024년 고졸과 석사 비율의 합 = 0.3 + 21.7 = 22%p
③ 2023년과 2024년 학사 비율의 차 = 14.4 − 13.8 = 0.6%p
④ 조사기간 동안 A기업 임원의 박사 비율은 64.2%로 가장 높다.

02 ②

S국 전체 인구가 44만 명이고, 제조업 종사자 비율이 25%이므로 종사자 수를 구하면 44만×0.25=11만 명이다.
TIP. 25%는 해당 값을 4로 나누면 더 빠르게 해결할 수 있다.

03 ④

S기업과 K기업의 영업이익의 차는 2022년 58억 원, 2023년 18억 원, 2024년 9억 원으로 지속적으로 감소하였다.
TIP. 꺾은선 그래프의 간격의 차이를 구하면 빠르게 구할 수 있다.

[오답 점검]
① S기업은 2022년 전년 대비 감소하였다.
② K기업은 2022년, 2023년 전년 대비 감소하였다.
③ 2021년 S기업의 영업이익 대비 2023년 K기업의 영업이익 = $\frac{222}{223} \times 100 \fallingdotseq 99.6\%$
⑤ K기업의 영업이익이 가장 낮았던 해는 2023년이고, S기업의 영업이익이 가장 낮았던 해는 2022년으로 동일하지 않다.

04 ④

ㄴ. 2023년 두바이의 유가는 85.0으로 2022년 95.0에서 감소하였다.

ㄹ. 2021년 사우디아라비아의 유가는 72.0이고 두바이는 70.0으로 사우디아라비아의 유가가 더 높다.

[오답 점검]

ㄱ. 2022년 유가가 가장 높은 국가는 사우디아라비아이다.

ㄷ. 2024년 이라크의 유가는 79.0으로 2023년 82.0에서 감소하였다.

05 ②

2023년 실질임금은 366만 원이고, 2022년 실질임금은 374만 원으로 2023년이 더 낮다.

[오답 점검]

③ 2024년 실질임금은 396만 원이고 2023년은 366만 원으로 증가하였다.

④ 2022년 실질임금은 374만 원이고 2021년 실질임금은 369만 원으로 증가하였다.

⑤ 2024년 명목임금은 429만 원이고 2021년 명목임금은 369만 원이다. 이 둘의 차이는 $429 - 369 = 60$만 원이다.

06 ②

ㄱ. 2023년 A국의 인구 증감률은 2022년 1.8에서 2.0으로 증가하였다.

ㄷ. 2021년 D국의 인구 증감률은 A국의 1.5보다 낮다.

[오답 점검]

ㄴ. 2022년 B국의 인구 증감률은 2021년 2.0에서 1.5로 감소했다.

ㄹ. 2024년 C국의 인구 증감률은 2023년 0.6에서 0.8로 증가했다.

07 ⑤

2022년 대비 2024년의 증감률을 구하면 다음과 같다.

$$\frac{2,000 - 1,500}{1,500} \times 100 = \frac{500}{1,500} \times 100 ≒ 33.33\%$$이므로, 30% 이상 증가하였다.

[오답 점검]

① S기업의 2021년 대비 2023년 판매량 증감률

$$= \frac{1,800 - 1,200}{1,200} \times 100 = 50\%$$

② K기업의 2021년 대비 2022년 판매량 증감률

$$= \frac{1,100 - 1,000}{1,000} \times 100 = \frac{100}{1,000} \times 100 = 10\%$$

③ S기업의 2022년 대비 2023년 판매량 증가량

$$= 1,800 - 1,500 = 300백만 개$$

④ S기업의 2021년 대비 2023년의 판매량 증감률이 K기업의 2021년 대비 2022년 증감률보다 크다. 이때 S기업의 2021년 대비 2023년의 판매량 증감률이 50%이므로 K기업의 2021년 대비 2022년 증감률은 50% 미만이다. 이에 따라 K기업의 2021년 판매량이 800백만 개일 때, 2022년 판매량은 1,200백만 개 미만이다.

08 ③

2022년 전체 매출액은 10,000억 원이고 내수 매출액은 2,000억 원이다. 따라서 비중을 구하면

$$\frac{2,000}{10,000} \times 100 = 20\%$$이다.

09 ④

조사기간 동안 전문직 내 직업 비율은 동일하다. 따라서, 2023년 회계사의 비율은 20%이고, 전문직 수는 1,500명이다.
$1,500 \times 0.2 = 300$명이다.

[오답 점검]

① 2021년 대비 2023년 전문직 수 증가율

$$= \frac{1,500 - 1,000}{1,000} \times 100 = \frac{500}{1,000} \times 100 = 50\%$$

③ 2021년 의사의 수 $= 1,000 \times 0.4 = 400$명

⑤ 2021년 대비 2023년 자영업자 수 증가량

$$= 900 - 800 = 100명$$

10 ②

ㄴ. B학교의 영어 사교육 지출비는 80만 원이고, A학교의 영어 사교육 지출비는 70만 원이므로 B학교가 더 많다.

[오답 점검]

ㄱ. C학교의 수학 사교육 지출비는 70만 원이고 D학교는 100만 원이므로 D학교가 더 많다.

ㄷ. E학교의 국어 사교육 지출비는 55만 원이고, F학교는 65만 원이므로 2배가 아니다.

ㄹ. 과학 사교육 지출비가 가장 많은 곳은 D학교이다.

11 ③

산업 C의 영업이익률은 15%이다.

12 ⑤

ㄷ. 조사기간 동안 공학 및 기술의 R&D 예산이 가장 많다.

ㄹ. 2022년 ICT와 기타 분야의 R&D 예산의 합은 25.9조 원으로 20.5조원보다 많다.
2023년 ICT와 기타 분야의 R&D 예산의 합은 26조 원으로 21조원보다 많다.

[오답 점검]

ㄱ. 기타 분야 R&D 예산은 감소하였다.

ㄴ. 전년 대비 증가량은 공학 및 기술이 1.4조 원으로 가장 크다.

13 ①

ㄱ. B시는 주차장 200개, 차량 50,000대로 A시의 주차장 150개, 차량 30,000대보다 많다.

ㄴ. C시의 차량 수는 20,000대이고 D시의 차량 수는 60,000대이므로 C시의 차량 수가 더 적다.

ㄹ. 차량 수 대비 주차장 수 비율은 다음과 같다.

구분	A시	B시
주차장 수	150	200
차량 수	30,000	50,000
차량 수 대비 주차장 수 비율	$\frac{150}{30,000} \times 100$ $= 0.5\%$	$\frac{200}{50,000} \times 100$ $= 0.4\%$

구분	C시	D시
주차장 수	100	250
차량 수	20,000	60,000
차량 수 대비 주차장 수 비율	$\frac{100}{20,000} \times 100$ $= 0.5\%$	$\frac{250}{60,000} \times 100$ $\fallingdotseq 0.42\%$

따라서, 가장 낮은 도시는 B시이다.

[오답 점검]

ㄷ. A시의 주차장 수는 150개, D시의 주차장 수는 250개로 A시가 더 적다.

14 ①

각 산업군에서 가장 높은 비율은 4년대졸이므로 인원이 가장 많다.

[오답 점검]

② 각 산업군의 전체 인원을 알 수 없으므로, 비율이 동일함을 통해 인원이 같음을 비교할 수 없다.

③ 교육업의 학력 비율 순위는 4년대졸-전문대졸-석사 이상-고졸 이하이다. 반면 의료업은 4년대졸-전문대졸/석사 이상-고졸 이하로 다르다.

④ 해당 자료를 통해 학력 선호도를 알 수 없다.

⑤ 건설업의 전문대졸 이하 비율은 고졸 이하와 전문대졸 비율의 합이다. 따라서 $35 + 20 = 55\%$이다.

15 ①

ㄱ. 사망자 수는 '감소-증가-감소'의 추이를 보이고, 부상자 수 역시 '감소-증가-감소' 추이를 보이므로 증감 추이가 동일하다.

ㄴ. 2021년 사망자 수는 95명, 2020년은 120명으로 2021년이 더 적다.

[오답 점검]

ㄷ. 2023년 사망자 수는 85명, 2022년 사망자 수는 110명으로 2023년이 더 적다.

ㄹ. 2022년 대비 2023년 부상자 수 감소량은 280 - 220 = 60명으로 50명 이상 감소했다.

16 ③

ㄴ. 2023년 총 매출액은 213 + 42 + 1,913 + 208 + 518 + 163 + 1,217 = 4,274(십억 원)=42,740(억 원)이다.

ㄷ. 금융 및 보험업은 2022년 감소하였고, 그 외 산업은 모두 지속적으로 증가하였다.

[오답 점검]

ㄱ. 2021년 대비 2022년 광업 매출액 증가량은 34-32=2(십억 원)이다.

ㄹ. 운수 및 창고업과 도소매업의 합은 2021년 481십억 원, 2022년 568십억 원, 2023년 681십억 원이므로 매년 제조업보다 적다.

17 ①

K지역에서 학생 수가 가장 많은 학교는 E고이고, S지역에서 학생 수가 가장 적은 학교는 B고이다. 따라서 K지역에서 학생 수가 가장 많은 학교 대비 S지역에서 학생 수가 가장 적은 학교의 학생 수의 비율 = $\frac{360}{600} \times 100 = 60\%$이다.

18 ④

30대 내추럴 디자인 선호도 대비 40대 클래식 디자인 선호도

비율=$\dfrac{18}{30} \times 100 = 60\%$이다.

19 ③

첫 번째 그래프를 통해 알 수 있다.

[오답 점검]

① 2024년 온도가 가장 높은 달은 8월이다.

② 2024년 연평균 온도는 13.3℃이고, 1월, 2월, 3월, 4월, 11월, 12월의 월별 평균 온도가 더 낮으므로 6개이다.

④ 2024년 1월과 2월의 평균 온도 차
$= 0.5 - (-1.9) = 2.4℃$

⑤ 평균 온도가 전월 대비 감소한 달은 9월, 10월, 11월, 12월이다. 이때 가장 큰 폭으로 감소한 달은 9.0℃가 감소한 11월이다.

20 ⑤

ㄷ. A약국의 의약품 판매 비율은 50%이고, B약국은 40%로 A가 더 높다.

ㄹ. 일반 의약품과 처방 의약품 판매 비율의 합을 구하면 다음과 같다.
A약국: $50 + 30 = 80\%$, B약국: $40 + 40 = 80\%$,
C약국: $60 + 20 = 80\%$, D약국: $45 + 35 = 80\%$이다.

[오답 점검]

ㄱ. 비율은 동일하지만 각 약국의 전체 판매량이 제시되지 않았으므로, 비율로 판매량을 비교할 수 없다.

ㄴ. C약국의 일반 의약품 비율이 가장 높지만, 일반 의약품의 판매량을 알 수 없으므로 비교할 수 없다.

01	02	03	04	05	06	07	08	09	10
③	⑤	⑤	④	④	④	②	①	⑤	⑤

11	12	13	14	15	16	17	18	19	20
④	①	④	③	②	②	④	③	④	①

01 ③

정가=원가+이익이므로 이익을 x라고 하면, 정가=$1,400 + x$가 된다.

따라서 주어진 조건에 따라 이익률이 원가의 10%인 140원이 될 수 있도록 식을 세우면, $(1,400 + x) \times \dfrac{70}{100} - 1,400 \geq 140$이 된다. x에 대하여 정리하면,

$(1,400 + x) \times \dfrac{70}{100} \geq 1,540,$
$1,400 + x \geq 2,200,$
$\therefore x \geq 800$

따라서 정가는 1,400+800 = 2,200원 이상이 되어야 10% 이상의 이익률이 될 수 있다.

02 ⑤

여자 사원 중 안경을 쓴 사람의 비율을 x라고 하면, $0.35x$ =0.21이다. 이에 따라 x는 0.6이다. 이때 여자 사원 중 안경을 쓰지 않은 사람의 비율은 0.4가 되며, 56명이므로 여자 사원의 수를 a라고 할 때, 0.4:56=1:a가 성립한다. 이에 따라 a=140이므로 여자 사원의 수는 140명이다.

03 ⑤

버스가 4대 운행할 때의 배차간격시간을 a, 순환도로의 총거리를 x라고 하자. 버스가 4대 순환하여 운행하므로 배차간격시간 a시간 동안 버스 1대가 운행하는 거리는 $\dfrac{x}{4}$이다. 버스의 속력은 30km/h이므로 거리=속력×시간에 의해 $\dfrac{x}{4}$=30×a이다.

버스가 5대 운행할 때의 배차간격시간은 4대일 때보다 2분 줄어들게 되었다. 이때 사용되는 속력의 단위가 km/h이므로 단위를 '시간'으로 통일하면 2분은 $\dfrac{1}{30}$ 시간이다. 따라서 5대의 버스가 운영할 때 배차간격시간 $(a-\dfrac{1}{30})$시간 동안 버스 1대가 운행하는 거리는 $\dfrac{x}{5}$이고 버스의 속력은 30km/h로 동일하므로 거리=속력×시간에 의해 $\dfrac{x}{5}$=30×$(a-\dfrac{1}{30})$의 식이 성립한다.

구해야 하는 값이 x이므로 a를 소거하기 위해 주어진 두 개의 식을 정리하면 다음과 같다.

$$a = \frac{x}{120}$$

$$a = \frac{x}{150} + \frac{1}{30}$$

이에 따라 $\frac{x}{120} = \frac{x+5}{150}$, $\frac{x}{4} = \frac{x+5}{5}$, $5x = 4x+20$이다. 따라서 순환도로의 총거리 $x=20$(km)이다.

04 ④

농도가 8%인 소금물 250g에 들어 있는 소금의 양은 $\frac{8}{100} \times 250 = 20(g)$이다. 추가한 물의 총량을 x라고 하면, 물을 추가해도 소금의 양은 변하지 않으므로 $\frac{20}{250+x} \times 100 = 2(\%)$의 식이 성립한다. 식을 정리하면 $2,000 = 500+2x$, $x=7500$이다. 따라서 5명이 각각 같은 양의 물을 추가했으므로 1명당 넣는 물의 양은 $750 \div 5 = 150$(g)이다.

05 ④

올라갈 때의 속력은 배의 속력에서 강물의 속력을 빼고, 내려올 때의 속력은 배의 속력에서 강물의 속력을 더하면 된다.
배의 속력을 a라고 할 때, 강물의 속력은 2m/s이므로 올라갈 때의 속력은 (a-2)가 되며, 올라갈 때의 시간은 20초가 걸렸으므로 (a-2)×20=강의 거리가 되고, 내려갈 때는 10초가 걸렸으므로 (a+2)×10=강의 거리가 된다. 따라서 a=6이 되고, 이를 내려갈 때의 식에 대입하여 강의 거리를 구하면 8×10=80(m)가 됨을 알 수 있다.

06 ④

1㎤=1cc이므로 18,900㎤=18,900cc이고, 1L=1,000cc이므로 18,900cc=18.9L가 된다.
1gal=3.78L이므로 1gal:3.78L=x:18.9L를 계산하면 x=5gal이 된다.

07 ②

단품 A메뉴=$(x-400)$원, B메뉴=x원이라 하자.
A와 B를 세트로 2개씩 사면 $2(x-400+900+x+900)=$ 29,200(원)이므로 x=6,600원이 된다. 따라서 B메뉴의 단품 가격은 6,600원이다.

08 ①

가중치로 문제를 풀면 다음과 같다.

18%	19%	22%	
1		3	19%를 기준으로 농도의 비를 정리하면 1:3
3		1	비례식으로 풀기 위해 3:1로 바꿔줌
225g	300g	75g	총 300g 중에 22%의 용액의 양은 3:1 중 1 부분에 해당하므로 $300 \times \frac{1}{4} = 75$(g)

09 ⑤

전체 8명 중에서 3명을 뽑을 수 있는 가짓수는 $_8C_3 = \frac{8 \times 7 \times 6}{3 \times 2 \times 1} = 56$가지가 되고,
적어도 여자 1명이 포함되어야 하므로 여사건 공식을 이용하기 위해 여자가 1명도 포함되지 않은 즉, 남자만 3명이 뽑히는 가짓수를 구하면 $_6C_3 = \frac{6 \times 5 \times 4}{3 \times 2 \times 1} = 20$가지가 된다. 따라서 적어도 여자가 1명 포함될 가짓수는 36가지가 되므로 확률을 구하면 $\frac{36}{56} = \frac{9}{14}$가 된다.

10 ⑤

첫 번째 주어진 조건을 아래 표에 정리해보면 도보와 자전거, 대중교통의 속력을 알 수 있다.

구분	걸어서	자전거	대중교통
거리	4km	4km	4km
시간	1시간	$\frac{1}{2}h$	$\frac{1}{4}h$
속력	4km/h	8km/h	16km/h

이때 거래처가 집과 직장의 직선 거리상에서 정중앙에 위치하므로 집에서 거래처까지는 6km이다.
따라서 대중교통을 탔을 때 걸리는 시간은 $\frac{6}{16} = \frac{3}{8} = 0.375$가 되고 이를 분 단위로 정리하면 $0.375 \times 60 = 22.5$분이 된다.

11 ④

직육면체의 가로:세로:높이가 5:4:3이므로 이 세 수를 충족시킬 수 있는 최소공배수를 구하면 60이 된다. 가로, 세로, 높이를 모두 60에 맞추면 가로는 12개, 세로는 15개, 높이는 20개를 쌓게 된다. 따라서 총 20층이 된다.

12 ①

전체 일의 양을 1이라고 하면 A가 하루 동안 하는 일의 양은 $\frac{1}{10}$ 이고, B가 하루 동안 하는 일의 양은 $\frac{1}{12}$ 이다.

둘이 함께 5일 동안 일한 양은

$$\left(\frac{1}{10}+\frac{1}{12}\right)\times5=\left(\frac{6}{60}+\frac{5}{60}\right)\times5=\frac{11}{60}\times5=\frac{11}{12}$$ 이 된다.

따라서 남은 일의 양은 $\frac{1}{12}$ 이 되고 B 혼자서 일을 해야 하는 날은 1일이 된다.

13 ④

한 명당 순차적으로 2개씩 뽑으면서, 첫 번째 사람이 연속으로 당첨이 되는 경우에서 100개 중에 당첨 공이 4개이므로 첫 번째 당첨 후 공의 개수가 99개로 줄어들고 당첨공의 개수도 3개로 줄어든다. 이를 계산하면 $\frac{4}{100}\times\frac{3}{99}=\frac{12}{9,900}=\frac{1}{825}$ 이 된다.

14 ③

2월 3일을 1일째로 포함하여 29일까지의 날짜 수는 29 − 1 + 1 = 27이다. 따라서 2월이 끝난 시점에서 150−27=123일이 남는다.

3월은 31일, 4월은 30일, 5월은 31일, 6월은 30일까지 있으므로 이를 모두 빼면 123−31−30−31−30=1이다. 즉 6월까지 끝난 후 1일이 더 지나므로 150일째 되는 날은 7월 1일이다.

15 ②

작년 여학생 수를 x라고 하면, 작년 남학생과 여학생의 총 학생 수가 300명이었으므로 작년 남학생 수는 $(300-x)$이다. 올해 남자는 5% 증가, 여자는 5% 감소했으므로 증가한 총 학생 수는 $\frac{5}{100}(300-x)-\frac{5}{100}x$이고 올해 총 학생 수는 303명이므로 늘어난 학생 수는 3명이다. 이에 따라 $\frac{5}{100}(300-x)$ $-\frac{5}{100}x=3$이 성립하여 $x=120$(명)이다.

16 ②

숙련자는 1시간에 $\frac{1}{4}$ 만큼 일을 하고 비숙련자는 1시간에 $\frac{1}{10}$ 만큼 일을 한다. 숙련자의 인원을 x명이라 하면, 비숙련자의 인원은 $(6-x)$명이 된다. 50분 안에 일을 끝내는 것으로 식을 세우면 $\frac{50}{60}\left\{\frac{1}{4}x+\frac{1}{10}(6-x)\right\}=1$이 되고, 정리하면 $\frac{3}{20}x=\frac{6}{5}-\frac{6}{10}$, $x=4$가 된다. 필요한 최소 숙련자 수는 4명이 된다.

17 ④

여자 4명이 순서 상관없이 전체 9개 좌석 중 어디 앉을지 고르는 경우의 수는 $_9C_4$이며, 여자 4명이 순서 상관없이 통로 4개 좌석 중 어디 앉을지 고르는 경우의 수는 $_4C_4$이다.

따라서 정답은 $\frac{_4C_4}{_9C_4}=\frac{1}{126}$ 이다.

18 ③

농도가 4%인 소금물 200g에 들어있는 소금의 양은 $\frac{4}{100}\times200=8(g)$이다. 물을 증발시켜도 소금의 양은 변함이 없으므로 소금의 양 8g, 농도가 10%인 소금물의 양을 x라고 하면 $\frac{10}{100}x=8$이다. 따라서 $x=80(g)$이다. 이에 따라 증발시켜야 하는 물의 양은 200-80=120(g)이고 1분당 20g의 물을 증발시키므로 6분 동안 증발시켜야 함을 알 수 있다.

[치트키 풀이]

가중치로 문제를 풀면 아래와 같다.

4%	0%	10%	
2		5	물이 증발이 되어도 소금의 양에는 변화가 없음
5		2	비례식으로 풀면 5:2가 되므로 증발 후 소금물의 양은 80g이 되어야 함
200g	120g	80g	증발한 물의 양이 120g이 되어야 하고 1분당 20g씩 증발하므로 총 6분간 증발시켜야 한다.

19 ④

1층씩 올라갈 때마다 계단이 2개씩 늘어나므로 2~3층에 22개, 3~4층에 24개, 4~5층에 26개가 된다. 2층에서 5층까지 총 계단의 수는 22+24+26=72개가 된다. 20개의 계단을 오를 때 걸린 시간이 15초이고, 2층에서 5층까지 계단의 수가 72개이므로, 비례식으로 정리하면 20:15=72:x가 된다. 따라서 4:3=72:x이므로 x=54가 된다. 따라서 걸린 시간은 54초가 된다.

20 ①

티켓 한 개의 구매가격을 x라고 하자. 환불한 표에 대해 식을 세우면,

$$(x - 2{,}000) + \frac{3}{2}x = 38{,}000$$

$$\frac{5}{2}x = 40{,}000$$

$$x = 16{,}000$$

티켓 한 장의 구매가격은 16,000원이므로 총 7개를 구매한 가격은 112,000원이 된다.

01	02	03	04	05	06	07	08	09	10
②	①	③	⑤	③	⑤	④	②	③	④

11	12	13	14	15	16	17	18	19	20
③	⑤	①	④	②	⑤	⑤	④	①	①

01 ②

[추천 풀이 도구] 메모장

제시된 명제를 정리하면 다음과 같다.

[노트북 → 노트북 가방 → 무선이어폰 → ~태블릿]

[태블릿 → ~무선마우스]

[오답 점검]

① 무선이어폰을 사면 노트북 가방을 산다.

　무선이어폰을 산다고 하여 전제가 되는 노트북을 샀는지 사지 않았는지는 확정할 수 없다. 항상 참인지 항상 거짓인지 판단할 수 없다.

③ 무선마우스를 사면 무선이어폰을 사지 않는다.

　무선마우스와 무선이어폰의 관계를 확정할 수 없다. 항상 참인지 항상 거짓인지 판단할 수 없다.

④ 노트북 가방을 사면 태블릿을 산다.

　노트북 가방을 사면 태블릿은 사지 않는다. 항상 거짓이다.

⑤ 노트북을 사면 무선마우스를 사지 않는다.

　노트북과 무선마우스의 관계를 확정할 수 없다. 항상 참인지 항상 거짓인지 판단할 수 없다.

02 ①

[추천 풀이 도구] 눈으로만

🔑 **치트키 풀이**

E의 말을 보면 B는 거짓으로 말한다고 한다. E의 말이 진실이면 B의 말은 거짓이고 E의 말이 거짓이면 B의 말은 진실이다. E와 B의 말은 모든 경우에서 둘 중 1명이 진실을 말하고 나머지 1명이 거짓을 말하는 모순관계다.

문제에서 1명만 진실을 말한다고 한다. 정답이 되는 경우에서 B가 진실을 말하든 E가 진실을 말하든 둘 중 하나일 것이다. 둘 중 누가 진실을 말하든 A, C, D는 거짓을 말한다. A, C, D가 거짓일 때 얻을 수 있는 정보는 다음과 같다.

> A가 거짓: B 또는 C가 기숙사에 산다.
> C가 거짓: A는 기숙사에 산다.
> D가 거짓: B 또는 E가 기숙사에 산다.

C가 거짓일 때 얻을 수 있는 정보를 토대로 기숙사에 사는 2명 중 1명이 A라고 알 수 있다. 이어서 A가 거짓일 때 얻을 수 있는 정보는 '또는'이며 B가 기숙사에 산다고 하고 D가 거짓일 때 얻을 수 있는 정보도 '또는'이며 B가 기숙사에 산다고 한다. 기숙사에 사는 2명 중 나머지 1명은 B라고 알 수 있다.

[일반 풀이]

진술관계를 알기 어렵거나 활용하기 어렵다면 선택지에서 제시한 5가지 경우를 토대로 5명의 말이 진실인지 거짓인지 판별하는 것도 방법이다.

Case 1. 기숙사에 사는 사람이 A, B

	A의 말	B의 말	C의 말	D의 말	E의 말
①A, B	거짓	진실	거짓	거짓	거짓

1명만 진실을 말한다. A, B가 기숙사에 사는 2명이다.

Case 2. 기숙사에 사는 사람이 A, C

	A의 말	B의 말	C의 말	D의 말	E의 말
②A, C	거짓	진실	거짓	진실	

B의 말이 진실이다. D의 말도 진실로 판별되었을 때 다음 경우로 넘어가도 무방하다. 즉 E의 말이 진실이든 거짓이든 1명만 진실을 말한다는 문제의 조건을 만족하지 않는다.

Case 3. 기숙사에 사는 사람이 B, D

	A의 말	B의 말	C의 말	D의 말	E의 말
③B, D	거짓	거짓	진실	거짓	진실

C와 E의 말이 진실이다. 진실을 말하는 사람이 1명이라는 문제의 조건을 만족하지 않는다.

Case 4. 기숙사에 사는 사람이 C, E

	A의 말	B의 말	C의 말	D의 말	E의 말
④C, E	거짓	진실	진실		

B의 말이 진실로 판별되고 C의 말도 진실로 판별된다. D와 E의 말이 진실이든 참이든 1명만 진실이라는 문제의 조건을 만족하지 않는다.

Case 5. 기숙사에 사는 사람이 D, E

	A의 말	B의 말	C의 말	D의 말	E의 말
⑤D, E	진실	거짓	진실		

A와 C의 말이 진실이다. D와 E의 말이 진실이든 참이든 진실을 말하는 사람이 1명이라는 문제의 조건을 만족하지 않는다.

[오답 점검]

위 풀이에서 판별하지 않은 진실/거짓을 채우면 다음과 같다.

	A의 말	B의 말	C의 말	D의 말	E의 말
①A, B	거짓	진실	거짓	거짓	거짓
②A, C	거짓	진실	거짓	진실	거짓
③B, D	거짓	거짓	진실	거짓	진실
④C, E	거짓	진실	진실	거짓	거짓
⑤D, E	진실	거짓	진실	거짓	진실

03 ③

[추천 풀이 도구] 눈으로만

A를 수강한다. 이 정보는 'B를 수강하면 A는 수강하지 않는다.'라는 뒷부분(=후건)의 정보와 충돌된다. 이를 통해 B를 수강하지 않는다고 알 수 있다. 이 과정은 대우와 같다. 'B를 수강하면 A는 수강하지 않는다.'를 대우하면 'A를 수강하면 B를 수강하지 않는다.'인데 실제 풀이에서 대우를 써야겠다고 생각이 잘 나지 않을 수 있으니 뒷부분 충돌의 개념으로 이해하면 편하다. 'C를 수강하지 않거나 B를 수강하지 않으면 E를 수강한다.'에서 B를 수강하지 않고 앞부분(=전건)이 OR조건이니 앞부분을 만족한다. E를 수강한다.
E를 수강하니 'E를 수강하면 D를 수강하지 않는다.'라는 조건에 의해 D를 수강하지 않는다고 알 수 있다.
C와 D 중 한 과목을 반드시 수강한다. D를 수강하지 않으니 C를 수강한다.
반드시 수강하는 과목은 A, E, C이다.

04 ⑤

[추천 풀이 도구] 눈으로만

문제에서 묻는 것은 D가 살 가능성이 있는 층이다. D에 집중하며 풀이해보자. C를 5층에 고정하자. 이후 A와 B가 서로 인접한 층에 산다는 조건을 토대로 경우를 나누면 다음과 같다. 해설이기에 A/B, B/A로 A와 B가 사는 층을 표기했지만 문제에서 묻는 것이 D가 사는 층이기에 이를 ●정도로 체크하듯 머릿속으로 생각해도 무방하다.

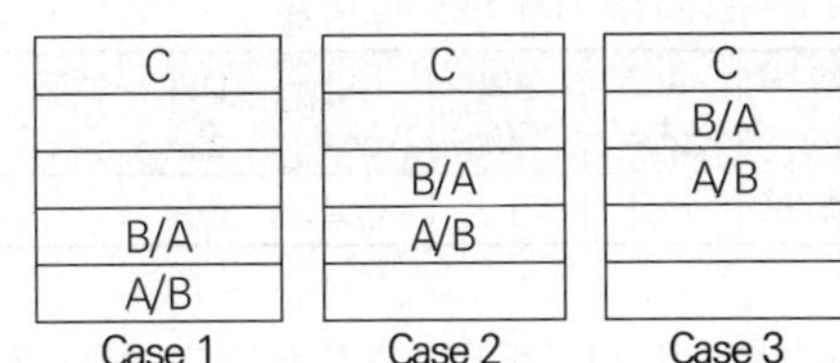

E는 C와 인접한 층에 살지 않는다. Case 1, 2에서 E를 4층이
아닌 층에 배정하자. Case 1, 2를 토대로 D는 4층에 살 가능성
이 있다고 알 수 있다. Case 3에서 E는 1층에 살거나 2층에 산
다. 이에 따라 D가 살 가능성이 있는 층은 2층이거나 1층이라
고 알 수 있다.

Case 1	Case 2	Case 3
C	C	C
D	D	B/A
E	B/A	A/B
B/A	A/B	E/D
A/B	E	D/E

05 ③

[추천 풀이 도구] 눈으로만

🗝 치트키 풀이

A와 E의 진술을 확인하자. 1명만 여름휴가를 가지 못했다. A가
진실을 말하면 B가 여름휴가를 가지 못했다. 이에 따라 C가 여
름휴가를 가지 못했다는 E의 진술이 거짓이다. E가 진실을 말
하면 C가 여름휴가를 가지 못했다. 이에 따라 B가 여름휴가를
가지 못했다는 A의 진술이 거짓이다. 이를 보고 A와 E의 진술
이 모순관계라고 보면 안 된다. 만약 B, C가 아닌 D가 여름휴가
를 가지 못한 경우 A, E의 진술 모두 거짓이 되기 때문이다.
그래도 위의 정리를 토대로 A와 E가 둘 다 진실을 말하는 경우
는 없다고 알 수 있다. A와 E 둘 다 거짓을 말하는 경우는 있지
만 문제에서 1명만 거짓을 말한다고 한다. 이에 따라 1명이 여
름휴가를 가지 못하고 1명만 거짓을 말한다는 전제 아래에서는
A와 E의 진술을 모순관계처럼 쓸 수 있다.
A와 E 중 1명이 거짓을 말한다. 정답이 되는 경우에서 A와 E 중
누가 거짓을 말하는지 확정할 수 없지만 B, C, D는 진실을 말한
다고 알 수 있다. B, C, D의 진술을 정리하면 A, B, D, E는 여
름휴가를 다녀왔다. C가 여름휴가를 가지 못했다.

[일반 풀이]

진술관계를 확인하지 못했거나 확인하더라도 활용하지 못하겠
다면 5명 중 1명이 여름휴가를 가지 못한 경우를 가정하고 그
경우에서 A, B, C, D, E의 진술을 확인해보자.

Case 1. 여름휴가를 가지 못한 사람이 A

	A의 진술	B의 진술	C의 진술	D의 진술	E의 진술
A, 휴가X	거짓	거짓	진실	진실	거짓

거짓을 말하는 사람이 3명이다. A의 진술이 거짓, B의 진술이
거짓이라고 판명했으면 C, D, E의 진술은 진실인지 거짓인지
판명하지 않아도 되었다.

Case 2. 여름휴가를 가지 못한 사람이 B

	A의 진술	B의 진술	C의 진술	D의 진술	E의 진술
B, 휴가X	진실	진실	거짓	진실	거짓

거짓을 말하는 사람이 2명이다. 조건을 만족하지 않는다.

Case 3. 여름휴가를 가지 못한 사람이 C

	A의 진술	B의 진술	C의 진술	D의 진술	E의 진술
C, 휴가X	거짓	진실	진실	진실	진실

거짓을 말하는 사람이 1명이다. 풀이를 마치자.

[오답 점검]

참고로 D가 여름휴가를 가지 못한 경우, E가 여름휴가를 가지
못한 경우를 정리하면 다음과 같다.

	A의 진술	B의 진술	C의 진술	D의 진술	E의 진술
D, 휴가X	거짓	거짓	거짓	진실	거짓
E, 휴가X	거짓	진실	진실	거짓	거짓

06 ⑤

[추천 풀이 도구] 눈으로만

G는 1열에 앉고 A는 2열에 앉는다. 둘을 먼저 고정하자. B와 F
는 같은 열에 앉는다. 1열은 2명이 앉을 수 있는데 1열에 G가
앉으니 B와 F는 1열에 앉지 않는다. B와 F가 2열에 앉는 경우
와 3열에 앉는 경우로 나눠보자.

Case 1	Case 2
1열(2명): G	1열(2명): G
2열(3명): A, B, F	2열(3명): A
3열(2명):	3열(2명): B, F

C와 D는 같은 열에 앉지 않는다. Case 1에서는 1열과 3열에
앉고 둘이 자리를 바꿀 수 있다. Case 2에서는 1열과 2열에 앉
고 둘이 자리를 바꿀 수 있다. 자리를 바꿀 수 있다는 것을 C/D
또는 D/C로 표기했다. 남은 한 자리는 E의 자리다.

Case 1	Case 2
1열(2명): G, C/D	1열(2명): G, C/D
2열(3명): A, B, F	2열(3명): A, D/C, E
3열(2명): D/C, E	3열(2명): B, F

07 ④

[추천 풀이 도구] 눈으로만

🔑 **치트키 풀이**

〈보기〉의 조건을 보면 A, B, C 모두 신나라로 출장을 가지 않는다. D가 신나라로 출장을 간다.

[일반 풀이]

A를 기준으로 A가 꿈나라로 출장을 가는 경우와 달나라로 출장을 가는 경우로 나눠보자. 이후 C를 기준으로 C가 빛나라로 출장을 가는 경우와 달나라로 출장을 가는 경우로 나누면 다음과 같다.

A	C
꿈	빛
꿈	달
달	빛

B는 신나라로 출장을 가지 않는다. B가 출장을 갈 수 있는 나라는 꿈나라, 빛나라, 달나라이나. 이를 토대로 경우를 더 나누면 다음과 같다. 세 경우 모두 D는 신나라로 출장을 간다.

A	C	B	D
꿈	빛	달	신
꿈	달	빛	신
달	빛	꿈	신

08 ②

[추천 풀이 도구] ① 눈으로만
[추천 풀이 도구] ② D, E를 고정 후 B, F로 경우 나누기까지 그림판 → 이후 풀이는 눈으로만

테이블 문제에서는 자리가 명명되어 있지 않다면 마주 보고 앉는다는 조건 1개를 고정조건으로 활용할 수 있다. D와 E를 마주보고 앉도록 배치하자. 이후 C와 E가 서로 인접한 자리에 앉는다는 조건을 토대로 C가 E 기준 왼쪽에 앉는 경우와 오른쪽에 앉는 경우로 나눠보자. (E의 오른쪽 자리에 앉는 사람 즉 특정값을 묻는 문제. 경우가 여럿으로 나누어도 모든 경우에서 E의 오른쪽 자리에 앉는 사람이 같거나 경우가 1가지만 나올 수 있다는 점을 고려하며 풀어보자.)

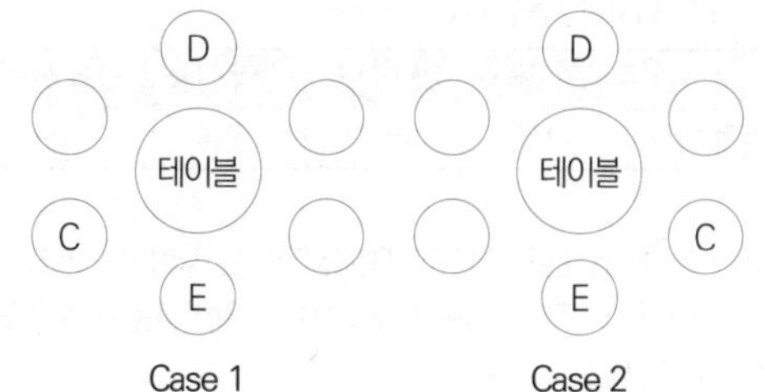

B와 인접하며 B의 오른쪽 자리에 F가 앉는다. B와 F를 앉히고 남은 한 자리에 A를 앉히자.

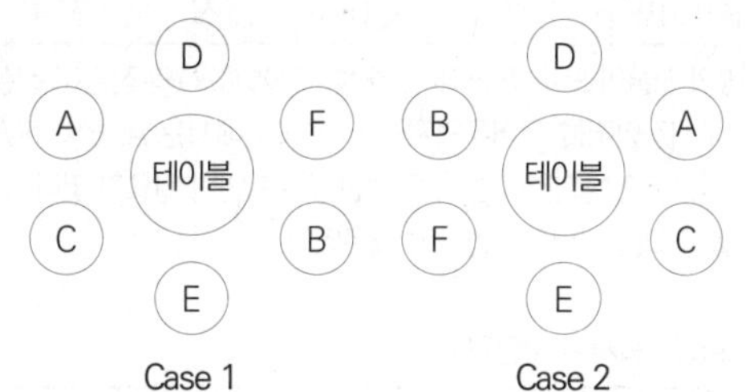

Case 2는 A와 F가 마주 보는 자리에 앉는다. 조건을 만족하지 않는다. Case 1에서 E와 인접하며 E의 오른쪽 자리에 앉는 사람은 B이다.

09 ③

[추천 풀이 도구] ① 눈으로만

🔑 **치트키 풀이**

D의 진술을 살펴보자. D는 B가 퇴사했다고 한다. D의 진술이 진실이면 B는 퇴사했고 퇴사한 사람은 진실을 말하기에 B의 진술도 진실이다. D의 진술이 거짓이면 B는 퇴사하지 않았고 퇴사한 사람만 진실을 말하기에 B는 거짓을 말한다. D와 B의 진술을 동일관계처럼 활용할 수 있다.
C의 진술을 확인하자. C는 D가 퇴사하지 않았다고 한다. C의 진술이 진실이면 D는 퇴사하지 않았고 D의 진술은 거짓이다. C의 진술이 거짓이면 D는 퇴사했고 D의 진술이 진실이다. C와 D의 진술은 모순관계처럼 활용할 수 있다.
위의 정보를 종합하면 D, B VS C의 구도를 보인다. C가 진실을 말하는 1명이다.

[일반 풀이]

진술관계를 활용하기 어렵다면 A가 퇴사한 경우, B가 퇴사한 경우, C가 퇴사한 경우, D가 퇴사한 경우에서 4명의 진술이 진실인지 거짓인지 판별하자. 그 후 1명만 진실인 경우를 찾는다면 진실을 말하는 1명이 퇴사한 1명인지도 추가로 확인하자.

Case 1. 퇴사한 사람이 A

	A의 진술	B의 진술	C의 진술	D의 진술
A가 퇴사	거짓	거짓	진실	거짓

1명만 진실을 말한다. 하지만 진실을 말하는 사람은 C이고 퇴사한 사람은 A이다. 퇴사한 1명이 진실을 말한다는 조건을 만족하지 않는다.

Case 2. 퇴사한 사람이 B

	A의 진술	B의 진술	C의 진술	D의 진술
B가 퇴사	진실	진실	진실	진실

4명의 진술이 모두 진실이다. 해설이기에 C, D의 진술이 진실인지 거짓인지를 적어두었지만 실제 풀이에서는 A, B의 진술이 진실로 판별되었다면 C, D의 진술은 확인할 필요가 없다. 진실을 말하는 사람은 1명이기 때문이다.

Case 3. 퇴사한 사람이 C

	A의 진술	B의 진술	C의 진술	D의 진술
C가 퇴사	거짓	거짓	진실	거짓

1명만 진실을 말한다. 진실을 말하는 1명도, 퇴사한 1명도 둘 다 C이다. 이미 정답이 나왔다.

[오답 점검]
참고로 D가 퇴사한 경우를 정리하면 다음과 같다.

	A의 진술	B의 진술	C의 진술	D의 진술
D가 퇴사	진실	진실	거짓	거짓

10 ④

[추천 풀이 도구] 눈으로만(5, 6번 고정 후 1, 2번이 3행 또는 1층일 수밖에 없다는 점 파악하며 풀이)
같은 열이며 위쪽인 사물함이 아래쪽 사물함보다 번호가 크다. 그러면서 5번을 붙인 사물함의 바로 오른쪽에 있는 사물함에 6번을 붙인다. 5번과 6번을 붙인 사물함은 제일 위쪽(1행)에 있어야 한다. 만약 맨 아래(3행)거나 중간(2행)이면 6번보다 큰 숫자를 붙이는 사물함이 위쪽에 있을 수 없기 때문이다. 주어진 숫자는 1부터 6까지이다.
같은 열이며 위쪽인 사물함이 아래쪽 사물함보다 번호가 크다는 조건에 의해 1번을 붙인 사물함은 맨 아래(3행)에 있다. 만약 1번을 붙인 사물함이 중간(2행)에 있다면 맨 아래(3행)에 있는 사물함에는 1보다 낮은 번호를 붙일 수 없다.
1번을 붙인 사물함과 2번을 붙인 사물함은 서로 다른 열에 있다. 2번을 붙인 사물함이 1번을 붙인 사물함과 같은 열이라면 중간(2행)에 있을 수 있지만 1번을 붙인 사물함과 다른 열에 있

어야 하기에 2번을 붙인 사물함도 맨 아래(3행)에 있다. 다만 1번을 붙인 사물함이 왼쪽인지 2번을 붙인 사물함이 왼쪽인지는 확정할 수 없다. 즉 경우가 2가지로 나뉜다.
3번과 4번을 붙인 사물함은 중간(2행)에 있다. 3번을 붙인 사물함이 왼쪽인 경우와 4번을 붙인 사물함이 왼쪽인 경우로 2가지로 나뉜다.
1번을 붙인 사물함과 2번을 붙인 사물함으로 2가지, 3번을 붙인 사물함과 4번을 붙인 사물함으로 2가지로 2 × 2로 총 4가지다.

5	6
3	4
1	2

5	6
4	3
1	2

5	6
3	4
2	1

5	6
4	3
2	1

11 ③

[추천 풀이 도구] A, B, C, D를 토대로 경우를 나누고 일부 경우를 소거하는 과정까지 메모장 → 이후 풀이는 눈으로만
〈보기〉의 명제를 만족하는 경우를 모두 찾은 후 풀이할 수도 있고 선지에서 제시하는 경우를 가정했을 때 뒤의 내용을 만족하는지 찾을 수도 있다. 이번 풀이에서는 〈보기〉의 명제를 만족하는 경우를 모두 찾는 방식으로 접근하겠다.
A 〉 B이고 C 〉 D이다. 이를 만족하는 경우는 다음과 같다.

```
Case 1. A 〉 B 〉 C 〉 D
Case 2. A 〉 C 〉 B 〉 D
Case 3. C 〉 A 〉 B 〉 D
Case 4. A 〉 C 〉 D 〉 B
Case 5. C 〉 A 〉 D 〉 B
Case 6. C 〉 D 〉 A 〉 B
```

D가 A보다 가격이 낮은 경우 D의 가격은 B의 가격보다 높다. Case 1, 2, 3은 D의 가격이 A보다 낮은데도 D의 가격이 B보다 낮은 경우다. 소거하자.
C가 A보다 가격이 높은 경우 E의 가격은 B의 가격보다 낮다. Case 5, 6에서 E의 가격은 B보다 낮다. Case 4에서는 E의 가격 순서가 여럿으로 나뉜다. 가장 높은 경우, 2번째로 높은 경우, 3번째로 높은 경우, 4번째로 높은 경우, 가장 낮은 경우로 나뉜다.

```
Case 4.1. E 〉 A 〉 C 〉 D 〉 B
Case 4.2. A 〉 E 〉 C 〉 D 〉 B
Case 4.3. A 〉 C 〉 E 〉 D 〉 B
Case 4.4. A 〉 C 〉 D 〉 E 〉 B
Case 4.5. A 〉 C 〉 D 〉 B 〉 E
Case 5.   C 〉 A 〉 D 〉 B 〉 E
Case 6.   C 〉 D 〉 A 〉 B 〉 E
```

[오답 점검]
① A의 가격이 가장 높은 경우 B와 계약한다.
　　반례: Case 4.5
② A의 가격이 2번째로 높은 경우 E와 계약한다.
　　반례: Case 4.1
④ C의 가격이 2번째로 높은 경우 B와 계약한다.
　　반례: Case 4.5
⑤ D의 가격이 3번째로 높은 경우 E와 계약한다.
　　반례: Case 4.4

12 ⑤

[추천 풀이 도구] ① 눈으로만

🗝 치트키 풀이

승진했다고 판단되는 사람을 모두 고르는 문제다. 즉 진실을 말한다고 판단되는 사람을 모두 고르는 문제다. C는 B가 하는 말이 거짓이라고 한다. C의 진술이 진실이면 B의 진술은 거짓이고 C의 진술이 거짓이면 B의 진술은 진실이다. B와 C의 진술은 모순관계다. 문제에서 1명만 진실을 말한다고 제시했기에 A는 거짓을 말한다.
B가 승진한 경우와 C가 승진한 경우로 나누어 B, C의 진술을 판별하면 다음과 같다. A는 정답이 되는 경우에서 거짓을 말하기에 진술이 진실인지 거짓인지 판별할 필요가 없었으며 A는 거짓을 말하기에 승진한 사람이 아니다.

	B의 진술	C의 진술
B가 승진	진실	거짓
C가 승진	거짓	진실

B가 승진한 경우, B의 진술이 진실이고 C가 승진한 경우, C의 진술이 진실이다. 승진했을 가능성이 있는 사람은 B와 C이다.

[일반 풀이]
일반적으로 진실게임에서는 진실을 말하며 승진한 사람이 1명인 경우가 1가지가 나오도록 출제하나 이 문제는 진실을 말하며 승진한 사람이 1명 이상일 수 있다. A가 승진한 경우에서 A, B, C의 진술이 진실인지 거짓인지, B가 승진한 경우에서 A, B, C의 진술이 진실인지 거짓인지, C가 승진한 경우에서 A, B, C의 진술이 진실인지 거짓인지 판별해보자.

Case 1. 승진한 사람이 A

	A의 진술	B의 진술	C의 진술
A가 승진	진실	진실	거짓

A, B의 진술이 진실이다. 1명만 진실을 말한다는 조건을 만족하지 않는다. C의 진술까지는 판별하지 않고 다른 경우로 넘어가도 무방하다.

Case 2. 승진한 사람이 B

	A의 진술	B의 진술	C의 진술
B가 승진	거짓	진실	거짓

1명만 진실을 말하며 그 1명이 B이다. 문제에서 제시한 조건을 만족한다.

Case 3. 승진한 사람이 C

	A의 진술	B의 진술	C의 진술
C가 승진	거짓	거짓	진실

마찬가지로 C가 승진한 경우도 1명만 진실을 말하며 그 1명이 C이다. 문제에서 제시한 조건을 만족한다.

13 ①

[추천 풀이 도구] ① 눈으로만
[추천 풀이 도구] ② F 고정 후 A, C의 자리 정리까지 메모장
→ 이후 풀이는 눈으로만

F를 2번째 자리에 고정하자. 이후 A와 C가 인접하게 줄을 선다는 조건을 토대로 경우를 나누면 다음과 같다. 해설이기에 A/C 또는 C/A로 A와 C가 자리를 바꾼다고 정리했지만 문제에서 묻는 건 항상 참이고 선택지에서 말하는 건 특정 칸의 값이다. 자리를 바꿀 수 있는 것은 A, C이고 A나 C에 대한 추가 조건이 보이지 않아 정답일 가능성이 희박하므로 편의를 위해 X 등과 같은 문자로 치환하여 적어도 무방하다.

1	2	3	4	5	6
	F	A/C	C/A		
	F		A/C	C/A	
	F			A/C	C/A

D는 짝수 번째로 줄을 선다. 세 경우 모두 남은 자리는 홀수가 2개, 짝수가 1개이고 홀수 중 하나는 1번째다. E는 B보다 앞에 줄을 선다. E는 항상 1번째로 줄을 선다.

[오답 점검]
메모장이나 그림판을 제공해 주시지만 꼼꼼히 정리하며 풀기가 어려운 SKCT이다. 아래와 같이 꼼꼼히 정리할 수는 있으나 풀이시간 단축을 위해 정답을 찾기에만 집중했으면 한다.

1	2	3	4	5	6
E	F	A/C	C/A	B	D
E	F	B	A/C	C/A	D
E	F	B	D	A/C	C/A

14 ④

[추천 풀이 도구] 눈으로만

🔑 치트키 풀이

B의 두 진술을 보면 'A와 C는 지각하지 않았다.', '나와 A는 지각하지 않았다.'이다. 두 진술 중 하나는 참이고 하나는 거짓인데 둘 다 AND조건이고 A가 지각하지 않았다고 한다. 따라서 A는 무조건 지각을 하지 않는다. B가 지각하는 경우와 C가 지각하는 경우로 나누어 고민해보자.

A의 두 진술은 'C가 지각했다.'와 'B가 지각했다.'이다. B가 지각하는 경우와 C가 지각하는 경우로 나누어 고민할 예정인데 둘 중 누가 지각을 하더라도 A의 두 진술 중 하나는 진실이고 나머지 하나는 거짓이다. A의 두 진술이 진실인지 거짓인지 판별하지 않아도 되겠다.

C의 두 진술 중 하나는 'A 또는 B가 지각했다.'이다. A가 지각한 경우는 두 진술 중 하나는 진실, 나머지 하나는 거짓이라는 문제의 조건을 만족하지 않는다. 'A 또는 B가 지각했다.'라는 진술을 'B가 지각했다.'라는 진술로 이해해도 무방하겠다. C의 두 진술을 'B가 지각했다.'와 'B는 지각하지 않았다.'로 이해하면 정답이 되는 경우에서 두 진술 중 하나는 무조건 진실을 말하고 나머지 하나는 무조건 거짓을 말한다. C의 두 진술이 진실인지 거짓인지 판별하지 않아도 되겠다.

결과적으로 B가 지각하는 경우, B의 두 진술의 진실/거짓 여부와 C가 지각하는 경우, B의 두 진술의 진실/거짓 여부만 판별하면 되겠다.

	B진술1	B진술2
B가 지각	진실	거짓
C가 지각	거짓	진실

B가 지각하는 경우, B의 두 진술 중 하나는 진실이고 나머지 하나는 거짓이다. 마찬가지로 C가 지각하는 경우, C의 두 진술 중 하나는 진실이고 나머지 하나는 거짓이다. B가 지각했을 수도 있고 C가 지각했을 수도 있다.

[일반 풀이]

A가 지각한 경우, B가 지각한 경우, C가 지각한 경우로 나누어 판별해보자. 편의상 한 인물의 두 진술 중 위의 진술이 진술1, 아래의 진술이 진술2로 정의하겠다. 진실인지 거짓인지 채우지 않아도 판별할 수 있는 칸은 채우지 않겠다.

Case 1. 지각한 사람이 A

	A진술1	A진술2	B진술1	B진술2	C진술1	C진술2
A가 지각	거짓	거짓				

A의 두 진술이 거짓이다. 한 진술은 진실, 나머지 진술은 거짓을 말한다는 조건을 만족하지 않는다. A는 지각하지 않았다.

Case 2. 지각한 사람이 B

	A진술1	A진술2	B진술1	B진술2	C진술1	C진술2
B가 지각	거짓	진실	진실	거짓	진실	거짓

A, B, C 모두 두 진술 중 한 진술은 진실, 나머지 진술은 거짓이다. 조건을 만족한다. B는 지각했을 수 있다.

Case 3. 지각한 사람이 C

	A진술1	A진술2	B진술1	B진술2	C진술1	C진술2
C가 지각	진실	거짓	거짓	진실	거짓	진실

A, B, C 모두 두 진술 중 한 진술은 진실, 나머지 진술은 거짓이다. 조건을 만족한다. C는 지각했을 수 있다.

[오답 점검]

풀이에서 채우지 않은 칸의 진실/거짓 여부를 판별하면 다음과 같다.

	A진술1	A진술2	B진술1	B진술2	C진술1	C진술2
A가 지각	거짓	거짓	거짓	거짓	진실	진실
B가 지각	거짓	진실	진실	거짓	진실	거짓
C가 지각	진실	거짓	거짓	진실	거짓	진실

15 ②

[추천 풀이 도구] ① 눈으로만

[추천 풀이 도구] ② C, E와 B, A 고정까지 그림판 → 이후 풀이는 눈으로만

C와 인접하며 C의 오른쪽의 자리에 E가 앉는다. 임의의 자리에 C와 E를 배치하자. B와 인접하며 B의 왼쪽의 자리에 A가 앉는다. B와 A를 이어서 배치하자. 이 때 A는 E와 인접하게 앉으면 안 되는 점도 고려하자.

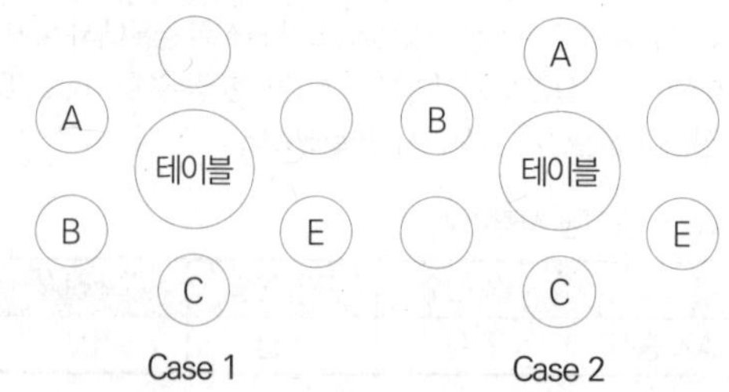

D와 F는 인접하게 앉지 않는다. Case 1은 조건을 만족하지 않는다. D와 F는 자리를 바꿀 수 있기에 DF 또는 FD로 정리하겠다.

Case 2

[오답 점검]

정답이 아닌 선택지의 반례를 찾으면 다음과 같다. 문제에서 반드시 거짓인 것을 고르라고 했으니, 되는 경우를 하나라도 찾으면 반례이다.

①, ③의 반례   ④, ⑤의 반례

16 ⑤

[추천 풀이 도구] 눈으로만(A가 첫째 주에 휴가를 가는 경우에 6개의 진술 확인, B가 첫째 주에 휴가를 가는 경우에 6개의 진술 확인, C가 첫째 주에 휴가를 가는 경우에 6개의 진술 확인 순서로 접근)

2번의 진술 중 한 진술이 진실이고 나머지 한 진술이 거짓인 경우는 2가지다. 인원이 3명이기 때문에 8가지의 경우로 나뉜다. 진술로 경우를 나누는 것보다 셋 중 누가 첫째 주에 휴가를 가는지로 나누어 판별하는 것이 보다 빠르겠다.

B가 취하는 행동은 첫째 주에 휴가를 가거나 둘째 주에 휴가를 가는 것인데 A의 두 진술은 B가 취할 수 있는 행동을 각기 말하고 있다. 즉 A의 두 진술은 어떤 경우든 둘 중 하나는 진실이고 나머지 하나는 거짓이다. A의 진술은 판별하지 않아도 되겠다. 셋 중 누가 첫째 주에 휴가를 가는지로 나눈 후, 4개의 진술의 진실/거짓 여부를 판별해보자. 편의상 한 인물의 두 진술 중 위의 진술이 진술1, 아래의 진술이 진술2로 정의하겠다.

Case 1. A가 첫째 주에 휴가

	B진술1	B진술2	C진술1	C진술2
A가 첫 주	거짓	거짓		

B의 두 진술이 거짓이다. A는 첫째 주에 휴가를 가지 않는다. C의 두 진술은 판별하지 않고 넘어가자.

Case 2. B가 첫째 주에 휴가

	B진술1	B진술2	C진술1	C진술2
B가 첫 주	진실	거짓	거짓	진실

B의 두 진술 중 한 진술은 진실이고 나머지 한 진술은 거짓이다. C의 두 진술 역시 한 진술은 진실이고 나머지 한 진술은 거짓이다. B는 첫째 주에 휴가를 간다.

Case 3. C가 첫째 주에 휴가

	B진술1	B진술2	C진술1	C진술2
C가 첫 주	거짓	진실	거짓	거짓

C의 두 진실이 거짓이다. C는 둘째 주에 휴가를 간다.

*참고: C의 두 진술도 모순관계이지만 해설에서는 C의 두 진술이 모순관계라는 점을 모르는 상태로 가정하고 풀이했다.

[오답 점검]

위 풀이에서 생략한 진실/거짓 여부를 정리하면 다음과 같다.

	A진술1	A진술2	B진술1	B진술2	C진술1	C진술2
A가 첫 주	진실	거짓	거짓	거짓	진실	진실
B가 첫 주	거짓	진실	진실	거짓	거짓	진실
C가 첫 주	진실	거짓	거짓	진실	거짓	거짓

17 ⑤

[추천 풀이 도구] 눈으로만

🔑 치트키 풀이

B와 C의 진술을 보자. B는 'A가 팀을 옮기고 싶어 한다'라고 하고 C는 'A가 팀을 옮기고 싶어 하지 않는다'라고 한다. A가 취할 수 있는 행동은 '팀을 옮기고 싶어 한다'와 '옮기고 싶어 하지 않는다' 뿐이기 때문에 모든 경우에서 B와 C 중 1명은 진실을 말하고 나머지 1명은 거짓을 말한다. B와 C의 진술은 모순관계다.

정답이 되는 경우에서 B와 C중 누군지는 모르겠지만 1명이 진실을 말한다. A, D, E는 거짓을 말한다.

A의 진술이 거짓이기에 E가 팀을 옮기고 싶어한다고 알 수 있다.

[일반 풀이]

진술관계가 보이지 않거나 진술관계를 보아도 활용하기 어렵다면 A가 팀을 옮기길 희망하는 경우부터 E가 팀을 옮기길 희망하는 경우까지 5명의 진술 중 1명만 진실을 말하는지 판별하며 풀이하자.

	A의 진술	B의 진술	C의 진술	D의 진술	E의 진술
A가 희망	진실	진실	거짓	진실	거짓
B가 희망	진실	거짓	진실	진실	진실
C가 희망	진실	거짓	진실	거짓	진실
D가 희망	진실	거짓	진실	진실	진실
E가 희망	거짓	거짓	진실	거짓	거짓

18 ④

[추천 풀이 도구] A, C의 전공, D의 성별 정리까지 메모장
→ 이후 풀이는 눈으로만

A가 생명공학, C가 산업공학, D가 여성이라는 점을 먼저 고정하고 생각하자. 해설의 이해를 돕기 위해 다음과 같이 정리했지만 메모장을 활용하여 A, B, C, D를 세로로 적은 뒤 D 옆에 여, A 옆에 생명과 같이 정리하는 풀이가 더 효율적이라 생각된다.

사람	A	B	C	D
성별				여성
학과	생명		산업	

A와 C의 성별은 다르다. 둘 중 1명은 여성이고 나머지 1명은 남성이다. 남성이 2명, 여성이 2명인 점을 고려했을 때 B와 D의 성별도 다르다고 알 수 있다. B는 남성이다. A와 C는 둘 중 누가 여성인지 확정할 수 없다. 즉 A가 여성인 경우와 C가 여성인 경우로 나뉜다.

사람	A	B	C	D
성별	여/남	남성	남/여	여성
학과	생명		산업	

학과가 화학공학인 사람은 남성이다. B의 학과가 화학공학이다. 자연스럽게 D의 학과는 기계공학이라는 것을 알 수 있다.

19 ①

[추천 풀이 도구] ① 눈으로만
[추천 풀이 도구] ② B를 3등, C를 6등에 배치까지 메모장
→ 이후 풀이는 눈으로만

순차성을 보이는 출근 등수를 기준으로 삼아 사고하는 게 수월하겠다. 누가 누구보다 빨리 출근했는지, 늦게 출근했는지를 직관적으로 알아보기 편하기 때문이다.
B를 3등, C를 6등에 고정하자.

1등	2등	3등	4등	5등	6등	7등
		B			C	

D는 F보다 출근 시간이 늦으며 등수 차이는 2이다. F는 2등일 수도 있고 5등일 수도 있다. 그런데 F가 2등인 경우 D는 4등이 되는데 G는 E보다 출근 시간이 빠르며 등수 차이는 1이라는 조건을 반영할 곳이 없게 된다. F는 5등이고 D는 7등이다.
G는 E보다 출근 시간이 빠르며 등수 차이가 1이 되려면 G는 1등이고 E는 2등이어야 한다.

1등	2등	3등	4등	5등	6등	7등
G	E	B		F	C	D

4등으로 출근한 사람은 A이다.

20 ①

[추천 풀이 도구] 눈으로만(D가 무슨 팀인지, D와 같은 팀인 사람이 누구인지에 집중하여 풀이)

A와 E의 소속팀이 다르고 E의 소속팀이 Y라면 A와 B의 소속팀이 같다. A가 X팀이고 E가 Y팀인 경우와 A가 Y팀이고 E가 X팀인 경우로 나눠보자. A가 X팀이고 E가 Y팀인 경우 E의 소속팀이 Y라면 A와 B의 소속팀이 같다는 조건에 의해 B는 X팀이다.

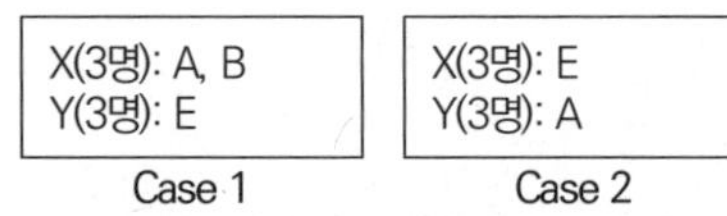

B의 소속팀이 X라면 D의 소속팀은 Y이다. Case 1에서 D는 Y팀이다. 그런데 F와 C는 소속팀이 같고 한 팀에 인원이 3명이라는 점을 고려하면 Case 1은 조건을 만족하지 않는다. Case 2에서 B는 X팀일 수도 있고 Y팀일 수도 있다. B가 X팀일 경우 D는 Y팀인데 Case 1과 마찬가지로 F와 C는 소속팀이 같고 한 팀에 인원이 3명이라는 점을 고려하면 조건을 만족하지 않는다. Case 2에서 B는 Y팀이다.

한 팀에 인원이 3명이니 F와 C는 X팀이다. 자연스럽게 언급하지 않은 D는 Y팀이다.

[오답 점검]
'B의 소속팀이 X라면 D의 소속팀은 Y이다.'라는 조건을 보고 B의 소속팀이 X가 아니면 즉 B의 소속팀이 Y이면 D의 소속팀

은 Y가 아닌 X라고 오해하는 경우가 있는데 조건부의 앞부분(=전건)을 만족하지 않는 경우 뒷부분의 내용을 반영할 필요가 없다. 즉 B의 소속팀이 Y이면 D의 소속팀은 Y여도 상관없고 X여도 상관없다.

01	02	03	04	05	06	07	08	09	10
①	④	③	③	④	③	②	①	④	①
11	12	13	14	15	16	17	18	19	20
⑤	①	②	①	②	③	③	②	③	④

01 ①

제시된 수들은 세 개의 항씩 묶어 규칙을 갖는 군수열로 (a, b, c)가 하나의 군이라고 할 때, (a−b)×b=c인 규칙을 가지므로 A 위치에 들어갈 알맞은 수는 '−2,574'이다.

02 ④

제시된 수들의 차를 하나의 수열로 나열했을 때, 해당 수열은 '+1', '+2', '+3', '+4'…의 규칙을 가진다. 이에 따라 A 위치에 들어갈 알맞은 수는 '64', B 위치에 들어갈 알맞은 수는 '93'이다. A+B는 157이다.

$$+1 \quad +2 \quad +3 \quad +4 \quad +5 \quad +6 \quad +7$$

$$+1 \quad +2 \quad +4 \quad +7 \quad +11 \quad +16 \quad +22 \quad +29$$

$$1 \quad 2 \quad 4 \quad 8 \quad 15 \quad 26 \quad 42 \quad (64) \quad (93)$$

03 ③

제시된 수들은 공비가 $\frac{1}{3}$ 인 등비수열의 규칙을 가지므로 10번째 올 수는 $1 \times \frac{1}{3^9}$ 을 계산한 값인 '$\frac{1}{19,683}$'이다.

04 ③

제시된 수열의 2번째 항과 7번째 항의 분자, 분모에 각각 5를 곱하면 다음과 같다.

$$\frac{8}{33} \quad \frac{10}{35} \quad \frac{12}{37} \quad (A) \quad \frac{16}{41} \quad \frac{18}{43} \quad \frac{20}{45}$$

이때 제시된 수들은 분자와 분모 모두 +2씩 증가하는 규칙을 가지므로 A 위치에 들어갈 알맞은 수는 '$\frac{14}{39}$'이다.

05 ④

제시된 수들은 세 개의 항씩 묶어 규칙을 갖는 군수열로 (a, b, c)가 하나의 군이라고 할 때, $(a+b)^2 = c$인 규칙을 가지므로 A 위치에 들어갈 알맞은 수는 '1,936'이다.

06 ③

제시된 수들은 공차가 3.25인 등차수열의 규칙을 가지므로 10번째 올 수는 17.32+(3.25×4)를 계산한 값인 '30.32'이다.

07 ②

제시된 수들은 정수 부분은 +2, 소수 부분은 −0.25를 계산하는 규칙을 가지므로 A 위치에 들어갈 알맞은 수는 '42.5'이다.

08 ①

제시된 수들은 '÷3', '×1.2'가 반복되는 규칙을 가지는 특수 수열이므로 A 위치에 들어갈 알맞은 수는 '17.112', B 위치에 들어갈 알맞은 수는 '1.095168'이다. B−A는 '−16.016832'이다.

09 ④

제시된 수들은 '×2', '+2', '×3', '+3', '×4', '+4'…의 규칙을 가지는 특수 수열이므로 7번째로 올 수는 '$\frac{328}{7}$', 8번째로 올 수는 '$\frac{1,640}{7}$', 9번째로 올 수는 '$\frac{1,675}{7}$'이다.

10 ①

제시된 수들은 N항=(N−3항)÷3의 규칙을 가지므로 A 위치에 들어갈 알맞은 수는 '0.35'이다.

11 ⑤

제시된 수들의 분모를 20으로 통분하면 다음과 같다.

$$\frac{3}{20} \quad \frac{3}{20} \quad \frac{6}{20} \quad \frac{18}{20} \quad \frac{72}{20} \quad \frac{360}{20} \quad \frac{2,160}{20}$$

각 항은 '×1', '×2', '×3', '×4', '×5', '×6'…의 규칙을 가지는 특수 수열이므로 A 위치에 들어갈 알맞은 수는 $\frac{2,160}{20}$ ×7=$\frac{15,120}{20}$=756, B 위치에 들어갈 알맞은 수는 756×8=6,048로 A+B는 '6,804'이다.

12 ①

제시된 수들은 세 개의 항씩 묶어 규칙을 갖는 군수열로 세 개의 항의 합이 같다는 규칙을 가진다. 세 개의 항의 합은 '1,187.801'이므로 9번째로 올 수는 '1,187.801−(116.46+818.526)'의 결과인 '252.815'이다.

13 ②

제시된 수들은 '$\times \frac{2}{3}$', '+6'이 반복되는 규칙을 가지는 특수 수열이므로 A 위치에 들어갈 알맞은 수는 '$\frac{1,178}{81}$'이다.

14 ①

제시된 수들은 '$\times \frac{5}{7}$', '$\times \frac{7}{9}$', '$\times \frac{9}{11}$', '$\times \frac{11}{13}$', '$\times \frac{13}{15}$'…의 규칙을 가지는 특수 수열이므로 A 위치에 들어갈 알맞은 수는 '$\frac{1,036,035}{2,297,295} \times \frac{15}{17}$', B 위치에 들어갈 알맞은 수는 '$\frac{1,036,035}{2,297,295} \times \frac{15}{17} \times \frac{17}{19}$'이다.

A÷B는 '$\dfrac{\frac{1,036,035}{2,297,295} \times \frac{15}{17}}{\frac{1,036,035}{2,297,295} \times \frac{15}{17} \times \frac{17}{19}} = \frac{19}{17}$'이다.

15 ②

제시된 수들은 홀수 항과 짝수 항이 각각 다른 규칙을 가지는 특수 수열이다. 홀수 항은 '÷4'의 규칙을 가지며, 짝수 항은 '÷3'의 규칙을 가진다. 이때 15번째 행은 홀수 항이며 홀수 항만을 별도의 수열로 보았을 때, 8번째 항에 해당한다. 따라서 15번째로 올 수는 1번째 항에 '$\div 4^7$'을 계산한 '0.0004875'이다.

16 ③

제시된 수들은 '×(−2)', '−6'이 반복되는 규칙을 가지는 특수 수열이므로 A 위치에 들어갈 알맞은 수는 '−38.08'이다.

17 ③

제시된 수들은 공비가 $\frac{3}{4}$인 등비수열의 규칙을 가지므로 A 위치에 들어갈 알맞은 수는 '$\frac{2,187}{10,240}$'이다.

18 ②

제시된 수들은 '×4', '+4'가 반복되는 규칙을 가지는 특수 수열이므로 A 위치에 들어갈 알맞은 수는 '13,648', B 위치에 들어갈 알맞은 수는 '13,652'이다. A×B는 '186,322,496'이다.

19 ③

제시된 수들은 공차가 −0.7인 등차수열의 규칙을 가지므로 12
번째로 올 수는 1.5+(−0.7×6)을 계산한 값인 '−2.7'이다.

20 ④

제시된 수들은 세 개의 항씩 묶어 규칙을 갖는 군수열로 (a, b,
c)가 하나의 군이라고 할 때, a×b=c인 규칙을 가지므로 A 위
치에 들어갈 알맞은 수는 '$\frac{336}{323}$'이다.

기출복원 모의고사

언어이해

01	02	03	04	05	06	07	08	09	10
②	③	⑤	①	③	③	④	②	⑤	④
11	12	13	14	15	16	17	18	19	20
③	⑤	②	③	④	④	①	②	③	④

01 ②

[추천 풀이 도구] 눈으로만(순서에 집중하지 않고 성별에만 집중하여 풀이)

최초의 GMO는 1994년 칼젠사가 개발한 '무르지 않는 토마토'이다.

[오답 점검]

① 한국에서는 2001년 3월부터 「농수산물 품질관리법」에 따라 콩·옥수수·콩나물·감자에 대한 'GMO 표시제'를 시행하고 있다고 했다. 따라서 모든 GMO에 적용되는 것은 아니다.
③ 유전자 변형 기술은 넓은 의미에서 이종교배, 선택적 증식, 유전자 이전, 염색체 변형, 성전환 등 생명공학과 밀접한 개념이라고 했다. 따라서 화학 산업보다는 바이오 산업과 더 연관이 있을 것이다.
④ 유럽과 일본 등에서 GMO 반대 운동이 확산되었다고 하였으므로, 유럽과 일본을 제외한 다른 지역에서도 반대 운동이 일어났을 것이라고 추론할 수 있다.
⑤ 모나크 나비의 유충이 GMO 옥수수의 꽃가루를 먹고 죽었다는 것으로 미루어 보아 인체에 해가 없을 것이라 추론하기는 어렵다.

02 ③

[추천 풀이 도구] B, E, D 정리까지 메모장 → 이후 풀이는 눈으로만

제한된 보장 범위, 만족스럽지 않은 보상 비용 등을 해결하기 위해 동물진료수가 표준화와 진료기록 공개가 선행되어야 한다고 하였으므로 옳은 추론이다.

[오답 점검]

① 펫 보험은 소유주의 이익을 보호하기 위한 국가의 지원이 따로 존재하지 않는다고 하였으므로 옳지 않다.
② 반려동물을 키우는 가구가 전체 가구의 25%이며, 펫 보험 가입률은 반려동물 양육 가구의 1% 미만이라고 하였으므로 옳지 않다.
④ 전통적인 가축 대상 보험인 가축재해보험과 펫 보험은 그 성격이 다르다고 하였으므로 옳지 않다.
⑤ 가축재해보험은 가축이 죽었을 때 손해액을 보장하는 것이고, 펫 보험은 살아있는 반려동물의 치료비를 보장하는 것이므로 보장 내용은 같지 않다.

03 ⑤

[추천 풀이 도구] 눈으로만(진술관계를 활용하여 선택지 소거)

파노블리 효과는 상류층이 되기를 선망하는 사람들의 소비 행태이므로 상류층의 소비 행태라고 추론하는 것은 옳지 않다.

[오답 점검]

① 밴드왜건 효과는 유행하는 물건의 수요가 높아지는 것인데, 스놉 효과는 유행하는 물건의 수요가 낮아지는 것이므로 서로 반대 개념이라고 추론할 수 있다.
② 베블렌 효과는 사회적 지위를 과시하기 위한 상류층의 소비 행태이므로, 이를 이용하면 VVIP 고객을 위한 마케팅을 진행할 수 있을 것이다.
③ 베블렌 효과는 값비싼 귀금속, 명품, 고급 자동차 등의 사치재에 주로 나타나는 현상으로 다수의 소비자가 구매하는 상품과는 거리가 있다.
④ 베블렌 효과는 '필요에 의한 구매'가 아니라 '욕구에 의한 구매'를 하는 상류층의 소비 행태이다.

04 ①

[추천 풀이 도구] 눈으로만

재난 발생 단계별로 실행할 수 있는 소통 전략이 수립되어 있어야 국민들에게 꼭 필요한 진정성 있는 정보를 신속하게 제공할 수 있다.

[오답 점검]

② 재난 발생 단계는 예방 단계, 대응 단계, 회복 단계로 구분한다.

③ 재난 발생 계절에 따라 대응 계획을 수립하는 것이 아니라 재난 발생 단계별 특성에 따라 대응 계획을 수립해야 한다.

④ 국가적 재난 상황에서 정부의 대응이 효과적이지 않은 원인으로는 위기 대응 매뉴얼의 부재가 있지만, 소통 측면에서는 관리 당국이 알려주고 싶은 정보만 제공하는 것이 원인이다.

⑤ 재난 상황에서 효과적인 소통을 위한 핵심 원칙은 국민들에게 꼭 필요한 진정성 있는 정보를 신속하게 제공하는 것이다.

05 ③

내적 준거틀은 개인의 경험, 가치관, 신념, 문화 등을 기반으로 메시지를 해석하므로 같은 메시지라도 모두가 다르게 해석할 것이다.

[오답 점검]

① 개인의 신념과 가치관을 바탕으로 메시지를 해석하는 것은 내적 준거틀이다.

② 외적 준거틀은 객관적인 정보와 사실에 기반한 의사소통을 가능하게 하며, 내적 준거틀은 개인의 경험과 관점을 고려하여 메시지를 이해하고 공감할 수 있게 한다.

④ 외적 준거틀은 메시지의 출처, 권위, 사실 여부 등을 중요하게 여긴다.

⑤ 내적 준거틀은 개인적 관점에서 메시지를 해석하므로, 외부의 정보와는 상관없이 개인의 가치관, 신념에 따라 메시지를 해석한다.

06 ③

Third Party API를 대상으로 데이터 열람을 유료화하는 것은 B사의 데이터 보안 정책에 해당하는데 이는 생성형 AI의 무차별적인 데이터 수집을 방어하기 위한 것이다.

[오답 점검]

① A사가 개인정보처리방침을 변경한 것은 맞지만 사용자의 명시적인 동의를 얻는다는 부분은 찾아볼 수 없다.

② 생성형 AI의 성능은 주로 데이터 학습량으로 결정되지만, 성능을 결정하는 다른 요인도 있기 때문에 데이터 학습량만으로 생성형 AI의 성능을 예상하기에는 무리가 있다.

④ 데이터 열람 유료화, 1일 게시물 조회 수 제한 같은 보안 정책들은 서비스 이용을 자유롭지 않게 만드는 것이다.

⑤ A사가 사용자들에게 수집한 데이터를 암호화할 것이라는 내용은 찾아볼 수 없다.

07 ④

합리적 낙관주의란 현실의 문제를 인정하고 수용하되, 결국엔 자신이 성공할 것이라고 믿는 것이다. 이와 가장 유사한 태도는 ④이다.

[오답 점검]

① 항상 낙관적인 태도를 보이는 것은 극단적 낙관주의자이다.

② 비관주의자처럼 대비하고 낙관주의자처럼 생각하는 사람은 합리적 낙관주의자이다.

③ 합리적 낙관주의자가 되기 위해서는 비관주의를 완전히 배제하는 것이 아니라 낙관적으로 생각하되, 비관적으로 현실을 대비해야 한다.

⑤ 짐 스톡데일은 가족을 만날 수 있다는 희망을 놓은 적이 없는 낙관주의자지만, 현실의 문제를 인정하고 수용한 합리적 낙관주의자였기에 포로 생활을 견딜 수 있었다.

08 ②

달걀흰자, 녹차, 커피 등 사람의 음식은 조리과정을 거쳐두 고양이에게 위험한 것이 많다.

[오답 점검]

① 전체 글의 내용을 보았을 때, 고양이의 식단은 특별한 주의가 필요하다고 추론할 수 있다.

③ 사람용 참치캔, 통조림, 소시지, 과자 등의 가공식품도 사람의 섭취 적정량을 기준으로 첨가물이 함유되어서, 사람 체중의 10분의 1밖에 되지 않는 고양이에게는 매우 위험하다.

④ 익히지 않은 생선, 육류, 달걀 등은 식중독균의 일종인 살모넬라균이 있어서 반드시 익혀서 주어야 한다.

⑤ 카페인이 함유된 피로회복제, 초콜릿, 녹차, 커피 등은 매우 위험한 성분이므로 고양이에게 절대 금물이다.

09 ⑤

지문에서는 '그리스 신화'의 변천 과정을 시간 순서에 따라 서술하였다. 따라서 주어진 선택지 중 ⑤에 가장 가깝다.

10 ④

마르셀 뒤샹은 철물점에서 구입한 남성용 변기에 가상의 서명을 한 후 전시회에 출품하였다.

[오답 점검]

① 마르셀 뒤샹은 기성품(레디메이드)을 출품하여 제3의 미술 개념을 제시하였다.

② 마르셀 뒤샹은 남성용 변기에 R.Mutt라는 가상의 예술가

의 서명을 한 후 출품하였다.
③ '샘'은 현대 미술의 이정표로서, 예술의 관습과 경계에 도전
하는 작품 중 하나로 여겨진다.
⑤ 샘을 통해 후대 예술가들은 본인의 기교나 기술적 요소를
뽐내기보다는 본인의 생각과 사상을 전달하는 것에 초점을
맞추게 되었다.

11 ③

지문에서는 범죄율을 낮추는 여러 가지 방법을 소개하였지만
그중 어떤 것이 가장 좋다고 언급하지는 않았다.
[오답 점검]
① 범죄율은 사회적 질서와 밀접한 관계가 있다고 가장 첫 번
째 문장에서 말하고 있다.
② 징역 제도는 범죄자를 사회와 격리해 사회 안전을 유지하는
중요한 수단이지만, 수감 시설을 운영하기 위한 비용이 많
이 소모된다.
④ 범죄자가 사회로 복귀하기 전, 지원과 도움을 제공하면 재
범률을 낮출 수 있다.
⑤ 범죄 예방에는 많은 비용이 발생하겠지만, 이러한 비용은
시민들의 최대 행복을 위해 반드시 필요하다고 마지막 문장
에서 말하고 있다.

12 ⑤

서해 바다에서 잡히는 생선들은 비린 맛이 덜하기 때문에 향신
료를 많이 사용할 필요가 없다. 따라서 평양 음식도 향신료를 많
이 사용하지 않는다.

[오답 점검]
① 북한 음식은 유래한 지역이 서해 바다와 맞닿아 있는지, 동
해 바다와 맞닿아 있는지에 따라 특색이 확연히 차이난다고
말하고 있다.
② 동해 바다와 접한 함경도의 음식은 서해 바다와 접한 평안
도의 음식보다 짜고 매울 것이다.
③ 서해 바다에서 잡히는 생선들은 대체로 비린 맛이 덜한 흰
살생선이 많다.
④ 함경도 회국수는 가자미식해나 빨갛게 무친 명태자반뿐만
아니라 육수를 만들고 남은 돼지고기를 고명으로 사용하기
도 한다.

13 ②

임차인이 임대인으로부터 권리금을 받을 수 있는 것이 아니라,
신규 임차인으로부터 권리금을 받는 것을 방해받지 않는다.

[오답 점검]
① 임대차 기간이 만료되는 날로부터 6개월~1개월 전에 임차
인이 계약 갱신을 요구할 경우, 임대인은 정당한 사유 없이
이를 거절하지 못한다.
③ 코로나-19로 인해 차임을 감액하였다면 감액하기 전 금액
에 도달할 때까지는 5%의 제한 규정을 적용하지 않는다.
④ 임차인은 전체 임대차 기간이 10년을 초과하지 않을 경우
에만 계약갱신요구권을 행사할 수 있다.
⑤ 이전까지는 권리금에 관한 규정이 없었다는 말을 통해 유추
할 수 있다.

14 ③

난치성 뇌전증 환자의 비율은 전체 신경질환 환자가 아닌, 전체
뇌전증 환자의 30%에 이른다.

[오답 점검]
① 뇌전증은 반복적인 발작을 특징으로 하는 신경질환으로, 유
병률은 약 0.5%~1%이다.
② 뇌전증은 국내에서 치매, 뇌졸중 다음으로 많은 신경질환이다.
④ 뇌전증 발생 원인은 유전적 요인, 뇌염, 뇌종양 등 다양하지
만 아직도 뇌전증 환자의 과반수는 정확한 원인을 알지 못
한다.
⑤ 소아 난치성 뇌전증의 경우, 발작이 조절되지 않으면 뇌손
상으로 인한 지적장애, 발달장애가 발생하여 평생 장애를
갖고 살아가야 할 수 있다.

15 ④

고교학점제를 처음 도입하는 학교 10개를 선정하여 지원한다
고 언급하였지만, 이것이 부족하다고 반박하고 있다.

[오답 점검]
① 과목 개설이 어려운 경우 지역사회, 대학 등 학교 밖 교육을
학점으로 인정한다고 언급하였다.
② 3학년 2학기를 학생에서 사회인으로의 성장을 준비하고 지
원하는 전환학기로 운영한다고 언급하였다.
③ 학생이 주도적으로 진로 경로를 설계하고 변경할 수 있도록
학기 전환기마다 '진로설계 집중기간'을 운영한다고 언급
하였다.
⑤ 고교학점제가 추구하는 내용으로 이 글의 내용과 일치한다.

16 ④

주어진 글에서는 혈당 수치 관리를 위해 규칙적인 생활 습관, 건강한 식단, 운동, 약물 요법, 정기적인 검진이 필요하다고 하였다. 이러한 것은 모두 후천적인 노력인데, 선택지 ④에서는 당뇨 합병증이 유전적인 요인이라는 선천적인 원인에 의해 발병하는 경우가 많다고 하였으므로 글에서 주장하는 내용을 반박하는 것으로 적절하다.

17 ①

주어진 글에서는 산업재해가 무엇인지, 왜 일어나는지, 어떻게 예방하는지가 서술되어 있다. 따라서 이와 가장 유사한 선택지는 ①이다.

18 ②

주어진 글에서는 소독과 멸균이 무엇인지 설명한 후, 두 프로세스의 차이점을 설명한다. 따라서 이와 가장 유사한 선택지는 ②이다.

[오답 점검]
⑤ 미생물이 인간에게 해로운 이유가 주어진 글 시작 부분에서 언급되기는 하지만 글의 전체 주제로 볼 수는 없다.

19 ③

글의 전체적인 내용은 105살이 되면 노화가 멈추며 이는 서유럽인에게만 발생하는 현상이 아니라고 주장하는 연구팀에 관한 것이다. (A), (C), (D) 모두 대명사나 접속사가 문단 도입부에 있으므로 가장 먼저 위치하기에는 적합하지 않다. 따라서 (B)가 가장 먼저 오는 것이 자연스럽다. (B)에서 노화를 방지하기 위한 일반적인 노력에 대해 설명했는데 (D)에서 말하는 '이런 노력'이 (B)에서 설명한 노력과 동일한 뜻이다. 따라서 (B) 다음으로는 (D)가 위치해야 한다. (D)의 마지막에 105살 이상의 인구 3,836명을 대상으로 수명 상태를 분석하였다고 하였으므로 이에 대한 결과가 나오는 것이 자연스러운데, (C)에서 그 결과를 언급하고 있다. 마지막으로 앞서 주장했던 내용들이 특정 인종에게만 나타나는 것이 아니라는 것을 말하는 (A)가 위치해야 한다.

20 ④

〈보기〉에 서술된 내용은 상대방의 주장에 반대되는 주장을 제시한 다음 모두 참이라고 말하는 소피스트들의 행동이다. 따라서 (D)에 위치하는 것이 적절하다.

01	02	03	04	05	06	07	08	09	10
③	②	④	①	①	②	③	⑤	④	③

11	12	13	14	15	16	17	18	19	20
⑤	③	④	④	②	③	②	⑤	①	④

01 ③

석유화학과 석유제품의 수출액의 차 $= 45.3 - 41.8 = 3.5$억 달러
섬유와 이차전지의 수출액의 차 $= 8.8 - 7.4 = 1.4$억 달러

[오답 점검]
① 전월 대비 수출액의 증감률을 확인한다. 전월 대비 감소한 것은 자동차, 선박, 철강, 이차전지로 4가지이다.
② 전월 대비 수출액의 증가율이 가장 큰 항목은 증가율이 61.6%인 컴퓨터이다.
④ 증감률이 두 번째로 큰 항목은 무선통신이고, 수출액이 두 번째로 큰 것은 자동차이다.
⑤ 전월 대비 20% 미만으로 증가한 항목은 디스플레이, 자동차부품, 일반기계, 석유제품, 석유화학, 가전, 섬유로 7가지이다.

02 ②

ㄱ. 2023년 분쟁 건수는 679건이고 저작권과 디지털콘텐츠 분야는 50%를 차지하고 있으므로 300건 이상이다.
ㄷ. 2023년 특허권과 상업 분쟁 건수의 차
$$= 679 \times 0.15 - 679 \times 0.1$$
$$= 679(0.15 - 0.1)$$
$$= 679 \times 0.05$$
$$= 33.95$$
ㄹ. 2015년부터 2023년까지 분쟁 건수는 지속적으로 증가하고 있다.

[오답 점검]
ㄴ. 2015~2023년 분쟁 건수 그래프에서 막대그래프의 크기 차이를 구하면 쉽다. 전년 대비 막대그래프의 크기 차이가 가장 큰 해는 2022년이다.

03 ④

2024년 소비자물가의 실제 상승률은 +2.4%로 값이 '+'이다. 따라서 소비자물가는 증가했다.

[오답 점검]
① 2023년 소비자물가 상승률 전망치와 실제 수치 모두 3.5%이다.
② 2023년 경제성장률 전망치는 1.6%이고 실제 수치는 1.4%로 전망치가 더 높고, 2024년 경제성장률 전망치는 2.4%이고 실제 수치는 2.3%로 전망치가 더 높다.
③ 2023년 실제 소비자물가 상승률이 3.5%로 값이 '+'이므로 전년 대비 상승했다.
⑤ 2023년과 2024년 실제 경제성장률 수치가 '+'이므로 경제가 성장했다.

04 ①

지정문화재의 수가 많은 순서는 서울, 부산, 대구, 인천, 대전, 울산, 광주이고 지정등록문화재의 수가 많은 순서는 서울, 부산, 대구, 인천, 대전, 광주, 울산이다.

[오답 점검]
② A = 535 − (511 + 22) = 2, B = 157 − 150 = 7이다.
③ 인천광역시의 시·도 등록문화재는 8건이다.
④ 서울특별시는 234개로 국가등록문화재가 가장 많다.
⑤ 대구광역시와 인천광역시의 지정문화재 수의 차
   = 283 − 263 = 20
   대전광역시와 광주광역시의 국가등록문화재 수의 차
   = 23 − 22 = 1

05 ①

ㄱ. 2020년 2월 아파트 실거래가격지수는 100보다 적다. 이는 2019년 2월보다 가격이 하락했음을 알 수 있다.
ㄴ. 2021년 2월부터 아파트 실거래가격지수가 지속적으로 상승하고 있으므로 아파트 가격이 지속적으로 증가했음을 알 수 있다.

[오답 점검]
ㄷ. 2022년 2월 전년 동월 대비 아파트 실거래가격지수는 118.6 − 100.9 = 17.7로 증가했다.
   하지만 2024년 2월 전년 동월 대비 아파트 실거래가격지수는 164.7 − 129.3 = 35.4로 더 큰 폭으로 증가했다.
ㄹ. 2022년 2월 전년 동월 대비 아파트 실거래가격지수 증가율
   $= \dfrac{118.6 - 100.9}{100.9} \times 100 ≒ 17.5\%$

06 ②

ㄱ. 완제 의약품과 원료 의약품 모두 지속적으로 감소한다.
ㄹ. 2023년 원료 의약품은 500건이고 이의 2배는 1,000건이다. 2021년 원료 의약품은 1,757건으로 1,000건 이상이므로 2배 이상이다.

[오답 점검]
ㄴ. 2023년 기타 의약품과 2021년 기타 의약품의 차 = 2,236 − 1,220 = 1,016이다.
ㄷ. 2022년 원료 의약품의 비중 = $\dfrac{797}{6,708} \times 100 ≒ 11.9\%$
   (계산 TIP, 완벽한 비중의 값을 찾기보다는 전체의 10%의 값을 구해 2022년 기타 의약품의 값과 비교하는 것이 시간을 단축할 수 있다.)

07 ③

ㄴ. 2022년 자산총액은 2,500억 원이고 기타비유동자산이 차지하는 비율은 11%로 275억 원이다.
ㄷ. 2021년의 자산총액이 2022년보다 많고, 단기금융상품의 비율 역시 2021년이 더 크므로 2021년 단기금융상품 금액이 2022년보다 많다.

[오답 점검]
ㄱ. 2021년 자산총액은 3,000억 원이고 2022년 자산총액은 2,500억 원이므로 비율만 동일할 뿐 재고자산의 양은 다르다.
ㄹ. 유동자산 금액이 자산총액에서 차지하는 비율은 2021년에 7 + 15 + 7 + 5 = 34(%p), 2022년에 8 + 13 + 7.5 + 5 = 33.5(%p)로 2021년이 자산총액과 유동자산 금액이 차지하는 비율 모두 높으므로 유동자산 금액은 2021년이 더 높다.

08 ⑤

2021년 대비 재배면적이 증가한 것은 잡곡과 서류이다. 잡곡은 38천 정보 증가했고, 서류는 51천 정보 증가했다.

[오답 점검]
① 서류의 생산량은 지속적으로 증가한다.
② 매년 서류의 생산량이 가장 많다.
③ 두류의 재배면적은 지속적으로 감소하지만 생산량은 감소, 증가를 반복한다.
④ 2023년 잡곡의 생산량은 두류의 생산량의 1,362÷772≒ 1.8(배)이다.

09 ④

2022년 농림수산식품 수출액 상위 5개 품목의 수출액 합은 22.3+20.5+18.4+14.6+8.8=84.6(백만 불)이다.

10 ③

기타 외국식 일반음식점 수는 2022년에 전년 대비 증가했다.

[오답 점검]
④ 2021년 대비 2023년 중식 일반음식점 수 차
 $= 28,670 - 26,850 = 1,820$개소
⑤ 2022년 대비 2023년 서양식 일반음식점 수 차
 $= 14,550 - 13,980 = 570$개소

11 ⑤

ㄴ. 12월의 유입인원은 $6,910 - 3,010 = 3,900$천 명이다. 따라서, 증가와 감소를 반복한다.
ㄹ. 10월의 수송인원은 $3,048 + 3,827 = 6,875$천 명으로, 수송인원이 가장 많은 달은 12월이고, 유입인원도 3,900천 명으로 가장 많다.

[오답 점검]
ㄱ. 9월에 전월 대비 감소했으므로 지속적으로 증가하지 않았다.
ㄷ. 10월, 12월에 전월 대비 증가했으므로 지속적으로 감소하지 않았다.

12 ③

전 분기 대비 2023년 3분기 절도범죄 검거건수는 $35,178 - 33,990 = 1,188$건 증가했다.

[오답 점검]
② 2023년 2분기와 3분기 모두 발생건수가 많은 순서는 지능범죄, 폭력범죄, 절도범죄, 강력범죄이고, 검거건수가 많은 순서 역시 발생건수가 많은 범죄와 동일하다. 따라서 발생건수가 많을수록 검거건수가 많다.
④ 지능범죄는 감소하였고, 강력범죄는 증가하였다.

13 ④

합격률을 구하기 위해 분모를 모두 100으로 맞춰주면 분자의 크기만으로 쉽게 대소관계를 비교할 수 있다.

지역	지원자	합격자	분모	분자
A	300	16	$\div 3$	$\to \dfrac{16}{3} = 5.X$
B	20	1	$\times 5$	$\to 5$
C	50	2	$\times 2$	$\to 4$
D	100	6		6
E	200	9	$\div 2$	$\to \dfrac{9}{2} = 4.5$

14 ④

홍보비의 비율은 9%이고 사무비품비의 비율이 5.5%이므로 상품 A의 생산가격의 14.5%를 차지한다.

[오답 점검]
① 재료비의 비율은 38%이고 인건비의 비율은 36%이므로 상품 A의 생산가격의 74%를 차지한다.
② 생산 비용이 100억 원이고 판매이익은 이의 3.5%이므로 $100억 \times 3.5\% = 3.5억$ 원이다.
③ 생산 비용이 50억 원일 때, 부가가치세는 8%이므로 $50억 \times 8\% = 4억$ 원이다.
⑤ 인건비가 60억 원이라면 다음과 같은 비례식을 세울 수 있다. $36\% : 60억 = 9\% : x$, $36x = 90 \times 60$이므로 $x = 15(억)$이다.

15 ②

사업체 수가 두 번째로 많은 업종은 신재생에너지 건설업이고, 매출액은 세 번째로 많다.

[오답 점검]
① 투자액 대비 사업체 수는 신재생에너지 제조업을 제외하고 모두 1보다 크다. 하지만 신재생에너지 제조업은 $\dfrac{536}{5,408} < 1$이다.

16 ③

지방세 징수액은 증가와 감소를 반복한다.

17 ②

여자의 비만율은 남자보다 항상 낮음을 그래프를 통해 알 수 있다.

[오답 점검]
① 비만율은 감소와 증가를 반복한다.
③ 남자와 여자의 비만율이 교차하는 지점은 없다.
④ 비만율이 가장 높았던 해는 2020년으로 남자의 비만율 역시 가장 높았던 해이다.
⑤ 2021년 전년 대비 비만율이 감소했으나 감소한 원인이 운동한 사람이 증가했는지에 대해서는 알 수 없다.

18 ⑤

2017년이 2016년과의 차이가 가장 크므로 가장 큰 폭으로 감소한 해는 2017년이다.

② 1보다 작은 수치가 된 것은 2018년이 처음이다.

③ 전년 대비 2023년 출산율은 $0.778 - 0.72 = 0.058$ 감소했다.

④ 1보다 큰 해는 2014년부터 2017년으로 총 4개이다.

19 ①

2018년부터 2020년 인구성장률의 크기는 감소했지만 인구성장률은 여전히 '+'값으로 인구는 증가했다.

[오답 점검]

② 인구성장률이 가장 큰 해는 2015년의 0.53%이고, 가장 작은 해는 2022년의 –0.19%이다. 차를 구하면 다음과 같다. $0.53 - (-0.19) = 0.72\%p$이다.

③ 인구가 전년 대비 증가한 해 중 인구성장률이 가장 작은 해는 '+'의 값 중 가장 작은 것을 찾아야 하므로 0.07%의 2024년이다.

④ 2015년부터 2017년은 지속적으로 감소하고 2018년부터 2020년도 역시 지속적으로 감소한다.

⑤ 2021년부터 2022년까지 지속적으로 인구가 감소하였다. 하지만 2023년 처음으로 '+'가 되어 증가했다.

20 ④

감척지원금을 구하면 다음과 같다.

어선	어선 잔존가치	평년수익액	선원 수	평년수익액/ 선원 수	감척지원금
A	170	60	6	10	170+10 =180
B	350	80	8	10	350+10 =360
C	200	150	10	15	200+15 =215
D	50	30	3	10	50+10 =60
E	150	100	5	20	150+20 =170

창의수리

01	02	03	04	05	06	07	08	09	10
②	④	③	①	⑤	④	④	①	④	②
11	12	13	14	15	16	17	18	19	20
⑤	②	③	⑤	④	⑤	①	④	③	④

01 ②

8% 딸기잼 400g 내의 딸기의 양과 15% 딸기잼 내의 딸기의 양의 합이 11% 딸기잼 내의 딸기의 양과 같다는 것을 식으로 세우면 다음과 같다.

15%의 딸기잼의 양을 x라고 하면,

$$400 \times \frac{8}{100} + x \times \frac{15}{100} = (400 + x) \times \frac{11}{100}$$

식을 계산하면 $x=300$임을 알 수 있다.

🔑 치트키 풀이

아래 해설은 가중치를 이용하여 풀이한 것이다.

8%	11%	15%	
	3 : 4		11%를 기준으로의 농도의 차이 값의 비 (8과 11은 3만큼, 11과 15는 4만큼)
	4 : 3		이때 8% 딸기잼의 양과 15% 딸기잼의 양의 비는 농도의 차이 값의 비의 반대인 4:3이 됨
400g	300g		4에 해당하는 8% 딸기잼의 양이 400g이므로 3에 해당하는 15% 딸기잼의 양은 300g이 됨을 알 수 있음

02 ④

서진이와 서영이가 같은 방향과 반대 방향으로 돌았을 때의 시간과 거리를 이용하여 각각의 속력을 구할 수 있다. 반대 방향의 경우 서진이가 이동한 거리 + 서영이가 이동한 거리=1,200m로 두고, 같은 방향의 경우 속력이 더 빠른 서진이의 이동거리– 서영이의 이동거리=1,200m로 두고 식을 세울 수 있다.

거리는 속력과 시간을 곱한 값이므로 서진이의 속력을 x라 하고, 서영이의 속력을 y라고 하면, $15(x+y) = 1,200$ 이 되고 $40(x-y) = 1,200$

정리하면, $x+y = 80$ 이 된다. $x-y = 30$

따라서 $x=55$m/m, $y=25$m/m이 된다. 서진이와 서영이의 속력을 곱한 값은 $55 \times 25 = 1,375$가 된다.

03 ③

9월과 11월은 30일까지, 10월은 31일까지 있으므로 24년 9월 5일을 기준으로 12월 13일까지는 25+31+30+13=99일이다. 요일은 7일 간격으로 돌아오므로

99÷7=14…1

즉, 나머지가 1이므로 화요일의 다음 요일인 수요일이 된다.

04 ①

회색으로 표시된 직사각형의 둘레가 28cm이므로, 굵은 선으로 표시된 부분의 길이는 14cm이다.

이에 따라 아래 주어진 모든 길이와 14cm를 더하면 정사각형의 둘레 길이와 같다.

따라서 13+13+x+14+($3x-4$)=13×4이므로 x=4이다.

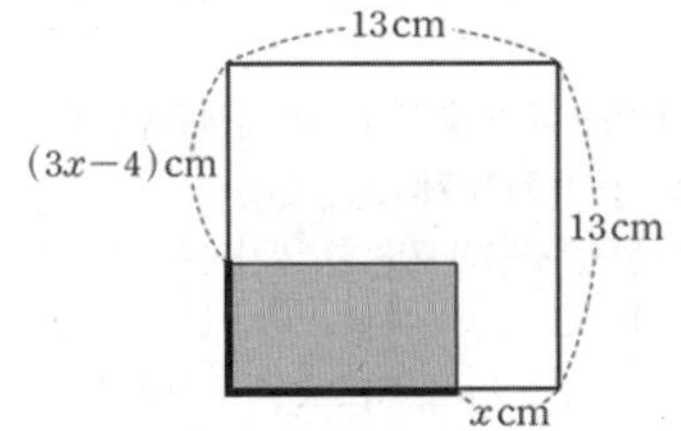

05 ⑤

아래 그림을 참고하면 총 41가지가 됨을 알 수 있다.

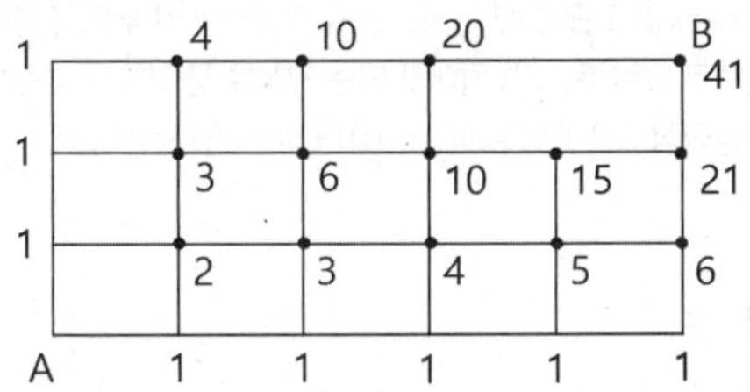

06 ④

전체 신입사원 수를 x라고 하면, 여자 사원의 수는 $0.45x$이며, 안경 쓴 여자 사원의 수는 $0.55 \times 0.45x$이다. 남자 사원 중 안경을 낀 사람의 비중을 a라고 하면 안경 쓴 남자 사원의 수는 $a \times 0.55x$이다. 전체 사원 중에서 무작위로 한 명을 뽑았을 때 안경을 낀 사람일 확률이 0.44이므로

$$\frac{0.55 \times 0.45x + a \times 0.55x}{x} = 0.44$$

이다. 좌항의 분수를 분자와 분모 모두 x로 약분하고 양쪽 항을 0.55로 나누면 다음과 같다. $0.45+a=0.80$이므로 $a=0.35$임을 알 수 있다.

07 ④

a가 시간당 할 수 있는 일의 양을 x, b가 시간당 할 수 있는 일의 양을 y라 하고, 주어진 조건에 맞춰 식을 세우면 아래와 같다.

$5x + 8y = 1$, 주어진 식을 연립방정식을 활용하여 계산하면
$6x + 5y = 1$

$30x + 48y = 6$ 가 되고, 정리하면 $y = \dfrac{1}{23}$ 이 된다. 따라서
$30x + 25y = 5$

b 혼자서 일을 다 해야 한다면 걸리는 시간은 23시간이 된다.

08 ①

물이 가득 채워지는 시간을 x라 하자. A, B 호스로는 물을 채우고 C 호스로는 배수를 하여 물을 가득 채우는 것을 시간당으로 식을 세우면 $(\dfrac{1}{12} + \dfrac{1}{6} - \dfrac{1}{8})x = 1$이 된다.

따라서 주어진 식에 최소공배수인 24를 곱하면
$(2+4-3)x = 24$가 되고 $3x=24$, 즉 x=8이 된다.
따라서 8시간 만에 물을 가득 채울 수 있게 된다.

09 ④

임원의 인원을 a명이라 하면, 인턴은 (a+25)명이 되고, 정규직은 $\dfrac{1}{7}$(a+15)명이 된다.

a+(a+25)+$\dfrac{1}{7}$(a+15)=250을 정리하면

$$2a + \frac{1}{7}a + 25 + \frac{15}{7} = 250,$$

$$\frac{15}{7}a = 250 - 25 - \frac{15}{7}, \frac{15}{7}a = \frac{1560}{7}, a = 104가$$ 됨을

알 수 있다. 따라서 임원의 인원은 104명이 된다.

10 ②

거리가 12km인 강을 하류에서 상류로 올라갈 때 보트의 속력은 10-2=8(km/h), 상류에서 하류로 내려갈 때 보트의 속력은 10+2=12(km/h)이다. 이에 따라 거리가 12km인 강을 하류에서 상류로, 다시 상류에서 하류로 왕복하는 데 걸린 시간은

$$\frac{12}{8} + \frac{12}{12} = 1\frac{4}{8} + 1 = 2.5(h)이다.$$

11 ⑤

남자 4명과 여자 3명 총 7명 중에서 4명을 고를 수 있는 가지 수는 $_7C_4 = \dfrac{7 \times 6 \times 5 \times 4}{4 \times 3 \times 2 \times 1} = 35$가지이다.

이 중에서 남자 4명 중에 2명과 여자 3명 중에 2명을 뽑을 수 있

는 가지 수는 남자는 $_4C_2 = \dfrac{4 \times 3}{2 \times 1} = 6$이 되고, 여자는 $_3C_2 = \dfrac{3 \times 2}{2 \times 1} = 3$이 된다. 따라서 구하는 값은 $\dfrac{18}{35}$이 된다.

12 ②

의자의 개수를 x개라고 하자. 6명씩 앉았을 때 5명이 앉지 못했다면 직원의 수를 나타내는 식은 $6x+5$가 되고, 8명씩 앉았을 때 빈 의자 없이 마지막 의자에 3명이 앉았다면 $(x-1)$개의 의자에는 8명이 앉으며, 나머지 의자 하나에는 3명이 앉게 되므로 직원의 수를 나타내는 식은 $8(x-1)+3$이 된다. 따라서 두 식을 등식으로 두고 풀면 $6x+5=8(x-1)+3$이 되고 $x=5$가 나온다. 직원 수를 구하기 위해 두 식 중 하나에 x값을 대입하면 인원은 35명이 나온다.

13 ③

물을 추가하거나 증발시킨 경우 소금의 양에는 영향을 주지 않으므로 6%의 소금물 200g과 12%의 소금물 300g의 소금의 양을 구하여 증발 후 12%에 들어있는 소금의 양이 같음을 이용하면 증발한 물의 양을 쉽게 구할 수 있다.
즉, 아래 표를 참고해 보자. 증발 후의 소금의 양이 48g이 나오려면 소금물의 양이 400g이 되어야 하므로 두 소금물을 섞었던 500g에서 100g이 증발한 것을 알 수 있다.

농도	소금물	소금의 양
6%	200g	12g
12%	300g	36g
소금의 양의 합: 48g		
12%	400g	48g

14 ⑤

원가를 a라고 하자. 주어진 조건에 맞춰 식을 세우면,
$$a\left(1 + \dfrac{30}{100}\right) - 1,200 - a = a \times \dfrac{10}{100}$$ 이 된다.

식을 정리하면 $\dfrac{30}{100}a - \dfrac{10}{100}a = 1,200$이 되고,

$\dfrac{1}{5}a = 1,200$이 되며, a=6,000원이 된다.

15 ④

작년 남학생 수를 x라 하고, 작년 여학생 수를 y라고 하자. 올해는 작년에 비해 남학생 수는 14% 감소하고 여학생 수는 6% 증가한 것을 식으로 표현하면 $\dfrac{86}{100}x + \dfrac{106}{100}y =$ 올해 학생 수가 된다. 사람의 수는 소수나 분수가 될 수 없으므로 주어진 올해 남학생과 여학생은 각각 자연수가 나와야 한다. 올해 남학생을 약분해보면 $\dfrac{43}{50}x =$ 올해 남학생 수가 되며, 그 수는 43의 배수가 됨을 알 수 있다. 따라서 보기 중에서 43의 배수가 되는 것은 258명뿐이다.

16 ⑤

하루 동안 케이크 A, B를 각각 x개, y개를 만든다고 할 때, 총 이익은 $(2x+y)$만 원이 된다.
이때, 하루 동안 사용이 가능한 밀가루와 우유의 양이 각각 40kg, 20L이므로,
$3x+y \leq 40$, $x+2y \leq 20$으로 식을 만들 수 있다. 두 식이 모두 성립해야 하고 케이크 A, B는 최소 1개 이상을 만들어 판매하므로 두 식을 연립방정식으로 정리하면 $x=12$, $y=4$가 된다. 따라서 두 케이크로 얻을 수 있는 최대이익은 $(2x+y)$만 원에 각각 $x=12$, $y=4$를 대입한 28만 원이 된다.
($2x+y=k$라고 했을 때, $y=-2x+k$ 그래프와 각 부등식 영역을 그래프로 그린 후, k가 최대가 되는 지점을 찾으면 두 부등식을 연립방정식으로 풀었을 때, k가 최댓값을 가지는 것을 알 수 있다.)

17 ①

은솔이와 민준이가 5분 동안 이동한 거리를 구해서 전체 호수 둘레에서 빼면 출발 5분 후 두 사람이 있는 지점으로부터 두 사람이 만나기까지 각각 이동해야 하는 거리의 합을 알 수 있다. 은솔이의 속력과 민준이의 속력을 더한 82+106=188에 5분을 곱하면 은솔이와 민준이의 총 이동거리를 알 수 있다. 즉, 188×5=940m가 되므로 전체 2,000−940=1,060(m)가 된다.

18 ④

조사에 참여한 남자직원은 12명이고, 그중에서 유기견 보호 봉사활동을 선택한 직원은 7명이다. 따라서 확률은 $\dfrac{7}{12}$이 된다.

19 ③

현재 진경이의 나이를 x라고 하면, 아버지의 나이는 $6x$가 된다. 15년 후 진경이의 나이는 $x+15$가 되고, 아버지는 $6x+15$가 된다. 조건에 맞춰 식을 세우면, $3(x+15)-12=6x+15$가 되고, 정리하면 $x=6$이 된다.
따라서 현재 진경이의 나이는 6세가 된다.

20 ④

열차의 길이를 x라고 하자. 철교를 완전히 통과한 경우의 속력은 $\dfrac{700+x}{60}$가 되고, 보이지 않았던 경우의 속력은 $\dfrac{1,350-x}{90}$가 된다. 두 열차는 속력이 같으므로 $\dfrac{700+x}{60}=\dfrac{1,350-x}{90}$가 된다.

따라서 식을 정리하면 $2(1,350-x)=3(700+x), 5x=600, x=120$이 된다. 따라서 열차의 길이는 120m이다.

01	02	03	04	05	06	07	08	09	10
②	④	⑤	④	①	①	①	③	③	①

11	12	13	14	15	16	17	18	19	20
③	③	③	⑤	①	③	②	②	④	①

01 ②

[추천 풀이 도구] 눈으로만(순서에 집중하지 않고 성별에만 집중하여 풀이)

여직원의 수는 남직원의 수보다 적다. 여직원이 0명인 경우, 1명인 경우, 2명인 경우로 나눌 수 있다.

남직원끼리는 이웃하게 줄을 서지 않는다. 여직원이 0명인 경우는 남직원이 5명인데 남직원끼리 이웃하게 줄을 설 수밖에 없다. 게다가 문제의 질문 자체가 반드시 여직원인 사람을 고르라 했으니 여직원이 0명일 수 없다. 여직원이 1명인 경우 남직원이 4명인데 이 경우도 남직원끼리 이웃하게 줄을 설 수밖에 없다. 여직원은 2명이고 남직원은 3명이다.

남직원 3명이 이웃하게 줄을 서지 않으려면 1, 3, 5번째로 줄을 선다. 여기에 D와 E는 이웃하게 줄을 선다는 조건을 고려하면 D와 E 중 1명은 남직원이고 나머지 1명은 여직원이라고 알 수 있다. D가 남직원인 경우와 D가 여직원인 경우로 나누니 편의상 D/E 또는 E/D로 표기하자.

> 여직원: D/E
> 남직원: E/D

A와 C의 성별은 같다. 여직원이 2명인데 그중 1명은 D이거나 E이다. A와 C는 여직원일 수 없다. A와 C는 남직원이다. 이를 토대로 아직 언급하지 않은 B는 반드시 여직원이라고 알 수 있다.

> 여직원: D/E, B
> 남직원: E/D, A, C

02 ④

[추천 풀이 도구] B, E, D 정리까지 메모장 → 이후 풀이는 눈으로만

B보다 키가 큰 사람이 3명이다. B를 4번째로 키가 큰 자리에 고정하자. D의 키는 B보다 크고 E보다 작다. 이를 토대로 경우를 나누면 다음과 같다.

Case	1	2	3	4	5
1	E	D		B	
2	E		D	B	
3		E	D	B	

A는 C보다 키가 크다. 남은 두 칸에 A와 C를 채워보자.

Case	1	2	3	4	5
1	E	D	A	B	C
2	E	A	D	B	C
3	A	E	D	B	C

03 ⑤

[추천 풀이 도구] 눈으로만(진술관계를 활용하여 선택지 소거)

🔑 **치트키 풀이**

A와 E의 진술이 모순관계다. B의 Action 상태는 미혼과 기혼
으로 나뉘는데 B가 미혼이면 A는 진실, E는 거짓을 말하고 B가
기혼이면 A는 거짓, E는 진실을 말한다.
선택지에서 진실을 말하는 2명씩 짝을 지었다. A와 E가 둘 다 진
실이라 말하는 ② A, E를 소거하자. 또한 A, E가 없는, 즉 A, E가
거짓을 말한다고 하는 ③ B, C ④ B, D를 소거하자.
B와 D의 진술은 동일관계다. B는 D가 진실을 말한다고 말하기
때문이다. B가 진실을 말하면 D도 진실을 말하고 B가 거짓을
말하면 D도 거짓을 말한다. 선택지에서 D는 진실을 말하는데
B가 거짓을 말한다고 하는 ① A, D를 소거하자.

[일반 풀이]
A와 E의 말이 모순관계고 B와 D의 말이 동일관계다. 2명이 진
실을 말한다. 진실을 말하는 2명 중 1명은 A이거나 E이다. 진
실을 말하는 나머지 1명은 B, C, D 중 1명이다. B와 D는 동일
관계다. B, D가 진실을 말하면 진실을 말하는 사람이 2명을 초
과하게 된다. B, D는 거짓을 말하고 C가 진실을 말한다.
C가 진실을 말하니 C, D가 미혼이라고 알 수 있다. D가 거짓을
말하니 C, E가 미혼이라고 알 수 있다. 기혼이 아닌 건 미혼이기
때문이다. C, D, E가 미혼이며, A, B가 기혼이다.
A, B가 기혼이라는 정보를 토대로 A와 E 중 E가 진실을 말한다
고 알 수 있다.
진실을 말하는 2명은 C와 E이다.

04 ④

[추천 풀이 도구] 눈으로만

C와 F는 같은 행에 놓인 의자에 앉는다. 한 행에 3명이 앉는다.
C와 F가 앉는 행에 앉는 나머지 1명은 A이거나 D이다. A와 D
는 같은 열에 놓인 의자에 앉기 때문이다.

C와 F가 앉는 행과 다른 행에 앉는 사람은 언급하지 않은 B, E
이고 나머지 1명은 D이거나 A이다. A와 D 중 누가 C, F와 같은
행에 앉는지는 확정할 수 없다.
B와 E는 항상 같은 행에 놓인 의자에 앉는다.

[오답 점검]
항상 거짓인 것을 고르기에 선택지를 만족하는 1가지 경우라도
찾으며 반례를 들어보자.

C	F	A
E	B	D

①②③⑤의 반례

05 ①

[추천 풀이 도구] 눈으로만(C의 진술과 문제에서 제시한 상황
으로 C와 A의 진술을 모순관계처럼 활용 가능)

🔑 **치트키 풀이**

C는 A가 결근했다고 한다. 문제에서 거짓을 말하는 1명만 결근
했다고 한다. C의 진술이 진실이면 A는 결근했고 A는 거짓을
말한다. C의 진술이 거짓이면 A는 결근하지 않았고 A는 진실
을 말한다. 거짓을 말하는 1명만 결근했다는 조건 안에서는 C
와 A의 진술을 모순관계처럼 활용할 수 있다.
C가 거짓을 말하거나 A가 거짓을 말한다. 두 경우 모두 B는 항
상 진실을 말한다.

[일반 풀이]
A가 결근한 경우, B가 결근한 경우, C가 결근한 경우로 나누어
세 인물 중 1명만 거짓을 말하는지와 거짓말을 하는 1명이 결근
했는지를 살펴보자.

Case 1. A가 결근한 경우

	A의 진술	B의 진술	C의 진술
A가 결근	거짓	진실	진실

A가 결근한 경우 거짓을 말하는 사람이 1명이며 거짓을 말하는
사람이 A이고 결근한 사람도 A이다. 조건을 모두 만족한다.

Case 2. B가 결근한 경우

	A의 진술	B의 진술	C의 진술
B가 결근	거짓	거짓	거짓

세 명 모두 거짓을 말한다. 조건을 만족하지 않는다.

Case 3. C가 결근한 경우

	A의 진술	B의 진술	C의 진술
C가 결근	진실	진실	거짓

C가 거짓을 말하는 1명이며 결근한 1명이다. 조건을 모두 만족한다.

조건을 만족하는 두 경우에서 B는 일관되게 진실을 말한다.

06 ①

[추천 풀이 도구] 눈으로만(B, C의 음식 확인 후 선택지 소거 이후 A의 후식 확인 후 C의 후식 확인)

네 명의 식사와 후식의 조합이 같은 사람은 없다. 가능한 조합은 한식과 녹차, 한식과 커피, 양식과 녹차, 양식과 커피다.

D는 한식과 녹차를 먹는다. B와 C는 같은 음식으로 식사한다. D가 한식을 먹으니 B와 C는 양식을 먹는다. 자연스럽게 A는 한식과 커피를 먹는다.

C와 A가 먹는 후식이 다르다. A가 후식으로 커피를 먹으니 C는 후식으로 녹차를 먹는다. C는 양식과 녹차를 먹는다. 자연스럽게 B가 양식과 커피를 먹는다고 알 수 있다.

1. 한식과 녹차: D	3. 양식과 녹차: C
2. 한식과 커피: A	4. 양식과 커피: B

07 ①

[추천 풀이 도구] 눈으로만

🔑 치트키 풀이

A는 E가 기밀자료를 유출했다고 하고 C는 E가 기밀자료를 유출하지 않았다고 한다. 모든 경우에서 둘 중 1명은 참을 말하고 나머지 1명은 거짓을 말한다. A와 C의 진술은 모순관계다. 이를 토대로 선택지를 소거하면 ① A, B와 ④ C, E만 남는다. 거짓을 말하는 2명을 추린 선택지이기에 모순관계인 A와 C 중 1명만 언급해야 한다.

남은 두 선택지 모두 D를 언급하지 않는다. 즉 D의 진술은 참이다. D의 진술이 참이기에 B가 기밀자료를 유출했다고 알 수 있다. 이는 A의 진술을 거짓으로 판별할 수 있는 정보다. 거짓을 말하는 사람은 ① A, B이다.

[참고]

A, C가 모순관계, B, E가 모순관계인 점을 토대로 D의 진술이 참이라고 알고 시작하는 풀이방법도 있다.

[일반 풀이]

진술관계를 찾지 못하거나 활용하기 어렵다면 표를 그려서 푸는 방법도 있다. B가 기밀자료를 유출한 경우 2명만 거짓을 말한다. 거짓을 말하는 2명은 A, B이다.

유출＼진술	A	B	C	D	E
A	F	T	T	F	F
B	F	F	T	T	T
C	F	F	T	F	T
D	F	T	T	F	F
E	T	T	F	F	F

08 ③

[추천 풀이 도구] 메모장

필라테스 동아리에서 활동하는 인원과 러닝 동아리에서 활동하는 인원은 같다. 전체 인원이 5명이기에 필라테스, 러닝 동아리에서 활동하는 인원이 각각 1명씩인 경우와 2명씩인 경우로 나눌 수 있다. 두 경우로 나누어 풀어보자.

1) 필라테스 2명, 러닝 2명, 테니스 1명

D는 러닝 동아리에서 활동한다. B와 C는 같은 동아리에서 활동하기에 필라테스 동아리에서 활동한다. A와 E 중 1명은 테니스 동아리, 나머지 1명은 러닝 동아리에서 활동한다.

필라테스(2):	B, C
러닝(2):	D, A/E
테니스(1):	E/A

2) 필라테스 1명, 러닝 1명, 테니스 3명

D는 러닝 동아리에서 활동한다. B와 C는 같은 동아리에서 활동하기에 테니스 동아리에서 활동한다. A와 E 중 1명은 필라테스 동아리, 나머지 1명은 테니스 동아리에서 활동한다.

필라테스(1):	A/E
러닝(1):	D
테니스(3):	B, C, E/A

09 ③

[추천 풀이 도구] 메모장

변수가 사람과 투자처로 2가지이고 다대다의 구조를 보인다. 투자처를 기준으로 둔 후 투자하는 사람을 A, 투자하지 않는 사람을 ~A 또는 A 위에 X표시 등으로 정보를 정리하자.

A와 C는 채권에 투자하지 않고 D는 달러에 투자하고 B는 금에 투자한다는 정보를 먼저 기입하자. 또한 달러에 투자한 사람이 2명이라는 정보도 적어 실수할 가능성을 줄이자.

금: B
달러(2): D
채권: ~A, ~C
주식:

A는 B가 투자한 2곳에 투자하지 않는다. 투자처가 4곳이기에 B가 투자한 2곳이 아닌 다른 2곳에 A가 투자한다. 이에 따라 A는 금에 투자하지 않는다고 알 수 있다. 인당 2가지 종류의 투자를 한다고 하니 A는 달러와 주식에 투자한다. 달러에 투자하는 사람은 A와 D로 2명이기에 B와 C는 달러에 투자하지 않는다.

금: B, ~A
달러(2): D, A, ~B, ~C
채권: ~A, ~C
주식: A

A는 B가 투자한 2곳에 투자하지 않는다. 투자처가 4곳이기에 B 역시 A가 투자한 2곳에 투자하지 않는다고 알 수 있다. B는 주식에 투자하지 않고 채권에 투자한다. C는 달러와 채권에 투자하지 않으니 C는 금과 주식에 투자한다.

금: B, ~A, C
달러(2): D, A, ~B, ~C
채권: ~A, ~C, B
주식: A, ~B, C

[오답 점검]
현재의 정보로는 D가 금, 채권, 주식 중 어디에 투자하는지는 확정할 수 없다.

10 ①

[추천 풀이 도구] 메모장
〈보기〉의 명제를 다음의 순서로 이어보자. 4)에서 '사주팔자에 토(土)가 많지 않은 사람은 화(火)가 많지 않다.'에 대우를 취한 '사주팔자에 화(火)가 많은 사람은 토(土)가 많다.'를 활용했다.

1) 사주팔자에 목(木)이 많은 사람은 수(水)가 많다.
2) 사주팔자에 수(水)가 많은 사람은 금(金)이 많지 않다.
3) 사주팔자에 금(金)이 많지 않은 사람은 화(火)가 많다.
4) 사주팔자에 화(火)가 많은 사람은 토(土)가 많다.

이를 정리하면 [목(木) → 수(水) → ~금(金) → 화(火) → 토(土)]이다. 위의 1)부터 4)의 명제를 모두 대우하여 4), 3), 2), 1)의 순서로 이어주면 [~토(土) → ~화(火) → 금(金) → ~수(水) → ~목(木)]이 된다. 이를 정리할 때 네 명제를 일일이 대우하지 않고 [목(木) → 수(水) → ~금(金) → 화(火) → 토(土)]를 대우를 취한다고 사고하면 편하다.

정리한 두 결과물을 토대로 항상 참인 선택지는 '① 사주팔자에 토(土)가 많지 않으면 목(木)이 많지 않다.'이다.

[오답 점검]
② 사주팔자에 목(木)이 많으면 금(金)이 많다.
　[목(木) → 수(水) → ~금(金) → 화(火) → 토(土)]에 의해 항상 거짓이다.
③ 사주팔자에 화(火)가 많지 않으면 수(水)가 많다.
④ 사주팔자에 금(金)이 많으면 목(木)이 많다.
③, ④ 모두 [~토(土) → ~화(火) → 금(金) → ~수(水) → ~목(木)]에 의해 항상 거짓이다.
⑤ 사주팔자에 토(土)가 많으면 수(水)가 많다.
　항상 참인지 항상 거짓인지 판단할 수 없다.

11 ③

[추천 풀이 도구] 눈으로만

🔑 치트키 풀이

B의 진술을 보자. B의 두 진술은 'C가 야근한다.', 'C가 야근하지 않는다.'로 모순관계이다. C가 취하는 Action의 값이 야근한다와 야근하지 않는다 둘뿐이기 때문이다. B의 진술은 모든 경우에서 두 진술 중 하나는 진실이고 나머지 하나는 거짓이다. B의 진술을 꼭 확인할 필요는 없다.
지금부터는 A가 야근하는 경우, B가 야근하는 경우, C가 야근하는 경우로 나눠 접근해보자.

Case 1. A가 야근하는 경우
A의 두 진술이 모두 진실이다. A는 야근하지 않는다.

Case 2. B가 야근하는 경우
A의 두 진술 중 한 진술은 진실이고 나머지 한 진술은 거짓이다. C의 두 진술 역시 한 진술이 진실이고 나머지 한 진술이 거짓이다. B가 야근하는 경우는 조건을 모두 만족한다.

Case 3. C가 야근하는 경우
C가 야근하는 경우 A의 두 진술이 거짓이다. C는 야근하지 않는다.

[일반 풀이]
A가 야근하는 경우, B가 야근하는 경우, C가 야근하는 경우 6개의 진술의 진실, 거짓 여부를 파악하면 다음과 같다. 편의상 한 인물을 기준으로 위의 진술을 진술1, 아래의 진술을 진술2로 표기했다.

	A진술 1	A진술 2	B진술 1	B진술 2	C진술 1	C진술 2
A가 야근	진실	진실	진실	거짓	거짓	진실
B가 야근	진실	거짓	진실	거짓	진실	거짓
C가 야근	거짓	거짓	거짓	진실	거짓	거짓

B가 야근하는 경우 세 명 모두 두 진술 중 하나가 진실이고 나머지 하나가 거짓이다.

12 ③

[추천 풀이 도구] 눈으로만(F와 마주 보고 앉는 사람이 누군지에 집중하며 풀이)

🔑 치트키 풀이

D와 E가 이웃하게 앉고 B와 A가 이웃하게 앉는다. D와 E가 앉는 자리를 ■, B와 A가 앉는 자리를 ♠로 표기하며 설명하겠다. D, E, B, A를 제외한 F와 C는 서로 이웃한 자리에 앉지 않기 때문에 다음과 같은 경우는 조건을 만족하지 않는다.

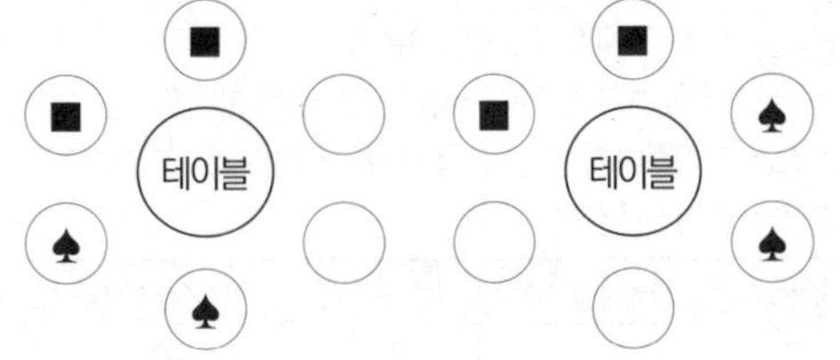

D, E, B, A는 다음과 같은 형태로 자리에 앉는다. 즉 F와 C는 마주 보는 자리에 앉는다.

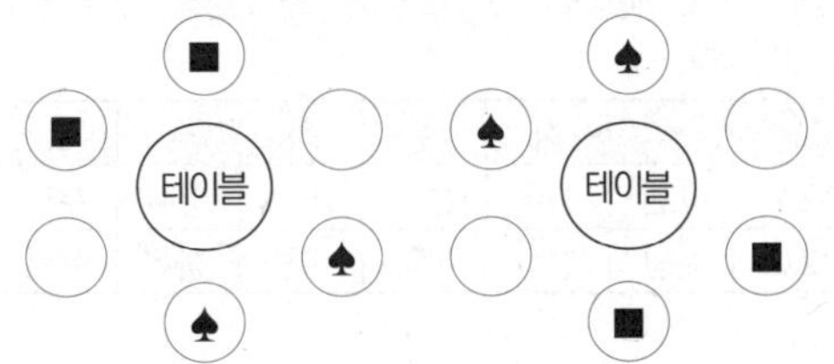

[일반 풀이]
D, E를 언급한 조건과 A, B를 언급한 조건 중 무엇을 먼저 쓸지 고민될 것이다. C는 A와 마주 보는 자리에 앉지 않는다는 조건에서 A를 먼저 언급했기에 A, B를 먼저 자리에 고정한 후 문제를 풀어보자. B를 기준으로 우측이며 B와 이웃한 자리에 A가 앉는다.

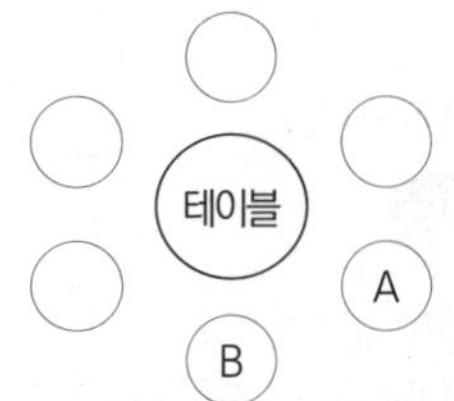

D를 기준으로 좌측이며 D와 이웃한 자리에 E가 앉는다. 이를 토대로 경우를 나눈 후 C가 A와 마주 보는 자리에 앉지 않도록 배치하면 다음과 같다. 아직 채우지 않은 한 자리는 F의 자리다.

F는 C와 서로 이웃한 자리에 앉지 않는다. Case 1, 4, 5를 소거하자.

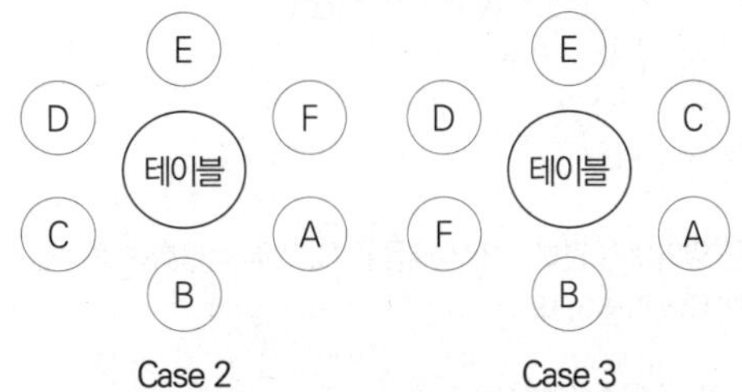

F와 마주 보는 자리에 앉는 사람은 C이다.

13 ③

[추천 풀이 도구] 눈으로만

치트키 풀이

A와 B의 진술이 모순관계다. A의 진술이 참이면 D는 범인이고 B의 진술은 거짓이다. A의 진술이 거짓이면 D는 범인이 아니고 B의 진술이 참이다. 거짓을 말하는 2명 중 1명은 A이거나 B이다.

C, D, E 중 1명이 거짓을 말하고 나머지 2명은 참을 말한다. C의 진술이 참이면 E의 진술이 거짓이고 E의 진술이 참이면 C의 진술이 거짓이다. C와 E 둘 다 참을 말하는 경우는 없다. 그런데 이를 보고 모순관계라고 볼 수는 없다. D가 범인인 경우처럼 C와 E가 둘 다 거짓을 말하는 경우도 존재한다. 단 C, D, E 중 1명이 거짓을 말하기에(= A와 B의 진술이 모순관계이고 2명이 거짓을 말한다는 특수한 상황 덕에) 정답이 되는 경우에서 C가 거짓을 말하고 E가 참을 말하거나 E가 거짓을 말하고 C가 참을 말한다고 알 수 있다.

자연스럽게 D의 진술이 참이라고 알 수 있다. D의 진술이 참이기에 C가 범인이다.

[일반 풀이]

진술관계를 찾지 못했거나 활용하기 어렵다면 표를 그려 풀어보자.

진술 범인	A	B	C	D	E
A	F	T	F	F	T
B	F	T	T	F	F
C	F	T	F	T	T
D	T	F	F	F	F
E	F	T	F	F	T

C가 범인인 경우 2명이 거짓을 말한다.

14 ⑤

[추천 풀이 도구] 메모장

〈보기〉의 내용을 정리하면 다음과 같다. 알아보기 편하게 한 방향의 부등호 ' 〉'만 사용하여 정리하였다.

1) 유이 〉 은준 〉 강준

2) 율아 〉 보윤

3) 은준 = 보윤

이를 알아보기 편하게 3)의 내용을 1), 2)에 적용하여 정리한 후 선택지를 판별하자.

1) 유이 〉 은준(=보윤) 〉 강준

2) 율아 〉 보윤(=은준)

15 ①

[추천 풀이 도구] 메모장

고정조건을 먼저 정리하자. 토요일에 분당을 고정하자. 이후 수요일에 이천으로 출장을 가는 경우와 분당으로 출장을 가는 경우로 나눠보자. 수요일에 이천으로 출장을 가는 경우 이천으로 출장을 간 다음날에는 반드시 청주로 출장을 간다는 조건에 의해 목요일에 청주로 출장을 간다.

Case	월	화	수	목	금	토
1			이천	청주		분당
2			분당			분당

Case 1에서 동일한 곳으로 연속하여 출장을 가지 않는다는 문제의 상황에 의해 금요일에 출장을 가는 곳은 이천이다. 그런데 금요일에 이천으로 출장을 가게 되면 다음 날안 토요일에 청주를 가야 하는데 토요일에 분당으로 출장을 가니 조건을 만족하지 않는다. Case 1을 소거하자.

Case 2에서 목요일에 출장을 갈 수 있는 곳은 분당을 제외한 이천과 청주다. 목요일에 청주로 출장을 가게 되면 동일한 곳으로 연속하여 출장을 가지 않는다는 조건에 의해 금요일에 이천으로 출장을 간다. 그런데 금요일에 이천으로 출장을 가게 되면 다음 날인 토요일에 청주를 가야 하는데 토요일에 분당으로 출장을 가니 조건을 만족하지 않는다. 목요일에 이천으로 출장을 가고 금요일에 청주로 출장을 간다.

Case	월	화	수	목	금	토
2			분당	이천	청주	분당

월요일과 화요일에 출장을 가는 곳을 고민해 보자. 월요일에 이천을 가고 화요일에 청주로 출장을 가는 경우도 가능하고 월요일에 분당으로 출장을 가고 화요일에 청주로 출장을 가는 경우도 가능하다.

Case	월	화	수	목	금	토
2.1	이천	청주	분당	이천	청주	분당
2.2	분당	청주	분당	이천	청주	분당

[오답 점검]

이천으로 출장을 간 다음날에 반드시 청주로 출장을 간다는 말을 청주로 출장을 간 날의 전날에 반드시 이천으로 출장을 간다고 오해하지 않았으면 한다.

16 ③

[추천 풀이 도구] 눈으로만(누가 몇 층에 사는지 확실한 정보를 얻을 때마다 선택지 확인)

A를 3층에 고정하자. 이후 F가 사는 층과 인접한 위층에 B가 산다는 조건을 토대로 경우를 나눠보자.

Case	1층	2층	3층	4층	5층	6층
1	F	B	A			
2			A	F	B	
3			A		F	B

D는 홀수 층에 산다. 세 경우 모두 홀수 층이며 빈칸은 1칸씩이다. 그 칸에 D를 배정하자.

Case	1층	2층	3층	4층	5층	6층
1	F	B	A		D	
2	D		A	F	B	
3	D		A		F	B

E는 B보다 낮은 층에 산다. Case 1은 E는 B보다 낮은 층에 산다는 조건을 만족하지 않는다. 이에 따라 Case 1은 소거하며, 남은 Case 2, 3 모두 D는 1층에 산다.

[오답 점검]

선택지에서 특정 칸에 대한 값을 물으니 칸을 다 채우지 않고 답을 도출할 수 있었다. 참고로 문제의 상황과 〈보기〉의 조건을 만족하는 경우를 모두 정리하면 다음과 같다.

Case	1층	2층	3층	4층	5층	6층
2	D	E	A	F	B	C
3.1	D	E	A	C	F	B
3.2	D	C	A	E	F	B

17 ②

[추천 풀이 도구] 눈으로만

🔑 치트키 풀이

A는 C가 하는 말이 거짓이 아니라고 한다. A의 말이 참이면 C의 진술도 참이고 A의 말이 거짓이면 C의 진술도 거짓이다. A와 C의 말은 동일관계. 문제에서 1명만 거짓을 말한다고 했으니 정답이 되는 경우에서 A와 C는 참을 말한다. C의 말이 참이기 때문에 B와 E는 S팀으로 배정된다고 알 수 있다.
D는 B가 T팀으로 배정된다고 말한다. D의 진술이 거짓이다. B, E의 진술도 참이라고 알 수 있다. B의 진술과 C의 진술을 토대로 B, C, E가 S팀으로 배정된다고 알 수 있다. T팀으로 배정되는 사람은 A와 D이다.

[일반 풀이]

진술관계를 찾지 못했거나 활용하기 어렵다면 표를 그려 풀어보자. 5명 중 2명이 T팀인 경우는 10가지이지만 선택지에서 5가지 경우로 좁혀서 제시했기에 선택지의 5가지 경우에서 A, B, C, D, E가 각 경우에 참 말하는지 거짓을 말하는지 판별해보자.

T팀 ＼ 말	A	B	C	D	E
① A, B	F	F	F	T	T
② A, D	T	T	T	F	T
③ B, E	F	F	F	T	T
④ C, D	T	F	T	F	F
⑤ C, E	F	F	F	F	F

A, D가 T팀으로 배정되는 경우 D 혼자만 거짓을 말한다.

18 ②

[추천 풀이 도구] ① 눈으로만(E에 집중하여 풀이)
**[추천 풀이 도구] ② 1행 1열, 2행 2열 정리까지 그림판 →
이후 풀이는 눈으로만**

문제에서 묻는 것은 E가 앉는 좌석의 위치다. E가 어디에 앉을지에 집중하여 풀이해 보자. D는 2행 2열의 자리에 앉는다는 정보를 먼저 적어두자. A 또는 B가 운전석(1행 1열)에 앉는다. A가 운전석에 앉는 경우와 B가 운전석에 앉는 경우로 나눌 수 있지만 두 경우가 모두 성립하더라도 E가 앉는 좌석의 위치는 같을 것이니 도식을 하나 더 그리지 말고 A/B 정도로 정리하자.

	1열	2열
1행	A/B	
2행		D
3행		

C는 F보다 앞쪽의 좌석에 앉는다. C는 1행에 배치된 좌석에 앉거나 2행에 배치된 좌석에 앉는다. C가 3행에 배치된 좌석에 앉으면 F가 앉을 좌석이 없다. A, B, C는 여자이고 동성끼리는 같은 행에 배치된 좌석에 앉지 않는다. A 또는 B가 1행 1열에 앉으니 C는 1행 2열의 좌석에 앉지 않는다. 즉 C는 2행에 배치된 좌석에 앉으므로 2행 1열에 배치된 좌석에 앉는다. F는 3행의 좌석에 앉지만 몇 열인지 확정할 수 없다.
운전석인 1행 1열의 좌석에 A가 앉으면 A와 동성인 B는 1행 2열의 좌석에 앉지 않으니 3행의 좌석에 앉는다. 단 3행 중 몇 열인지는 알 수 없다. 마찬가지로 운전석에 B가 앉으면 A는 3행의 좌석에 앉는다.
3행에 앉는 2명 중 1명은 F이고 나머지 1명은 A와 B 중 1명이다. 아직 언급하지 않은 E는 1행 2열의 좌석에 앉는다.

19 ④

🔑 치트키 풀이

A의 말을 확인하자. A는 E의 말이 참이라고 한다. A의 말이 참이면 E의 말도 참이고 A의 말이 거짓이면 E의 말도 거짓이다. 모든 경우에서 둘 다 참을 말하거나 둘 다 거짓을 말하는 동일관계다.

문제에서 1명만 거짓을 말한다고 한다. A와 E는 정답이 되는 경우에서 참을 말한다. E의 말이 참이니 B가 이직하지 않는다고 알 수 있다. 이직하는 1명만 거짓을 말한다. B는 이직하지 않으니 B의 말은 참이다. B의 말에 의해 A와 C도 이직하지 않는다고 알 수 있다.

A와 E는 정답이 되는 경우에서 참을 말한다. 이직하는 1명만 거짓을 말하기에 A와 E는 이직하지 않는다.

A, B, C, E는 이직하지 않는다. 이직하는 사람은 D이다.

[일반 풀이]

진술관계가 보였더라도 활용하기 어렵다면 A가 이직하는 경우부터 E가 이직하는 경우까지 5가지 경우에서 5명의 진술이 참인지 거짓인지 판별해야 한다.

	A의 진술	B의 진술	C의 진술	D의 진술	E의 진술
A가 이직	진실	거짓	진실	거짓	진실
B가 이직	거짓	진실	진실	진실	거짓
C가 이직	진실	거짓	진실	거짓	진실
D가 이직	진실	진실	진실	거짓	진실
E가 이직	진실	진실	거짓	진실	진실

D가 이직하는 경우와 E가 이직하는 경우에서 1명만 거짓을 말한다. D가 이직하는 경우 거짓말을 하는 사람도 D이다. E가 이직하는 경우 거짓말을 하는 사람은 C이다. E가 이직하는 경우는 조건을 만족하지 않는다.

20 ①

〈보기〉의 내용을 정리하면 다음과 같다. 알아보기 편하게 한 방향의 부등호 ' 〉'만 사용하여 정리하였다. 바로 정답을 찾아보자.

1) 희원 〉 채민 〉 민경 〉 은율
2) 희원 〉 성연

[오답 점검]

성연이는 채민이보다 시험점수가 높은지 낮은지 알 수 없다. 이는 성연이와 채민이뿐만 아니라 성연이와 민경이, 성연이와 은율이도 마찬가지다.

01	02	03	04	05	06	07	08	09	10
④	②	④	①	③	⑤	⑤	①	④	⑤

11	12	13	14	15	16	17	18	19	20
③	②	③	④	③	②	④	③	③	①

01 ④

제시된 수들은 공차가 3,086인 등차수열의 규칙을 가지므로 A 위치에 들어갈 알맞은 수는 '23,237'이다.

02 ②

제시된 수들은 공비가 $\frac{3}{4}$ 인 등비수열의 규칙을 가지므로 A 위치에 들어갈 알맞은 수는 '$\frac{2,403}{32,832}$'이다.

03 ④

제시된 수들은 $+\frac{1}{3}$, $+\frac{1}{4}$ 이 번갈아 적용되는 규칙을 가지는 교대수열이다. 즉 첫 번째 항에서 $+\frac{7}{12}$ 을 하면 세 번째 항을 구할 수 있다. 이를 이용하면 9번째 항에서 $+\frac{7}{12}$ 을 두 번 더하면 13번째 항을 구할 수 있다. $\frac{17}{6}+\frac{7}{12}+\frac{7}{12}=4$이다.

04 ①

제시된 수들은 인접한 항의 차이가 일정한 규칙을 갖는 계차수열로 인접한 항의 차이가 초항이 8, 공차가 23인 등차수열의 규칙을 가지므로 A 위치에 들어갈 알맞은 수는 '85,860'이다.

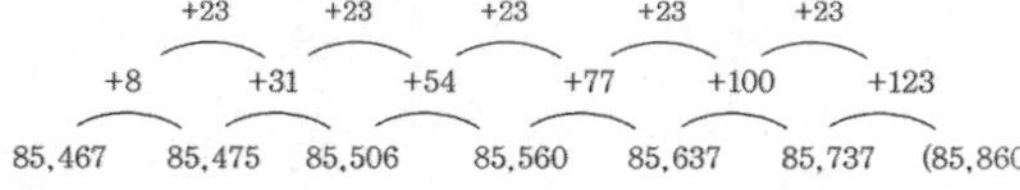

05 ③

제시된 수들은 앞선 두 수의 합으로 다음 항이 생겨나는 피보나치수열이므로 A 위치에 들어갈 알맞은 수는 '1,733.919'이다.

06 ⑤

제시된 수들은 '+2', '×2', '+3', '×3', '+4', '×4', '+5', '×5'…의 규칙을 가지는 특수수열이므로 A 위치에 들어갈 알맞은 수는 '1,329', B 위치에 들어갈 알맞은 수는 '6,645'이므로 A+B는 '7,974'이다.

07 ⑤

제시된 수들은 세 개의 항씩 묶어 규칙을 갖는 군수열로 하나의 군을 이루는 세 개의 수의 합이 '1,018'이므로 A 위치에 들어갈 알맞은 수는 '473'이다.

08 ①

제시된 수들은 '÷4', '+56'이 번갈아 적용되는 규칙을 가지는 교대수열이므로 A 위치에 들어갈 알맞은 수는 '19.75'이다.

09 ④

제시된 수들은 세 개의 항씩 묶어 규칙을 갖는 군수열로 하나의 군을 이루는 앞선 두 수의 곱이 세 번째 수이므로 9번째로 올 수는 835와 674의 곱인 '562,790'이다.

10 ⑤

제시된 수들은 '+1.55', '×0.8'이 번갈아 적용되는 규칙을 가지는 교대수열이므로 A 위치에 들어갈 알맞은 수는 '5.5356', B 위치에 들어갈 알맞은 수는 '4.42848'이므로 A+B는 '9.96408'이다.

11 ③

제시된 수들은 공차가 −8.17인 등차수열의 규칙을 가지므로 A 위치에 들어갈 알맞은 수는 '9.44'이다.

12 ②

제시된 수들은 공비가 $\frac{8}{15}$ 인 등비수열의 규칙을 가지므로 A 위치에 들어갈 알맞은 수는 '$\frac{524,288}{5,315,625}$'이다.

13 ③

제시된 수들은 앞선 두 수의 합으로 다음 항이 생겨나는 피보나치수열이므로 A 위치에 들어갈 알맞은 수는 '103,069'이다.

14 ④

제시된 수들은 인접한 항의 차이가 일정한 규칙을 갖는 계차수열로 인접한 항의 차이가 초항이 13, 공비가 4인 등비수열의 규칙을 가지므로 A 위치에 들어갈 알맞은 수는 '1,118'이다.

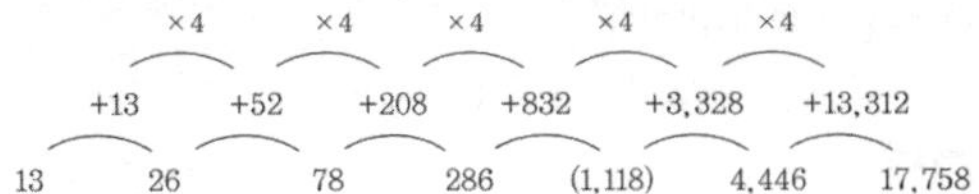

15 ③

제시된 수들은 공차가 27인 등차수열의 규칙을 가지므로 A 위치에 들어갈 알맞은 수는 '724', B 위치에 들어갈 알맞은 수는 '832'이므로 A÷B는 '약 0.87'이다.

16 ②

제시된 수들은 분자는 초항이 52, 공차가 14인 등차수열이며, 분모는 초항이 51, 공비가 3인 등비수열로 10번째로 올 수는 '$\dfrac{178}{1,003,833}$'이다.

17 ④

제시된 수들은 역수가 등차수열인 조화수열로 제시된 숫자들의 역수는 다음과 같다.

$$\frac{36}{8} \quad \frac{39}{8} \quad \frac{42}{8} \quad \frac{45}{8} \quad \frac{48}{8}$$

이에 따라 제시된 숫자들의 역수는 초항이 $\dfrac{36}{8}$ 이고 공차가 $\dfrac{3}{8}$ 인 등차수열로 A 위치에 들어갈 알맞은 숫자는 $\dfrac{51}{8}$ 의 역수 형태인 '$\dfrac{8}{51}$', B 위치에 들어갈 알맞은 숫자는 $\dfrac{54}{8}$ 의 역수 형태인 '$\dfrac{8}{54}$'이다. 이에 따라 A×B는 '$\dfrac{64}{2,754}$'이다.

18 ③

제시된 수들은 1과 자기 자신만을 약수로 가지는 소수의 나열이므로 A 위치에 들어갈 알맞은 수는 '61', B 위치에 들어갈 알맞은 수는 '71'이므로 A−B는 '−10'이다.

19 ③

제시된 수들은 앞선 두 수의 합으로 다음 항이 생겨나는 피보나치수열이므로 15번째로 올 수는 다음과 같다.

10번째: 1,838.399 + 2,975.462 = 4,813.861

11번째: 2,975.462 + 4,813.861 = 7,789.323

12번째: 4,813.861 + 7,789.323 = 12,603.184

13번째: 7,789.323 + 12,603.184 = 20,392.507

14번째: 12,603.184 + 20,392.507 = 32,995.691

15번째: 20,392.507 + 32,995.691 = 53,388.198

20 ①

제시된 수들은 인접한 항의 차이가 일정한 규칙을 갖는 계차수열로 인접한 항의 차이가 초항이 8, 공비가 3인 등비수열의 규칙을 가지므로 7번째로 올 수는 '3,398'이다.

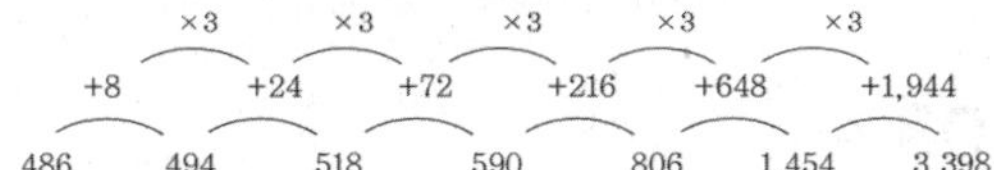

대표전화 1668-1362
홈페이지 https://letuin.com
유튜브 취업사이다

이공계 커뮤니티 이공모야
이메일 letuin@naver.com
인스타그램 @letuin_official

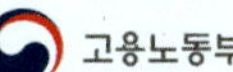

밀착 관리! 3개월 집중 취업 훈련
반도체 엔지니어 양성 과정

반도체 분야별 핵심이론+실습+프로젝트+멘토링으로
반도체 취업 준비, 고민 없이 한 방에!

1

수강료 부담 Down

교육비 지원,
월 훈련장려금 지급,
교재 무상 지급

2

엔지니어 실무 역량 Up

각 분야별 특화된
현장실습&데이터분석
프로젝트

3

취업 준비 All Care

취업 전문가의 특강
현직 엔지니어의 멘토링
서류·면접 컨설팅

반도체 공정/설비 데이터 분석과정

· 현장 공정실습, XR기반 실습을 통한 공정 엔지니어 실무 경험
· 실측 공정 데이터 활용 Python 데이터 분석 프로젝트

반도체 제품 품질 평가 및 분석과정

· 측정, 분석, 개선 등 실제 반도체 품질 분야 현업 업무 경험
· 삼성,SK에서 사용중인 Spotfire 툴 활용 데이터 분석 프로젝트

반도체 패키지 공정 데이터 분석과정

· 반도체 교육업계 최초! 커리큘럼 내 후공정 장비실습 포함
· eZ SPC를 활용한 후공정 이상 감지 및 개선 분석 프로젝트

이공계 합격생
47,693명

교육 브랜드
3년 연속
대상

이공계 특화
취업교육
1위

이공계 특화 취업교육 1위 렛유인

200% 환급 프리패스

이공계 합격생 47,693명이 증명하는 최종합격을 위한 후회 없는 선택!

2026 이공계 취업준비, 공채부터 수시채용까지 한번에 대비 가능!
가장 빠르고 정확하게 합격으로 가는 확실한 길을 제시해드립니다.

수강료 환급

수강료 부담 없이 합격에만 집중!
최대 200% 환급

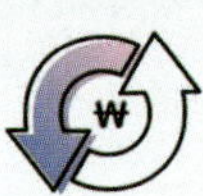

*미션달성시/제세공과금 22%
본인부담/부가 혜택 및
교재비 제외
(하단 유의사항 필수 확인)

현직자 상담

이공계 대기업 현직자가
직접 해주는 개인맞춤
취업방향 설계, 직무 상담

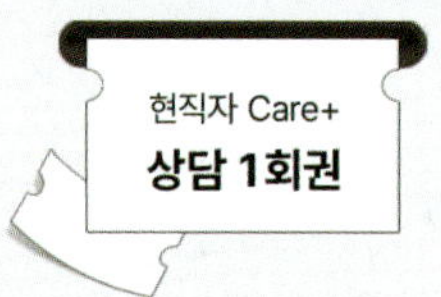

취업 도서 5종

자소서, 인적성, 면접, 전공 대비
이공계 취업 1위 필독서 5권

*12개월 200% 환급반,
6개월 100% 환급반 대상
(하단 유의사항 필수 확인)

NCS 수료증 발급

이력서, 자소서, 면접에서
직무역량 어필!
국가인증 NCS 수료증 발급

*NCS 강의 수료 시
발급 가능

무제한 수강

산업/기업/직무별, 취업 과정별
이공계 특화 강의 및
신규 강의 무제한 수강

라이브 방송

기업별 최신 채용공고를 반영한
라이브 방송 긴급점검 강의
무료 제공

취업 자료집 50종

원하는 기업 정보를 15장으로 압축!
기업개요,인재상 등 최신 업데이트
취업기업분석 자료집 50종 무제한 열람

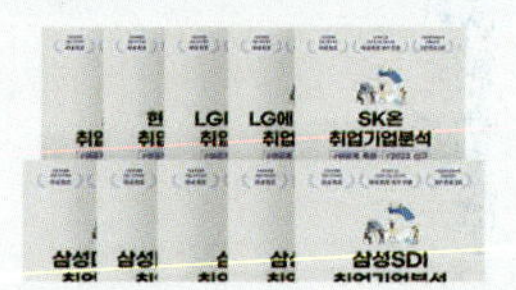

GSAT 모의고사

GSAT 실전 감각 향상을 위한
온라인 인적성 모의고사
2회분 제공

렛유인 <200% 환급 프리패스>는 렛유인 (www.letuin.com)에서 확인할 수 있습니다.